本书得到中国社会科学院国家创新工程项目"中国重点方言区域示范性调查研究·甘肃汉语方言"的资助，同时得到兰州大学"双一流"建设资金人文社科类图书出版经费资助，在此致谢！

甘肃方言研究丛书

# 甘肃方言词汇

雒 鹏◎主 编
张建军 芦兰花◎副主编

中国社会科学出版社

# 图书在版编目（CIP）数据

甘肃方言词汇 / 雒鹏主编. —北京：中国社会科学出版社，2021.11
（甘肃方言研究丛书）
ISBN 978-7-5203-8999-0

Ⅰ.①甘⋯　Ⅱ.①雒⋯　Ⅲ.①北方方言-词汇-方言研究-甘肃
Ⅳ.①H172.1

中国版本图书馆 CIP 数据核字（2021）第 174496 号

| 出 版 人 | 赵剑英 |
| --- | --- |
| 责任编辑 | 张　林 |
| 特约编辑 | 张　虎 |
| 责任校对 | 周晓东 |
| 责任印制 | 戴　宽 |

| 出　　版 | 中国社会科学出版社 |
| --- | --- |
| 社　　址 | 北京鼓楼西大街甲 158 号 |
| 邮　　编 | 100720 |
| 网　　址 | http://www.csspw.cn |
| 发 行 部 | 010-84083685 |
| 门 市 部 | 010-84029450 |
| 经　　销 | 新华书店及其他书店 |

| 印刷装订 | 三河弘翰印务有限公司 |
| --- | --- |
| 版　　次 | 2021 年 11 月第 1 版 |
| 印　　次 | 2021 年 11 月第 1 次印刷 |

| 开　　本 | 710×1000　1/16 |
| --- | --- |
| 印　　张 | 29 |
| 插　　页 | 2 |
| 字　　数 | 532 千字 |
| 定　　价 | 160.00 元 |

凡购买中国社会科学出版社图书，如有质量问题请与本社营销中心联系调换
电话：010-84083683
版权所有　侵权必究

## 《甘肃方言研究丛书》
# 编 委 会

主　　编：李　蓝　敏春芳

编　　委：雒　鹏　朱富林　黄大祥

　　　　　吴　媛　张建军　芦兰花

学术顾问：张文轩

# 《甘肃方言研究丛书》总序

以一个省的汉语方言作为调查研究对象，始于《湖北方言调查报告》（赵元任、丁声树、杨时逢、吴宗济、董同龢著，国立中央研究院历史语言研究所专刊，上海商务印书馆 1948 年版）。此后，杨时逢在台湾陆续整理出版了《云南方言调查报告》（"中研院"历史语言研究所专刊之五十六，1969 年），《湖南方言调查报告》（"中研院"历史语言研究所专刊之六十六，1974 年），《四川方言调查报告》（"中研院"历史语言研究所专刊之八十二，1984 年）等三种。

按赵元任的设计，由于具备方言调查能力的专业人员有限，调查经费和调查时间也有限，如果要在特定时间内调查完中国各省的汉语方言，调查材料必须适量。《湖北方言调查报告》的调查用字为 678 个，加上音系用字，同音字表里实际收字在 800 个左右，还有 75 个极常用词语，《总理遗嘱》和《狐假虎威》故事（古文）两种读音材料，以及对话材料，也收录转写一些发音人讲的故事。其他三种报告的调查材料与此相同。

《湖北方言调查报告》体大思精，是中国学术史上具有开创性和示范性的里程碑作品之一，为中国省域范围的方言调查树立了一个模板。李荣先生对《湖北方言调查报告》赞誉有加，但他也指出，这一系列的方言调查报告，美中不足的地方是单字音过少，平均一个音节不到一个字，如果做音韵研究，可以观其大概，却难以讨论细节。

从 1998 年开始，中国科学院开始实施国家创新工程。2010 年起，中国社会科学院实施人文社会科学领域的国家创新工程。2013 年，中国社科院语言研究所方言研究室提出了名为"中国重点方言区域示范性调查研究"项目，计划在中国北方和南方各选一个调查难度比较高、学术价值比较大的方言区域进行示范性调查研究。北方地区选择的是甘肃省，以一个省级行政区域作为调查研究对象。

由于文献、文化、历史和地理的原因，甘肃的汉语方言具有特殊的研究价值。从文献、文化和历史来看，敦煌文献是研究隋唐以来中国历史和中国文化的珍贵文献，甘肃方言是敦煌文献的基础方言。一些研究成果已经证明，敦煌文献里面的一些问题，如果结合现代甘肃方言来研究，即可得到更具说服力的结果。

从地理分布看，甘肃方言位于西北官话方言的核心地带。只有对甘肃全省的汉语方言进行完整、系统的调查研究，才有可能对甘肃、宁夏、青海、新疆等地西北汉语方言的共时分布、历时演变获得真正有突破意义的学术成果。

同时，甘肃又是西北地区的民族通道，各民族之间的相互影响非常深刻，语言交互影响的情况非常普遍，是研究语言接触的理想场所。

甘肃还是东干语的主要输出地，甘肃方言调查研究的成果，对东干语研究的重要性是不言而喻的。

甘肃方言调查项目的调查材料为：1500个单字音，304个连读词语，430个常用词语，118个语法例句，长篇语料采用的是国际语言学界通用的伊索寓言"风和太阳"。

这个调查内容和《湖北方言调查报告》相比，有继承也有创新。主要是增加了字音（从678字增加到1500字），甘肃方言普遍有复杂的连读，必须设计专门的两字组连读。词汇也扩大到430个。加上连读材料，甘肃方言的词汇量调查总量为734个。

这些调查材料全部集成在甘肃方言调查研究项目负责人、首席专家李蓝设计的方言调查软件中。甘肃方言调查，从记音、录音、音标转写、语图生成、调查数据的统计分析，全都在电脑软件里完成。

甘肃方言调查项目从2013年启动。到2015年，完成了甘肃全省93个方言点的实地调查。到2017年，完成了所有调查材料的音标转写工作。

以这些调查材料为基础，我们计划编写一套《甘肃方言研究丛书》。这套丛书由以下三个系列构成。

第一个系列是《甘肃方音字汇》《甘肃方言词汇》《甘肃方言语法》等三个分册。

第二个系列是《甘肃方言调查报告》（上下册）和《甘肃方言地图集》（上下册）。

第三个系列拟根据经费情况，编写若干部《甘肃重点方言研究》。计划在甘肃挑选一些特点突出的方言，记录3810个单字音，五千至七千条词语，200条语法例句，用莱比锡标注系统转写、标注五个长篇语料，从点的角度深入挖掘甘肃方言的特点，呈现甘肃方言的全貌。

  《甘肃方言研究丛书》第一个系列的三个分册终于和读者见面了，整套丛书即将陆续出版。在这里我们恳请读者批评指正，以便我们提高整套丛书的学术水平。

  是为序。

李　蓝

2021 年 8 月 10 日于北京

# 前　　言

2013 年，中国社科院语言研究所方言研究室提出了"中国重点方言区域示范性调查研究"项目，计划在中国北方和南方各选一个调查难度比较高、学术价值比较大的方言区域进行示范性调查研究。北方地区选择的是甘肃省。

项目负责人和首席专家李蓝于 2013 年年初开始组建甘肃方言调查团队，制订工作计划，编写《甘肃方言调查手册》，拟定调查内容。2013 年 6 月在西北师范大学开始培训，先试验性调查了兰州、临夏和秦安三个方言，根据调查情况来调整调查项目，修改《甘肃方言调查手册》，估算项目进度，并根据项目团队成员进行调查点分工。

作为一个省级行政区划的团队合作项目，调查时间和调查经费均有限，调查内容应适量。经过反复调整修改，最后确定为记录 1500 个单字音，304 个两字组连读，430 个词语，118 个语法例句，一个长篇语料。长篇语料的故事模板采用世界语言学界通用的伊索寓言"风和太阳"。

甘肃方言调查使用李蓝设计的音标、音标输入法及方言调查软件，是汉语方言学史上首次无纸笔，全计算机操作的省级方言调查。因此，培训内容主要是三个部分：音标输入法、方言调查软件及田野调查常规。

甘肃方言从 2013 年暑假期间正式展开调查，历时两年，到 2015 年暑假结束全部调查，共调查了 93 个方言点。

下面是参加甘肃方言调查的项目组成员名单及调查时所属单位：

李　蓝：中国社科院语言研究所
敏春芳：甘肃省兰州大学
雒　鹏：甘肃省西北师范大学
朱富林：陕西省西安外国语大学
黄大祥：甘肃省河西学院
吴　媛：陕西省陕西师范大学
张建军：甘肃省兰州城市学院

芦兰花：甘肃省天水师范学院

付　康：中国社科院语言研究所（在读博士生）

谭治琪：甘肃省陇东学院

主要考虑图书版面情况，本书收入41个方言点，这些方言点基本可代表甘肃方言的差异性和一致性。下面是项目组成员在这41个调查点中承担的调查任务。

李　蓝：秦安、敦煌

李　蓝、朱富林：兰州、甘谷、武山、陇西

敏春芳：榆中、合作、临潭

雒　鹏：红古、永登、白银、靖远、武威、古浪、文县、宕昌、舟曲

朱富林：天水、张家川、定西、通渭、临洮、陇南、康县、西和

黄大祥：民勤、张掖、山丹、酒泉

吴　媛：平凉、泾川、灵台、庆阳

张建军：临夏市、临夏县

芦兰花：正宁、镇原

付　康、朱富林：漳县

付　康：永昌

谭治琪：环县

汉语有悠久的历史。从古到今，汉语都有方言差异。汉语方言的差异体现在语音、词汇、语法等各个方面。调查研究汉语方言词汇，是汉语工作者一项重要的任务。

结合甘肃全省的方言差异情况，从已有的93个调查点中挑选了41个方言点，每个点均为430个词语，加注国际音标，编成此书。这41个方言点在词汇方面的异同，可以反映甘肃省汉语方言在词汇方面的基本情况。

《甘肃方言词汇》全书框架由李蓝设计，雒鹏负责全书编写工作。张建军、芦兰花在初期材料汇集阶段进行了一些核录工作。

除以上参加调查的项目组成员，西北师范大学文学院2017级和2018级语言学及应用语言学专业的一些硕士研究生也参加了一些资料整理工作。

对本书各方言点的词语我们依据录音逐点进行了核对，平衡了音系。但由于发音合作人的文化程度以及调查者记音的宽严和粗细的不同，对方言词语里同义词、多义词以及方言词与普通话词语界限的认识等的不同，可能会有一些出入。更由于我们水平的限制，错误和缺点一定很多。再加我们的工作是第一次，非常诚恳地欢迎读者批评和指正。

下面是41个方言点的发音合作人情况：

| 方言点 | 发音人 | 性别 | 民族 | 出生年 | 学历 | 职业 | 出生地 | 调查时间 |
|---|---|---|---|---|---|---|---|---|
| 兰州 | 王国忠 | 男 | 汉族 | 1935 | 本科 | 教师 | 兰州市城关区张掖路木塔巷 | 2015.01 |
| 红古 | 王学文 | 男 | 汉族 | 1949 | 大专 | 教师 | 红古区红古乡红古城村 | 2014.10 |
| 永登 | 时建国 | 男 | 汉族 | 1951 | 大专 | 干部 | 永登县城关镇 | 2014.03 |
| 榆中 | 陆永海 | 男 | 汉族 | 1958 | 初中 | 农民 | 榆中县高崖镇 | 2016.01 |
| 白银 | 曾振权 | 男 | 汉族 | 1957 | 大学 | 干部 | 白银市白银区水川镇莺鸽湾村 | 2014.07 |
| 靖远 | 雒鹏 | 男 | 汉族 | 1965 | 本科 | 教师 | 靖远县乌兰镇西滩村 | 2016.01 |
| 天水 | 吴治中 | 男 | 汉族 | 1956 | 大学 | 干部 | 天水市秦州区平南镇 | 2013.11 |
| 秦安 | 何周虎 | 男 | 汉族 | 1951 | 大学 | 教师 | 秦安县兴国镇 | 2014.09 |
| 甘谷 | 牛勃 | 男 | 汉族 | 1964 | 大学 | 干部 | 甘谷县新兴镇 | 2013.11 |
| 武山 | 张耀德 | 男 | 汉族 | 1961 | 大学 | 干部 | 武山县城关镇 | 2013.11 |
| 张家川 | 毛志斌 | 男 | 汉族 | 1987 | 本科 | 干部 | 张家川县恭门镇毛山村 | 2015.10 |
| 武威 | 董国禄 | 男 | 汉族 | 1958 | 大专 | 干部 | 武威市凉州区金沙镇李磨村 | 2014.09 |
| 民勤 | 黄大祥 | 男 | 汉族 | 1964 | 硕士 | 教师 | 民勤县大坝镇 | 2013.09 |
| 古浪 | 孙吉喜 | 男 | 汉族 | 1954 | 初中 | 干部 | 古浪县古浪镇 | 2014.03 |
| 永昌 | 周国财 | 男 | 汉族 | 1942 | 小学 | 农民 | 永昌县焦家庄镇 | 2014.07 |
| 张掖 | 薛灵秀 | 男 | 汉族 | 1953 | 大学 | 教师 | 张掖市甘州区梁家墩镇 | 2013.10 |
| 山丹 | 邹熙彦 | 男 | 汉族 | 1968 | 大学 | 干部 | 山丹县清泉镇 | 2014.01 |
| 平凉 | 杨柳 | 男 | 汉族 | 1940 | 中师 | 干部 | 平凉市崆峒区城关 | 2014.09 |
| 泾川 | 张怀宁 | 男 | 汉族 | 1962 | 大学 | 干部 | 泾川县高平镇高平村 | 2014.09 |
| 灵台 | 史文献 | 男 | 汉族 | 1945 | 中专 | 教师 | 灵台县中台镇安家庄村 | 2014.05 |
| 酒泉 | 张学信 | 男 | 汉族 | 1942 | 小学 | 农民 | 酒泉市肃州区西峰镇官北沟村 | 2011.11 |
| 敦煌 | 龚江 | 男 | 汉族 | 1971 | 本科 | 教师 | 敦煌市沙州镇 | 2014.07 |
| 庆阳 | 计成林 | 男 | 汉族 | 1956 | 大学 | 教师 | 庆阳市西峰区西街街道寨子村 | 2014.09 |
| 环县 | 屈善常 | 男 | 汉族 | 1949 | 大学 | 教师 | 环县天池乡 | 2014.09 |
| 正宁 | 罗显斌 | 男 | 汉族 | 1950 | 高中 | 干部 | 正宁县永正乡刘家堡村 | 2014.11 |
| 镇原 | 段安邦 | 男 | 汉族 | 1940 | 初中 | 干部 | 镇原县临泾镇石羊村 | 2014.09 |
| 定西 | 莫邪 | 男 | 汉族 | 1949 | 大专 | 干部 | 定西市安定区内官营镇 | 2013.12 |
| 通渭 | 魏旭东 | 男 | 汉族 | 1976 | 本科 | 干部 | 通渭县平襄镇 | 2013.12 |
| 陇西 | 焦贤文 | 男 | 汉族 | 1965 | 大专 | 教师 | 陇西县巩昌镇北关 | 2013.10 |
| 临洮 | 韩达 | 男 | 汉族 | 1933 | 大专 | 教师 | 临洮县洮阳镇 | 2014.01 |
| 漳县 | 赵康兴 | 男 | 汉族 | 1939 | 本科 | 教师 | 漳县盐井镇 | 2013.10 |
| 陇南 | 罗社平 | 男 | 汉族 | 1957 | 本科 | 教师 | 陇南市武都区姚寨镇 | 2013.10 |

续表

| 方言点 | 发音人 | 性别 | 民族 | 出生年 | 学历 | 职业 | 出生地 | 调查时间 |
|---|---|---|---|---|---|---|---|---|
| 文县 | 毛显文 | 男 | 汉族 | 1958 | 高中 | 教师 | 文县城关镇双桥街 | 2014.12 |
| 宕昌 | 欧阳沛 | 男 | 汉族 | 1954 | 中师 | 教师 | 宕昌县城关镇旧城村旧城街道 | 2014.12 |
| 康县 | 勾长举 | 男 | 汉族 | 1961 | 高中 | 教师 | 康县城关镇 | 2013.10 |
| 西和 | 何元元 | 男 | 汉族 | 1945 | 大专 | 干部 | 西和县汉源镇 | 2013.11 |
| 临夏市 | 卢世雄 | 男 | 汉族 | 1948 | 大学 | 教师 | 临夏市老城区 | 2013.10 |
| 临夏县 | 李如盛 | 男 | 汉族 | 1948 | 高中 | 干部 | 临夏县尹集镇大潭村 | 2014.01 |
| 甘南 | 聂德全 | 男 | 汉族 | 1965 | 初中 | 干部 | 甘南州合作市城区 | 2019.04 |
| 舟曲 | 杨润禄 | 男 | 汉族 | 1960 | 中师 | 教师 | 舟曲县城关镇东街村 | 2014.12 |
| 临潭 | 金玉泉 | 男 | 汉族 | 1960 | 高中 | 干部 | 临潭县城关镇旧城 | 2019.04 |

# 目 录

凡例 …………………………………………………………………… 1
方言条目 ……………………………………………………………… 1
方言词汇 ……………………………………………………………… 9
词目索引 …………………………………………………………… 440
后记 ………………………………………………………………… 446

# 凡　例

　　一、本书所收的词语按义类排列。

　　二、在一个词条里，以词目为纲，下面排列 41 个方言点中与词目相对应的词语。

　　三、方言点使用市州县区的通用名，如兰州市城关区称为兰州，兰州市红古区称为红古；张家川回族自治县称张家川。有必要时也用行政区划通名，如临夏回族自治州政府所在地的方言点称为临夏市，临夏县方言点称为临夏县。方言点按国家公布的行政区划顺序。用来对照的北京话放在第一个。北京话词语严格来说就是普通话书面语词，所以，与北京话口语词还是有一些区别的。北京话词语的注音依据《现代汉语词典》（第 7 版）的标音，但折合为国际音标。参考了董少文《语音常识》（1958）里的一些处理方法。

　　四、我们尚未对甘肃省境内的汉语方言按省域范围重新分区，现暂按《中国语言地图集》（第 2 版，中国社会科学院语言研究所、中国社会科学院民族学与人类学研究所、香港城市大学语言资讯科学研究中心编，商务印书馆 2012 年版）说明 41 个方言点的方言区属：

　　中原官话区：

　　秦陇片：靖远、甘谷、武山、平凉、泾川、灵台、庆阳、环县、正宁、镇原、陇西、漳县、陇南、文县、宕昌、康县、西和、舟曲、临潭。

　　陇中片：天水、秦安、张家川、敦煌（党河以东口音）、定西、通渭、临洮

　　河州片：临夏市、临夏县、甘南

　　兰银官话区：

　　金城片：兰州、红古、永登、榆中、白银

　　河西片：武威、民勤、古浪、永昌、张掖、山丹、酒泉

　　五、所记的词语，没有本字的借用方言同音字，在字的右上角加"＝"表示，如红古的"奈=几年"的"奈="；找不到适当同音字的代以方框"□"。各方言中自造的方言字不附加任何符号说明。

　　六、所记的词语，依据各方言的语音系统，用国际音标标音。音节与音节之间空一格。

　　七、采用五度制标调法。声调只标连读调，调值用数字标写在音标的

右上角。

八、如果多音词声韵有变的，按照口语实际标出变化后的语音。

九、词条中的语法功能词我们标实际读法。

十、个别词语变化前的语音加圆括号附在该音节后。例如"蜻蜓"条，环县蜻蜓tɕʻiŋ⁴² tɕʻiŋ²¹（tʻiŋ²⁴）就表示单字音分别为[tɕʻiŋ⁴²]和[tʻiŋ²⁴]，双音词语音为[tɕʻiŋ⁴² tɕʻiŋ²¹]。

十一、词条里某方言如果有两个以上的同义词语，通常以常用程度定先后顺序，在同义词语注音后的右下角加小字"又"表示。如果有其他原因，加注说明。

十二、有些词条在某方言有空缺，或者不说，或者是因为在该方言中没有找到与词目相对应的词语，我们按照读书音补全。例如"赶集"一词，在永登、永昌等方言中不说，但表中我们补了读书音。

十三、有些词条的词义与词目的词义不完全一致，我们在注音后用小字释义。例如"姑（引称）"词目在武威有"姑妈妈ku⁴⁴ ma⁵³ 父之姐"和"娘娘niã⁴⁴ niã⁵³ 父之妹"的说法，在注音后用小字释义。

十四、对一些词目对应的甘肃方言词条用字的统一说明。

1."太阳"词目，甘肃方言写"日头"的，"日"字有[ʐʅ]和[ɻe]的音，这是由于古今语音演变造成的异读。"向日葵"词目里的"日"字也有读[ʐə]的，字也径写"日"。

2."端阳"词目，甘肃方言有"端"字的词条，"端"字有读如"单"和"当"音的，这是"端"字的语流音变造成的。

3."清晨"词目，有[ʂəŋ]和[ʂən]音的字写音近的"升"字；有读[kæ]音的字写阴平的"干"，不写上声的"赶"，这是根据各方言连读调的规律确定的。

4."肚脐"词目，甘肃方言词条第一个音节为[p]、[pʻ]声母的，写"腹"字。这是由于"腹"字保留了重唇音声母的读法。

5."乌鸦"词目，甘肃方言大多数为"老哇"的音，我们写本字"老乌"。据《广韵·模韵》引《说文解字》释"乌"为"孝鸟也。"音哀都切，折合今音为[u]阴平。"乌"上古音为影母鱼部，据王力《汉语语音史》，可拟为[uɑ]音。今宁夏固原市泾源县有瓦亭古城，《汉书·地理志》之"乌亭"可证。

6."玉米"词目，甘肃方言除了"包谷""玉米""番麦"等说法之外，还有说"西米"的。"西"字有[ɕiæ]或[ɕian]的音，以从廿西声的"茜"可证之。

7."遗失"词目，甘肃方言词条里有[ʐʅ]、[zʅ]、[ɻe]等音，都是"扔"字不同时间层次的白读音，字写本字"扔"。

8.甘肃方言词条里的"里"字，读[li]音时还写"里"，读[lɛ]音时写音近字"来"。

# 方言条目

| | | | |
|---|---|---|---|
| 太阳 | 10, 11 | 前日 | 38, 39 |
| 月亮 | 10, 11 | 大前日 | 38, 39 |
| 星星 | 12, 13 | 上午 | 40, 41 |
| 打雷 | 12, 13 | 下午 | 40, 41 |
| 打闪 | 14, 15 | 中午 | 42, 43 |
| 下雨 | 14, 15 | 清晨 | 42, 43 |
| 下雪 | 16, 17 | 白天 | 44, 45 |
| 雪化了 | 16, 17 | 黄昏 | 44, 45 |
| 结冰了 | 18, 19 | 晚上 | 46, 47 |
| 冰雹 | 18, 19 | 什么时候 | 46, 47 |
| 虹 | 20, 21 | 时候 | 48, 49 |
| 刮风 | 20, 21 | 地方 | 48, 49 |
| 雾 | 22, 23 | 山坡 | 50, 51 |
| 端阳 | 22, 23 | 山沟 | 50, 51 |
| 中元节 | 24, 25 | 小水沟 | 52, 53 |
| 中秋 | 24, 25 | 河 | 52, 53 |
| 除夕 | 26, 27 | 发大水 | 54, 55 |
| 大年初一 | 26, 27 | 湖 | 54, 55 |
| 今年 | 28, 29 | 上头 | 56, 57 |
| 明年 | 28, 29 | 下头 | 56, 57 |
| 去年 | 30, 31 | 左边 | 58, 59 |
| 前年 | 30, 31 | 右边 | 58, 59 |
| 往年 | 32, 33 | 中间 | 60, 61 |
| 今日 | 32, 33 | 里面 | 60, 61 |
| 明日 | 34, 35 | 外面 | 62, 63 |
| 后日 | 34, 35 | 前边 | 62, 63 |
| 大后日 | 36, 37 | 后边 | 64, 65 |
| 昨日 | 36, 37 | 旁边 | 64, 65 |

| | | | |
|---|---|---|---|
| 附近 | 66, 67 | 老头子 | 100, 101 |
| 什么地方 | 66, 67 | 老太婆 | 102, 103 |
| 灰尘 | 68, 69 | 单身汉 | 102, 103 |
| 石头 | 68, 69 | 老姑娘（老处女） | 104, 105 |
| 鹅卵石 | 70, 71 | 医生 | 104, 105 |
| 沙子 | 70, 71 | 理发的 | 106, 107 |
| 石灰 | 72, 73 | 屠户 | 106, 107 |
| 泥土 | 72, 73 | 厨子 | 108, 109 |
| 凉水 | 74, 75 | 和尚 | 108, 109 |
| 热水 | 74, 75 | 尼姑 | 110, 111 |
| 温水 | 76, 77 | 道士 | 110, 111 |
| 煤 | 76, 77 | 吝啬鬼 | 112, 113 |
| 煤油 | 78, 79 | 乞丐 | 112, 113 |
| 木炭 | 78, 79 | 扒手 | 114, 115 |
| 铁块 | 80, 81 | 父亲（面称） | 114, 115 |
| 锡 | 80, 81 | 母亲（面称） | 116, 117 |
| 磁石 | 82, 83 | 公公（夫之父，引称） | 116, 117 |
| 乡村 | 82, 83 | 婆婆（夫之母，引称） | 118, 119 |
| 赶集 | 84, 85 | 继父（引称） | 118, 119 |
| 胡同 | 84, 85 | 继母（引称） | 120, 121 |
| 房子（全所） | 86, 87 | 祖父（面称） | 120, 121 |
| 屋子（单间） | 86, 87 | 祖母（面称） | 122, 123 |
| 正房 | 88, 89 | 外祖父（面称） | 122, 123 |
| 厢房 | 88, 89 | 外祖母（面称） | 124, 125 |
| 窗户 | 90, 91 | 兄（引称） | 124, 125 |
| 门坎儿 | 90, 91 | 弟（引称） | 126, 127 |
| 厕所 | 92, 93 | 姐（引称） | 126, 127 |
| 厨房 | 92, 93 | 妹（引称） | 128, 129 |
| 烟囱 | 94, 95 | 伯父（引称） | 128, 129 |
| 男人 | 94, 95 | 伯母（引称） | 130, 131 |
| 女人 | 96, 97 | 叔父（引称） | 130, 131 |
| 小孩 | 96, 97 | 叔母（引称） | 132, 133 |
| 男孩 | 98, 99 | 儿子（引称） | 132, 133 |
| 女孩 | 98, 99 | 儿媳（引称） | 134, 135 |
| 婴儿 | 100, 101 | 女儿（引称） | 134, 135 |

| | | | |
|---|---|---|---|
| 女婿（引称） | 136, 137 | 手臂 | 170, 171 |
| 舅（引称） | 136, 137 | 手掌 | 172, 173 |
| 舅母（引称） | 138, 139 | 手背 | 172, 173 |
| 姑（引称） | 138, 139 | 手心 | 174, 175 |
| 姨（引称） | 140, 141 | 左手 | 174, 175 |
| 弟兄（总称，引称） | 140, 141 | 右手 | 176, 177 |
| 姊妹（总称，引称） | 142, 143 | 手指 | 176, 177 |
| 夫（引称） | 142, 143 | 大拇指 | 178, 179 |
| 妻（引称） | 144, 145 | 食指 | 178, 179 |
| （男子）娶媳妇 | 144, 145 | 中指 | 180, 181 |
| （女子）出嫁 | 146, 147 | 无名指 | 180, 181 |
| 连襟 | 146, 147 | 小指 | 182, 183 |
| 亲家 | 148, 149 | 指甲 | 182, 183 |
| 娘家 | 148, 149 | 斗（圆形的指纹） | 184, 185 |
| 婆家 | 150, 151 | 箕（簸箕形的指纹） | 184, 185 |
| 头 | 150, 151 | 腰 | 186, 187 |
| 脸 | 152, 153 | 胸脯 | 186, 187 |
| 额 | 152, 153 | 肋骨 | 188, 189 |
| 后脑勺 | 154, 155 | 乳房 | 188, 189 |
| 鼻子 | 154, 155 | 乳汁 | 190, 191 |
| 鼻涕 | 156, 157 | 肚子 | 190, 191 |
| 眼睛 | 156, 157 | 肚脐 | 192, 193 |
| 眼泪 | 158, 159 | 屁股 | 192, 193 |
| 眼珠儿 | 158, 159 | 大腿 | 194, 195 |
| 耳朵 | 160, 161 | 腿肚子 | 194, 195 |
| 耳屎 | 160, 161 | 膝盖 | 196, 197 |
| 酒窝 | 162, 163 | 脚掌 | 196, 197 |
| 嘴 | 162, 163 | 脚跟 | 198, 199 |
| 嘴唇 | 164, 165 | 脚背 | 198, 199 |
| 牙齿 | 164, 165 | 脚心 | 200, 201 |
| 舌头 | 166, 167 | 打赤脚 | 200, 201 |
| 大舌头（口齿不清） | 166, 167 | 病了 | 202, 203 |
| 口水 | 168, 169 | 病轻了 | 202, 203 |
| 脖子 | 168, 169 | 病好了 | 204, 205 |
| 下巴 | 170, 171 | 感冒 | 204, 205 |

| | | | |
|---|---|---|---|
| 发烧 | 206, 207 | 簸箕 | 240, 241 |
| 咳嗽 | 206, 207 | 扫帚 | 242, 243 |
| 拉肚子 | 208, 209 | 锤子 | 242, 243 |
| 打摆子 | 208, 209 | 绳子 | 244, 245 |
| 瞎子 | 210, 211 | 自行车 | 244, 245 |
| 一只眼儿 | 210, 211 | 轮子 | 246, 247 |
| 瘫痪者 | 212, 213 | 伞 | 246, 247 |
| 聋子 | 212, 213 | 早饭 | 248, 249 |
| 哑巴 | 214, 215 | 午饭 | 248, 249 |
| 结巴 | 214, 215 | 晚饭 | 250, 251 |
| 傻子 | 216, 217 | 大米饭 | 250, 251 |
| 左撇子 | 216, 217 | 面条儿 | 252, 253 |
| 瘸子 | 218, 219 | 面粉 | 252, 253 |
| 驼背 | 218, 219 | 馒头 | 254, 255 |
| 死了（中性的说法） | 220, 221 | 包子 | 254, 255 |
| 看病 | 220, 221 | 馄饨 | 256, 257 |
| 衣服 | 222, 223 | 饺子 | 256, 257 |
| 裤子 | 222, 223 | 粉条儿 | 258, 259 |
| 尿布 | 224, 225 | 菜 | 258, 259 |
| 毛巾 | 224, 225 | 醋 | 260, 261 |
| 肥皂 | 226, 227 | 酱油 | 260, 261 |
| 洗脸水 | 226, 227 | 香油 | 262, 263 |
| 凳子 | 228, 229 | 猪油 | 262, 263 |
| 桌子 | 228, 229 | 盐 | 264, 265 |
| 抽屉 | 230, 231 | 白酒 | 264, 265 |
| 图章 | 230, 231 | 公猪 | 266, 267 |
| 糨糊 | 232, 233 | 母猪 | 266, 267 |
| 火柴 | 232, 233 | 公牛 | 268, 269 |
| 抹布 | 234, 235 | 母牛 | 268, 269 |
| 水瓢 | 234, 235 | 公马 | 270, 271 |
| 饭勺 | 236, 237 | 母马 | 270, 271 |
| 调羹 | 236, 237 | 公驴 | 272, 273 |
| 筷子 | 238, 239 | 母驴 | 272, 273 |
| 箩筐（挑或抬的大筐） | 238, 239 | 公狗 | 274, 275 |
| 篮子（手提的） | 240, 241 | 母狗 | 274, 275 |

## 方言条目

| | | | |
|---|---|---|---|
| 公猫 | 276, 277 | 向日葵 | 310, 311 |
| 母猫 | 276, 277 | 洋葱 | 312, 313 |
| 公鸡 | 278, 279 | 蒜 | 312, 313 |
| 母鸡 | 278, 279 | 菠菜 | 314, 315 |
| 麻雀 | 280, 281 | 白菜 | 314, 315 |
| 大雁 | 280, 281 | 柿子 | 316, 317 |
| 燕子 | 282, 283 | 西红柿 | 316, 317 |
| 乌鸦 | 282, 283 | 茄子 | 318, 319 |
| 老虎 | 284, 285 | 白薯 | 318, 319 |
| 狼 | 284, 285 | 马铃薯 | 320, 321 |
| 猴子 | 286, 287 | 辣椒 | 320, 321 |
| 蛇 | 286, 287 | 核桃 | 322, 323 |
| 老鼠 | 288, 289 | 栗子 | 322, 323 |
| 蝙蝠 | 288, 289 | 百合 | 324, 325 |
| 蚯蚓 | 290, 291 | 白兰瓜 | 324, 325 |
| 蚂蚁 | 290, 291 | 哈密瓜 | 326, 327 |
| 蜂 | 292, 293 | 西瓜 | 326, 327 |
| 蜻蜓 | 292, 293 | 事情 | 328, 329 |
| 苍蝇 | 294, 295 | 东西 | 328, 329 |
| 蚊子 | 294, 295 | 原因 | 330, 331 |
| 跳蚤 | 296, 297 | 声音 | 330, 331 |
| 虱子 | 296, 297 | 味道 | 332, 333 |
| 蟑螂 | 298, 299 | 气味 | 332, 333 |
| 蜘蛛 | 298, 299 | 颜色 | 334, 335 |
| 麦子 | 300, 301 | 相貌 | 334, 335 |
| 小麦 | 300, 301 | 年龄 | 336, 337 |
| 大麦 | 302, 303 | 做事情 | 336, 337 |
| 燕麦 | 302, 303 | 我 | 338, 339 |
| 大米 | 304, 305 | 我们（包括式） | 338, 339 |
| 小米儿 | 304, 305 | 咱们（排除式） | 340, 341 |
| 玉米 | 306, 307 | 你 | 340, 341 |
| 高粱 | 306, 307 | 你们 | 342, 343 |
| 大豆 | 308, 309 | 他 | 342, 343 |
| 蚕豆 | 308, 309 | 他们 | 344, 345 |
| 豌豆 | 310, 311 | 谁 | 344, 345 |

| | | | |
|---|---|---|---|
| 我的 | 346,347 | 吃饭 | 380,381 |
| 你的 | 346,347 | 走路 | 382,383 |
| 他的 | 348,349 | 喝茶 | 382,383 |
| 谁的 | 348,349 | 洗脸 | 384,385 |
| 大家 | 350,351 | 洗澡 | 384,385 |
| 这里 | 350,351 | 睡觉 | 386,387 |
| 那里 | 352,353 | 打瞌睡 | 386,387 |
| 哪里 | 352,353 | 遇见 | 388,389 |
| 这个 | 354,355 | 遗失 | 388,389 |
| 那个 | 354,355 | 找着了 | 390,391 |
| 哪个 | 356,357 | 擦掉 | 390,391 |
| 什么？ | 356,357 | 拣起来 | 392,393 |
| 为什么？ | 358,359 | 提起来 | 392,393 |
| 怎么办？ | 358,359 | 选择 | 394,395 |
| 做什么？ | 360,361 | 欠（欠别人钱） | 394,395 |
| 一个人 | 360,361 | 做买卖 | 396,397 |
| 一双鞋 | 362,363 | （用秤）称 | 396,397 |
| 一领席 | 362,363 | 收拾（东西） | 398,399 |
| 一床被 | 364,365 | 举手 | 398,399 |
| 一辆车 | 364,365 | 松手 | 400,401 |
| 一把刀 | 366,367 | 放（如放桌子上） | 400,401 |
| 一支笔 | 366,367 | 休息 | 402,403 |
| 一块墨 | 368,369 | 摔倒 | 402,403 |
| 一头牛 | 368,369 | 玩耍 | 404,405 |
| 一口猪 | 370,371 | 知道 | 404,405 |
| 一只鸡 | 370,371 | 懂了 | 406,407 |
| 一条鱼 | 372,373 | 留神 | 406,407 |
| 去一趟 | 372,373 | 挂念 | 408,409 |
| 打一下 | 374,375 | 美（指人貌美） | 408,409 |
| 个把两个 | 374,375 | 丑 | 410,411 |
| 百把个 | 376,377 | 好 | 410,411 |
| 里把路 | 376,377 | 坏 | 412,413 |
| 千把人 | 378,379 | 多 | 412,413 |
| 一千左右 | 378,379 | 少 | 414,415 |
| 说话 | 380,381 | 高 | 414,415 |

| | | | |
|---|---|---|---|
| 矮 | 416, 417 | 淡（不咸） | 428, 429 |
| 长 | 416, 417 | 稀（如粥太稀了） | 428, 429 |
| 短 | 418, 419 | 稠（如粥太稠了） | 430, 431 |
| 大 | 418, 419 | 肥（指动物） | 430, 431 |
| 小 | 420, 421 | 胖（指人） | 432, 433 |
| 粗 | 420, 421 | 瘦弱 | 432, 433 |
| 细 | 422, 423 | 舒服 | 434, 435 |
| 要紧 | 422, 423 | 晚（来晚了） | 434, 435 |
| 热闹 | 424, 425 | 乖（小孩听话） | 436, 437 |
| 坚固 | 424, 425 | 顽皮 | 436, 437 |
| 肮脏 | 426, 427 | 凸 | 438, 439 |
| 咸 | 426, 427 | 凹 | 438, 439 |

# 方言词汇

| 词目<br>方言点 | 太阳 | 月亮 |
|---|---|---|
| 北　京 | 太阳 t'ai⁵¹ iaŋ⁰ | 月亮 yɛ⁵¹ liaŋ⁰ |
| 兰　州 | 日头 zʅ²² t'əu³⁵ | 月亮 yɛ²² liã³⁵ |
| 红　古 | 热头 zɤ²² t'ɤu³⁵ | 月亮 yə²² liã³⁵ |
| 永　登 | 热头 zə²² t'ɤu²⁴<br>太阳 t'ɛi²² iaŋ³⁵ 又 | 月亮 yə²² liaŋ³⁵ |
| 榆　中 | 热头 zə²¹ t'əu³⁵ | 月亮 yə²¹ liã³⁵ |
| 白　银 | 热头 zə²² t'ɤu¹³ | 月亮 yɛ²² liaŋ¹³ |
| 靖　远 | 阳婆 iaŋ²² p'ə⁵⁵ | 月亮 yə⁴¹ liaŋ²¹ |
| 天　水 | 热头 zə²¹ t'ɤu⁴⁴ | 月亮 yə²¹ liã⁴⁴ |
| 秦　安 | 热头 zə²¹ t'əu¹³ | 月亮 yə²¹ liã⁴⁴ |
| 甘　谷 | 热头 zə³¹² t'ɤu²⁴ | 月亮 yə²¹ liaŋ⁴⁴ |
| 武　山 | 热头儿 zə²¹ t'ɤu²¹ zʅ⁴⁴ | 月亮 yə³¹ liaŋ²¹ |
| 张家川 | 热头 zɤ²¹ t'ɤu³⁵ | 月亮 yɛ²¹ liã⁴⁴ |
| 武　威 | 日头 zʅ⁴⁴ t'ɤu²¹ | 月亮 yɛ⁴⁴ liã²¹ |
| 民　勤 | 日头 zʅ⁵³ t'ɤu²¹ | 月亮 yɛ⁵³ niaŋ²¹ |
| 古　浪 | 日头 zʅ³¹ t'ou³⁵ | 月亮 yə⁵³ liɑo³³ |
| 永　昌 | 日头 zʅ⁵³ t'ɤu²¹ | 月亮 yə⁵³ liaŋ²¹ |
| 张　掖 | 日头 zʅ²² t'ɤu⁵³ | 月亮 yə³¹ liaŋ²¹ |
| 山　丹 | 日头 zʅ³³ t'ou²¹ | 月亮 yə⁴² liaŋ²¹ |
| 平　凉 | 热头爷 zɤ⁵³ t'ɤu²¹ iɛ²¹ | 月亮爷 yɤ⁵³ liaŋ²¹ iɛ²¹ |
| 泾　川 | 太阳 t'ɛ⁴⁴ iaŋ²¹ | 月亮爷 yɤ³¹ liaŋ²¹ iɛ²⁴ |
| 灵　台 | 日头 ər⁵³ t'ou²¹<br>太阳 t'ɛ²⁴ iaŋ²¹ 又 | 月亮 yo⁵³ liaŋ²¹ |

| 太阳 | 月亮 | 词目 / 方言点 |
|---|---|---|
| 日头zʅ²² t'ɤu¹³ | 月亮yə²² liaŋ¹³ | 酒 泉 |
| 太阳t'ɛ⁴⁴ iaŋ⁵³ | 月亮yə⁵³ liaŋ¹³ | 敦 煌 |
| 日头ər⁵³ t'ɤu²¹<br>热头zɤ⁵³ t'ɤu²¹ 又 | 月亮yɛ⁵³ liaŋ²¹ | 庆 阳 |
| 热头zɤ⁴² t'ɤu²¹<br>太阳t'ɛ²⁴ iaŋ²¹ 又 | 月亮yɤ⁴² liaŋ²¹ | 环 县 |
| 日头ər⁵³ t'ou²¹<br>太阳t'ɛ²⁴ iaŋ³¹ 又 | 月亮yə⁵³ liaŋ²¹ | 正 宁 |
| 暖和爷luæ̃⁵³ xuo²¹ iɛ²¹<br>日头zɛ⁵³ t'əu²¹ 又 | 月亮yɛ⁴¹ liã²¹ | 镇 原 |
| 热头zɤ²¹ t'ɤu¹³<br>阳婆iã¹³ p'ɤ²¹ 又 | 月亮yɤ²¹ liã²⁴ | 定 西 |
| 热头爷zə²¹ t'ɤu¹³ iɛ²¹ | 月亮yɛ²¹ liã⁴⁴ | 通 渭 |
| 热头儿zɤ⁵³ t'ɤu²¹ zʅ²¹ | 月亮yɤ³¹ liã¹³ | 陇 西 |
| 太阳t'ɛ⁴⁴ iã²¹ | 月亮ye²² liã⁴⁴ | 临 洮 |
| 热头ʒɤ²¹ t'ɤu¹³<br>热头壳ʒɤ²¹ t'ɤu¹³ k'uɤ²¹ 又 | 月亮yɛ²¹ liaŋ¹³ | 漳 县 |
| 阳婆iã²¹ p'uə⁵⁵ | 月亮yə⁵³ liã²¹ | 陇 南 |
| 热头iɛ⁵³ t'ɤu¹³ | 月亮yɤ²¹ liã³⁵ | 文 县 |
| 阳婆儿iã¹³ p'ər²¹ | 月亮yə²¹ liã⁴⁴ | 宕 昌 |
| 热头zɤ⁵³ t'ɤu²¹ | 月亮yɛ⁵³ liã²¹ | 康 县 |
| 热头zɤ²¹ t'ɤu²⁴ | 月亮yɤ²¹ liã²⁴ | 西 和 |
| 热头zə²¹ t'ɤu⁵³ | 月亮yɛ²¹ liaŋ³⁵ | 临夏市 |
| 热头zə²¹ t'ɯ⁵³ | 月亮yɛ²¹ liaŋ³⁵ | 临夏县 |
| 日头zʅ²¹ t'ɤu⁵³ | 月亮ye²¹ liã¹³ | 甘 南 |
| 日头ər³⁵ t'əu²¹ | 月亮ye¹³ liã²¹ | 舟 曲 |
| 热头zə⁴⁴ t'əu⁴⁴ | 月亮yə¹³ liã⁵³ | 临 潭 |

| 方言点＼词目 | 星星 | 打雷 |
|---|---|---|
| 北 京 | 星星ɕiŋ⁵⁵ ɕiŋ⁰ | 打雷ta²¹⁴ lei³⁵ |
| 兰 州 | 星星ɕin⁴² ɕin²¹ | 打雷ta⁴⁴ luei⁵³ |
| 红 古 | 星宿ɕin²² ɕiəu³⁵ | 打雷ta⁵⁵ luei³⁵ |
| 永 登 | 星宿ɕin⁴⁴ ɕiʁu²¹ | 打雷ta⁴⁴ luei⁵³ |
| 榆 中 | 星星ɕin⁴⁴ ɕin²¹ | 打雷ta³⁵ luei⁵³ |
| 白 银 | 星宿ɕin⁴⁴ ɕiʁu²¹<br>星星ɕin⁴⁴ ɕin²¹ 又 | 打雷ta³⁵ luei⁵¹<br>响雷ɕiaŋ³⁵ luei⁵¹ 又 |
| 靖 远 | 星星ɕiŋ⁴¹ ɕiŋ²¹<br>宿宿ɕiʁu⁴¹ ɕiʁu²¹ 又 | 打雷ta⁵⁵ luei²⁴ |
| 天 水 | 星宿ɕiŋ²¹ ɕiʁu⁴⁴ | 响雷ɕiã⁵³ luei¹³ |
| 秦 安 | 宿宿siəu²¹ siəu⁴⁴ | 响雷ɕiã⁵³ luei¹³ |
| 甘 谷 | 星宿ɕiəŋ²¹ ɕiʁu⁴⁴ | 打雷tɒ⁵³ luai²⁴ |
| 武 山 | 星宿ɕiŋ³¹ ɕiʁu²¹ | 响雷ɕiaŋ⁵³ luɛ²¹ |
| 张家川 | 宿宿ɕiʁu²¹ ɕiʁu⁴⁴ | 响雷ɕiã⁵³ luei¹³ |
| 武 威 | 宿宿ɕiʁu⁵³ ɕiʁu⁵³ | 打雷ta⁵³ luei¹³ |
| 民 勤 | 星宿ɕiŋ²⁴ ɕiʁu²¹ | 打雷ta⁴⁴ luei⁵³ |
| 古 浪 | 宿宿ɕiou⁴⁴ ɕiou⁵³ | 打雷ta²² luei⁵³ |
| 永 昌 | 星宿ɕiŋ³⁵ ɕy⁵³ | 打雷ta⁵³ luei²¹ |
| 张 掖 | 星宿ɕin³³ ɕiʁu³³ | 打雷ta²² luei⁵³ |
| 山 丹 | 星宿ɕiŋ³³ ʃiou³³ | 呼噜爷xu³³ lu³³ iə³³ |
| 平 凉 | 宿宿ɕiʁu⁵³ ɕiʁu²¹ | 响雷ɕiaŋ⁵³ luei²⁴ |
| 泾 川 | 宿宿ɕiəŋ⁵³ ɕiuɛ²¹ | 响雷ɕiaŋ⁵³ luei²⁴ |
| 灵 台 | 宿宿siou⁵³ siou²¹ | 打雷ta⁵³ luei²⁴<br>响雷ɕiaŋ⁵³ luei²⁴ 又 |

## 方言词汇

| 星星 | 打雷 | 词目 / 方言点 |
|---|---|---|
| 星宿 ɕiŋ⁴⁴ ɕiɤu⁴⁴ | 呼噜爷 xu⁴⁴ lu⁴⁴ iə⁴⁴ | 酒 泉 |
| 星星 ɕiŋ²² ɕiŋ¹³ | 打雷 ta⁵³ luei¹³ | 敦 煌 |
| 星星 ɕiŋ⁵³ ɕiŋ²¹ | 响雷 ɕiaŋ⁵³ luei²⁴ | 庆 阳 |
| 星星 ɕiŋ⁴² ɕiŋ²¹ | 吼雷 xɤu⁵⁵ luei¹³ | 环 县 |
| 星星 siŋ⁵³ siŋ²¹ | 响雷 ɕiaŋ⁵³ luei²⁴ | 正 宁 |
| 宿宿 siəu⁴¹ siəu²¹<br>星星 siŋ⁴¹ siŋ²¹ 又 | 响雷 ɕiã⁵³ luei²⁴ | 镇 原 |
| 星宿 ɕiŋ²¹ ɕiɤu⁴⁴ | 响雷 ɕiã⁵³ luei²¹ | 定 西 |
| 星星 siə̃²¹ siɤu⁵³ | 闪雷 ʂæ̃⁵³ luɛ¹³ | 通 渭 |
| 星星 ɕin³¹ ɕin²¹ | 打雷 ta⁵⁵ luɛ²¹ | 陇 西 |
| 星宿 ɕiŋ²¹ ɕiəu⁴⁴ | 响雷 ɕiã⁵³ luei¹³ | 临 洮 |
| 星星 siŋ²² siŋ²¹<br>宿宿 siɤu²² siɤu²¹ 又 | 响雷 ɕiaŋ⁵³ luei¹³ | 漳 县 |
| 宿宿 ɕiɤu⁵³ ɕiɤu²¹ | 打雷 ta⁵⁵ lei¹³ | 陇 南 |
| 星宿 ɕiə̃²¹ ɕiɤu³⁵ | 打雷 ta⁵⁵ luei¹³ | 文 县 |
| 宿宿 siəu²¹ siəu⁴⁴<br>星星 siŋ²¹ siŋ⁴⁴ 又 | 响雷 ɕiã⁵³ luei¹³ | 宕 昌 |
| 宿宿 siɤu⁵³ siɤu²¹ | 打雷 ta⁵⁵ luei²¹ | 康 县 |
| 宿宿 ɕiɤu²¹ ɕiɤu⁵⁵ | 响雷 ɕiã⁵³ luei²⁴ | 西 和 |
| 星宿 ɕin²¹ ɕiɤu⁵³ | 响雷 ɕiaŋ³⁵ luei¹³ | 临夏市 |
| 星宿 ɕin²¹ ɕiɯ⁵³ | 雷响 luei¹³ ɕiaŋ⁵³ | 临夏县 |
| 星宿 ɕin²¹ ɕiɤu⁵³ | 打雷 ta⁴⁴ lei¹³ | 甘 南 |
| 星星 siŋ⁵⁵ siŋ²¹ | 响雷 ɕiã⁵⁵ luei²¹ | 舟 曲 |
| 星星 ɕin⁴⁴ ɕin⁴⁴ | 打雷 ta⁵³ lei¹³ | 临 潭 |

| 词目<br>方言点 | 打闪 | 下雨 |
| --- | --- | --- |
| 北 京 | 打闪 ta²¹⁴ ʂan²¹⁴ | 下雨 ɕia⁵¹ y²¹⁴ |
| 兰 州 | 打闪 ta⁵³ ʂæ⁴⁴ | 下雨 ɕia²² ʐy⁴⁴ |
| 红 古 | 闪电 ʂã⁵⁵ tiã³⁵ | 下雨 ɕia²² ʐʮ⁵³ |
| 永 登 | 打闪 ta⁴⁴ ʂæ⁴⁴ | 下雨 ɕia²¹ y⁴⁴ |
| 榆 中 | 打闪 ta⁵³ ʂã⁴⁴ | 下雨 ɕia²¹ ʐy¹³ |
| 白 银 | 打闪 ta⁵³ ʂan²⁴ | 下雨 ɕia²² y²⁴ |
| 靖 远 | 闪电 ʂæ⁵⁵ tiæ⁴⁴ | 下雨 ɕia⁴⁴ ʐʮ⁵⁵ |
| 天 水 | 闪火闪子 ʂæ̃²¹ xuə⁵³ ʂæ̃²¹ tsʅ²¹ | 下雨 ɕia³⁵ y⁵³ |
| 秦 安 | 闪电 ʂan⁵³ tian⁴⁴ | 下雨 ɕia⁴⁴ y⁵³ |
| 甘 谷 | 闪火闪儿 ʂã²¹ xuə⁵³ ʂã²¹ ʐʅ¹³ | 下雨 ɕiɒ⁴⁴ ʐy⁵³ |
| 武 山 | 闪火闪儿 ʂã²¹ xuə⁴⁴ ʂã²¹ ʐʅ¹³ | 下雨 ɕiɑ⁴⁴ ʐʮ⁵³ |
| 张家川 | 闪电 ʂæ⁵³ tɕiæ⁵⁵ | 下雨 ɕia⁴⁴ y⁵³ |
| 武 威 | 闪电 ʂã³⁵ tiã²¹ | 下雨 ɕia⁵³ ʐy³³ |
| 民 勤 | 闪电 ʂæ⁴⁴ tir⁴² | 下雨 ɕia²¹ ʐy⁴⁴ |
| 古 浪 | 闪电 ʂæ²² tiɛ⁵³ | 下雨 ɕia³¹ ʐy⁴⁴ |
| 永 昌 | 雨闪 ʐy⁵³ ʂɛ²¹ | 下雨 ɕia⁵³ ʐy¹³ |
| 张 掖 | 闪电 ʂaŋ⁵³ tiaŋ²¹ | 下雨 ɕia²² ʐy⁵³ |
| 山 丹 | 闪电 ʂɛ⁵⁵ tir²¹ | 下雨 ɕia⁵³ ʐʮ³³ |
| 平 凉 | 闪电 ʂæ⁵³ tiæ⁴⁴ | 下雨 ɕia³⁵ y⁵³ |
| 泾 川 | 闪电 ʂæ⁵³ tiæ⁴⁴ | 下雨 ɕia³⁵ y⁵³ |
| 灵 台 | 闪电 ʂæ⁵³ tiæ⁴⁴ | 下雨 ɕia⁴⁴ y⁵³ |

| 打闪 | 下雨 | 词目 / 方言点 |
|---|---|---|
| 闪电 ʂan²² tian⁵³ | 下雨 ɕia²² ʐy⁵³ | 酒　泉 |
| 打闪 ta²² ʂan⁵³ | 下雨 ɕia⁴⁴ ʐʅ⁵³ | 敦　煌 |
| 闪电 ʂæ̃⁵³ tiæ̃⁴⁴ | 下雨 ɕia⁴⁴ y⁵³ | 庆　阳 |
| 打闪 ta⁵⁵ ʂæ̃⁵⁵ | 下雨 ɕia⁴⁴ y⁵⁵ | 环　县 |
| 闪电 ʂæ̃⁵³ tiæ̃⁴⁴ | 下雨 ɕia⁴⁴ y⁵³ | 正　宁 |
| 闪电 ʂæ̃⁵³ tiæ̃⁴⁴ | 下雨 ɕia⁴⁴ y⁵³ | 镇　原 |
| 闪火闪子 ʂæ̃²¹ xuɤ⁵³ ʂæ̃²¹ tsʅ²¹ | 下雨 ɕia⁴⁴ ʐy⁵³ | 定　西 |
| 闪火闪儿 ʂæ̃⁵³ xuə⁵³ ʂæ̃²¹ zʅ¹³ | 下雨 ɕia⁴⁴ ʐy⁵³ | 通　渭 |
| 闪火闪 ʂæ̃²¹ xuɤ⁵³ ʂæ̃⁵³ | 下雨 ɕia⁴⁴ ʐy⁵³ | 陇　西 |
| 闪电 ʂæ̃⁵³ tiæ̃⁴⁴ | 下雨 ɕia⁴⁴ ʐʅ⁵³ | 临　洮 |
| 闪火闪儿 ʃæ̃²¹ xuɤ⁵³ ʃɐr²¹ | 下雨 ɕia²¹ y⁵³<br>脱雨 tʻuɤ⁵³ y²¹ 又 | 漳　县 |
| 闪火花子 ʂæ̃²¹ xuə⁵⁵ xua²¹ tsʅ²¹ | 下雨 ɕia²⁴ ʐy⁵⁵ | 陇　南 |
| 火闪子 xuɤ⁵⁵ sæ̃⁵³ tsʅ²¹ | 下雨 ɕia²² ʐy⁵⁵ | 文　县 |
| 火闪子 xuə⁵³ ʂæ̃⁵³ tsʅ²¹ | 下雨 xa⁴⁴ ʐy⁵³ | 宕　昌 |
| 闪火闪子 ʂæ̃²¹ xuo³⁵ ʂæ̃⁵³ tsʅ²¹ | 下雨 ɕia²¹ ʐy⁵⁵ | 康　县 |
| 闪火闪子 ʂæ̃²⁴ xuɤ⁵³ ʂæ̃²¹ tsʅ³⁵ | 下雨 ɕia³⁵ y⁵³ | 西　和 |
| 闪电 ʂã³⁵ tia⁵³ | 下雨 xa⁴⁴ y⁵³ | 临夏市 |
| 闪电 ʂæ̃⁵⁵ tiæ̃⁵³ | 下雨 xɑ⁵⁵ ʐy⁵³ | 临夏县 |
| 打闪 tɑ²¹ ʂæ̃⁵³ | 下雨 xa⁴⁴ ʐy⁵³ | 甘　南 |
| 火闪子 xuə³⁵ ʂæ̃⁵³ tsʅ²¹ | 下雨 ɕia²² ʐy⁵³ | 舟　曲 |
| 闪电 ʂæ̃⁵³ tiæ̃⁴⁴ | 下雨 xa⁴⁴ ʐy⁵³ | 临　潭 |

| 词目<br>方言点 | 下雪 | 雪化了 |
| --- | --- | --- |
| 北　京 | 下雪 ɕia51 ɕye214 | 雪化了 ɕye214 xua51 lə0 |
| 兰　州 | 下雪 ɕia44 ɕyɛ13 | 雪化了 ɕyɛ21 xua13 liɔ53 |
| 红　古 | 下雪 ɕia13 ɕyə35 | 雪消了 ɕyə35 ɕiɔ21 liɔ35 |
| 永　登 | 下雪 ɕia13 ɕyə13 | 雪消了 ɕyə22 ɕiɑo44 liɑo21 |
| 榆　中 | 下雪 ɕia24 ɕyə213 | 雪化了 ɕyə21 xua53 lɔ13 |
| 白　银 | 下雪 ɕia22 ɕyɛ13 | 雪消了 ɕyɛ22 ɕiɔ44 lɔ21<br>雪化了 ɕyɛ13 xua21 lɔ24 又 |
| 靖　远 | 下雪 ɕia35 ɕyə41 | 雪消了 ɕyə22 ɕiao41 liao21<br>雪化了 ɕyə41 xua35 liao41 又 |
| 天　水 | 下雪 ɕia35 ɕyə13 | 雪消了 ɕyə13 ɕiɔ22 liɔ53 |
| 秦　安 | 下雪 ɕia44 ɕyə13 | 雪消了 ɕyə35 siɔ21 lɔ53 |
| 甘　谷 | 下雪 ɕiɒ44 ɕyə312 | 雪消了 ɕyə35 ɕiɑu53 liɑu21 |
| 武　山 | 下雪 ɕia44 ɕyə21 | 雪消了 ɕyə53 ɕiɔ21 lao21 |
| 张家川 | 下雪 ɕia44 ɕyɛ13 | 雪消了 ɕyɛ13 ɕiɔ21 liɔ53 |
| 武　威 | 下雪 ɕia22 ɕyɛ53 | 雪消了 ɕyɛ53 ɕiao42 liao21 |
| 民　勤 | 下雪 ɕia21 ɕyɛ42 | 雪化了 ɕyɛ21 xua42 lə21 |
| 古　浪 | 下雪 ɕia24 ɕyə53 | 雪消了 ɕyə22 ɕiɔ44 liɔ53 |
| 永　昌 | 下雪 ɕia35 ɕyə53 | 雪化了 ɕyə35 xua55 liao21 |
| 张　掖 | 下雪 ɕia22 ɕyə53 | 雪化了 ɕyə53 xua31 liɔ21 |
| 山　丹 | 下雪 ɕia35 ʃɥə53 | 雪化了 ʃɥə33 xua53 lə21 |
| 平　凉 | 下雪 ɕia44 ɕyɤ21 | 雪化了 ɕyɤ21 xua44 liɛ21 |
| 泾　川 | 下雪 ɕia44 ɕyɤ21 | 雪消了 ɕyɤ24 ɕiɔ31 liɔ21 |
| 灵　台 | 下雪 ɕia44 ɕyo21 | 雪消了 ɕyo24 ɕiɔ31 lɤ21<br>雪化了 ɕyo21 xua44 liɔ21 又 |

| 下雪 | 雪化了 | 词目 / 方言点 |
|---|---|---|
| 下雪 ɕia¹³ ɕyə¹³ | 雪化了 ɕyə¹³ xua²¹ la²¹ | 酒　泉 |
| 下雪 ɕia⁴⁴ ɕyə¹³ | 雪化了 ɕyə²¹ xua⁴⁴ lə³¹ | 敦　煌 |
| 下雪 ɕia⁴⁴ ɕyɛ⁵³ | 雪消了 ɕyɛ³¹ ɕiɔ⁵³ la²¹<br>消雪了 ɕiɔ²² ɕyɛ⁵³ læ̃²¹ 又 | 庆　阳 |
| 下雪 ɕia⁴⁴ ɕyɤ⁴¹ | 雪化咧 ɕyɤ⁴¹ xua⁵⁵ liɛ²¹ | 环　县 |
| 下雪 ɕia⁴⁴ ɕyə²¹ | 雪消了 ɕyə²⁴ siɔ³¹ liɔ²¹ | 正　宁 |
| 下雪 ɕia⁴⁴ syɛ³¹ | 雪消了 syɛ²¹ siɔ³¹ lə²¹ | 镇　原 |
| 下雪 ɕia⁴⁴ ɕyɤ¹³ | 雪消了 ɕyɤ¹³ ɕiɑo²¹ lɑo¹³ | 定　西 |
| 下雪 ɕia⁴⁴ syɛ²¹ | 雪消了 syɛ¹³ siɔ²¹ lə¹³ | 通　渭 |
| 下雪 ɕia⁴⁴ ɕyɤ²¹ | 雪消了 ɕyɤ³¹ ɕiɔ²¹ lɔ²¹ | 陇　西 |
| 下雪 ɕia⁴⁴ ɕye¹³ | 雪消了 ɕye³⁵ ɕiɑo²¹ liɑo¹³ | 临　洮 |
| 下雪 ɕia³⁵ ɕyɛ²¹<br>脱雪 tʻuɤ⁵³ ɕyɛ²¹ 又 | 雪消了 ɕyɛ⁴⁴ siɑo⁴⁴ lɑo²¹ | 漳　县 |
| 下雪 ɕia²⁴ ɕyə⁵³ | 雪消了 ɕyə⁵³ ɕiɑo⁵³ lɑo²¹ | 陇　南 |
| 下雪 ɕia²⁴ ɕyɤ⁵³ | 雪化了 ɕyɤ²¹ xua²⁴ liɑo⁵³ | 文　县 |
| 下雪 xa⁴⁴ syə¹³ | 雪消了 syə¹³ siɑo²¹ lɑo¹³ | 宕　昌 |
| 下雪 ɕia²⁴ syɛ⁵³ | 雪消了 syɛ⁵³ siɑo⁵³ lɑo²¹ | 康　县 |
| 下雪 ɕia⁵⁵ ɕyɤ²¹ | 雪消了 ɕyɤ³⁵ ɕiɔ²¹ lɔ³⁵<br>雪化了 ɕyɤ²¹ xua³⁵ lɔ⁵³ 又 | 西　和 |
| 下雪 xa⁴⁴ ɕyɛ¹³ | 雪消了 ɕyɛ⁴⁴ ɕiɔ²¹ liɔ⁵³ | 临夏市 |
| 下雪 xɑ⁵⁵ ɕyɛ¹³ | 雪消了 ɕyɛ⁵⁵ ɕiɔ²¹ liɔ⁵³ | 临夏县 |
| 下雪 xa⁴⁴ ɕye¹³ | 雪化了 ɕye¹³ xua⁴⁴ liɑo²¹ | 甘　南 |
| 下雪 ɕia²² sye⁵³ | 雪消了 sye⁵³ siɑo⁵⁵ liɑo²¹ | 舟　曲 |
| 下雪 xa⁴⁴ ɕyə⁴⁴ | 雪消了 ɕyə⁴⁴ ɕiɔ⁴⁴ lɔ²¹ | 临　潭 |

| 词目 方言点 | 结冰了 | 冰雹 |
|---|---|---|
| 北 京 | 结冰了 tɕie³⁵ piŋ⁵⁵ lə⁰ | 冰雹 piŋ⁵⁵ pao³⁵ |
| 兰 州 | 结冰了 tɕiɛ²¹ pin⁵³ liɔ²¹ | 冰雹 pin⁴⁴ pɔ¹³ |
| 红 古 | 冻冰 tuən³⁵ pin³⁵ | 冰雹 pin²² pɔ³⁵ |
| 永 登 | 冻冰 tuən²² pin⁵³ | 雹 pin⁴⁴ pɑo²⁴<br>蛋蛋 tæ̃²² tæ̃⁵³ 又 |
| 榆 中 | 结冰了 tɕiə²¹ pin⁴⁴ lɔ²¹ | 冰雹 pin⁵³ pɔ¹³ |
| 白 银 | 冻冰 tun²² pin⁴⁴ | 雹 pin⁴⁴ pɔ⁴⁴<br>蛋蛋 tan²² tan²⁴ 又 |
| 靖 远 | 冻冰 toŋ⁴⁴ piŋ⁴¹ | 冷子 lɤŋ⁵⁵ tsʅ²¹<br>冰雹 piŋ²² pao⁴¹ 又 |
| 天 水 | 冻下冰凌了<br>tuŋ⁴⁴ xa²¹ piŋ²¹ liŋ¹³ liɔ²¹ | 冷子 lɤŋ⁵³ tsʅ²¹<br>生雨 sɤŋ²¹ y⁵³ 又 |
| 秦 安 | 冻住了 tuɚ⁴⁴ tʃu²¹ lɔ²¹ | 冰雹儿 piɚ²¹ pʻɔ⁴⁴ zʅ²¹ |
| 甘 谷 | 冻住了 tuŋ³⁵ tʃu²¹ lɑu²¹ | 冷子 ləŋ⁵³ tsʅ²¹ |
| 武 山 | 冻住冰了 tuŋ²⁴ tʃu⁴⁴ piŋ³¹ lao²¹ | 生雨疙瘩子 səŋ⁴⁴ zʅ²⁴ kə³¹ ta²¹ tsʅ²¹ |
| 张家川 | 冻冰了 tuŋ⁴⁴ piŋ²¹ liɔ⁵³ | 冷子 lɤŋ⁵³ tsʅ²¹ |
| 武 威 | 冻冰 tuŋ⁵³ piŋ³³ | 冷子 ləŋ⁵³ tsʅ²¹ |
| 民 勤 | 冻冰了 toŋ⁴² piŋ⁴⁴ lə²¹ | 冷子 lɤŋ²¹ zʅ⁴⁴ |
| 古 浪 | 结冰 tɕiə³¹ piŋ⁴⁴ | 冷子 ləŋ²¹ tsʅ⁵³ |
| 永 昌 | 结冰了 tɕiə⁵³ piŋ²¹ liao²¹ | 冰雹 piŋ³⁵ pao⁵³ |
| 张 掖 | 冻上冰了 tuən³³ xa²¹ pin³³ liɔ³³ | 冰雹 pin³³ pɔ³³ |
| 山 丹 | 冻冰了 tuŋ⁵³ piŋ³³ lə³³ | 冰雹 piŋ³³ pɑo³³ |
| 平 凉 | 冻了 tuŋ⁴⁴ lia²¹ | 冷子疙瘩 luŋ⁴⁴ tsʅ²¹ kuɤ⁵³ ta²¹ |
| 泾 川 | 结冰了 tɕiɛ²⁴ piŋ³¹ liɛ²¹ | 冷子 ləŋ⁵⁵ tsʅ²¹ |
| 灵 台 | 结冰了 tɕiɛ²⁴ piəŋ³¹ liɔ²¹ | 冷子 ləŋ⁴⁴ tsʅ²¹ |

| 词目<br>方言点 | 结冰了 | 冰雹 |
|---|---|---|
| 酒泉 | 冻冰了 tuŋ²² piŋ⁴⁴ la⁴⁴ | 冰雹 piŋ⁴⁴ pɔ⁴⁴ |
| 敦煌 | 结冰了 tɕiə¹³ piŋ⁵³ lə²¹ | 冰雹 piŋ²² pao⁴⁴ |
| 庆阳 | 冻冰了 tuŋ⁴⁴ piŋ⁵³ læ̃²¹ | 冷子 ləŋ⁴⁴ ʐʅ²¹ |
| 环县 | 冻冰咧 tuŋ³³ piŋ⁴¹ liɛ²¹ | 冷子 ləŋ⁵⁵ tsʅ²¹ |
| 正宁 | 冻下冰了 tuŋ³⁵ xa³⁵ piŋ³¹ liɔ²¹ | 冷子 ləŋ⁵⁵ tsʅ²¹ |
| 镇原 | 冻成冰了 tuŋ⁴⁴ tʂʻəŋ²¹ piŋ⁴² liɛ²¹ | 冷子 ləŋ⁵⁵ tsʅ²¹ |
| 定西 | 冻住了 tuŋ⁴⁴ tʃʻu⁵³ lao²¹ | 冷子 ləɣ⁵³ tsʅ²¹ |
| 通渭 | 结冰了 tɕiɛ¹³ piə̃²¹ lɔ¹³ | 冷子 lə̃⁵³ tsʅ²¹ |
| 陇西 | 冻冰了 tuŋ⁴⁴ pin³¹ la²¹ | 生雨 səŋ²¹ ʐy⁵³ |
| 临洮 | 结冰了 tɕie³⁵ piŋ²¹ liao¹³ | 冷子 len⁵³ tsʅ²¹ |
| 漳县 | 结冰了 tɕiɛ⁴⁴ piŋ⁴⁴ lao²¹ | 冰雹 piŋ⁵³ pʻao²⁴ |
| 陇南 | 结冰 tɕie¹³ pin²¹ | 冷子儿 ləɣŋ³⁵ tsər²¹ |
| 文县 | 结冰 tɕiɛ⁵³ piə̃⁵³ | 冷子 lə̃³⁵ tsʅ²¹ |
| 宕昌 | 冻冰了 tuŋ⁴⁴ piŋ⁴⁴ lao²¹ | 雹子 pao⁴⁴ tsʅ²¹<br>蛋蛋儿 tæ̃⁴⁴ tər²¹ 又 |
| 康县 | 冻冰 tuŋ²⁴ pin⁵³ | 冷子儿 ləɣŋ⁵³ tsər²¹ |
| 西和 | 结冰了 tɕiɛ²⁴ piŋ²¹ lɔ³⁵<br>冻下冰凌了<br>tuŋ⁵⁵ xa²¹ piŋ²¹ liŋ²⁴ lɔ²¹ 又 | 硬雨 niŋ³⁵ y⁵³<br>冷子 ləɣ⁵³ tsʅ²¹ 又 |
| 临夏市 | 冻冰了 tuəŋ³⁵ pin²¹ liɔ⁵³ | 冰蛋 pin²¹ tã⁵³ |
| 临夏县 | 冻冰了 tuəŋ⁵⁵ pin²¹ liɔ⁵³ | 冰蛋 pin²¹ tæ̃⁵³ |
| 甘南 | 结冰了 tɕie¹³ pin²¹ liao⁵³ | 冰蛋 pin²¹ tæ̃⁴⁴ |
| 舟曲 | 冻冻泥 tuəŋ¹³ tuəŋ³⁵ ni²¹ | 疙瘩子 kei³⁵ ta⁵³ tsʅ²¹ |
| 临潭 | 冰冻下了 pin⁴⁴ tuŋ⁴⁴ xa²¹ lɔ²¹ | 疙珍子 kə⁴⁴ tʂɣŋ⁴⁴ tsʅ²¹ |

| 词目<br>方言点 | 虹 | 刮风 |
| --- | --- | --- |
| 北 京 | 虹xuŋ³⁵ | 刮风kua⁵⁵ fəŋ⁵⁵ |
| 兰 州 | 虹kã¹³ | 刮风kua²¹ fən⁵³ |
| 红 古 | 虹kã¹³ | 刮风kua⁵⁵ fən¹³ |
| 永 登 | 虹kaŋ³⁵ | 刮风kua²² fən⁴⁴ |
| 榆 中 | 虹xun⁵³ | 刮风kua²² fən⁴⁴ |
| 白 银 | 虹kaŋ¹³ | 刮风kua²² fən⁴⁴ |
| 靖 远 | 虹kaŋ⁴⁴ | 刮风kua⁵⁵ fɤŋ⁴¹ |
| 天 水 | 虹tɕiã⁴⁴ | 刮风kua⁵³ fɤŋ¹³ |
| 秦 安 | 虹tsiã⁴⁴ | 刮风kua⁴⁴ fə̃¹³ |
| 甘 谷 | 虹xuəŋ¹³ | 刮风kuɒ⁵³ fəŋ³¹² |
| 武 山 | 虹kaŋ⁴⁴ | 刮风kuɑ⁵³ fəŋ²¹ |
| 张家川 | 虹tɕiã⁴⁴ | 刮风kua⁵³ fɤŋ⁴⁴ |
| 武 威 | 虹kã⁵¹ | 刮风kua⁵³ fəŋ³³ |
| 民 勤 | 虹kaŋ⁵³ | 刮风kua²¹ fɤŋ⁴⁴ |
| 古 浪 | 虹kɑo⁵³ | 刮风kua²² fəŋ⁴⁴ |
| 永 昌 | 虹kaŋ⁵¹ | 刮风kua⁵³ fəŋ²¹ |
| 张 掖 | 虹kaŋ²¹ | 刮风kua²¹ fən³³ |
| 山 丹 | 虹kaŋ³¹ | 刮风kua⁵³ fəŋ³³ |
| 平 凉 | 虹tɕiaŋ⁴⁴ | 刮风kua⁵³ fəŋ²¹ |
| 泾 川 | 虹tɕiaŋ⁴⁴ | 吹风tʂʰei³⁵ fəŋ²¹ |
| 灵 台 | 虹tɕiaŋ⁴⁴ | 吹风tʂʰei²⁴ fəŋ²¹ |

# 方言词汇

| 词 目 | 虹 | 刮风 | 方言点 |
|---|---|---|---|
| | 虹 kaŋ²¹³ | 刮风 kua²² fəŋ⁴⁴ | 酒 泉 |
| | 虹 xuŋ²¹³ | 刮风 kua⁵³ fəŋ²¹³ | 敦 煌 |
| | 虹 tɕiaŋ⁴⁴ | 刮风 kua²² fəŋ⁵³<br>吹风 tʂʻuei²² fəŋ⁵³ 又 | 庆 阳 |
| | 虹 tɕiaŋ³³ | 刮风 kua⁵⁵ fəŋ⁴¹<br>吹风 tʂʻuei⁴¹ fəŋ⁴¹ 又 | 环 县 |
| | 虹 tiaŋ⁴⁴ | 刮风 kua⁵³ fəŋ²¹<br>吹风 tʃʻei²⁴ fəŋ²¹ 又 | 正 宁 |
| | 虹 tɕiã⁴⁴ | 刮风 kua⁵³ fəŋ³¹<br>吹风 tsʻei²⁴ fəŋ³¹ 又 | 镇 原 |
| | 虹 kã⁴⁴ | 刮风 kua⁵³ fɤŋ¹³ | 定 西 |
| | 虹 tɕiã⁴⁴ | 刮风 kua⁵³ fə̃¹³ | 通 渭 |
| | 虹 kã⁴⁴ | 刮风 kua⁵⁵ fəŋ²¹ | 陇 西 |
| | 虹 kã⁴⁴ | 吹风 tʂʻuei¹³ fɤŋ¹³ | 临 洮 |
| | 虹 kaŋ⁴⁴ | 刮风 kuɑ⁵³ fɤŋ²¹ | 漳 县 |
| | 虹 tɕiã²¹³ | 吹风 tʃʻei¹³ fɤŋ⁵³ | 陇 南 |
| | 虹 tɕiã²⁴ | 刮风 kua⁵³ fə̃⁵³ | 文 县 |
| | 虹 kã⁴⁴ | 刮风 kua⁵³ fəŋ⁴⁴ | 宕 昌 |
| | 虹 tɕiã²¹³ | 吹风 pfʻei²¹ fɤŋ⁵³ | 康 县 |
| | 虹 tɕiã⁵⁵ | 刮风 kua⁵³ fɤŋ²¹ | 西 和 |
| | 虹 kaŋ⁵³ | 刮风 kua¹³ fəŋ¹³ | 临夏市 |
| | 虹 kaŋ⁵³ | 刮风 kuɑ¹³ fəŋ¹³ | 临夏县 |
| | 彩虹 tsʻɛi⁴⁴ xun¹³ | 刮风 kua¹³ fɤŋ¹³ | 甘 南 |
| | 虹 tɕiã¹³ | 刮风 kua⁵⁵ fəŋ⁵³ | 舟 曲 |
| | 虹 kã⁴⁴ | 刮风 kua⁵³ fɤŋ⁴⁴ | 临 潭 |

| 词目<br>方言点 | 雾 | 端阳 |
|---|---|---|
| 北 京 | 雾u$^{51}$ | 端阳tuan$^{55}$ iaŋ$^{35}$ |
| 兰 州 | 雾vu$^{13}$ | 端阳tuæ̃$^{42}$ iã$^{21}$ |
| 红 古 | 雾vu$^{13}$ | 端阳tã$^{55}$ iã$^{21}$ |
| 永 登 | 雾vu$^{35}$ | 端午taŋ$^{44}$ vu$^{21}$ |
| 榆 中 | 雾vu$^{13}$ | 端午tuã$^{42}$ vu$^{21}$ |
| 白 银 | 雾vu$^{13}$ | 端午taŋ$^{44}$ vu$^{21}$ |
| 靖 远 | 雾vu$^{44}$ | 五月端午vu$^{55}$ yə$^{21}$ tæ$^{41}$ vu$^{21}$ |
| 天 水 | 雾u$^{44}$ | 五月五u$^{53}$ yə$^{21}$ u$^{53}$ |
| 秦 安 | 雾vu$^{44}$ | 五月五vu$^{53}$ yə$^{13}$ vu$^{53}$ |
| 甘 谷 | 雾vu$^{44}$ | 端午tã$^{21}$ vu$^{53}$ |
| 武 山 | 烟雾iã$^{31}$ vu$^{21}$ | 五月端vu$^{53}$ yə$^{31}$ tã$^{21}$ |
| 张家川 | 雾vu$^{44}$ | 五月五vu$^{53}$ yɛ$^{21}$ vu$^{53}$ |
| 武 威 | 雾vu$^{35}$ | 端午节tuã$^{44}$ vu$^{44}$ tɕiɛ$^{53}$ |
| 民 勤 | 雾vuæ$^{44}$ | 端午tuæ$^{44}$ vu$^{21}$ |
| 古 浪 | 雾vu$^{35}$ | 端午节tæ$^{44}$ vu$^{44}$ tɕiə$^{21}$ |
| 永 昌 | 雾vu$^{53}$ | 端午tuɛ$^{35}$ vu$^{53}$ |
| 张 掖 | 雾və$^{21}$ | 五月端午vu$^{33}$ yə$^{33}$ tuaŋ$^{33}$ vu$^{33}$ |
| 山 丹 | 雾vu$^{33}$ | 五月端午vu$^{53}$ yə$^{21}$ tuɛ$^{33}$ vu$^{33}$ |
| 平 凉 | 烟雾iæ̃$^{53}$ vu$^{21}$ | 端午tuæ̃$^{21}$ vu$^{53}$ |
| 泾 川 | 烟雾iæ̃$^{31}$ vu$^{21}$<br>雾vu$^{44}$ 又 | 端午tuæ̃$^{53}$ vu$^{21}$ |
| 灵 台 | 烟雾iæ̃$^{53}$ u$^{21}$ | 端午tæ̃$^{31}$ u$^{21}$ |

# 方言词汇

| 雾 | 端阳 | 词目 / 方言点 |
|---|---|---|
| 雾vu²¹³ | 端午节tuan⁴⁴ vu⁴⁴ tɕiə¹³ | 酒　泉 |
| 雾vu⁴⁴ | 端午tuan²¹ vu⁵³ | 敦　煌 |
| 烟雾iæ⁵³ u²¹ | 端午tæ⁵³ u²¹ | 庆　阳 |
| 雾vu³³ | 端午tæ⁴² vu²¹ | 环　县 |
| 烟雾iæ²¹ u⁴⁴<br>雾u⁴⁴ 又 | 端午tæ⁵³ u²¹ | 正　宁 |
| 烟雾iæ³¹ u²¹ | 端午节tæ³¹ u²¹ tsiɛ³¹ | 镇　原 |
| 雾vu⁴⁴ | 端阳节tæ²¹ iã¹³ tɕiɛ¹³<br>五月五vu⁵³ yɤ¹³ vu²¹ 又 | 定　西 |
| 烟雾iæ²¹ vu⁴⁴ | 五月五vu⁵³ yɛ¹³ vu³¹ | 通　渭 |
| 烟雾iæ⁵³ vu¹³ | 五月五vu⁵³ yɤ²¹ vu⁵³ | 陇　西 |
| 雾vu⁴⁴ | 端午tuæ²² vu⁵³ | 临　洮 |
| 雾vu¹³ | 端阳节tuæ⁵³ iaŋ¹³ tsiɛ²¹ | 漳　县 |
| 烟雾iæ²¹ vu¹³ | 五月五vu³⁵ yə²¹ vu⁵⁵ | 陇　南 |
| 雾vu²⁴ | 端阳tuæ⁵³ iã¹³ | 文　县 |
| 雾vu⁴⁴ | 端午tuæ¹³ vu²¹ | 宕　昌 |
| 烟雾iæ⁵³ vu²¹ | 端午tuæ⁵³ vu²¹ | 康　县 |
| 烟雾iæ²¹ u⁵⁵<br>雾u⁵⁵ 又 | 五月五u⁵³ yɤ²¹ u⁵³ | 西　和 |
| 雾vu⁵³ | 五月堆=vu³⁵ yɛ⁴⁴ tuei²¹(tuã¹³ ei¹³) | 临夏市 |
| 雾vu⁵³ | 五月端儿vu³⁵ yɛ⁵⁵ ti²¹(tuã¹³ ɨ¹³) | 临夏县 |
| 雾vu⁴⁴ | 端阳tuæ²¹ iã³⁵ | 甘　南 |
| 雾vu¹³ | 端午tuæ⁵³ vu²¹ | 舟　曲 |
| 雾vu⁴⁴ | 五月端午vu⁵³ yə²¹ tæ¹³ vu²¹ | 临　潭 |

| 词目<br>方言点 | 中元节 | 中秋 |
| --- | --- | --- |
| 北 京 | 中元节 tṣuŋ⁵⁵ yan³⁵ tɕie³⁵ | 中秋 tṣuŋ⁵⁵ tɕ'iou⁵⁵ |
| 兰 州 | 中元节 pfən⁵³ yæ⁴⁴ tɕiɛ¹³ | 中秋 pfən⁴² tɕ'iəu²¹ |
| 红 古 | 七月十五 ts'ʅ²² yə³⁵ ʂʅ²¹ vu⁵³ | 八月十五 pa²² yə³⁵ ʂʅ²¹ vu²¹ |
| 永 登 | 七月十五 tɕ'i²² yə³⁵ ʂʅ²¹ vu²⁴ | 八月十五 pa¹³ yə⁴⁴ ʂʅ⁴² vu²¹ |
| 榆 中 | 中元节 tṣun⁴⁴ yã⁵³ tɕiə²¹ | 中秋 tṣun⁴⁴ tɕ'iəu⁴² |
| 白 银 | 七月十五 tɕ'i²² yɛ²⁴ ʂʅ²² vu²⁴ | 八月十五 pa²¹ yɛ²⁴ ʂʅ²² vu²⁴ |
| 靖 远 | 七月十五 ts'ʅ⁴¹ yə²¹ ʂʅ²² vu⁵⁵ | 八月十五 pa⁴¹ yə²¹ ʂʅ²² vu⁵⁵ |
| 天 水 | 七月十五 tɕ'i²² yə⁵³ ʂʅ¹³ u⁵³ | 八月十五 pa²² yə⁵³ ʂʅ¹³ u⁵³ |
| 秦 安 | 七月十五 tsʅ¹³ yə²¹ ʂʅ³⁵ vu²¹ | 八月十五 pa¹³ yə⁵³ ʂʅ³⁵ vu²¹ |
| 甘 谷 | 中元节 tʃən³¹² yã²⁴ tɕiɛ²¹ | 八月十五 pɒ³¹² yə³⁵ ʂʅ²⁴ vu²¹ |
| 武 山 | 七月十五 tɕ'i⁵³ yə²¹ ʂʅ²¹ vu⁵³ | 八月十五 pɑ³¹ yə²¹ ʂʅ²⁴ vu⁵³ |
| 张家川 | 鬼节 kuei⁵³ tɕiɛ²¹ | 八月十五 pa²² yɛ²² ʂʅ³⁵ vu³¹ |
| 武 威 | 七月十五 tɕ'i⁵³ yɛ²¹ ʂʅ³⁵ vu²¹ | 八月十五 pa⁴⁴ yɛ²¹ ʂʅ³⁵ vu²¹ |
| 民 勤 | 七月十五 tɕ'i²¹ yɛ²¹ ʂʅ⁴⁴ vu²¹ | 八月十五 pa²¹ yɛ²¹ ʂʅ⁴⁴ vu²¹ |
| 古 浪 | 七月十五 tɕi²¹ yə²² ʂʅ³⁵ vu⁵³ | 八月十五 pa²¹ yə²² ʂʅ³⁵ vu⁵³ |
| 永 昌 | 七月十五 tɕ'i⁵³ yə²¹ ʂʅ³⁵ vu⁵³ | 八月十五 pa⁵³ yə²¹ ʂʅ³⁵ vu⁵³ |
| 张 掖 | 七月十五 tɕ'i³¹ yə²¹ ʂʅ⁵³ vu²¹ | 八月十五 pa³¹ yə²¹ ʂʅ⁵³ vu²¹ |
| 山 丹 | 七月十五 tʃ'ʅ⁵³ yə²¹ ʂʅ⁵³ vu²¹ | 八月十五 pa⁵³ yə²¹ ʂʅ⁵³ vu²¹ |
| 平 凉 | 七月十五 tɕ'i⁵³ yɤ²¹ ʂʅ²¹ vu⁵³ | 八月十五 pa⁵³ yɤ²¹ ʂʅ²² vu⁵³ |
| 泾 川 | 七月十五 tɕ'i³¹ yɤ²¹ ʂʅ²⁴ vu⁵³ | 八月十五 pa³¹ yɤ²¹ ʂʅ²⁴ vu⁵³ |
| 灵 台 | 七月十五 tɕ'i³¹ yo²¹ ʂʅ²⁴ u⁵³ | 八月十五 pa³¹ yo²¹ ʂʅ²⁴ u⁵³ |

方言词汇

| 中元节 | 中秋 | 词目 / 方言点 |
|---|---|---|
| 七月十五 tɕʻi²² yə²² ʂʅ¹³ vu²¹ | 八月十五 pa²² yə²² ʂʅ¹³ vu²¹ | 酒　泉 |
| 七月十五 tɕʻʅ²¹ yə³⁵ ʂʅ²¹ vu⁵³ | 八月十五 pa²¹ yə³⁵ ʂʅ²¹ vu⁵³ | 敦　煌 |
| 七月十五 tɕʻi⁵³ yɛ²¹ ʂʅ²² u⁵³ | 八月十五 pa³¹ yɛ²¹ ʂʅ¹³ u³¹ | 庆　阳 |
| 中元节 tʂuŋ⁵³ yæ²¹ tɕiɛ⁵³ | 八月十五 pa⁴¹ yɤ²¹ ʂʅ²¹ vu⁴¹ | 环　县 |
| 七月十五 tɕʻi⁵³ yə²¹ ʂʅ²¹ u⁵³ | 八月十五 pa⁵³ yə²¹ ʂʅ²¹ u⁵³ | 正　宁 |
| 七月十五 tɕʻi⁵³ yɛ²¹ ʂʅ²² u³¹ | 八月十五 pa⁵³ yɛ²¹ ʂʅ²² u³¹ | 镇　原 |
| 七月十五 tɕʻi²¹ yɤ⁴⁴ ʂʅ²¹ vu⁵³ | 八月十五 pa¹³ yɤ⁵³ ʂʅ¹³ vu⁵³ | 定　西 |
| 七月十五 tsʻi¹³ yɛ³¹ ʂʅ¹³ vu³¹ | 八月十五 pa¹³ yɛ³¹ ʂʅ¹³ vu³¹ | 通　渭 |
| 七月十五 tɕʻi²¹ yɤ⁴⁴ ʂʅ²¹ vu⁵³ | 八月十五 pa²² yɤ²² ʂʅ³⁵ vu⁵³ | 陇　西 |
| 七月十五 tɕʻi¹³ ye²¹ ʂʅ²¹ vu⁵³ | 八月十五 pa¹³ ye²¹ ʂʅ¹³ vu⁵³ | 临　洮 |
| 七月十五 tsʻi²¹ yɛ²¹ ʃʅ³⁵ vu⁵³ | 八月十五 pɑ²¹ yɛ²¹ ʃʅ³⁵ vu⁵³ | 漳　县 |
| 七月十五 tsʻʅ⁵³ yə²¹ ʂʅ²¹ vu⁵⁵ | 八月十五 pa⁵³ yə²¹ ʂʅ²¹ vu⁵³ | 陇　南 |
| 鬼节 kuei⁵⁵ tɕiɛ⁵³ | 八月十五 pa⁵³ yɤ⁵⁵ ʂʅ²¹ vu⁵⁵ | 文　县 |
| 中元节 tʂuŋ⁴⁴ yæ¹³ tsiɛ²¹ | 八月十五 pa⁴⁴ yə⁴⁴ ʂʅ¹³ vu⁵³ | 宕　昌 |
| 七月十五 tsʻʅ⁵³ yɛ⁵⁵ ʂʅ²¹ vu¹³ | 八月十五 pa⁵³ yɛ⁵⁵ ʂʅ²¹ vu¹³ | 康　县 |
| 七月十五 tɕʻi⁵³ yɤ²¹ ʂʅ²⁴ u⁵³ | 八月十五 pa²⁴ yɤ²¹ ʂʅ²⁴ u⁵³ | 西　和 |
| 七月十五 tɕʻi²¹ yɛ⁴⁴ ʂʅ³⁵ vu⁵³ | 八月十五 pa²¹ yɛ⁴⁴ ʂʅ³⁵ vu⁵³ | 临夏市 |
| 七月十五 tɕʻi²¹ yɛ⁵³ ʂʅ³⁵ vu⁵³ | 八月十五 pɑ¹³ yɛ⁵⁵ ʂʅ¹³ vu⁵³ | 临夏县 |
| 十五 ʂʅ¹³ vu⁵³ | 八月十五 pa²¹ ye¹³ ʂʅ³⁵ vu⁵³ | 甘　南 |
| 中元节 tʃuəŋ³⁵ yæ²¹ tsie⁵³ | 八月十五 pa⁵⁵ ye⁵⁵ ʂʅ⁵³ vu²¹ | 舟　曲 |
| 七月十五 tɕʻi⁴⁴ yə⁴⁴ ʂʅ¹³ vu²¹ | 八月十五 pa⁴⁴ yə⁴⁴ ʂʅ¹³ vu²¹ | 临　潭 |

| 词目<br>方言点 | 除夕 | 大年初一 |
|---|---|---|
| 北 京 | 除夕 tʂʻu³⁵ ɕi⁵⁵ | 大年初一 ta⁵¹ nian³⁵ tʂʻu⁵⁵ i⁵⁵ |
| 兰 州 | 除夕 pfʻu⁵³ ɕi¹³ | 大年初一 ta¹³ niæ̃⁵³ pfʻu⁵³ zi²¹ |
| 红 古 | 三十晚上 sã²² ʂʅ³⁵ vã⁵⁵ ʂã²¹ | 大年初一 ta²² niã³⁵ tʂʻu²¹ zʅ¹³ |
| 永 登 | 三十晚上 sæ̃⁵⁵ ʂʅ⁴⁴ væ̃³⁵ ʂaŋ²¹ | 大年初一 ta¹³ niæ̃⁴⁴ pfʻu⁴² i²¹<br>正月初一 tʂən⁴⁴ yə⁴⁴ pfʻu⁴² i²¹ 又 |
| 榆 中 | 除夕 tʂʻu⁴⁴ ɕi²¹ | 大年初一 ta²² niã²⁴ tʂʻu⁵³ zi²¹ |
| 白 银 | 三十晚上 san⁴⁴ ʂʅ⁵³ van²⁴ ʂaŋ²¹ | 正月初一 tʂən⁴⁴ yɛ⁴⁴ tʂʻu⁵³ zi²¹ |
| 靖 远 | 三十儿晚上 sæ̃²² ʂər²⁴ væ̃⁵⁵ ʂaŋ²¹ | 正月初一儿<br>tʂɤŋ⁴¹ yə²¹ tʂʻɻ⁴¹ zɻ²¹ |
| 天 水 | 三十晚夕 sæ̃²¹ ʂʅ¹³ væ̃⁵³ ɕi²¹ | 正月初一 tʂɤŋ²¹ yə⁵³ tʃʻu²² i¹³ |
| 秦 安 | 三十儿晚上<br>san²² ʂʅ¹³ zʅ⁴⁴ uan⁵³ ʂã²¹ | 大年初一 ta⁴⁴ nian²² tʃʻu¹³ zi²¹ |
| 甘 谷 | 三十晚上 sã³¹² ʂʅ¹³ uã⁵³ ʂaŋ²¹ | 正月初一 tʃən³¹² yə³⁵ tʃʻu²⁴ zi³¹² |
| 武 山 | 三十儿晚上 sã²¹ ʂər²⁴ uã⁵³ ʂaŋ²¹ | 正月初一 tʂən²² yə²¹ tʃʻu³¹ zi²¹ |
| 张家川 | 大年三十儿 ta⁴⁴ niæ̃²⁴ sæ̃²¹ ʂər²¹ | 大年初一 ta⁴⁴ niæ̃²⁴ tʃʻu¹³ zi²¹ |
| 武 威 | 三十日 sã²² ʂʅ³⁵ zʅ²¹ | 正月初一日<br>tʂən⁴⁴ yɛ⁴⁴ tʂʻɻ²² zi³⁵ zʅ²¹ |
| 民 勤 | 三十晚上 sæ²⁴ ʂʅ⁴⁴ væ²¹ ʂaŋ⁴⁴ | 大年初一 ta²¹ niɻ⁵³ tʂʻu⁴⁴ zi⁴² |
| 古 浪 | 腊月三十 la²² yə²² sæ³⁵ ʂʅ⁵³ | 正月初一 tʂən⁴⁴ yə⁴⁴ tʂʻɻ³³ zʅ²¹ |
| 永 昌 | 三十晚夕 sɛ³⁵ ʂʅ⁴⁴ vɛ⁵³ ɕi²¹ | 正月初一 tʂən⁴⁴ yə⁴⁴ tʂʻɻ²² zi⁵³ |
| 张 掖 | 三十黑了 saŋ³³ ʂʅ²¹ xə³¹ li²¹ | 大年初一 ta²² niaŋ²¹ kfʻu³³ zi³³ |
| 山 丹 | 大年三十 ta⁵⁵ niɻ²¹ sɛ³³ ʂʅ³³ | 大年初一 ta⁵⁵ niɻ²¹ tʂʻɻ³³ zʅ³³ |
| 平 凉 | 三十儿晚上 sæ̃³¹ ʂər²⁴ væ̃⁴⁴ ʂaŋ²¹ | 初一 tʂʻu⁵³ i²¹ |
| 泾 川 | 三十晚上 sæ̃²¹ ʂʅ²⁴ væ̃⁵⁵ ʂaŋ²¹ | 大年初一 ta⁴⁴ niæ̃²⁴ tʃʻu³¹ i²¹ |
| 灵 台 | 年三十儿 niæ̃²⁴ sæ̃²¹ ʂər²⁴<br>三十 sæ̃²¹ ʂʅ²⁴ 又 | 初一 tʃʻu²⁴ i²¹ |

| 除夕 | 大年初一 | 词目 / 方言点 |
|---|---|---|
| 大年三十 ta²² nian⁵³ san⁴⁴ ʂʅ⁴⁴ | 大年初一 ta²² nian²² tsʻu⁴⁴ ʑi⁴⁴ | 酒　泉 |
| 大年三十 ta⁴⁴ niɛ⁴⁴ san²¹ ʂʅ¹³ | 大年初一 ta⁴⁴ niɛ⁴⁴ tsu²¹ ʐʅ⁵³ | 敦　煌 |
| 三十儿晚上 sæ̃²¹ ʂər¹³ uæ̃⁴⁴ ʂaŋ²¹ | 初一 tsʻu⁵³ i²¹ | 庆　阳 |
| 年三十 niæ̃²² sæ̃⁵³ ʂʅ¹³ | 初一 tsʻu⁵⁵ i⁴¹ | 环　县 |
| 三十晚上 sæ̃²¹ ʂʅ²⁴ uæ̃⁴⁴ ʂaŋ²¹ | 大年初一 ta⁴⁴ niæ̃²⁴ tʃʻɿ³¹ i²¹ | 正　宁 |
| 年三十儿 niæ̃²⁴ sæ̃⁴¹ ʂʅər²⁴ | 大年初一儿 ta⁴⁴ niæ̃²⁴ tsʻɿ³¹ iər²¹ | 镇　原 |
| 三十晚上 sæ̃²¹ ʂʅ¹³ væ̃⁵³ ʂɑ̃²¹ | 正月初一 tʂɤŋ¹³ yɤ⁵³ tʃʻu²² ʑi¹³ | 定　西 |
| 三十晚上 sæ̃²¹ ʂʅ¹³ uæ̃⁵³ ʂɑ̃²¹ | 正月初一 tʂɔ̃¹³ yɛ²¹ tʃʻu¹³ ʑi¹³ | 通　渭 |
| 三十晚上 sæ̃⁴² ʂʅ¹³ væ̃⁵³ ʂɑ̃²¹ | 正月初一 tʂəŋ²² yɤ³¹ tsʻu²¹ ʑi²¹ | 陇　西 |
| 三十儿晚 sæ̃²¹ ʂər³⁵ væ̃⁵³ | 正月初一 tʂɤŋ³⁵ ye²¹ tsʻu¹³ ʑi¹³ | 临　洮 |
| 三十晚夕 sæ̃²¹ ʃʅ¹³ uæ̃⁵³ si²¹ | 正月初一 tʃɤŋ⁴⁴ yɛ⁵³ tʃʻʅ²¹ ʑi²¹ | 漳　县 |
| 三十晚上 sæ̃⁵³ ʂʅ²¹ væ̃³⁵ ʂɑ̃²¹ | 正月初一 tʂɤŋ⁵³ yə²¹ tʃʻu¹³ ʑi²¹ | 陇　南 |
| 三十晚上 sæ̃⁵³ ʂʅ²¹ uæ̃³⁵ sɑ̃²¹ | 大年初一 ta²⁴ niæ̃²¹ tʃʻu⁵³ ʑi⁵³ | 文　县 |
| 腊月晚上 la⁴⁴ yə⁴⁴ væ̃⁵³ ʂɑ̃²¹ | 正月初一 tʂəŋ⁴⁴ yə⁴⁴ tsʻu⁴⁴ ʐʅ⁴⁴ | 宕　昌 |
| 三十晚上 sæ̃⁵³ ʂʅ²¹ væ̃³⁵ ʂɑ̃²¹ | 正月初一 tʂɤŋ⁵³ ye⁵⁵ pfʻu²¹ i⁵³ | 康　县 |
| 三十儿晚上 sæ̃²¹ ʂər²⁴ væ̃⁵³ ʂɑ̃²¹ | 正月初一儿 tʂɤŋ²⁴ yɤ²¹ tʃʻu²⁴ iər²¹³ | 西　和 |
| 三十晚夕 sɑ̃²¹ ʂʅ²¹ vã⁴⁴ çi¹³ | 正月初一 tʂəŋ²¹ yɛ⁴⁴ tsʻu⁴⁴ ʐʅ⁵³ | 临夏市 |
| 三十晚夕 sæ̃²¹ ʂʅ⁵⁵ væ̃⁵⁵ çi³⁵ | 大年初一 tɑ⁵⁵ niæ̃²¹ tsʻu²¹ ʑi²¹ | 临夏县 |
| 三十 sæ̃²¹ ʂʅ⁵³ | 初一 tsʻu²¹ ʑi¹³ | 甘　南 |
| 三十晚上 sæ̃⁵⁵ ʂʅ²¹ væ̃³⁵ ʂɑ̃⁵³ | 正月初一 tʂəŋ⁵⁵ ye⁵⁵ tʃʻu⁵³ ʒi²¹ | 舟　曲 |
| 三十晚上 sæ̃⁴⁴ ʂʅ⁴⁴ væ̃⁵³ ʂɑ̃²¹ | 大年初一 ta⁴⁴ niæ̃⁴⁴ tsʻu⁵³ ʑi⁴⁴ | 临　潭 |

| 词目<br>方言点 | 今年 | 明年 |
|---|---|---|
| 北 京 | 今年tɕin⁵⁵ nian³⁵ | 明年miŋ³⁵ nian³⁵ |
| 兰 州 | 今年tɕin⁴² niæ̃²¹ | 明年min⁵³ niæ̃¹³ |
| 红 古 | 今年tɕin²² niã³⁵ | 翻过年fã²² kuə³⁵ niã¹³<br>明年min²² niã⁵³ 又 |
| 永 登 | 今年tɕin⁴² niæ̃²¹ | 翻过年fæ̃⁴⁴ kuə⁴⁴ niæ̃⁵³ |
| 榆 中 | 今年tɕin⁴² niã²¹ | 明年个min⁴² niã²¹ kə³⁵ |
| 白 银 | 今年tɕin⁴⁴ nian²¹ | 明年min⁵³ nian¹³ |
| 靖 远 | 今年tɕin⁴¹ niæ̃²¹ | 明年miŋ²² niæ̃⁵⁵ |
| 天 水 | 今年个tɕiŋ¹³ niæ̃¹³ kuə²¹ | 明年个miŋ¹³ niæ̃²¹ kuə²¹ |
| 秦 安 | 今年tɕiə̃²¹ nian¹³ | 明年miə̃¹³ nian²¹ |
| 甘 谷 | 今年tɕiəŋ⁴² niã²⁴ | 明年miəŋ²⁴ niã²¹ |
| 武 山 | 今年tɕiŋ²¹ niã²⁴<br>今年个子tɕiŋ²¹ niã²¹ kiə²⁴ tsʅ²¹ 又 | 明年miŋ²⁴ niã⁵³<br>明年个子miŋ²⁴ niã⁵³ kiə²⁴ tsʅ²¹ 又 |
| 张家川 | 今年tɕi²¹ niæ̃¹³ | 明年miŋ¹³ niæ̃²¹ |
| 武 威 | 今年tɕiŋ⁴⁴ niã⁵³ | 明年miŋ³⁵ niã²¹ |
| 民 勤 | 今年tɕiŋ⁴⁴ niɿ²¹ | 明年miŋ⁴⁴ niɿ²¹ |
| 古 浪 | 今年tɕiŋ³⁵ niɛ⁵³ | 明年miŋ³⁵ niɛ²¹ |
| 永 昌 | 今年tɕiŋ³⁵ niɛ⁵³ | 明年miŋ³⁵ niɛ²¹ |
| 张 掖 | 今年tɕin³³ niaŋ³³ | 明年min³⁵ niaŋ²¹ |
| 山 丹 | 今年tɕiŋ³³ niɿ³³ | 明年miŋ³⁵ niɿ²¹ |
| 平 凉 | 今年tɕiŋ⁵³ niæ̃²¹ | 明年miŋ²² niæ̃⁵³ |
| 泾 川 | 今年tɕiŋ⁵³ niæ̃²¹ | 明年miŋ²¹ niæ̃⁵³ |
| 灵 台 | 今年tɕiəŋ²¹ niæ̃²⁴ | 明年miəŋ²¹ niæ̃⁵³ |

# 方言词汇

| 今年 | 明年 | 词目 / 方言点 |
|---|---|---|
| 今年 tɕiŋ⁴⁴ nian⁴⁴ | 明年 miŋ³⁵ nian³¹ | 酒　泉 |
| 今年 tɕiŋ²² niɛ²¹³ | 明年 miŋ²² niɛ⁵³ | 敦　煌 |
| 今年 tɕiŋ⁵³ niæ̃²¹ | 明年 miŋ²¹ niæ̃⁵³ | 庆　阳 |
| 今年 tɕiŋ⁴² niæ̃²¹ | 明年 miŋ²² niæ̃⁵⁵ | 环　县 |
| 今年 tɕien²¹ niæ̃²⁴ | 明年 miŋ²¹ niæ̃⁵³ | 正　宁 |
| 今年 tɕiŋ⁴² niæ̃²¹ | 明年 miŋ²¹ niæ̃⁵³ | 镇　原 |
| 今年 tɕiŋ²¹ niæ̃¹³ | 明年 miŋ²⁴ niæ̃²¹ | 定　西 |
| 今年 tɕiɚ²¹ niæ̃¹³ | 翻年 fæ̃²¹ niæ̃¹³ | 通　渭 |
| 今年 tɕin⁵³ niæ̃¹³ | 明年 min¹³ niæ̃³¹ | 陇　西 |
| 今年 tɕin²¹ niæ̃¹³ | 明年 miŋ¹³ niæ̃²¹ | 临　洮 |
| 今年 tɕin⁵³ niæ̃¹³ | 明年 miŋ¹³ niæ̃²¹ | 漳　县 |
| 今年 tɕin⁵³ niæ̃²¹ | 明年 min²¹ niæ̃⁵⁵ | 陇　南 |
| 今年 tɕiɚ⁵³ niæ̃¹³ | 明年 miɚ²¹ niæ̃¹³ | 文　县 |
| 今年 tsiŋ⁴⁴ niæ̃⁴⁴ | 二一年 ər⁴⁴ ʐɿ²¹ niæ̃²¹<br>下年 xa⁴⁴ niæ̃²¹ 又<br>明年 mei¹³ niæ̃²¹ 又 | 宕　昌 |
| 今年 tɕin⁵³ niæ̃²¹ | 明年 min²¹ niæ̃⁵⁵ | 康　县 |
| 今年个 tɕi²¹ niæ̃²⁴ kuɤ⁵³ | 明年个 miŋ³⁵ niæ̃²¹ kuɤ⁵⁵ | 西　和 |
| 今年 tɕin¹³ niã³¹ | 明年 min¹³ niã³¹ | 临夏市 |
| 今年 tɕin²¹ niæ̃⁵³ | 明年 min¹³ niæ̃⁵³ | 临夏县 |
| 今年 tɕin²¹ niæ̃¹³ | 明年 min¹³ niæ̃⁵³ | 甘　南 |
| 今年 tɕiŋ⁵⁵ niæ̃²¹ | 明年 miŋ⁵⁵ niæ̃²¹ | 舟　曲 |
| 今年 tɕi⁴⁴ niæ̃⁴⁴ | 明年 min¹³ niæ̃⁵³ | 临　潭 |

| 词目<br>方言点 | 去年 | 前年 |
| --- | --- | --- |
| 北 京 | 去年tɕ'y⁵¹ nian³⁵ | 前年tɕ'ian³⁵ nian³⁵ |
| 兰 州 | 去年tɕ'y²² niæ̃⁵³ | 前年tɕ'iæ̃⁵³ niæ̃¹³ |
| 红 古 | 年时个niã¹³ ʂʅ⁵³ kə²¹ | 前年个tɕ'iã²² niæ̃³⁵ kə²¹ |
| 永 登 | 年时个niæ̃⁵³ ʂʅ⁴² kə²¹ | 前年个tɕ'iæ̃²² niæ̃²² kə⁴⁴ |
| 榆 中 | 去年tɕ'y²¹ niã³⁵ | 前年tɕ'iã²¹ niã³⁵ |
| 白 银 | 年时个nian⁵³ ʂʅ²¹ kə²¹ | 前年个tɕ'ian⁵³ nian²² kə¹³ |
| 靖 远 | 年时niæ̃²² ʂʅ⁵⁵ | 前年tɕ'iæ̃²² niæ̃⁵⁵ |
| 天 水 | 年时个niæ̃¹³ ʂʅ²¹ kuə²¹<br>去年个tɕ'y⁴⁴ niæ̃²¹ kuə²¹ 又 | 前年个tɕ'iæ̃¹³ niæ̃²¹ kuə²¹ |
| 秦 安 | 年时个nian³⁵ ʂʅ²¹ kə²¹ | 前年ts'ian³⁵ nian²¹ |
| 甘 谷 | 去年tɕ'y⁴⁴ niã²¹ | 前年tɕ'iã²¹ niã⁴⁴ |
| 武 山 | 年时niã²⁴ ʂʅ²¹ | 前年个子tɕ'iã²⁴ niã⁵³ kiã³¹ tsʅ²¹ |
| 张家川 | 年时niæ̃¹³ ʂʅ²¹ | 前年tɕ'iæ̃¹³ niæ̃²¹ |
| 武 威 | 年时个niã̃³⁵ ʂʅ⁴² kə²¹ | 前年tɕ'iã̃³⁵ niã̃⁵³ |
| 民 勤 | 年时个niʅ²¹ ʂʅ⁴⁴ kɯ²¹ | 前年个tɕ'iʅ⁴⁴ niʅ²¹ kɯ²¹ |
| 古 浪 | 年时个niɛ³⁵ ʂʅ²¹ kə²¹ | 前年tɕ'iɛ³⁵ niɛ²¹ |
| 永 昌 | 年时个niɛ³⁵ ʂʅ⁵³ kə²¹ | 前年个tɕ'iɛ³⁵ niɛ⁵³ kə²¹ |
| 张 掖 | 去年tɕ'y³¹ niaŋ²¹ | 前年tɕ'iaŋ³⁵ niaŋ²¹ |
| 山 丹 | 年时个niʅ⁵⁵ ʂʅ²¹ kə²¹ | 前年tɕ'iʅ⁵⁵ niʅ²¹ |
| 平 凉 | 年时niæ̃²² ʂʅ⁵³ | 前年tɕ'iæ̃²² niæ̃⁵³ |
| 泾 川 | 年时niæ̃²¹ ʂʅ⁵³ | 前年tɕ'iæ̃²¹ niæ̃⁵³ |
| 灵 台 | 年时niæ̃²¹ ʂʅ⁵³ | 前年ts'iæ̃²¹ niæ̃⁵³ |

# 方言词汇

| 去年 | 前年 | 词目 / 方言点 |
|---|---|---|
| 去年 tɕʻy²² nian¹³ | 前年 tɕian³⁵ nian³¹ | 酒　泉 |
| 去年 tɕʻʅ⁴⁴ niɛ⁵³ | 前年 tɕʻiɛ²² niɛ⁵³ | 敦　煌 |
| 年时 niæ̃²¹ sʅ⁵³ | 前年 tɕʻiæ̃²¹ niæ̃⁵³ | 庆　阳 |
| 年时 niæ̃²² sʅ⁵⁵ | 前年 tɕʻiæ̃²² niæ̃⁵⁵ | 环　县 |
| 年时 niæ̃²¹ sʅ⁵³ | 前年 tsʻiæ̃²¹ niæ̃⁵³ | 正　宁 |
| 年时 niæ̃²⁴ sʅ²¹ | 前年 tsʻiæ̃²¹ niæ̃⁵³ | 镇　原 |
| 年时个 niæ̃²⁴ sʅ⁴² kɤ²¹ | 前年 tɕʻiæ̃²⁴ niæ̃²¹ | 定　西 |
| 年时 niæ̃¹³ sʅ²¹ | 前年 tsʻiæ̃¹³ niæ̃⁵³ | 通　渭 |
| 年时 niæ̃¹³ sʅ²¹ | 前年个 tɕʻiæ̃³⁵ niæ̃⁵³ kɤ²¹ | 陇　西 |
| 年时个 niæ̃¹³ sʅ⁴⁴ ko²¹ | 前年 tɕʻiæ̃¹³ niæ̃²¹ | 临　洮 |
| 去年 tɕʻy³⁵ niæ̃²¹ | 前年个 tsʻiæ̃²¹ niæ̃⁴⁴ kɤ²¹ | 漳　县 |
| 年时 niæ̃²¹ sʅ¹³ | 前年 tɕʻiæ̃²¹ niæ̃¹³ | 陇　南 |
| 去年 tɕʻy²⁴ niæ̃²¹ | 前年 tɕʻiæ̃²¹ niæ̃¹³ | 文　县 |
| 年时 niæ̃¹³ sʅ²¹<br>上一年 ʂɑ̃⁴⁴ ʐʅ²¹ niæ̃²¹ 又 | 前年 tsʻiæ̃¹³ niæ̃²¹<br>上上一年 ʂɑ̃⁴⁴ ʂɑ̃⁴⁴ ʐʅ²¹ niæ̃²¹ 又 | 宕　昌 |
| 年时 niæ̃²¹ sʅ¹³ | 前年 tsʻiæ̃²¹ niæ̃¹³ | 康　县 |
| 年时个 niæ̃²⁴ sʅ²¹ kuɤ²⁴ | 前年 tɕʻiæ̃²⁴ niæ̃²¹ | 西　和 |
| 年时 niã¹³ sʅ³¹ | 前年 tɕʻiã¹³ niã³¹ | 临夏市 |
| 年时 niæ̃¹³ sʅ⁵³ | 前年 tɕʻiæ̃¹³ niæ̃⁵³ | 临夏县 |
| 去年 tɕʻy⁴⁴ niæ̃²¹ | 前年 tɕʻiæ̃¹³ niæ̃⁵³ | 甘　南 |
| 年时 niæ̃⁵³ sʅ²¹ | 前年 tsʻiæ̃³¹ niæ̃²¹ | 舟　曲 |
| 去年 tɕʻy⁵³ niæ̃²¹ | 前一年 tɕʻiæ̃¹³ ʑi²¹ niæ̃¹³ | 临　潭 |

| 词目<br>方言点 | 往年 | 今日 |
|---|---|---|
| 北 京 | 往年 uaŋ²¹⁴ nian³⁵ | 今日 tɕin⁵⁵ ʐʅ⁵¹ |
| 兰 州 | 往年 vã³⁵ niæ²¹ | 今个 tɕin⁴² kɤ²¹ |
| 红 古 | 奈⁼几年 nɛ³⁵ tsʅ⁵³ niã²¹ | 今日 tɕin²² ʐʅ³⁵ |
| 永 登 | 奈⁼几年 nɛi¹³ tɕi⁵⁵ niæ⁵³ | 今个天 tɕin⁵⁵ kə⁴² tʰiæ²¹ |
| 榆 中 | 大前年 ta³⁵ tɕʰiã⁴² niã²¹ | 今个 tɕin⁵³ kə²¹ |
| 白 银 | 满年 man²⁴ nian⁵³ | 今个天 tɕin⁴⁴ kə²¹ tʰian²¹ |
| 靖 远 | 满年 mæ̃⁵⁵ niæ²¹ | 今儿 tɕiə̃r⁴¹ |
| 天 水 | 满年家 mæ̃⁵³ niæ̃¹³ tɕia²¹ | 今个 tɕiŋ¹³ kuə²¹ |
| 秦 安 | 自跟 tsʰʅ⁴⁴ kə̃¹³ | 今儿个 tɕiə̃²² ər³⁵ kə²¹ |
| 甘 谷 | 往年 uɑŋ⁵³ niã²¹ | 今日 tɕiəŋ²¹ ʐə⁴⁴ |
| 武 山 | 兀几年 vu⁵³ tɕi⁵³ niã²⁴<br>满年 mã⁵³ niã²¹ 又 | 今日 tɕiŋ³¹ ʐ̩ə²¹ |
| 张家川 | 往年 vã⁵³ niæ²¹ | 今儿 tɕiə̃r¹³ |
| 武 威 | 前几年 tɕʰiã³⁵ tɕi⁴⁴ niã²¹ | 今个 tɕin⁴⁴ kə⁵³ |
| 民 勤 | 前几年 tɕʰir⁴⁴ tɕi²¹ nir²¹ | 今个 tɕiŋ²⁴ kɯ²¹ |
| 古 浪 | 前几年 tɕʰiɛ⁴⁴ tɕi²¹ niɛ²¹ | 今个 tɕiŋ³⁵ kə⁵³ |
| 永 昌 | 那几年 na⁵³ tɕi²¹ niɛ²¹ | 今个 tɕiŋ³⁵ kə⁵³ |
| 张 掖 | 往年 vaŋ²¹ niaŋ¹³ | 今个子 tɕin³³ kə³³ tsʅ³³ |
| 山 丹 | 往年 vaŋ³³ nir³³ | 今个 tɕiŋ³⁵ kə⁵⁵ |
| 平 凉 | 往儿个 uɑŋ⁴⁴ ər²¹ kɤ²¹ | 今儿个 tɕin⁵³ ər²¹ kɤ²¹ |
| 泾 川 | 往年 vɑŋ⁵⁵ niæ²¹ | 今儿 tɕiə̃r⁵³ |
| 灵 台 | 往年 uɑŋ⁴⁴ niæ²¹ | 今儿 tɕiəŋr⁵³ |

## 方言词汇

| 往年 | 今日 | 词目 / 方言点 |
|---|---|---|
| 往年 vaŋ²² nian⁵³ | 今个 tɕiŋ⁴⁴ kə⁴⁴ | 酒　泉 |
| 往年 vaŋ⁵³ niɛ²¹³ | 今天 tɕiŋ²² tʻiɛ²¹³ | 敦　煌 |
| 往年 uaŋ⁴⁴ niæ̃²¹ | 今儿 tɕiə˞r³¹ | 庆　阳 |
| 往年 vaŋ⁵⁵ niæ̃²¹ | 今儿 tɕiə˞r⁴¹ | 环　县 |
| 往年 uaŋ⁵³ niæ̃²⁴ | 今儿 tɕiə˞r³¹ | 正　宁 |
| 往年 uã⁵³ niæ̃²¹ | 今儿 tɕiə˞r⁴¹ | 镇　原 |
| 往年 vã⁵³ niæ̃²¹<br>满年 mæ̃⁵³ niæ̃²¹ 又<br>前几年 tɕʻiæ²⁴ tɕi⁵³ niæ̃²¹ 又 | 今个 tɕiŋ²¹ kɤ²⁴ | 定　西 |
| 满常 mæ̃⁵³ tʂʻã¹³<br>满年 mæ̃⁵³ niæ̃²¹ 又 | 今个 tɕiɤ̃¹³ kə⁵³ | 通　渭 |
| 往年 vã³⁵ niæ̃¹³ | 今个 tɕin³¹ kɤ²¹ | 陇　西 |
| 往年 vã⁵³ niæ̃²¹ | 今儿个 tɕiər³⁵ ko²¹ | 临　洮 |
| 往年个 uaŋ⁵³ niæ̃²¹ kɤ²¹ | 今个 tɕiŋ²² kɤ²¹ | 漳　县 |
| 往年 vã⁵⁵ niæ̃⁵³ | 今天 tɕin⁵³ tʻiæ²¹ | 陇　南 |
| 往年 uã⁵⁵ niæ̃²¹ | 今天 tɕiɤ̃⁵³ tʻiæ²¹ | 文　县 |
| 往年 uã⁵³ niæ̃¹³ | 今儿个 tsiə˞r⁴⁴ kɤ²¹ | 宕　昌 |
| 前几年 tsʻiæ²¹ tɕi³⁵ niæ̃²¹ | 今儿个 tɕiə˞r⁵³ kuo²¹ | 康　县 |
| 往年 uã⁵³ niæ̃²⁴ | 今个 tɕiɛ²⁴ kuɤ²¹ | 西　和 |
| 前两年 tɕʻiã³⁵ liaŋ⁵³ niã²¹ | 今个 tɕin¹³ kə⁵³ | 临夏市 |
| 沤₌几年 ɯ⁵⁵ tɕi²¹ niæ̃²¹ | 今个 tɕin¹³ kə⁵³ | 临夏县 |
| 往常 vã⁴⁴ tʂʻã¹³ | 今天 tɕin¹³ tʻiæ²¹ | 甘　南 |
| 往年 vã⁵⁵ niæ̃⁵³ | 今儿天 tɕiər⁵³ tʻiæ²¹ | 舟　曲 |
| 前几年 tɕʻiæ¹³ tɕi⁵³ niæ̃¹³ | 今儿个 tɕiər⁴⁴ kə²¹ | 临　潭 |

| 词目<br>方言点 | 明日 | 后日 |
| --- | --- | --- |
| 北 京 | 明日 miŋ³⁵ ʐʅ⁵¹ | 后日 xou⁵¹ ʐʅ⁵¹ |
| 兰 州 | 明个 min⁵³ kɤ²¹ | 后个 xəu²² kɤ⁵³ |
| 红 古 | 明日 min²² ʐʅ³⁵ | 后日 xɤu¹³ ʐʅ⁵³ |
| 永 登 | 明个天 min⁵³ kə⁴² tʻiæ²¹ | 后个天 xɤu²² kə²⁴ tʻiæ⁵⁵ |
| 榆 中 | 明个 min²¹ kə¹³ | 后个 xəu²¹ kə⁴⁴ |
| 白 银 | 明个天 min⁵³ kə²¹ tʻian⁴⁴ | 后个天 xɤu²² kə²⁴ tʻian⁵³ |
| 靖 远 | 明儿 miə̃r²⁴ | 后儿 xɔr⁴⁴ |
| 天 水 | 明早 miŋ¹³ tsɔ²¹ | 后早 xɤu³⁵ tsɔ²¹ |
| 秦 安 | 明早 miə̃³⁵ tsɔ²¹ | 后早 xəu⁴⁴ tsɔ²¹ |
| 甘 谷 | 明早 miəŋ²¹ tsɑu⁴⁴ | 后早 xɤu⁴⁴ tsɑu²¹ |
| 武 山 | 明早 miŋ²⁴ tsao⁵³ | 后早 xɤu³⁵ tsao²¹ |
| 张家川 | 明儿 miə̃r¹³ | 后儿 xɤur⁵³ |
| 武 威 | 明个 miŋ³⁵ kə²¹ | 后个 xɤu⁴⁴ kə²¹ |
| 民 勤 | 明个 miŋ²¹ kɯ⁴⁴ | 后个 xɤu²¹ kɯ⁴⁴ |
| 古 浪 | 明个 miŋ³⁵ kə²¹ | 后个 xou⁴⁴ kə³¹ |
| 永 昌 | 明个 miŋ³⁵ kə²¹ | 后个 xɤu⁵³ kə²¹ |
| 张 掖 | 明个子 min³⁵ kə³¹ tsʅ²¹ | 后个子 xɤu³¹ kə²¹ tsʅ²¹ |
| 山 丹 | 明个 miŋ³⁵ kə²¹ | 后个 xou⁵³ kə²¹ |
| 平 凉 | 明儿个 miŋ²² ər⁵³ kɤ²¹ | 后儿个 xɤu²² ər⁵³ kɤ²¹ |
| 泾 川 | 明儿 miə̃r²⁴ | 后儿 xəur⁵³ |
| 灵 台 | 明儿 miə̃r²⁴ | 后天 xou²⁴ tsʻiæ²¹ |

| 明日 | 后日 | 词目 / 方言点 |
|---|---|---|
| 明个 miŋ³⁵ kə³¹ | 后个 xɤu²² kə¹³ | 酒　泉 |
| 明天 miŋ²² tʻiɛ⁵³ | 后天 xɤu⁴⁴ tʻiɛ²¹ | 敦　煌 |
| 明儿 miə̃r²⁴ | 后儿 xɔr⁴⁴ | 庆　阳 |
| 明儿 miə̃r²⁴ | 后儿 xɔr⁴⁴ | 环　县 |
| 明儿 miə̃r²⁴ | 后儿 xour⁴⁴ | 正　宁 |
| 明儿个 miə̃r²⁴ kə²¹ | 后儿个 xəur⁴⁴ kə²¹ | 镇　原 |
| 明早 min²⁴ tsɑo⁵³ | 后个 xɤu⁴⁴ kɤ²¹ | 定　西 |
| 明早 miə̃¹³ tsɔ⁵³ | 后早 xɤu⁴⁴ tsɔ⁵³ | 通　渭 |
| 明早 min¹³ tsɔ²¹ | 后早升= xɤu³⁵ tsɔ⁵³ ʂəŋ²¹ | 陇　西 |
| 明儿个 miər³⁵ ko²¹ | 后早 xəu⁴⁴ tsɑo²¹ | 临　洮 |
| 明个 miŋ³⁵ kɤ²¹ | 后天 xɤu³⁵ tɕʻiæ̃²¹ | 漳　县 |
| 明天 min²⁴ tʻiæ̃²¹ | 后天 xɤu²⁴ tʻiæ̃²¹ | 陇　南 |
| 明天 miə̃²¹ tʻiæ̃⁵³ | 后天 xɤu²⁴ tʻiæ̃⁵³ | 文　县 |
| 明儿 miə̃r⁴⁴ | 后天个 xəu⁴⁴ tsʻiæ̃²¹ kɤ²¹ | 宕　昌 |
| 明儿个 miə̃r¹³ kuo²¹ | 后天 xɤu²⁴ tsʻiæ̃⁵³ | 康　县 |
| 明儿升= miŋ²⁴ ər²¹ ʂɤŋ³⁵ | 后儿升= xɤu⁵⁵ ər²¹ ʂɤŋ³⁵ | 西　和 |
| 明个 min¹³ kə⁵³ | 后个 xɤu⁴⁴ kə²¹ | 临夏市 |
| 明早 min¹³ tsɔ³⁵ | 后早 xɯ⁵³ tsɔ¹³ | 临夏县 |
| 明天 min¹³ tʻiæ̃²¹ | 后天 xɤu⁴⁴ tʻiæ̃²¹ | 甘　南 |
| 明儿天 miər⁵⁵ tʻiæ̃⁵³ | 后天 xəu²² tʻiæ̃⁵³ | 舟　曲 |
| 明早儿 min²¹ tsɔr⁵³ | 后日 xəu⁴⁴ ʐə²¹ | 临　潭 |

| 方言点＼词目 | 大后日 | 昨日 |
|---|---|---|
| 北　京 | 大后日 ta⁵¹ xou⁵¹ ʐʅ⁵¹ | 昨日 tsuo³⁵ ʐʅ⁵¹ |
| 兰　州 | 大后个 ta⁴⁴ xəu⁴² kɤ²¹ | 昨个 tsuo⁵³ kɤ¹³ |
| 红　古 | 大后天 ta²² xɤu³⁵ tʻiã²¹ | 昨天 tsuə²² tʻiã⁵³ |
| 永　登 | 大后个 ta¹³ xɤu⁵⁵ kə²¹ | 昨个天 tsuə³⁵ kə⁴² tʻiæ̃²¹ |
| 榆　中 | 大后个 ta³⁵ xəu²¹ kə²¹ | 昨个 tsuə²¹ kə¹³ |
| 白　银 | 大后个 ta³⁵ xɤu²¹ kə¹³ | 昨个天 tsuə⁵³ kə²¹ tʻian⁴⁴ |
| 靖　远 | 外后儿 vɛ³⁵ xɔr⁴¹ | 夜来 iɛ³⁵ lɛ⁴¹ |
| 天　水 | 外后早 vɛ³⁵ xɤu²¹ tsɔ²¹ | 夜个 iɛ⁵³ kuə¹³<br>夜里个 iɛ⁴⁴ li²¹ kuə²¹ 又 |
| 秦　安 | 大后早 ta⁴⁴ xəu⁴⁴ tsɔ²¹ | 夜里个 iə⁴⁴ li²¹ kə²¹ |
| 甘　谷 | 外后早 uai³⁵ xɤu²¹ tsɑu²¹ | 昨日 tsʻə²¹ ʐə⁴⁴ |
| 武　山 | 大后早 tɑ³⁵ xɤu⁴⁴ tsao²¹<br>外后早 uɛ³⁵ xɤu⁴⁴ tsao²¹ 又 | 昨日个子 tsʻə²¹ ʐʅ⁴⁴ kə²¹ tsʅ¹³ |
| 张家川 | 大后儿 ta³⁵ xɤur⁵³ | 夜里个 iɛ⁵⁵ li²¹ kɤ²¹ |
| 武　威 | 大后个 ta⁴⁴ xɤu⁵³ kə²¹ | 昨个 tsuə³⁵ kə⁵³<br>夜了个 iɛ³⁵ liao⁵³ kə²¹ 又<br>夜来个 iɛ⁵³ lɛ⁴² kə²¹ 又 |
| 民　勤 | 大后个 ta²¹ xɤu⁴² kɯ²¹ | 夜来个 iɛ⁴² læ²¹ kɯ²¹ |
| 古　浪 | 外后个 vɛ⁴⁴ xou²¹ kə²¹ | 夜来个 iə⁴⁴ lɛ²¹ kə²¹<br>昨个 tsuə³⁵ kə²¹ 又 |
| 永　昌 | 大后个 ta⁵³ xɤu⁵³ kə²¹ | 昨个 tsuə³⁵ kə⁵³ |
| 张　掖 | 外后个 vɛ³¹ xɤu²¹ kə²¹ | 夜个 ziə³¹ kə²¹ |
| 山　丹 | 大后个 ta³⁵ xou⁵⁵ kə⁵⁵ | 昨个 tsuə⁵⁵ kə²¹ |
| 平　凉 | 大后儿 ta⁴⁴ xɤu²² ər³¹ | 夜来个 iɛ³⁵ lɛ⁵³ kɤ²¹ |
| 泾　川 | 大后儿 ta⁴⁴ xəur⁴⁴ | 夜来 iæ³⁵ lɛ³¹ |
| 灵　台 | 大后天 ta⁴⁴ xou⁴⁴ tsʻiæ²¹ | 夜来 iɛ⁴⁴ lɛ²¹ |

## 方言词汇

| 大后日 | 昨日 | 词目 / 方言点 |
|---|---|---|
| 大后个 ta$^{42}$ xɤu$^{22}$ kə$^{13}$ | 夜个 iə$^{22}$ kə$^{13}$ | 酒　泉 |
| 大后天 ta$^{44}$ xɤu$^{44}$ t'iɛ$^{21}$ | 昨天 tsuə$^{22}$ t'iɛ$^{53}$ | 敦　煌 |
| 大后儿 ta$^{44}$ xɔr$^{44}$<br>大后天 ta$^{44}$ xɤu$^{44}$ t'iæ̃$^{31}$ 又 | 夜来 iɛ$^{24}$ lɛ$^{53}$ | 庆　阳 |
| 外后儿 vɛ$^{13}$ xɔr$^{21}$ | 昨儿 tsuər$^{24}$ | 环　县 |
| 大后儿 ta$^{44}$ xour$^{21}$ | 夜来 iɛ$^{35}$ lɛ$^{21}$ | 正　宁 |
| 外后天 uɛ$^{44}$ xəu$^{21}$ t'iæ̃$^{21}$<br>大后天 ta$^{24}$ xəu$^{21}$ t'iæ̃$^{41}$ 又 | 夜来个 iɛ$^{44}$ lɛ$^{21}$ kə$^{21}$ | 镇　原 |
| 大后早 ta$^{24}$ xɤu$^{44}$ tsɑo$^{21}$ | 昨个 ts'ɤ$^{24}$ kɤ$^{21}$ | 定　西 |
| 外后早 uei$^{21}$ xɤu$^{44}$ tsɔ$^{53}$ | 昨儿个 ts'ə$^{21}$ ə$^{24}$ kə$^{53}$ | 通　渭 |
| 外后早 vɛ$^{13}$ xɤu$^{35}$ tsɔ$^{53}$ | 昨个子 ts'uɤ$^{35}$ kɤ$^{53}$ tsɿ$^{21}$ | 陇　西 |
| 大后早 ta$^{44}$ xəu$^{44}$ tsɑo$^{21}$ | 昨儿个 tsuor$^{35}$ ko$^{21}$ | 临　洮 |
| 大后天 tɑ$^{35}$ xɤu$^{44}$ tɕ'iæ̃$^{21}$ | 昨仍＝个 ts'ɤ$^{21}$ ʒɤŋ$^{35}$ kɤ$^{21}$ | 漳　县 |
| 外后天 vɛ$^{24}$ xɤu$^{24}$ t'iæ̃$^{21}$ | 夜个天 iɛ$^{24}$ kə$^{53}$ t'iæ̃$^{21}$ | 陇　南 |
| 大后天 ta$^{35}$ xɤu$^{21}$ t'iæ̃$^{21}$ | 夜个天 iɛ$^{21}$ kɤ$^{55}$ t'iæ̃$^{21}$ | 文　县 |
| 大后天 ta$^{44}$ xəu$^{44}$ ts'iæ̃$^{21}$ | 夜来个 iɛ$^{44}$ lɛ$^{21}$ kɤ$^{21}$ | 宕　昌 |
| 大后天 ta$^{24}$ xɤu$^{21}$ ts'iæ̃$^{53}$ | 夜儿个 iər$^{13}$ kuo$^{21}$ | 康　县 |
| 大后天 ta$^{55}$ xɤu$^{55}$ t'iæ̃$^{21}$ | 夜个 iɛ$^{53}$ kuɤ$^{21}$ | 西　和 |
| 大后个 ta$^{13}$ xɤu$^{44}$ kə$^{21}$ | 昨个 tsuə$^{13}$ kə$^{53}$ | 临夏市 |
| 大后个 tɑ$^{55}$ xɯ$^{53}$ kə$^{21}$ | 昨个 tsuə$^{13}$ kə$^{53}$ | 临夏县 |
| 大后天 ta$^{44}$ xɤu$^{44}$ t'iæ̃$^{21}$ | 昨个 tsuə$^{21}$ kə$^{53}$ | 甘　南 |
| 大后天 ta$^{35}$ xəu$^{22}$ t'iæ̃$^{53}$ | 夜黑儿价 iɛ$^{13}$ xər$^{53}$ tɕia$^{21}$ | 舟　曲 |
| 大后日 ta$^{44}$ xəu$^{44}$ ʐʅə$^{21}$ | 夜里个 iɛ$^{44}$ li$^{21}$ kə$^{44}$ | 临　潭 |

| 词目\方言点 | 前日 | 大前日 |
|---|---|---|
| 北 京 | 前日 tɕʻian³⁵ ʐʅ⁵¹ | 大前日 ta⁵¹ tɕʻian³⁵ ʐʅ⁵¹ |
| 兰 州 | 前个 tɕʻiæ⁵³ kɤ¹³ | 大前个 ta²² tɕʻiæ⁵³ kɤ²¹ |
| 红 古 | 前天 tɕʻiã²² tʻiã⁵³ | 大前天 ta²² tɕʻiã³⁵ tʻiã²¹ |
| 永 登 | 前个天 tɕʻiæ⁵⁵ kə⁴² tʻiæ²¹ | 大前天 ta¹³ tɕʻiæ⁵³ tʻiæ²¹ |
| 榆 中 | 前个 tɕʻiã²¹ kə¹³ | 大前个 ta³⁵ tɕʻiã⁴² kə²¹ |
| 白 银 | 前个天 tɕʻian⁵³ kə²¹ tʻian⁴⁴ | 大前天 ta²² tɕʻian⁵³ tʻian⁴⁴ |
| 靖 远 | 前日儿 tɕʻiæ²² ʐɚ⁴¹ | 大前日儿 ta⁴⁴ tɕʻiæ²² ʐɚ⁴¹ |
| 天 水 | 前个 tɕʻiæ¹³ kuə²¹ | 上前个 ʂã⁴⁴ tɕʻiæ²¹ kuə²¹ |
| 秦 安 | 前儿个 tsʻian³⁵ ʐʅ²¹ kə²¹ | 大前儿个 ta⁴⁴ tsʻian¹³ ʐʅ²¹ kə²¹ |
| 甘 谷 | 前日 tɕʻiã²¹ ʐə⁴⁴ | 大前日 tɒ³⁵ tɕʻiã²¹ ʐə²¹ |
| 武 山 | 前一天 tɕʻiã³⁵ ʑi⁵³ tʻiã²¹<br>前日个子 tɕʻiã²¹ ʐʅ⁴⁴ kə²¹ tsʅ¹³ 又 | 大前天 tɑ⁴⁴ tɕʻiã²⁴ tʻiã²¹<br>上前天 ʂaŋ⁴⁴ tɕʻiã²⁴ tʻiã²¹ 又 |
| 张家川 | 前儿个 tɕʻiæ³⁵ ɚ⁵³ kɤ²¹ | 大前儿个 ta⁴⁴ tɕʻiæɚ¹³ kɤ²¹ |
| 武 威 | 前天 tɕʻiã³⁵ tʻiã²¹ | 大前天 ta⁵³ tɕʻiã³⁵ tʻiã²¹ |
| 民 勤 | 前天个 tɕʻir⁴⁴ tʻir²¹ kɯ²¹ | 大前天 ta²¹ tɕʻir⁴⁴ tʻir²¹ |
| 古 浪 | 前日个 tɕʻiɛ³⁵ ʐʅ²¹ kə²¹ | 先前个 ɕiɛ⁴⁴ tɕʻiɛ⁴⁴ kə²¹ |
| 永 昌 | 前日个 tɕʻiɛ³⁵ ʐʅ⁵³ kə²¹ | 大前日个 ta⁵³ tɕʻiɛ⁵³ ʐʅ⁴² kə²¹ |
| 张 掖 | 前那个 tɕʻiaŋ³⁵ na⁵³ kə²¹ | 大前那 ta³³ tɕʻiaŋ³³ na³³ |
| 山 丹 | 前那个 tɕʻir⁵⁵ na⁴² kə²¹ | 大前那个 ta¹³ tɕʻir⁵³ na³³ kə³³ |
| 平 凉 | 前儿个 tɕʻiæ²⁴ ɚ⁵³ kɤ²¹ | 大前儿个 ta⁴⁴ tɕʻiæ²⁴ ɚ⁵³ kɤ²¹ |
| 泾 川 | 前儿 tɕʻiɐr²⁴ | 大前儿 ta⁴⁴ tɕʻiɐr²⁴ |
| 灵 台 | 前儿 tsʻiɐr²⁴ | 大前天 ta⁴⁴ tsʻiæ²¹ tsʻiæ⁵³ |

| 前日 | 大前日 | 词目 / 方言点 |
|---|---|---|
| 前个 tɕʻian³⁵ kə³¹ | 大前个 ta²² tɕʻian³⁵ kə³¹ | 酒　泉 |
| 前天 tɕʻiɛ²² tʻiɛ⁵³ | 大前天 ta⁴⁴ tɕʻiɛ²¹ tʻiɛ⁵³ | 敦　煌 |
| 前儿 tɕʻiɐ̃r²⁴ | 上前儿 ʂɑŋ⁴⁴ tɕʻiɐ̃r²⁴ | 庆　阳 |
| 前儿 tɕʻiɐr²⁴ | 大前儿 ta²⁴ tɕʻiɐr²¹ | 环　县 |
| 前儿 tsʻiæ̃²¹ ər⁵³ | 大前日 ta⁴⁴ tsʻiæ̃r²⁴ | 正　宁 |
| 前儿个 tsʻiæ̃²¹ ər⁵³ kə²¹ | 大前儿个 ta²⁴ tsʻiɐ̃r²¹ kə²¹ | 镇　原 |
| 前儿个 tɕʻiæ̃²¹ zɿ⁴⁴ kɤ²¹ | 大前个 ta²⁴ tɕʻiæ̃¹³ kɤ²¹ | 定　西 |
| 前儿个 tsʻiæ̃²¹ zɿ²⁴ kə⁵³ | 大前个 ta⁴⁴ tsʻiæ̃¹³ kə²¹ | 通　渭 |
| 前个子 tɕʻiæ̃¹³ kɤ⁵³ tsɿ²¹ | 上前个子 ʂã³⁵ tɕʻiæ̃²¹ kɤ³¹ tsɿ²¹ | 陇　西 |
| 前天 tɕʻiæ̃³⁵ tʻiæ̃²¹ | 大前天 ta⁴⁴ tɕʻiæ̃¹³ tʻiæ̃²¹ | 临　洮 |
| 前仍=个 tsʻiæ̃²¹ ʒɤŋ³⁵ kɤ²¹ | 大前个 tɑ³⁵ tsʻiæ̃¹³ kɤ²¹ | 漳　县 |
| 前天 tɕʻiæ̃¹³ tʻiæ̃³¹ | 大前天 ta²⁴ tɕʻiæ̃²⁴ tʻiæ̃⁵³ | 陇　南 |
| 前天 tɕʻiæ̃²² tʻiæ̃⁵³ | 大前天 ta³⁵ tɕʻiæ̃²¹ tʻiæ̃⁵³ | 文　县 |
| 前天个 tsʻiæ̃¹³ tsʻiæ̃²¹ kɤ²¹ | 大前天 ta⁴⁴ tsʻiæ̃¹³ tsʻiæ̃²¹ | 宕　昌 |
| 前天 tsʻiæ̃¹³ tsʻiæ̃²¹ | 大前天 ta²⁴ tsʻiæ̃¹³ tsʻiæ̃²¹ | 康　县 |
| 前天 tɕʻiæ̃⁵⁵ tʻiæ̃²¹ | 大前天 ta³⁵ tɕʻiæ̃²¹ tʻiæ̃²¹ | 西　和 |
| 前个 tɕʻiã¹³ kə⁵³ | 大前个 ta⁴⁴ tɕʻiã³⁵ kə⁵³ | 临夏市 |
| 前个 tɕʻiæ̃¹³ kə⁵³ | 大前个 tɑ⁵⁵ tɕʻiæ̃³⁵ kə⁵³ | 临夏县 |
| 前天 tɕʻiæ̃¹³ tʻiæ̃²¹ | 大前天 ta⁴⁴ tɕʻiæ̃¹³ tʻiæ̃²¹ | 甘　南 |
| 前天 tsʻiæ̃³¹ tʻiæ̃²¹ | 大前天 ta³⁵ tsʻiæ̃⁵³ tʻiæ̃ | 舟　曲 |
| 沤=一天 əu⁴⁴ zi⁴² tʻiæ̃²¹ | 大前天 ta⁴⁴ tɕʻiæ̃¹³ tʻiæ̃²¹ | 临　潭 |

| 词目<br>方言点 | 上午 | 下午 |
| --- | --- | --- |
| 北 京 | 上午ʂaŋ⁵¹ u²¹⁴ | 下午ɕia⁵¹ u²¹⁴ |
| 兰 州 | 上午ʂã²² vu⁵³ | 下午ɕia²² vu⁵³ |
| 红 古 | 上半天ʂã²² pã⁵³ tʻiã²¹ | 下半天xa²² pã³⁵ tʻiã²¹ |
| 永 登 | 上午乎=子ʂaŋ¹³ vu³⁵ xu⁴² tsʅ²¹ | 下午乎=子ɕia²¹ vu²² xu²² tsʅ⁴⁴ |
| 榆 中 | 早上tsɔ⁴⁴ ʂã²¹ | 晚家会vã³⁵ tɕia⁴² xuei²¹ |
| 白 银 | 早上tsɔ²⁴ ʂaŋ⁵³ | 后晌会xʁu²² ʂaŋ²⁴ xuei⁵³ |
| 靖 远 | 早上tsao⁵⁵ ʂaŋ²¹ | 后晌会xʁu³⁵ ʂaŋ⁴¹ xuei²¹ |
| 天 水 | 早上tsɔ⁵³ ʂã²¹ | 下午ɕia⁴⁴ u⁵³ |
| 秦 安 | 早上tsɔ⁵³ ʂã²¹ | 下午ɕia⁴⁴ vu⁵³ |
| 甘 谷 | 早上tsɑu⁵³ ʂaŋ²¹ | 下半日xɒ⁴⁴ pa²¹ ʐə²¹ |
| 武 山 | 早升=里tsao⁵³ ʂəŋ²¹ nɛ¹³ | 下半日xɑ⁴⁴ pã⁴⁴ ʐə²¹ |
| 张家川 | 赶早kæ̃²¹ tsɔ⁵³ | 下午ɕia⁴⁴ vu²¹ |
| 武 威 | 饭罢fã⁴⁴ pa²¹ | 后晌xʁu⁴⁴ ʂã²¹ |
| 民 勤 | 赶早kæ⁴² tsao²¹ | 后晌xʁu⁴² ʂaŋ²¹ |
| 古 浪 | 饭罢fæ⁴⁴ pa³¹ | 后晌xou⁴⁴ ʂao³¹ |
| 永 昌 | 上午ʂaŋ⁵³ vu²¹ | 后晌xʁu⁵³ ʂaŋ²¹ |
| 张 掖 | 上午ʂaŋ²¹ və¹³ | 下午ɕia²¹ və¹³ |
| 山 丹 | 上半天ʂaŋ⁵³ pɛ⁴² tʻir²¹ | 下半天ɕia⁵³ pɛ⁴² tʻir²¹ |
| 平 凉 | 上半天ʂaŋ⁴⁴ pæ̃²² tʻiæ̃²¹ | 后半天xʁu⁴⁴ pæ̃⁴⁴ tʻiæ̃²¹ |
| 泾 川 | 早上tsɔ³¹ ʂaŋ²¹ | 后晌xəu³⁵ ʂaŋ²¹ |
| 灵 台 | 上半ʂaŋ⁴⁴ pæ̃²¹ | 后晌xou²⁴ ʂaŋ²¹ |

| 上午 | 下午 | 方言点 |
| --- | --- | --- |
| 赶早 kan⁴⁴ tsɔ⁵³ | 后晌 xɤu²² ʂaŋ¹³ | 酒泉 |
| 上午 ʂaŋ⁴⁴ vu⁵³ | 下午 ɕia⁴⁴ vu⁵³ | 敦煌 |
| 早起 tsɔ⁵³ tɕ'i²¹<br>晌午 ʂaŋ⁵³ u²¹ 又 | 后晌 xɤu²⁴ ʂaŋ²¹ | 庆阳 |
| 早上 tsɔ⁵⁵ ʂaŋ²¹ | 后晌 xɤu²⁴ ʂaŋ²¹ | 环县 |
| 强=午 tɕ'iaŋ²⁴ u²¹ | 晃=午 xuaŋ⁴⁴ u²¹ | 正宁 |
| 早晌 tsɔ⁵⁵ ʂã²¹ | 后晌 xəu²⁴ ʂã²¹ | 镇原 |
| 上半日 ʂã²⁴ pæ̃⁵³ ʐɤ²¹ | 下半热 ɕia²⁴ pæ̃⁵³ ʐɤ²¹ | 定西 |
| 上半日 ʂã⁴⁴ pæ̃⁵³ ʐə²¹ | 下半热 xa⁴⁴ pæ̃⁵³ ʐə²¹ | 通渭 |
| 上半日 ʂã¹³ pæ̃⁴⁴ ʐɤ²¹ | 下半热 ɕia¹³ pæ̃⁴⁴ ʐɤ²¹ | 陇西 |
| 早上 tsɑo⁵³ ʂã²¹ | 后晌 xəu⁴⁴ ʂã²¹ | 临洮 |
| 上半天 ʃaŋ³⁵ pæ̃⁴⁴ tɕ'iæ̃²¹ | 下半天 xɑ³⁵ pæ̃⁴⁴ tɕ'iæ̃²¹ | 漳县 |
| 早升= tsɑo³⁵ ʂɤŋ²¹ | 下午 ɕia²⁴ vu²¹ | 陇南 |
| 早上 tsɑo³⁵ sã²¹ | 下半天 xa³⁵ pæ̃³¹ t'iæ̃²¹ | 文县 |
| 早上 tsɑo⁵³ ʂã²¹ | 下半天 xa⁴⁴ pæ̃²¹ ts'iæ̃²¹<br>后半天 xəu⁴⁴ pæ̃²¹ ts'iæ̃²¹ 又 | 宕昌 |
| 早上 tsɑo⁵⁵ ʂã²¹ | 后半天 xɤu¹³ pæ̃⁵³ ts'iæ̃²¹ | 康县 |
| 早升= tsɔ⁵³ ʂɤŋ²¹ | 后半天 xɤu⁵⁵ pæ̃²¹ t'iæ̃²¹<br>黑价=些儿 xei²¹ tɕia³⁵ ɕiɤ²¹ ər²¹ 又 | 西和 |
| 早升= tsɔ⁴⁴ ʂaŋ¹³ | 下午 ɕia⁴⁴ vu³¹ | 临夏市 |
| 上午 ʂaŋ⁵⁵ vu⁵⁵ | 下午 ɕiɑ⁵⁵ vu⁵⁵ | 临夏县 |
| 上午 ʂã⁴⁴ vu⁵³ | 下午 ɕia⁴⁴ vu⁵³ | 甘南 |
| 早上 tsɑo⁵⁵ ʂã⁵³ | 下半天 xa²² pæ̃⁵⁵ t'iæ̃⁵³ | 舟曲 |
| 早上 tsɔ⁵³ ʂã²¹ | 后晌 xəu⁴⁴ ʂã¹³ | 临潭 |

| 方言点＼词目 | 中午 | 清晨 |
|---|---|---|
| 北京 | 中午tʂuŋ⁵⁵ u²¹⁴ | 清晨tɕʻiŋ⁵⁵ tʂʻən³⁵ |
| 兰州 | 中午pfən⁴⁴ vu⁴⁴ | 早上tsɔ⁴⁴ ʂã²¹ |
| 红古 | 晌午ʂã³⁵ vu²¹ | 干早升=kã²² tsɔ³⁵ ʂən²¹ |
| 永登 | 晌午ʂaŋ³⁵ vu⁵³ | 早升=乎=tsɑo²² ʂən²² xu⁴⁴ |
| 榆中 | 饭罢会fã²¹ pa³⁵ xuei⁵³ | 干早升=kã⁵³ tsɔ²⁴ ʂən²¹ |
| 白银 | 晌午ʂaŋ³⁵ vu²¹ | 干脏=kan⁵³ tsaŋ⁵¹(tsɔ³⁵ ʂaŋ¹³) |
| 靖远 | 晌午ʂaŋ⁴¹ vu²¹ | 干早上kæ̃²² tsɑo⁵⁵ ʂaŋ²¹ |
| 天水 | 晌午会ʂã²¹ u⁴⁴ xuei²¹ | 早起价=tsɔ²¹ tɕʻi⁵³ tɕia²¹ |
| 秦安 | 饭时候fan⁴⁴ sʅ²¹ xəu²¹ | 干粮时候kan²¹ liã³⁵ sʅ²¹ xəu²¹ |
| 甘谷 | 一日来zi³⁵ ʐə⁵³ lai¹³ | 早升=来tsɑu⁵³ ʂaŋ²¹ lai¹³ |
| 武山 | 晌会点ʂaŋ³¹ xuɛ³⁵ tiã²¹ | 一早zi²¹ tsɑo⁵³ |
| 张家川 | 中午tʃɤŋ²¹ vu⁵³ | 早上tsɔ⁵³ ʂã²¹ |
| 武威 | 晌午ʂã⁵³ vu²¹ | 早升=tsɑo⁵³ ʂəŋ²¹ |
| 民勤 | 晌午ʂaŋ³⁵ vu²¹ | 早晨tsɑo³⁵ tʂʻɤŋ²¹ |
| 古浪 | 晌午ʂɑo⁴⁴ vu²¹ | 清早升=tɕʻiŋ⁴⁴ tsɔ⁴⁴ ʂəŋ²¹ |
| 永昌 | 饭罢fɛ⁵³ pa²¹ | 早升=tsɑo⁵³ ʂən²¹ |
| 张掖 | 中午kuaŋ²² vu⁵³ | 干早kaŋ²¹ tsɔ³³ |
| 山丹 | 饭罢fɛ⁵³ pa²¹ | 清早晨tɕʻiŋ³³ tsɑo³³ tʂʻəŋ³³ |
| 平凉 | 晌午ʂaŋ²¹ u⁵³ | 清晨tɕʻiŋ⁵³ tʂʻən²¹<br>干早kæ̃²¹ tsɔ⁵³ 又 |
| 泾川 | 晌午ʂaŋ⁵³ vu²¹ | 早起tsɔ³¹ tɕʻiɛ²¹ |
| 灵台 | 晌午ʂaŋ³¹ u²¹ | 早起tsɔ³¹ tɕʻi²¹ |

| 中午 | 清晨 | 词目<br>方言点 |
|---|---|---|
| 晌午ʂaŋ³⁵ vu³¹ | 麻亮子ma³⁵ liaŋ⁵³ tsʅ³¹ | 酒　泉 |
| 中午tʂuŋ²² vu⁵³ | 早晨tsao⁵³ tʂʻəŋ²¹ | 敦　煌 |
| 晌午ʂaŋ⁵³ u²¹ | 干早kæ̃²¹ tsɔ⁵³ | 庆　阳 |
| 晌午ʂaŋ⁵⁵ vu²¹ | 早起tsɔ⁵⁵ tɕʻiɛ²¹ | 环　县 |
| 晌午ʂaŋ⁵³ u²¹ | 早记=tsɔ⁵³ tɕi²¹<br>早上tsɔ⁴⁴ ʂaŋ²¹ 又 | 正　宁 |
| 晌午ʂã⁵³ u²¹ | 大清早taʻ⁴⁴ tsʻiŋ²¹ tsɔ⁵³ | 镇　原 |
| 饭时候fæ̃²⁴ sʅ⁵³ xʁu²¹ | 早升=家tsao⁵³ ʂʁŋ²¹ tɕia¹³ | 定　西 |
| 饭时候fæ̃⁴⁴ sʅ²¹ xʁu²¹ | 麻亮ma²¹ liã²⁴<br>早升=价=tsɔ⁵³ ʂə̃²¹ tɕia¹³ 又 | 通　渭 |
| 饭时候fæ̃³⁵ sʅ²¹ xʁu¹³ | 早上tsɔ⁴⁴ ʂã¹³ | 陇　西 |
| 大早饭时候<br>ta⁴⁴ tsao⁵³ fæ̃²¹ sʅ²¹ xəu⁴⁴ | 干早kæ̃¹³ tsao⁵³ | 临　洮 |
| 中午tʃʁŋ²¹ vu⁵³ | 清早醒tsʻiŋ²¹ tsao⁵³ siŋ²¹ | 漳　县 |
| 中午tʃʁŋ²¹ vu²⁴ | 干早升=kæ̃⁵⁵ tsao⁵⁵ ʂʁŋ²¹ | 陇　南 |
| 晌午sã⁵³ vu¹³ | 清早tɕʻiə̃⁴² tsao⁵⁵ | 文　县 |
| 晌午ʂã¹³ vu²¹ | 干早价=kæ̃²¹ tsao⁵³ tɕia²¹<br>早时价=tsao⁵³ sʅ²¹ tɕia⁴⁴ 又 | 宕　昌 |
| 晌午价=ʂã⁵³ vu²¹ tɕia²¹ | 干早上kæ̃²¹ tsao³⁵ ʂã²¹ | 康　县 |
| 上午ʂã²¹ u³⁵ | 早升=价=tsɔ⁵³ ʂʁŋ²¹ tɕia²⁴ | 西　和 |
| 晌午ʂaŋ¹³ vu³¹ | 干早上kã²¹ tsɔ⁴⁴ ʂəŋ¹³ | 临夏市 |
| 中午tʂuaŋ⁵⁵ vu⁵⁵ | 早上tsɔ⁵⁵ ʂaŋ¹³ | 临夏县 |
| 中午tʂun²¹ vu⁵³ | 早上tsao⁵³ ʂã³⁵ | 甘　南 |
| 晌午ʂã⁵⁵ vu²¹ | 干早kæ̃²¹ tsao⁵³ | 舟　曲 |
| 晌午ʂã¹³ vu¹³ | 早早的tsɔ⁵³ tsɔ⁴⁴ ti²¹ | 临　潭 |

| 词目<br>方言点 | 白天 | 黄昏 |
|---|---|---|
| 北京 | 白天pai³⁵ tʻian⁵⁵ | 黄昏xuaŋ³⁵ xuən⁵⁵ |
| 兰州 | 白天pɤ⁵³ tʻiæ¹³ | 晚罢会væ³⁵ pa⁵³ xuei²¹ |
| 红古 | 白天pei²² tʻiɑ̃⁵³ | 后晌会儿xɤu²² ʂɑ̃³⁵ xuər²¹ |
| 永登 | 白天piə⁴⁴ tʻiæ²¹ | 擦黑tsʻa³⁵ xei¹³ |
| 榆中 | 一天咧ʐi²¹ tʻiɑ̃⁵³ liə²¹ | 黑了xɯ²¹ lɔ³⁵ |
| 白银 | 白天pə⁵³ tʻian⁴⁴ | 擦黑子tsʻa³⁵ xɯ²² tsʅ²⁴ |
| 靖远 | 一天ʐʅ²² tʻiæ⁴¹ | 擦黑子tsʻa²² xei⁴¹ tsʅ²¹ |
| 天水 | 一天价⁼i⁴⁴ tʻiæ²¹ tɕia²¹ | 才黑子tsʻɛ¹³ xei²¹ tsʅ²¹ |
| 秦安 | 一天价⁼ʐi³⁵ tʻian²¹ tɕia²¹ | 晌午黑ʂɑ̃²¹ vu¹³ xɛ²¹ |
| 甘谷 | 白日来pʻai³⁵ ʐɤ⁵³ lai²¹ | 才黑儿tsʻai³⁵ xai³¹ ʐʅ²¹ |
| 武山 | 白日来pʻɛ²⁴ zə⁵³ lɛ²¹ | 麻黑儿mɑ³¹ xɛ²¹ ʐʅ²⁴ |
| 张家川 | 一天价⁼ʐi¹³ tɕʻiæ̃¹³ tɕia²¹ | 快黑了kʻuɛ⁴⁴ xei²¹ liə⁵³ |
| 武威 | 白日pə³⁵ ʐʅ²¹ | 黑影子下来xə⁴⁴ iŋ²¹ tsʅ²¹ xa⁴⁴ lɛ²¹ |
| 民勤 | 白天pə⁴⁴ tʻir²¹ | 黑了xɯ⁴² lə²¹ |
| 古浪 | 白日pə³⁵ ʐʅ²¹ | 黑掉了xə⁴⁴ tiɔ²¹ liɔ²¹ |
| 永昌 | 白日pə³⁵ ʐʅ²¹ | 黑了xə⁵³ liao²¹ |
| 张掖 | 白天piɤ³⁵ tʻiaŋ²¹ | 后晌xɤu³¹ ʂaŋ²¹ |
| 山丹 | 白日呢pə⁵⁵ ʐʅ²¹ ni²¹ | 擦黑子tsʻa³⁵ xə⁵³ tsʅ²¹ |
| 平凉 | 白天pei²² tʻiæ⁵³ | 才黑了tsʻɛ²² xei⁵³ lia²¹ |
| 泾川 | 白天pʻei²¹ tʻiæ⁵³ | 麻眼儿ma²¹ niɐr⁵³ |
| 灵台 | 一天i²⁴ tsʻiæ²¹<br>整天tʂəŋ⁵³ tsʻiæ²¹ 又 | 麻刺眼ma²¹ tsʻʅ⁴⁴ niæ²¹ |

| 白天 | 黄昏 | 词目 / 方言点 |
|---|---|---|
| 白天 pei³⁵ tʻian³¹ | 擦麻子 tsʻa²² ma³⁵ tsʅ³¹ | 酒　泉 |
| 大白天 ta⁴⁴ pei²² tʻiɛ⁵³ | 天麻黑 tʻiɛ²² ma¹³ xei²¹³ | 敦　煌 |
| 白日 pei²¹ ər⁴⁴ | 麻子眼 ma²¹ tsʅ⁴⁴ niæ̃²¹ | 庆　阳 |
| 白仍= pei²² ẓəŋ⁵⁵ | 后晌黑 xɤu³³ ʂaŋ⁴² xei⁴¹ | 环　县 |
| 白儿 pʻeir²⁴ | 黄昏子 xuɑŋ²¹ xuen⁴⁴ tsʅ²¹<br>麻子眼 ma²¹tsʅ⁴⁴niæ̃²¹ 又 | 正　宁 |
| 白天 pʻɛ²⁴ tʻiæ̃⁵³ | 擦黑 tsʻa²¹ xei⁴¹ | 镇　原 |
| 亮了的时候<br>liã²⁴ lɑo⁵³ ti³¹ sʅ²¹ xɤu²¹ | 发黑 fa¹³ xei¹³ | 定　西 |
| 白日 pʻɛ¹³ ẓə²¹ | 发黑 fa¹³ xei¹³ | 通　渭 |
| 一天 ʑi³⁵ tɕʻiæ̃²¹ | 麻影子 ma¹³ in⁵³ tsʅ²¹ | 陇　西 |
| 白天 pei¹³ tʻiæ̃²¹ | 擦黑 tsʻa¹³ xei¹³ | 临　洮 |
| 白日个 pʻɛ³⁵ ʒʅ²¹ kɤ²¹ | 晚半儿 uæ̃⁵³ pẽr²¹ | 漳　县 |
| 大白天 ta²⁴ pei²⁴ tʻiæ̃⁵³ | 天快黑了 tʻiæ̃²¹ kʻuɛ⁵⁵ xei⁵³ lɑo²¹ | 陇　南 |
| 白天 pei¹³ tʻiæ̃⁵³ | 擦黑的时候<br>tsʻa⁵³ xei⁵³ ti²¹ sʅ²¹ xɤu²¹ | 文　县 |
| 一天 ʑi¹³ tsʻiæ̃⁴⁴ | 阳婆儿下山了<br>iã¹³ pʻər²¹ xa⁴⁴ sæ̃⁴⁴ lɑo⁴⁴ | 宕　昌 |
| 白天 pei²¹ tsʻiæ̃⁵³ | 麻影子下来了<br>ma²¹ in³⁵ tsʅ²¹ xa²⁴ lɛ²¹ lɑo²¹ | 康　县 |
| 一天里 i²⁴ tʻiæ̃²¹ li³⁵ | 天麻了 tʻiæ̃²¹ ma²⁴ lɔ²¹ | 西　和 |
| 白仍= pɛ²¹ ẓəŋ⁴⁴ | 麻影子 ma¹³ in⁵³ tsʅ²¹ | 临夏市 |
| 白仍=里 pɛ²¹ ẓəŋ³⁵ li⁵³ | 麻影会 ma¹³ in⁵³ xuei²¹ | 临夏县 |
| 白天 pei¹³ tʻiæ̃²¹ | 晚上 væ̃⁴⁴ ʂã⁴⁴ | 甘　南 |
| 一天 ʑi¹³ tʻiæ̃⁵³ | 擦黑 tsʻa²² xei⁵³ | 舟　曲 |
| 白天 pei¹³ tʻiæ̃²¹ | 后晌尼= xəu⁴⁴ ʂã²¹ ni²¹ | 临　潭 |

| 方言点＼词目 | 晚上 | 什么时候 |
|---|---|---|
| 北 京 | 晚上uan²¹⁴ ʂaŋ⁰ | 什么时候ʂən³⁵ mə⁰ ʂʅ³⁵ xou⁰ |
| 兰 州 | 晚上væ³⁵ ʂã²¹ | 哪个时候na⁵⁵ kɤ²¹ ʂʅ⁵³ xəu²¹ |
| 红 古 | 夜里iə¹³ lʅ⁵³ | 啥时候ʂa²² ʂʅ⁵⁵ xɤu²¹ |
| 永 登 | 夜里iə²² li³⁵ | 啥时候sa²² ʂʅ⁵³ xɤu²¹ |
| 榆 中 | 晚上vã³⁵ ʂã²¹ | 啥时候sa³⁵ ʂʅ⁴² xəu²¹ |
| 白 银 | 夜里iɛ²² li²⁴ | 啥时候sa²⁴ ʂʅ⁵³ xɤu¹³ |
| 靖 远 | 黑来⁼xei⁴¹ lɛ²¹ | 啥时节sa³⁵ ʂʅ²² tɕiɛ⁵⁵ |
| 天 水 | 黑了xei²¹ liɔ⁵³ | 啥时间sa⁴⁴ ʂʅ¹³ tɕiæ̃²¹ |
| 秦 安 | 黑了xɛ²¹ lɔ⁵³ | 啥时候sa⁴⁴ ʂʅ¹³ xəu²¹ |
| 甘 谷 | 黑地来⁼xai²¹ tɕʻi⁴⁴ lai²¹ | 啥时候sə⁵³ ʂʅ²¹ xɤu²² |
| 武 山 | 黑了xɛ³¹ lao²¹ | 什么时候sə⁴⁴ mə⁴⁴ ʂʅ²¹ xɤu¹³ |
| 张家川 | 黑了xei²¹ liɔ⁵³ | 啥时候sa⁴⁴ ʂʅ¹³ xɤu²¹ |
| 武 威 | 黑了xə⁴⁴ liao²¹ | 多乎⁼子tuə⁴⁴ xu⁴⁴ tsʅ⁵³<br>多乎⁼tuə⁴⁴ xu⁵³ 又 |
| 民 勤 | 晚上væ²¹ ʂaŋ⁴⁴ | 嗓⁼时候saŋ⁴² ʂʅ²¹ xɤu⁴⁴ |
| 古 浪 | 黑了xə⁴⁴ liɔ²¹ | 多乎⁼tuə³⁵ xu⁵³ |
| 永 昌 | 黑夜xə³⁵ iə⁵³ | 什么时候ʂəŋ⁵³ mə²¹ ʂʅ³⁵ xɤu⁵³ |
| 张 掖 | 黑咧xə³¹ liə²¹ | 啥时ʂa²¹ ʂʅ³³ xɤu²¹ |
| 山 丹 | 黑了xə⁵³ lə²¹ | 啥时ʂa²² ʂʅ⁵³ xou²¹ |
| 平 凉 | 晚夕væ⁵³ ɕi²¹ | 啥时候儿sa⁴⁴ ʂʅ²¹ xɤur⁵³ |
| 泾 川 | 黑来⁼xei⁵³ lɛ²¹ | 啥时sa⁴⁴ ʂʅ³⁵<br>啥时候sa⁴⁴ ʂʅ⁴⁴ xəu⁵³ 又 |
| 灵 台 | 黑了xei³¹ liɔ²¹ | 啥时间sa⁴⁴ ʂʅ²¹ tɕiæ̃⁵³ |

| 晚上 | 什么时候 | 词目 / 方言点 |
|---|---|---|
| 天黑咧 t'ian⁴⁴ xə⁴² lia²¹ | 啥时候咧 sa²² sʅ⁴⁴ xɤu⁵³ lia³¹ | 酒　泉 |
| 晚上 van⁴⁴ ʂaŋ²¹ | 啥时候 sa⁴⁴ sʅ²² xɤu⁵³ | 敦　煌 |
| 黑了 xei⁵³ liɔ²¹ | 啥时间了 sa⁴⁴ sʅ²¹ tɕiæ̃⁵³ lɤ²¹ | 庆　阳 |
| 黑了 xei⁴² liɔ²¹ | 啥时候 sa⁴⁴ sʅ²¹ xɤu²¹ | 环　县 |
| 黑了 xei³¹ liɔ²¹ | 啥时候 ʃɤ⁴⁴ sʅ²² xou⁵³ | 正　宁 |
| 黑咧 xei⁴² liɛ²¹ | 啥时间 sa⁴⁴ sʅ²¹ tɕiæ̃⁵³ | 镇　原 |
| 黑了 xei²¹ lɑo¹³ | 啥时节 sɤ⁵³ sʅ¹³ tɕiɛ²¹ | 定　西 |
| 夜里 iɛ⁴⁴ li²¹ | 啥时 sə⁵³ sʅ¹³ | 通　渭 |
| 黑地来 xei⁵³ tɕ'i²² lɛ²¹ | 啥时候 ʂuɤ³⁵ sʅ²¹ xɤu¹³ | 陇　西 |
| 夜里 ie⁴⁴ li²¹ | 啥时候 sa⁵³ sʅ¹³ xəu⁴⁴ | 临　洮 |
| 晚夕个 uæ⁵³ siŋ²¹ kɤ²¹ | 啥时候 ʃɤ³⁵ ʃʅ²¹ xɤu⁴⁴ | 漳　县 |
| 黑了 xei⁵³ lɑo²¹ | 啥时候 sa¹³ sʅ²¹ xɤu³⁵ | 陇　南 |
| 夜里 iɛ²⁴ li⁵³ | 啥时候 sa³⁵ sʅ²¹ xɤu³⁵ | 文　县 |
| 一晚上 ʑi²¹ væ̃⁵³ ʂã²¹ | 啥时候 sa³⁵ sʅ²¹ xəu⁴⁴ | 宕　昌 |
| 黑了 xei⁵³ lɑo²¹ | 啥时候 ʂa³⁵ sʅ²¹ xɤu²¹ | 康　县 |
| 黑了 xei²¹ lɔ²⁴ | 啥时候 sa²⁴ sʅ²¹ xɤu⁵³ | 西　和 |
| 晚夕 vã¹³ ɕi¹³ | 什么时间 ʂʅ⁴⁴ mə²¹ sʅ¹³ tɕiã⁵³ | 临夏市 |
| 晚上 væ̃³⁵ sɑŋ³⁵ | 阿会 ɑ³⁵ xuei²¹ | 临夏县 |
| 夜里 ie⁴⁴ li²¹ | 啥时候 sa⁴⁴ ʂʅ²¹ xɤu²¹ | 甘　南 |
| 晚上 væ̃⁵⁵ ʂã⁵³ | 啥时候 sa¹³ sʅ⁵³ xəu²¹ | 舟　曲 |
| 晚上 væ̃⁵³ ʂã²¹ | 阿时候 a¹³ sʅ²¹ xəu⁴⁴ | 临　潭 |

| 方言点 \ 词目 | 时候 | 地方 |
|---|---|---|
| 北　京 | 时候ʂʅ³⁵ xou⁰ | 地方ti⁵¹ faŋ⁰ |
| 兰　州 | 时候ʂʅ⁵³ xəu²¹ | 地方ti²² fã⁵³ |
| 红　古 | 时候ʂʅ²² xɤu³⁵ | 地方ti²² fã⁵³ |
| 永　登 | 时辰ʂʅ²¹ tʂʻən³⁵ | 地方ti²² faŋ⁴⁴ |
| 榆　中 | 时候ʂʅ²¹ xəu¹³ | 地方ti²¹ fã¹³ |
| 白　银 | 时候ʂʅ⁵³ xɤu¹³ | 地方ti²² faŋ²⁴ |
| 靖　远 | 时节sʅ²² tɕiɛ⁵⁵ | 印印儿iŋ³⁵ iɚr⁴¹<br>地方tʅ³⁵ faŋ⁴¹ 又 |
| 天　水 | 时间sʅ¹³ tɕiæ²¹ | 地方ti³⁵ fã²¹<br>廓廓kʻuə²¹ kʻuə¹³ 又 |
| 秦　安 | 时间sʅ³⁵ tɕian²¹ | 地方tsʅ⁴⁴ fã²¹ |
| 甘　谷 | 时候sʅ²¹ xɤu⁴⁴ | 地方tʻi⁴⁴ faŋ²¹ |
| 武　山 | 时候sʅ²¹ xɤu²⁴<br>时间sʅ²¹ tɕiã⁵³ 又<br>时辰sʅ²⁴ tʂʻəŋ²⁴ 又 | 地方ti⁴⁴ faŋ²¹ |
| 张家川 | 时候sʅ¹³ xɤu²¹ | 地方tɕi⁴⁴ fã²¹ |
| 武　威 | 时候ʂʅ³⁵ xɤu⁵³<br>时节sʅ³⁵ tɕiɛ²¹ 又 | 地方ti⁴⁴ fã²¹ |
| 民　勤 | 时升=sʅ⁴⁴ ʂɤŋ²¹ | 地方tsʅ⁴² faŋ²¹ |
| 古　浪 | 时候ʂʅ⁵³ xou²¹ | 地方ti⁴⁴ fao⁴⁴ |
| 永　昌 | 时候ʂʅ³⁵ xɤu⁵³ | 地方ti⁵³ faŋ²¹ |
| 张　掖 | 时候ʂʅ³³ xɤu²¹ | 地方ti³¹ faŋ²¹ |
| 山　丹 | 时候ʂʅ³⁵ xou²¹ | 地方ti⁵³ faŋ²¹ |
| 平　凉 | 时候ʂʅ²² xɤu⁵³ | 地方ti³⁵ faŋ²¹ |
| 泾　川 | 时间sʅ²¹ tɕiæ̃⁵³ | 地方tʻi⁴⁴ faŋ²¹ |
| 灵　台 | 时间sʅ²¹ tɕiæ̃⁵³ | 地方ti²⁴ faŋ²¹ |

# 方言词汇

| 时候 | 地方 | 词目 / 方言点 |
|---|---|---|
| 时候 sʅ³⁵ xɤu³¹ | 地方 ti²² faŋ¹³ | 酒　泉 |
| 时候 sʅ²² xɤu⁵³ | 地方 tɿ⁴⁴ faŋ²¹ | 敦　煌 |
| 时候 sʅ²¹ xɤu⁵³ | 地方 ti²⁴ faŋ⁵³ | 庆　阳 |
| 时候 sʅ²² xɤu⁵⁵<br>时节 sʅ²² tɕieː⁵⁵ 又 | 地方 ti²⁴ faŋ²¹ | 环　县 |
| 时候 sʅ²¹ xou⁵³ | 地方 tʻi³⁵ faŋ²¹ | 正　宁 |
| 时间 sʅ²¹ tɕiãː⁵³<br>时候 sʅ²¹ xəu⁵³ 又 | 地方 tʻi⁴⁴ fã²¹ | 镇　原 |
| 时候 sʅ²¹ xɤu²⁴<br>时节 sʅ¹³ tɕieː²¹ 又 | 地方 tʻi²⁴ fã²¹ | 定　西 |
| 时候 sʅ²¹ xɤu⁴⁴ | 地方 tʻi⁴⁴ fã³¹ | 通　渭 |
| 时候 sʅ²¹ xɤu¹³ | 地方 ti¹³ fã²¹ | 陇　西 |
| 时候 sʅ¹³ xəu⁴⁴ | 地方 ti⁴⁴ fã²¹ | 临　洮 |
| 时候 ʃʅ²¹ xɤu⁴⁴ | 地方 tsʻi³⁵ faŋ²¹ | 漳　县 |
| 时候 sʅ²¹ xɤu³⁵ | 地方 ti²⁴ fã²¹ | 陇　南 |
| 时候 sʅ²¹ xɤu³⁵ | 地方 ti²⁴ fã⁵³ | 文　县 |
| 时候 sʅ²¹ xəu⁴⁴ | 地方 tsi³⁵ fã²¹ | 宕　昌 |
| 时候 ʂʅ²¹ xɤu¹³ | 地方 tsi²⁴ fã³⁵ | 康　县 |
| 时候 sʅ²⁴ xɤu²¹ | 地方 ti⁵⁵ fã²¹ | 西　和 |
| 时间 ʂʅ¹³ tɕiã⁵³ | 地方 ti⁴⁴ faŋ²¹ | 临夏市 |
| 时候 sʅ²¹ xɯ⁵³ | 地方 ti³⁵ faŋ²¹ | 临夏县 |
| 时候 sʅ²¹ xɤu⁵³ | 地方 ti⁴⁴ fã²¹ | 甘　南 |
| 时候 sʅ⁵³ xəu²¹ | 地方 tsʅ²² fã⁵³ | 舟　曲 |
| 时候 sʅ²¹ xəu⁴⁴ | 地方 ti⁴⁴ fã²¹ | 临　潭 |

| 词目<br>方言点 | 山坡 | 山沟 |
|---|---|---|
| 北 京 | 山坡ʂan⁵⁵ pʻo⁵⁵ | 山沟ʂan⁵⁵ kou⁵⁵ |
| 兰 州 | 山坡ʂæ̃⁴⁴ pʻʁ⁵³ | 山沟ʂæ̃⁴⁴ kəu⁵³ |
| 红 古 | 山坡ʂã³⁵ pʻə⁵⁵ | 山沟ʂã³⁵ kʁu³⁵ |
| 永 登 | 山坡ʂæ̃⁴⁴ pʻə⁵³ | 山沟ʂæ̃⁴⁴ kʁu⁵³ |
| 榆 中 | 山坡ʂã⁴⁴ pʻə⁵³ | 山沟ʂã⁴⁴ kəu⁵³ |
| 白 银 | 山坡ʂan⁴⁴ pʻə⁴⁴ | 沟里kʁu⁴⁴ li²¹ |
| 靖 远 | 坡pʻə⁴¹ | 沟来₌kʁu⁴¹ lɛ²¹ |
| 天 水 | 坡上pʻuə²¹ ʂã⁴⁴ | 山沟sæ̃¹³ kʁu¹³ |
| 秦 安 | 山坡san¹³ pʻə¹³ | 山沟san¹³ kəu¹³ |
| 甘 谷 | 山坡坡儿sã³⁵ pʻə⁵³ pʻə²¹ zɹ⁴⁴ | 山沟沟儿sã³⁵ kʁu⁵³ kʁu²¹ zɹ⁴⁴ |
| 武 山 | 洼来₌uə⁴⁴ lɛ⁵³ | 沟壑来₌kʁu⁴⁴ xiə²¹ lɛ³⁵ |
| 张家川 | 洼上va³⁵ ʂã²¹ | 山沟沟子sæ̃¹³ kʁu²¹ kʁu⁴⁴ tsɹ²¹ |
| 武 威 | 山坡sã³⁵ pʻə⁵³ | 山沟子sã⁴⁴ kʁu⁴⁴ tsɹ⁵³ |
| 民 勤 | 山坡sæ⁴⁴ pʻə⁴⁴ | 山沟sæ⁴⁴ kʁu⁴⁴ |
| 古 浪 | 山坡sæ⁴⁴ pʻə⁴⁴ | 山沟ʂæ⁴⁴ kou⁵³ |
| 永 昌 | 山坡ʂɛ³⁵ pʻə⁵³ | 山沟ʂɛ³⁵ kʁu⁵³ |
| 张 掖 | 山坡ʂaŋ³³ pʻə³³ | 山沟ʂaŋ³³ kʁu³³ |
| 山 丹 | 山坡ʂɛ³³ pʻə³³ | 山沟ʂɛ³³ kou³³ |
| 平 凉 | 陡洼洼tʁu⁵³ ua⁴⁴ ua³¹<br>坡坡pʻʁ⁵³ pʻʁ²¹ 又 | 沟kʁu³¹ |
| 泾 川 | 山坡sæ̃²⁴ pʻʁ²¹ | 山沟sæ̃²⁴ kəu²¹ |
| 灵 台 | 山坡坡sæ̃²² pʻo⁵³ pʻo²¹ | 山沟sæ̃²⁴ kou²¹ |

方言词汇

| 山坡 | 山沟 | 词目 / 方言点 |
|---|---|---|
| 山坡san³⁵ pʻə⁴⁴ | 山沟san³⁵ kɤu⁴⁴ | 酒 泉 |
| 山坡san¹³ pʻə²¹³ | 山沟san¹³ kɤu²¹³ | 敦 煌 |
| 山坡坡sæ̃²² pʻɤ³¹ pʻɤ²¹ | 山沟沟sæ̃²² kɤu³¹ kɤu²¹ | 庆 阳 |
| 坡pʻɤ⁴¹ | 沟壕kɤu⁵³ xɔ²⁴ | 环 县 |
| 山坡sæ̃²⁴ pʻɤ²¹ | 沟kou⁵³ | 正 宁 |
| 洼洼ua⁴⁴ ua²¹<br>山洼洼sæ̃³¹ ua⁴⁴ ua²¹ 又 | 山沟沟sæ̃²¹³ kəu⁴² kəu²¹ | 镇 原 |
| 山坡坡sæ̃¹³ pʻɤ²¹ pʻɤ¹³ | 沟里kɤu²¹ li¹³ | 定 西 |
| 坡pʻə¹³ | 沟壑头kɤu²¹ xə⁵³ tʻɤu²¹ | 通 渭 |
| 坡坡儿pʻɤ⁵³ pʻɤ²¹ zʅ²¹ | 沟沟儿kɤu⁵³ kɤu²¹ zʅ²¹ | 陇 西 |
| 陡坡təu⁵³ pʻo¹³<br>斜坡ɕie¹³ pʻo¹³ 又 | 山沟沟儿sæ̃¹³ kəu²¹ kəur¹³ | 临 洮 |
| 山坡坡儿ʃæ̃⁵³ pʻɤ²¹ pʻɤr²¹³ | 沟壑里kɤu⁵³ xɤ²¹ li⁵³ | 漳 县 |
| 坡上pʻə⁵³ ʂã²¹ | 沟kɤu³¹ | 陇 南 |
| 山坡sæ̃⁵³ pʻɤ⁵³ | 山沟sæ̃⁵³ kɤu⁵³ | 文 县 |
| 山坡sæ̃⁴⁴ pʻuə⁴⁴ | 山沟sæ̃⁴⁴ kəu⁴⁴ | 宕 昌 |
| 陡坡tɤu³⁵ pʻɤ²¹ | 小沟siao⁵⁵ kɤu⁵³ | 康 县 |
| 坡上pʻɤ²¹ ʂã⁵⁵ | 沟里kɤu²¹ lɛ²⁴ | 西 和 |
| 坡头pʻə²¹ tʻɤu⁵³ | 山沟沟ʂã⁴⁴ kɤu¹³ kɤu⁵³ | 临夏市 |
| 山坡ʂæ̃⁵⁵ pʻə¹³ | 山沟ʂæ̃⁵⁵ kɯ¹³ | 临夏县 |
| 山坡ʂæ̃¹³ pʻə³⁵ | 山沟ʂæ̃¹³ kɤu²¹³ | 甘 南 |
| 山坡sæ̃⁵³ pʻu⁵³ | 山沟sæ̃⁵³ kəu⁵³ | 舟 曲 |
| 山坡坡子sæ̃⁴⁴ pʻə⁴⁴ pʻə⁴⁴ tsʅ²¹ | 山沟沟子ʂæ̃⁴⁴ kəu⁴⁴ kəu⁴⁴ tsʅ²¹ | 临 潭 |

| 方言点＼词目 | 小水沟 | 河 |
|---|---|---|
| 北　京 | 小水沟ɕiao²¹⁴ ʂuei²¹⁴ kou⁵⁵ | 河xɤ³⁵ |
| 兰　州 | 小水沟ɕiɔ⁵³ fei⁴⁴ kəu⁵³ | 河xɤ⁵³ |
| 红　古 | 小水沟ɕiɔ²¹ fei⁵³ kɤu²¹ | 河xuə¹³ |
| 永　登 | 沟沟子kɤu⁵³ kɤu⁴² tsɿ²¹<br>岔河子tʂʻa²² xə²² tsɿ³⁵ 又 | 河xə⁵³ |
| 榆　中 | 小水沟ɕiɔ⁵³ ʂuei²¹³ kəu³¹ | 河xə⁵³ |
| 白　银 | 水沟fei²⁴ kɤu⁴⁴ | 河xə⁵³ |
| 靖　远 | 水沟沟子ʂuei⁵⁵ kɤ⁴¹ kɤu²¹ tsɿ²¹ | 河xuə²⁴ |
| 天　水 | 沟沟kɤu²¹ kɤu⁴⁴<br>河沟子xuə¹³ kɤu²¹ tsɿ²¹ 又 | 河xuə¹³ |
| 秦　安 | 水沟ʃei⁵³ kəu¹³ | 河xə¹³ |
| 甘　谷 | 水渠儿ʃai⁵³ tɕʻy²¹ zɿ⁴⁴ | 河xə²⁴ |
| 武　山 | 碎渠渠儿suɛ³⁵ tɕʻy⁴⁴ tɕʻy²¹ zɿ¹³ | 河xiə²⁴ |
| 张家川 | 水沟沟子ʃei⁵³ kɤu²¹ kɤu²⁴ tsɿ²¹ | 河xuɤ¹³ |
| 武　威 | 水沟子ʂuei⁴⁴ kɤu⁴⁴ tsɿ⁵³ | 河xə³⁵ |
| 民　勤 | 水沟子ʂuei³⁵ kɤu⁵³ zɿ²¹ | 河xuə⁵³ |
| 古　浪 | 河沟xə³⁵ kou²¹ | 河xə⁵³ |
| 永　昌 | 小水沟ɕiao³⁵ ʂuei⁴² kɤu²¹ | 河xə³⁵ |
| 张　掖 | 沟沟子kɤu³³ kɤu³³ tsɿ³³ | 河xə⁵³ |
| 山　丹 | 水沟沟ʂuei³³ kou³³ kou³³ | 河xə⁵³ |
| 平　凉 | 渠渠子tɕʻy²¹ tɕʻy⁵³ tsɿ²¹ | 河xuɤ²⁴ |
| 泾　川 | 沟沟kəu⁵³ kəu²¹ | 河xuɤ²⁴ |
| 灵　台 | 渠渠tɕʻy²¹ tɕʻy⁵³ | 河xuo²⁴ |

| 小水沟 | 河 | 词目 / 方言点 |
|---|---|---|
| 水沟子ʂuei⁴⁴ kɤu⁴⁴ tsʅ⁴⁴ | 河坝xə³⁵ pa³¹ | 酒　泉 |
| 小水沟ɕiao²¹ ʂuei⁴⁴ kɤu²¹³ | 河xə²¹³ | 敦　煌 |
| 水渠渠ʂuei⁵³ tɕʻy²¹ tɕʻy⁵³ | 河xuɤ²⁴ | 庆　阳 |
| 水沟沟ʂuei⁵⁵ kɤu⁵³ kɤu²¹ | 河xuɤ¹³ | 环　县 |
| 沟沟kou⁵³ kou²¹ | 河xuo²⁴ | 正　宁 |
| 沟沟kəu³¹ kəu²¹ | 河xuo²⁴ | 镇　原 |
| 水坑ʃei⁵³ kʻɤŋ¹³ | 河xɤ²¹ | 定　西 |
| 渠渠儿tɕʻy²⁴ tɕʻy⁵³ zʅ²¹ | 河xə¹³ | 通　渭 |
| 渠渠儿tɕʻy³⁵ tɕʻy⁴² zʅ²¹ | 河xɤ¹³ | 陇　西 |
| 水沟沟儿ʂuei⁵³ kəu²¹ kəur¹³ | 河xo¹³ | 临　洮 |
| 水沟儿ʃei⁵³ kɤur²¹ | 河xɤ¹³ | 漳　县 |
| 小水沟沟子ɕiɑ⁵⁵ ʃei⁵⁵ kɤu⁵³ kɤu²¹ tsʅ²¹ | 大河ta³⁵ xuə²¹ | 陇　南 |
| 沟沟子kɤu⁵³ kɤu²¹ tsʅ³⁵ | 大河ta²⁴ xuɤ⁵³ | 文　县 |
| 沟沟儿kəu⁴⁴ kəur⁵³ | 河xɤ¹³ | 宕　昌 |
| 小水沟siao⁵⁵ fei³⁵ kɤu²¹ | 河xuo²¹³ | 康　县 |
| 水沟沟子ʃei⁵³ kɤu²¹ kɤu²⁴ tsʅ²¹ | 河xuɤ²⁴ | 西　和 |
| 尕水沟ka²¹ ʂuei⁴⁴ kɤu¹³ | 河xə¹³ | 临夏市 |
| 水沟沟ʂuei⁵³ kɯ²¹ kɯ⁵³ | 河xə¹³ | 临夏县 |
| 尕水沟ka²¹ ʂuei⁵³ kɤu¹³ | 河道xə²¹ tao⁴⁴ | 甘　南 |
| 沟沟儿kəu⁵⁵ kər²¹ | 河xu³¹ | 舟　曲 |
| 尕水沟ka²¹ ʂuei⁵³ kəu¹³ | 河沟儿xə²¹ kər⁵³ | 临　潭 |

| 词目<br>方言点 | 发大水 | 湖 |
|---|---|---|
| 北　京 | 发大水fa⁵⁵ ta⁵¹ ʂuei²¹⁴ | 湖xu³⁵ |
| 兰　州 | 发大水fa²² ta²² fei⁴⁴ | 湖xu⁵³ |
| 红　古 | 发山水fa³⁵ ʂã²¹ fei⁵³ | 湖xu¹³ |
| 永　登 | 发山水fa²² sæ̃⁵³ fei²¹ | 涝坝lɑo²² pa³⁵ |
| 榆　中 | 发大水fa²² ta²¹³ ʂuei³⁵ | 湖xu⁵³ |
| 白　银 | 发山水fa²² ʂan⁴⁴ fei²¹<br>发洪水fa²² xun²² fei²⁴ 又 | 湖xu⁵³ |
| 靖　远 | 发山水fa²² sæ̃⁴¹ ʂuei²¹<br>淌山水tʻaŋ⁵⁵ sæ̃⁴¹ ʂuei²¹ 又 | 湖xu²⁴ |
| 天　水 | 发大水fa²¹ ta³⁵ ʃei⁵³ | 湖xu¹³ |
| 秦　安 | 发洪水fa²¹ xuə̃⁴⁴ ʃei⁵³ | 湖xuə¹³ |
| 甘　谷 | 发白雨fʋ³¹² pʻai³⁵ ʑy⁵³ | 湖xu²⁴ |
| 武　山 | 发山水fɑ³¹ sã²¹ ʃɛ²¹ | 大得很的涝坝<br>tɑ²⁴ tə²¹ xəŋ⁵³ tə²¹ lao¹³ pa²¹ |
| 张家川 | 发大水fa²¹ ta⁴⁴ ʃei⁵³ | 湖xu¹³ |
| 武　威 | 发洪水fa⁴⁴ xuŋ⁴⁴ ʂuei⁵³ | 湖xu³⁵<br>海子xɛ⁵³ tsʅ²¹ 又 |
| 民　勤 | 发山水fa²¹ sæ³⁵ ʂuei⁴² | 湖xuə⁵³ |
| 古　浪 | 洪水下来了<br>xuəŋ²¹ ʂuei⁴⁴ xɑ²¹ lɛ³⁵ liɔ²¹ | 湖滩xu⁴⁴ tʻæ³¹ |
| 永　昌 | 发洪水fa⁵³ xuŋ⁴² ʂuei²¹ | 湖xu³⁵ |
| 张　掖 | 发洪水fa²² xuən⁵³ fei⁵³ | 湖xuə⁵³ |
| 山　丹 | 下山水了xa⁵³ ʂɛ³³ fei³³ lə³³ | 湖xuə⁵³ |
| 平　凉 | 发山水fa²² sæ̃⁵³ ʂuei²¹ | 湖xu²⁴ |
| 泾　川 | 河涨咧xuɤ²⁴ tʂaŋ⁵⁵ liɛ²¹ | 湖xu²⁴ |
| 灵　台 | 发洪水fa²¹ xuəŋ⁴⁴ ʃei⁵³ | 湖xu²⁴ |

| 发大水 | 湖 | 词目 方言点 |
|---|---|---|
| 发山水了 fa²² san⁴⁴ ʂuei⁴⁴ liɔ²¹ | 海子 xɛ²² tsʅ⁵³ | 酒　泉 |
| 发大水 fa²¹ ta²⁴ ʂuei⁵³ | 湖 xu²¹³ | 敦　煌 |
| 淹水啦 iæ̃⁵³ ʂuei³¹ la²¹ | 湖 xu²⁴ | 庆　阳 |
| 淌山水 tʻɑŋ⁵⁵ sæ̃⁵³ ʂuei²¹ | 湖 xu²⁴ | 环　县 |
| 河涨了 xuo²⁴ tʂɑŋ⁴⁴ liɔ²¹<br>涨水了 tʂɑ⁵³ ʃei⁴⁴ liɔ²¹ 又 | 湖 xu²⁴ | 正　宁 |
| 河下来了 xuo²⁴ xa⁴⁴ lɛ⁴² lə²¹ | 池 tʂʻʅ²⁴<br>湫 tɕiəu⁴¹ 又 | 镇　原 |
| 发大水 fa²¹ ta²⁴ ʃei²¹ | 湖 xu¹³ | 定　西 |
| 发大水 fa²¹ ta⁴⁴ ʃei⁵³ | 湖 xu¹³ | 通　渭 |
| 河涨了 xɤ¹³ tʂɑ̃⁵⁵ la²¹ | 湖 xu¹³ | 陇　西 |
| 发山水 fa²¹ sæ̃¹³ ʂuei⁵³ | 湖 xu¹³ | 临　洮 |
| 发大水了 fɑ⁵³ tɑ¹³ ʃei⁵³ lao²¹ | 湖 xu¹³ | 漳　县 |
| 山水来了 sæ̃⁵³ ʃei²¹ lɛ²¹ lao¹³<br>河涨了 xuə²¹ tʂɑ̃³⁵ lao²¹ 又 | 湖 xu¹³ | 陇　南 |
| 发洪水 fa⁵³ xoŋ²¹ ʃei⁵³ | 湖 xu¹³ | 文　县 |
| 发大水 fa²¹ ta¹³ ʂuei⁵³<br>发洪水 fa⁴⁴ xuŋ¹³ ʂuei⁵³ 又 | 湖 xu¹³ | 宕　昌 |
| 发大水 fa²¹ ta²⁴ fei⁵⁵<br>涨大河 tʂɑ̃⁵⁵ ta²⁴ xuo¹³ 又 | 湖 xu²¹³ | 康　县 |
| 河涨了 xuɤ²⁴ tʂɑ̃⁵³ lɔ²¹<br>山水下来了 sæ̃²⁴ ʃei²¹ xa⁵⁵ lɛ²¹ lɔ²¹ 又 | 湖 xu²⁴ | 西　和 |
| 发洪水 fa²¹ xuəŋ⁴⁴ ʂuei⁵³ | 湖 xu¹³ | 临夏市 |
| 发大水 fa²¹ tɑ³⁵ fei⁵⁵ | 湖 xu¹³ | 临夏县 |
| 发大水 fa²¹ ta⁴⁴ ʂuei⁵³ | 湖 xu¹³ | 甘　南 |
| 发洪水 fa²² xuəŋ²² ʃuei⁵³ | 湖 xu³¹ | 舟　曲 |
| 发大水 fa²¹ ta³⁵ ʂuei²¹ | 湖 xu¹³ | 临　潭 |

| 词目<br>方言点 | 上头 | 下头 |
|---|---|---|
| 北　京 | 上头ʂaŋ⁵¹ tʻouº | 下头ɕia⁵¹ tʻouº |
| 兰　州 | 上头ʂã²² tʻəu⁵³ | 下头ɕia²² tʻəu⁵³ |
| 红　古 | 上头ʂã²² tʻɤu⁵³ | 下头xa²² tʻɤu⁵³ |
| 永　登 | 上头ʂaŋ²² tʻɤu⁴⁴ | 下头ɕia²¹ tʻɤu⁴⁴ |
| 榆　中 | 上头ʂã²¹ tʻəu⁴⁴ | 下头xa²¹ tʻəu⁴⁴ |
| 白　银 | 上头ʂaŋ²² tʻɤu³⁵<br>高头kɔ⁴⁴ tʻɤu²¹ 又 | 下头xa²² tʻɤu³⁵<br>底下ti²⁴ ɕia⁵³ 又 |
| 靖　远 | 上头ʂaŋ³⁵ tʻɤu⁴¹<br>高头kao⁴¹ tʻɤu²¹ 又 | 下头xa³⁵ tʻɤu⁴¹<br>底下tʅ⁵⁵ xa²¹ 又 |
| 天　水 | 上头ʂã⁴⁴ tʻɤu²¹ | 下头xa⁴⁴ tʻɤu²¹ |
| 秦　安 | 高头kɔ²¹ tʻəu³⁵ | 底下tsʅ⁵³ xa²¹ |
| 甘　谷 | 上头ʂɑŋ⁴⁴ tʻɤu²¹ | 下头xɒ⁴⁴ tʻɤu²¹ |
| 武　山 | 上头ʂɑŋ⁴⁴ tʻɤu²¹ | 下头xɑ⁴⁴ tʻɤu²¹ |
| 张家川 | 上头ʂã⁴⁴ tʻɤu²¹ | 下头xa⁴⁴ tʻɤu²¹ |
| 武　威 | 上头ʂã⁵³ tʻɤu²¹ | 下头ɕia⁵³ tʻɤu²¹ |
| 民　勤 | 上头ʂaŋ⁴² tʻɤu²¹ | 下头ɕia⁴² tʻɤu²¹ |
| 古　浪 | 上头ʂao⁴⁴ tʻou⁴⁴ | 下头xɑ²¹ tʻou⁴⁴ |
| 永　昌 | 上头ʂaŋ⁵³ tʻɤu²¹ | 下头ɕia⁵³ tʻɤu²¹ |
| 张　掖 | 上头ʂaŋ⁵³ tʻɤu²¹ | 下头ɕia³¹ tʻɤu²¹ |
| 山　丹 | 上头ʂaŋ⁵³ tʻou²¹ | 下头ɕia⁵³ tʻou²¹ |
| 平　凉 | 高头kɔ⁵³ tʻɤu²¹ | 下头xa⁴⁴ tʻɤu³¹ |
| 泾　川 | 上头ʂaŋ⁴⁴ tʻəu²¹ | 下头xa⁴⁴ tʻəu²¹ |
| 灵　台 | 上头ʂaŋ²⁴ tʻou²¹ | 下头xa²⁴ tʻou²¹ |

方言词汇

| 上头 | 下头 | 词目 / 方言点 |
|---|---|---|
| 上头ṣaŋ²² tʻɤu¹³ | 下头çia²² tʻɤu¹³ | 酒　泉 |
| 上头ṣaŋ⁴⁴ tʻɤu⁵³ | 下头xa⁴⁴ tʻɤu⁵³ | 敦　煌 |
| 上头ṣaŋ²⁴ tʻɤu⁵³ | 下头çia²⁴ tʻɤu⁵³ | 庆　阳 |
| 上头ṣaŋ²⁴ tʻɤu²¹ | 下头xa²⁴ tʻɤu²¹ | 环　县 |
| 上头ṣaŋ³⁵ tʻou²¹ | 下头xa³⁵ tʻou²¹ | 正　宁 |
| 上头ṣã⁴⁴ tʻəu²¹<br>高头kɔ⁴² tʻəu²¹ 又 | 下头xa⁴⁴ tʻəu²¹ | 镇　原 |
| 上头ṣã²⁴ tʻɤu²¹ | 下头xa²⁴ tʻɤu²¹ | 定　西 |
| 头起tʻɤu¹³ tçʻi⁵³ | 多=级=tə²¹ tçi⁵³ | 通　渭 |
| 头级=tʻɤu²² tçi⁵³ | 下面个xa³⁵ miæ̃⁵³ kei²¹ | 陇　西 |
| 上头ṣã³⁵ tʻəu²¹ | 下头xa³⁵ tʻəu²¹ | 临　洮 |
| 上头ʃaŋ³⁵ tʻɤu⁵³ | 下头xa³⁵ tʻɤu⁵³ | 漳　县 |
| 上面ṣã²⁴ miæ̃⁵³ | 下面xa²⁴ miæ̃⁵³ | 陇　南 |
| 上头ṣã²⁴ tʻɤu⁵³ | 下头xa²⁴ tʻɤu⁵³ | 文　县 |
| 上头ṣã⁴⁴ tʻəu²¹ | 下头xa⁴⁴ tʻəu²¹ | 宕　昌 |
| 上面ṣã²⁴ miæ̃⁵³ | 下面xa²⁴ miæ̃⁵³ | 康　县 |
| 上头ṣã⁵⁵ tʻɤu²⁴ | 下头xa⁵⁵ tʻɤu²⁴ | 西　和 |
| 上头ṣaŋ⁴⁴ tʻɤu²¹ | 下头xa⁴⁴ tʻɤu²¹ | 临夏市 |
| 上头ṣaŋ³⁵ tʻɯ²¹ | 下头xa⁵⁵ tʻɯ²¹ | 临夏县 |
| 上头ṣã⁴⁴ tʻɤu²¹ | 下头xa⁴⁴ tʻɤu²¹ | 甘　南 |
| 上头ṣã²² tʻəu⁵³ | 下头xa²² tʻəu⁵³ | 舟　曲 |
| 上头ṣã⁴⁴ tʻəu²¹ | 下头xa⁴⁴ tʻəu²¹ | 临　潭 |

| 词目<br>方言点 | 左边 | 右边 |
|---|---|---|
| 北 京 | 左边tsuo²¹⁴ pian⁰ | 右边iou⁵¹ pian⁰ |
| 兰 州 | 左手里tsuo⁵³ ʂəu²² li⁵³ | 右手里iəu²² ʂəu⁵³ li²¹ |
| 红 古 | 左面儿tsuə⁵⁵ miãr²¹ | 右面儿iəu¹³ miãr⁵³ |
| 永 登 | 左面tsuə³⁵ miæ̃⁵³ | 右面iɤu²² miæ̃³⁵ |
| 榆 中 | 左边个tsuə³⁵ piã⁴² kə²¹ | 右边iəu²¹ piã¹³ |
| 白 银 | 左面个tsuə²⁴ mian⁵³ kə²¹ | 右面个iɤu²² mian²⁴ kə⁵³ |
| 靖 远 | 左面儿tsuə⁵⁵ miẽr²¹<br>左手来=tsuə⁴¹ ʂɤu²¹ lɛ²¹ ᵡ | 右面儿iɤu³⁵ miẽr⁴¹<br>右手来=iɤu³⁵ ʂɤu⁴¹ lɛ²¹ ᵡ |
| 天 水 | 左面tsuə⁴⁴ miæ̃²¹<br>左半个tsuə⁴⁴ pæ̃²¹ kuə²¹ ᵡ | 右面iɤu³⁵ miæ̃²¹<br>右半个iɤu³⁵ pæ̃²¹ kuə²¹ ᵡ |
| 秦 安 | 左手咧tsə⁴⁴ ʂəu²¹ liə²¹ | 右手咧iəu⁴⁴ ʂəu³¹ liə²¹ |
| 甘 谷 | 左半个tsə⁴⁴ pã²¹ kə²¹ | 右半个iɤu⁴⁴ pã²¹ kə²¹ |
| 武 山 | 左面tsə³⁵ miã⁵³<br>左半个tsə³⁵ pã⁵³ kuɛ²¹ ᵡ | 右面iɤu³⁵ miã²¹<br>右半个iɤu³⁵ pã⁵³ kuɛ²¹ ᵡ |
| 张家川 | 左面子tsuɤ⁴⁴ miæ̃²¹ tsʅ²¹ | 右面子iɤu⁴⁴ miæ̃²¹ tsʅ²¹ |
| 武 威 | 左面下tsuə⁴⁴ miã⁵³ xa²¹<br>左面个tsuə⁴⁴ miã⁵³ kə²¹ ᵡ | 右面下iɤu⁴⁴ miã⁵³ xa²¹<br>右面个iɤu⁴⁴ miã⁵³ kə²¹ ᵡ |
| 民 勤 | 左傍个tsuə²¹ paŋ²¹ kɯ⁴⁴ | 右傍个iɤu⁴² paŋ²¹ kɯ²¹ |
| 古 浪 | 左面下tsuə¹³ miɛ³⁵ xa²¹ | 右面下iou⁴⁴ miɛ⁴⁴ xa²¹ |
| 永 昌 | 左边tsuə⁵³ piɛ²¹ | 右边iɤu⁵³ piɛ²¹ |
| 张 掖 | 左半个tsuə²¹ paŋ²¹ kə³³ | 右半个iɤu³¹ paŋ²¹ kə²¹ |
| 山 丹 | 左半个tsuə⁵³ pɛ³³ kə³³ | 右半个iou⁵³ pɛ³³ kə²¹ |
| 平 凉 | 左半个tsuɤ⁴⁴ paŋ²¹ kɤ²¹ | 右半个iɤu³⁵ paŋ⁵³ kɤ²¹ |
| 泾 川 | 左边tsuɤ³⁵ piæ̃²¹ | 右边iəu³⁵ piæ̃²¹ |
| 灵 台 | 左边tsuo²⁴ piæ̃²¹ | 右边iou²⁴ piæ̃²¹ |

## 方言词汇

| 左边 | 右边 | 词目 / 方言点 |
|---|---|---|
| 左面个 tsuə²² mian³⁵ kə³¹ | 右面个 iɤu²² mian⁴⁴ kə¹³ | 酒 泉 |
| 左边 tsuə⁵³ piɛ²¹ | 右边 iɤu⁴⁴ piɛ²¹ | 敦 煌 |
| 左边 tsuo⁴⁴ piæ̃³¹ | 右边 iɤu⁴⁴ piæ̃³¹ | 庆 阳 |
| 左面 tsuɤ⁵⁵ miæ̃²¹ | 右面 iɤu²⁴ miæ̃²¹ | 环 县 |
| 左边 tsuo³⁵ piæ̃³¹ | 右边 iou³⁵ piæ̃³¹ | 正 宁 |
| 左面 tsuo²⁴ miæ̃²¹<br>左手 tsuo⁴⁴ ʂəu²¹ 又 | 右面 iəu⁴⁴ miæ̃²¹<br>右手 iəu²⁴ ʂəu²¹ 又 | 镇 原 |
| 左面 tsɤ²⁴ miæ̃²¹<br>左半个 tsɤ²⁴ pæ̃⁵³ kɤ²¹ 又 | 右面 iɤu²⁴ miæ̃²¹<br>右半个 iɤu²⁴ pæ̃⁵³ kɤ²¹ 又 | 定 西 |
| 左面 tsə⁴⁴ miæ̃²¹<br>左半个 tsə⁴⁴ pæ̃⁵³ kə²¹ 又 | 右面 iɤu⁴⁴ miæ̃²¹<br>右半个 iɤu⁴⁴ pæ̃⁵³ kə²¹ 又 | 通 渭 |
| 左面个 tsuɤ⁴⁴ miæ̃⁵³ kei²¹ | 右面个 iɤu³⁵ miæ̃⁵³ kei²¹ | 陇 西 |
| 左半个儿 tsuo⁵³ pæ̃⁴⁴ kor²¹ | 右半个儿 iəu⁴⁴ pæ̃⁴⁴ kor²¹ | 临 洮 |
| 左面儿 tsɤ⁵³ miæ̃²¹ ɚ⁵³ | 右面 iɤu³⁵ miæ̃²¹ | 漳 县 |
| 左面 tsuə⁵⁵ miæ̃⁵³ | 右面 iɤu²⁴ miæ̃⁵³ | 陇 南 |
| 左面 tsuɤ³⁵ miæ̃²¹ | 右面 iɤu²⁴ miæ̃⁵³ | 文 县 |
| 左面 tsuə⁵³ miæ̃²¹ | 右面 iəu⁴⁴ miæ̃²¹ | 宕 昌 |
| 左面 tsuo²⁴ miæ̃²¹ | 右面 iɤu²⁴ miæ̃⁵³ | 康 县 |
| 左面 tsuɤ⁵⁵ miæ̃⁵⁵<br>左半块 tsuɤ⁵⁵ pæ̃²¹ kʻuɛ²¹ 又 | 右面 iɤu⁵⁵ miæ̃⁵⁵<br>右半块 iɤu⁵⁵ pæ̃²¹ kʻuɛ²¹ 又 | 西 和 |
| 左半个 tsuə⁴⁴ pã⁴⁴ kə²¹ | 右半个 iɤu³⁵ pã³¹ kə²¹ | 临夏市 |
| 左面 tsuə⁵⁵ miæ̃⁵³ | 右面 iɯ³⁵ miæ̃⁵³ | 临夏县 |
| 左面 tsuə⁴⁴ miæ̃⁵³ | 右面 iɤu⁴⁴ miæ̃⁵³ | 甘 南 |
| 左面儿 tsuə⁵⁵ miæ̃r⁵³ | 右面儿 iəu¹³ miæ̃r⁵³ | 舟 曲 |
| 左面 tsuə⁵³ miæ̃²¹ | 右面 iəu⁴⁴ miæ̃²¹ | 临 潭 |

| 词目<br>方言点 | 中间 | 里面 |
| --- | --- | --- |
| 北 京 | 中间tʂuŋ⁵⁵ tɕian⁵⁵ | 里面li²¹⁴ mian⁵¹ |
| 兰 州 | 中间pfən⁴² tɕiã²¹ | 里头li³⁵ tʻəu²¹ |
| 红 古 | 中间儿tʂuən²² tɕiãr⁵³<br>当中tã²² tʂuən⁵³ 又 | 里头l̩³⁵ tʻʁu²¹ |
| 永 登 | 中间pfən⁵³ tɕiã²¹ | 里头li³⁵ tʻʁu⁵³ |
| 榆 中 | 中间里tʂun⁵³ tɕiã⁴² li²¹ | 里面个li³⁵ miã⁴² kə²¹ |
| 白 银 | 当中taŋ⁴⁴ tʂun²¹ | 里头li³⁵ tʻʁu²¹ |
| 靖 远 | 当中taŋ²² tʂoŋ⁵⁵ | 里头lʁu⁵⁵(l̩⁵⁵) tʻʁu²¹ |
| 天 水 | 当中里tã¹³ tʃʁŋ²¹ li⁵³ | 壑里xuə⁵³ li¹³ |
| 秦 安 | 中间tʃɚ³⁵ tɕian²¹ | 壑里xə⁵³ li²¹ |
| 甘 谷 | 中间tʃuəŋ³⁵ tɕiã²¹<br>停心来tɕʻiəŋ³⁵ ɕiəŋ⁴² lai¹³ 又 | 壑=来xə⁵³ lai¹³ |
| 武 山 | 停心tʻiŋ²⁴ ɕiŋ⁵³ | 壑来xiə⁵³ lɛ¹³<br>壑头xiə⁵³ tʻʁu²¹ 又 |
| 张家川 | 中间里tʃʁŋ¹³ tɕiã²¹ li²¹ | 里头li⁵³ tʻʁu²¹ |
| 武 威 | 当中里tã⁴⁴ tʂuŋ⁴⁴ li⁵³ | 里头li⁵³ tʻʁu²¹ |
| 民 勤 | 当中taŋ²⁴ tʂoŋ²¹ | 里头n̩²¹ tʻʁu⁴⁴ |
| 古 浪 | 当中里tɑo⁴⁴ tʂuəŋ²¹ li²¹ | 里头li²¹ tʻou⁵³ |
| 永 昌 | 中间tʂuŋ³⁵ tɕiɛ⁵³ | 里头li⁵³ tʻʁu²¹ |
| 张 掖 | 当中taŋ²² kuən³³ | 里头li²² tʻʁu³³ |
| 山 丹 | 当中taŋ³³ tʂuŋ³³ | 里头l̩³³ tʻou³³ |
| 平 凉 | 当间儿taŋ²² tɕiã²² ər⁴⁴ | 里头li⁴⁴ tʻʁu²¹ |
| 泾 川 | 中间tʃəŋ²¹ tɕiã³⁵ | 里头li⁵⁵ tʻəu²¹ |
| 灵 台 | 中间tʃəŋ²¹ tɕiã²⁴ | 里头li⁴⁴ tʻou²¹ |

方言词汇

| 中间 | 里面 | 词目 / 方言点 |
|---|---|---|
| 当中 taŋ³⁵ tʂuŋ⁴⁴ | 里头 li²² tʻɤu⁵³ | 酒　泉 |
| 中间 tʂuŋ²² tɕiɛ²¹³ | 里头 li⁵³ tʻɤu²¹ | 敦　煌 |
| 当中 taŋ²¹ tʂuŋ⁵³ | 里头 ni⁴⁴ tʻɤu²¹ | 庆　阳 |
| 当中 taŋ⁵⁵ tʂuŋ⁴¹ | 壸头 xei⁵⁵ tʻɤu²¹ | 环　县 |
| 当中 taŋ²⁴ tʃəŋ²¹<br>中间 tʃəŋ⁵³ tɕiæ²¹ 又 | 里头 li⁴⁴ tʻou²¹ | 正　宁 |
| 当中 tã²⁴ tsəŋ⁵³ | 里头 lei⁵⁵ tʻəu²¹ | 镇　原 |
| 停当中 tʻiŋ²⁴ tã¹³ tʃɤŋ¹³ | 壸头 xɤ⁵³ tʻɤu²¹ | 定　西 |
| 当中 tã¹³ tʃə̃¹³ | 壸头 xə⁵³ tʻɤu²¹<br>里头 li⁵³ tʻɤu²¹ 又 | 通　渭 |
| 停心 tɕʻin¹³ ɕin²¹ | 壸头 xɤ³⁵ tʻɤu²¹ | 陇　西 |
| 当中 tã¹³ tʂuŋ¹³ | 壸头 xo⁵³ tʻəu²¹ | 临　洮 |
| 停心 tɕʻiŋ³⁵ ɕiŋ²¹ | 壸里 xɤ⁵³ lɛ²¹ | 漳　县 |
| 当中间 tã²⁴ tʃɤŋ³¹ tɕiæ²¹ | 后头 xɤu⁵⁵ tʻɤu²¹ | 陇　南 |
| 中间 tʃoŋ⁵³ tɕiæ¹³ | 里头 li³⁵ tʻɤu²¹ | 文　县 |
| 当中 tã⁴⁴ tʂuŋ⁴⁴ | 里头 li⁵³ tʻəu²¹ | 宕　昌 |
| 中间 pfɤŋ⁵³ tɕiæ²¹ | 里面 li⁵⁵ miæ̃²¹<br>后头 xɤu²⁴ tʻɤu⁵³ 又 | 康　县 |
| 中腰里 tʃɤŋ²⁴ iɔ²¹ lɛ³⁵<br>当中案 tã²⁴ tʃɤŋ²¹ ŋæ̃²⁴ 又 | 后头 xɤu⁵⁵ tʻɤu²⁴ | 西　和 |
| 中间 tʂuəŋ²¹ tɕiã⁵³ | 里头 li¹³ tʻɤu¹³ | 临夏市 |
| 中间 tʂuəŋ²¹ tɕiæ̃⁵³ | 里头 li³⁵ tʻɯ³⁵ | 临夏县 |
| 中间 tʂun¹³ tɕiæ̃²¹ | 里面 li¹³ miæ̃⁵³ | 甘　南 |
| 中间 tʃuəŋ⁵³ tɕiæ̃²¹ | 里头 ɻ̍⁵⁵ tʻəu⁵³ | 舟　曲 |
| 中间 tsuŋ⁴⁴ tɕiæ̃⁴⁴ | 里面 li⁵³ miæ̃²¹ | 临　潭 |

| 词目<br>方言点 | 外面 | 前边 |
|---|---|---|
| 北 京 | 外面 uai$^{51}$ mian$^{51}$ | 前边 tɕ'ian$^{35}$ pian$^{0}$ |
| 兰 州 | 外头 vɛ$^{22}$ t'ɤu$^{53}$ | 前头 tɕ'iæ̃$^{53}$ t'əu$^{21}$ |
| 红 古 | 外头 vɛ$^{22}$ t'ɤu$^{53}$ | 前头 tɕ'iã$^{22}$ t'ɤu$^{53}$ |
| 永 登 | 外头 vɛi$^{21}$ t'ɤu$^{44}$ | 前头 tɕ'iæ̃$^{53}$ t'ɤu$^{21}$ |
| 榆 中 | 外面 vɛ$^{21}$ miã$^{13}$ | 前面个 tɕ'iã$^{53}$ miã$^{21}$ kə$^{13}$ |
| 白 银 | 外头 vɛ$^{22}$ t'ɤu$^{24}$ | 前头 tɕ'ian$^{53}$ t'ɤu$^{21}$<br>前面 tɕ'ian$^{53}$ mian$^{21}$ 又 |
| 靖 远 | 外头 vɛ$^{35}$ t'ɤu$^{41}$<br>外前 vɛ$^{35}$ tɕ'iæ̃$^{41}$ 又 | 头来=t'ɤu$^{22}$ lɛ$^{55}$<br>前头 tɕ'iæ̃$^{22}$ t'ɤu$^{55}$ 又 |
| 天 水 | 外前 vɛ$^{35}$ tɕ'iæ̃$^{21}$ | 前头 tɕ'iæ̃$^{13}$ t'ɤu$^{21}$ |
| 秦 安 | 外前 uɛ$^{44}$ tsʻian$^{21}$ | 前 tsʻian$^{35}$ t'əu$^{21}$ |
| 甘 谷 | 外前 uai$^{44}$ tɕ'iã$^{21}$ | 前头 tɕ'iã$^{21}$ t'ɤu$^{44}$ |
| 武 山 | 外头 uɛ$^{35}$ t'ɤu$^{44}$<br>外前 uɛ$^{35}$ tɕ'iã$^{44}$ 又 | 前头 tɕ'iã$^{21}$ t'ɤu$^{44}$ |
| 张家川 | 外后=vɛ$^{44}$ xɤu$^{21}$ | 前面 tɕ'iæ̃$^{13}$ miæ̃$^{21}$ |
| 武 威 | 外头 vɛ$^{44}$ t'ɤu$^{21}$ | 前头 tɕ'iã$^{35}$ t'ɤu$^{21}$ |
| 民 勤 | 外头 væ$^{42}$ t'ɤu$^{21}$ | 前头 tɕ'ir$^{21}$ t'ɤu$^{44}$ |
| 古 浪 | 外头 vɛ$^{35}$ t'ou$^{31}$ | 前头 tɕ'iɛ$^{35}$ t'ou$^{21}$ |
| 永 昌 | 外头 vɛ$^{53}$ t'ɤu$^{21}$ | 前头 tɕ'iɛ$^{35}$ t'ɤu$^{21}$ |
| 张 掖 | 外头 vɛ$^{31}$ t'ɤu$^{21}$ | 前头 tɕ'iaŋ$^{35}$ t'ɤu$^{21}$ |
| 山 丹 | 外头 vɛ$^{33}$ t'ou$^{21}$ | 前头 tɕ'ir$^{55}$ t'ou$^{21}$ |
| 平 凉 | 外头 vɛ$^{35}$ t'ɤu$^{21}$ | 前头 tɕ'iæ̃$^{22}$ t'ɤu$^{53}$ |
| 泾 川 | 外头 vɛ$^{35}$ t'əu$^{21}$ | 前头 tɕ'iæ̃$^{21}$ t'əu$^{53}$ |
| 灵 台 | 外头 uɛ$^{24}$ t'ou$^{21}$ | 前头 tsʻiæ̃$^{21}$ t'ou$^{53}$ |

## 方言词汇

| 外面 | 前边 | 方言点 |
|---|---|---|
| 外头 vɛ²² tʻɤu¹³ | 前边 tɕʻian³⁵ tʻɤu³¹ | 酒 泉 |
| 外头 vɛ⁴⁴ tʻɤu⁵³ | 前头 tɕʻiɛ²² tʻɤu⁵³ | 敦 煌 |
| 外头 uɛ²⁴ tʻɤu²¹ | 前头 tɕʻiæ̃²⁴ tʻɤu⁵³ | 庆 阳 |
| 外头 uɛ²⁴ tʻɤu²¹ | 前头 tɕʻiæ̃²² tʻɤu⁵⁵ | 环 县 |
| 外头 uɛ³⁵ tʻou²¹ | 前头 tsʻiæ̃²¹ tʻou⁵³ | 正 宁 |
| 外头 uɛ²⁴ tʻəu²¹ | 前头 tsʻiæ̃²⁴ tʻəu⁵³ | 镇 原 |
| 外头 vɛ²⁴ tʻɤu²¹<br>外前 vɛ²⁴ tɕʻiæ̃²¹ 又 | 前头 tɕʻiæ̃²¹ tʻɤu²⁴ | 定 西 |
| 外头 uɛ²⁴ tʻɤu²¹<br>外前 uɛ²⁴ tsʻiæ̃²¹ 又 | 前头 tsʻiæ̃²¹ tʻɤu⁴⁴ | 通 渭 |
| 外头 vɛ¹³ tʻɤu⁴⁴ | 前头 tɕʻiæ̃²¹ tʻɤu¹³ | 陇 西 |
| 外头 vɛ⁴⁴ tʻəu²¹<br>外前 vɛ⁴⁴ tɕʻiæ̃²¹ 又 | 前头 tɕʻiæ̃¹³ tʻəu⁴⁴ | 临 洮 |
| 外头 uɛ³⁵ tʻɤu⁵³ | 前头 tsʻiæ̃²¹ tʻɤu⁵³ | 漳 县 |
| 外前 vɛ²⁴ tɕʻiæ̃⁵³ | 前头 tɕʻiæ̃²¹ tʻɤu⁵⁵ | 陇 南 |
| 外头 uɛ²⁴ tʻɤu⁵³ | 前头 tɕʻiæ̃²¹ tʻɤu³⁵ | 文 县 |
| 外头 vɛ⁴⁴ tʻəu²¹ | 前头 tsʻiæ̃²¹ tʻəu⁴⁴ | 宕 昌 |
| 外前 vɛ²⁴ tsʻiæ̃⁵³ | 头里 tʻɤu²¹ li³⁵ | 康 县 |
| 外头 uɛ⁵⁵ tʻɤu²⁴<br>外前 uɛ⁵⁵ tɕʻiæ̃²⁴ 又 | 前头 tɕʻiæ̃²⁴ tʻɤu²⁴ | 西 和 |
| 外头 vɛ⁴⁴ tʻɤu²¹ | 前头 tɕʻiæ̃²¹ tʻɤu³⁵ | 临夏市 |
| 外头 vɛ³⁵ tʻɯ²¹ | 前头 tɕʻiæ̃²¹ tʻɯ³⁵ | 临夏县 |
| 外面 vei⁴⁴ miæ̃²¹ | 前面 tɕʻiæ̃²¹ miæ̃⁵³ | 甘 南 |
| 外头 vɛ²² tʻəu⁵³ | 前头 tsʻiæ̃⁵³ tʻəu²¹ | 舟 曲 |
| 外面 vɛ⁴⁴ miæ̃²¹ | 前头 tɕʻiæ̃²¹ tʻəu⁴⁴ | 临 潭 |

| 词目<br>方言点 | 后边 | 旁边 |
|---|---|---|
| 北 京 | 后边 xou⁵¹ pian⁰ | 旁边 p'aŋ³⁵ pian⁵⁵ |
| 兰 州 | 后头 xəu²² t'əu⁵³ | 旁边 p'ã⁵³ piæ̃⁴⁴ |
| 红 古 | 后头 xʁu¹³ t'ʁu⁵³ | 傍里 pã²² lʁ³⁵ |
| 永 登 | 后头 xʁu²² t'ʁu⁴⁴ | 傍里 pɑŋ⁴² li²¹ |
| 榆 中 | 后面里 xəu²¹ miã³⁵ li⁵³ | 半个子里 pã²¹ kə³⁵ tsʅ⁴² li²¹ |
| 白 银 | 后头 xʁu²² t'ʁu³⁵<br>后面 xʁu²¹ mian¹³ 又 | 傍里 pɑŋ⁴⁴ li²¹<br>边里 pian⁴⁴ li²¹ 又 |
| 靖 远 | 后头 xʁu³⁵ t'ʁu⁴¹<br>沟子后头 kʁu⁴¹ tsʅ²¹ xʁu³⁵ t'ʁu⁴¹ 又 | 傍来 = pɑŋ⁴¹ lɛ²¹<br>边来 = piæ̃⁴¹ lɛ²¹ 又 |
| 天 水 | 后头 xʁu⁴⁴ t'ʁu²¹ | 半个 pæ̃³⁵ kɛ²¹ |
| 秦 安 | 后头 xəu⁴⁴ t'əu²¹ | 偏半个 p'ian²¹ pan⁴⁴ kuɛ²¹ |
| 甘 谷 | 后头 xʁu⁴⁴ t'ʁu²¹ | 半个 pã⁴⁴ kai²¹ |
| 武 山 | 后头 xʁu⁴⁴ t'ʁu²¹ | 边上 piã²¹ xaŋ¹³<br>半个 pã⁴⁴ kuɛ²¹ 又 |
| 张家川 | 后面 xʁu⁴⁴ miæ̃²¹ | 跟前 kʁŋ²¹ tɕ'iæ̃¹³ |
| 武 威 | 后头 xʁu⁵³ t'ʁu²¹ | 旁边 p'ã³⁵ piã²¹ |
| 民 勤 | 后头 xʁu⁴² t'ʁu²¹ | 傍个子 pɑŋ⁴² kɯ²¹ zʅ²¹ |
| 古 浪 | 后头 xou⁴⁴ t'ou³¹ | 旁个里 pɑo²¹ kə³⁵ li²¹ |
| 永 昌 | 后头 xʁu⁵³ t'ʁu²¹ | 旁个 p'aŋ³⁵ kə⁵³ |
| 张 掖 | 后头 xʁu³¹ t'ʁu²¹ | 半个里 pɑŋ²¹ kə³³ li²¹ |
| 山 丹 | 后头 xou⁵³ t'ou²¹ | 傍个里 pɑŋ⁵³ kə⁴² lʅ²¹ |
| 平 凉 | 后头 xʁu³⁵ t'ʁu²¹ | 一旁个 i²² p'aŋ⁴⁴ kʁ²¹ |
| 泾 川 | 后头 xəu³⁵ t'əu²¹ | 傍傍 paŋ⁵³ paŋ²¹ |
| 灵 台 | 后头 xou²⁴ t'ou²¹ | 傍傍 paŋ⁵³ paŋ²¹<br>一傍个 i²¹ paŋ⁴⁴ kʁ²¹ 又 |

## 方言词汇

| 后边 | 旁边 | 词目 / 方言点 |
|---|---|---|
| 后头 xɤu²² tʻɤu¹³ | 傍个尼﹦paŋ²² kə³⁵ ni³¹ | 酒　泉 |
| 后头 xɤu⁴⁴ tʻɤu⁵³ | 旁边 pʻaŋ⁴⁴ piɛ²¹³ | 敦　煌 |
| 后头 xɤu²⁴ tʻɤu⁵³ | 傍傍 paŋ³¹ paŋ²¹ | 庆　阳 |
| 后头 xɤu²⁴ tʻɤu²¹ | 傍家洼﹦paŋ⁴² tɕia²¹ va⁵⁵ | 环　县 |
| 后头 xou⁴⁴ tʻou²¹ | 跟前 ken⁵³ tsʻiæ̃²¹<br>边上 piæ̃⁵³ ʂaŋ²¹ 又<br>傍上 paŋ⁵³ ʂaŋ²¹ 又 | 正　宁 |
| 后头 xəu²⁴ tʻəu²¹ | 傍傍 pã⁴² pã²¹<br>边边 piæ̃⁴² piæ̃²¹ 又 | 镇　原 |
| 后头 xɤu²⁴ tʻɤu²¹ | 半个 pæ̃²⁴ kɤ²¹ | 定　西 |
| 后头 xɤu⁴⁴ tʻɤu²¹ | 半个 pæ̃²⁴ kə²¹ | 通　渭 |
| 后头 xɤu³⁵ tʻɤu²¹ | 跟前 kəŋ⁵³ tɕʻiæ̃¹³ | 陇　西 |
| 后头 xəu⁴⁴ tʻəu²¹ | 跟前 ken²¹ tɕʻiæ̃¹³ | 临　洮 |
| 后头 xɤu³⁵ tʻɤu²¹ | 边行 piæ̃⁵³ xaŋ¹³ | 漳　县 |
| 后头 xɤu²⁴ tʻɤu⁵³ | 半个儿 pæ̃²⁴ kər⁵³ | 陇　南 |
| 后头 xɤu²⁴ tʻɤu⁵³ | 边里 piæ̃⁵³ li²¹ | 文　县 |
| 后头 xəu⁴⁴ tʻəu²¹ | 边尼﹦piæ̃⁴⁴ ni⁴⁴ | 宕　昌 |
| 后头 xɤu²⁴ tʻɤu⁵³ | 跟前 kɤŋ⁵³ tsʻiæ̃²¹ | 康　县 |
| 后头 xɤu⁵⁵ tʻɤu²⁴ | 跟前 kɤŋ²¹ tɕʻiæ̃²⁴ | 西　和 |
| 后头 xɤu⁴⁴ tʻɤu²¹ | 跟前 kəŋ²¹ tɕʻiã⁵³ | 临夏市 |
| 后头 xɯ⁵⁵ tʻɯ²¹ | 旁边 pʻaŋ³⁵ piæ̃⁵³ | 临夏县 |
| 后面 xɤu⁴⁴ miæ̃²¹ | 边上 piæ̃²¹ ʂã³⁵ | 甘　南 |
| 后头 xəu²² tʻəu⁵³ | 边尼﹦piæ̃⁵⁵ ni²¹ | 舟　曲 |
| 后面 xəu⁴⁴ miæ̃²¹ | 傍个儿尼﹦pã⁴⁴ kər¹³ ni²¹ | 临　潭 |

| 词目<br>方言点 | 附近 | 什么地方 |
|---|---|---|
| 北 京 | 附近fu⁵¹ tɕin⁵¹ | 什么地方ʂən³⁵ mə⁰ ti⁵¹ faŋ⁰ |
| 兰 州 | 跟前kən⁴² tɕʻiæ²¹ | 哪搭na⁵⁵ tʻa²¹ |
| 红 古 | 跟前kən²² tɕʻiã³⁵ | 啥地方ʂa³⁵ tʅ⁵⁵ fã⁵³ |
| 永 登 | 跟前kən⁴² tɕʻiæ²¹ | 啥地方sa³⁵ ti⁴² faŋ²¹ |
| 榆 中 | 跟前里kən⁴⁴ tɕʻiã⁴² li²¹ | 啥地方sa³⁵ ti⁴² fã²¹ |
| 白 银 | 跟前kən⁴⁴ tɕʻian²¹ | 啥地方sa³⁵ ti⁵³ faŋ²¹ |
| 靖 远 | 跟前kɤŋ⁴¹ tɕʻiæ²¹ | 啥地方sa³⁵ tʅ⁴⁴ faŋ²¹ |
| 天 水 | 跟前kɤŋ²¹ tɕʻiæ¹³ | 啥地方sa⁴⁴ ti⁴⁴ fã²¹ |
| 秦 安 | 跟前kə̃²¹ tsʻian¹³ | 啥地方sa⁴⁴ tsʅ⁴⁴ fã²¹ |
| 甘 谷 | 跟前kəŋ⁴² tɕʻiã²⁴ | 啥地方sə⁵³ ti⁴⁴ faŋ²¹ |
| 武 山 | 眼前kiə²¹ tɕʻiã²⁴ | 阿来=ɑ²¹ lɛ²⁴<br>阿来=来=ɑ²¹ lɛ²⁴ lɛ⁴⁴ 又 |
| 张家川 | 附近fu⁴⁴ tɕʻiŋ⁵³<br>近处tɕʻiŋ⁴⁴ tʃʻu²¹ 又 | 啥地方sa²² tɕi⁴⁴ fã²¹ |
| 武 威 | 跟前kən³⁵ tɕʻiã⁵³<br>半个里pã⁴⁴ kə⁴² li²¹ | 哪里na⁵³ li²¹<br>啥地方sa⁵³ ti⁵³ fã²¹ 又 |
| 民 勤 | 跟前kɤŋ³⁵ tɕʻir⁴² | 啥地方sɑŋ²¹ tsʅ⁴² faŋ²¹ |
| 古 浪 | 跟前kəŋ⁴⁴ tɕʻiɛ⁵³ | 啥地方ʂa³⁵ ti⁴⁴ faɔ²¹ |
| 永 昌 | 跟前kəŋ³⁵ tɕʻiɛ⁵³ | 什么地方ʂən³⁵ mə²¹ ti⁵³ faŋ²¹ |
| 张 掖 | 跟前kən³³ tɕʻiaŋ³³ | 啥地方ʂa³⁵ ti⁵³ faŋ²¹ |
| 山 丹 | 跟前kən³³ tɕʻir³³ | 啥地方ʂa¹³ ti⁵³ faŋ²¹ |
| 平 凉 | 方圆faŋ²² yæ²⁴ | 啥地方sa⁴⁴ ti⁴⁴ faŋ²¹ |
| 泾 川 | 近处tɕʻiŋ³⁵ tʃʻu²¹ | 阿搭a⁵⁵ ta²¹ |
| 灵 台 | 近处tɕʻiəŋ²⁴ tʃʻu²¹ | 阿搭a⁴⁴ ta²¹ |

| 附近 | 什么地方 | 词目 / 方言点 |
|---|---|---|
| 跟前 kəŋ³⁵ tɕʻian⁴⁴ | 啥地方 sa³⁵ ti⁵³ fɑŋ²¹ | 酒 泉 |
| 附近 fu⁵³ tɕʻiŋ²¹³ | 啥地方 sa⁴⁴ tʅ⁴⁴ faŋ²¹ | 敦 煌 |
| 跟前 kəŋ⁵³ tɕʻiæ²¹ | 阿搭 a⁴⁴ ta²¹ | 庆 阳 |
| 跟前 kəŋ⁴² tɕʻiæ²¹ | 啥地方 sa²⁴ ti³³ fɑŋ²¹ | 环 县 |
| 近处 tɕʻien³⁵ tʂʅ²¹<br>跟前 ken⁵³ tsʻiæ²¹ 又 | 啥地方 ʃɤ⁴⁴ ti²⁴ fɑŋ²¹ | 正 宁 |
| 跟前 kəŋ⁴² tsʻiæ²¹ | 哪搭 na⁵⁵ ta²¹ | 镇 原 |
| 近处 tɕʻiŋ²⁴ tʂʻu²¹<br>跟前 kɤŋ²¹ tɕʻiæ¹³ 又 | 阿里 a²¹ li¹³ | 定 西 |
| 跟前 kə̃²¹ tsʻiæ¹³ | 啥达 sa⁵³ ta¹³ | 通 渭 |
| 近处 tɕʻin¹³ tʂʻu⁴⁴ | 阿里 a⁵³ li¹³ | 陇 西 |
| 跟前 ken²¹ tɕʻiæ¹³ | 啥地方 sa⁵³ ti⁴⁴ fã²¹<br>阿搭儿尼=a¹³ tar²¹ ni¹³ 又 | 临 洮 |
| 左近处 tsɤ⁵³ tɕʻiŋ⁴⁴ tʂʻʅ²¹ | 阿里 ɑ⁵³ li³⁵ | 漳 县 |
| 跟前 kɤŋ⁵³ tɕʻiæ²¹ | 啥地方 sa²⁴ ti²⁴ fã³¹ | 陇 南 |
| 跟前 kə̃⁵³ tɕʻiæ¹³ | 阿的里 a⁵³ tɤ²¹ li³⁵ | 文 县 |
| 跟前 kəŋ⁴⁴ tsʻiæ⁴⁴ | 啥地方 sa⁵³ tsi⁴⁴ fã²¹ | 宕 昌 |
| 跟前 kɤŋ⁵³ tsʻiæ²¹ | 啥地方 ʂa³⁵ ti²⁴ fã⁵³ | 康 县 |
| 近边处 tɕʻiŋ⁵⁵ piæ²¹ tʂʻu²¹ | 啥地方 sa⁵⁵ ti⁵⁵ fã²¹ | 西 和 |
| 团罗罗 tʻuã¹³ luə²¹ luə⁵³ | 阿达 a³⁵ tʻa³⁵ | 临夏市 |
| 跟里 kei³⁵ li²¹ | 阿搭里 ɑ⁵⁵ tʻɑ³⁵ li⁵³ | 临夏县 |
| 跟前 kɤŋ²¹ tɕʻiæ⁵³ | 啥地方 sa⁴⁴ ti⁵³ fã²¹ | 甘 南 |
| 跟前 kəŋ⁵⁵ tsʻiæ²¹ | 啥地方 sa³⁵ tsʅ²¹ fã⁵⁵ | 舟 曲 |
| 傍根儿尼=pã⁴⁴ kər¹³ ni²¹ | 阿个地方 ?a¹³ kə²¹ ti⁴⁴ fã²¹ | 临 潭 |

| 词目<br>方言点 | 灰尘 | 石头 |
|---|---|---|
| 北 京 | 灰尘xuei⁵⁵ tʂʻən³⁵ | 石头ʂʅ³⁵ tʻouº |
| 兰 州 | 灰尘xuei⁴² tʂʻən²¹ | 石头ʂʅ⁵³ tʻəu¹³ |
| 红 古 | 灰xuei¹³ | 石头ʂʅ²² tʻɤu⁵³ |
| 永 登 | 灰尘xuei⁴⁴ tʂʻən²¹ | 石头ʂʅ³⁵ tɤu⁵³ |
| 榆 中 | 灰尘xuei⁴⁴ tʂʻən²¹ | 石头ʂʅ⁵³ tʻəu¹³ |
| 白 银 | 尘土tʂən⁵³ tʻu²⁴ | 石头ʂʅ⁵³ tʻɤu²¹ |
| 靖 远 | 灰灰子xuei⁴¹ xuei²¹ tsʅ²¹ | 石头ʂʅ²² tʻɤu⁵⁵ |
| 天 水 | 薄土pʻuə¹³ tʻu²¹ | 石头ʂʅ¹³ tʻɤu²¹ |
| 秦 安 | 灰尘xuei²¹ tʂʻɔ̃³⁵ | 石头ʂʅ³⁵ tʻəu²¹ |
| 甘 谷 | 土雾tʻu⁵³ vu⁴⁴ | 石头ʂʅ²¹ tʻɤu⁴⁴ |
| 武 山 | 塘=土taŋ²⁴ tʻu²¹ | 石头ʂʅ²¹ tʻɤu⁴⁴ |
| 张家川 | 尘土tʂʻɤŋ²² tʻu⁵³ | 石头ʂʅ¹³ tʻɤu²¹ |
| 武 威 | 灰xuei³⁵ | 石头ʂʅ³⁵ tʻɤu⁵³ |
| 民 勤 | 灰尘xuei⁴⁴ tʂʻɤŋ⁴² | 石头ʂʅ²¹ tʻɤu⁴⁴ |
| 古 浪 | 灰尘xuei²² tʂʻəŋ⁵³ | 石头ʂʅ³⁵ tʻou²¹ |
| 永 昌 | 尘土tʂʻəŋ⁵³ tʻu²¹ | 石头ʂʅ³⁵ tʻɤu⁵³ |
| 张 掖 | 灰土xuei³³ tʻuə²¹ | 石头ʂʅ³⁵ tʻɤu²¹ |
| 山 丹 | 灰尘xuei³³ tʂəŋ³³ | 石头ʂʅ⁵³ tʻou²¹ |
| 平 凉 | 土tʻu⁵³ | 石头ʂʅ²¹ tʻɤu⁵³<br>料礓石liɔ³⁵ tɕiaŋ⁵³ ʂʅ²¹ 又 |
| 泾 川 | 灰xuei³¹<br>灰尘xuei²¹ tʂʻəŋ²⁴ 又 | 石头ʂʅ²¹ tʻəu⁵³ |
| 灵 台 | 塘=土tʻaŋ²¹ tʻu⁵³ | 石头ʂʅ²² tʻou⁵³ |

## 方言词汇

| 灰尘 | 石头 | 词目 / 方言点 |
|---|---|---|
| 塘=土t'ɑŋ³⁵ t'u³¹ | 石牛ʂʅ³⁵ niɤu³¹ | 酒 泉 |
| 灰尘xuei²¹ tsʻəŋ¹³ | 石头ʂʅ²¹ t'ɤu⁵³ | 敦 煌 |
| 尘土tʂʻəŋ²¹ t'u⁵³ | 石头ʂʅ²¹ t'ɤu⁵³ | 庆 阳 |
| 土t'u⁵⁵ | 石头ʂʅ²² t'ɤu⁵⁵ | 环 县 |
| 尘土tʂʻen²⁴ t'u⁵³ | 石头ʂʅ²¹ t'ou⁵³ | 正 宁 |
| 灰条条xuei⁴¹ tsʻiɔ²¹ tsʻiɔ²¹<br>杂屑tsa²⁴ siɛ²¹ 又 | 石头ʂʅ²¹ t'əu⁵³ | 镇 原 |
| 尘土tʂʻɤŋ²⁴ t'u⁵³ | 石头ʂʅ²¹ t'ɤu⁴⁴ | 定 西 |
| 塘=土t'ã¹³ t'u⁵³ | 石头ʂʅ²¹ t'ɤu⁴⁴ | 通 渭 |
| 塘=土t'ã¹³ t'u⁵³ | 石头ʂʅ²¹ t'ɤu¹³ | 陇 西 |
| 尘土tʂʻen¹³ t'u⁵³ | 石头ʂʅ¹³ t'əu⁴⁴ | 临 洮 |
| 灰尘xuɛ²¹ tʃʻɤŋ¹³<br>塘=土t'ɑŋ¹³ t'u²¹ 又 | 石头儿ʃʅ²¹ t'ɤur⁵³ | 漳 县 |
| 灰xuei³¹ | 石头ʂʅ²¹ t'ɤu³⁵ | 陇 南 |
| 薄土pʻɤ²¹ t'u⁵³ | 石头ʂʅ²¹ t'ɤu³⁵ | 文 县 |
| 尘土tʂʻəŋ¹³ t'u⁵³ | 石头ʂʅ²¹ t'əu⁴⁴ | 宕 昌 |
| 灰尘xuei⁵³ tʂʻɤŋ²¹<br>薄土pʻao²¹ t'u⁵⁵ 又 | 石头ʂʅ²¹ t'ɤu¹³ | 康 县 |
| 薄土pʻuɤ²⁴ t'u²¹ | 石头ʂʅ²⁴ t'ɤu²¹ | 西 和 |
| 薄土pʻə³⁵ t'u⁵³ | 石头ʂʅ²¹ t'ɤu³⁵ | 临夏市 |
| 灰尘xuei⁵⁵ tʂʻəŋ¹³ | 石头ʂʅ²¹ t'ɯ³⁵ | 临夏县 |
| 灰尘t'ã²¹ t'u⁵³ | 石头ʂʅ²¹ t'ɤu⁵³ | 甘 南 |
| 薄土pʻu⁵³ t'u²¹ | 石头ʂʅ⁵³ t'əu²¹ | 舟 曲 |
| 尘土tʂʻɤŋ³⁵ t'u⁵³ | 石头ʂʅ²¹ t'əu⁴⁴ | 临 潭 |

| 词目<br>方言点 | 鹅卵石 | 沙子 |
| --- | --- | --- |
| 北　京 | 鹅卵石 ɤ³⁵ luan²¹⁴ ʂʅ³⁵ | 沙子 ʂa⁵⁵ tsʅ⁰ |
| 兰　州 | 鹅卵石 ɣɤ⁵³ luæ̃²² ʂʅ⁵³ | 沙子 ʂa⁴² tsʅ²¹ |
| 红　古 | 卵石 luã³⁵ ʂʅ²¹ | 沙子 ʂa²² tsʅ³⁵ |
| 永　登 | 鹅卵石 ə⁵³ luæ̃⁴⁴ ʂʅ⁵³ | 沙子 ʂa⁴⁴ tsʅ²¹ |
| 榆　中 | 鹅卵石 ə²¹ luã³⁵ ʂʅ²¹ | 沙子 ʂa⁴⁴ tsʅ²¹ |
| 白　银 | 顽石子儿 van⁵³ ʂʅ²¹ tsʅ²⁴ ɣɯ²¹ | 沙子 ʂa⁴⁴ tsʅ²¹ |
| 靖　远 | 卵子石 luæ̃⁴¹ tsʅ²¹ ʂʅ²¹ | 沙子 sa⁴¹ tsʅ²¹ |
| 天　水 | 卵子石 nuæ̃⁵³ tsʅ²¹ ʂʅ²¹ | 沙石 sa²¹ ʂʅ¹³ |
| 秦　安 | 脖子石 p'ɔ²¹ tsʅ⁵³ ʂʅ¹³ | 沙石 sa²¹ ʂʅ³⁵ |
| 甘　谷 | 石子儿 ʂʅ²⁴ tsʅ⁵³ zʅ²¹ | 沙子 sɒ³¹² tsʅ⁵³ |
| 武　山 | 碎石头 suɛ³⁵ ʂʅ²¹ t'ɤu⁴⁴ | 沙子 sɒ³¹ tsʅ²¹ |
| 张家川 | 鹅卵石 ŋɤ¹³ luæ̃⁵³ ʂʅ¹³ | 沙石 sa²¹ ʂʅ²⁴ |
| 武　威 | 石娃子 ʂʅ³⁵ va⁵³ tsʅ²¹ | 沙子 ʂa²² tsʅ⁵³ |
| 民　勤 | 石头蛋子 ʂʅ²¹ t'ɤu³⁵ tæ⁵³ zʅ²¹ | 沙 sa⁴⁴ |
| 古　浪 | 石娃子 ʂʅ⁵⁵ va⁵³ tsʅ²¹ | 沙子 ʂa³⁵ tsʅ⁵³ |
| 永　昌 | 鹅卵石 ɣə³⁵ luɛ⁴² ʂʅ²¹ | 沙子 ʂa³⁵ tsʅ⁵³ |
| 张　掖 | 石头蛋子 ʂʅ⁵³ t'ɤu⁵³ taŋ²¹ tsʅ¹¹ | 沙子 ʂa³³ tsʅ³³ |
| 山　丹 | 驴卵子石头<br>lu³⁵ luɛ⁵³ tsʅ²¹ ʂʅ²¹ t'ou²¹ | 沙子 ʂa³³ tsʅ³³ |
| 平　凉 | 圆蛋蛋石头<br>yæ²⁴ tæ⁴⁴ tæ²¹ ʂʅ²¹ t'ɤu⁵³ | 沙子 sa⁵³ tsʅ²¹ |
| 泾　川 | 顽瓜石 væ³¹ kua²¹ ʂʅ²⁴ | 沙子 sa⁵³ tsʅ²¹ |
| 灵　台 | 顽瓜石 uæ³¹ kua⁴⁴ ʂʅ²¹ | 沙子 sa⁵³ tsʅ²¹ |

方言词汇

| 鹅卵石 | 沙子 | 词目 / 方言点 |
|---|---|---|
| 鹅卵石 ɣə³⁵ luan²¹ ʂʅ⁵³ | 沙子 sa³⁵ tsʅ⁴⁴ | 酒　泉 |
| 鹅卵石 ŋə²¹ nuan⁵³ ʂʅ²¹³<br>驴卵石 ly²¹ luan⁵³ ʂʅ²¹³ 又 | 沙子 sa²² zʅ¹³ | 敦　煌 |
| 顽瓜石 uæ²⁴ kua³¹ ʂʅ²¹ | 沙子 sa⁵³ tsʅ²¹ | 庆　阳 |
| 料礓石 liɔ²⁴ tɕiaŋ³¹ ʂʅ²¹ | 沙子 sa⁴² tsʅ²¹ | 环　县 |
| 鹅卵石 ŋɤ²⁴ lyæ̃⁵³ ʂʅ²⁴ | 沙子 sa⁵³ tsʅ²¹ | 正　宁 |
| 圆石头 yæ̃²¹³ ʂʅ²¹ tʻəu³¹ | 沙子 sa⁴² tsʅ²¹ | 镇　原 |
| 蛋儿石 tʻæ̃⁴⁴ zʅ²¹ ʂʅ¹³ | 沙子 sa²¹ tsʅ¹³ | 定　西 |
| 溜光石 liɤu⁴⁴ kuã⁴⁴ ʂʅ²¹ | 沙子 sa²¹ tsʅ¹³ | 通　渭 |
| 圆石头儿 yæ̃¹³ ʂʅ²¹ tʻɤu¹³ zʅ²¹ | 沙 sa²¹ | 陇　西 |
| 小圆石头 ɕiɑo⁵³ yæ̃¹³ ʂʅ¹³ tʻəu⁴⁴ | 沙 sa¹³ | 临　洮 |
| 石头儿 ʃʅ²¹ tʻɤur⁵³ | 沙石儿 ʃa⁵³ ʃər¹³ | 漳　县 |
| 小石子儿 ɕiɑo³⁵ ʂʅ²¹ tsər³⁵ | 沙 sa³¹ | 陇　南 |
| 鹅卵石 ŋɤ²¹ luæ̃⁵³ ʂʅ¹³ | 沙石 sa⁵³ ʂʅ¹³ | 文　县 |
| 小青石头 siao⁵³ tsʻiŋ⁴⁴ ʂʅ²¹ tʻəu¹³ | 沙石 sa⁴⁴ ʂʅ⁴⁴ | 宕　昌 |
| 石锅=儿 ʂʅ²¹ kuo³⁵ ər²¹ | 沙 ʂa⁵³ | 康　县 |
| 石子 ʂʅ²⁴ tsʅ²¹ | 沙石 sa²¹ ʂʅ²⁴ | 西　和 |
| 石灰石 ʂʅ⁴⁴ xuei⁵³ ʂʅ¹³ | 沙子 ʂa²¹ tsʅ⁵³ | 临夏市 |
| 卵石 luæ̃⁵⁵ ʂʅ¹³ | 沙子 ʂa²¹ tsʅ⁵³ | 临夏县 |
| 鹅卵石 ŋə²¹ luæ̃⁵⁵ ʂʅ³⁵ | 沙子 ʂa²¹ tsʅ⁵³ | 甘　南 |
| 小石头 siɑo⁵⁵ ʂʅ⁵³ tʻəu²¹ | 沙石 sa⁵⁵ ʂʅ⁵³ | 舟　曲 |
| 圆石头 yæ̃³⁵ ʂʅ²¹ tʻəu⁴⁴ | 沙子 sa⁴⁴ tsʅ⁴⁴ | 临　潭 |

| 方言点＼词目 | 石灰 | 泥土 |
|---|---|---|
| 北 京 | 石灰ʂʅ35 xuei55 | 泥土ni35 tʻu214 |
| 兰 州 | 石灰ʂʅ21 xuei53 | 泥土ni53 tʻu44 |
| 红 古 | 石灰ʂʅ22 xuei53 | 泥n̩13 |
| 永 登 | 石灰ʂʅ13 xuei53<br>白灰piə13 xuei53 又 | 泥ni53 |
| 榆 中 | 石灰ʂʅ21 xuei213 | 泥土ni53 tʻu44 |
| 白 银 | 石灰ʂʅ53 xuei13<br>白灰pə53 xuei44 又 | 泥ni53 |
| 靖 远 | 白灰pei22 xuei41 | 泥n̩24 |
| 天 水 | 白灰pʻei13 xuei21 | 泥土ni13 tʻu53 |
| 秦 安 | 石灰ʂʅ35 xuei21 | 泥土ni13 tʻu53 |
| 甘 谷 | 白灰pʻai24 xuai312 | 泥土ni24 tʻu53 |
| 武 山 | 石灰ʂʅ24 xuɛ21<br>白灰pʻɛ24 xuɛ21 又 | 烂泥lã53 n̩13 |
| 张家川 | 白灰pʻei13 xuei21 | 土tʻu53 |
| 武 威 | 白灰pə35 xuei21 | 泥ni35<br>泥泥ni35 ni21 又 |
| 民 勤 | 石灰ʂʅ44 xuei21 | 土tʻu214 |
| 古 浪 | 白灰pə35 xuei21 | 泥ni53 |
| 永 昌 | 石灰ʂʅ35 xuei53 | 泥土ni53 tʻu21 |
| 张 掖 | 白灰piə35 xuei21 | 泥土ni35 tʻu21 |
| 山 丹 | 白灰pə55 xuei13 | 泥土n̩35 tʻuə53 |
| 平 凉 | 石灰ʂʅ21 xuei53 | 土tʻu53 |
| 泾 川 | 石灰ʂʅ21 xuei53 | 黄土xuɑŋ21 tʻu53 |
| 灵 台 | 石灰ʂʅ22 xuei53 | 面面土miæ24 miæ21 tʻu53<br>土tʻu53 又 |

方言词汇

| 石灰 | 泥土 | 方言点 |
|---|---|---|
| 石灰ʂʅ³⁵ xuei³¹ | 泥土ni³⁵ tʻu³¹ | 酒 泉 |
| 灰xuei⁵³ | 泥zʅ²¹³ | 敦 煌 |
| 石灰ʂʅ²¹ xuei⁵³ | 土tʻu⁵³<br>黄土xuɑŋ²¹ tʻu⁵³ 又 | 庆 阳 |
| 白灰pei²² xuei⁴¹ | 泥mi²⁴ | 环 县 |
| 石灰ʂʅ²¹ xuei⁵³ | 泥土ni²⁴ tʻu⁵³ | 正 宁 |
| 石灰ʂʅ²¹³ xuei⁵³ | 土tʻu⁵³<br>面面土miæ̃⁴⁴ miæ̃²¹ tʻu⁵³ 又<br>胶泥土tɕiɔ²¹ ni²⁴ tʻu⁵³ 又 | 镇 原 |
| 石灰ʂʅ¹³ xuei²¹ | 土tʻu⁵³ | 定 西 |
| 洋灰iã¹³ xuei¹³ | 泥土ni¹³ tʻu⁵³ | 通 渭 |
| 白灰pʻei¹³ xuei²¹ | 湿土ʂʅ²¹ tʻu⁵³ | 陇 西 |
| 石灰ʂʅ³⁵ xuei²¹ | 泥土ni¹³ tʻu⁵³ | 临 洮 |
| 石灰ʃʅ¹³ xuɛ²¹ | 泥土ni¹³ tʻu⁵³ | 漳 县 |
| 石灰ʂʅ²² xuei⁵³ | 土tʻu⁵⁵ | 陇 南 |
| 石灰ʂʅ²¹ xuei⁵³ | 泥土ni²¹ tʻu⁵⁵ | 文 县 |
| 白灰pei¹³ xuei⁴⁴ | 泥土ni¹³ tʻu⁵³ | 宕 昌 |
| 石灰ʂʅ²¹ xuei³⁵ | 泥巴ni²¹ pa³⁵ | 康 县 |
| 石灰ʂʅ²⁴ xuei²¹ | 泥土ni²⁴ tʻu⁵³ | 西 和 |
| 石灰ʂʅ³⁵ xuei⁵³ | 泥ni¹³ | 临夏市 |
| 石灰ʂʅ¹³ xuei⁵³ | 泥土ni¹³ tʻu⁵³ | 临夏县 |
| 石灰ʂʅ²¹ xuei⁵³ | 胡墼xu¹³ tɕi²¹ | 甘 南 |
| 白灰pei¹³ xuei⁵³ | 泥土ni²² tʻu⁵³ | 舟 曲 |
| 石灰ʂʅ¹³ xuei²¹ | 泥土ni³⁵ tʻu⁵³ | 临 潭 |

| 词目<br>方言点 | 凉水 | 热水 |
|---|---|---|
| 北 京 | 凉水liaŋ³⁵ ʂuei²¹⁴ | 热水ʐʮ⁵¹ ʂuei²¹⁴ |
| 兰 州 | 凉水liã⁵³ fei⁴⁴ | 热水ʐʮ²² fei⁴⁴ |
| 红 古 | 冰水pin²² fei⁵³ | 烫水t'ã¹³ fei⁵³ |
| 永 登 | 冷水lən¹³ fei⁴⁴ | 开水k'ɛi⁴⁴ fei²¹<br>滚水kuən²² fei³⁵ 又 |
| 榆 中 | 凉水liã⁵³ ʂuei⁴⁴ | 热水ʐə²¹ ʂuei⁴⁴ |
| 白 银 | 冷水lən⁵³ fei²⁴<br>冰水pin⁴⁴ fei²¹ 又 | 热水ʐə²² fei²⁴<br>烫水t'aŋ²² fei²⁴ 又 |
| 靖 远 | 冷水lʮŋ²² ʂuei⁵⁵<br>冰水piŋ²² ʂuei⁵⁵ 又 | 热水ʐei²² ʂuei⁵⁵ |
| 天 水 | 冷水lʮŋ²¹ ʃei⁵³ | 热水ʐə²¹ ʃei⁵³ |
| 秦 安 | 凉水liã³⁵ ʃei²¹ | 开水k'ɛ²¹ ʃei⁵³ |
| 甘 谷 | 凉水liaŋ²⁴ ʃai²¹ | 热水ʐə³¹² ʃai⁵³ |
| 武 山 | 凉水liaŋ²⁴ ʃɛ²¹ | 热水ʐə²¹ ʃɛ⁵³ |
| 张家川 | 凉水liã¹³ ʃei²¹ | 热水ʐʮ²² ʃei⁵³ |
| 武 威 | 冰水piŋ²² ʂuei⁵³ | 热水ʐə⁵³ ʂuei²¹ |
| 民 勤 | 凉水niaŋ⁴⁴ ʂuei²¹ | 热水ʐə⁵³ ʂuei²¹ |
| 古 浪 | 冰水piŋ³⁵ ʂuei⁵³ | 滚水kuən³⁵ ʂuei²¹ |
| 永 昌 | 凉水liaŋ³⁵ ʂuei⁵³ | 热水ʐə⁵³ ʂuei²¹ |
| 张 掖 | 凉水liaŋ³⁵ fei²¹ | 烫水t'aŋ²¹ fei⁵³ |
| 山 丹 | 冷水lən³⁵ fei²¹ | 烫水t'aŋ⁵³ fei³³ |
| 平 凉 | 凉水liaŋ²⁴ ʂuei⁵³<br>冰水piŋ³¹ ʂuei²¹ 又 | 热水ʐʮ³¹ ʂuei⁵³<br>煎水tɕiæ³¹ ʂuei⁵³ 又 |
| 泾 川 | 凉水liaŋ²¹ ʃei⁵³<br>冷水lən²¹ ʃei⁵³ 又<br>生水səŋ²¹ ʃei⁵³ 又 | 热水ʐʮ²¹ ʃei⁵³ |
| 灵 台 | 生水səŋ²² ʃei⁵³<br>凉水liaŋ²⁴ ʃei⁵³ 又 | 热水ʐʮ²¹ ʃei⁵³<br>煎水tsiæ²¹ ʃei⁵³ 又 |

| 凉水 | 热水 | 词目 / 方言点 |
|---|---|---|
| 凉水liaŋ³⁵ ʂuei³¹ | 热水ʐə²² ʂuei⁵³ | 酒　泉 |
| 凉水liaŋ²² ʂuei⁵³ | 热水ʐə²² ʂuei⁵³ | 敦　煌 |
| 凉水liaŋ²¹ ʂuei⁵³<br>冷水ləŋ⁵³ ʂuei²¹ 又<br>生水səŋ³¹ ʂuei²¹ 又 | 热水ʐɤ²¹ ʂuei⁵³ | 庆　阳 |
| 冷水ləŋ⁵⁵ ʂuei²¹ | 开水kʻɛ⁴² ʂuei²¹ | 环　县 |
| 凉水liaŋ²¹ ʃei⁵³ | 煎水tsiã³¹ ʃei⁵³<br>开水kʻɛ³¹ ʃei³¹ 又 | 正　宁 |
| 冷水ləŋ²¹ sei⁵³<br>凉开水liã²⁴ kʻɛ²¹ sei⁵³ 又 | 煎水tsiã⁵³ sei²¹<br>开水kʻɛ²¹ sei⁵³ 又<br>浇水nã²⁴ sei⁵³ 又 | 镇　原 |
| 凉水liã¹³ ʃei²¹ | 热水ʐɤ²¹ ʃei⁵³ | 定　西 |
| 凉水liã¹³ ʃei⁵³ | 热水ʐə²¹ ʃei⁵³ | 通　渭 |
| 凉水niã¹³ ʂuei²¹ | 热水ʐɤ²¹ ʂuei⁵³ | 陇　西 |
| 冷水len¹³ ʂuei⁵³<br>冰水piŋ¹³ ʂuei⁵³ 又 | 热水ʐɛ¹³ ʂuei⁵³ | 临　洮 |
| 凉水liaŋ¹³ ʃei²¹ | 热水ʐɤ²¹ ʃei⁵³ | 漳　县 |
| 生水sɤŋ⁵³ ʃei²¹ | 热水ʐə³¹ ʃei⁵³ | 陇　南 |
| 冷水lə̃⁵⁵ ʃei⁵³ | 热水ie⁵³ ʃei²¹ | 文　县 |
| 凉水liã⁴⁴ ʂuei⁵³ | 热水ʐɤ²¹ ʂuei⁵³ | 宕　昌 |
| 冷水lɤŋ⁵³ fei²¹ | 热水ʐɤ⁵³ fei²¹ | 康　县 |
| 凉水liã²⁴ ʃei⁵³ | 热水ʐɤ²⁴ ʃei⁵³ | 西　和 |
| 冰水pin⁴⁴ ʂuei⁵³ | 开水kʻɛ⁴⁴ ʂuei²¹ | 临夏市 |
| 凉水liaŋ¹³ fei⁵⁵ | 热水ʐə⁵⁵ fei⁵⁵ | 临夏县 |
| 冰水pin³⁵ ʂuei⁵³ | 热水ʐə²¹ ʂuei⁵³ | 甘　南 |
| 凉水liã²² ʃuei⁵³ | 热水ʐei⁵³ ʃuei²¹ | 舟　曲 |
| 凉水liã¹³ ʂuei²¹ | 热水ʐə⁴⁴ suei⁵³ | 临　潭 |

| 词目<br>方言点 | 温水 | 煤 |
|---|---|---|
| 北京 | 温水uən⁵⁵ ʂuei²¹⁴ | 煤mei³⁵ |
| 兰州 | 温水vən⁵³ fei⁴⁴ | 煤mei⁵³ |
| 红古 | 温水vən²² fei⁵³ | 煤mei¹³ |
| 永登 | 温水子vən⁵³ fei⁴² tsʅ²¹ | 炭tʻæ̃¹³ |
| 榆中 | 温水vən³¹ ʂuei²¹ | 煤mei⁵³ |
| 白银 | 温水vən⁴⁴ fei²¹ | 煤mei⁵³ |
| 靖远 | 温温子水vɤŋ⁴¹ vɤŋ²¹ tsʅ²¹ ʂuei⁵⁵<br>温笃=子水vɤŋ⁴¹ tu²¹ tsʅ²¹ ʂuei⁵⁵ 又 | 炭tʻæ̃⁴⁴ |
| 天水 | 温温子水vɤŋ²¹ vɤŋ¹³ tsʅ²¹ ʃei⁵³ | 煤mei¹³ |
| 秦安 | 温水uə̃²¹ ʃei⁵³ | 煤炭mei¹³ tʻæ̃⁴⁴ |
| 甘谷 | 温水uəŋ³¹² ʃai⁵³ | 煤mai²⁴ |
| 武山 | 温水儿uŋ³¹ ʃɛ²¹ zʅ¹³ | 煤mɛ²⁴ |
| 张家川 | 温水vɤŋ²¹ ʃei⁵³ | 煤mei¹³ |
| 武威 | 温乎子水vu²² xu³⁵ tsʅ⁵³ ʂuei²¹ | 炭tʻã⁵¹ |
| 民勤 | 温水vɤŋ²⁴ ʂuei²¹ | 炭tʻæ̃⁴² |
| 古浪 | 温水vəŋ³⁵ ʂuei⁵³ | 炭tʻæ̃³¹ |
| 永昌 | 温水vəŋ³⁵ ʂuei⁵³ | 煤mei³⁵ |
| 张掖 | 温水vən¹³ fei³³ | 砟子tʂa²² tsʅ³³ |
| 山丹 | 温水vəŋ³⁵ fei⁵⁵ | 砟子tʂa⁵³ tsʅ²¹ |
| 平凉 | 温温子水vəŋ⁵³ vəŋ²¹ tsʅ²¹ ʂuei⁵³ | 煤mei²⁴<br>炭tʻæ̃⁴⁴ 又 |
| 泾川 | 温水vəŋ²¹ ʃei⁵³<br>温温水vəŋ³¹ vəŋ²¹ ʃei⁵³ 又 | 煤mei²⁴<br>炭tʻæ̃⁴⁴ 又 |
| 灵台 | 温温水uəŋ⁵³ uəŋ²¹ ʃei⁵³ | 煤mei²⁴ |

| 温水 | 煤 | 词目＼方言点 |
|---|---|---|
| 温水vəŋ³⁵ ʂuei⁵³ | 煤mei⁵³ | 酒 泉 |
| 温水vəŋ²¹ ʂuei⁵³ | 煤mei²¹³ | 敦 煌 |
| 温温水uəŋ⁵³ uəŋ²¹ ʂuei²¹ | 煤mei²⁴<br>大炭ta⁴⁴ tʻæ⁴⁴ 又<br>炭tʻæ⁴⁴ 又<br>沫子煤mɤ⁵³ tsʅ²¹ mei²⁴ 又 | 庆 阳 |
| 温温水uəŋ⁵³ uəŋ²¹ ʂuei²¹ | 炭tʻæ³³ | 环 县 |
| 温水uen²¹ ʃei³¹<br>温温水uen⁵³ uen³¹ ʃei²¹ 又 | 煤mei²⁴<br>炭tʻæ⁴⁴ 又 | 正 宁 |
| 温温水uəŋ⁴² uəŋ²¹ sei⁵³ | 煤mei²⁴<br>炭tʻæ⁴⁴ 又 | 镇 原 |
| 温水vɤŋ²¹ ʃei⁵³ | 炭tʻæ⁴⁴ | 定 西 |
| 温水uɜ̃²¹ ʃei⁵³ | 炭tʻæ⁴⁴ | 通 渭 |
| 温水vəŋ²¹ ʂuei⁵³ | 煤mei¹³ | 陇 西 |
| 温水vɤŋ²¹ ʂuei⁵³ | 煤mĩ¹³ | 临 洮 |
| 温水uɤŋ²² ʃei⁵³ | 煤mɛ¹³ | 漳 县 |
| 热水zə⁵³ ʃei⁵³ | 煤min¹³ | 陇 南 |
| 温温水vɜ̃⁵³ vɜ̃²¹ ʃei⁵³ | 炭tʻæ²⁴ | 文 县 |
| 温水vəŋ²¹ ʂuei⁵³ | 煤mei¹³ | 宕 昌 |
| 热水zɤ⁵³ fei²¹ | 煤mei²¹³ | 康 县 |
| 温水uɤŋ²⁴ ʃei⁵³ | 煤炭mei²⁴ tʻæ⁵⁵ | 西 和 |
| 热水zə⁴⁴ ʂuei⁵³ | 石炭ʂʅ²¹ tʻã³⁵ | 临夏市 |
| 温水vəŋ¹³ fei⁵⁵ | 煤mei¹³ | 临夏县 |
| 温水vɤŋ¹³ ʂuei²¹ | 炭tʻæ⁴⁴ | 甘 南 |
| 温水vəŋ⁵³ ʃuei²¹ | 煤mei³¹ | 舟 曲 |
| 温水vɤŋ⁴⁴ ʂuei⁵³ | 煤mei¹³ | 临 潭 |

| 方言点＼词目 | 煤油 | 木炭 |
|---|---|---|
| 北　京 | 煤油 mei³⁵ iou³⁵ | 木炭 mu⁵¹ tʻan⁵¹ |
| 兰　州 | 煤油 mei⁵³ iəu¹³ | 木炭 mu²² tʻæ¹³ |
| 红　古 | 煤油 mei²² iɤu⁵³ | 木炭 mu²² tʻã³⁵ |
| 永　登 | 明油 min¹³ iɤu⁵³ | 木炭 mu²² tʻæ³⁵ |
| 榆　中 | 煤油 mei²¹ iəu¹³ | 木炭 mu²¹ tʻã¹³ |
| 白　银 | 煤油 mei⁵³ iɤu¹³ | 木炭 mu²² tʻan¹³ |
| 靖　远 | 煤油 mei²⁴ iɤu²⁴ | 木炭 mu²² tʻæ⁴⁴ |
| 天　水 | 煤油 mei¹³ iɤu¹³ | 炭 tʻæ⁴⁴ |
| 秦　安 | 煤油 mei¹³ iəu¹³ | 木炭 mu²¹ tʻan⁴⁴ |
| 甘　谷 | 煤油 mai²⁴ iɤu²⁴ | 木炭 mu³¹² tʻã⁴⁴ |
| 武　山 | 煤油 mɛ²⁴ iɤu²⁴ | 木炭 mu²¹ tʻã⁴⁴ |
| 张家川 | 煤油 mei¹³ iɤu¹³ | 木炭 mu²¹ tʻæ⁴⁴ |
| 武　威 | 煤油 mei³⁵ iɤu²¹ | 木炭 mu²² tʻɑ̃⁵³ |
| 民　勤 | 煤油 mei²¹ iɤu⁵³ | 木炭 mu⁴² tʻæ²¹ |
| 古　浪 | 煤油 mei⁵³ iou⁵³ | 木炭 mu⁴⁴ tʻæ³¹ |
| 永　昌 | 煤油 mei⁵³ iɤu²¹ | 火糟子 xuə³⁵ tsao⁵⁵ tsʅ⁵³ |
| 张　掖 | 火油 xuə³¹ iɤu¹³ | 木炭 mu²² tʻaŋ²¹ |
| 山　丹 | 火油 xuə⁵³ iou³³ | 木炭 mu³⁵ tʻɛ⁵³ |
| 平　凉 | 煤油 mei²⁴ iɤu²⁴ | 木炭 mu⁵³ tʻæ²¹ |
| 泾　川 | 煤油 mei²⁴ iəu²⁴ | 木炭 mu³¹ tʻæ²¹ |
| 灵　台 | 煤油 mei²⁴ iou²⁴ | 木炭 mu⁵³ tʻæ²¹ |

## 方言词汇

| 煤油 | 木炭 | 词目 / 方言点 |
|---|---|---|
| 火油 xuə²² iɤu⁵³ | 炭 tʻan²¹³ | 酒　泉 |
| 煤油 mei¹³ iɤu²¹³ | 炭 tʻan⁴⁴ | 敦　煌 |
| 煤油 mei²⁴ iɤu²⁴ | 木炭 mu²¹ tʻæ⁴⁴ | 庆　阳 |
| 煤油 mei²⁴ iɤu²⁴ | 木炭 mu²² tʻæ⁵⁵ | 环　县 |
| 煤油 mei²⁴ iou²⁴ | 木炭 mu⁵³ tʻæ²¹ | 正　宁 |
| 煤油 mei²⁴ iəu²⁴<br>臭油 tʂʻəu⁴⁴ iəu²⁴ 又 | 木炭 mu²¹ tʻæ⁴⁴ | 镇　原 |
| 煤油 mei¹³ iɤu¹³ | 木炭 mu²¹ tʻæ⁴⁴ | 定　西 |
| 煤油 mei¹³ iɤu¹³ | 木炭 mu²¹ tʻæ⁴⁴ | 通　渭 |
| 煤油 mei¹³ iɤu¹³ | 木炭 mu⁵³ tʻæ⁴⁴ | 陇　西 |
| 煤油 mĩ¹³ iəu¹³ | 木炭 mu²¹ tʻæ⁴⁴ | 临　洮 |
| 煤油 mɤ¹³ iɤu¹³ | 木炭 mu²¹ tʻæ⁴⁴ | 漳　县 |
| 煤油 min¹³ iɤu¹³ | 木炭 mu²¹ tʻæ¹³ | 陇　南 |
| 煤油 mei¹³ iɤu¹³ | 木炭 mu²¹ tʻæ³⁵ | 文　县 |
| 煤油 mei¹³ iəu¹³ | 木炭 mu²¹ tʻæ⁴⁴ | 宕　昌 |
| 煤油 mei¹³ iɤu²¹ | 炭 tʻæ²⁴ | 康　县 |
| 煤油 mei²⁴ iɤu²⁴ | 木炭 mu²¹ tʻæ⁵⁵ | 西　和 |
| 煤油 mei¹³ iɤu¹³ | 木炭 mu²¹ tʻã⁵³ | 临夏市 |
| 煤油 mei¹³ iɯ¹³ | 炭 tʻæ⁵³ | 临夏县 |
| 煤油 mei¹³ iɤu³⁵ | 木炭 mu²¹ tʻæ⁴⁴ | 甘　南 |
| 煤油 mei³⁵ iəu²¹ | 木炭 mu²² tʻæ¹³ | 舟　曲 |
| 煤油 mei¹³ iəu¹³ | 炭 tʻæ⁴⁴ | 临　潭 |

| 词目\方言点 | 铁块 | 锡 |
|---|---|---|
| 北 京 | 铁块tʻie²¹⁴ kʻuai⁵¹ | 锡ɕi⁵⁵ |
| 兰 州 | 铁块tʻiɛ²² kʻuɛ³⁵ | 锡ɕi¹³ |
| 红 古 | 铁块儿tʻiə²² kʻuɛ⁵³ ər²¹ | 锡sɿ¹³ |
| 永 登 | 铁疙瘩tʻiə²² kə³⁵ ta⁵³ | 锡ɕi³⁵ |
| 榆 中 | 铁块tʻiə²¹ kʻuɛ³⁵ | 锡ɕi⁴¹ |
| 白 银 | 铁疙瘩tʻiɛ²² kə²⁴ ta⁵³ | 锡ɕi⁴⁴ |
| 靖 远 | 铁疙瘩tʻiɛ²² kei⁴¹ ta²¹ | 锡sɿ⁴¹ |
| 天 水 | 铁tʻiɛ¹³ | 锡铁ɕi²¹ tʻiɛ⁵³ |
| 秦 安 | 铁tʻiə¹³ | 锡sɿ¹³ |
| 甘 谷 | 铁块tɕʻiɛ²² kʻuai⁵³ | 焊药xã⁴⁴ iɛ³¹² |
| 武 山 | 铁疙瘩子tʻiə³¹ kiə²¹ tɑ²¹ tsɿ²¹ | 锡ɕi²¹ |
| 张家川 | 铁块儿tɕʻiɛ²¹ kʻuər⁵³ | 锡ɕi¹³ |
| 武 威 | 铁tʻiɛ⁵¹ | 锡ɕi³⁵ |
| 民 勤 | 铁疙瘩tʻiɛ⁵³ kɯ²¹ ta²¹ | 锡ɕi⁴² |
| 古 浪 | 铁tʻiə³¹ | 锡ɕi³¹ |
| 永 昌 | 铁tʻiə⁵³ | 锡ɕi⁵³ |
| 张 掖 | 铁块tʻiə²¹ kuɛ⁵³ | 锡ɕi²¹ |
| 山 丹 | 铁疙瘩tʻiə⁵³ kə³¹ ta²¹ | 锡ʃɿ³³ |
| 平 凉 | 铁疙瘩tʻiɛ²¹ kɤ⁵³ ta²¹ | 锡ɕi³¹ |
| 泾 川 | 铁块儿tʻiɛ²¹ kʻuər⁵³ | 锡铁ɕi³¹ tʻiɛ²¹<br>焊锡xæ⁴⁴ ɕi²¹ 又 |
| 灵 台 | 铁块tsʻiɛ²¹ kʻuɛ⁵³ | 焊锡xæ²⁴ ɕi²¹ |

| 铁块 | 锡 | 词目 / 方言点 |
|---|---|---|
| 铁疙瘩 t'iə²² kə²² ta²¹³ | 锡 ɕi⁴⁴ | 酒 泉 |
| 铁 t'iə²¹³ | 锡 ɕɿ²¹³ | 敦 煌 |
| 铁锭子 t'iɛ³¹ tiŋ⁴⁴ zɿ²¹ | 锡 ɕi³¹ | 庆 阳 |
| 铁疙瘩 t'iɛ⁵³ kɤ⁴² ta²¹ | 锡 ɕi⁵¹ | 环 县 |
| 铁疙瘩 t'iɛ²¹ kɤ⁵³ ta²¹ | 锡 ɕi³¹ | 正 宁 |
| 铁疙瘩 t'iɛ³¹ kuo⁴² ta²¹ | 锡铁 ɕi²¹ t'iɛ³¹ | 镇 原 |
| 铁疙瘩 t'iɛ²¹ kɤ²¹ ta⁴⁴ | 锡 ɕi¹³ | 定 西 |
| 铁疙瘩 t'iɛ²¹ kə²¹ ta²⁴ | 锡 si¹³ | 通 渭 |
| 铁疙瘩 tɕ'iɛ³¹ kɤ²¹ ta²¹ | 金箔 tɕin⁵³ pɤ¹³ | 陇 西 |
| 铁疙瘩 t'ie²¹ ko¹³ ta⁴⁴ | 锡 ɕi¹³ | 临 洮 |
| 铁块 tɕ'iɛ²¹ k'uɛ⁵³ | 锡铁 si²² tɕ'iɛ²¹ | 漳 县 |
| 铁疙瘩 t'iɛ²¹ kə⁵³ ta²¹ | 锡 ɕi³¹ | 陇 南 |
| 铁疙瘩 t'iɛ⁵³ kɤ³¹ ta¹³ | 锡疙瘩 ɕi⁵⁵ kɤ³¹ ta²¹ | 文 县 |
| 铁疙瘩 tsʻiɛ⁴⁴ kɤ⁴⁴ ta⁴⁴ | 锡 si⁴⁴ | 宕 昌 |
| 铁疙瘩 tsʻiɛ⁵³ kuo⁵³ ta²¹ | 锡 si⁵³ | 康 县 |
| 铁疙瘩 t'iɛ²⁴ kuɤ²¹ ta²⁴ | 锡铁 ɕi²⁴ t'iɛ²¹ | 西 和 |
| 铁块块 t'iɛ⁴⁴ k'uɛ⁴⁴ k'uɛ¹³ | 白铁 pɛ³⁵ t'iɛ⁵³ | 临夏市 |
| 铁块 t'iɛ²¹ k'uɛ³⁵ | 锡 ɕi¹³ | 临夏县 |
| 铁块子 t'ie²¹ k'uɛi⁵³ tsɿ²¹ | 锡 ɕi¹³ | 甘 南 |
| 铁疙瘩 t'ie²² kei⁵⁵ ta²¹ | 锡 ʃu⁵³ | 舟 曲 |
| 铁疙瘩 t'iɛ²¹ kə⁴⁴ ta²¹ | 锡 ɕi⁴⁴ | 临 潭 |

| 词目　　方言点 | 磁石 | 乡村 |
|---|---|---|
| 北　京 | 磁石tsʻɿ³⁵ ʂɿ³⁵ | 乡村ɕiaŋ⁵⁵ tsʻuən⁵⁵ |
| 兰　州 | 吸铁石ɕi⁵⁵ tʻiɛ²² ʂɿ⁵³ | 乡村ɕiã⁴² tsʻuən⁴² |
| 红　古 | 磁铁tsʻɿ²² tʻiə⁵³ | 乡里ɕiã²² lɿ³⁵ |
| 永　登 | 吸铁石ɕi¹³ tʻiə²¹ ʂɿ⁵³ | 乡里ɕiaŋ⁵³ li²¹ |
| 榆　中 | 磁石tsʻɿ²¹ ʂɿ⁵³ | 乡村ɕiã⁴² tsʻun²¹³ |
| 白　银 | 吸铁ɕi²² tʻiɛ¹³ | 乡里ɕiaŋ⁴⁴ li²¹ |
| 靖　远 | 吸铁石sɿ²² tʻiɛ⁴¹ ʂɿ²⁴ | 乡来=ɕiaŋ⁴¹ lɛ²¹ |
| 天　水 | 吸铁石ɕi¹³ tʻiɛ²¹ ʂɿ¹³ | 乡里ɕiã²¹ li⁵³<br>山庄sæ²¹ tʃã⁵³ 又 |
| 秦　安 | 磁铁tsʻɿ³⁵ tʻiə²¹ | 村庄tsʻuə³⁵ tʃã²¹ |
| 甘　谷 | 吸铁石ɕi³⁵ tɕʻiɛ⁵³ ʂɿ³⁵ | 乡村ɕiaŋ³⁵ tsʻuəŋ²¹ |
| 武　山 | 吸铁石ɕi³¹ tʻiə²¹ ʂɿ²⁴ | 乡里ɕiaŋ³¹ nɛ²¹ |
| 张家川 | 磁铁tsʻɿ¹³ tɕʻiɛ²¹ | 庄里tʃã²¹ li³⁵ |
| 武　威 | 吸铁ɕi⁵³ tʻiɛ²¹ | 乡里ɕiã²² li⁵³ |
| 民　勤 | 吸铁ɕi⁴² tʻiɛ²¹ | 庄湾子tʂuɑŋ²⁴ væ⁴² zɿ²¹ |
| 古　浪 | 吸铁ɕi⁴⁴ tʻiə³¹ | 乡里ɕiɑo³⁵ li⁵³ |
| 永　昌 | 吸铁石ɕi⁵³ tʻiə⁵³ ʂɿ²¹ | 庄子tʂuɑŋ³⁵ tsɿ⁵³ |
| 张　掖 | 吸铁ɕi³³ tʻiə²¹ | 庄子kuɑŋ³³ tsɿ³³ |
| 山　丹 | 吸铁ʃɿ³³ tʻiə²¹ | 乡尼=ɕiaŋ³³ ni³³ |
| 平　凉 | 吸铁石ɕi²⁴ tʻiɛ²¹ ʂɿ²⁴ | 乡尼=ɕiaŋ⁵³ ni²¹<br>乡下ɕiaŋ²¹ ɕia⁴⁴ 又 |
| 泾　川 | 吸铁石ɕi³¹ tʻiɛ²¹ ʂɿ²⁴ | 农村luŋ²⁴ tʃʻəŋ²¹ |
| 灵　台 | 吸铁石ɕi³¹ tsʻiɛ²¹ ʂɿ²⁴ | 乡里ɕiaŋ⁵³ li²¹ |

方言词汇

| 磁石 | 乡村 | 词目 / 方言点 |
|---|---|---|
| 吸铁 ɕi²² t'iə¹³ | 庄子 tʂuaŋ³⁵ tsʅ⁴⁴ | 酒 泉 |
| 磁铁 sʅ²² t'iə⁵³ | 农村 nuŋ³⁵ ts'uŋ²¹³ | 敦 煌 |
| 磁铁 ts'ʅ²¹ t'iɛ⁵³<br>吸铁石 ɕi⁵³ t'iɛ³¹ ʂʅ¹³ 又 | 农村 nuŋ²⁴ ts'uŋ⁵³<br>村庄 ts'uŋ⁵³ tʂuaŋ²¹ 又<br>庄里 tʂuaŋ⁵³ li²¹ 又 | 庆 阳 |
| 吸铁石 ɕi⁵³ t'iɛ⁴² ʂʅ²⁴ | 乡尼=ɕiaŋ⁴² ni²¹ | 环 县 |
| 吸铁石 ɕi²¹ t'iɛ³¹ ʂʅ²⁴ | 农村 luŋ²⁴ tɕ'yen²¹ | 正 宁 |
| 吸铁石 ɕi²¹ t'iɛ⁴² ʂʅ²⁴<br>磁铁 tsʅ²⁴ t'iɛ³¹ 又 | 乡来 ɕiã⁵³ lɛ²¹<br>农村 luŋ²¹ ts'uŋ³¹ 又 | 镇 原 |
| 吸铁石 ɕi¹³ t'iɛ²¹ ʂʅ¹³ | 乡里 ɕiã²¹ li¹³ | 定 西 |
| 吸铁石 ɕi¹³ t'iɛ²¹ ʂʅ¹³ | 乡来 ɕiã²¹ lɛ¹³ | 通 渭 |
| 吸铁石 ɕi²² tɕ'iɛ²¹ ʂʅ¹³ | 乡下 ɕiã⁵³ ɕia⁴⁴ | 陇 西 |
| 吸铁石 ɕi³⁵ t'iɛ²¹ ʂʅ¹³<br>磁铁 ts'ʅ³⁵ t'iɛ²¹ 又 | 村庄 ts'uŋ⁴⁴ tʂuã²¹<br>乡尼=ɕiã²¹ ni¹³ 又 | 临 洮 |
| 磁铁 ts'ʅ³⁵ tɕ'iɛ²¹ | 乡里 ɕiaŋ⁴⁴ li⁵³ | 漳 县 |
| 吸铁石 ɕi⁵³ t'iɛ³¹ ʂʅ²¹ | 乡里 ɕiã⁵³ li²¹ | 陇 南 |
| 吸铁石 ɕi⁵⁵ t'iɛ³¹ ʂʅ¹³ | 乡尼=ɕiã⁵³ ni²¹ | 文 县 |
| 吸铁石 ɕi⁴⁴ ts'iɛ⁴⁴ ʂʅ¹³<br>磁铁 ts'ʅ¹³ ts'iɛ²¹ 又 | 乡尼=ɕiã⁴⁴ ni⁴⁴ | 宕 昌 |
| 吸铁石 ɕi⁵³ ts'iɛ⁵³ ʂʅ²¹ | 农村 luŋ²¹ ts'uŋ⁵³ | 康 县 |
| 吸铁石 ɕi²⁴ t'iɤ²¹ ʂʅ³⁵ | 乡来=ɕiã²¹ lɛ³⁵<br>庄来=tʃã²¹ lɛ³⁵ 又 | 西 和 |
| 吸铁石 ɕi⁴⁴ t'iɛ⁴⁴ ʂʅ¹³ | 庄子 tʂuaŋ²¹ tsʅ⁵³ | 临夏市 |
| 磁石 ts'ʅ¹³ ʂʅ¹³ | 乡村 ɕiaŋ²¹ ts'uəŋ⁵³ | 临夏县 |
| 磁铁 ts'ʅ³⁵ t'iɛ⁵³ | 乡村 ɕiã²¹ ts'un⁵³ | 甘 南 |
| 吸铁石 ʃu⁵³ t'iɛ²¹ ʂʅ²¹ | 乡尼=ɕiã⁵⁵ ni²¹ | 舟 曲 |
| 吸铁石 ɕi⁴⁴ t'iɛ⁴⁴ ʂʅ¹³ | 庄子 tʂuã⁴⁴ tsʅ⁵³ | 临 潭 |

83

| 词目<br>方言点 | 赶集 | 胡同 |
|---|---|---|
| 北 京 | 赶集kan²¹⁴ tɕi³⁵ | 胡同xu³⁵ tʻuŋ⁰ |
| 兰 州 | 赶集kæ̃⁵⁵ tɕi¹³ | 巷子xã²² tsɿ⁵³ |
| 红 古 | 赶集kã⁵⁵ tsɿ¹³ | 巷道儿xã¹³ tɔ⁵³ ər²¹ |
| 永 登 | 赶集kæ⁴⁴ tɕi¹³ | 巷道xaŋ²² tɑo³⁵ |
| 榆 中 | 赶集kã⁴⁴ tɕi⁵³ | 巷巷xã²¹ xã³⁵ |
| 白 银 | 赶集kan³⁵ tɕi¹³ | 巷道xaŋ³⁵ tɔ¹³ |
| 靖 远 | 跟集kɤŋ²² tsɿ²⁴ | 巷道xaŋ⁴¹ tao²¹ |
| 天 水 | 跟集kɤŋ²¹ tɕʻi¹³ | 巷道xã²¹ tʻɔ⁴⁴ |
| 秦 安 | 跟集kə̃²¹ tsʻɿ¹³ | 巷道xã⁴⁴ tɔ⁴⁴ |
| 甘 谷 | 跟集kəŋ³¹ tɕʻi²⁴ | 巷堂xaŋ³¹ tʻɑŋ²⁴ |
| 武 山 | 跟集kəŋ³¹ tɕʻi²¹ | 巷道来=xaŋ²⁴ tʻao³¹ lɛ²¹ |
| 张家川 | 跟集kɤŋ²¹ tɕʻi³⁵ | 巷子xã²¹ tsɿ⁵³ |
| 武 威 | 赶集kã³⁵ tɕi²¹ | 巷子xã⁴⁴ tsɿ²¹ |
| 民 勤 | 赶集kæ⁴⁴ tɕi⁴² | 巷子xaŋ⁴² zɿ²¹ |
| 古 浪 | 赶集kæ³⁵ tɕi²¹ | 巷子xao³⁵ tsɿ³¹ |
| 永 昌 | 赶集kɛ⁵³ tɕi²¹ | 巷道xaŋ⁵³ tao²¹ |
| 张 掖 | 赶集kaŋ⁵³ tɕi²¹ | 巷子xaŋ⁵³ tsɿ²¹ |
| 山 丹 | 过会kuə³⁵ xuei⁵³ | 巷子xaŋ⁵³ tsɿ²¹ |
| 平 凉 | 跟集kəŋ³¹ tɕi²⁴ | 胡同xu²² tʻuŋ⁵³ |
| 泾 川 | 跟集kəŋ²¹ tɕʻi²⁴ | 胡同xu²¹ tʻuŋ⁵³ |
| 灵 台 | 跟集kəŋ³¹ tsʻi²⁴ | 胡同xu²² tʻuəŋ⁵³ |

| 赶集 | 胡同 | 词目 / 方言点 |
|---|---|---|
| 集市 tɕʻi¹³ sʅ¹³ | 巷子 xaŋ²² tsʅ¹³ | 酒 泉 |
| 赶集 kan⁵³ tɕʻʅ²¹³ | 巷道 xaŋ⁴⁴ tao⁵³ | 敦 煌 |
| 赶集 kæ̃⁵³ tɕi²⁴<br>跟集 kəŋ²¹ tɕi²⁴ 又 | 胡同 xu²¹ tʻuŋ⁵³<br>巷子 xaŋ⁵³ tsʅ²¹ 又 | 庆 阳 |
| 跟集 kəŋ⁵³ tɕi²⁴ | 巷巷 xaŋ⁴² xaŋ²¹ | 环 县 |
| 跟集 ken²¹ tɕi²⁴ | 胡同 xu²¹ tʻuŋ⁵³ | 正 宁 |
| 跟集 kəŋ²¹ tsʻi²⁴ | 胡同 xu²⁴ tʻuŋ⁵³ | 镇 原 |
| 跟集 kɤŋ²¹ tɕʻi¹³ | 巷子 xã²⁴ tsʅ²¹ | 定 西 |
| 跟集 kə̃²¹ tsʻi¹³ | 巷堂 xã²¹ tʻã¹³ | 通 渭 |
| 跟集 kəŋ⁵³ tɕʻi¹³ | 巷巷儿 xã¹³ xã¹³ zʅ²¹ | 陇 西 |
| 跟集 ken²¹ tɕʻi¹³ | 巷子 xã⁴⁴ tsʅ²¹ | 临 洮 |
| 赶集 kæ̃⁵³ tsʻi¹³<br>跟集 kɤŋ²¹ tsʻi¹³ 又 | 巷巷儿 xaŋ³⁵ xãr⁵³ | 漳 县 |
| 赶场 kæ̃⁵⁵ tʂʻã¹³ | 巷头 xã⁵³ tʻɤu²¹ | 陇 南 |
| 赶场 kæ̃⁵⁵ tsʻã¹³ | 巷巷子 xã¹³ xã⁵³ tsʅ²¹ | 文 县 |
| 逢集 fəŋ¹³ tsi¹³<br>赶集 kæ̃⁵³ tsi¹³ 又 | 巷巷儿 xã⁴⁴ xãr²¹ | 宕 昌 |
| 赶场 kæ̃⁵⁵ tʂʻã²¹ | 巷子 xã⁵³ tsʅ²¹ | 康 县 |
| 跟集 kɤŋ²¹ tɕʻi²⁴ | 巷巷子 xã²¹ xã³⁵ tsʅ⁵³ | 西 和 |
| 跟集 kəŋ¹³ tɕi¹³ | 道道 tɔ⁴⁴ tɔ²¹ | 临夏市 |
| 赶集 kæ̃⁵⁵ tɕi¹³ | 巷道 xaŋ⁵⁵ tɔ²¹ | 临夏县 |
| 赶集 kæ̃⁴⁴ tɕi¹³ | 巷子 xã³⁵ tsʅ²¹ | 甘 南 |
| 赶集 kæ̃⁵⁵ tsʅ²¹ | 巷巷儿 xã²² xər⁵³ | 舟 曲 |
| 赶集 kæ̃⁵³ tɕi¹³ | 巷子 xã⁴⁴ tsʅ²¹ | 临 潭 |

| 词目＼方言点 | 房子（全所） | 屋子（单间） |
| --- | --- | --- |
| 北　京 | 房子 faŋ³⁵ tsʅ⁰ | 屋子 u⁵⁵ tsʅ⁰ |
| 兰　州 | 房子 fã⁵³ tsʅ²¹ | 屋子 vu²² tsʅ³⁵ |
| 红　古 | 院子 yã¹³ tsʅ⁵³ | 房子 fã²² tsʅ⁵³ |
| 永　登 | 房子 faŋ⁴⁴ tsʅ²¹ | 堂屋 tʻaŋ²² vu³⁵ |
| 榆　中 | 房子 fã⁵³ tsʅ²¹³ | 隔房子 kə²¹ fã³⁵ tsʅ²¹ |
| 白　银 | 房子 faŋ⁵³ tsʅ²¹ | 屋里 vu²² li²⁴ |
| 靖　远 | 房子 faŋ²² tsʅ⁵⁵ | 屋来= vu⁴¹ lɛ²¹ |
| 天　水 | 房子 fã¹³ tsʅ²¹ | 房子 fã¹³ tsʅ²¹ |
| 秦　安 | 院子 yan⁴⁴ tsʅ²¹ | 房子 fã¹³ tsʅ²¹ |
| 甘　谷 | 房子 faŋ²¹ tsʅ⁵⁵ | 屋子 vu²¹ tsʅ⁵⁵<br>房子 faŋ²¹ tsʅ⁵⁵ 又 |
| 武　山 | 房儿 faŋ²¹ zʅ¹³ | 房儿 faŋ²¹ zʅ¹³ |
| 张家川 | 房 fã¹³ | 房子 fã¹³ tsʅ²¹ |
| 武　威 | 院子 yã⁴⁴ tsʅ²¹ | 房子 fã³⁵ tsʅ²¹ |
| 民　勤 | 庄子 tʂuaŋ²⁴ zʅ²¹ | 屋 vu⁴² |
| 古　浪 | 房子 fao³⁵ tsʅ²¹ | 屋子 vu³⁵ tsʅ²¹ |
| 永　昌 | 庄子 tʂuaŋ³⁵ tsʅ⁵³ | 屋 vu⁵³ |
| 张　掖 | 房子 faŋ³⁵ tsʅ²¹ | 堂屋 tʻaŋ³⁵ vu²¹ |
| 山　丹 | 房子 faŋ⁵⁵ tsʅ²¹ | 上房 ʂaŋ⁵³ faŋ²¹ |
| 平　凉 | 房 faŋ²⁴ | 房 faŋ²⁴ |
| 泾　川 | 庄子 tʃaŋ⁵³ tsʅ²¹ | 屋里 vu⁵³ li²¹ |
| 灵　台 | 房 faŋ²⁴ | 房 faŋ²⁴ |

# 方言词汇

| 房子（全所） | 屋子（单间） | 词目 / 方言点 |
|---|---|---|
| 房子faŋ³⁵ tsʅ³¹ | 堂屋tʻaŋ³⁵ vu³¹ | 酒 泉 |
| 房子faŋ²² tsʅ⁵³ | 屋子vu²² tsʅ³⁵ | 敦 煌 |
| 房faŋ²⁴ | 上房ʂaŋ⁴⁴ faŋ²⁴ | 庆 阳 |
| 房faŋ²⁴ | 家尼=tɕia⁴² ni²¹ | 环 县 |
| 房faŋ²⁴ | 屋里u⁵³ li²¹ | 正 宁 |
| 房fa²⁴ | 房fa²⁴ | 镇 原 |
| 房子fã²¹ tsʅ²⁴ | 房子fã²¹ tsʅ²⁴ | 定 西 |
| 庄窠tʃã¹³ kʻuə³¹ | 上房ʂã⁴⁴ pʻə²⁴ | 通 渭 |
| 房子fã²¹ tsʅ¹³ | 房子fã²¹ tsʅ¹³ | 陇 西 |
| 房子fã²¹ tsʅ⁴⁴ | 房子fã²² tsʅ⁴⁴ | 临 洮 |
| 房子faŋ²¹ tsʅ³⁵ | 屋里vu²¹ li³⁵ | 漳 县 |
| 房fã¹³ | 房子fã²¹ tsʅ¹³ | 陇 南 |
| 房子fã²¹ tsʅ³⁵ | 房子fã²¹ tsʅ³⁵ | 文 县 |
| 房子fã²¹ tsʅ⁴⁴ | 房fã¹³ | 宕 昌 |
| 房fã²¹³ | 房fã²¹³ | 康 县 |
| 房fã²⁴ | 房fã²⁴ | 西 和 |
| 房屋faŋ¹³ vu³¹ | 主房tʂu⁴⁴ faŋ¹³ | 临夏市 |
| 房子faŋ²¹ tsʅ³⁵ | 堂屋tʻaŋ²¹ vu³⁵ | 临夏县 |
| 房子fã²¹ tsʅ⁵³ | 屋子vu²¹ tsʅ⁵³ | 甘 南 |
| 房子fã⁵³ tsʅ²¹ | 房子fã⁵³ tsʅ²¹ | 舟 曲 |
| 房子fã¹³ tsʅ²¹ | 上房ʂã⁴⁴ fã²¹ | 临 潭 |

| 方言点＼词目 | 正房 | 厢房 |
|---|---|---|
| 北　京 | 正房tʂəŋ⁵¹ faŋ³⁵ | 厢房ɕiaŋ⁵⁵ faŋ³⁵ |
| 兰　州 | 正房tʂən²² fã⁵³ | 厢房ɕiã⁴² fã²¹ |
| 红　古 | 堂屋t'ã²² vu⁵³ | 偏房p'iã²² fã³⁵ |
| 永　登 | 小房子ɕiao²² faŋ⁴⁴ tsʅ²¹ | 书房fu⁴² faŋ²¹ |
| 榆　中 | 堂屋里t'ã²¹ vu²¹ li¹³ | 隔房子kə²¹ fã³⁵ tsʅ²¹ |
| 白　银 | 主房tʂu²⁴ faŋ⁵³ | 耳房ɣɯ²⁴ faŋ⁵³ |
| 靖　远 | 上房ʂaŋ³⁵ faŋ⁴¹ | 耳房子ər⁵⁵ faŋ²¹ tsʅ²¹ |
| 天　水 | 厅房t'iŋ²¹ fã¹³ | 厢房ɕiã²¹ fã¹³ |
| 秦　安 | 上房ʂã⁴⁴ fã¹³ | 偏房p'ian²¹ fã¹³ |
| 甘　谷 | 正房tʂəŋ⁵⁵ faŋ²⁴<br>正堂tʂəŋ⁵⁵ t'aŋ²⁴ 又 | 东房tuəŋ³¹ faŋ²⁴<br>西房ɕi³¹ faŋ²⁴ 又 |
| 武　山 | 厅房t'iŋ²¹ faŋ²⁴ | 偏房儿p'iã³¹ faŋ²¹ zʅ¹³ |
| 张家川 | 上房ʂã⁴⁴ fã²¹ | 客房kei²¹ fã⁴⁴ |
| 武　威 | 上房ʂã⁵³ fã²¹ | 小屋ɕiao⁵³ vu²¹ |
| 民　勤 | 堂屋t'aŋ⁴⁴ vu²¹ | 厦房sa²¹ faŋ⁵³ |
| 古　浪 | 书房ʂʮ³⁵ fao⁵³ | 小房子ɕiɔ²¹ fao³⁵ tsʅ²¹ |
| 永　昌 | 堂屋t'aŋ³⁵ vu²¹ | 厢房ɕiaŋ³⁵ faŋ⁵³ |
| 张　掖 | 屋子vu²² tsʅ²¹ | 耳房ʀɯ²¹ faŋ³³ |
| 山　丹 | 房子faŋ⁵⁵ tsʅ²¹ | 书房fu³³ faŋ³³ |
| 平　凉 | 上房ʂaŋ⁴⁴ faŋ²⁴ | 厢房ɕiaŋ⁵³ faŋ²¹<br>厦房sa⁵³ faŋ²¹ 又 |
| 泾　川 | 上房ʂaŋ⁴⁴ faŋ²⁴ | 偏房p'iæ̃⁵³ faŋ²¹ |
| 灵　台 | 上房ʂaŋ⁴⁴ faŋ²⁴<br>正房tʂəŋ⁴⁴ faŋ²⁴ 又 | 偏房p'iæ̃⁵³ faŋ²¹ |

方言词汇

| 正房 | 厢房 | 词目 / 方言点 |
|---|---|---|
| 屋子 vu²² tsʅ¹³ | 厢房 ɕiaŋ³⁵ faŋ⁴⁴ | 酒 泉 |
| 正房 tʂəŋ⁴⁴ faŋ²¹ | 上房 ʂaŋ⁴⁴ faŋ²¹ | 敦 煌 |
| 上房 ʂaŋ⁴⁴ faŋ²⁴ | 侧房 tsʻɤ³¹ faŋ²⁴<br>偏房 pʻiæ³¹ faŋ²⁴ 又 | 庆 阳 |
| 当中窑 taŋ²² tʂuŋ⁵⁵ iɔ²⁴ | 斜窑窑 ɕiɛ²⁴ iɔ²² iɔ⁵⁵ | 环 县 |
| 正房 tʂəŋ⁴⁴ faŋ²⁴ | 偏房 pʻiæ³¹ faŋ²¹ | 正 宁 |
| 上房 ʂã⁴⁴ fa²⁴ | 偏房 pʻiæ⁵³ fa²⁴ | 镇 原 |
| 厅房 tʻiŋ²¹ fã¹³ | 厦房 sa⁵³ fã¹³ | 定 西 |
| 客房 kʻei²¹ fã¹³ | 偏房 pʻiæ²¹ fã¹³ | 通 渭 |
| 厅房 tɕʻin⁵³ fã¹³ | 南房 lã²⁴ fã²¹<br>北房 pei⁵³ fã¹³ 又 | 陇 西 |
| 上房 ʂã⁴⁴ fã¹³ | 陪房 pʻei³⁵ fã¹³ | 临 洮 |
| 厅房 tsʻin⁵³ faŋ¹³ | 偏房 pʻiæ⁵³ faŋ¹³ | 漳 县 |
| 厢房 ɕiã⁵³ fã²¹ | 厢房 ɕiã⁵³ fã²¹ | 陇 南 |
| 厅房 tiã⁵³ fã¹³ | 耳房 ər³⁵ fã²¹ | 文 县 |
| 上房 ʂã⁴⁴ fã²¹ | 厢房 siã⁴⁴ fã⁴⁴ | 宕 昌 |
| 厅房 tsʻin⁵³ fã²¹ | 偏房 pʻiæ⁵³ fã²¹ | 康 县 |
| 上房 ʂã³⁵ fã²¹ | 厢房 ɕiã²¹ fã²⁴ | 西 和 |
| 上房 ʂaŋ⁴⁴ faŋ²¹ | 偏房 pʻiã²¹ faŋ⁵³ | 临夏市 |
| 尕房 ka¹³ faŋ¹³ | 耳房 i¹³ faŋ¹³ | 临夏县 |
| 上房 ʂã⁴⁴ fã²¹ | 厢房 ɕiã²¹ fã⁵³ | 甘 南 |
| 上房 ʂã²² fã⁵³<br>厅房 tʻiŋ⁵⁵ fã²¹ 又 | 耳房 ər⁵⁵ fã⁵³ | 舟 曲 |
| 房子 fã¹³ tsʅ²¹ | 厢房 ɕiã⁴⁴ fã⁴⁴ | 临 潭 |

| 词目<br>方言点 | 窗户 | 门坎儿 |
|---|---|---|
| 北京 | 窗户 tʂʻuaŋ⁵⁵ xu⁰ | 门坎儿 mən³⁵ kʻanr²¹⁴ |
| 兰州 | 窗户 pfʻã⁴² xu²¹ | 门坎儿 mən⁴² kæ̃²¹ ɣɯ¹³ |
| 红古 | 窗子 tʂʻuã²² tsʅ³⁵ | 门坎 mən²² kʻã⁵³ |
| 永登 | 窗子 pfʻaŋ⁵³ tsʅ²¹ | 门坎 mən²² kʻæ̃³⁵ |
| 榆中 | 窗户 tʂʻuã⁴⁴ xu²¹ | 门坎 mən²¹ kʻã¹³ |
| 白银 | 窗子 tʂʻuaŋ⁴⁴ tsʅ²¹ | 门坎 mən⁵³ kʻan¹³ |
| 靖远 | 窗子 tʂʻuaŋ⁴¹ tsʅ²¹ | 门抗=mɤŋ²² kʻaŋ⁵⁵ |
| 天水 | 窗子 tʃʻã²¹ tsʅ⁵³ | 门坎 mɤŋ¹³ kʻã²¹ |
| 秦安 | 窗儿 tʃʻã²¹ zʅ³⁵ | 门抗=mæ̃³⁵ kʻã²¹ |
| 甘谷 | 窗儿 tʃʻaŋ³¹ zʅ²⁴ | 门抗=mən³⁵ kʻaŋ²¹ |
| 武山 | 窗儿 tʃʻaŋ³¹ zʅ¹³ | 门抗=mən²⁴ kʻaŋ²¹ |
| 张家川 | 窗子 tʃʻã²¹ tsʅ⁵³ | 门抗=mɤŋ¹³ kʻã²¹ |
| 武威 | 窗子 tʂʻuã²² tsʅ⁵³ | 门抗=mən³⁵ kʻã²¹ |
| 民勤 | 窗子 tʂʻuaŋ³⁵ zʅ⁴² | 门抗=mɤŋ²² kʻaŋ⁴⁴ |
| 古浪 | 窗子 tʂʻuɑo³⁵ tsʅ⁵³ | 门坎 mən³⁵ kʻæ²¹ |
| 永昌 | 窗子 tʂʻuaŋ³⁵ tsʅ⁵³ | 门坎 mən³⁵ kʻɛ²¹ |
| 张掖 | 窗子 kʻuaŋ³³ tsʅ³³ | 门坎 mən³⁵ kʻaŋ²¹ |
| 山丹 | 窗子 tʂʻuaŋ³³ tsʅ³³ | 门坎 mən³⁵ kʻɛ²¹ |
| 平凉 | 窗子 tʂʻuaŋ⁵³ tsʅ²¹ | 门坎 mən²¹ kæ̃⁵³ |
| 泾川 | 窗子 tʃʻaŋ⁵³ tsʅ²¹<br>窗户 tʃʻaŋ⁵³ xu²¹ 又 | 门坎 mən²¹ kʻæ̃⁵³ |
| 灵台 | 窗子 tʃʻaŋ⁵³ tsʅ²¹ | 门坎儿 mən³¹ kʻɐr⁵³ |

| 窗户 | 门坎儿 | 词目 / 方言点 |
|---|---|---|
| 窗子 tʂʻuaŋ³⁵ tsɿ⁴⁴ | 门抗=məŋ³⁵ kʻaŋ³¹ | 酒　泉 |
| 窗户 tʂʻuaŋ²² xu¹³ | 门坎 məŋ²² kʻan⁵³ | 敦　煌 |
| 窗子 tʂʻuaŋ³¹ tsɿ²¹ | 门坎 məŋ²¹ kʻæ̃⁵³ | 庆　阳 |
| 窗子 tʂʻuaŋ⁴² tsɿ²¹ | 门坎 məŋ²² kʻæ̃⁵⁵ | 环　县 |
| 窗子 tʃʻaŋ⁵³ tsɿ²¹<br>窗 tʃʻaŋ³¹ 又 | 门坎 men²¹ kʻæ̃⁵³ | 正　宁 |
| 窗子 tsʻã⁵³ tsɿ²¹ | 门坎 məŋ²¹ kʻæ̃⁵³ | 镇　原 |
| 窗眼子 tʃʻã²¹ niæ̃⁵³ tsɿ²¹ | 门抗=mɤŋ¹³ kʻã²¹ | 定　西 |
| 窗儿 tʃʻã²¹ zɿ¹³ | 门抗=mə̃¹³ kʻã³¹ | 通　渭 |
| 窗儿 tʂʻuã⁵³ zɿ¹³ | 门抗=məŋ¹³ kʻã²¹ | 陇　西 |
| 窗子 tʂʻuã²¹ tsɿ¹³ | 门坎儿 mɤŋ¹³ kʻar⁵³ | 临　洮 |
| 窗儿 tʃʻaŋ⁵³ ər¹³ | 门抗=mɤŋ³⁵ kʻaŋ²¹ | 漳　县 |
| 窗子 tʃʻã⁵³ tsɿ²¹ | 门抗=mɤŋ²¹ kʻã³⁵ | 陇　南 |
| 窗子 tʃʻã⁵³ tsɿ²¹ | 门抗=mə̃²¹ kʻã³⁵ | 文　县 |
| 窗户子 tʂʻuã⁴⁴ xu²¹ tsɿ²¹ | 门坎儿 məŋ²¹ kʻɐ̃r⁵³ | 宕　昌 |
| 窗子 pfʻã⁵³ tsɿ²¹ | 门坎儿 mɤŋ²¹ kɐr¹³ | 康　县 |
| 窗子 tʃʻã²¹ tsɿ²⁴ | 门抗=mɤŋ²⁴ kã²¹ | 西　和 |
| 窗子 tʂʻuaŋ²¹ tsɿ⁵³ | 门抗=məŋ²¹ kʻaŋ⁵³ | 临夏市 |
| 窗户 tʂʻuaŋ²¹ xu⁵³ | 门抗=məŋ²¹ kʻaŋ⁵³ | 临夏县 |
| 窗户 tʂʻuã²¹ xu⁵³ | 门坎 mɤŋ¹³ kʻæ̃⁵³ | 甘　南 |
| 窗子 tʃʻuã⁵⁵ tsɿ²¹ | 门抗=məŋ⁵³ kʻã²¹ | 舟　曲 |
| 窗子 tʂʻuã⁴⁴ tsɿ²¹ | 门抗=mɤŋ²¹ kʻã⁴⁴ | 临　潭 |

| 词目 方言点 | 厕所 | 厨房 |
|---|---|---|
| 北 京 | 厕所tsʻɤ51 suo214 | 厨房tʂʻu35 faŋ35 |
| 兰 州 | 茅厕mɔ53 sʅ13 | 厨房pfʻu21 fã13 |
| 红 古 | 后圈xɤu13 tɕyã53 | 灶火tsɔ22 xuə53 |
| 永 登 | 后漏xɤu22 lɤu44 | 厨房pfʻu22 faŋ35 |
| 榆 中 | 厕所tʂʻə21 ʂuə44 | 厨房tʂʻu21 fã13 |
| 白 银 | 后圈子xɤu22 tɕyan35 tsʅ53 | 窗＝屋tʂʻuɑŋ22 vu35<br>灶房tsɔ22 faŋ35 又 |
| 靖 远 | 后圈xɤu35 tɕyæ̃41 | 厨房tʂʻʮ22 faŋ55 |
| 天 水 | 茅子mɔ13 tsʅ21 | 厨房tʃʻu13 fã21 |
| 秦 安 | 圈tɕʻyæ̃44 | 厨房tʃʻu13 fã21 |
| 甘 谷 | 圈tɕʻyã44 | 厨房tʃʻu22 faŋ44 |
| 武 山 | 茅坑mao24 kʻəŋ21<br>茅厕来＝mao24 sʅ21 lɛ13 又 | 灶房tsao35 faŋ21 |
| 张家川 | 茅子mɔ13 tsʅ21 | 厨房tʃʻu44 fã21 |
| 武 威 | 圈tɕʻyã51 | 厨房tʂʻʮ35 fã21 |
| 民 勤 | 灰圈xuei44 tɕyɿ21 | 伙房xuə21 faŋ53 |
| 古 浪 | 后圈xou53 tɕyɛ31 | 伙房xuə21 fao53 |
| 永 昌 | 灰圈xuei35 tɕyɛ53 | 厨房tʂʻʮ35 faŋ53 |
| 张 掖 | 茅圈mɔ35 tɕyaŋ21 | 伙房xuə53 faŋ33 |
| 山 丹 | 茅圈mɑo35 tʃʻʮ21 | 灶火tsao53 xuə21 |
| 平 凉 | 茅房mɔ22 faŋ53<br>灰圈xuei53 tɕyæ̃21 又 | 伙房xuɤ44 faŋ21<br>伙窑子xuɤ44 iɔ22 tsʅ21 又 |
| 泾 川 | 灰圈xuei53 tɕʻyæ̃21<br>茅房mɔ21 faŋ53 又 | 灶房tsɔ44 faŋ24<br>厨房tʃʻu21 faŋ53 又 |
| 灵 台 | 茅厕mɔ24 tsʻɤ21<br>后院xou44 yæ̃21 又 | 灶房tsɔ44 faŋ21 |

方言词汇

| 厕所 | 厨房 | 词目 / 方言点 |
|---|---|---|
| 茅圈 mɔ³⁵ tɕyan³¹ | 伙房 xuə²² faŋ⁵³ | 酒　泉 |
| 厕所 tsʻə²² suə⁵³ | 厨房 tʂʻu²² faŋ⁵³ | 敦　煌 |
| 灰圈 xuei⁵³ tɕʻyæ²¹<br>茅房 mɔ²¹ faŋ⁵³ 又<br>茅子 mɔ²¹ tsʅ³¹ 又 | 家里 tɕia⁵³ li²¹<br>伙房 xuo⁴⁴ faŋ²¹ 又 | 庆　阳 |
| 茅房 mɔ²² faŋ⁵⁵<br>厕所 tsʻei²² ʂuɤ⁴¹ 又 | 家 tɕia⁴¹ | 环　县 |
| 灰圈 xuei⁵³ tɕʻyæ²¹ | 屋里 u⁵³ li²¹<br>灶房 tsɔ⁴⁴ faŋ²⁴ 又 | 正　宁 |
| 灰圈 xuei⁵³ tɕʻyæ²¹<br>茅房 mɔ²⁴ fa⁵³ 又 | 屋里 u⁴² li²¹<br>厨屋 tsʻʅ²⁴ u⁵³ 又 | 镇　原 |
| 茅坑 mɑo¹³ kʻɤŋ²¹ | 厨房 tʃʻu²¹ fã⁴⁴ | 定　西 |
| 灰圈 xuei²¹ tɕʻyæ⁴⁴ | 厨房 tʃʻu²¹ fã⁴⁴<br>灶房 tsɔ⁴⁴ fã³¹ 又 | 通　渭 |
| 茅坑 mɔ¹³ kʻəŋ²¹ | 厨房 tʂʻu²¹ fã¹³ | 陇　西 |
| 茅房 mɑo³⁵ fã²¹<br>茅坑 mɑo³⁵ kʻen²¹ 又 | 灶房 tsɑo⁴⁴ fã²¹ | 临　洮 |
| 茅坑 mɑo³⁵ kʻɤŋ²¹ | 厨房 tʃʻʅ¹³ faŋ²¹ | 漳　县 |
| 茅坑子 mɑo²¹ kʻɤŋ⁵⁵ tsʅ²¹ | 灶房 tsɑo²⁴ fã⁵³ | 陇　南 |
| 茅坑 mɑo²² kʻə̃⁵³ | 灶房 tsɑo²⁴ fã⁵³ | 文　县 |
| 茅坑 mɑo³⁵ kʻəŋ²¹ | 厨房 tʂʻu¹³ fã²¹ | 宕　昌 |
| 茅厕 mɑo²¹ sʅ⁵⁵ | 灶房 tsɑo²⁴ fã⁵³ | 康　县 |
| 茅子 mɔ²⁴ tsʅ²¹ | 厨房 tʃʻu²⁴ fã²¹ | 西　和 |
| 茅房 mɔ³⁵ faŋ⁵³ | 灶房 tsɔ⁴⁴ faŋ²¹ | 临夏市 |
| 茅坑 mɔ¹³ kəŋ⁵³ | 灶火 tsɔ⁵⁵ xuə²¹ | 临夏县 |
| 茅房 mɑo³⁵ fã²¹ | 厨房 tʂʻu³⁵ fã²¹ | 甘　南 |
| 圈 tɕʻyæ¹³ | 厨房 tʃʻu⁵³ fã²¹ | 舟　曲 |
| 门坑 mɤŋ¹³ kʻɤŋ¹³ | 灶火 tsɔ⁴⁴ xuə¹³ | 临　潭 |

| 词目<br>方言点 | 烟囱 | 男人 |
|---|---|---|
| 北京 | 烟囱ian⁵⁵ tsʻuŋ⁵⁵ | 男人nan³⁵ zˌən³⁵ |
| 兰州 | 烟筒iæ̃⁴² tʻuən²¹ | 男的næ̃³⁵ ti²¹ |
| 红古 | 烟筒iɑ̃²² tʻuən³⁵ | 男人nɑ̃²² zˌən⁵³ |
| 永登 | 烟囱iæ̃⁴⁴ tsʻuən²¹ | 男人们næ̃²² zˌən²⁴ mən⁴⁴ |
| 榆中 | 烟洞iɑ̃⁵³ tun²¹ | 男人nɑ̃²¹ zˌən¹³ |
| 白银 | 烟洞ian⁴⁴ tun²¹ | 男人nan⁵³ zˌən¹³ |
| 靖远 | 烟洞iæ̃⁴¹ toŋ²¹ | 男人næ̃²² zˌɤŋ⁵⁵ |
| 天水 | 烟筒眼iæ̃²¹ tʻuŋ¹³ niæ̃²¹ | 男人næ̃¹³ zˌɤŋ²¹ |
| 秦安 | 烟洞眼ian²¹ tʻuɑ̃³⁵ nian²¹ | 男人lan¹³ zˌɑ̃²¹ |
| 甘谷 | 烟洞眼iɑ̃³¹² tʻuəŋ²⁴ niɑ̃⁵³ | 男人家lɑ̃³⁵ zˌəŋ⁵³ tɕin²¹ |
| 武山 | 烟洞眼iɑ̃²¹ tʻuŋ³⁵ niɑ̃⁵³ | 男人家nɑ̃²⁴ zˌəŋ⁵³ tɕiɑ²¹ |
| 张家川 | 烟筒iæ̃²¹ tʻuŋ⁵³ | 男人læ̃¹³ zˌɤŋ²¹ |
| 武威 | 烟洞iɑ̃⁴⁴ tuŋ⁵³ | 男人nɑ̃³⁵ zˌəŋ²¹<br>爷们iɛ³⁵ mən²¹ 又 |
| 民勤 | 烟洞ir²⁴ toŋ²¹ | 男人læ³⁵ zˌɤŋ²¹ |
| 古浪 | 烟筒iɛ³⁵ tuəŋ⁵³ | 爷们iə³⁵ mən²¹ |
| 永昌 | 烟洞iɛ³⁵ tuŋ⁵³ | 男的nɛ³⁵ ti²¹ |
| 张掖 | 烟筒iaŋ³³ tʻuən³³ | 男人naŋ³⁵ zˌən²¹ |
| 山丹 | 烟囱ir³⁵ tsʻuŋ⁵⁵ | 爷们iə³⁵ mən²¹ |
| 平凉 | 烟筒iæ̃⁵³ tʻuŋ²¹ | 男外=næ̃²¹ vɛ⁵³ |
| 泾川 | 烟筒iæ̃⁵³ tʻəŋ²¹ | 男人næ̃²¹ zˌəŋ⁵³ |
| 灵台 | 烟筒iæ̃⁵³ tʻuəŋ²¹ | 外前人uɛ⁴⁴ tsʻiæ̃²¹ zˌəŋ²¹ |

方言词汇

| 烟囱 | 男人 | 词目 / 方言点 |
|---|---|---|
| 烟洞 ian³⁵ tuŋ⁴⁴ | 我们家尼⁼的 və²² məŋ⁴⁴ tɕia⁵³ ni³¹ ti²¹ | 酒 泉 |
| 烟筒 iɛ²² t'uŋ²¹³ | 男人 nan²² ʐəŋ⁵³ | 敦 煌 |
| 烟筒 iæ⁵³ tuŋ²¹ | 男的 næ²¹ ti⁵³<br>男人 næ²¹ ʐəŋ⁵³ 又 | 庆 阳 |
| 烟洞 iæ⁴² tuŋ²¹ | 男人 næ²² ʐəŋ⁵⁵ | 环 县 |
| 烟筒 niæ̃⁵³ t'uŋ²¹ | 男人 næ²¹ ʐen⁵³ | 正 宁 |
| 烟洞眼 iæ⁴² t'uŋ²¹ niæ²¹ | 男人 næ²¹ ʐəŋ⁵³<br>外前人 uɛ⁴⁴ tsʻiæ²¹ ʐəŋ²¹ 又 | 镇 原 |
| 烟洞眼 iæ²¹ t'uŋ²⁴ niæ⁵³ | 男人 læ²⁴ ʐɤŋ²¹ | 定 西 |
| 烟洞眼 iæ²¹ t'uə̃⁴⁴ iæ³¹ | 男人 læ¹³ ʐə̃³¹<br>男的 læ²¹ tə⁴⁴ 又 | 通 渭 |
| 烟筒眼 iæ⁵³ t'uŋ¹³ niæ²¹ | 男的 læ²¹ tɤ¹³ | 陇 西 |
| 烟筒眼眼 iæ²¹ t'uŋ¹³ niæ⁵³ niæ²¹ | 男人 næ¹³ ʐen²¹ | 临 洮 |
| 烟筒眼 iæ⁵³ t'uŋ³⁵ niæ²¹ | 男的 læ¹³ ʒɤŋ²¹ | 漳 县 |
| 烟筒眼 iæ⁵³ t'uŋ²¹ niæ²¹ | 男人 læ²¹ ʐɤŋ⁵⁵ | 陇 南 |
| 烟筒 iæ⁵³ t'oŋ¹³ | 男人 læ²¹ ʐə̃⁵³ | 文 县 |
| 烟洞眼 iæ⁴⁴ t'uŋ⁴⁴ niæ⁵³ | 男人 læ¹³ ʐəŋ²¹ | 宕 昌 |
| 烟筒眼儿 iæ⁵³ tuŋ²¹ niẽr⁵³ | 外面的人 vei²⁴ miæ⁵³ tsɿ²¹ ʐɤŋ²¹ | 康 县 |
| 烟筒眼 iæ²¹ t'uŋ³⁵ niæ²¹ | 男人家 læ²⁴ ʐɤŋ⁵³ tɕia²¹ | 西 和 |
| 烟筒 iã²¹ t'uəŋ⁵³ | 男家 nã¹³ tɕia⁵³ | 临夏市 |
| 冒烟 mɔ¹³ iæ⁵³ | 男子汉 næ²¹ tsɿ¹³ xæ⁵³ | 临夏县 |
| 烟筒 iæ²¹ t'un⁵³ | 男人 næ¹³ ʐɤŋ²¹ | 甘 南 |
| 烟洞眼 iæ⁵⁵ t'uəŋ²¹ niæ²¹ | 男人 læ³¹ ʐəŋ²¹ | 舟 曲 |
| 烟筒 iæ⁴⁴ t'uŋ⁴⁴ | 男的 næ²¹ ti⁴⁴ | 临 潭 |

| 词目<br>方言点 | 女人 | 小孩 |
| --- | --- | --- |
| 北 京 | 女人ny²¹⁴ ʐən³⁵ | 小孩ɕiao²¹⁴ xai³⁵ |
| 兰 州 | 女的ny⁴⁴ ti²¹ | 娃娃va⁵³ va²¹ |
| 红 古 | 女人nʅ⁵³ ʐən²¹ | 娃娃va²² va³⁵ |
| 永 登 | 婆娘们pʻə⁵³ niaŋ⁴² mən²¹ | 娃们va⁵³ mən²¹ |
| 榆 中 | 女人ny⁴⁴ ʐən²¹ | 娃娃ua⁵³ ua²¹³ |
| 白 银 | 女人ny³⁵ ʐən²¹ | 娃娃va⁵³ va²¹ |
| 靖 远 | 女人nʅ⁴¹ ʐɤŋ²¹ | 娃娃va²² va⁵⁵ |
| 天 水 | 女人mi⁵³ ʐɤŋ²¹ | 碎娃suei⁴⁴ va²¹<br>娃娃va¹³ va²¹ 又 |
| 秦 安 | 女人ny⁵³ ʐə̃²¹ | 娃娃ua¹³ ua²¹ |
| 甘 谷 | 女人家ny⁵³ ʐəŋ²¹ tɕiɒ²¹ | 娃娃u²² uɒ⁴⁴ |
| 武 山 | 婆娘家pʻə²¹ niaŋ²⁴ tɕia²¹<br>老阿婆lao⁵³ ua²¹ pʻiə¹³ 又 | 碎娃娃suɛ²⁴ vu²¹ ua¹³ |
| 张家川 | 女人ny⁵³ ʐɤŋ²¹ | 娃娃va¹³ va²¹ |
| 武 威 | 女人mi⁵³ ʐəŋ²¹<br>婆姨pʻə³⁵ zi²¹ 又 | 娃娃va³⁵ va²¹ |
| 民 勤 | 女人ny²¹ ʐɤŋ⁴⁴ | 娃娃va²¹ va⁴⁴ |
| 古 浪 | 婆娘pʻə³⁵ niɑo²¹ | 娃娃va³⁵ va²¹ |
| 永 昌 | 女的mi⁵³ ti²¹ | 娃娃们va³⁵ va⁵³ məŋ²¹ |
| 张 掖 | 女人mi²² ʐən³³ | 娃娃va³⁵ va²¹ |
| 山 丹 | 婆姨pʻə⁵⁵ zʅ²¹ | 娃娃ua³⁵ ua²¹ |
| 平 凉 | 女外=ny⁴⁴ vɛ²¹ | 碎娃娃suei⁴⁴ va²⁴ va⁵³ |
| 泾 川 | 女人mi⁵⁵ ʐəŋ²¹<br>婆娘pʻɤ²¹ niaŋ⁵³ 又 | 娃娃va²¹ va⁵³<br>碎娃ʃei⁴⁴ va²⁴ 又 |
| 灵 台 | 屋里人u⁵³ li²¹ ʐəŋ²¹<br>婆娘pʻo²⁴ niaŋ⁵³ 又 | 娃娃ua³¹ ua⁵³ |

方言词汇

| 女人 | 小孩 | 词目 / 方言点 |
|---|---|---|
| 婆姨 p'ə³⁵ zi³¹ | 娃娃 va³⁵ va³¹ | 酒 泉 |
| 女人 ny⁵³ z̩əŋ²¹ | 小孩 ɕia⁵³ xɛ²¹³<br>尕娃子 ka¹³ va²¹ tsʅ⁴⁴ 又 | 敦 煌 |
| 女的 ny⁴⁴ ti²¹<br>女人 ny⁴⁴ z̩əŋ²¹ 又 | 娃娃 ua²¹ ua⁵³ | 庆 阳 |
| 女人 ny⁵⁵ z̩əŋ²¹ | 碎娃娃 suei⁴⁴ va²² va⁴⁴ | 环 县 |
| 女人 ny⁴⁴ z̩en²¹ | 娃娃 ua²¹ ua⁵³ | 正 宁 |
| 女人 mi⁵³ z̩əŋ²¹ | 碎娃 suei⁴⁴ ua²⁴ | 镇 原 |
| 妇人 fu⁴⁴ z̩ɤŋ²¹ | 娃娃 va²¹ va²⁴ | 定 西 |
| 女的 ny⁵³ tə²¹<br>妇人 fu⁴⁴ z̩ə̃²¹ 又 | 娃娃 ua²¹ ua²⁴ | 通 渭 |
| 女的 ny⁵⁵ tɤ²¹ | 娃娃 va²¹ va¹³ | 陇 西 |
| 婆娘 p'o¹³ niã⁴⁴ | 娃娃 va¹³ va⁴⁴ | 临 洮 |
| 女人 ny⁵³ ʒɤŋ²¹ | 娃娃 uɑ²¹ uɑ⁵³ | 漳 县 |
| 婆娘 p'ə²¹ niã¹³ | 碎娃 suei²⁴ va¹³ | 陇 南 |
| 女人 ny³⁵ z̩ə̃²¹ | 娃们家 ua²¹ mə̃⁵⁵ tɕia⁵³ | 文 县 |
| 女人 ny⁵³ z̩əŋ¹³ | 娃娃 ua²¹ ua⁴⁴ | 宕 昌 |
| 里面的人 li⁵⁵ miæ̃⁵³ tsʅ²¹ z̩ɤŋ²¹ | 娃娃 va²¹ va¹³ | 康 县 |
| 妇人家 fu⁵⁵ z̩ɤŋ²¹ tɕia²¹ | 娃娃 ua²⁴ ua²¹ | 西 和 |
| 妇女 fu⁴⁴ mi²¹ | 尕娃 ka²¹ va⁵³ | 临夏市 |
| 媳妇 ɕi²¹ fu⁵³ | 娃 vɑ¹³ | 临夏县 |
| 女人 mi⁴⁴ z̩ɤŋ¹³ | 尕娃 ka²¹ va⁴⁴ | 甘 南 |
| 女人 mi³⁵ z̩əŋ⁵³ | 娃娃 va⁵³ va²¹ | 舟 曲 |
| 女的 ny⁵³ ti²¹ | 尕娃娃 ka¹³ va²¹ va⁴⁴ | 临 潭 |

| 词目<br>方言点 | 男孩 | 女孩 |
|---|---|---|
| 北　京 | 男孩nan³⁵ xai³⁵ | 女孩ny²¹⁴ xai³⁵ |
| 兰　州 | 儿娃子ɣɯ⁵³ va²² tsʅ⁵³ | 女娃子ny³⁵ va⁵³ tsʅ²¹ |
| 红　古 | 娃娃va²² va³⁵ | 丫头ia²² tʻʁu³⁵ |
| 永　登 | 娃哥子va²² kə²⁴ tsʅ⁴⁴ | 丫头子ia⁵³ tʻʁu⁴² tsʅ²¹ |
| 榆　中 | 男娃子nã⁴² ua²¹ tsʅ⁴⁴ | 女娃子ny³⁵ ua⁴² tsʅ²¹ |
| 白　银 | 娃子va⁵³ tsʅ²¹ | 姑娘ku⁴⁴ niaŋ²¹ |
| 靖　远 | 儿子娃ər²² tsʅ⁵⁵ va²¹ | 女子娃nʯ⁵⁵ tsʅ²¹ va²¹ |
| 天　水 | 儿子娃ər¹³ tsʅ²¹ va²¹ | 女子娃mi⁵³ tsʅ²¹ va²¹ |
| 秦　安 | 儿子娃zʅ³⁵ tsʅ²¹ ua²¹ | 女子娃ny⁵³ tsʅ²¹ ua²¹ |
| 甘　谷 | 儿子娃zʅ²² tsʅ⁴⁴ uɒ²¹ | 女子娃ny⁵³ tsʅ²¹ uɒ²¹ |
| 武　山 | 儿子娃zʅ²¹ tsʅ²⁴ uɑ²¹ | 女子娃ny⁵³ tsʅ²¹ uɑ¹³ |
| 张家川 | 少年ʂɔ⁴⁴ niæ̃²¹ | 女子ny⁵³ tsʅ²¹ |
| 武　威 | 娃子va³⁵ tsʅ²¹ | 丫头子ia³⁵ tʻʁu⁵³ tsʅ²¹ |
| 民　勤 | 娃子va²² zʅ⁴⁴ | 丫头ia²⁴ tʻʁu⁴² |
| 古　浪 | 娃子va³⁵ tsʅ²¹ | 丫头子ia³⁵ tʻou⁵³ tsʅ²¹ |
| 永　昌 | 娃子va³⁵ tsʅ⁵³ | 丫头ia³⁵ tʻʁu⁵³ |
| 张　掖 | 娃子va³⁵ tsʅ²¹ | 丫头ia³³ tʻʁu³³ |
| 山　丹 | 娃子ua³⁵ tsʅ²¹ | 丫头ia³⁵ tʻou⁵⁵ |
| 平　凉 | 儿子娃ər²² tsʅ⁴⁴ va²¹ | 女子娃ny⁵³ tsʅ²¹ va²¹ |
| 泾　川 | 儿子娃ər²¹ tsʅ⁵⁵ va²¹ | 女子mi⁵⁵ tsʅ²¹ |
| 灵　台 | 儿子娃ər²¹ tsʅ⁴⁴ ua²¹ | 女子娃mi⁴⁴ tsʅ²¹ ua²¹ |

| 男孩 | 女孩 | 词目 方言点 |
|---|---|---|
| 娃子va$^{35}$ tsʅ$^{31}$ | 丫头ia$^{35}$ tʻɤu$^{44}$ | 酒 泉 |
| 男孩nan$^{13}$ xɛ$^{213}$<br>男娃子nan$^{22}$ va$^{44}$ tsʅ$^{21}$ 又 | 女孩ny$^{53}$ xɛ$^{21}$<br>女娃娃ny$^{53}$ vu$^{22}$ va$^{53}$ 又 | 敦 煌 |
| 儿子娃ər$^{22}$ tsʅ$^{44}$ ua$^{21}$ | 女子娃ny$^{44}$ tsʅ$^{21}$ ua$^{21}$ | 庆 阳 |
| 儿子ər$^{22}$ tsʅ$^{53}$ | 女子ny$^{55}$ tsʅ$^{21}$ | 环 县 |
| 儿子娃ər$^{21}$ tsʅ$^{44}$ ua$^{21}$<br>男娃娃nã$^{24}$ ua$^{21}$ ua$^{31}$ 又 | 女子ny$^{44}$ tsʅ$^{21}$<br>女娃娃ny$^{53}$ ua$^{21}$ ua$^{31}$ 又 | 正 宁 |
| 儿子娃ər$^{24}$ tsʅ$^{53}$ ua$^{24}$ | 女子娃mi$^{53}$ tsʅ$^{21}$ ua$^{24}$ | 镇 原 |
| 儿子zʅ$^{21}$ tsʅ$^{24}$ | 女子ny$^{53}$ tsʅ$^{21}$ | 定 西 |
| 儿子zʅ$^{21}$ tsʅ$^{24}$ | 女子ny$^{53}$ tsʅ$^{21}$ | 通 渭 |
| 儿子zʅ$^{21}$ tsʅ$^{13}$ | 女子ny$^{55}$ tsʅ$^{21}$ | 陇 西 |
| 男娃nã$^{13}$ va$^{21}$ | 女娃ny$^{53}$ va$^{21}$<br>千金tɕʻiæ$^{35}$ tɕiŋ$^{21}$ 又 | 临 洮 |
| 男娃娃la$^{13}$ uɑ$^{21}$ uɑ$^{53}$ | 女娃娃ny$^{53}$ uɑ$^{42}$ uɑ$^{21}$ | 漳 县 |
| 儿子家ər$^{21}$ tsʅ$^{35}$ tɕia$^{53}$ | 女子家mi$^{55}$ tsʅ$^{21}$ tɕia$^{31}$ | 陇 南 |
| 儿子家ər$^{21}$ tsʅ$^{35}$ tɕia$^{53}$ | 女子家ny$^{35}$ tsʅ$^{31}$ tɕia$^{21}$ | 文 县 |
| 儿子娃ər$^{21}$ tsʅ$^{53}$ va$^{21}$ | 女子娃ny$^{53}$ tsʅ$^{21}$ va$^{21}$ | 宕 昌 |
| 儿子ər$^{21}$ tsʅ$^{35}$ | 女子ʐy$^{55}$ tsʅ$^{21}$ | 康 县 |
| 儿子娃ər$^{24}$ tsʅ$^{21}$ ua$^{21}$ | 女子娃ny$^{53}$ tsʅ$^{21}$ ua$^{24}$ | 西 和 |
| 儿娃i$^{13}$ va$^{53}$ | 丫头ia$^{21}$ tʻɤu$^{53}$ | 临夏市 |
| 尕娃kɑ$^{13}$ vɑ$^{53}$ | 丫头iɑ$^{21}$ tʻɯ$^{53}$ | 临夏县 |
| 尕娃ka$^{35}$ va$^{53}$ | 尕妮哈ka$^{21}$ ni$^{35}$ xa$^{53}$ | 甘 南 |
| 儿子娃ər$^{55}$ tsʅ$^{21}$ va$^{53}$ | 女家娃ny$^{35}$ tɕia$^{53}$ va$^{21}$ | 舟 曲 |
| 男娃娃næ$^{13}$ va$^{53}$ va$^{21}$ | 尕丫头ka$^{13}$ ia$^{44}$ tʻəu$^{53}$ | 临 潭 |

| 词目<br>方言点 | 婴儿 | 老头子 |
| --- | --- | --- |
| 北 京 | 婴儿iŋ⁵⁵ ɚ³⁵ | 老头子lao²¹⁴t'ou³⁵ tsɿ⁰ |
| 兰 州 | 月娃子yɛ²² va⁵⁵ tsɿ²¹ | 老汉lɔ⁴⁴ xæ²¹ |
| 红 古 | 月娃娃yə²² va²² va⁵³ | 老汉lɔ³⁵ xã²¹ |
| 永 登 | 月里娃yə¹³ li⁴⁴ va⁵³ | 老汉lɑo³⁵ xæ⁵³ |
| 榆 中 | 月娃子yə²¹ ua²⁴ tsɿ⁵³ | 老汉lɔ⁴⁴ xã²¹ |
| 白 银 | 月里娃子yɛ²² li²² va³⁵ tsɿ²¹ | 老汉lɔ²⁴ xan⁵³ |
| 靖 远 | 月溜=娃子yə⁴¹ liʁu²¹ va²¹ tsɿ²¹ | 老汉lao⁵⁵ xæ²¹ |
| 天 水 | 月里娃yə²¹ li³⁵ va²¹ | 老汉lɔ⁵³ xæ²¹ |
| 秦 安 | 月里娃yə²¹ li³⁵ ua²¹ | 老汉lɔ⁵³ xan²¹ |
| 甘 谷 | 骨传儿ku²¹ tʃã⁴⁴ zɿ²¹ | 老汉lɑu⁵³ xã²¹ |
| 武 山 | 骨传儿ku³¹ tʃã²¹ zɿ²⁴ | 老汉nao⁵³ xã²¹<br>老人家nao⁵³ z̩əŋ²¹ tɕia¹³ 又 |
| 张家川 | 月溜=娃儿yɛ²¹ liʁu⁴⁴ var³⁵ | 老汉家lɔ⁵³ xæ²¹ tɕia²¹ |
| 武 威 | 月娃娃yɛ⁵³ va⁴² va²¹ | 老汉lao⁵³ xã̃²¹ |
| 民 勤 | 月娃娃yɛ⁵³ va²¹ va²¹ | 老汉lao²² xæ⁴⁴ |
| 古 浪 | 月娃娃yə⁵³ va⁴² va²¹ | 老汉lɔ²² xæ⁵³ |
| 永 昌 | 月娃娃yə⁵³ va⁴² va²¹ | 老汉lao⁵³ xɛ²¹ |
| 张 掖 | 月娃子yə³³ va³³ tsɿ³³ | 老汉lɔ⁵³ xaŋ⁴⁴ |
| 山 丹 | 月娃娃yə³³ ua³³ ua³³ | 老汉lao³³ xɛ³³ |
| 平 凉 | 月娃子yɤ⁵³ va²¹ tsɿ²¹ | 老汉lɔ⁴⁴ xæ²¹ |
| 泾 川 | 月娃yɤ⁵³ va²¹ | 老汉lɔ⁵⁵ xæ²¹ |
| 灵 台 | 月娃yo⁵³ ua²¹ | 老汉lɔ⁴⁴ xæ²¹ |

# 方言词汇

| 婴儿 | 老头子 | 词目 / 方言点 |
|---|---|---|
| 月娃娃 yə²² va²² va¹³ | 老汉 lɔ²² xan⁵³ | 酒 泉 |
| 尕娃娃 ka¹³ va²² va⁵³ | 老汉 lao⁴⁴ xan²¹ | 敦 煌 |
| 月娃 yɛ⁵³ ua²¹ | 老汉 lɔ⁴⁴ xæ̃²¹ | 庆 阳 |
| 月里娃 yɤ⁴² li²² ua²¹ | 老汉 lɔ⁵⁵ xæ̃²¹ | 环 县 |
| 月娃子 yə⁵³ ua³¹ tsʅ²¹ | 老汉 lɔ⁴⁴ xæ̃²¹ | 正 宁 |
| 月儿娃 yɛ⁵³ ə²¹ ua²⁴ | 老汉 lɔ⁵⁵ xæ̃²¹ | 镇 原 |
| 尕娃娃 ka¹³ va²¹ va⁴⁴ | 老汉 lao⁵³ xæ̃²¹ | 定 西 |
| 碎娃娃 suei⁴⁴ ua²¹ ua¹³ | 老汉 lɔ⁵³ xæ̃²¹ | 通 渭 |
| 月娃儿 yɤ⁵³ va¹³ zʅ²¹ | 老汉 lɔ⁵⁵ xæ̃²¹ | 陇 西 |
| 月娃儿 ie²¹ var¹³ | 老爷 lɑo⁵³ ie⁴⁴ | 临 洮 |
| 尕娃儿 ka¹³ uɑr⁵³ | 老汉 lɑo⁵³ xæ̃²¹ | 漳 县 |
| 月娃子 yə⁵³ va²¹ tsʅ²¹ | 老汉 lɑo⁵⁵ xæ̃²¹ | 陇 南 |
| 月娃子 yɤ⁵³ ua²¹ tsʅ³⁵ | 老汉 lao³⁵ xæ̃²¹ | 文 县 |
| 月里娃 yə⁴⁴ li⁴⁴ va²¹ | 老汉 lao⁵³ xæ̃²¹ | 宕 昌 |
| 毛娃儿 mao²¹ ua¹³ ər⁵³ | 老汉 lao⁵⁵ xæ̃²¹ | 康 县 |
| 月娃子 yɤ²¹ ua²⁴ tsʅ²¹ | 老汉 lɔ⁵³ xæ̃²¹ | 西 和 |
| 月娃 yɛ²¹ va⁵³ | 老者 lɔ³⁵ tʂə⁵³ | 临夏市 |
| 月娃 yɛ²¹ vɑ⁵³ | 老汉 lɔ⁵⁵ xæ̃⁵³ | 临夏县 |
| 月娃子 ye²¹ va³⁵ tsʅ²¹ | 老汉 lao⁴⁴ xæ̃⁵³ | 甘 南 |
| 月娃子 ye³⁵ va⁵³ tsʅ²¹ | 老汉 lɑo⁵⁵ xæ̃⁵³ | 舟 曲 |
| 月娃娃儿 yə⁴⁴ va⁴⁴ vər²¹ | 老汉 lɔ⁵³ xæ̃²¹ | 临 潭 |

| 词目\方言点 | 老太婆 | 单身汉 |
|---|---|---|
| 北京 | 老太婆lao²¹⁴ tʻai⁵¹ pʻo³⁵ | 单身汉tan⁵⁵ ʂən⁵⁵ xan⁵¹ |
| 兰州 | 老太太lɔ⁴⁴ tʻɛ²² tʻɛ⁵³ | 光棍kuã⁴² kuən²¹ |
| 红古 | 老婆子lɔ³⁵ pʻə⁴² tsʅ²¹ | 光棍汉kuã²¹ kuən¹³ xã⁵³ |
| 永登 | 老婆子lɑo²² pʻə⁴⁴ tsʅ²¹ | 光棍汉kuaŋ⁵⁵ kuən⁴² xæ̃²¹ |
| 榆中 | 老婆子lɔ³⁵ pʻə⁴² tsʅ²¹ | 光棍汉kuã⁴⁴ kun⁴² xã²¹ |
| 白银 | 老婆子lɔ²⁴ pʻə⁵³ tsʅ²¹ | 光棍kuaŋ⁴⁴ kun²¹ |
| 靖远 | 老婆子lao⁵⁵ pʻə²¹ tsʅ²¹ | 光棍kuaŋ⁴¹ koŋ²¹ |
| 天水 | 老婆子lɔ⁵³ pʻuə²¹ tsʅ²¹ | 光棍汉kuã²¹ kuŋ⁴⁴ xæ̃²¹ |
| 秦安 | 老太太lɔ⁵³ tʻɛ⁴⁴ tʻɛ²¹ | 单身汉tan¹³ ʂə̃²¹ xan⁴⁴ |
| 甘谷 | 老婆子lɑu⁵³ pʻə²¹ tsʅ⁴⁴ | 光棍汉kuaŋ³¹ kuŋ⁴⁴ xã²¹ |
| 武山 | 老阿婆lao⁵³ ua²¹ pʻiə²⁴ | 光棍汉kuaŋ³¹ kuŋ²¹ xã²¹ |
| 张家川 | 老婆子家lɔ⁵³ pʻɤ²¹ tsʅ²¹ tɕia²¹ | 光棍儿kuã²¹ kuə̃r⁵³ |
| 武威 | 老婆子lao⁴⁴ pʻə⁴⁴ tsʅ²¹ | 光棍汉kuã⁴⁴ kuŋ⁴⁴ xã⁵³ |
| 民勤 | 老婆子lao²¹ pʻə²¹ zʅ⁴⁴ | 光棍kuaŋ²⁴ koŋ²¹ |
| 古浪 | 老婆子lɔ³⁵ pʻə⁵³ tsʅ²¹ | 光棍kuɑo³⁵ kuəŋ⁵³ |
| 永昌 | 老婆子lao⁵³ pʻə³⁵ tsʅ⁵³ | 光棍汉kuaŋ³⁵ kuŋ⁵⁵ xɛ⁵³ |
| 张掖 | 老婆子lɔ⁵³ pʻə²¹ tsʅ⁴⁴ | 光棍汉kuaŋ³³ kuən³³ xaŋ³³ |
| 山丹 | 老婆子lao⁵⁵ pʻə²² tsʅ⁵⁵ | 光棍汉kuaŋ³⁵ kuŋ⁵⁵ xɛ⁵⁵ |
| 平凉 | 老婆子lɔ⁴⁴ pʻɤ²¹ tsʅ²¹ | 光棍汉kuaŋ⁵³ kuŋ²¹ xæ̃²¹ |
| 泾川 | 老婆lɔ⁵⁵ pʻɤ²¹ | 光棍儿kuaŋ²¹ kuə̃r⁴⁴ |
| 灵台 | 老婆lɔ⁴⁴ pʻo²¹ | 光棍kuaŋ²² kuəŋ⁴⁴ |

| 老太婆 | 单身汉 | 词目 / 方言点 |
|---|---|---|
| 老婆子lɔ²² p'ə³⁵ tsʅ³¹ | 光棍汉kuaŋ³⁵ kuŋ⁴⁴ xan⁴⁴ | 酒　泉 |
| 老婆子lao⁴⁴ p'ə²¹ tsʅ²¹ | 单身汉tan¹³ ʂəŋ²¹ xan²¹³ | 敦　煌 |
| 老婆lɔ⁴⁴ p'ɤ²¹ | 光棍kuaŋ⁵³ kuŋ²¹ | 庆　阳 |
| 老婆lɔ⁵⁵ p'ɤ²¹ | 光棍kuaŋ⁴² kuŋ²¹ | 环　县 |
| 老婆lɔ⁴⁴ p'ɤ²¹ | 光棍儿kuaŋ²¹ kuẽr⁴⁴ | 正　宁 |
| 老婆子lɔ⁵⁵ p'u⁴² tsʅ²¹ | 光棍儿kuã⁵³ kuẽr²¹<br>光棍汉kuã⁵³ kuŋ²¹ xæ̃⁴⁴ 又 | 镇　原 |
| 老奶奶lao²¹ lɛ⁵³ lɛ²¹ | 光棍kuã²¹ kuŋ²⁴ | 定　西 |
| 老奶奶lɔ²¹ lɛ⁵³ lɛ²¹ | 光棍kuã²¹ kuə̃⁴⁴ | 通　渭 |
| 老婆子lɔ⁵⁵ p'ɤ²¹ tsʅ²¹ | 光棍kuã⁵³ kuŋ¹³ | 陇　西 |
| 老奶奶lao¹³ nɛ⁵³ nɛ²¹ | 光棍kuã²¹ kuŋ⁴⁴ | 临　洮 |
| 老婆子lao⁵³ p'ɤ²¹ tsʅ⁴⁴ | 光棍kuaŋ⁵³ kuŋ¹³ | 漳　县 |
| 老婆lao⁵⁵ p'ə⁵⁵ | 光棍汉kuã⁵³ kuŋ²¹ xæ̃²¹ | 陇　南 |
| 老婆子lao³⁵ p'ɤ⁵³ tsʅ²¹ | 光棍儿kuã²¹ kuẽr³⁵ | 文　县 |
| 老婆子lao⁵³ p'ɤ²¹ tsʅ⁴⁴ | 光棍汉kuã²¹ kuŋ⁴⁴ xæ̃²¹ | 宕　昌 |
| 老婆婆lao⁵⁵ p'uo²¹ p'uo³⁵ | 光棍汉kuã⁵³ kuŋ²¹ xæ̃³⁵ | 康　县 |
| 老阿婆lɔ⁵³ a²¹ p'uɤ²⁴ | 光棍汉kuã²¹ kuŋ⁵⁵ xæ̃²¹ | 西　和 |
| 阿奶a¹³ nɛ²¹ | 光棍kuaŋ²¹ kuəŋ³⁵ | 临夏市 |
| 老奶奶lɔ²¹ nɛ³⁵ nɛ⁵³ | 光棍kuaŋ²¹ kuəŋ³⁵ | 临夏县 |
| 老阿婆lao⁵³ a⁴⁴ p'uə²¹ | 单身汉tæ²¹ ʂɤŋ²¹ xæ⁵³ | 甘　南 |
| 老婆子lao³⁵ p'u⁵³ tsʅ²¹ | 光棍儿kuã³⁵ kur²¹ | 舟　曲 |
| 老阿婆lɔ⁵³ a⁴⁴ p'ə⁴⁴ | 光棍kuã²¹ kuŋ⁴⁴ | 临　潭 |

| 方言点＼词目 | 老姑娘（老处女） | 医生 |
| --- | --- | --- |
| 北　京 | 老姑娘lao²¹⁴ ku⁵⁵ niaŋ⁰ | 医生i⁵⁵ ʂəŋ⁵⁵ |
| 兰　州 | 老姑娘lɔ⁵³ ku⁴² niã²¹ | 先生ɕiæ̃⁴² ʂən²¹ |
| 红　古 | 老姑娘lɔ³⁵ ku⁴² niã²¹ | 大夫tɛ¹³ fu⁵³ |
| 永　登 | 老姑娘lao¹³ ku⁴⁴ niaŋ²¹ | 大夫tɛi²² fu⁴⁴ |
| 榆　中 | 老姑娘lɔ³⁵ ku⁴⁴ niã²¹ | 先生ɕiã⁵³ ʂən²¹ |
| 白　银 | 老姑娘lɔ²⁴ ku⁴⁴ niaŋ²¹ | 大夫ta²² fu³⁵ |
| 靖　远 | 老女子lao⁵⁵ nʮ⁵⁵ tsʅ²¹ | 大夫tɛ³⁵ fu⁴¹ |
| 天　水 | 踏=老女的tʻa¹³ lɔ²² mi⁵³ tɛ²¹ | 先生ɕiæ̃²¹ sɤŋ⁵³ |
| 秦　安 | 老姑娘lɔ⁵³ ku²¹ niã¹³ | 先生sian¹³ sə̃²¹ |
| 甘　谷 | 老女子lɑu²² ny⁵³ tsʅ²¹ | 大夫tai⁴⁴ fu²¹ |
| 武　山 | 老女子lao³¹ ny²¹ tsʅ²¹ | 大夫tɛ²⁴ fu²¹<br>先生ɕiã³¹ sən²¹ 又 |
| 张家川 | 叉=老女的tsʻa¹³ lɔ²¹ ny⁵³ ti²¹ | 医生ʑi¹³ sɤŋ²¹ |
| 武　威 | 老姑娘lao⁴⁴ ku⁴⁴ niã⁵³ | 大夫tɛ⁴⁴ fu²¹ |
| 民　勤 | 老丫头lao³⁵ ia⁵³ tʻɤu²¹<br>老姑娘lao³⁵ ku⁵³ niɑŋ²¹ 又 | 大夫tæ⁴² fu²¹ |
| 古　浪 | 老丫头lɔ³⁵ ia⁴⁴ tʻou²¹ | 医生ʑi³⁵ sən⁵³<br>大夫tɛ⁵³ fu²¹ 又 |
| 永　昌 | 老丫头lao³⁵ ia⁵⁵ tʻɤu²¹<br>老姑娘lao³⁵ ku⁵⁵ niaŋ⁵³ 又 | 大夫tɛ⁵³ fu²¹<br>先生ɕie³⁵ ʂəŋ⁵³ 又 |
| 张　掖 | 老丫头lɔ³³ ia³³ tʻɤu³³ | 大夫tɛ⁵³ fu²¹ |
| 山　丹 | 老丫头lao³⁵ ia⁵⁵ tʻou⁵⁵ | 医生ʐʅ³³ ʂəŋ³³ |
| 平　凉 | 老女子lɔ⁵³ ny⁴⁴ tsʅ²¹ | 良医liaŋ²² i⁵³ |
| 泾　川 | 老女子lɔ⁴⁴ ny³¹ tsʅ²¹ | 大夫tɛ⁴⁴ fu²¹ |
| 灵　台 | 老女子lɔ⁵³ mi⁴⁴ tsʅ²¹ | 大夫tɛ²⁴ fu²¹ |

## 方言词汇

| 老姑娘（老处女） | 医生 | 词目 / 方言点 |
|---|---|---|
| 老丫头lɔ³⁵ ia⁴⁴ tʻɤu⁴⁴ | 大夫tɛ²² fu¹³ | 酒　泉 |
| 老姑娘lao⁵³ ku²² niaŋ²¹³ | 大夫tɛ⁴⁴ fu⁵³ | 敦　煌 |
| 老姑娘lɔ⁴⁴ ku⁵³ niɑŋ²¹ | 大夫tɛ²⁴ fu²¹ | 庆　阳 |
| 大女子ta³³ mi⁵⁵ tsʅ²¹ | 医生i⁴² səŋ²¹<br>大夫tɛ²⁴ fu²¹ 又 | 环　县 |
| 老女子lɔ⁵³ ny³¹ tsʅ²¹ | 大夫tɛ³⁵ fu²¹<br>先生siæ̃³¹ səŋ²¹ 又 | 正　宁 |
| 老女子lɔ⁵⁵ mi⁵⁵ tsʅ²¹ | 良医liã²⁴ i²¹<br>大夫tɛ⁴⁴ fu²¹ 又 | 镇　原 |
| 老女子lɑo²¹ ny⁵³ tsʅ²¹ | 先生ɕiæ̃²⁴ sɤŋ²¹ | 定　西 |
| 老女子lɑo²⁴ ny⁵³ tsʅ²¹ | 先生siæ̃¹³ sə̃³¹ | 通　渭 |
| 踏=女子tʻa³⁵ ny⁵³ tsʅ²¹ | 大夫tɛ⁴⁴ fu²¹ | 陇　西 |
| 老女儿lao¹³ nyər⁵³ | 看病先生kʻæ̃⁴⁴ piŋ⁴⁴ ɕiæ̃³⁵ sɤŋ²¹<br>医人奶奶zi³⁵ zɤŋ²¹ nɛ⁵³ nɛ²¹ 又 | 临　洮 |
| 老女子lɑo⁴⁴ ny⁴⁴ tsʻʅ⁵³ | 大夫tɛ⁴⁴ fu²¹<br>郎中laŋ¹³ tʃɤŋ²¹ 又 | 漳　县 |
| 老女子lɑo⁵³ mi²¹ tsʅ²¹ | 大夫tɛ²⁴ fu³¹ | 陇　南 |
| 老女子lɑo²² ny³⁵ tsʅ²¹ | 大夫tɛ²⁴ fu⁵³ | 文　县 |
| 老女儿lɑo²¹ nyər⁵³ | 大夫tɛ⁴⁴ fu²¹ | 宕　昌 |
| 老女子lɑo⁵⁵ ny⁵⁵ tsʅ²¹ | 大夫tɛ²⁴ fu⁵³ | 康　县 |
| 老女子lɔ³⁵ ny²¹ tsʅ²¹ | 先生ɕiæ̃²⁴ sɤŋ²¹ | 西　和 |
| 老丫头lɔ⁴⁴ ia²¹ tʻɤu⁵³ | 医人zi³⁵ zəŋ²¹ | 临夏市 |
| 老丫头lɔ²¹ iɑ²¹ tʻɯ⁵³ | 大夫tɛ³⁵ fu²¹ | 临夏县 |
| 老姑娘lao⁴⁴ ku²¹ niã¹³ | 大夫tɛi⁴⁴ fu²¹ | 甘　南 |
| 老女儿lɑo⁵⁵ miər⁵⁵ | 大夫tɛ²² fu⁵³ | 舟　曲 |
| 老婆娘lɔ⁵³ pʻə²¹ niã¹³ | 大夫tɛ⁴⁴ fu²¹ | 临　潭 |

105

| 词目 / 方言点 | 理发的 | 屠户 |
|---|---|---|
| 北　京 | 理发的 li²¹⁴ fa⁵¹ tə⁰ | 屠户 tʻu³⁵ xu⁵¹ |
| 兰　州 | 剃头的 tʻi²¹ tʻəu⁵³ ti²¹ | 杀猪的 ʂa²¹ pfu⁴² ti²¹ |
| 红　古 | 待招 tɛ¹³ tʂɔ⁵³ | 宰猪者 tsɛ³⁵ tʂu²¹ tʂə¹³ |
| 永　登 | 待诏 tɛi²² tʂao⁴⁴ | 屠家 tʻu²² tɕia³⁵ |
| 榆　中 | 推头的 tʻuei⁴⁴ tʻəu⁵³ tiə²¹³ | 杀猪的 ʂa⁴² tʂu⁴⁴ tiə²¹ |
| 白　银 | 剃头的 tʻi²² tʻɤu⁵³ ti²¹ | 屠家 tʻu⁵³ tɕia¹³<br>杀猪的 ʂa²² tʂu⁴⁴ ti²¹ 又 |
| 靖　远 | 待章 tɛ³⁵ tʂaŋ⁴¹ | 杀屠子 sa⁴¹ tʻu²¹ tsɿ²¹ |
| 天　水 | 待招 tɛ³⁵ tʂɔ²¹<br>剃头的 tʻi⁴⁴ tʻɤu¹³ tɛ²¹ 又 | 杀屠 sa²¹ tʻu¹³<br>刀子客 tɔ²¹ tsɿ⁵³ kʻei²¹ 又 |
| 秦　安 | 待招 tɛ⁴⁴ tʂɔ²¹ | 杀屠的 sa²¹ tʻu³⁵ tiə²¹ |
| 甘　谷 | 剃头的 tɕʻi⁴⁴ tʻɤu²¹ tə⁴⁴ | 杀猪匠 sɒ³⁵ tʃu⁵³ tɕʻiɑŋ⁴⁴ |
| 武　山 | 剃多脑的 tʻi²⁴ tə⁵³ lao²¹ tao¹³ | 杀猪客 sɑ³¹ tʃu⁵³ kʻɛ²¹ |
| 张家川 | 剃头的 tɕʻi⁴⁴ tʻɤu¹³ ti²¹ | 屠夫 tʻu³⁵ fu²¹ |
| 武　威 | 待招 tɛ⁴⁴ tʂao²¹ | 屠汉 tʻu³⁵ xã²¹ |
| 民　勤 | 剃头的 tsʻɿ⁴² tʻɤu²¹ tə⁴⁴ | 屠家 tʻu⁴⁴ tɕia²¹ |
| 古　浪 | 待招 tɛ³⁵ tʂɔ⁵³ | 屠行 tʻu⁵³ xɑo²¹ |
| 永　昌 | 剃头的 tʻi⁵³ tʻɤu³⁵ ti²¹ | 屠家 tʻu³⁵ tɕia⁵³ |
| 张　掖 | 待招 tɛ⁵³ tʂɔ²¹ | 屠家 tʻu³⁵ tɕia⁵³ |
| 山　丹 | 理发的 li³⁵ fa⁵³ tə²¹ | 杀牲口的 ʂa³⁵ ʂəŋ³³ kʻou⁵⁵ tə⁵⁵ |
| 平　凉 | 剃头的 tʻi⁴⁴ tʻɤu²² ti⁵³ | 杀猪的 sa²² tʂu⁵³ ti²¹ |
| 泾　川 | 剃头的 tʻi⁴⁴ tʻəu²⁴ ti⁵³ | 杀猪的 sa²¹ tʃu⁵³ ti²¹ |
| 灵　台 | 剃头匠 tsʻi²⁴ tʻou²¹ tɕʻiaŋ²¹<br>待招 tɛ⁴⁴ tʂɔ²¹ 又 | 杀猪的 sa²¹ tʃu⁵³ ti²¹ |

# 方言词汇

| 理发的 | 屠户 | 方言点 |
|---|---|---|
| 待招tɛ²² tʂɔ¹³ | 杀猪的sa²² tʂu⁴⁴ ti⁴⁴ | 酒　泉 |
| 理发的li⁵³ fa²¹ niə²¹³ | 宰猪的tsɛ⁵³ tʂu²¹ niə²¹³ | 敦　煌 |
| 剃头的tʻi⁴⁴ tʻɤu²¹ ti⁵³<br>剃头匠tʻi⁴⁴ tʻɤu²¹ tɕiɑŋ⁵³ 又 | 杀猪的sa²¹ tʂu⁵³ ti²¹ | 庆　阳 |
| 推头的tʻuei⁵³ tʻɤu²² ti³³<br>剃头的tʻi⁵⁵ tʻɤu²² ti²¹ 又 | 杀猪的sa⁴² tʂʮ⁵³ ti²¹<br>杀羊的sa⁴² iɑŋ²² ti³¹ 又 | 环　县 |
| 剃头tʻi⁴⁴ tʻou²⁴ | 杀猪的sa²¹ tʃʅ⁵³ ti²¹ | 正　宁 |
| 剃头匠tʻi⁴⁴ tʻəu²⁴ tsʻiã⁴¹<br>理发师li³⁵ fa²¹ sʅ⁴¹ 又 | 杀猪的sa²¹ tsʅ⁵³ ti²¹ | 镇　原 |
| 待章tɛ⁴⁴ tʂã²¹ | 屠家tʻu²¹ tɕia²⁴ | 定　西 |
| 剃头的tʻi⁴⁴ tʻɤu²¹ tə²⁴ | 屠家tʻu²¹ tɕia⁴⁴ | 通　渭 |
| 太=周=tʻɛ⁴⁴ tʂɤu²¹ | 杀猪的sa²² tʂu²¹ tɤ²¹ | 陇　西 |
| 待招tɛ⁴⁴ tʂɑo¹³<br>太=周=tʻɛ³⁵ tʂəu²¹ 又 | 屠家tʻu¹³ tɕia⁴⁴ | 临　洮 |
| 待招tɛ³⁵ tʃɑo²¹ | 杀猪的ʃɒ¹³ tʃʮ²¹ ti²¹ | 漳　县 |
| 理头发的li⁵⁵ tʻɤu²¹ fa³⁵ tɛ²¹ | 屠匠tʻu²¹ tɕiã¹³ | 陇　南 |
| 剃头的tʻi⁵⁵ tʻɤu²¹ tɛ¹³<br>推头的tʻuei⁵³ tʻɤu²¹ tɛ¹³ 又 | 杀猪的sa⁵³ tʃu⁵³ tɛ¹³ | 文　县 |
| 待章tɛ⁴⁴ tʂã²¹ | 屠匠tʻu²¹ tsiã⁴⁴ | 宕　昌 |
| 剃头的tsʻi³⁵ tʻɤu²¹ tɛ¹³ | 屠匠tu²¹ tɕia³⁵ | 康　县 |
| 待招tɛ³⁵ tʂɔ²¹<br>理发员li⁵³ fa²¹ yæ²⁴ 又 | 杀猪的sa²⁴ tʃu²¹ tɛ³⁵<br>杀羊的sa²¹ iã²⁴ tɛ²¹ 又 | 西　和 |
| 待招tʻɛ⁴⁴ tʂɔ²¹ | 屠家tʻu²¹ tɕia³⁵ | 临夏市 |
| 待诏tʻɛ³⁵ tʂɔ²¹ | 屠家tʻu²¹ tɕia³⁵ | 临夏县 |
| 理发的li⁵³ fa²¹ ti⁵³ | 屠家tʻu²¹ tɕia⁴⁴ | 甘　南 |
| 待招tɛ²² tʂəu⁵³ | 屠匠tʻu⁵³ tsiã²¹ | 舟　曲 |
| 理发的li⁴⁴ fa⁴⁴ ti²¹ | 屠家tʻu²¹ tɕia³⁵ | 临　潭 |

| 词目<br>方言点 | 厨子 | 和尚 |
| --- | --- | --- |
| 北 京 | 厨子 tʂʻu³⁵ tsʅ⁰ | 和尚 xɤ³⁵ ʂaŋ⁰ |
| 兰 州 | 厨子 pfʻu⁵³ tsʅ²¹ | 和尚 xuo⁵³ ʂã²¹ |
| 红 古 | 厨子 tʂʻu²² tsʅ⁵³ | 和尚 xuə²² ʂã⁵³ |
| 永 登 | 厨子 pfʻu⁴⁴ tsʅ²¹ | 和尚 xuə⁵³ ʂaŋ⁴¹ |
| 榆 中 | 厨子 tʂʻu⁵³ tsʅ²¹³ | 和尚 xuə⁵³ ʂã²¹³ |
| 白 银 | 厨子 tʂʻu⁵³ tsʅ²¹ | 和尚 xuə⁵³ ʂaŋ²¹ |
| 靖 远 | 厨子 tʂʻʅ²² tsʅ⁵⁵ | 和尚 xuə²² ʂaŋ⁵⁵ |
| 天 水 | 大师 ta³⁵ sʅ²¹ | 和尚 xuə¹³ ʂã²¹ |
| 秦 安 | 大师 ta⁴⁴ sʅ²¹ | 和尚 xuə³⁵ ʂã²¹ |
| 甘 谷 | 厨子 tʃʻu⁵³ tsʅ⁴⁴ | 和尚 xə²² ʂaŋ⁴⁴ |
| 武 山 | 大师 tɑ³⁵ sʅ²¹ | 和尚 xuə²¹ ʂaŋ⁴⁴<br>出家人 tʃʻu²¹ tɕia²¹ ʐən¹³ 又 |
| 张家川 | 厨子 tʃʻu³⁵ tsʅ²¹ | 和尚 xuɤ¹³ ʂã²¹ |
| 武 威 | 厨子 tʂʻʅ³⁵ tsʅ²¹ | 和尚 xuə³⁵ ʂã²¹ |
| 民 勤 | 大师傅 ta⁴² sʅ²¹ fu²¹ | 和尚 xuə²² ʂaŋ⁴⁴ |
| 古 浪 | 厨子 tʂʻʅ³⁵ tsʅ³¹ | 和尚 xuə³⁵ ʂao²¹ |
| 永 昌 | 大师傅 ta⁵³ sʅ⁴² fu²¹ | 师傅 sʅ⁵⁵ fu⁵³ |
| 张 掖 | 厨子 kfʻu⁵³ tsʅ²¹ | 和尚 xuə³⁵ ʂaŋ²¹ |
| 山 丹 | 厨大师 tʂʻʅ⁵⁵ ta⁵³ sʅ²¹ | 和尚 xuə⁵³ ʂaŋ²¹ |
| 平 凉 | 厨子 tʂʻu²² tsʅ⁵³ | 和尚 xuɤ²² ʂaŋ⁵³ |
| 泾 川 | 厨师 tʃʻu²¹ sʅ⁵³ | 和尚 xuɤ²¹ ʂaŋ⁵³ |
| 灵 台 | 厨子 tʃʻu²² tsʅ⁵³ | 和尚 xuo²² ʂaŋ⁵³ |

## 方言词汇

| 厨子 | 和尚 | 词目 / 方言点 |
|---|---|---|
| 大师傅 ta²² sʅ²² fu¹³ | 出家人 tʂʻu²² tɕia⁴⁴ ʐəŋ⁵³ | 酒　泉 |
| 厨子 tʂʻu²² tsʅ⁵³ | 和尚 xə²² ʂaŋ⁵³ | 敦　煌 |
| 厨子 tʂʻu²¹ tsʅ⁵³ | 和尚 xuo²¹ ʂaŋ⁵³ | 庆　阳 |
| 厨子 tʂʻu²² tsʅ⁵⁵ | 和尚 xuɤ²² ʂaŋ⁵⁵ | 环　县 |
| 伙夫 xuo⁴⁴ fu²¹<br>做饭的 tsou⁴⁴ fæ̃²⁴ ti²¹ 又 | 和尚 xuo²¹ ʂaŋ⁵³ | 正　宁 |
| 厨子 tʂʻʅ²⁴ tsʅ⁵³<br>大师 ta²⁴ sʅ²¹ 又 | 和尚 xuo²¹ ʂã⁵³ | 镇　原 |
| 厨子 tʃʻu²¹ tsʅ²⁴ | 和尚 xuɤ²¹ ʂã²⁴ | 定　西 |
| 厨子 tʃʻu²¹ tsʅ⁴⁴ | 和尚 xuə²¹ ʂã⁴⁴ | 通　渭 |
| 厨子 tʂʻu²¹ tsʅ¹³ | 和尚 xuɤ²¹ ʂã¹³ | 陇　西 |
| 厨子 tʂʻu⁴⁴ tsʅ²¹ | 和尚 xuo¹³ ʂã⁴⁴ | 临　洮 |
| 厨子 tʃʻu̢²¹ tsʅ⁵³ | 和尚 xuɤ²¹ ʃaŋ⁴⁴ | 漳　县 |
| 大师 ta²⁴ sʅ³¹ | 和尚 xuə²¹ ʂã¹³ | 陇　南 |
| 大师傅 ta¹³ sʅ⁵³ fu²¹ | 和尚 xuɤ²¹ sã³⁵ | 文　县 |
| 厨子 tʂʻu²¹ tsʅ⁴⁴ | 和尚 xɤ²¹ ʂã⁴⁴ | 宕　昌 |
| 厨子 pfʻu²¹ tsʅ³⁵ | 和尚 xuo²¹ ʂã³⁵ | 康　县 |
| 厨子 tʃʻu²⁴ tsʅ⁵³ | 和尚 xuɤ²⁴ ʂã⁵³ | 西　和 |
| 厨师 tʂʻu³⁵ ʂʅ⁵³ | 僧人 səŋ²¹ ʐəŋ⁵³ | 临夏市 |
| 厨子 tʂʻu²¹ tsʅ³⁵ | 和尚 xuə²¹ ʂaŋ³⁵ | 临夏县 |
| 大师傅 ta³⁵ ʂʅ²¹ fu²¹ | 阿克 a²¹ kʻə⁵³ | 甘　南 |
| 厨子 tʃʻu⁵³ tsʅ²¹ | 和尚 xuə⁵³ ʂã²¹ | 舟　曲 |
| 大师傅 ta⁴⁴ sʅ⁴² fu²¹ | 阿姑 a²¹ ku⁴⁴ | 临　潭 |

| 方言点\词目 | 尼姑 | 道士 |
|---|---|---|
| 北　京 | 尼姑ni³⁵ ku⁵⁵ | 道士tao⁵¹ ʂʅ⁵¹ |
| 兰　州 | 尼姑ni⁵³ ku¹³ | 道士tɔ²² ʂʅ⁵³ |
| 红　古 | 尼姑儿nŋ²² kur⁵³ | 道人tɔ²² zən⁵³ |
| 永　登 | 姑姑子ku⁵³ ku⁴² tsʅ²¹ | 阴阳in⁵³ iɑŋ²¹ |
| 榆　中 | 尼姑子ni⁴² ku²² tsʅ³⁵ | 道人tɔ²¹ zən³⁵ |
| 白　银 | 尼姑ni⁵³ ku⁴⁴ | 道人tɔ²² zən¹³ |
| 靖　远 | 姑姑子ku⁴¹ ku²¹ tsʅ²¹ | 老道人lao⁵⁵ tao³⁵ zɤŋ⁴¹ |
| 天　水 | 尼姑子ni¹³ ku²¹ tsʅ²¹ | 道人tɔ⁴⁴ zɤŋ²¹ |
| 秦　安 | 尼姑ni³⁵ ku²¹ | 道士tɔ⁴⁴ ʂʅ²¹ |
| 甘　谷 | 姑姑子ku³¹ ku²² tsʅ⁴⁴ | 道人tɑu⁴⁴ zəŋ²¹ |
| 武　山 | 姑姑子ku³¹ ku²¹ tsʅ⁴⁴ | 道人tao³⁵ zəŋ²¹ |
| 张家川 | 尼姑子ni¹³ ku²¹ tsʅ²¹ | 道人tɔ⁴⁴ zɤŋ²¹ |
| 武　威 | 姑姑子ku⁴⁴ ku⁴⁴ tsʅ⁵³ | 道士tao⁴⁴ ʂʅ²¹ |
| 民　勤 | 尼姑nŋ⁴⁴ ku²¹ | 道人tao⁴² zɤŋ²¹ |
| 古　浪 | 姑姑ku³⁵ ku⁵³ | 道士tɔ³¹ ʂʅ²¹ |
| 永　昌 | 姑姑子ku³⁵ ku⁵³ tsʅ²¹ | 道人tao⁵³ zəŋ²¹ |
| 张　掖 | 尼姑子ni³⁵ kfu⁵³ tsʅ²¹ | 道士tɔ²¹ ʂʅ²¹ |
| 山　丹 | 尼姑mŋ⁵³ kuə²¹ | 道士tɑo⁵³ ʂʅ²¹ |
| 平　凉 | 尼姑子ni²² ku⁴⁴ tsʅ²¹ | 道人tɔ³⁵ zəŋ²¹ |
| 泾　川 | 尼姑ni²⁴ ku²¹ | 道人tɔ⁴⁴ zəŋ²¹ |
| 灵　台 | 尼姑ni²¹ ku⁵³ | 道人tɔ²⁴ zəŋ²¹ |

| 尼姑 | 道士 | 词目 / 方言点 |
|---|---|---|
| 尼姑ni³⁵ ku³¹ | 道士tɔ²² sʅ¹³ | 酒　泉 |
| 尼姑ŋʅ²² ku⁵³ | 道士tao⁴⁴ sʅ²¹ | 敦　煌 |
| 尼姑ni²¹ ku³¹ | 道人tɔ⁴⁴ ʐəŋ²¹ | 庆　阳 |
| 尼姑ni²² ku⁴¹ | 道人tɔ²⁴ ʐəŋ²¹ | 环　县 |
| 尼姑ni²¹ ku⁵³ | 道人tɔ³⁵ ʐen²¹<br>老道lɔ⁵³ tɔ⁴⁴ 又 | 正　宁 |
| 尼姑ni²⁴ ku⁴¹ | 道士tɔ⁴⁴ sʅ⁴⁴ | 镇　原 |
| 尼姑子ni¹³ ku⁵³ tsʅ²¹ | 道人tao²⁴ ʐɤŋ²¹ | 定　西 |
| 道婆儿tɔ⁴⁴ p'ə³¹ zʅ²¹ | 道人tɔ⁴⁴ ʐɛ̃²¹ | 通　渭 |
| 姑姑子ku⁵³ ku²¹ tsʅ¹³ | 道人tɔ¹³ ʐɛ̃²¹ | 陇　西 |
| 姑姑儿ku²¹ kur¹³ | 道人tao⁴⁴ ʐen²¹ | 临　洮 |
| 尼姑子ni¹³ ku²¹ tsʅ²¹ | 道人tao⁴⁴ ʒɤŋ²¹ | 漳　县 |
| 姑姑子ku⁵³ ku⁴² tsʅ²¹ | 道人tao²⁴ ʐɤŋ⁵³ | 陇　南 |
| 尼姑ni²¹ ku⁵³ | 道人tao²⁴ ʐɛ̃⁵³ | 文　县 |
| 姑姑儿ku⁴⁴ kur⁵³ | 道人tao⁴⁴ ʐəŋ²¹ | 宕　昌 |
| 尼姑ni²¹ ku⁵³ | 道人tao²⁴ ʐɤŋ⁵³ | 康　县 |
| 尼姑子ni²⁴ ku²¹ tsʅ²¹ | 道人t'ɔ³⁵ ʐɤŋ²¹ | 西　和 |
| 姑姑ku²¹ ku⁵³ | 道人tɔ⁴⁴ ʐəŋ²¹ | 临夏市 |
| 姑姑ku²¹ ku⁵³ | 道人tɔ³⁵ ʐəŋ²¹ | 临夏县 |
| 阿姑a²¹ ku⁵³ | 道士tao³⁵ ʂʅ²¹ | 甘　南 |
| 道姑子tao²² ku³⁵ tsʅ⁵³ | 道人tao²² ʐəŋ⁵³ | 舟　曲 |
| 尼姑ni¹³ ku²¹ | 道士tɔ³⁵ sʅ²¹ | 临　潭 |

| 方言点 \ 词目 | 吝啬鬼 | 乞丐 |
|---|---|---|
| 北 京 | 吝啬鬼lin51 sɤ51 kuei214 | 乞丐tɕ'i214 kai51 |
| 兰 州 | 一细细zi22 ɕi55 ɕi21 | 要着吃的iɔ22 tʂə55 tʂ'ʅ42 ti21 |
| 红 古 | 小气鬼ɕiɔ35 tsʻʅ21 kuei53 | 要着吃者iɔ13 tʂə35 tʂ'ʅ22 tʂə21 |
| 永 登 | 尕股鬼ka35 ku42 kuei53 | 讨吃t'ao35 tʂ'ʅ21 |
| 榆 中 | 小气鬼ɕiɔ44 tɕ'i21 kuei13 | 叫花子tɕiɔ21 xua35 tsʅ44 |
| 白 银 | 小气鬼ɕiɔ24 tɕ'i21 kuei24 | 要要吃iɔ22 iɔ13 tʂ'ʅ21 |
| 靖 远 | 搜=皮sɤu22 p'ʅ24<br>啬皮sei22 p'ʅ24 又 | 要告吃iao35 kao41 tʂ'ʅ21 |
| 天 水 | 屎痂子罐罐<br>sʅ53 tɕia21 tsʅ21 kuæ̃44 kuæ̃21 | 要着吃iɔ44 tʂɔ21 tʂ'ʅ21<br>叫花子tɕiɔ44 xua21 tsʅ21 又 |
| 秦 安 | 小气鬼siɔ53 tɕ'i44 kuei53 | 要馍吃iɔ44 mə35 tʂ'ʅ21 |
| 甘 谷 | 小气鬼ɕiɑu53 tɕ'i44 kuai53 | 要饭的iɑu44 fã44 tə21 |
| 武 山 | 小气鬼ɕiao53 tɕ'i21 kuɛ53 | 要着吃的iao24 tʂʅ53 tʂ'ʅ21 ta24<br>要饭客iao24 fã44 k'ɛ21 又 |
| 张家川 | 小气鬼ɕiɔ53 tɕ'i44 kuei53 | 要着吃iɔ44 tʂɤ21 tʂ'ʅ21 |
| 武 威 | 小气鬼ɕiao53 tɕ'i42 kuei21 | 要着吃的iao44 tʂɔ21 tʂ'ʅ53 ti21 |
| 民 勤 | 啬皮sə21 p'i53 | 讨吃t'ao21 tʂ'ʅ44 |
| 古 浪 | 小气鬼ɕiɔ22 tɕ'i53 kuei21 | 要饭的iɔ35 fæ53 ti21 |
| 永 昌 | 啬皮sə53 p'i21 | 讨饭t'ao35 fɛ53 ti21 |
| 张 掖 | 啬皮鬼ʂə21 p'i53 kuei31 | 叫花子tɕiɔ53 xua22 tsʅ21 |
| 山 丹 | 小气鬼ɕiao55 tʃ'ʅ55 kuei55<br>啬皮子ʂə53 pʅ21 tsʅ21 又 | 抄花子tʂ'ao35 xua55 tsʅ55 |
| 平 凉 | 啬气鬼sei53 tɕ'i21 kuei53 | 叫花子tɕiɔ44 xua53 tsʅ21<br>要饭的iɔ44 fæ̃44 ti21 又 |
| 泾 川 | 小气鬼ɕiɔ53 tɕ'i44 kuei53<br>啬皮sei21 p'i24 又 | 叫花子tɕiɔ44 xuæ̃31 tsʅ21<br>要饭的iɔ44 fæ̃44 ti21 又 |
| 灵 台 | 啬皮sei21 p'i24 | 叫花tɕiɔ24 xua21<br>要饭的iɔ44 fa44 ti21 又 |

## 方言词汇

| 吝啬鬼 | 乞丐 | 词目 / 方言点 |
|---|---|---|
| 小气鬼 ɕiɔ²² tɕ'i⁵³ kuei²¹ | 抄化子 tsʻɔ³⁵ xua⁴⁴ tsʅ⁴⁴ | 酒 泉 |
| 小气鬼 ɕiao⁵³ tɕ'ʅ⁴⁴ kuei⁵³ | 要吃的 iao⁴⁴ tʂʅ²² ta⁵³ | 敦 煌 |
| 啬皮 sei²¹ p'i²⁴ | 叫花子 tɕiɔ⁴⁴ xua⁵³ tsʅ²¹<br>要饭的 iɔ⁴⁴ fæ̃⁴⁴ ti²¹ 又 | 庆 阳 |
| 搜=搜=鬼 sɤu⁴² sɤu²¹ kuei⁵⁵ | 叫花子 tɕiɔ²⁴ xua³¹ tsʅ²¹ | 环 县 |
| 啬皮 sei²¹ p'i²⁴<br>小气鬼 siɔ⁵³ tɕ'i²² kuei⁵³ 又 | 要饭的 iɔ⁴⁴ fæ̃²⁴ ti²¹<br>叫花子 tɕiɔ³⁵ xua³¹ tsʅ²¹ 又 | 正 宁 |
| 啬皮 sei²¹ p'i²⁴<br>小气鬼 siɔ⁵³ tɕ'i⁴⁴ kuei⁵³ 又 | 叫花 tɕiɔ²⁴ xua²¹<br>要吃的 iɔ²⁴ tʂʅ³¹ ti²¹ 又<br>要饭的 iɔ²⁴ fæ̃⁴⁴ ti²¹ 又 | 镇 原 |
| 啬皮 sei²¹ p'i¹³ | 要口的 iao⁴⁴ k'ɤu⁵³ ti²¹ | 定 西 |
| 啬皮 sei²¹ p'i¹³ | 要饭的 iɔ⁴⁴ fæ̃⁴⁴ tə²¹ | 通 渭 |
| 私心鬼 sʅ²¹ ɕin²¹ kuei⁵³ | 要馍馍的 iɔ³⁵ mɤ²¹ mɤ²¹ tɤ²¹ | 陇 西 |
| 吝啬鬼 liŋ³⁵ sɛ¹³ kuei⁵³<br>掐死鬼 tɕ'ia²¹ sʅ⁴⁴ kuei⁵³ 又 | 讨饭的 t'ao⁵³ fæ̃⁴⁴ ti²¹<br>寻口的 ɕin¹³ k'əu⁵³ ti²¹ 又<br>要馍馍的 iao⁴⁴ mo²¹ mo³⁵ ti²¹ 又 | 临 洮 |
| 小气鬼 siao⁵³ tɕ'i²¹ kuei⁵³<br>啬皮鬼 sɛ⁵³ p'i¹³ kuei⁵³ 又 | 寻口的 siŋ³⁵ k'ɤu⁵³ ti²¹<br>要嘎=嘎 iao³⁵ ka⁴⁴ ka²¹ 又 | 漳 县 |
| 啬财鬼 sei⁵³ tsʻɛ²¹ kuei⁵⁵ | 叫花子 tɕiao²⁴ xua³¹ tsʅ²¹ | 陇 南 |
| 小气鬼 ɕiao⁵⁵ tɕ'i²¹ kuei⁵³ | 讨口子 t'ao⁵³ k'ɤu⁵³ tsʅ⁵³ | 文 县 |
| 小气鬼 siao⁵³ tɕ'i²¹ kuei⁵³ | 寻口子 siŋ²¹ k'əu⁵³ tsʅ⁵³ | 宕 昌 |
| 啬皮鬼 sei⁵³ p'i²¹ kuei⁵⁵ | 叫花子 tɕiao²⁴ xua⁵³ tsʅ²¹ | 康 县 |
| 啬皮 sei²¹ p'i²⁴ | 要着吃的 iɔ³⁵ tʂɔ²¹ tʂʅ²¹ tɛ²¹ | 西 和 |
| 小气鬼 ɕiɔ⁴⁴ tɕ'i⁴⁴ kuei²¹ | 寻口的 ɕin²¹ k'ɤu⁴⁴ ti¹³ | 临夏市 |
| 细皮家 ɕi⁵⁵ p'i⁵³ tɕia²¹ | 要馍的 iɔ⁵⁵ mə¹³ ti²¹ | 临夏县 |
| 掐皮 tɕ'ia²¹ p'i⁵³ | 要饭的 iao⁴⁴ fæ̃⁴⁴ ti²¹ | 甘 南 |
| 小气鬼 siao⁵⁵ tʂ'u⁵⁵ kuei⁵³ | 寻口子 siŋ²² k'əu³⁵ tsʅ⁵³ | 舟 曲 |
| 细详鬼 ɕi⁴⁴ ɕiã²¹ kuei⁵³ | 叫花子 tɕiɔ⁴⁴ kua²¹ tsʅ²¹ | 临 潭 |

| 方言点 \ 词目 | 扒手 | 父亲（面称） |
|---|---|---|
| 北 京 | 扒手p'a³⁵ ʂou²¹⁴ | 父亲fu⁵¹ tɕ'in⁵⁵ |
| 兰 州 | 贼娃子tsei⁵³ va²² tsʅ⁴² | 爹tiɛ⁴² |
| 红 古 | 尕贼娃儿ka³⁵ tsei²¹ va⁵³ ər²¹ | 阿达=a²² ta³⁵ |
| 永 登 | 绺匠liɤu⁵³ tɕiɑŋ²¹ | 爹tiɛ⁵³<br>达=ta⁵³ 又<br>爸pa⁵³ 又 |
| 榆 中 | 贼娃子tsei⁴² ua²¹ tsʅ³⁵ | 爹tiɛ⁵³ |
| 白 银 | 贼娃子tsei⁵³ va²¹ tsʅ²⁴ | 爸pa⁵³ |
| 靖 远 | 贼娃子tsei²² va⁵⁵ tsʅ²¹ | 达=ta²⁴ |
| 天 水 | 绺娃子liɤu⁵³ va²¹ tsʅ²¹ | 达=达=ta¹³ ta²¹ |
| 秦 安 | 贼ts'ei¹³ | 爸爸pa³⁵ pa²¹ |
| 甘 谷 | 贼娃子ts'ai³⁵ uɒ³¹ tsʅ²¹ | 达=达=tɒ⁴⁴ tɒ²¹ |
| 武 山 | 绺娃子lɤu⁵³ uɑ²¹ tsʅ²¹ | 达=达=tɑ³¹ tɑ²¹ |
| 张家川 | 贼娃子ts'ei¹³ va²¹ tsʅ²¹ | 爸爸pa¹³ pa²¹ |
| 武 威 | 包儿手pao⁴⁴ ɣɯ⁴⁴ ʂɤu⁵³ | 爹tiɛ³⁵ |
| 民 勤 | 贼娃子tsei³⁵ va⁴² zʅ²¹ | 爹tiɛ⁴⁴ |
| 古 浪 | 小偷ɕiɔ³⁵ t'ou²¹ | 爹爹tiə³⁵ tiə⁵³ |
| 永 昌 | 贼tsei⁵¹ | 爹tiə³⁵ |
| 张 掖 | 贼娃子tsei³⁵ va³¹ tsʅ²¹ | 老子lɔ²¹ tsʅ³³ |
| 山 丹 | 贼娃子tsei⁵⁵ ua⁵³ tsʅ²¹ | 爹tiə³³ |
| 平 凉 | 绺娃子liɤu⁴⁴ ua³¹ tsʅ²¹<br>贼娃子tsei²² ua⁴⁴ tsʅ²¹ 又 | 达=ta²⁴ |
| 泾 川 | 贼ts'ei²⁴<br>贼娃子ts'ei²¹ va⁵⁵ tsʅ²¹ 又<br>绺娃子liə u⁵⁵ va²¹ tsʅ²¹ 又 | 达=ta²⁴<br>爸pa²⁴ 又 |
| 灵 台 | 贼t'ei²⁴<br>绺娃子liou⁴⁴ ua²¹ tsʅ²¹ 又<br>三只手sæ²⁴ tʂʅ²¹ ʂou²¹ 又 | 爸pa²⁴ |

方言词汇

| 词目 / 方言点 | 扒手 | 父亲（面称） |
|---|---|---|
| 酒 泉 | 贼tsei51<br>三只手san44 tʂʅ44 ʂɣu41 又 | 爹爹tiə35 tiə44 |
| 敦 煌 | 贼娃子tsei22 va44 tsʅ21 | 爸爸pa22 pa53 |
| 庆 阳 | 贼娃子tsei21 ua44 zʅ21<br>绺娃子liɣu44 ua21 zʅ21 又 | 达=ta24<br>爹tiɛ53 又<br>爸pa24 又 |
| 环 县 | 贼娃子tsei22 va55 tsʅ21 | 达=ta24 |
| 正 宁 | 贼tsʻei24　贼娃子tsʻei24 ua44 tsʅ21 又<br>绺娃子liou44 ua31 tsʅ21 又<br>小偷儿siɔ53 tʻour53 又 | 爸pa24<br>达=ta24 又 |
| 镇 原 | 贼（小偷）tsʻei24　贼娃子tsʻei21 ua53 tsʅ21 又<br>绺客子liəu53 kʻə21 tsʅ21 又<br>绺娃子liəu53 ua21 tsʅ21 又<br>三把手儿sæ21 pa21 ʂəur53 又 | 达=ta24 |
| 定 西 | 绺娃子liu53 va21 tsʅ21 | 达=达=ta21 ta24<br>爸爸pa21 pa24 又 |
| 通 渭 | 贼娃子tsʻei13 ua31 tsʅ21<br>绺娃子liɣu53 ua31 tsʅ21 又 | 达=ta13 |
| 陇 西 | 贼娃子tsʻei13 va53 tsʅ21 | 阿达=ɛ35 ta21 |
| 临 洮 | 绺娃子liəu53 va21 tsʅ21 | 达=达=ta13 ta44 |
| 漳 县 | 绺娃子liɣu53 uɑ21 tsʅ21 | 达=tɑ13 |
| 陇 南 | 贼娃子tsei22 va55 tsʅ21 | 爸pa55 |
| 文 县 | 贼娃子tsei13 ua53 tsʅ21 | 爸爸pa21 pa35 |
| 宕 昌 | 贼娃子tsei13 va21 tsʅ21 | 阿达=a21 ta44 |
| 康 县 | 贼娃子tsei21 va13 tsʅ21 | 爸pa213 |
| 西 和 | 贼娃子tsʻei24 ua21 tsʅ21<br>绺娃子liɣu55 ua24 tsʅ21 又 | 达=ta24 |
| 临夏市 | 小偷ɕiɔ44 tʻɣu13 | 阿达=a35 ta21 |
| 临夏县 | 绺娃子liɯ35 vɑ53 tsʅ13 | 达=达=tɑ21 tɑ13<br>阿达=ɑ55 tɑ21 又 |
| 甘 南 | 小偷ɕiao53 tʻɣu13 | 阿达=a13 ta53 |
| 舟 曲 | 贼娃子tsei53 va21 tsʅ21 | 伯pɛ13 |
| 临 潭 | 贼娃子tsei13 va53 tsʅ21 | 阿达=a21 ta13 |

| 方言点＼词目 | 母亲（面称） | 公公（夫之父，引称） |
|---|---|---|
| 北　京 | 母亲mu²¹⁴ tɕʻin⁵⁵ | 公公kuŋ⁵⁵ kuŋ⁰ |
| 兰　州 | 妈ma⁴² | 公公kuən⁴² kuən²¹ |
| 红　古 | 阿妈a²² ma³⁵ | 公公kuən²² kuən³⁵ |
| 永　登 | 妈ma⁵³ | 公公kuən⁵³ kuən²¹ |
| 榆　中 | 妈ma⁴¹ | 爹tiə⁵³ |
| 白　银 | 妈ma⁴⁴ | 公公kun⁴⁴ kun²¹ |
| 靖　远 | 妈ma⁴¹ | 公公koŋ⁴¹ koŋ²¹ |
| 天　水 | 妈ma⁵³<br>娘nia¹³ 又 | 阿公a³⁵ kuŋ²¹ |
| 秦　安 | 妈妈ma⁵³ ma²¹ | 阿公a⁴⁴ kũ²¹ |
| 甘　谷 | 妈妈mɒ⁵³ mɒ²¹ | 他爷tʻɒ³¹² iɛ⁴⁴ |
| 武　山 | 妈妈mɑ³¹ mɑ²¹ | 逃=爷tʻao²¹ iə²⁴ |
| 张家川 | 妈ma⁵³ | 阿公a²¹ kuŋ³⁵ |
| 武　威 | 妈ma³⁵ | 公公kuŋ⁴⁴ kuŋ⁵³ |
| 民　勤 | 妈ma⁴⁴ | 公公koŋ³⁵ koŋ²¹ |
| 古　浪 | 妈ma⁴⁴ | 公公kuəŋ³⁵ kuəŋ⁵³ |
| 永　昌 | 妈ma³⁵ | 公公kuŋ³⁵ kuŋ⁵³ |
| 张　掖 | 娘母子niaŋ³⁵ mu⁵³ tsʅ²¹ | 公公kuən³³ kuən³³ |
| 山　丹 | 妈ma³³ | 公公kuŋ³³ kuŋ³³ |
| 平　凉 | 妈ma³¹ | 老公公lɔ⁵³ kuŋ⁵³ kuŋ²¹ |
| 泾　川 | 妈ma⁵³ | 公公kuŋ³¹ kuŋ²¹ |
| 灵　台 | 妈ma⁵³ | 他爸tʻa²¹ pa²⁴ |

| 母亲（面称） | 公公（夫之父，引称） | 词目 / 方言点 |
|---|---|---|
| 妈妈ma⁴⁴ ma⁴⁴ | 公公kuŋ⁴⁴ kuŋ⁴⁴ | 酒　泉 |
| 妈妈ma²² ma²¹³ | 公公kuŋ²² kuŋ²¹³ | 敦　煌 |
| 妈ma³¹ | 老公公lɔ⁴⁴ kuŋ⁵³ kuŋ²¹ | 庆　阳 |
| 妈ma⁴¹ | 公公kuŋ⁴² kuŋ²¹ | 环　县 |
| 妈ma³¹ | 公公kuŋ⁵³ kuŋ²¹<br>阿公a⁵³ kuŋ²¹<br>婆阿达p'ɤ²¹ a³¹ ta²⁴ | 正　宁 |
| 妈ma⁴¹ | 婆家爸p'ə²⁴ tɕia⁵³ pa²⁴<br>公公kuŋ⁵³ kuŋ²¹<br>阿公a²⁴ kuŋ²¹ | 镇　原 |
| 妈ma⁵³<br>妈妈ma⁵³ ma²¹ 又 | 阿公a²⁴ kuŋ²¹ | 定　西 |
| 妈ma¹³ | 阿公a⁴⁴ kuɤ̃²¹ | 通　渭 |
| 阿妈ɛ³⁵ ma²¹ | 阿公a¹³ kuŋ²¹ | 陇　西 |
| 妈妈ma⁵³ ma²¹ | 公公kuŋ²¹ kuŋ¹³ | 临　洮 |
| 妈mɑ⁵³ | 阿公ɑ³⁵ kuŋ²¹ | 漳　县 |
| 妈ma¹³ | 阿公a⁵³ kuŋ²¹ | 陇　南 |
| 妈ma¹³ | 公公koŋ⁵³ koŋ¹³ | 文　县 |
| 阿妈a²¹ ma⁴⁴ | 他爷t'a⁴⁴ ʐʅ¹³ | 宕　昌 |
| 娘niã²¹³ | 阿公a⁵³ kuŋ²¹ | 康　县 |
| 娘nia²⁴ | 阿公a²¹ kuŋ²⁴ | 西　和 |
| 阿娘a³⁵ niaŋ²¹ | 公公kuəŋ²¹ kuəŋ⁵³ | 临夏市 |
| 阿娘ɑ⁵⁵ niɑŋ²¹ | 公公kuəŋ²¹ kuəŋ⁵³ | 临夏县 |
| 阿妈a¹³ ma⁵³ | 公公kun²¹ kun¹³ | 甘　南 |
| 娘nie¹³ | 他爷t'a⁵⁵ ie⁵³ | 舟　曲 |
| 阿妈a²¹ ma³⁵ | 公公kuŋ⁴⁴ kuŋ⁴⁴ | 临　潭 |

| 词目<br>方言点 | 婆婆（夫之母，引称） | 继父（引称） |
|---|---|---|
| 北　京 | 婆婆 p'o³⁵ p'o⁰ | 继父 tɕi⁵¹ fu⁵¹ |
| 兰　州 | 婆婆 p'ɤ⁵³ p'ɤ¹³ | 后爹 xɤu²² tiɛ⁵³ |
| 红　古 | 婆婆 p'ə²² p'ə⁵³ | 后阿达=xɤu³⁵ a⁴² ta²¹ |
| 永　登 | 婆婆 p'ə⁴⁴ p'ə²¹ | 后老子 xɤu²² lɑo²⁴ tsʅ³⁵ |
| 榆　中 | 妈 ma⁴¹ | 爸 pa⁵³ |
| 白　银 | 婆婆 p'ə⁵³ p'ə²¹ | 后爹 xɤu²² tiɛ¹³ |
| 靖　远 | 婆婆 p'ə²² p'ə⁵⁵ | 后老子 xɤu³⁵ lɑo⁴¹ tsʅ²¹ |
| 天　水 | 阿家 a³⁵ tɕia²¹ | 后达=xɤu⁴⁴ ta¹³ |
| 秦　安 | 阿家 a⁴⁴ tɕia²¹ | 后阿爸 xəu⁴⁴ a²¹ pa¹³ |
| 甘　谷 | 他婆 t'ɒ⁵³ p'ə⁴⁴ | 我后达=kiɛ⁵³ xɤu⁴⁴ tɒ²¹ |
| 武　山 | 逃=婆 t'ao²¹ p'iə²⁴ | 搞=爸 kao²¹ pɑ²⁴ |
| 张家川 | 阿家 a²¹ tɕia³⁵ | 叔叔 ʃu¹³ ʃu²¹ |
| 武　威 | 婆婆 p'ə³⁵ p'ə²¹ | 后爹 xɤu⁵³ tiɛ²¹ |
| 民　勤 | 婆婆 p'ə²¹ p'ə⁴⁴ | 后老子 xɤu⁴² lao²¹ zʅ²¹ |
| 古　浪 | 婆婆 p'ə³⁵ p'ə²¹ | 后父 xou³⁵ fu⁵³ |
| 永　昌 | 婆婆 p'ə³⁵ p'ə⁵³ | 后老子 xɤu⁵³ lao⁴² tsʅ²¹ |
| 张　掖 | 婆婆 p'ə³⁵ p'ə²¹ | 后老子 xɤu³³ lɔ²² tsʅ²¹ |
| 山　丹 | 婆婆 p'ə⁵⁵ p'ə²¹ | 后老子 xou⁵³ lɑo⁴² tsʅ²¹ |
| 平　凉 | 婆婆 p'ɤ²² p'ɤ⁵³ | 后达=xɤu⁴⁴ ta²⁴ |
| 泾　川 | 婆婆 p'ɤ²¹ p'ɤ⁵³ | 后达=xəu⁴⁴ ta²⁴ |
| 灵　台 | 他妈 t'a²¹ ma⁵³ | 后爸 xou⁴⁴ pa⁴⁴ |

| 婆婆（夫之母，引称） | 继父（引称） | 词　目／方言点 |
|---|---|---|
| 婆婆 p'ə⁴⁴ p'ə²¹ | 后老子 xɤu²² lɔ²² tsʅ⁵³ | 酒　泉 |
| 婆婆 p'ə²² p'ə⁵³ | 后老子 xɤu⁴⁴ lao⁵³ tsʅ²¹ | 敦　煌 |
| 老婆婆 lɔ⁵³ p'ɤ²¹ p'ɤ⁵³ | 后达=xɤu⁴⁴ ta²⁴<br>后爸 xɤu⁴⁴ pa²⁴ 又 | 庆　阳 |
| 婆婆 p'ɤ²² p'ɤ⁵⁵ | 后达=xɤu⁴⁴ ta²⁴ | 环　县 |
| 阿家 a⁵³ tɕia²¹<br>婆婆 p'ɤ²¹ p'ɤ⁵³ 又 | 后达=xou⁴⁴ ta²⁴ | 正　宁 |
| 婆家妈 p'ə²¹ tɕia³³ ma⁵³<br>阿家 a²⁴ tɕia²¹ 又 | 后达=xəu⁴⁴ ta²⁴ | 镇　原 |
| 阿家 a²⁴ tɕia²¹ | 爸 pa¹³ | 定　西 |
| 阿家 a⁴⁴ tɕia²¹ | 后达=xɤu⁴⁴ ta¹³ | 通　渭 |
| 阿家 a¹³ tɕia²¹ | 后达=xɤu³⁵ ta¹³ | 陇　西 |
| 婆婆 p'o¹³ p'o⁴⁴ | 后达=xəu⁴⁴ ta¹³ | 临　洮 |
| 阿家 ɑ³⁵ tɕiɑ²¹ | 后达=xɤu³⁵ tɑ²¹ | 漳　县 |
| 阿家 a⁵³ tɕia²¹ | 后老子 xɤu¹³ lao⁵⁵ tsʅ²¹ | 陇　南 |
| 婆婆 p'ɤ²¹ p'ɤ³⁵ | 后老子 xɤu²⁴ lao³⁵ tsʅ⁵³ | 文　县 |
| 他婆 t'a²¹ pɤ⁴⁴ | 后老子 xəu⁴⁴ lao⁵³ tsʅ²¹ | 宕　昌 |
| 阿家 a⁵³ tɕia²¹ | 后老子 xɤu²⁴ lao⁵³ tsʅ²¹ | 康　县 |
| 阿家 a²¹ tɕia²⁴ | 后达=xɤu²⁴ ta²⁴ | 西　和 |
| 婆婆 p'ə²¹ p'ə¹³ | 后达=xɤu³⁵ ta²¹ | 临夏市 |
| 婆婆 p'ə²¹ p'ə³⁵ | 后达·达=xɯ⁵⁵ tɑ²¹ tɑ¹³<br>后阿达=xɯ⁵⁵ ɑ²² tɑ²¹ 又 | 临夏县 |
| 婆婆 p'ə²¹ p'ə¹³ | 后达=xɤu⁴⁴ ta²¹ | 甘　南 |
| 他婆 t'a⁵⁵ p'uə⁵³ | 后老子 xəu¹³ lao⁵⁵ tsʅ⁵³ | 舟　曲 |
| 婆婆 p'ə²¹ p'ə⁴⁴ | 后阿达=xəu⁴⁴ a²¹ ta¹³ | 临　潭 |

| 词目　　方言点 | 继母（引称） | 祖父（面称） |
|---|---|---|
| 北　京 | 继母tɕi⁵¹ mu²¹⁴ | 祖父tsu²¹⁴ fu⁵¹ |
| 兰　州 | 后妈xəu²² ma⁵³ | 爷iɛ⁵³ |
| 红　古 | 后阿妈xɤu³⁵ a⁴² ma²¹ | 阿爷a²² iə⁵³ |
| 永　登 | 后妈xɤu³⁵ ma⁵⁵ | 爷iə⁵³ |
| 榆　中 | 妈ma⁴¹ | 爷爷iə⁵³ iə²¹³ |
| 白　银 | 后妈xɤu²² ma¹³ | 爷iɛ⁵³ |
| 靖　远 | 后妈xɤu³⁵ ma⁴¹ | 爷iɛ²⁴ |
| 天　水 | 后妈xɤu⁴⁴ ma⁵³ | 爷iɛ¹³ |
| 秦　安 | 尧婆iɔ³⁵ p'ə²¹ | 爷爷iə³⁵ iə²¹ |
| 甘　谷 | 我阿姨kiɛ⁵³ ɳ²¹ iɛ¹³ | 爷爷i²² iɛ⁴⁴ |
| 武　山 | 搞=姊姊kao³¹ ʂəŋ⁴⁴ ʂəŋ¹³ | 爷爷iə²¹ iə⁴⁴ |
| 张家川 | 庶母ʃʅ²¹ mu⁵³ | 爷爷iɛ¹³ iɛ²¹ |
| 武　威 | 后娘xɤu⁵³ niã²¹ | 爷爷iɛ³⁵ iɛ²¹ |
| 民　勤 | 后妈xɤu⁴² ma²¹ | 太爷t'æ⁴² iɛ²¹ |
| 古　浪 | 后妈xou³¹ ma²¹ | 爷爷iə³⁵ iə²¹ |
| 永　昌 | 后妈妈xɤu⁵³ ma⁴² ma²¹ | 太爷t'ɛ⁵³ iə²¹ |
| 张　掖 | 后妈xɤu²¹ ma¹³ | 爷爷iə³⁵ iə²¹ |
| 山　丹 | 后妈xou⁵³ ma³³ | 爷爷iə³⁵ iə²¹ |
| 平　凉 | 后妈xɤu⁴⁴ ma²¹ | 爷iɛ²⁴ |
| 泾　川 | 后妈xəu⁴⁴ ma⁵³ | 爷iɛ²⁴ |
| 灵　台 | 后妈xou⁴⁴ ma⁵³ | 爷iɛ²⁴ |

| 继母（引称） | 祖父（面称） | 词　目＼方言点 |
|---|---|---|
| 后娘 xɤu²² niɑŋ¹³ | 爷爷 iə³⁵ iə³¹ | 酒　泉 |
| 后妈 xɤu⁴⁴ ma²¹³ | 爷爷 iə²² iə⁵³ | 敦　煌 |
| 后妈 xɤu⁴⁴ ma⁵³ | 爷 iɛ²⁴ | 庆　阳 |
| 后妈 xɤu²⁴ ma²¹ | 爷 iɛ²⁴ | 环　县 |
| 后妈 xou⁴⁴ ma²¹ | 爷 iɛ²⁴<br>爷爷 iɛ²¹ iɛ⁵³ 又 | 正　宁 |
| 后妈 xəu²⁴ ma³¹ | 爷 iɛ²⁴ | 镇　原 |
| 新妈 ɕiŋ²¹ ma⁵³ | 爷爷 iɛ²¹ iɛ⁴⁴ | 定　西 |
| 后妈 xɤu⁴⁴ ma⁵³ | 爷爷 iɛ²¹ iɛ²⁴ | 通　渭 |
| 后妈 xɤu³⁵ ma⁵³ | 爷爷 iɛ²¹ iɛ¹³ | 陇　西 |
| 婶婶 ʂen⁵³ ʂen²¹ | 爷爷 iɛ¹³ iɛ⁴⁴ | 临　洮 |
| 后妈 xɤu³⁵ mɑ⁵³ | 爷爷 iɛ²¹ iɛ⁵³ | 漳　县 |
| 后娘 xɤu²⁴ niã³¹ | 爷爷 iɛ²¹ iɛ⁵⁵ | 陇　南 |
| 后娘 xɤu²⁴ niã¹³ | 爷 iɛ¹³ | 文　县 |
| 后娘 xəu⁴⁴ niã²¹ | 爷 ʑiɛ¹³ | 宕　昌 |
| 后娘 xɤu²⁴ niã⁵³ | 爷爷 iɛ²¹ iɛ¹³ | 康　县 |
| 后娘 xɤu²⁴ niã²⁴ | 爷 ʑiɛ²⁴ | 西　和 |
| 后妈 xɤu³⁵ ma²¹ | 阿爷 a³⁵ iɛ⁵³ | 临夏市 |
| 后阿娘 xɯ²¹ a⁵⁵ niɑŋ²¹ | 阿爷 a³⁵ iɛ²¹ | 临夏县 |
| 后妈 xɤu⁴⁴ mɑ²¹ | 阿爷 a³⁵ iɛ²¹ | 甘　南 |
| 后娘 xəu¹³ niã⁵³ | 爷 iɛ⁵³ | 舟　曲 |
| 后阿妈 xuɛ⁴⁴ a²¹ ma¹³ | 太爷 tʽɛ⁴⁴ iɛ²¹ | 临　潭 |

| 词目<br>方言点 | 祖母（面称） | 外祖父（面称） |
|---|---|---|
| 北 京 | 祖母tsu²¹⁴ mu²¹⁴ | 外祖父uai⁵¹ tsu²¹⁴ fu⁵¹ |
| 兰 州 | 奶奶nɛ⁴⁴ nɛ⁵³ | 外爷vɛ²² iɛ⁵³ |
| 红 古 | 阿奶a²² nɛ³⁵ | 外爷vɛ¹³ iə⁵³ |
| 永 登 | 奶奶nɛi³⁵ nɛi⁵³ | 外爷vɛi¹³ iə⁵³ |
| 榆 中 | 奶奶nɛ³⁵ nɛ²¹ | 爷爷iə⁵³ iə²¹³ |
| 白 银 | 奶nɛ⁵³ | 爷iɛ⁵³ |
| 靖 远 | 奶奶nɛ⁵⁵ nɛ²¹ | 外爷vei³⁵ iɛ⁴¹ |
| 天 水 | 婆pʻu¹³ | 外爷vei³⁵ iɛ²¹ |
| 秦 安 | 婆婆pʻə³⁵ pʻə²¹ | 舅爷tɕiəu⁴⁴ iə¹³ |
| 甘 谷 | 婆婆pə⁵³ pə²¹ | 爷爷i²² iɛ⁴⁴ |
| 武 山 | 婆婆pʻiə²¹ pʻiə⁴⁴ | 爷爷iə²¹ iə⁴⁴ |
| 张家川 | 婆pʻɤ¹³ | 舅爷tɕiɤu⁴⁴ iɛ¹³ |
| 武 威 | 奶奶nɛ²² nɛ⁵³ | 爷爷iɛ³⁵ iɛ²¹ |
| 民 勤 | 太太tʻæ⁴² tʻæ²¹ | 外爷væ⁴² iɛ²¹ |
| 古 浪 | 奶奶nɛ²¹ nɛ⁵³ | 爷爷iə⁴⁴ iə²¹ |
| 永 昌 | 太太tʻɛ⁵³ tʻɛ²¹ | 外爷爷vɛ⁵³ iə⁴² iə²¹ |
| 张 掖 | 奶奶nɛ²² nɛ³³ | 外爷爷vɛ⁵³ iə²¹ iə¹¹ |
| 山 丹 | 奶奶nɛ³³ nɛ³³ | 外爷vɛ⁵³ iə²¹ |
| 平 凉 | 奶奶nɛ⁴⁴ nɛ²¹ | 外爷vei⁴⁴ iɛ⁵³ |
| 泾 川 | 奶nɛ⁵³ | 外爷vei⁴⁴ iɛ²¹ |
| 灵 台 | 婆pʻo²⁴<br>奶奶lɛ⁴⁴ lɛ²¹ 又 | 外爷uei²⁴ iɛ²¹ |

| 祖母（面称） | 外祖父（面称） | 方言点 |
|---|---|---|
| 奶奶nɛ²² nɛ⁵³ | 外爷vɛ²² iə¹³ | 酒　泉 |
| 奶奶nɛ⁴⁴ nɛ²¹ | 外爷vɛ⁴⁴ iə⁵³ | 敦　煌 |
| 奶nɛ⁵³ | 外爷vei²⁴ iɛ⁵³ | 庆　阳 |
| 奶奶nɛ⁵⁵ nɛ²¹ | 外爷vei²⁴ iɛ²¹ | 环　县 |
| 奶nɛ⁵³<br>奶奶nɛ⁴⁴ nɛ²¹ 又 | 舅阿爷tɕiou²⁴ a²¹ iɛ²⁴ | 正　宁 |
| 奶奶nɛ⁵³ nɛ²¹ | 外爷vei²⁴ iɛ²¹ | 镇　原 |
| 奶奶lɛ⁵³ lɛ²¹ | 外爷vei²⁴ iɛ²¹ | 定　西 |
| 奶奶lɛ⁵³ lɛ¹³ | 爷爷iɛ²¹ iɛ²⁴ | 通　渭 |
| 奶奶lɛ⁵⁵ lɛ²¹ | 外爷vɛ³⁵ iɛ³¹ | 陇　西 |
| 奶奶nɛ⁵³ nɛ²¹ | 外爷vɛ⁴⁴ iɛ²¹ | 临　洮 |
| 奶奶lɛ⁵³ lɛ²¹ | 外爷uɛ⁴⁴ iɛ⁵³ | 漳　县 |
| 婆婆p'ə²² p'ə⁵⁵ | 外爷vɛ²⁴ iɛ³¹ | 陇　南 |
| 婆p'ɤ¹³ | 外爷uei²⁴ iɛ⁵³ | 文　县 |
| 阿婆a²¹ p'ɤ⁴⁴ | 外爷vei⁴⁴ ziɛ²¹ | 宕　昌 |
| 婆婆p'uo²¹ p'uo¹³ | 外爷vɛ²⁴ iɛ⁵³ | 康　县 |
| 婆p'uɤ²⁴ | 爷ziɛ²⁴ | 西　和 |
| 阿奶a¹³ nɛ³¹ | 外爷vei⁴⁴ iɛ⁵³ | 临夏市 |
| 阿奶ɑ³⁵ nɛ²¹ | 外爷vɛ⁵⁵ iɛ²¹ | 临夏县 |
| 奶奶nɛi²¹ nɛi³⁵ | 外爷vei⁴⁴ iɛ²¹ | 甘　南 |
| 婆p'uə⁵³ | 外爷vɛ²² iɛ⁵³ | 舟　曲 |
| 太婆t'ɛ⁴⁴ p'ə²¹ | 外爷vɛ⁴⁴ iɛ²¹ | 临　潭 |

| 词目<br>方言点 | 外祖母（面称） | 兄（引称） |
| --- | --- | --- |
| 北　京 | 外祖母uai⁵¹ tsu²¹⁴ mu²¹⁴ | 兄ɕyŋ⁵⁵ |
| 兰　州 | 外奶奶vɛ²² nɛ⁵³ nɛ²¹ | 哥kɤ⁴² |
| 红　古 | 外奶奶vɛ¹³ nɛ³⁵ nɛ⁵³ | 阿哥a²² kə⁵³ |
| 永　登 | 外奶奶vɛi¹³ nɛi²² nɛi⁵⁵ | 哥kə⁵³ |
| 榆　中 | 奶奶nɛ³⁵ nɛ²¹ | 哥kə⁴² |
| 白　银 | 奶nɛ⁵³ | 哥kə⁴⁴ |
| 靖　远 | 姥姥lao⁵⁵ lao²¹ | 哥kuə²⁴ |
| 天　水 | 外婆vei³⁵ p'u²¹ | 哥哥kuə¹³ kuə²¹ |
| 秦　安 | 舅婆tɕiəu⁴⁴ p'ə¹³ | 哥哥kə¹³ kə²¹ |
| 甘　谷 | 婆婆pə⁵³ pə²¹ | 我哥kiɛ⁵³ kiɛ²⁴ |
| 武　山 | 婆婆p'ə²¹ p'iə⁴⁴ | 搞=哥kao²¹ kiə⁴⁴ |
| 张家川 | 舅婆tɕiɤu⁴⁴ p'ɤ¹³ | 哥哥kuɤ¹³ kuɤ²¹ |
| 武　威 | 奶奶nɛ²² nɛ⁵³ | 哥哥kə⁴⁴ kə⁵³ |
| 民　勤 | 外奶奶væ⁴² læ²¹ læ²¹ | 哥哥kuə²⁴ kuə²¹ |
| 古　浪 | 奶奶nɛ²¹ nɛ⁵³ | 哥哥kə³⁵ kə⁵³ |
| 永　昌 | 外奶奶vɛ⁵³ nɛ⁴² nɛ²¹ | 哥哥kə³⁵ kə⁵³ |
| 张　掖 | 外奶奶vɛ⁵³ nɛ²¹ nɛ¹¹ | 哥哥kə³³ kə³³ |
| 山　丹 | 外奶vɛ⁵³ nɛ²¹ | 哥kə³³ |
| 平　凉 | 外奶vei⁴⁴ nɛ⁵³ | 我哥哥uɤ²² kə³⁵ kə⁵³ |
| 泾　川 | 外奶vei⁴⁴ nɛ²¹ | 我哥vɤ²¹ kuɤ³¹ |
| 灵　台 | 外婆uei²⁴ p'o²¹ | 我哥ŋuo⁵³ kuo²⁴ |

| 外祖母（面称） | 兄（引称） | 词目 方言点 |
|---|---|---|
| 外奶vɛ²² nɛ¹³ | 哥哥kə⁴⁴ kə⁴⁴ | 酒 泉 |
| 外奶vɛ⁴⁴ nɛ²¹ | 哥哥kə²² kə²¹³ | 敦 煌 |
| 外奶vei²⁴ nɛ⁵³ | 我哥ŋɤ²¹ kɤ⁵³ | 庆 阳 |
| 外奶奶uei²⁴ nɛ³¹ nɛ²¹ | 哥哥kuɤ²² kuɤ⁵⁵ | 环 县 |
| 舅阿奶tɕiou²⁴ a²¹ nɛ⁵³<br>奶奶nɛ⁴⁴ nɛ²¹ 又 | 我哥ŋɤ²¹ kuo⁵³<br>我哥哥ŋɤ²¹ kɤ⁵³ kɤ²¹ 又 | 正 宁 |
| 外奶vei²⁴ nɛ²¹ | 哥kuo³¹ | 镇 原 |
| 外奶奶vei²⁴ lɛ⁵³ lɛ²¹ | 哥kɤ¹³ | 定 西 |
| 奶奶lɛ⁵³ lɛ¹³ | 哥kə¹³ | 通 渭 |
| 外奶奶vɛ³⁵ lɛ⁵³ lɛ²¹ | 哥哥kɤ²¹ kɤ¹³ | 陇 西 |
| 外奶奶vɛ⁴⁴ nɛ⁵³ nɛ²¹ | 哥ko¹³<br>老哥lɑo⁵³ ko¹³ 又 | 临 洮 |
| 奶奶lɛ⁵³ lɛ²¹ | 哥哥kɤ²¹ kɤ¹³ | 漳 县 |
| 外婆vɛ²⁴ pʻə³¹ | 哥哥kə⁵³ kə²¹ | 陇 南 |
| 外婆uei²⁴ pʻɤ⁵³ | 哥哥kɤ²¹ kɤ³⁵ | 文 县 |
| 外阿婆vei⁴⁴ a²¹ pʻɤ²¹ | 哥kɤ¹³<br>哥哥kɤ²¹ kɤ⁴⁴ 又 | 宕 昌 |
| 外婆vɛ²⁴ pʻuo⁵³ | 哥哥kuo²¹ kuo¹³ | 康 县 |
| 婆pʻuɤ²⁴ | 哥哥kuɤ²⁴ kuɤ²¹ | 西 和 |
| 外奶vei⁴⁴ nɛ¹³ | 阿哥a¹³ kə²¹ | 临夏市 |
| 外奶vɛ⁵⁵ nɛ¹³ | 阿哥ɑ⁵⁵ kə²¹ | 临夏县 |
| 外奶vei⁴⁴ nɛi²¹ | 阿哥a³⁵ kə²¹ | 甘 南 |
| 外婆vɛ²² pʻuə⁵³ | 哥哥kuə³⁵ kuə²¹ | 舟 曲 |
| 外阿婆vɛ⁴⁴ a²¹ pʻə²¹ | 阿哥a²¹ kə¹³ | 临 潭 |

| 方言点 \ 词目 | 弟（引称） | 姐（引称） |
|---|---|---|
| 北　京 | 弟ti⁵¹ | 姐tɕie²¹⁴ |
| 兰　州 | 弟弟ti²² ti⁵³ | 姐姐tɕiɛ³⁵ tɕiɛ²¹ |
| 红　古 | 兄弟ɕyn²² tʅ³⁵ | 阿姐a²² tɕiə⁵³ |
| 永　登 | 兄弟ɕyn⁵³ ti²¹ | 姐姐tɕiə³⁵ tɕiə⁵³ |
| 榆　中 | 兄弟ɕyn⁴⁴ ti²¹ | 姐姐tɕiə³⁵ tɕiə²¹ |
| 白　银 | 兄弟ɕyn⁴⁴ ti²¹ | 姐tɕiɛ²⁴ |
| 靖　远 | 兄弟ɕioŋ⁴¹ tʅ²¹ | 姐姐tɕiɛ⁵⁵ tɕiɛ²¹ |
| 天　水 | 兄弟ɕyŋ²¹ tʻi⁴⁴ | 姐姐tɕiɛ³⁵ tɕiɛ²¹ |
| 秦　安 | 弟弟tsʅ⁴⁴ tsʅ²¹ | 姐姐tsiə¹³ tsiə²¹ |
| 甘　谷 | 我兄弟kiɛ⁵³ ɕyəŋ³¹ tɕʻi⁴⁴ | 我姐kiɛ²² tɕiɛ⁵³ |
| 武　山 | 搞⁼兄弟kao³¹ ɕyŋ²¹ tʻi²¹ | 搞⁼姐kao²¹ tɕiə⁵³ |
| 张家川 | 弟弟tɕi⁴⁴ tɕi²¹ | 姐姐tɕiɛ¹³ tɕiɛ²¹ |
| 武　威 | 兄弟ɕyŋ³⁵ ti²¹ | 姐姐tɕiɛ⁵³ tɕiɛ²¹ |
| 民　勤 | 兄弟ɕyŋ⁴⁴ tsʅ²¹ | 姐姐tɕiɛ²¹ tɕiɛ⁴⁴ |
| 古　浪 | 兄弟ɕyŋ³⁵ ti⁵³ | 姐姐tɕiə²¹ tɕiə⁵³ |
| 永　昌 | 弟弟ti⁵³ ti²¹ | 姐姐tɕiə⁵³ tɕiə²¹ |
| 张　掖 | 兄弟ɕyn³³ ti³³ | 姐姐tɕiə⁵³ tɕiə³³ |
| 山　丹 | 兄弟ɕyŋ³³ ti³³ | 姐姐ʧiə³³ ʧiə³³ |
| 平　凉 | 我兄弟uɤ²² ɕyŋ⁵³ ti²¹ | 姐姐tɕiɛ⁴⁴ tɕiɛ²¹ |
| 泾　川 | 我弟vɤ²¹ ti⁴⁴ | 姐tɕiɛ⁵³<br>我姐vɤ²¹ tɕiɛ⁵³ 又 |
| 灵　台 | 我兄弟ŋuo⁵³ ɕyəŋ⁵³ tsʻi²¹ | 我姐ŋuo⁵³ tsiɛ²⁴ |

| 弟（引称） | 姐（引称） | 词目／方言点 |
|---|---|---|
| 兄弟ɕyŋ⁴⁴ ti⁴⁴ | 姐姐tɕiə²² tɕiə⁵³ | 酒　泉 |
| 弟弟tʅ⁴⁴ tʅ⁵³ | 姐tɕiə⁵³ | 敦　煌 |
| 我兄弟ŋɤ²¹ ɕyŋ⁵³ ti²¹ | 我姐ŋɤ²¹ tɕiɛ⁵³ | 庆　阳 |
| 兄弟ɕyŋ⁴² ti²¹ | 姐姐tɕiɛ⁵⁵ tɕiɛ²¹ | 环　县 |
| 我弟ŋɤ²¹ ti⁴⁴<br>我兄弟ŋɤ²¹ ɕyŋ⁵³ tsʻi²¹ 又 | 我姐ŋɤ²¹ tsiɛ⁵³ | 正　宁 |
| 兄弟ɕyŋ⁴² tʻi²¹ | 姐姐tɕiɛ⁵³ tɕiɛ²¹ | 镇　原 |
| 兄弟ɕyŋ²¹ tʻi⁴⁴ | 姐tɕiɛ⁵³ | 定　西 |
| 兄弟ɕyɜ̃²¹ tʻi⁴⁴ | 姐tsiɛ¹³ | 通　渭 |
| 兄弟ɕyŋ⁵³ tɕʻi²¹ | 姐姐tɕiɛ⁵⁵ tɕiɛ²¹ | 陇　西 |
| 兄弟ɕyŋ²¹ ti⁴⁴ | 姐tɕiɛ⁵³ | 临　洮 |
| 兄弟ɕyŋ²² tɕʻi²¹ | 姐姐tsiɛ⁵³ tsiɛ²¹ | 漳　县 |
| 兄弟ɕyŋ⁵³ ti²¹ | 姐姐tɕiɛ²¹ tɕiɛ⁵⁵ | 陇　南 |
| 弟弟ti²⁴ ti⁵³ | 姐姐tɕiɛ²¹ tɕiɛ³⁵ | 文　县 |
| 兄弟ɕyŋ²¹ tsi⁴⁴ | 姐tsiɛ⁵³ | 宕　昌 |
| 兄弟ɕyŋ⁵³ tsi²¹ | 姐姐tsiɛ²¹ tsiɛ¹³ | 康　县 |
| 兄弟ɕyŋ²¹ tʻi²⁴ | 姐姐tɕiɛ²⁴ tɕiɛ²¹ | 西　和 |
| 兄弟ɕyŋ²¹ ti⁵³<br>尕兄弟ka¹³ ɕyŋ²¹ ti⁵³ 又 | 姐姐tɕiɛ²¹ tɕiɛ³⁵<br>阿姐a⁴⁴ tɕiɛ²¹ 又 | 临夏市 |
| 兄弟ɕyŋ²¹ ti⁵³ | 姐姐tɕiɛ²¹ tɕiɛ³⁵ | 临夏县 |
| 兄弟ɕyŋ²¹ ti⁵³ | 阿姐a³⁵ tɕiɛ²¹ | 甘　南 |
| 兄弟ɕyŋ⁵⁵ tsʅ²¹ | 姐tsie⁵³ | 舟　曲 |
| 兄弟ɕyŋ⁴⁴ ti⁴⁴ | 姊妹tsʅ⁴⁴ mei²¹ | 临　潭 |

| 方言点 \ 词目 | 妹（引称） | 伯父（引称） |
|---|---|---|
| 北　京 | 妹mei⁵¹ | 伯父po³⁵ fu⁵¹ |
| 兰　州 | 妹妹mei²² mei⁵³ | 大达﹦ta²² ta⁵³ |
| 红　古 | 妹妹mei²² mei⁵³ | 大达﹦ta²² ta⁵³ |
| 永　登 | 姊妹tsʅ³⁵ mei⁵³ | 大达﹦ta²² ta⁴⁴ |
| 榆　中 | 妹妹mei²¹ mei¹³ | 大达﹦ta²¹ ta³⁵ |
| 白　银 | 妹妹mei²² mei¹³ | 大爹ta²² tiɛ¹³ |
| 靖　远 | 妹妹mei³⁵ mei⁴¹ | 大达﹦ta³⁵ ta⁴¹ |
| 天　水 | 妹妹mei³⁵ mei²¹ | 爹爹tiɛ²¹ tiɛ¹³ |
| 秦　安 | 妹妹mɛ⁴⁴ mɛ²¹ | 大爸ta⁴⁴ pa¹³ |
| 甘　谷 | 我妹子kiɛ⁵³ mai⁴⁴ tsʅ²¹ | 我大达﹦kiɛ⁵³ tɒ⁴⁴ tɒ²¹ |
| 武　山 | 搞﹦妹子kao³¹ mɛ²⁴ tsʅ²¹ | 搞﹦大达﹦kao²¹ tɑ⁴⁴ tɑ²⁴ |
| 张家川 | 妹子mei⁴⁴ tsʅ²¹ | 爹爹tɕiɛ²¹ tɕiɛ³⁵ |
| 武　威 | 妹子mei⁴⁴ tsʅ²¹ | 大爹爹ta⁵³ tiɛ⁴² tiɛ²¹<br>大老老ta⁵³ lao⁴² lao²¹ 又 |
| 民　勤 | 妹妹mei⁴² mei²¹ | 大爹ta⁴² tiɛ²¹ |
| 古　浪 | 妹子mei⁴⁴ tsʅ²¹ | 大达﹦ta³⁵ ta¹³ |
| 永　昌 | 妹妹mei⁵³ mei²¹ | 大爹ta⁵³ tiə²¹ |
| 张　掖 | 妹子mei⁵³ tsʅ²¹ | 大老ta²² lɔ²¹ |
| 山　丹 | 妹子mei⁵³ tsʅ²¹ | 大达﹦ta⁵⁵ ta²¹ |
| 平　凉 | 妹妹mei⁴⁴ mei²¹ | 大爹ta⁴⁴ tiɛ³¹ |
| 泾　川 | 妹mei⁴⁴<br>我妹vɤ²¹ mei⁴⁴ 又 | 老达﹦lɔ⁵³ ta²⁴ |
| 灵　台 | 我妹子ŋuo²² mei⁴⁴ tsʅ²¹ | 我伯ŋuo²² pei²⁴ |

| 妹（引称） | 伯父（引称） | 词目 / 方言点 |
|---|---|---|
| 妹子mei²² tsʅ¹³ | 大老ta²² lɔ¹³ | 酒　泉 |
| 妹子mei⁴⁴ tsʅ⁵³ | 大老ta⁴⁴ lao⁵³ | 敦　煌 |
| 我妹ŋɤ²¹ mei⁴⁴ | 我大爹ŋɤ²¹ ta²⁴ tiɛ⁵³<br>我大伯ŋɤ²¹ ta²⁴ pei⁵³ 又 | 庆　阳 |
| 妹妹mei⁴⁴ mei²¹ | 大爹ta²⁴ tiɛ²¹ | 环　县 |
| 我妹子ŋɤ²¹ mei⁴⁴ tsʅ²¹ | 伯伯pei⁵³ pei²¹ | 正　宁 |
| 妹妹mei⁴⁴ mei²¹ | 大爸ta⁴⁴ pa²⁴ | 镇　原 |
| 妹子mei⁴⁴ tsʅ²¹ | 大达=ta²⁴ ta²¹ | 定　西 |
| 妹子mei⁴⁴ tsʅ²¹ | 大达=ta⁴⁴ ta⁵³ | 通　渭 |
| 妹子mei²⁴ tsʅ²¹ | 大达=ta³⁵ ta²¹ | 陇　西 |
| 妹子mei³⁵ tsʅ²¹ | 爸爸pa¹³ pa⁴⁴ | 临　洮 |
| 妹妹mɛ³⁵ mɛ⁵³ | 大达=tɑ³⁵ tɑ²¹ | 漳　县 |
| 妹妹min²⁴ min⁵³ | 伯伯pei³⁵ pei²¹ | 陇　南 |
| 妹妹mei²⁴ mei⁵³ | 伯伯pei²¹ pei⁵³ | 文　县 |
| 妹子mei⁴⁴ tsʅ²¹<br>尕妹子ka²¹ mei⁴⁴ tsʅ²¹ 又 | 伯伯pei¹³ pei⁴⁴ | 宕　昌 |
| 妹妹mei²⁴ mei⁵³ | 伯伯pei²¹ pei¹³ | 康　县 |
| 妹子mei³⁵ tsʅ²¹ | 大达=ta⁵⁵ ta²⁴ | 西　和 |
| 妹子mei⁴⁴ tsʅ²¹ | 大达=ta⁴⁴ ta²¹ | 临夏市 |
| 妹子mei³⁵ tsʅ²¹ | 大达=tɑ⁵⁵ tɑ²¹ | 临夏县 |
| 妹子mei³⁵ tsʅ²¹ | 大达=ta³⁵ ta²¹ | 甘　南 |
| 妹妹mei²² mei⁵³ | 伯伯pei⁵⁵ pei²¹ | 舟　曲 |
| 妹子min⁴⁴ tsʅ²¹ | 大达=ta⁴⁴ ta²¹ | 临　潭 |

| 词目<br>方言点 | 伯母（引称） | 叔父（引称） |
|---|---|---|
| 北 京 | 伯母po³⁵ mu²¹⁴ | 叔父ʂu⁵⁵ fu⁵¹ |
| 兰 州 | 大妈ta²² ma⁵³ | 叔叔fu⁴² fu²¹ |
| 红 古 | 大妈ta²² ma⁵³ | 阿爸a²² pa⁵³ |
| 永 登 | 妈妈ma²² ma⁴⁴ | 尕爸ka⁴⁴ pa⁵³<br>爸pa⁵³ ʏ |
| 榆 中 | 妈妈ma²¹ ma¹³ | 爹tiə³⁵ |
| 白 银 | 大妈ta²² ma¹³ | 爹tiɛ⁴⁴ |
| 靖 远 | 妈妈ma³⁵ ma⁴¹ | 爸爸pa²² pa⁵⁵ |
| 天 水 | 大妈ta³⁵ ma⁵³ | 爸爸pa³⁵ pa²¹ |
| 秦 安 | 大妈ta⁴⁴ ma⁵³ | 爸pa¹³ |
| 甘 谷 | 我大妈kiɛ⁵³ tɒ⁴⁴ mɒ⁵³ | 我爸kiɛ⁵³ pɒ⁴⁴ |
| 武 山 | 搞=大妈kao²¹ tɑ⁴⁴ mɑ²⁴ | 达=tɑ²⁴ |
| 张家川 | 大娘ta⁴⁴ nia¹³ | 达=达=ta¹³ ta²¹ |
| 武 威 | 大妈妈ta⁵³ ma⁴² ma²¹ | 爸爸pa³⁵ pa⁵³<br>老老lao⁵³ lao²¹ ʏ |
| 民 勤 | 大妈ta⁴² ma²¹ | 爸爸pa²¹ pa⁴⁴ |
| 古 浪 | 大妈ta⁴⁴ ma³¹ | 尕爹ka³⁵ tiə²¹ |
| 永 昌 | 大妈ta⁵³ ma²¹ | 爸爸pa³⁵ pa⁵³ |
| 张 掖 | 大妈ta²² ma²¹ | 爸爸pa³⁵ pa²¹ |
| 山 丹 | 大妈ta⁵³ ma²¹ | 爸爸pa³⁵ pa²¹ |
| 平 凉 | 大妈ta⁴⁴ ma³¹ | 大达=ta⁴⁴ ta²¹ |
| 泾 川 | 老妈lɔ⁵⁵ ma⁵³ | 达=达=ta²¹ ta⁵³ |
| 灵 台 | 大妈ta⁴⁴ ma⁵³ | 达=ta²⁴ |

方言词汇

| 伯母（引称） | 叔父（引称） | 词目／方言点 |
|---|---|---|
| 大娘 ta²² niaŋ¹³ | 爸爸 pa³⁵ pa³¹ | 酒 泉 |
| 大妈 ta⁴⁴ ma⁵³ | 爸爸 pa²² pa⁵³ | 敦 煌 |
| 我大妈 ŋɤ²¹ ta²⁴ ma⁵³ | 我大达 ŋɤ²¹ ta²² ta⁵³ | 庆 阳 |
| 大妈 ta²⁴ ma²¹ | 碎达=suei⁴⁴ ta²⁴ | 环 县 |
| 大妈 ta³⁵ ma²¹ | 大达=ta⁴⁴ ta²⁴ | 正 宁 |
| 大妈 ta²⁴ ma²¹ | 达=ta⁴⁴ | 镇 原 |
| 大妈 ta²⁴ ma²¹ | 爸 pa¹³ | 定 西 |
| 大妈 ta⁴⁴ ma⁵³ | 爸 pa¹³ | 通 渭 |
| 大妈 ta²² ma⁵³ | 达=ta²¹ | 陇 西 |
| 姺姺 ʂen⁵³ ʂen²¹ | 爸爸 pa¹³ pa⁴⁴ | 临 洮 |
| 大妈 tɑ³⁵ mɑ⁵³ | 达=tɑ²¹ | 漳 县 |
| 大妈 ta²⁴ ma²⁴ | 伯 pei⁵⁵ | 陇 南 |
| 大妈 ta²⁴ ma¹³ | 达=ta¹³ | 文 县 |
| 妈妈 ma⁴⁴ ma⁴⁴ | 爸爸 pa⁵³ pa²¹ | 宕 昌 |
| 大娘 ta²⁴ niã⁵³ | 爸爸 pa²¹ pa¹³ | 康 县 |
| 大娘 ta⁵⁵ nia²⁴ | 达=ta³⁵ | 西 和 |
| 阿妈 a³⁵ ma²¹ | 阿爸 a³⁵ pa²¹ | 临夏市 |
| 阿妈 ɑ⁵⁵ mɑ²¹ | 爸爸 pɑ²¹ pɑ³⁵ | 临夏县 |
| 大妈 a³⁵ ma²¹ | 尕叔 ʂu³⁵ ʂu⁵³ | 甘 南 |
| 妈妈 ma³⁵ ma²¹ | 爸儿 par³⁵<br>叔叔 ʃu⁵⁵ ʃu²¹ 又 | 舟 曲 |
| 大妈妈 ta⁴⁴ ma⁴⁴ ma⁴⁴ | 尕达=ka¹³ ta²¹ | 临 潭 |

| 词目<br>方言点 | 叔母（引称） | 儿子（引称） |
| --- | --- | --- |
| 北 京 | 叔母ʂu⁵⁵ mu²¹⁴ | 儿子ər³⁵ tsɿ⁰ |
| 兰 州 | 婶婶ʂən³⁵ ʂən²¹ | 儿子ər³⁵ tsɿ²¹ |
| 红 古 | 婶婶ʂən³⁵ ʂən²¹<br>妈妈ma¹³ ma⁵³ 又 | 儿子ər²² tsɿ⁵³ |
| 永 登 | 婶婶ʂən³⁵ ʂən²¹ | 后人xɤu²² ʐən⁴⁴ |
| 榆 中 | 妈ma⁴⁴ | 儿子ɯ⁵³ tsɿ¹³ |
| 白 银 | 妈ma⁴⁴ | 儿子ɣɯ⁵³ tsɿ²¹ |
| 靖 远 | 婶娘ʂɤŋ⁵⁵ niaŋ²¹ | 后人xɤu³⁵ ʐɤŋ⁴¹ |
| 天 水 | 妈ma⁵³<br>姨姨ia²¹ ia¹³ 又 | 后人xɤu³⁵ ʐɤŋ²¹ |
| 秦 安 | 妈ma⁵³ | 后人xəu⁴⁴ ʐə̃²¹ |
| 甘 谷 | 我阿姨kiɛ⁵³ ɒ³¹ iɛ¹³ | 搞=的后人<br>kɑu³¹² tʂu²⁴ xɤu⁵⁵ ʐəŋ²¹ |
| 武 山 | 搞=碎妈kao³¹ suɛ⁴⁴ mɑ²⁴ | 后人xɤu³⁵ ʐəŋ²¹ |
| 张家川 | 碎妈suei⁴⁴ ma⁵³ | 后人xɤu⁴⁴ ʐɤŋ²¹ |
| 武 威 | 婶婶ʂəŋ⁵³ ʂəŋ²¹ | 娃子va³⁵ tsɿ⁵³ |
| 民 勤 | 婶婶ʂɤŋ²¹ ʂɤŋ⁴⁴ | 儿子ɣɯ²¹ ʐɿ⁴⁴ |
| 古 浪 | 尕妈ka³⁵ ma²¹ | 娃子va³⁵ tsɿ²¹ |
| 永 昌 | 婶婶ʂəŋ⁵³ ʂəŋ²¹ | 儿子ɣə³⁵ tsɿ⁵³ |
| 张 掖 | 婶婶ʂən²¹ ʂən³³ | 儿子ɣɯ³⁵ tsɿ²¹ |
| 山 丹 | 婶婶ʂəŋ⁵³ ʂəŋ⁵⁵ | 娃子ua³⁵ tsɿ²¹ |
| 平 凉 | 妈ma²¹ | 我后人uɤ²¹ xɤu⁴⁴ ʐəŋ²¹ |
| 泾 川 | 妈妈ma⁴⁴ ma²¹ | 我儿vɤ²¹ ər²⁴ |
| 灵 台 | 娘nia²⁴ | 我娃ŋuo²² ua⁴⁴<br>我儿ŋuo⁵³ ər²⁴ 又 |

方言词汇

| 叔母（引称） | 儿子（引称） | 词目 / 方言点 |
|---|---|---|
| 婶婶ʂəŋ²² ʂəŋ⁵³ | 娃子va³⁵ tsɿ³¹ | 酒　泉 |
| 婶婶ʂəŋ⁵³ ʂəŋ²¹ | 儿子ər²² tsɿ⁵³ | 敦　煌 |
| 我妈妈ŋɤ²¹ ma²⁴ ma⁵³ | 我娃ŋɤ²¹ ua²⁴ | 庆　阳 |
| 碎妈suei²⁴ ma²¹ | 娃va²⁴ | 环　县 |
| 娘娘niɑŋ²⁴ niɑŋ²¹ | 我儿ŋɤ²¹ ər²⁴<br>我娃ŋɤ²¹ ua²⁴ 又 | 正　宁 |
| 娘niã²⁴ | 我娃ŋuo⁵³ ua²⁴<br>我家后人ŋuo⁵³ tɕia²¹xəu³⁵ ʐ̩ən²¹ 又 | 镇　原 |
| 妈ma⁵³ | 后人xɤu²⁴ ʐ̩ɤŋ²¹ | 定　西 |
| 妈ma⁵³ | 后人xɤu⁴⁴ ʐ̩ə̃²¹ | 通　渭 |
| 二妈ʐ̩ɿ¹³ ma⁵³ | 后人xɤu⁴⁴ ʐ̩əŋ²¹ | 陇　西 |
| 婶婶ʂen⁵³ ʂen²¹ | 后人xəu⁴⁴ ʐ̩ɤŋ²¹ | 临　洮 |
| 尕妈ka³⁵ ma⁵³ | 后人xɤu³⁵ ʒɤŋ²¹ | 漳　县 |
| 妈ma²⁴ | 儿子ər²¹ tsɿ¹³ | 陇　南 |
| 妈ma¹³ | 后人xɤu²⁴ ʐ̩ə̃⁵³<br>儿子ər²¹ tsʻɿ³⁵ 又 | 文　县 |
| 阿姨a⁴⁴ ʐ̩ɿ⁴⁴ | 后人xəu⁴⁴ ʐ̩əŋ²¹<br>儿子ər²¹ tsɿ⁴⁴ 又 | 宕　昌 |
| 娘niã⁵³ | 儿子ər²¹ tsɿ³⁵ | 康　县 |
| 娘niã²⁴ | 儿ər²⁴<br>后人xɤu⁵⁵ ʐ̩ɤŋ²¹ 又 | 西　和 |
| 尕娘ka²¹ niɑŋ¹³ | 后人xɤu⁴⁴ ʐ̩əŋ²¹ | 临夏市 |
| 尕娘ka²¹ niɑŋ¹³ | 儿子i²¹ tsɿ³⁵ | 临夏县 |
| 婶子ʂɤŋ⁴⁴ tsɿ⁵³ | 儿子ər²¹ tsɿ⁵³ | 甘　南 |
| 娘niã⁵³ | 后人xəu²² ʐ̩əŋ⁵³<br>儿子ər⁵³ tsɿ²¹ 又 | 舟　曲 |
| 尕妈妈ka¹³ ma⁴⁴ ma⁴⁴ | 儿子ər²¹ tsɿ⁴⁴ | 临　潭 |

| 方言点\词目 | 儿媳（引称） | 女儿（引称） |
|---|---|---|
| 北 京 | 儿媳ər³⁵ ɕi³⁵ | 女儿ny²¹⁴ ər³⁵ |
| 兰 州 | 媳妇子ɕi²¹ fu²² tsɿ⁵³ | 女儿nyər⁵³ |
| 红 古 | 儿媳妇儿ər²² sɿ³⁵ fur⁵³ | 丫头ia²² tʻɤu³⁵ |
| 永 登 | 媳妇子ɕi²² fu²² tsɿ³⁵ | 女儿nyar⁵³ |
| 榆 中 | 儿媳妇ɯ⁵³ ɕi²¹ fu¹³ | 女子ny³⁵ tsɿ²¹ |
| 白 银 | 媳妇子ɕi²² fu²² tsɿ³⁵ | 姑娘ku⁴⁴ niɑŋ²¹ |
| 靖 远 | 媳妇子sɿ⁴¹ fu²¹ tsɿ²¹<br>儿媳妇儿ər²² sɿ⁴¹ fur²¹ 又 | 女儿nyər⁴¹ |
| 天 水 | 媳妇子ɕi²¹ fu¹³ tsɿ²¹ | 女孩mi⁵³ xɛ²¹ |
| 秦 安 | 媳妇子sɿ²¹ fu³⁵ tsɿ²¹ | 女孩儿ny⁵³ xɛ²¹ zɿ²¹ |
| 甘 谷 | 搞=的媳妇子<br>kɑu²² tɤu²⁴ ɕi³¹ fu³⁵ tsɿ²¹ | 搞=的女孩儿<br>kɑu²² tɤu²⁴ ny⁵³ xai²² zɿ⁴⁴ |
| 武 山 | 媳妇子ɕi³¹ fu²¹ tsɿ²¹ | 女孩儿ny⁵³ xɛ²¹ zɿ¹³ |
| 张家川 | 媳妇子ɕi²¹ fu²⁴ tsɿ²¹ | 女孩儿ny⁵³ xər²¹ |
| 武 威 | 媳妇子ɕi⁵³ fu⁴² tsɿ²¹<br>儿媳妇ɤɯ³⁵ ɕi⁵³ fu²¹ 又 | 姑娘ku²² niã⁵³ |
| 民 勤 | 儿媳妇子ɤɯ³⁵ ɕi⁴² fu²¹ zɿ²¹ | 丫头ia²⁴ tʻɤu²¹ |
| 古 浪 | 儿媳妇ɤə³⁵ ɕi³¹ fu²¹ | 姑娘ku³⁵ niɑo⁵³ |
| 永 昌 | 儿媳妇ɤə³⁵ ɕi⁵³ fu²¹ | 丫头ia³⁵ tʻɤu⁵³ |
| 张 掖 | 媳妇子ɕi³¹ fu²¹ tsɿ²¹ | 丫头ia³³ tʻɤu³³ |
| 山 丹 | 儿媳妇ɤɯ³⁵ ʃɿ²¹ fə²¹ | 丫头ia³³ tʻou³³ |
| 平 凉 | 我们媳妇子<br>uɤ²² məŋ²¹ ɕi⁵³ fu²¹ tsɿ²¹ | 女儿nyər⁵³ |
| 泾 川 | 儿媳妇ər²⁴ ɕi³¹ fu²¹ | 我女子vɤ²¹ mi⁵⁵ tsɿ²¹ |
| 灵 台 | 我媳妇ŋuo²² si⁵³ fu²¹ | 我女子ŋuo²¹ mi⁴⁴ tsɿ²¹ |

| 儿媳（引称） | 女儿（引称） | 方言点 |
|---|---|---|
| 儿媳妇ɣə³⁵ ɕi⁴² fu²¹ | 丫头ia³⁵ tʻɤu⁴⁴ | 酒 泉 |
| 儿媳妇ər²² ɕʅ⁴⁴ fu²¹ | 丫头ia²² tʻɤu²¹³ | 敦 煌 |
| 儿媳ər²¹ ɕi⁵³<br>娃媳妇儿ua²⁴ ɕi⁵³ fur²¹ 又 | 我女儿们ŋɤ²² nyər⁵³ məŋ²¹ | 庆 阳 |
| 媳子ɕi⁴² fu²¹ tsʅ²¹ | 女子ny⁵⁵ tsʅ²¹ | 环 县 |
| 儿媳妇ər²⁴ si⁵³ fu²¹<br>娃秀=子<br>ua²⁴ siou⁴⁴(si⁵³ fu²¹) tsʅ²¹ 又 | 我女子ŋɤ²¹ ny⁴⁴ tsʅ²¹ | 正 宁 |
| 媳子si⁵³ tsʅ²¹ | 我女儿uo⁵³ miər⁵³<br>我女子uo⁵⁵ mi⁵⁵ tsʅ²¹ 又 | 镇 原 |
| 媳妇子ɕi²¹ fu⁴⁴ tsʅ²¹ | 女子ny⁵³ tsʅ²¹ | 定 西 |
| 媳妇子si²¹ fu⁴⁴ tsʅ²¹ | 女子ny⁵³ tsʅ²¹ | 通 渭 |
| 媳妇子ɕi⁵³ fu²¹ tsʅ²² | 女孩儿ny⁵⁵ xɛ²¹ zʅ¹³ | 陇 西 |
| 儿媳ər³⁵ ɕi²¹<br>儿媳妇儿ər³⁵ ɕi²¹ fur¹³ 又 | 女子ny⁵³ tsʅ²¹ | 临 洮 |
| 媳妇子si⁴⁴ fu⁴⁴ tsʅ²¹ | 女孩儿ny⁵³ xɛr²¹ | 漳 县 |
| 媳妇子ɕi⁵³ fu²¹ tsʅ²¹ | 女子mi⁵⁵ tsʅ²¹ | 陇 南 |
| 儿媳妇儿ər¹³ ɕi⁵³ fur²⁴ | 女ny³⁵ | 文 县 |
| 媳妇子si²¹ fu⁵³ tsʅ²¹ | 女儿nyər⁵³ | 宕 昌 |
| 媳妇子si⁵³ fu²¹ tsʅ²¹ | 女子ny⁵⁵ tsʅ²¹ | 康 县 |
| 媳妇儿ɕi²¹ fu³⁵ ər⁵³ | 女孩儿ny⁵³ xɛ²⁴ ər²¹ | 西 和 |
| 儿媳妇ɨ¹³ ɕi⁵³ fu²¹ | 丫头ia²¹ tʻɤu⁵³ | 临夏市 |
| 儿媳妇ɨ¹³ ɕi⁵³ fu²¹ | 丫头iɒ²¹ tʻɯ⁵³ | 临夏县 |
| 儿媳妇ər¹³ ɕi⁵³ fu²¹ | 丫头ia²¹ tʻɤu⁵³ | 甘 南 |
| 媳妇儿si⁵⁵ fər²¹ | 女儿mi³⁵ ər⁵³ | 舟 曲 |
| 儿媳妇ər¹³ ɕi²¹ fu²¹ | 女儿nyər⁵³ | 临 潭 |

| 方言点＼词目 | 女婿（引称） | 舅（引称） |
|---|---|---|
| 北　京 | 女婿ny²¹⁴ ɕy⁵¹ | 舅tɕiou⁵¹ |
| 兰　州 | 女婿ny⁴⁴ ɕy²¹ | 舅舅tɕiəu²² tɕiəu⁵³ |
| 红　古 | 女婿nʮ³⁵ sʮ²¹ | 阿舅a²² tɕiəu³⁵ |
| 永　登 | 女婿ny³⁵ ɕy²¹ | 阿舅a²² tɕiʁu³⁵ |
| 榆　中 | 女婿娃ny³⁵ ɕy⁴² ua²¹ | 舅舅tɕiəu²¹ tɕiəu³⁵ |
| 白　银 | 女婿ny²⁴ ɕy²¹ | 阿舅a²² tɕiʁu¹³ |
| 靖　远 | 女婿nʮ⁵⁵ sʮ²¹ | 舅舅tɕiʁu³⁵ tɕiʁu⁴¹ |
| 天　水 | 女婿mi⁵³ ɕi²¹ | 舅舅tɕiʁu³⁵ tɕiʁu²¹ |
| 秦　安 | 女婿ny⁵³ sʅ²¹ | 舅舅tɕiəu⁴⁴ tɕiəu²¹ |
| 甘　谷 | 搞=的女婿kɑu²² tʁu²⁴ ny⁵³ ɕi²¹ | 我阿舅kiɛ⁵³ ɒ³¹ tɕʻiʁu⁴⁴ |
| 武　山 | 搞=的女婿kao³¹ tao²¹ ny³⁵ ɕi²¹ | 舅舅tɕiʁu⁴⁴ tɕiʁu²¹ |
| 张家川 | 女婿ny⁵³ ɕi²¹ | 舅舅tɕiʁu⁴⁴ tɕiʁu²¹ |
| 武　威 | 女婿mi⁵³ ɕy²¹ | 舅舅tɕiʁu⁴⁴ tɕiʁu²¹ |
| 民　勤 | 女婿ny²⁴ ɕy²¹ | 舅舅tɕiʁu⁴² tɕʻiʁu²¹ |
| 古　浪 | 姑爷ku³⁵ iə⁵³<br>女婿mi⁴⁴ ɕy⁵³ 又 | 舅舅tɕiou⁴⁴ tɕiou⁴⁴ |
| 永　昌 | 女婿mi⁵³ ɕy²¹ | 舅舅tɕiʁu⁵³ tɕiʁu²¹ |
| 张　掖 | 女婿mi³³ ɕy³³ | 舅舅tɕiʁu³¹ tɕiʁu²¹ |
| 山　丹 | 女婿mɻ³³ ɕy³³ | 舅舅tɕiou⁵³ tɕiou²¹ |
| 平　凉 | 女婿ny⁵³ ɕi²¹ | 舅舅tɕiʁu⁴⁴ tɕiʁu²¹ |
| 泾　川 | 我女婿vʁ²¹ mi⁵⁵ ɕi²¹ | 我舅vʁ²¹ tɕiəu⁴⁴ |
| 灵　台 | 女婿mi⁴⁴ si²¹ | 舅tɕiou⁴⁴ |

# 方言词汇

| 女婿（引称） | 舅（引称） | 方言点 |
|---|---|---|
| 女婿mi²² ɕy⁵³ | 舅舅tɕiɤu²² tɕiɤu¹³ | 酒　泉 |
| 女婿ny⁵³ ɕʅ²¹ | 舅舅tɕiɤu⁴⁴ tɕiɤu⁵³ | 敦　煌 |
| 女婿ny⁴⁴ ɕi²¹ | 我舅ŋɤ²¹ tɕiɤu⁴⁴ | 庆　阳 |
| 女婿ny⁵⁵ ɕy²¹ | 舅舅tɕiɤu²⁴ tɕiɤu²¹ | 环　县 |
| 我女婿ŋɤ²¹ ny⁴⁴ siŋ²¹ | 我舅ŋɤ²¹ tɕiou⁴⁴ | 正　宁 |
| 女婿mi⁵⁵ si²¹ | 舅舅tɕiəu⁴⁴ tɕiəu²¹ | 镇　原 |
| 女婿ny⁵³ ɕy²¹ | 舅舅tɕiɤu²⁴ tɕiɤu²¹ | 定　西 |
| 女婿ny⁵³ si²¹ | 舅舅tɕiɤu⁴⁴ tɕiɤu²¹ | 通　渭 |
| 女婿ny⁵⁵ ɕi²¹ | 舅舅tɕiɤu³⁵ tɕiɤu²¹ | 陇　西 |
| 女婿ny⁵³ ɕy²¹ | 阿舅a²¹ tɕiəu⁴⁴ | 临　洮 |
| 女婿ny⁵³ ɕi²¹ | 舅舅tɕiɤu³⁵ tɕiɤu²¹ | 漳　县 |
| 女婿汉mi⁵⁵ ɕi³¹ xæ²¹ | 舅舅tɕiɤu³⁵ tɕiɤu²¹ | 陇　南 |
| 女婿娃ny³⁵ ɕi⁵³ ua²¹<br>女婿ny³⁵ ɕi⁵³ 又 | 舅舅tɕiɤu²⁴ tɕiɤu⁵³ | 文　县 |
| 女婿娃ny⁵³ ɕy²¹ va²¹<br>女婿ny⁵³ ɕy²¹ 又 | 阿舅a²¹ tsiəu⁴⁴ | 宕　昌 |
| 女婿ny⁵⁵ si²¹ | 舅舅tɕiɤu²⁴ tɕiɤu⁵³ | 康　县 |
| 女婿ny⁵³ ɕi²¹ | 舅舅tɕiɤu⁵⁵ tɕiɤu²¹ | 西　和 |
| 女婿娃mi²¹ ɕiɔ³¹ va²¹ | 阿舅a²¹ tɕiɤu⁵³ | 临夏市 |
| 女婿mi⁵⁵ ɕy⁵³ | 阿舅ɑ²¹ tɕiɯ³⁵ | 临夏县 |
| 女婿ny⁴⁴ ɕy⁵³ | 阿舅a²¹ tɕiɤu⁴⁴ | 甘　南 |
| 女婿娃mʅ³⁵ sʅ⁵³ va²¹<br>女婿mʅ⁵⁵ sʅ⁵³ 又 | 舅舅tɕiəu²² tɕiəu⁵³ | 舟　曲 |
| 女婿ny⁵³ ɕy²¹ | 阿舅a²¹ tɕiəu⁴⁴ | 临　潭 |

| 词目<br>方言点 | 舅母（引称） | 姑（引称） |
|---|---|---|
| 北京 | 舅母tɕiou⁵¹ mu²¹⁴ | 姑ku⁵⁵ |
| 兰州 | 舅母tɕiəu²² mu⁵³ | 姑姑ku⁴² ku²¹ |
| 红古 | 舅母tɕiəu²² mu⁵³ | 娘娘niã³⁵ niã²¹ |
| 永登 | 舅母tɕiɤu²² mu³⁵ | 姑妈ku⁵³ ma²¹ |
| 榆中 | 舅母tɕiəu²¹ mu¹³ | 娘娘niã⁵³ niã²¹ |
| 白银 | 舅母tɕiɤu²² mu²⁴ | 娘niaŋ⁴⁴ |
| 靖远 | 妗子tɕiŋ³⁵ tsʅ⁴¹ | 姑姑ku⁴¹ ku²¹ |
| 天水 | 妗子tɕʻiŋ³⁵ tsʅ²¹ | 姑姑ku²¹ ku¹³ |
| 秦安 | 妗子tɕʻiə̃⁴⁴ tsʅ²¹ | 姑姑ku²¹ ku¹³ |
| 甘谷 | 我妗子kiɛ⁵³ tɕʻiəŋ⁴⁴ tsʅ²¹ | 我姑姑kiɛ⁵³ ku²¹ ku⁴⁴ |
| 武山 | 妗子tɕʻiŋ³⁵ tsʅ²¹ | 姑姑ku²¹ ku¹³ |
| 张家川 | 妗子tɕiŋ⁴⁴ tsʅ²¹ | 姑姑ku²¹ ku¹³ |
| 武威 | 舅母tɕiɤu⁴⁴ mu²¹ | 姑妈妈ku⁴⁴ ma⁴⁴ ma⁵³ 父之姐<br>娘娘niã⁴⁴ niã⁵³ 父之妹 又 |
| 民勤 | 舅母tɕiɤu⁴² mə²¹ | 姑妈ku²⁴ ma²¹ |
| 古浪 | 舅母tɕiou⁴⁴ mu⁴⁴ | 姑妈ku³⁵ ma⁵³ 年龄大于父、母的姑姑和姨娘的统称 |
| 永昌 | 舅母tɕiɤu⁵³ mu²¹ | 娘娘niaŋ³⁵ niaŋ⁵³ |
| 张掖 | 舅母tɕiɤu³¹ mu²¹ | 姑妈妈kfu³³ ma³³ ma³³ |
| 山丹 | 舅母tɕiou⁵³ mə²¹ | 姑妈妈ku³³ ma³³ ma³³ |
| 平凉 | 舅母tɕiɤu³⁵ mu⁵³ | 娘niaŋ²⁴ |
| 泾川 | 妗子tɕʻiŋ⁴⁴ tsʅ²¹ | 我姑vɤ²¹ ku³¹ |
| 灵台 | 妗子tɕʻiəŋ²⁴ tsʅ²¹ | 姑ku⁵³ |

## 方言词汇

| 舅母（引称） | 姑（引称） | 词目 / 方言点 |
|---|---|---|
| 舅母 tɕiɤu²² mu¹³ | 姑姑 ku³⁵ ku⁴⁴ | 酒 泉 |
| 舅母 tɕiɤu⁴⁴ mu⁵³ | 姑姑 ku²² ku²¹³ | 敦 煌 |
| 我舅母 ŋuo²² tɕiɤu²⁴ mu⁵³ | 我娘娘 ŋɤ²¹ niaŋ⁵³ niaŋ²¹ | 庆 阳 |
| 舅母 tɕiɤu²⁴ mu²¹ | 娘娘 niaŋ⁴² niaŋ²¹ | 环 县 |
| 妗子 tɕʻien³⁵ tsʅ²¹ | 我姑姑 ŋɤ²¹ ku⁵³ ku²¹<br>我姑 ŋɤ²¹ ku⁴⁴ 又 | 正 宁 |
| 舅母 tɕiəu²⁴ mu²¹ | 大大 ta⁴⁴ ta²¹<br>姑娘 ku⁴¹ niã²¹ 又 | 镇 原 |
| 妗子 tɕʻiŋ²⁴ tsʅ²¹ | 姑娘 ku²¹ niã¹³ | 定 西 |
| 妗子 tɕʻiɚ⁴⁴ tsʅ²¹ | 姑姑 ku²¹ ku¹³ | 通 渭 |
| 妗子 tɕʻin³⁵ tsʅ²¹ | 姑姑 ku²¹ ku¹³ | 陇 西 |
| 舅母 tɕiəu⁴⁴ mu²¹ | 阿姑 a³⁵ ku²¹ | 临 洮 |
| 妗子 tɕʻiŋ³⁵ tsʻʅ²¹ | 姑姑 ku²¹ ku¹³ | 漳 县 |
| 妗子 tɕin³⁵ tsʅ²¹ | 大大 ta²⁴ ta²¹ | 陇 南 |
| 妗子 tɕʻiɚ²⁴ tsʅ⁵³ | 大大 ta²⁴ ta⁵³ | 文 县 |
| 妗子 tɕiŋ⁴⁴ tsʅ²¹ | 娘娘 niã²¹ niã⁴⁴ | 宕 昌 |
| 妗子 tɕʻin²⁴ tsʅ⁵³ | 姑姑 ku⁵³ ku²¹ | 康 县 |
| 妗子 tɕʻiŋ³⁵ tsʅ²¹ | 姑姑 ku²¹ ku²⁴ | 西 和 |
| 舅母 tɕiɤu⁴⁴ mu²¹ | 娘娘 niaŋ⁴⁴ niaŋ²¹ | 临夏市 |
| 舅母 tɕiɯ⁵⁵ mu²¹ | 娘娘 niaŋ⁵⁵ niaŋ²¹ | 临夏县 |
| 妗子 tɕin⁴⁴ tsʅ²¹ | 姑姑 ku²¹ ku⁵³ | 甘 南 |
| 妗子 tɕiŋ²² tsʅ⁵³ | 姑姑儿 ku⁵⁵ kur²¹ | 舟 曲 |
| 妗子 tɕin⁴⁴ tsʅ²¹ | 阿娘 a⁴⁴ niã⁵³ | 临 潭 |

| 词目 方言点 | 姨（引称） | 弟兄（总称，引称） |
|---|---|---|
| 北京 | 姨i³⁵ | 弟兄ti⁵¹ ɕyŋ⁰ |
| 兰州 | 姨姨ʑi⁵³ ʑi¹³ | 兄弟ɕyn⁴² ti²¹ |
| 红古 | 姨娘ʑɿ²² niã⁵³ | 弟兄们tɿ¹³ ɕyn³⁵ mən²¹ |
| 永登 | 娘娘niɑŋ⁵³ niɑŋ²¹<br>姨姨i¹³ niɑŋ³⁵ 又 | 弟兄们ti²² ɕyn²⁴ mən⁴⁴ |
| 榆中 | 姨娘ʑi²¹ niã³⁵ | 弟兄ti²¹ ɕyn³⁵ |
| 白银 | 姨娘ʑi²² niɑŋ²⁴ | 弟兄们ti²² ɕyn³⁵ mən⁵³<br>兄弟们ɕyn⁴⁴ ti²¹ mən²¹ 又 |
| 靖远 | 姨ʑɿ²⁴ | 弟兄们tɿ³⁵ ɕioŋ⁴¹ mɤŋ²¹<br>兄弟们ɕioŋ⁴¹ tɿ²¹ mɤŋ²¹ 又 |
| 天水 | 姨姨ia²¹ ia¹³ | 弟兄tʻi⁴⁴ ɕyn²¹ |
| 秦安 | 姨姨ia²¹ ia¹³ | 姊妹tsɿ⁵³ mei²¹ |
| 甘谷 | 我阿姨kiɛ⁵³ ɒ²¹ iɛ¹³ | 搞=弟兄kɑu²² tɕʻi⁴⁴ ɕyɑŋ²¹ |
| 武山 | 姨娘ʑi²⁴ niɑŋ²¹ | 弟兄屋ti²⁴ ɕyŋ⁵³ vu¹³ |
| 张家川 | 姨姨ia²¹ ia¹³ | 兄弟ɕyn²¹ tɕʻi⁴⁴ |
| 武威 | 姑妈妈ku⁴⁴ ma⁴⁴ ma⁵³ 母之姐<br>娘娘niã⁴⁴ niã⁵³ 母之妹 又 | 弟兄们ti⁵³ ɕyŋ⁴² məŋ²¹ |
| 民勤 | 姨娘ʑi²⁴ niɑŋ²¹ | 弟兄们tsɿ⁴² ɕyŋ²¹ mɤŋ²¹ |
| 古浪 | 娘娘niɑo³⁵ niɑo³¹ 小于父、母的姑姑和姨姨的称呼 | 弟兄们ti⁴⁴ ɕyŋ²¹ məŋ¹³<br>兄弟们ɕyŋ³⁵ ti⁴⁴ məŋ²¹ 又 |
| 永昌 | 姑妈ku³⁵ ma⁵³ | 弟兄ti⁵³ ɕyŋ²¹ |
| 张掖 | 姨妈妈ʑi³⁵ ma⁵³ ma²¹ | 弟兄们ti³¹ ɕyn²¹ mən²¹ |
| 山丹 | 姨妈ʑɿ³⁵ ma²¹ | 弟兄们ti⁵⁵ ɕyŋ²¹ məŋ²¹ |
| 平凉 | 姨娘i²² niɑŋ⁵³ | 兄弟ɕyŋ⁵³ ti²¹<br>弟兄ti³⁵ ɕyŋ³¹ 又 |
| 泾川 | 我姨vɤ²¹ i²⁴ | 弟兄们ti⁴⁴ ɕyŋ²¹ mu²¹<br>姊妹们tsɿ⁵⁵ mei³¹ məŋ²¹ 又 |
| 灵台 | 姨i²⁴ | 弟兄tʂʻi²⁴ ɕyŋ²¹ |

| 姨（引称） | 弟兄（总称，引称） | 方言点 |
|---|---|---|
| 姨姨ʑi³⁵ ʑi³¹<br>姨妈ʑi³⁵ ma³¹ 又 | 弟兄们ti²² ɕyŋ²² mən¹³ | 酒 泉 |
| 姨姨ʐɿ²² ʐɿ⁵³ | 兄弟ɕyŋ²² tɿ⁴⁴ | 敦 煌 |
| 我姨娘ŋɤ²¹ i²² niɑŋ⁵³ | 我兄弟ŋɤ²¹ ɕyŋ⁵³ ti²¹ | 庆 阳 |
| 姨娘i²² niɑŋ⁵⁵ | 弟兄们ti²⁴ ɕyŋ³¹ mən²¹ | 环 县 |
| 我姨ŋɤ²¹ i²⁴ | 弟兄tʼi³⁵ ɕyŋ²¹ | 正 宁 |
| 姨娘i²¹ niã⁵³ | 弟兄们tsʼi⁴⁴ ɕyŋ²¹ mən²¹ | 镇 原 |
| 姨娘ʑi¹³ niã²¹ | 弟兄tʼi²⁴ ɕyŋ²¹ | 定 西 |
| 姨姨ʑi²¹ ʑi¹³ | 弟兄tʼi⁴⁴ ɕyə̃²¹ | 通 渭 |
| 姨娘ʑi²² niã⁵³ | 弟兄屋tɕʼi⁴⁴ ɕyŋ⁴⁴ vu²¹ | 陇 西 |
| 阿姨a²¹ ʑi¹³<br>姨娘ʑi³⁵ niã²¹ 又 | 弟兄ti³⁵ ɕyŋ²¹ | 临 洮 |
| 姨娘i³⁵ niɑŋ²¹ | 弟兄屋ti³⁵ ɕyŋ⁴⁴ vu²¹ | 漳 县 |
| 姨姨ʑi⁵⁵ ʑi²¹ | 弟兄ti³⁵ ɕyn²¹ | 陇 南 |
| 姨姨ʑi²¹ ʑi⁵³ | 弟兄ti²⁴ ɕyə̃⁵³ | 文 县 |
| 阿姨a⁴⁴ ʐɿ⁴⁴ | 弟兄tsi⁴⁴ ɕyŋ²¹ | 宕 昌 |
| 姨姨i¹³ i²¹ | 弟兄tsʼi²⁴ ɕyn⁵³ | 康 县 |
| 姨姨ia²¹ ia²⁴ | 弟兄ti³⁵ ɕyŋ²¹ | 西 和 |
| 姨娘ʑi¹³ niɑŋ⁵³ | 哥兄kə¹³ ɕyŋ³¹ | 临夏市 |
| 姨娘ʑi¹³ niɑŋ⁵³ | 弟兄ti³⁵ ɕyŋ²¹ | 临夏县 |
| 姨姨ʑi²¹ ʑi⁵³ | 弟兄们ti⁴⁴ ɕyŋ²¹ mɤŋ²¹ | 甘 南 |
| 姨姨ʒi⁵³ ʒi²¹ | 弟兄tsɿ²² ɕyŋ⁵³ | 舟 曲 |
| 姨娘ʑi¹³ niã²¹ | 弟兄ti⁴⁴ ɕyn²¹ | 临 潭 |

| 方言点 \ 词目 | 姊妹（总称，引称） | 夫（引称） |
|---|---|---|
| 北　京 | 姊妹tsʅ²¹⁴ mei⁵¹ | 夫fu⁵⁵ |
| 兰　州 | 姐妹tɕiɛ³⁵ mei²¹ | 男人næ̃⁵³ ʐən¹³ |
| 红　古 | 姊妹们tsʅ³⁵ mei⁴² mən²¹ 兄弟姐妹合称 | 掌柜者tʂã³⁵ kuei²² tʂə⁵³<br>掌柜子tʂã³⁵ kuei²² tsʅ⁵³ 又 |
| 永　登 | 姊妹tsʅ³⁵ mei²¹ | 掌柜的tʂaŋ³⁵ kuei²² ti³⁵ |
| 榆　中 | 姊妹们tsʅ³⁵ mei⁴² mən²¹ | 掌柜的tʂã⁵³ kuei²¹ tiə¹³ |
| 白　银 | 姊妹们tsʅ²⁴ mei⁵³ mən²¹ | 我男人və³⁵ nan⁵³ ʐən¹³ |
| 靖　远 | 姊妹们tsʅ⁵⁵ mei²¹ mɤŋ²¹ | 我男人ŋuə⁵⁵ næ̃²² ʐɤŋ⁵⁵<br>我掌柜的ŋuə⁵⁵ tʂaŋ⁵⁵ kuei³⁵ tiɛ⁴¹ 又 |
| 天　水 | 姊妹tsʅ⁴⁴ mei²¹ | 老爷lɔ⁵³ iɛ¹³ |
| 秦　安 | 姐姊tsiə¹³ tsʅ⁴⁴ | 掌柜的tʂã⁵³ kʻuei⁴⁴ tiə²¹ |
| 甘　谷 | 搞=姊妹kɑu²⁴ tsʅ⁵³ mai²¹ | 搞=的兀人kɑu²² tʻɤu²⁴ u⁵³ ʐən²⁴ |
| 武　山 | 姊妹屋tsʅ⁵³ mɛ²¹ vu¹³ | 搞=男人kao²¹ lã²⁴ ʐŋ²¹<br>搞=老汉kao²¹ lao⁵³ xã²¹ 又 |
| 张家川 | 姊妹tsʅ⁴⁴ mei²¹<br>姊妹屋tsʅ⁵³ mei⁴² vu²¹ 又 | 男人læ̃¹³ ʐɤŋ²¹<br>熬=屋里的ŋɔ⁵³ vu²¹ li³⁵ ti²¹ 又 |
| 武　威 | 姊妹们tsʅ³⁵ mei⁴² mən²¹ | 爷们iɛ³⁵ mən²¹<br>掌柜的tʂã⁵³ kuei⁴² ti²¹ 又<br>当家的tã³⁵ tɕia⁴² ti²¹ 又 |
| 民　勤 | 姊妹们tsʅ²¹ mei²¹ mɤŋ⁴⁴ | 男人læ³⁵ ʐɤŋ²¹ |
| 古　浪 | 姊妹们tsʅ³⁵ mei⁴⁴ məŋ²¹ | 掌柜的tʂao³¹ kuei⁴⁴ ti²¹ |
| 永　昌 | 姊妹tsʅ⁵³ mei²¹ | 男人nɛ³⁵ ʐəŋ⁵³<br>老汉lao⁵³ xɛ²¹ 又 |
| 张　掖 | 姊妹们tsʅ³³ mei²¹ mən²⁴ | 丈夫tʂaŋ³¹ fu²¹ |
| 山　丹 | 姊妹们tsʅ⁵³ mei³³ məŋ³³ | 男人nɛ³⁵ ʐəŋ²¹ |
| 平　凉 | 姊妹tsʅ⁵³ mei²¹ | 外前人vɛ³⁵ tɕʻiæ̃⁵³ ʐən²⁴<br>掌柜的tʂaŋ⁵³ kuei³⁵ ti²¹ 又 |
| 泾　川 | 姊妹tsʅ⁵⁵ mei²¹ | 外前人vɛ³⁵ tɕʻiæ̃⁵³ ʐən²¹<br>掌柜的tʂa⁵³ kʻuei⁴⁴ ti²¹ 又 |
| 灵　台 | 姊妹tsʅ⁴⁴ mei²¹ | 外前人uɛ²⁴ tsʻiæ̃⁵³ ʐən²⁴<br>掌柜的tʂaŋ³¹ kʻuei²⁴ ti²¹ 又 |

# 方言词汇

| 姊妹（总称，引称） | 夫（引称） | 方言点 |
|---|---|---|
| 姊妹们 tsʅ²² mei³⁵ məŋ³¹ | 掌柜子 tʂaŋ²² kuei³⁵ tsʅ³¹ | 酒 泉 |
| 姊妹 tsʅ⁴⁴ mei²¹ | 丈夫 tʂaŋ⁴⁴ fu²¹ | 敦 煌 |
| 我们姊妹们 ŋɤ⁵³ məŋ²¹ tsʅ⁴⁴ mei²¹ məŋ²¹ | 我掌柜的 ŋɤ²¹ tʂaŋ⁵³ kuei⁴⁴ ti²¹<br>我老汉 ŋɤ²¹ lɔ⁴⁴ xæ̃²¹ 又<br>我男人 ŋɤ²¹ næ̃²² ʐ̩əŋ⁵³ 又 | 庆 阳 |
| 姊妹 tsʅ⁵⁵ mei²¹ | 男人 næ̃²² ʐ̩əŋ⁵⁵ | 环 县 |
| 姊妹 tsʅ⁴⁴ mei²¹ | 我老汉 ŋɤ²¹ lɔ⁴⁴ xæ̃²¹<br>掌柜的 tʂaŋ⁵³ kʻuei³⁵ ti²¹ 又 | 正 宁 |
| 姊妹 tsʅ⁵⁵ mei²¹ | 外前人 uɛ³⁵ tsʻiæ̃²¹ ʐ̩æ̃²¹<br>掌柜的 tʂɑ̃⁵³ kʻuei⁴⁴ ti²¹ 又 | 镇 原 |
| 姊妹 tsʅ⁵³ mei²¹ | 男人 læ̃¹³ ʐ̩ɤŋ²¹ | 定 西 |
| 姊妹 tsʅ⁵³ mei²¹ | 掌柜的 tʂɑ̃⁵³ kʻuei⁴⁴ tə²¹ | 通 渭 |
| 姊妹屋 tsʅ⁵⁵ mei⁴⁴ vu²¹ | 男人 læ̃¹³ ʐ̩ɤŋ²¹ | 陇 西 |
| 姊妹 tsʅ⁵³ mei²¹ | 男人 næ̃¹³ ʐ̩en²¹<br>掌柜的 tʂɑ̃⁵³ kʻuei⁴⁴ ti²¹ 又 | 临 洮 |
| 姊妹屋 tsʅ⁵³ mɛ²¹ vu²¹ | 男人 læ̃¹³ ʒɤŋ²¹ | 漳 县 |
| 姐妹 tɕie⁵⁵ min¹³ | 男人 læ̃²¹ ʐ̩ɤŋ⁵⁵ | 陇 南 |
| 姊妹 tsʅ³⁵ mei⁵³ | 门前人 mæ̃²² tɕʻiæ̃⁵³ ʐ̩ɑ̃⁵³ | 文 县 |
| 姊妹 tsʅ⁵³ mei²¹ | 掌柜的 tʂaŋ⁵³ kuei⁴⁴ tʅ²¹ | 宕 昌 |
| 姊妹 tsʅ³⁵ mei²¹ | 男人 læ̃²¹ ʐ̩ɤŋ³⁵ | 康 县 |
| 姊妹 tsʅ⁵³ mei²¹ | 男人 læ̃²⁴ ʐ̩ɤŋ²¹ | 西 和 |
| 姊妹 tsʅ⁴⁴ mei⁵³ | 掌柜的 tʂaŋ³⁵ kuei³⁵ ti²¹ | 临夏市 |
| 姊妹 tsʅ⁵⁵ mei⁵³ | 男人 næ̃²¹ ʐ̩əŋ⁵³ | 临夏县 |
| 姊妹 tsʅ⁴⁴ mei⁴⁴ | 男人 næ̃¹³ ʐ̩ɤŋ²¹ | 甘 南 |
| 姊妹 tsʅ⁵⁵ mei⁵³ | 掌柜的 tʂɑ̃³⁵ kʻuei²¹ tsʅ⁵³ | 舟 曲 |
| 姊妹 tsʅ⁵³ mei²¹ | 男人 næ̃¹³ ʐ̩ɤŋ²¹ | 临 潭 |

| 方言点\词目 | 妻（引称） | （男子）娶媳妇 |
|---|---|---|
| 北 京 | 妻tɕ'i$^{55}$ | 娶媳妇tɕ'y$^{214}$ ɕi$^{35}$ fu$^{51}$ |
| 兰 州 | 婆娘p'ɤ$^{53}$ niã$^{13}$ | 娶媳妇tɕ'y$^{44}$ ɕi$^{21}$ fu$^{13}$ |
| 红 古 | 媳妇儿sʅ$^{22}$ fur$^{35}$<br>老婆子lɔ$^{35}$ p'ə$^{53}$ tsʅ$^{21}$ 又 | 说媳妇儿fə$^{35}$ sʅ$^{22}$ fur$^{35}$ |
| 永 登 | 屋里的vu$^{22}$ li$^{22}$ ti$^{35}$ | 娶亲tɕ'y$^{44}$ tɕ'in$^{53}$ |
| 榆 中 | 老婆子lɔ$^{35}$ p'ə$^{42}$ tsʅ$^{21}$ | 领媳妇lin$^{35}$ ɕi$^{21}$ fu$^{13}$ |
| 白 银 | 我媳妇və$^{35}$ ɕi$^{22}$ fu$^{13}$<br>我老婆və$^{35}$ lɔ$^{35}$ p'ə$^{53}$ 又 | 娶新妇tɕ'y$^{53}$ ɕin$^{35}$ fu$^{21}$ |
| 靖 远 | 我媳妇ŋuə$^{55}$ sʅ$^{41}$ fu$^{21}$<br>我老婆子ŋuə$^{55}$ lao$^{55}$ p'ə$^{21}$ tsʅ$^{21}$ 又 | 娶媳妇ts'ɿ$^{55}$ sʅ$^{41}$ fu$^{21}$ |
| 天 水 | 老婆la$^{53}$ p'uə$^{13}$ | 提媳妇t'i$^{13}$ ɕi$^{21}$ fu$^{13}$ |
| 秦 安 | 屋里人vu$^{21}$ li$^{44}$ z̩ə̃$^{21}$ | 引媳妇iə̃$^{53}$ sʅ$^{21}$ fu$^{13}$ |
| 甘 谷 | 搞=的掌柜的<br>kɑu$^{22}$ tʂu$^{24}$ tʂaŋ$^{53}$ k'uai$^{44}$ ti$^{21}$ | 攀婆娘p'ã$^{42}$ p'ə$^{22}$ niɑŋ$^{55}$ |
| 武 山 | 搞=婆娘kao$^{21}$ p'ə$^{42}$ niaŋ$^{44}$<br>搞=老阿婆kao$^{21}$ lao$^{53}$ a$^{21}$ p'ə$^{24}$ 又 | 攀婆娘p'ã$^{31}$ p'ə$^{21}$ niaŋ$^{44}$ |
| 张家川 | 女人ny$^{53}$ z̩ʐŋ$^{21}$ | 引媳妇子iŋ$^{53}$ ɕi$^{21}$ fu$^{44}$ tsʅ$^{21}$ |
| 武 威 | 媳妇子ɕi$^{35}$ fu$^{42}$ tsʅ$^{21}$<br>老婆lao$^{53}$ p'ə$^{21}$ 又 | 说媳妇子ʂuə$^{44}$ ɕi$^{35}$ fu$^{42}$ tsʅ$^{21}$ |
| 民 勤 | 女人ny$^{21}$ z̩ʐŋ$^{44}$ | 娶媳妇子tɕ'y$^{53}$ ɕi$^{21}$ fu$^{21}$ zʅ$^{21}$ |
| 古 浪 | 媳妇子ɕi$^{44}$ fu$^{21}$ tsʅ$^{21}$<br>婆娘pə$^{35}$ niao$^{21}$ 又 | 娶女人tɕ'y$^{44}$ mi$^{21}$ z̩əŋ$^{53}$ |
| 永 昌 | 女人mi$^{53}$ z̩əŋ$^{21}$<br>老婆子lao$^{35}$ p'ə$^{55}$ tsʅ$^{21}$ 又 | 娶媳妇tɕ'y$^{35}$ ɕi$^{53}$ fu$^{21}$ |
| 张 掖 | 老婆子lɔ$^{21}$ p'ə$^{22}$ tsʅ$^{33}$ | 娶媳妇子tɕ'y$^{53}$ ɕi$^{31}$ fu$^{21}$ tsʅ$^{21}$ |
| 山 丹 | 婆姨p'ə$^{55}$ zʅ$^{21}$ | 娶婆姨tɕ'y$^{21}$ p'ə$^{55}$ zʅ$^{21}$ |
| 平 凉 | 婆娘p'ɤ$^{22}$ niaŋ$^{53}$<br>妇儿家fu$^{35}$ ər$^{53}$ tɕia$^{21}$ 又 | 娶媳妇tɕ'y$^{53}$ ɕi$^{53}$ fu$^{21}$ |
| 泾 川 | 我老婆vɤ$^{21}$ lɔ$^{55}$ p'ɤ$^{21}$<br>我媳妇vɤ$^{21}$ ɕi$^{53}$ fu$^{21}$ 又 | 领媳妇liŋ$^{53}$ ɕi$^{31}$ fu$^{21}$ |
| 灵 台 | 我女人ŋuo$^{31}$ ny$^{44}$ z̩əŋ$^{21}$ | 娶媳妇tɕ'y$^{53}$ si$^{53}$ fu$^{21}$ |

| 词目 方言点 | 妻（引称） | （男子）娶媳妇 |
|---|---|---|
| 酒 泉 | 女人 mi²² ʐ̩əŋ⁵³ | 说媳妇 ʂuə³⁵ ɕi⁴² fu¹³ |
| 敦 煌 | 老婆 lao⁴⁴ pʻə²¹ | 娶媳妇 tɕʻy⁵³ ɕʅ²¹ fu²¹³ |
| 庆 阳 | 我老婆儿 ŋɤ²¹ lɔ⁴⁴ pʻɤr²¹ | 娶媳妇儿 tɕʻy⁴⁴ ɕi⁵³ fur²¹ |
| 环 县 | 婆娘 pʻɤ²² niaŋ⁵⁵ | 娶媳妇 tɕʻy⁴⁴ ɕi⁵³ fu²¹ |
| 正 宁 | 我老婆 ŋɤ²¹ lɔ⁴⁴ pʻɤ²¹<br>婆娘 pʻɤ²¹ niaŋ⁵³ 又 | 娶秀=子 tsʻʅ³¹ siou⁴⁴ tsʅ²¹ |
| 镇 原 | 屋里人 u⁵³ ni²¹ ʐ̩əŋ²¹<br>妇儿家 fu⁵³ ər²¹ tɕia²¹ 又 | 娶媳妇儿 tɕʻy⁵⁵ si⁵³ fur²¹ |
| 定 西 | 婆娘 pʻɤ²¹ niã²⁴ | 引媳妇子 iŋ⁵³ ɕi²¹ fu²⁴ tsʅ²¹<br>引亲 iŋ⁵³ tɕʻiŋ¹³ 又 |
| 通 渭 | 婆娘 pʻə²¹ niã⁴⁴ | 寻媳妇 siə̃¹³ si²¹ fu⁴⁴<br>引婆娘 iə̃⁵³ pʻə²¹ niã¹³ 又 |
| 陇 西 | 婆娘 pʻɤ²¹ liã¹³ | 引婆娘 in⁵⁵ pʻɤ²¹ liã¹³ |
| 临 洮 | 老婆子 lao⁵³ pʻo²¹ tsʅ²¹<br>家里人 tɕia²² li⁵³ ʐ̩en²¹ 又 | 成家 tʂʻen¹³ tɕia¹³<br>接媳妇儿 tɕie¹³ ɕi²¹ fur¹³ 又 |
| 漳 县 | 婆娘 pʻɤ²¹ niaŋ³⁵ | 要婆娘 iao³⁵ pʻɤ²¹ niaŋ³⁵ |
| 陇 南 | 老婆子 lao⁵⁵ pʻə³¹ tsʅ²¹ | 娶婆娘 tɕʻy⁵⁵ pʻə²¹ niã¹³ |
| 文 县 | 屋里人 vu³⁵ li⁵³ zə̃²¹ | 娶媳妇儿 tɕʻy⁵⁵ ɕi⁵³ fur²⁴ |
| 宕 昌 | 屋里人 vu²¹ n̩⁴⁴ ʐ̩əŋ²¹ | 娶媳妇儿 tsʻʅ⁵³ sʅ²¹ fur⁵³ |
| 康 县 | 婆娘 pʻuo²¹ niã³⁵ | 引亲 in³⁵ tsʻin⁵³ |
| 西 和 | 妇人 fu³⁵ ʐ̩ɤŋ²¹<br>屋里人 u²¹ li²⁴ ʐ̩ɤŋ²¹ 又 | 攀媳妇 pʻæ̃⁵⁵ ɕi²¹ fu³⁵ |
| 临夏市 | 家里的 tɕia¹³ li⁴⁴ ti²¹ | 寻媳妇 ɕin³⁵ ɕi²¹ fu⁵³ |
| 临夏县 | 媳妇 ɕi²¹ fu⁵³ | 娶媳妇 tɕʻy⁵³ ɕi²¹ fu⁵³ |
| 甘 南 | 媳妇 ɕi²¹ fu⁴⁴ | 娶媳妇 tɕʻy⁵³ ɕi²¹ fu³⁵ |
| 舟 曲 | 屋呢=人 vei⁵³ ni²¹ ʐ̩əŋ²¹ | 娶媳妇儿 tsʻʅ⁵⁵ sʅ⁵⁵ fər²¹ |
| 临 潭 | 婆娘 pʻə²¹ niã¹³ | 娶媳妇儿 tɕʻy⁵³ ɕi²¹ fur¹³ |

| 方言点＼词目 | （女子）出嫁 | 连襟 |
|---|---|---|
| 北　京 | 出嫁tʂʻu⁵⁵ tɕia⁵¹ | 连襟lian³⁵ tɕin⁵⁵ |
| 兰　州 | 出嫁pfʻu²¹ tɕia¹³ | 挑担tʻiɔ³⁵ tæ̃²¹ |
| 红　古 | 打发ta³⁵ fa²¹ | 挑担tʻiɔ³⁵ tã¹³ |
| 永　登 | 出嫁pfʻu¹³ tɕia¹³ | 挑担tʻiɑo³⁵ tæ̃⁵³ |
| 榆　中 | 给掉人了kə⁴⁴ tɔ³⁵ z̩ən⁵³ lɔ²¹³ | 挑担tʻiɔ³⁵ tã²¹ |
| 白　银 | 出嫁tʂʻu²² tɕia¹³ | 挑担tʻiɔ³⁵ tan⁵³ |
| 靖　远 | 出嫁tʂʻʅ⁴¹ tɕia²¹ | 挑担tʻiao⁵⁵ tæ̃²¹ |
| 天　水 | 出门tʃʻu²¹ mɤŋ¹³<br>打发ta⁵³ fa²¹ 又 | 挑担tʻiɔ²¹ tæ̃⁴⁴ |
| 秦　安 | 发了fa²¹ lə⁵³ | 挑担tʻiɔ²¹ tan³⁵ |
| 甘　谷 | 过女孩儿kuə⁴⁴ ny⁵³ xai²¹ z̩ɿ⁴⁴ | 挑担tʻiɑu⁵³ tã⁴⁴ |
| 武　山 | 打发女孩儿ta⁵³ fa²¹ ny⁵³ xɛ²¹ z̩ɿ¹³ | 挑担tʻiao³¹ tã²¹ |
| 张家川 | 打发女孩儿ta⁵³ fa²¹ ny⁵³ xər²¹ | 挑担tɕʻiɔ²¹ tæ̃³⁵ |
| 武　威 | 出嫁tʂʻʅ⁴⁴ tɕia²¹<br>出门tʂʻʅ⁵³ mən²¹ 又<br>嫁人tɕia⁵³ z̩ən²¹ 又 | 挑担tʻiao⁴⁴ tã⁵³ |
| 民　勤 | 出嫁tʂʻʅ²¹ tɕia⁴² | 挑担tʻiao²⁴ tæ²¹ |
| 古　浪 | 出嫁tʂʻʅ³¹ tɕia⁴⁴<br>嫁人tɕia⁴⁴ z̩əŋ⁵³ 又 | 挑担tʻiɔ³⁵ tæ⁵³ |
| 永　昌 | 出嫁tʂʻʅ⁵³ tɕia²¹ | 挑担tʻiao³⁵ tɛ⁵³ |
| 张　掖 | 出嫁kfʻu³¹ tɕia²¹ | 挑担tʻiɔ³³ taŋ³³ |
| 山　丹 | 出门tʂʻʅ⁵³ məŋ³³ | 挑子tʻiɑo³⁵ tsʅ⁵⁵ |
| 平　凉 | 出嫁女儿tʂʻu⁵³ tɕia²¹ nyər⁵³<br>打发女儿ta⁴⁴ fa²¹ nyər⁵³ 又 | 挑担tʻiɔ⁴⁴ tæ̃²¹ |
| 泾　川 | 赍发女子tɕi²¹ fa²¹ mi⁵⁵ tsʅ²¹ | 一担柴i²¹ tæ̃⁴⁴ tsʻɛ²⁴<br>挑担tʻiɔ⁵⁵ tæ̃²¹ 又<br>一担挑i²¹ tæ̃⁴⁴ tʻiɔ⁵³ 又 |
| 灵　台 | 出门tʃʻu²¹ məŋ²⁴ | 挑担tsʻiɔ⁴⁴ tæ̃²¹ |

| （女子）出嫁 | 连襟 | 词目 / 方言点 |
|---|---|---|
| 出嫁 tʂʻu²² tɕia⁵³ | 挑担 tʻiɔ²² tan⁵³ | 酒　泉 |
| 出嫁 tʂʻu²² tɕia²¹³ | 挑担 tʻiao⁴⁴ tan²¹ | 敦　煌 |
| 出嫁 tʂʻu⁵³ tɕia²¹ | 挑担 tʻiɔ⁴⁴ tæ̃²¹ | 庆　阳 |
| 出嫁 tʂʻʅ²² tɕia⁵⁵ | 挑担 tʻiɔ⁵⁵ tæ̃²¹ | 环　县 |
| 赏发女子 tsi³¹ fa²¹ ny⁴⁴ tsʅ²¹<br>梳头里 sou⁵³ tʻou²¹ li²¹ 又 | 一担柴 i²¹ tæ̃⁴⁴ tsʻɛ²⁴<br>挑担 tʻiɔ⁴⁴ tæ̃²¹ 又<br>一担挑 i²¹ tæ̃⁴⁴ tʻiɔ⁵³ 又 | 正　宁 |
| 盘头 pʻæ̃²⁴ tʻəu²⁴<br>戴头 tɛ⁴⁴ tʻəu²⁴ 又<br>出嫁 tsʻʅ⁵³ tɕia²¹ 又 | 一担挑 i²¹ tæ̃⁴⁴ tʻiɔ⁵³<br>一挑担 i²¹ tʻiɔ⁵³ tæ̃²¹ 又<br>一担柴 i²¹ tæ̃⁴⁴ tsʻɛ²⁴ 又 | 镇　原 |
| 添箱 tʻiæ̃¹³ ɕiã²¹ | 挑担 tʻiao⁵³ tæ̃²¹ | 定　西 |
| 寻阿家 siə̃²¹ a⁴⁴ tɕia²¹<br>打发 ta⁵³ fa²¹ 又 | 挑担 tʻiɔ²¹ tæ̃⁴⁴ | 通　渭 |
| 打发女孩儿 ta⁵⁵ fa²¹ ny⁵⁵ xɛ²¹ zʅ²¹ | 挑担 tɕʻiɔɔ⁵³ tæ̃¹³ | 陇　西 |
| 打发女子 ta⁵³ fa¹³ ny⁵³ tsʅ²¹ | 挑担 tʻiao⁵³ tæ̃²¹ | 临　洮 |
| 打发了 tɑ⁵³ fɑ²¹ lao²¹ | 挑担 tɕʻiao⁵³ tæ̃²¹ | 漳　县 |
| 出门 tʂʻu⁵³ mɤŋ¹³ | 挑担 tʻiao⁵⁵ tæ̃²¹ | 陇　南 |
| 嫁女 tɕia²⁴ ny⁵³ | 挑担 tʻiao⁵⁵ tæ̃⁵³ | 文　县 |
| 嫁女儿 tɕia³⁵ nyər⁵³ | 挑担 tsʻiao⁵³ tæ̃²¹ | 宕　昌 |
| 嫁出去 tɕia²⁴ pfʻu⁵³ tɕʻy²¹ | 挑担 tsʻiao³⁵ tæ̃²¹ | 康　县 |
| 出去女子 tʂʻu²¹ tɕʻi⁵⁵ ny⁵³ tsʅ²¹ | 挑担 tʻiɔ⁵³ tæ̃⁵⁵ | 西　和 |
| 打发姑娘 ta¹³ fa⁴⁴ ku²¹ niaŋ¹³ | 挑担 tʻiɔ³⁵ tã⁵³ | 临夏市 |
| 出嫁 tʂʻu²¹ tɕia³⁵ | 挑担 tʻiɔ⁵⁵ tæ̃¹³ | 临夏县 |
| 出嫁 tʂʻu²¹ tɕia⁴⁴ | 挑担 tʻiao⁴⁴ tæ̃⁵³ | 甘　南 |
| 嫁女儿 tɕia¹³ miər⁵³ | 挑担 tʻiao⁵⁵ tæ̃⁵³ | 舟　曲 |
| 打发丫头儿 ta⁵³ fa²¹ ia⁴⁴ tʻər⁵³ | 挑担 tʻiɔ⁵³ tæ̃²¹ | 临　潭 |

| 词目<br>方言点 | 亲家 | 娘家 |
|---|---|---|
| 北 京 | 亲家 tɕ'iŋ⁵¹ tɕia⁰ | 娘家 niaŋ³⁵ tɕia⁵⁵ |
| 兰 州 | 亲家 tɕ'in²² tɕia⁵³ | 娘家 niã⁵³ tɕia¹³ |
| 红 古 | 亲家 tɕ'in²² tɕia⁵³ | 娘家 niã²² tɕia³⁵ |
| 永 登 | 亲家 tɕ'in²² tɕia⁴⁴ | 娘家 niaŋ²² tɕia²⁴ |
| 榆 中 | 亲家 tɕ'in²¹ tɕia³⁵ | 娘家 niã⁵³ tɕia²¹³ |
| 白 银 | 亲家 tɕ'in⁴⁴ tɕia²¹ | 娘家 niaŋ⁵³ tɕia²¹ |
| 靖 远 | 亲家 tɕ'iŋ³⁵ tɕia⁴¹ | 娘家 niaŋ²² tɕia⁵⁵ |
| 天 水 | 亲家 tɕ'iŋ²¹ tɕia⁵³ | 娘家 niã¹³ tɕia²¹ |
| 秦 安 | 亲家 tsʰiɔ̃⁴⁴ tɕia²¹ | 娘家 niã¹³ tɕia²¹ |
| 甘 谷 | 亲家 tɕ'iəŋ³⁵ tɕiɒ²¹ | 娘家 niaŋ²⁴ tɕiɒ²¹ |
| 武 山 | 亲家 tɕ'iŋ³¹ tɕiɑ²¹ | 外家墼里 uɛ²⁴ tɕiɑ⁵³ xiə²¹ lɛ¹³ |
| 张家川 | 亲家 tɕ'iŋ⁴⁴ tɕia²¹ | 娘家 niã¹³ tɕia²¹ |
| 武 威 | 亲家 tɕ'iŋ⁴⁴ tɕia²¹ | 娘家 niã³⁵ tɕia⁵³ |
| 民 勤 | 亲家 tɕ'iŋ⁴² tɕia²¹ | 娘家 niaŋ⁴⁴ tɕia²¹ |
| 古 浪 | 亲家 tɕ'iŋ³¹ tɕia²¹ | 娘家 niɑo³⁵ tɕia³¹ |
| 永 昌 | 亲家 tɕ'iŋ⁵³ tɕia²¹ | 娘家 niaŋ³⁵ tɕia⁵³ |
| 张 掖 | 亲家 tɕ'in³¹ tɕia²¹ | 娘家 niaŋ³⁵ tɕia²¹ |
| 山 丹 | 亲家 tɕ'iŋ⁵³ tɕia²¹ | 娘家 niaŋ³⁵ tɕia²¹ |
| 平 凉 | 亲家 tɕ'iŋ³⁵ tɕia³¹ | 娘家 niaŋ²² tɕia⁵³ |
| 泾 川 | 亲家 tɕ'iŋ³¹ tɕia²¹ | 娘家 niɑŋ²¹ tɕia⁵³ |
| 灵 台 | 亲家 tsʰiəŋ³¹ tɕia²¹ | 娘家 niaŋ²¹ tɕia⁵³ |

| 亲家 | 娘家 | 词目 / 方言点 |
|---|---|---|
| 亲家 tɕʻiŋ²² tɕia¹³ | 娘家 niɑŋ³⁵ tɕia³¹ | 酒 泉 |
| 亲家 tɕʻiŋ⁴⁴ tɕia⁵³ | 娘家 niɑŋ²² tɕia⁵³ | 敦 煌 |
| 亲家 tɕʻiŋ⁵³ tɕia²¹ | 娘家 niɑŋ²² tɕia³¹ | 庆 阳 |
| 亲家 tɕʻiŋ²⁴ tɕia²¹ | 娘家 niɑŋ²² tɕia⁵⁵ | 环 县 |
| 亲家 tɕʻien⁵³ a²¹ | 娘家 niɑŋ²¹ ia⁵³ | 正 宁 |
| 亲家 tsʻiŋ⁴⁴ tɕia²¹ | 娘家 niã²¹ tɕia⁵³ | 镇 原 |
| 亲家 tɕʻiŋ²⁴ tɕia²¹ | 娘家里 niã²⁴ tɕia²¹ li²¹ | 定 西 |
| 亲家 tsʻiã¹³ tɕia³¹ | 娘娘上 niã³⁵ niã³¹ ʂã²¹ | 通 渭 |
| 亲家 tɕʻiŋ³¹ tɕia²¹ | 娘家 niã²¹ tɕia¹³ | 陇 西 |
| 亲家 tɕʻiŋ⁴⁴ tɕia²¹ | 娘家 niã¹³ tɕia⁴⁴ | 临 洮 |
| 亲家 tsʻiŋ²¹ tɕiɑ²¹ | 娘家 niɑŋ²¹ tɕiɑ³⁵ | 漳 县 |
| 亲家 tɕʻiŋ⁵³ tɕia²¹ | 娘家 niã²¹ tɕia⁵⁵ | 陇 南 |
| 亲家 tɕʻiã⁵³ tɕia²¹ | 娘家 niã²¹ tɕia⁵³ | 文 县 |
| 亲家 tsʻiŋ⁴⁴ tɕia²¹ | 娘家 niã²¹ tɕia⁴⁴ | 宕 昌 |
| 亲家 tsʻin⁵³ tɕia²¹ | 娘家 niã²¹ tɕia¹³ | 康 县 |
| 亲家 tɕʻiŋ³⁵ tɕia²¹ | 娘家 niã²⁴ tɕia²¹ | 西 和 |
| 亲家 tɕʻin⁴⁴ tɕia²¹ | 外家 vɛ⁴⁴ tɕia²¹ | 临夏市 |
| 亲家 tɕʻin⁵⁵ tɕiɑ²¹ | 娘家 niɑŋ¹³ tɕiɑ⁵³ | 临夏县 |
| 亲家 tɕʻin⁴⁴ tɕia²¹ | 娘家 niã²¹ tɕia⁴⁴ | 甘 南 |
| 亲家 tsʻiŋ⁵⁵ tɕia²¹ | 娘家 niã⁵³ tɕia²¹ | 舟 曲 |
| 亲家 tɕʻin⁴⁴ tɕia²¹ | 娘家 niã²¹ tɕia⁴⁴ | 临 潭 |

| 词目<br>方言点 | 婆家 | 头 |
|---|---|---|
| 北 京 | 婆家 p'o³⁵ tɕia⁵⁵ | 头 t'ou³⁵ |
| 兰 州 | 婆家 p'ɤ⁵³ tɕia¹³ | 头 t'əu⁵³ |
| 红 古 | 婆家 p'ə²² tɕia⁵³ | 头 t'ɤu¹³<br>多脑 tuə²² luə³⁵ 含贬义 又 |
| 永 登 | 婆家 p'ə²² tɕia²⁴ | 头 t'ɤu⁵³<br>多脑 tuə⁵³ luə²¹ 含贬义 又 |
| 榆 中 | 婆家 p'ə⁵³ tɕia²¹³ | 头 t'əu⁵³ |
| 白 银 | 婆家 p'ə⁵³ tɕia²¹ | 头 t'ɤu⁵³ |
| 靖 远 | 婆家 p'ə²² tɕia⁵⁵ | 头 t'ɤu²⁴ |
| 天 水 | 婆家 p'uə¹³ tɕia²¹ | 多脑 tuə²¹ lɔ¹³ |
| 秦 安 | 阿家 a⁴⁴ tɕia²¹ | 多脑 tə²¹ lau³⁵ |
| 甘 谷 | 阿家室 ɒ³⁵ tɕiɒ⁴² ʂʅ²¹ | 多脑 tə⁵³ lɑu²⁴ |
| 武 山 | 逃=下 t'ao²¹ xɑ¹³ | 多脑 tə²¹ lao¹³ |
| 张家川 | 阿公家 a²¹ kuŋ¹³ tɕia²¹ | 头 t'ɤu¹³ |
| 武 威 | 婆家 p'ə³⁵ tɕia⁵³<br>婆婆家 p'ə³⁵ p'ə⁴² tɕia²¹ 又 | 头 t'ɤu³⁵ |
| 民 勤 | 婆家 p'ə⁴⁴ tɕia²¹ | 头 t'ɤu⁵³ |
| 古 浪 | 婆家 p'ə³⁵ tɕia³¹ | 头 t'ou⁵³ |
| 永 昌 | 婆家 p'ə³⁵ tɕia⁵³ | 头 t'ɤu³⁵ |
| 张 掖 | 婆家 p'ə³⁵ tɕia²¹ | 头 t'ɤu⁵³ |
| 山 丹 | 婆家 p'ə⁵⁵ tɕia²¹ | 头 t'ou⁵³ |
| 平 凉 | 婆家 p'ɤ²² tɕia⁵³ | 头 t'ɤu²⁴ |
| 泾 川 | 婆家 p'ɤ²¹ tɕia⁵³ | 头 t'əu²⁴<br>颡=sa²⁴ 又 |
| 灵 台 | 婆家 p'o²¹ tɕia⁵³ | 头 t'ou²⁴ |

| 婆家 | 头 | 词目 / 方言点 |
|---|---|---|
| 婆家 p'ə³⁵ tɕia²¹ | 头 t'ɤu⁵¹ | 酒 泉 |
| 婆家 p'ə²² tɕia⁵³ | 头 t'ɤu²¹³ | 敦 煌 |
| 婆家 p'ɤ²¹ tɕia³¹ | 头 t'ɤu²⁴ | 庆 阳 |
| 婆家 p'ɤ²² tɕia⁵⁵ | 头 t'ɤu²⁴ | 环 县 |
| 婆家 p'ɤ²¹ ia⁵³ | 头 t'ou²⁴<br>颡= sa²⁴ 又 | 正 宁 |
| 婆家 p'ə²⁴ tɕia⁵³ | 头 t'əu²⁴<br>颡= sa²⁴ 又<br>多罗 tuo²¹ luo⁵³ 又 | 镇 原 |
| 婆家 p'ɤ¹³ tɕia²¹ | 头 tɤu¹³<br>多脑 tɤ²¹ lɑo¹³ 又 | 定 西 |
| 阿家上 a³⁵ tɕia³¹ ʂã²¹ | 多脑 tə²¹ lɔ¹³ | 通 渭 |
| 阿家盛=上 a¹³ tɕia³⁵ ʂəŋ⁴⁴ ʂã²¹ | 多脑 tɤ²¹ lɔ²¹ | 陇 西 |
| 婆婆室 p'o¹³ p'o⁴⁴ ʂʅ²¹ | 多脑 tuo¹³ nɑo⁴⁴ | 临 洮 |
| 阿家 ɑ³⁵ tɕiɑ²¹ | 多脑 tɤ²¹ lɑo²¹ | 漳 县 |
| 婆婆家 p'ə²² p'ə⁵⁵ tɕia²¹ | 脑壳 lɑo³⁵ k'ə²¹ | 陇 南 |
| 婆家 p'ɤ²¹ tɕia⁵³ | 脑壳 lɑo³⁵ k'ɤ²¹<br>头 t'ɤu¹³ 又 | 文 县 |
| 婆家 p'uə¹³ tsia²¹ | 多脑 tuə²¹ lɑo⁴⁴<br>头 t'əu¹³ 又 | 宕 昌 |
| 婆家 p'uo²¹ tɕia¹³ | 脑壳 lɑo³⁵ k'uo²¹ | 康 县 |
| 阿公家 a²¹ kuŋ²⁴ tɕia²¹ | 头 t'ɤu²⁴ | 西 和 |
| 婆婆家 p'ə¹³ p'ə¹³ tɕia⁵³ | 多罗 tuə²¹ luə¹³ | 临夏市 |
| 婆家 p'ə¹³ tɕia⁵³ | 多罗 tuə²¹ luə³⁵ | 临夏县 |
| 婆家 p'ə¹³ tɕia⁵³ | 多脑 tuə²¹ nɑo³⁵ | 甘 南 |
| 婆家 p'uə⁵³ tɕia²¹ | 多罗 tuə⁵⁵ luə²¹<br>头 t'əu³¹ 又 | 舟 曲 |
| 婆婆家 p'ə²¹ p'ə⁴⁴ tɕia²¹ | 多脑 tuə²¹ nɔ⁴⁴ | 临 潭 |

| 词目\方言点 | 脸 | 额 |
|---|---|---|
| 北 京 | 脸 lian²¹⁴ | 额 ɤ³⁵ |
| 兰 州 | 脸 niæ̃⁴⁴ | 额 ɤɯ⁵³ |
| 红 古 | 脸 niã⁵³ | 奔=楼=pən¹³ lɤu³⁵ |
| 永 登 | 脸 liæ̃³⁵⁴ | 眉脸骨 mi⁵³ liæ̃⁴² ku²¹ |
| 榆 中 | 脸 liã⁴⁴ | 奔=棱=pən⁴⁴ lən²¹ |
| 白 银 | 脸 lian²⁴ | 额颅 ɤə²² lɤu²⁴<br>奔=楼=pən⁴⁴ lɤu²¹ 又 |
| 靖 远 | 脸 liæ̃⁵⁵ | 额颅 nɛ⁴¹ lu²¹ |
| 天 水 | 脸 niæ̃⁵³ | 额颅 ŋɛ²¹ lu⁴⁴ |
| 秦 安 | 脸 niæ̃⁵³ | 额颅 kɛ²¹ lu⁴⁴ |
| 甘 谷 | 脸 niã⁵³ | 额头 kai⁴² tʻɤu²⁴ |
| 武 山 | 脸老 niã²¹ lao¹³ | 额头 kɛ²¹ tʻɤu¹³ |
| 张家川 | 脸 niæ̃⁵³ | 额颅 ŋɛ²¹ lu¹³ |
| 武 威 | 脸 liã³⁵ | 天门盖 tʻiã⁴⁴ mən⁴⁴ kɛ⁵³ |
| 民 勤 | 脸 nir²¹⁴ | 天门盖 tʻir⁴⁴ mɤŋ⁴⁴ kæ⁴² |
| 古 浪 | 脸 liɛ⁴⁴ | 天门梁 tʻiɛ³⁵ mən⁴⁴ liɑo⁵³ |
| 永 昌 | 脸 liɛ³⁵ | 天目梁 tʻiɛ³⁵ mu⁵³ liaŋ²¹ |
| 张 掖 | 脸 liaŋ⁵³ | 天目盖 tʻiaŋ³³ mu³³ kɛ³³ |
| 山 丹 | 脸 lir⁵⁵ | 天目梁 tʻir³³ mu⁵⁵ liaŋ⁵⁵ |
| 平 凉 | 脸 liæ̃⁵³ | 额颅 nɛ⁵³ nuŋ²¹ |
| 泾 川 | 脸 liæ̃⁵³ | 额颅 nɛ⁵³ luŋ²¹ |
| 灵 台 | 脸 liæ̃⁵³ | 额颅 ŋɛ⁵³ luəŋ²¹ |

方言词汇

| 脸 | 额 | 词目 / 方言点 |
|---|---|---|
| 脸 lian⁵³ | 天门盖 tʻian³⁵ məŋ⁴⁴ kɛ⁴⁴ | 酒 泉 |
| 脸 liɛ⁵³ | 额 ŋə²¹³ | 敦 煌 |
| 脸 liæ̃⁵³ | 额颅 nɛ⁵³ lu²¹ | 庆 阳 |
| 脸 liæ̃⁵⁵ | 门=楼=məŋ⁴² lɤu²¹ | 环 县 |
| 脸 liæ̃⁵³ | 额颅 nɛ⁵³ nou²¹ | 正 宁 |
| 面目 miæ̃⁴⁴ mu²¹<br>脸 liæ̃⁵³ 又 | 额头 nɛ⁵³ tʻəu²¹ | 镇 原 |
| 脸脑 niæ̃²¹ lao⁵³ | 额颅 ŋɛ²¹ lu¹³ | 定 西 |
| 脸 niæ̃⁵³ | 额头 kɛ²¹ tʻɤu¹³ | 通 渭 |
| 脸上 niæ̃⁵⁵ ʂã²¹ | 额头 kɛ⁵³ tʻɤu¹³ | 陇 西 |
| 脸势 niæ̃⁵³ ʂʅ²¹ | 额头 ŋɛ²¹ tʻəu¹³ | 临 洮 |
| 脸蛋 niæ̃⁵³ tæ̃²¹ | 额头 kɛ⁵³ tʻɤu¹³ | 漳 县 |
| 脸 niæ̃⁵⁵ | 额颅 ŋɛ⁵³ lu²¹ | 陇 南 |
| 脸 niæ̃⁵⁵ | 额头 ŋɛ⁵³ tʻɤu¹³ | 文 县 |
| 脸 niæ̃⁵³ | 额颅 ŋɛ⁴⁴ lu⁴⁴<br>额花 ŋɛ⁴⁴ xua⁴⁴ 又 | 宕 昌 |
| 脸 niæ̃⁵⁵ | 额颅 ŋɛ⁵³ luŋ²¹ | 康 县 |
| 脸 niæ̃⁵³ | 额颅 ŋɛ²¹ lu²⁴ | 西 和 |
| 脸 niã⁴⁴ | 额 nɛ¹³ | 临夏市 |
| 脸 niæ̃⁵³ | 眉梁 mi²¹ liɑŋ³⁵ | 临夏县 |
| 脸 niæ̃⁴⁴ | 奔=颅 pɤu²¹ lɤu³⁵ | 甘 南 |
| 脸 niæ̃⁵³ | 眉栏杆 mi⁵³ læ̃²¹ kæ̃²¹ | 舟 曲 |
| 脸 niæ̃⁵³ | 额颅 ŋɛ⁴⁴ lu⁴⁴ | 临 潭 |

| 方言点 \ 词目 | 后脑勺 | 鼻子 |
|---|---|---|
| 北 京 | 后脑勺xou⁵¹ nao²¹⁴ ʂao³⁵ | 鼻子pi³⁵ tsɿ⁰ |
| 兰 州 | 后脑勺子xəu²² nɔ³⁵ fɤ⁴² tsɿ²¹ | 鼻子pi⁵³ tsɿ¹³ |
| 红 古 | 后马勺xɤu²² ma³⁵ fə²¹ | 鼻子pɿ²² tsɿ⁵³ |
| 永 登 | 脑勺子nɑo²⁴ fə⁵⁵ tsɿ²¹ | 鼻子pi⁵³ tsɿ²¹ |
| 榆 中 | 脑瓜子nɔ³⁵ kua⁴² tsɿ²¹ | 鼻子pi⁵³ tsɿ²¹³ |
| 白 银 | 脑勺nɔ²⁴ fə⁵³ | 鼻子pi⁵³ tsɿ²¹ |
| 靖 远 | 脑勺把儿nao⁵⁵ ʂuə²¹ pɐr⁴⁴ | 鼻子pɿ²² tsɿ⁵⁵ |
| 天 水 | 后把xɤu⁴⁴ pa⁴⁴<br>后额xɤu⁴⁴ ŋɛ¹³ 又 | 鼻子pʻi¹³ tsɿ²¹ |
| 秦 安 | 后棒颈xəu⁴⁴ pã⁴⁴ tɕiə̃²¹ | 鼻子pʻi¹³ tsɿ²¹ |
| 甘 谷 | 后脑壳xɤu⁴⁴ lɑu⁵³ kʻai²¹ | 鼻公pʻi²¹ kuəŋ⁴⁴ |
| 武 山 | 后脑壳xɤu²⁴ lao⁵³ kʻɛ²¹ | 鼻公pʻi²¹ kuŋ⁴⁴ |
| 张家川 | 后脑把儿xɤu⁴⁴ lɔ⁵³ pɐr⁵³ | 鼻子pʻi¹³ tsɿ²¹ |
| 武 威 | 脑勺把nao⁴⁴ ʂuə⁴² pa²¹ | 鼻子pi³⁵ tsɿ²¹ |
| 民 勤 | 后脑勺xɤu²¹ lao²¹ ʂuə⁵³ | 鼻子pi²¹ zɿ⁴⁴ |
| 古 浪 | 脑勺子nɔ²¹ ʂuə³⁵ tsɿ²¹ | 鼻子pi³⁵ tsɿ²¹ |
| 永 昌 | 后脑勺xɤu⁵³ nao²¹ ʂuə²¹ | 鼻子pi³⁵ tsɿ⁵³ |
| 张 掖 | 后脑勺子xɤu³³ nɔ³³ fə²¹ tsɿ³³ | 鼻子pi³⁵ tsɿ²¹ |
| 山 丹 | 脑勺子nɑo⁵⁵ fə²² tsɿ³³ | 鼻疙瘩pɿ⁵⁵ kə²¹ ta²¹ |
| 平 凉 | 脑勺子nɔ⁴⁴ ʂɤ²¹ tsɿ²¹ | 鼻子pi²² tsɿ⁵³ |
| 泾 川 | 后脑勺xəu⁴⁴ nɔ⁴⁴ ʃə²¹<br>脑勺子nɔ⁴⁴ ʃə³¹ tsɿ²¹ 又 | 鼻子pʻi²¹ tsɿ⁵³ |
| 灵 台 | 后脑勺xou⁴⁴ lɔ⁴⁴ ʃo²¹ | 鼻子pʻi²² tsɿ⁵³ |

| 后脑勺 | 鼻子 | 词目 / 方言点 |
|---|---|---|
| 后脑勺 xɤu²² nɔ²² ʂuə⁵³ | 鼻子 pʻi³⁵ tsʅ³¹ | 酒 泉 |
| 后脑勺 xɤu⁴⁴ nao⁴⁴ ʂuə²¹³ | 鼻子 pʅ²² tsʅ⁵³ | 敦 煌 |
| 后脑勺 xɤu⁴⁴ nɔ⁴⁴ ʂuo²¹ | 鼻子 pi²¹ tsʅ⁵³ | 庆 阳 |
| 脑勺把子 nɔ⁵⁵ ʂuɤ²¹ pa²⁴ tsʅ²¹ | 鼻子 pi²² tsʅ⁵⁵ | 环 县 |
| 脑勺子 nɔ⁴⁴ ʃɤ³¹ tsʅ²¹ | 鼻子 pʻi²¹ tsʅ⁵³ | 正 宁 |
| 脑勺把把 nɔ⁵⁵ suo²¹ pa⁴⁴ pa²¹ | 鼻子 pʻi²⁴ tsʅ²¹ | 镇 原 |
| 后棒颈 xɤu⁴⁴ pã⁴⁴ tɕiŋ²¹ | 鼻公 pʻi²¹ kʻuŋ²⁴ | 定 西 |
| 后棒颈 xɤu⁴⁴ pã⁴⁴ tɕiə̃⁵³ | 鼻孔 pʻi²¹ kʻuə̃⁴⁴ | 通 渭 |
| 后脑瓜 xɤu⁴⁴ lɔ³⁵ kua²¹ | 鼻公 pʻi²¹ kuŋ¹³ | 陇 西 |
| 后脑勺儿 xəu⁴⁴ nao⁵³ ʂuɚ¹³ | 鼻孔 pʻi¹³ kʻuŋ⁴⁴ | 临 洮 |
| 后脑壳 xɤu³⁵ lao⁵³ kʻɛ²¹ | 鼻公 pʻi²¹ kuŋ³⁵ | 漳 县 |
| 后脑 xɤu¹³ lao⁵⁵ | 鼻子疙瘩 pʻi²¹ tsʅ²⁴ kə⁵³ ta²¹ | 陇 南 |
| 后脑杵=子 xɤu²¹ lao³⁵ tsʻu⁵³ tsʅ²¹ | 鼻子 pʻi²¹ tsʅ³⁵ | 文 县 |
| 后脑勺儿 xəu⁴⁴ lao⁵³ ʂuɚ¹³ | 鼻子 pʅ²¹ tsʅ⁴⁴ | 宕 昌 |
| 后脑壳 xɤu²⁴ lao⁵³ kʻuo²¹ | 鼻子 pʻi²¹ tsʅ³⁵ | 康 县 |
| 后把把 xɤu⁵⁵ pa⁵⁵ pa²¹ | 鼻子 pʻi²⁴ tsʅ²¹ | 西 和 |
| 后脑勺 xɤu⁴⁴ nɔ⁴⁴ ʂuə³⁵ | 鼻子 pi²¹ tsʅ¹³ | 临夏市 |
| 后脑勺 xɯ⁵⁵ nɔ⁵⁵ fə¹³ | 鼻子 pi²¹ tsʅ³⁵ | 临夏县 |
| 后脑勺 xɤu⁴⁴ nao⁴⁴ ʂuə³⁵ | 鼻子 pi²¹ tsʅ⁵³ | 甘 南 |
| 后脑勺儿 xəu¹³ lao⁵⁵ ʃuɚ⁵³ | 鼻子 pʻʅ⁵³ tsʅ²¹ | 舟 曲 |
| 后脑勺 xəu⁴⁴ nɔ⁵³ ʂuə¹³ | 鼻子 pi²¹ tsʅ⁴⁴ | 临 潭 |

| 词目<br>方言点 | 鼻涕 | 眼睛 |
| --- | --- | --- |
| 北　京 | 鼻涕 pi³⁵ tʻi⁵¹ | 眼睛 ian²¹⁴ tɕiŋ⁵⁵ |
| 兰　州 | 鼻涕 pi⁵³ tʻi¹³ | 眼睛 iæ⁴² tɕin²¹ |
| 红　古 | 鼻子 pɿ²² tsɿ⁵³ | 眼睛 niã³⁵ tɕin²¹ |
| 永　登 | 鼻子 pi⁵³ tsɿ²¹ | 眼睛 iæ³⁵ tɕin⁵³ |
| 榆　中 | 鼻子 pi⁵³ tsɿ²¹³ | 眼睛 iã³⁵ tɕin²¹ |
| 白　银 | 鼻子 pi⁵³ tsɿ²¹ | 眼睛 ian⁴⁴ tɕin²¹ |
| 靖　远 | 鼻 pɿ²⁴ | 眼睛 niæ⁵⁵ tɕiŋ²¹ |
| 天　水 | 鼻 pʻi¹³ | 眼睛 niæ⁵³ tɕin²¹ |
| 秦　安 | 鼻涕 pʻi¹³ tsʻɿ²¹ | 眼睛 nian⁵³ tsiə̃²¹ |
| 甘　谷 | 鼻 pʻi²⁴ | 眼睛 niã⁵³ tɕiəŋ²¹ |
| 武　山 | 鼻 pʻi²⁴ | 眼睛 niã⁵³ tɕin²¹ |
| 张家川 | 鼻涕 pʻi¹³ tɕʻi²¹ | 眼睛 niæ⁵³ tɕin²¹ |
| 武　威 | 鼻子 pi³⁵ tsɿ²¹ | 眼睛 iã⁵³ tɕin²¹ |
| 民　勤 | 鼻子 pi²¹ zɿ⁴⁴ | 眼睛 ir²⁴ tɕiŋ²¹ |
| 古　浪 | 鼻子 pi³⁵ tsɿ²¹ | 眼睛 iɛ⁴⁴ tɕin⁵³ |
| 永　昌 | 鼻子 pi³⁵ tsɿ⁵³ | 眼睛 iɛ⁵³ tɕin²¹ |
| 张　掖 | 鼻子 pi³⁵ tsɿ²¹ | 眼睛 iaŋ²¹ tɕin³³ |
| 山　丹 | 鼻屎 pɿ³⁵ ʂɿ⁵⁵ | 眼睛 ir³⁵ tʃiŋ⁵⁵ |
| 平　凉 | 鼻 pi²⁴ | 眼窝子 iæ⁴⁴ uɤ³¹ tsɿ²¹ |
| 泾　川 | 鼻 pʻi²⁴ | 眼睛 niæ⁵⁵ tɕin²¹ |
| 灵　台 | 鼻 pʻi²⁴ | 眼睛 niæ⁴⁴ tsiəŋ²¹ |

| 鼻涕 | 眼睛 | 词目 方言点 |
|---|---|---|
| 鼻涕 pi³⁵ tʻi³¹ | 眼睛 ian²² tɕiŋ⁵³ | 酒 泉 |
| 鼻子 pʅ²² tsʅ⁵³ | 眼睛 iɛ⁴⁴ tɕiŋ²¹ | 敦 煌 |
| 鼻涕 pi²¹ tʻi⁵³ | 眼窝 niɛ̃⁴⁴ uo²¹ | 庆 阳 |
| 鼻 pi²⁴ | 眼睛 niɛ̃⁵⁵ tɕiŋ²¹ | 环 县 |
| 鼻 pʻi²⁴ | 眼窝 niɛ̃⁴⁴ uə²¹<br>眼睛 niɛ̃⁴⁴ tsiŋ²¹ 又 | 正 宁 |
| 鼻 pʻi²⁴ | 眼睛 niɛ̃⁵³ tsiŋ²¹<br>眼窝 niɛ̃⁵³ uo²¹ 又 | 镇 原 |
| 鼻 pʻi¹³ | 眼睛 niɛ̃⁵³ tɕiŋ²¹ | 定 西 |
| 鼻子 pʻi¹³ tsʅ⁴⁴<br>鼻 pʻi¹³ 又 | 眼睛 iɛ̃⁵⁵ tsiɜ̃²¹ | 通 渭 |
| 鼻 pʻi¹³ | 眼睛 niɛ̃⁵⁵ tɕin²¹ | 陇 西 |
| 鼻 pʻi¹³ | 眼睛 niɛ̃⁵³ tɕiŋ²¹ | 临 洮 |
| 鼻 pʻi¹³ | 眼 iɛ̃⁵³ | 漳 县 |
| 清鼻 tɕʻin⁵³ pʻi¹³ | 眼睛 niɛ̃⁵⁵ tɕiŋ²¹ | 陇 南 |
| 鼻 pʻi¹³ | 眼睛 niɛ̃³⁵ tɕiɜ̃⁵³ | 文 县 |
| 鼻 pʅ¹³ | 眼睛 niɛ̃⁵³ tsiŋ²¹ | 宕 昌 |
| 鼻 pʻi¹³ | 眼睛 niɛ̃⁵⁵ tsin²¹ | 康 县 |
| 鼻 pʻi²⁴ | 眼睛 niɛ̃⁵³ tɕiŋ²¹ | 西 和 |
| 鼻涕 pi¹³ tʻi⁵³ | 眼睛 niã⁴⁴ tɕin¹³ | 临夏市 |
| 鼻子 pi²¹ tsʅ³⁵ | 眼 niɛ̃⁵³ | 临夏县 |
| 鼻 pi¹³ | 眼睛 niɛ̃⁴⁴ tɕin⁴⁴ | 甘 南 |
| 鼻 pʻʅ³¹ | 眼睛 niɛ̃⁵⁵ tsiŋ⁵³ | 舟 曲 |
| 鼻 pi¹³ | 眼 niɛ̃⁵³ | 临 潭 |

| 词目<br>方言点 | 眼泪 | 眼珠儿 |
|---|---|---|
| 北京 | 眼泪ian²¹⁴ lei⁵¹ | 眼珠儿ian²¹⁴ tʂur⁵⁵ |
| 兰州 | 眼泪iæ̃³⁵ luei²¹ | 眼珠子iæ̃⁴⁴ pfu⁵³ tsʅ²¹ |
| 红古 | 眼泪niã³⁵ luei²¹ | 眼珠子niã³⁵ tʂu⁴² tsʅ²¹ |
| 永登 | 眼泪iæ̃³⁵ luei⁵³ | 眼珠子iæ̃⁴⁴ pfu⁴² tsʅ²¹ |
| 榆中 | 眼泪iã³⁵ luei²¹ | 眼珠子iã³⁵ tʂu⁵³ tsʅ²¹³ |
| 白银 | 眼泪ian²⁴ luei⁵³ | 眼珠子ian³⁵ tʂu⁴⁴ tsʅ²¹ |
| 靖远 | 眼泪niæ̃⁵⁵ luei²¹ | 眼睛珠子niæ̃⁵⁵ tɕiŋ²¹ tʂʅ⁴¹ tsʅ²¹ |
| 天水 | 眼泪niæ̃⁵³ luei²¹ | 眼珠珠niæ̃⁵³ tʃu²¹ tʃu⁵³<br>眼仁niæ̃⁵³ z̻ɤŋ¹³ 又 |
| 秦安 | 眼泪nian⁵³ lyei²¹ | 眼仁儿nian⁵³ z̻ə̃¹³ zʅ²¹ |
| 甘谷 | 眼泪niã²¹ luai⁵³ | 眼仁儿niã⁵³ z̻əŋ²¹ zʅ⁴⁴ |
| 武山 | 眼如⁼niã⁵³ ʒu¹³ | 眼仁珠子niã⁵³ z̻əŋ¹³ tʃu²¹ tsʅ²¹ |
| 张家川 | 眼泪niæ̃⁵³ luei²¹ | 眼珠子niæ̃⁵³ tʃu³⁵ tsʅ²¹ |
| 武威 | 眼泪iã⁴⁴ luei²¹ | 眼珠子iã⁴⁴ tʂʅ⁴⁴ tsʅ⁵³ |
| 民勤 | 眼泪ir²¹ luei⁴⁴ | 眼珠子ir³⁵ tʂʅ²¹ zʅ⁴⁴ |
| 古浪 | 眼泪iɛ²¹ luei⁵³ | 眼珠子iɛ³⁵ tʂʅ⁴⁴ tsʅ²¹ |
| 永昌 | 眼泪iɛ⁵³ lei²¹ | 眼珠子iɛ³⁵ tʂʅ⁵³ tsʅ²¹ |
| 张掖 | 眼泪iaŋ²¹ luei³³ | 眼珠子iaŋ²¹ kfu³³ tsʅ³³ |
| 山丹 | 眼泪ir³³ lyə³³ | 眼珠子ir³⁵ tʂu⁵⁵ tsʅ⁵⁵ |
| 平凉 | 眼泪iæ̃⁴⁴ luei²¹ | 眼珠子iæ̃⁴⁴ tʂu⁵³ tsʅ²¹ |
| 泾川 | 眼泪niæ̃⁵⁵ luei²¹ | 眼珠子niæ̃⁵³ tʃu³¹ tsʅ²¹ |
| 灵台 | 眼泪niæ̃⁴⁴ luei²¹ | 眼仁珠珠niæ̃⁴⁴ z̻əŋ²¹ tʃu⁵³ tʃu²¹ |

| 眼泪 | 眼珠儿 | 方言点 |
|---|---|---|
| 眼泪ian$^{22}$ luei$^{53}$ | 眼珠子ian$^{22}$ tʂu$^{44}$ tsʅ$^{21}$ | 酒 泉 |
| 眼泪niɛ$^{53}$ luei$^{21}$ | 眼珠子niɛ$^{44}$ tʂu$^{21}$ tsʅ$^{21}$ | 敦 煌 |
| 眼泪niæ̃$^{44}$ luei$^{21}$ | 眼仁子niæ̃$^{53}$ ʐə̩n$^{21}$ tsʅ$^{31}$ | 庆 阳 |
| 眼泪niæ̃$^{55}$ luei$^{21}$ | 眼珠子niæ̃$^{44}$ tʂu$^{53}$ tsʅ$^{21}$ | 环 县 |
| 眼泪niæ̃$^{44}$ nuei$^{21}$ | 眼仁子niæ̃$^{44}$ ʐen$^{21}$ tsʅ$^{53}$ | 正 宁 |
| 眼泪niæ̃$^{53}$ luei$^{21}$ | 眼珠珠niæ̃$^{53}$ tsʅ$^{42}$ tsʅ$^{21}$<br>眼仁子niæ̃$^{53}$ ʐə̩ŋ$^{24}$ tsʅ$^{21}$ 又 | 镇 原 |
| 眼泪niæ̃$^{53}$ luei$^{21}$ | 眼仁子niæ̃$^{53}$ ʐə̩ɤŋ$^{21}$ tsʅ$^{13}$ | 定 西 |
| 眼泪niæ̃$^{53}$ nyi$^{13}$ | 眼仁子niæ̃$^{53}$ ʐə̃$^{21}$ tsʅ$^{44}$ | 通 渭 |
| 眼泪niæ̃$^{55}$ luei$^{21}$ | 眼仁儿niæ̃$^{55}$ ʐə̩ŋ$^{21}$ zʅ$^{13}$ | 陇 西 |
| 眼泪niæ̃$^{53}$ luei$^{21}$ | 眼珠儿niæ̃$^{53}$ tʂur$^{13}$ | 临 洮 |
| 眼泪niæ̃$^{53}$ luei$^{13}$ | 眼珠子iæ̃$^{53}$ tʃʴu$^{21}$ tsʅ$^{21}$ | 漳 县 |
| 眼泪niæ̃$^{55}$ luei$^{21}$ | 眼珠子niæ̃$^{55}$ tʃu$^{31}$ tsʅ$^{21}$ | 陇 南 |
| 眼泪niæ̃$^{35}$ luei$^{13}$ | 眼珠子niæ̃$^{35}$ tsu$^{31}$ tsʅ$^{21}$ | 文 县 |
| 眼泪niæ̃$^{53}$ luei$^{21}$ | 眼珠子niæ̃$^{53}$ tʂu$^{44}$ tsʅ$^{44}$ | 宕 昌 |
| 眼泪niæ̃$^{55}$ luei$^{24}$ | 眼儿珠子niæ̃$^{35}$ ər$^{21}$ pfu$^{35}$ tsʅ$^{21}$ | 康 县 |
| 眼泪niæ̃$^{53}$ ny$^{21}$ | 眼珠子niæ̃$^{53}$ tʃu$^{21}$ tsʅ$^{35}$ | 西 和 |
| 眼泪niã$^{44}$ luei$^{53}$ | 眼仁niã$^{44}$ ʐə̩ŋ$^{13}$ | 临 夏 市 |
| 眼泪niæ̃$^{55}$ luei$^{53}$ | 眼睛珠niæ̃$^{55}$ tɕin$^{21}$ tʂu$^{53}$ | 临 夏 县 |
| 眼泪niæ̃$^{44}$ lei$^{53}$ | 眼珠子niæ̃$^{44}$ tʂu$^{21}$ tsʅ$^{44}$ | 甘 南 |
| 眼泪niæ̃$^{55}$ luei$^{53}$ | 眼珠子niæ̃$^{55}$ tʃu$^{55}$ tsʅ$^{21}$ | 舟 曲 |
| 眼泪niæ̃$^{53}$ luei$^{13}$ | 眼珠子niæ̃$^{53}$ tʂu$^{44}$ tsʅ$^{21}$ | 临 潭 |

| 词目<br>方言点 | 耳朵 | 耳屎 |
|---|---|---|
| 北 京 | 耳朵ər²¹⁴ tuo⁰ | 耳屎ar²¹⁴ ʂʅ²¹⁴ |
| 兰 州 | 耳朵ɣɯ³⁵ tuo²¹ | 耳屎ɣɯ⁵³ ʂʅ¹³ |
| 红 古 | 耳朵ər³⁵ tuə⁵³ | 耳屎ər²² ʂʅ⁵³ |
| 永 登 | 耳朵ar²⁴ tuə⁵³ | 耳屎ar¹³ ʂʅ³⁵ |
| 榆 中 | 耳朵ɯ³⁵ tuə²¹ | 耳屎ɯ²¹ ʂʅ³⁵ |
| 白 银 | 耳朵ɣɯ²⁴ tuə⁵³ | 耳屎ɣɯ⁵³ ʂʅ²⁴ |
| 靖 远 | 耳朵ər⁵⁵ tuə²¹ | 耳塞ər⁵⁵ sei²¹ |
| 天 水 | 耳挂子ər⁵³ kua¹³ tsʅ²¹ | 通耳tʻuŋ²¹ ər⁵³ |
| 秦 安 | 耳挂儿ʐʅ⁵³ kua¹³ ʐʅ²¹ | 通耳tʻuə̃²¹ ʐʅ⁵³ |
| 甘 谷 | 耳挂ʑu⁵³ kuŋ²¹ | 通耳tʻuəŋ²² ʑu⁵³ |
| 武 山 | 耳挂子ʑu⁵³ kua³¹ tsʅ²¹ | 通耳tʻuŋ³¹ ʑu²¹ |
| 张家川 | 耳朵ər⁵³ tuɣ²¹ | 耳塞ər⁵³ sei²¹ |
| 武 威 | 耳朵ɣɯ⁴⁴ tuə²¹ | 耳疔ɣɯ³⁵ tiŋ⁵³ |
| 民 勤 | 耳朵ɣɯ²¹ tuə⁴⁴ | 耳塞ɣɯ²¹ sə⁴⁴ |
| 古 浪 | 耳朵ɣə¹³ tuə⁵³ | 耳屎ɣə³⁵ ʂʅ²¹ |
| 永 昌 | 耳朵ɣə⁵³ tuə²¹ | 耳疔ɣə³⁵ tiŋ⁵³ |
| 张 掖 | 耳挂子ɣɯ³³ kua³³ tsʅ³³ | 耳琐ɣɯ²¹ suə³³ |
| 山 丹 | 耳挂子ɣɯ¹³ kua⁵⁵ tsʅ⁵⁵ | 耳疔ɣɯ³⁵ tiŋ⁵⁵ |
| 平 凉 | 耳挂子ər⁵³ kua²¹ tsʅ²¹ | 耳塞子ər⁵³ sei²¹ tsʅ²¹ |
| 泾 川 | 耳朵ər⁵⁵ tuɣ²¹ | 耳塞ər⁵⁵ sei²¹ |
| 灵 台 | 耳朵ər⁴⁴ tuo²¹ | 耳塞ər⁴⁴ sei²¹ |

| 耳朵 | 耳屎 | 词目 / 方言点 |
|---|---|---|
| 耳朵ər²² tuə⁵³ | 耳胶屎ɣə²² tɕiɔ⁴⁴ ʂʅ²¹ | 酒 泉 |
| 耳朵ər⁴⁴ tuə²¹ | 耳屎ər²² ʂʅ⁵³ | 敦 煌 |
| 耳朵ər⁴⁴ tuo²¹ | 耳塞ər⁴⁴ sei²¹ | 庆 阳 |
| 耳朵ər²⁴ tuɤ²¹ | 耳塞ər²⁴ sei²¹ | 环 县 |
| 耳朵ər⁴⁴ tuo²¹ | 耳塞ər⁴⁴ sei²¹ | 正 宁 |
| 耳朵ər⁵³ tuo²¹ | 耳塞ər⁵³ sei²¹ | 镇 原 |
| 耳挂子zʅ⁵³ kua²¹ tsʅ²¹ | 耳塞zʅ⁵³ sɛ²¹ | 定 西 |
| 耳挂子ʒu⁵³ kua¹³ tsʅ²¹ | 通耳tʻuə̃¹³ ʒu⁵³ | 通 渭 |
| 耳挂子zʅ⁵⁵ kua³¹ tsʅ²¹ | 通耳tʻuŋ³¹ zʅ²¹ | 陇 西 |
| 耳挂ər⁵³ kua²¹ | 耳塞ər⁵³ sɛ²¹ | 临 洮 |
| 耳朵ʒʅ⁵³ tuɤ²¹<br>耳挂子ʒʅ⁵³ kuɑ²¹ tsʅ²¹ 又 | 通耳tʻuŋ⁴⁴ ʒʅ²¹ | 漳 县 |
| 耳朵ər³⁵ tuə²¹<br>耳挂子ər³⁵ kua⁵³ tsʅ²¹ 又 | 耳塞子ər³⁵ sɛ³¹ tsʅ²¹ | 陇 南 |
| 耳朵ər³⁵ tuɤ²¹ | 耳塞ʒu⁵³ sei²¹ | 文 县 |
| 耳朵儿ər⁵³ tuər¹³ | 耳塞ər⁵³ sei²¹ | 宕 昌 |
| 耳挂子ər¹³ kua⁵³ tsʅ²¹ | 耳屎ər⁵³ ʂʅ²¹ | 康 县 |
| 耳朵ər⁵³ tuɤ²¹<br>耳挂子ər⁵³ kua²¹ tsʅ³⁵ 又 | 耳通儿ər⁵³ tʻũr²⁴ | 西 和 |
| 耳朵ɨ³⁵ tuə¹³ | 耳屎ɨ¹³ ʂʅ³¹ | 临夏市 |
| 耳朵ɨ³⁵ tuə³⁵ | 耳屎ɨ¹³ ʂʅ⁵³ | 临夏县 |
| 耳朵ɯ¹³ tuə⁵³ | 耳屎ɯ²¹ ʂʅ⁵³ | 甘 南 |
| 耳朵ər⁵⁵ tuə⁵³ | 耳塞ər⁵⁵ sei⁵³ | 舟 曲 |
| 耳朵ər⁵³ tuə¹³ | 耳塞ər⁵³ sei²¹ | 临 潭 |

| 词目\方言点 | 酒窝 | 嘴 |
|---|---|---|
| 北 京 | 酒窝 tɕiou²¹⁴ uo⁵⁵ | 嘴 tsuei²¹⁴ |
| 兰 州 | 酒窝 tɕiəu⁴² vɤ²¹ | 嘴 tsuei⁴⁴ |
| 红 古 | 酒窝儿 tɕiɤu⁵³ vər²¹ | 嘴巴 tsuei³⁵ pa²¹ |
| 永 登 | 酒窝 tɕiɤu⁵⁵ və⁵³ | 嘴 tsuei³⁵⁴ |
| 榆 中 | 酒窝儿 tɕiəu²² və²² ɯ³⁵ | 嘴 tsuei⁴⁴ |
| 白 银 | 酒窝 tɕiɤu²⁴ və⁴⁴ | 嘴 tsuei²⁴ |
| 靖 远 | 酒窝儿 tɕiɤu⁵⁵ vər⁴¹ | 嘴 tsuei⁵⁵ |
| 天 水 | 酒窝 tɕiɤu⁵³ uə²¹<br>笑窝 ɕiɔ³⁵ uə²¹ 又 | 嘴 tsuei⁵³ |
| 秦 安 | 笑窝儿 siɔ⁴⁴ uə²¹ zʅ²¹ | 嘴 tsuei⁵³ |
| 甘 谷 | 笑窝儿 ɕiɑu⁴⁴ uə⁵³ zʅ²¹ | 嘴 tsuai⁵³ |
| 武 山 | 笑窝儿 ɕiao⁴⁴ uə⁴⁴ zʅ⁴⁴ | 口 kʻɤu⁵³ |
| 张家川 | 酒窝儿 tɕiɤu⁵³ vər¹³ | 嘴 tsuei⁵³ |
| 武 威 | 酒窝 tɕiɤu³⁵ və⁵³ | 嘴 tsuei³⁵ |
| 民 勤 | 酒窝 tɕiɤu⁴⁴ və⁴⁴ | 嘴 tsuei²¹⁴ |
| 古 浪 | 酒窝 tɕiou⁴⁴ və⁵³ | 嘴 tsuei⁴⁴ |
| 永 昌 | 酒窝 tɕiɤu³⁵ və⁵³ | 嘴 tsuei⁵³ |
| 张 掖 | 酒窝 tɕiɤu³³ və³³ | 嘴 tsuei⁵³ |
| 山 丹 | 酒窝 tɕiou⁵⁵ və¹³ | 嘴 tsuei⁵⁵ |
| 平 凉 | 笑窝窝 ɕiɔ³⁵ uɤ⁵³ uɤ²¹ | 嘴 tsuei⁵³ |
| 泾 川 | 笑窝窝 ɕiɔ⁴⁴ vɤ³¹ vɤ²¹ | 嘴 tsuei⁵³ |
| 灵 台 | 笑窝窝 siɔ²⁴ uo³¹ uo²¹ | 嘴 tsuei⁵³ |

| 酒窝 | 嘴 | 词目 / 方言点 |
|---|---|---|
| 酒窝 tɕiɤu⁵³ və⁴⁴ | 嘴 tsuei⁵¹ | 酒 泉 |
| 酒窝 tɕiɤu⁵³ və²¹ | 嘴 tsuei⁵³ | 敦 煌 |
| 酒窝 tɕiɤu⁵³ uo²¹<br>笑窝窝 ɕiɔ⁴⁴ uo²¹ uo²¹ 又 | 嘴 tsuei³¹ | 庆 阳 |
| 笑窝窝 ɕiɔ²⁴ uɤ⁴² uɤ²¹ | 嘴 tsuei⁵⁵ | 环 县 |
| 笑窝窝 siɔ³⁵ uo³¹ uo²¹ | 嘴 tsuei⁵³ | 正 宁 |
| 酒窝 tsiəu⁵⁵ uo⁵³ | 嘴 tsuei⁵³ | 镇 原 |
| 酒窝 tɕiɤu⁵³ vɤ¹³ | 嘴 tsuei⁵³ | 定 西 |
| 笑窝 siɔ⁴⁴ uə²¹ | 嘴巴 tsuei⁵³ pa²¹ | 通 渭 |
| 笑脸窝窝儿<br>ɕiɔ¹³ niæ̃⁵³ uɤ⁵³ uɤ²¹ ʐɿ¹³ | 嘴 tsuei⁵³ | 陇 西 |
| 笑脸核儿 ɕiɑo⁴⁴ niæ̃⁵³ xur¹³ | 嘴 tsuei⁵³ | 临 洮 |
| 酒窝儿 tsiɤu⁵³ uər²¹ | 口 kʻɤu⁵³ | 漳 县 |
| 酒窝儿 tɕiɤu⁵⁵ vər⁵³ | 口 kʻɤu⁵⁵ | 陇 南 |
| 酒窝窝儿 tɕiɤu⁵⁵ uə⁵³ uər²⁴ | 嘴 tsuei⁵⁵ | 文 县 |
| 酒窝儿 tsiəu⁵³ vər²¹ | 嘴 tsuei⁵³ | 宕 昌 |
| 酒窝 tsiɤu³⁵ vɤ²¹ | 嘴 tsuei⁵⁵ | 康 县 |
| 笑窝 ɕiɔ⁵⁵ uɤ²¹ | 口 kʻɤu⁵³<br>嘴 tʃei⁵³ 又 | 西 和 |
| 酒窝 tɕiɤu⁴⁴ və⁵³ | 嘴 tsuei⁵³ | 临夏市 |
| 酒窝 tɕimɯ⁵⁵ və⁵³ | 嘴 tsuei⁵⁵ | 临夏县 |
| 酒窝 tɕiɤu⁴⁴ və¹³ | 嘴 tsuei¹³ | 甘 南 |
| 酒窝儿 tsiəu⁵⁵ vər⁵³ | 嘴 tsuei⁵³ | 舟 曲 |
| 酒窝 tɕiəu⁵³ və⁴⁴ | 嘴 tsuei⁵³ | 临 潭 |

| 词目 方言点 | 嘴唇 | 牙齿 |
|---|---|---|
| 北 京 | 嘴唇tsuoi²¹⁴ tʂʻuən³⁵ | 牙齿ia³⁵ tʂʻʅ²¹⁴ |
| 兰 州 | 嘴唇子tsuei⁴⁴ pfʻən⁴² tsʅ²¹ | 牙ia⁵³ |
| 红 古 | 嘴唇子tsuei⁵⁵ tʂʻuən²² tsʅ⁵³ | 牙齿ia²² tʂʻʅ³⁵ |
| 永 登 | 嘴唇子tsuei¹³ pfʻuən⁵³ tsʅ²¹ | 牙ia⁵³ |
| 榆 中 | 嘴巴子tsuei³⁵ pa⁴² tsʅ²¹ | 牙齿ia²¹ tʂʻʅ³⁵ |
| 白 银 | 嘴皮子tsuei²⁴ pʻi⁵³ tsʅ²¹ | 牙ia⁵³ |
| 靖 远 | 嘴唇子tsuei⁵⁵ ʂoŋ²² tsʅ⁵⁵ | 牙ia²⁴ |
| 天 水 | 嘴唇tsuei⁵³ tʃʻɤŋ¹³ | 牙子nia¹³ tsʅ²¹ |
| 秦 安 | 嘴唇儿tsuei⁵³ tʃʻə̃¹³ zʅ²¹ | 牙齿nia³⁵ tsʻʅ²¹ |
| 甘 谷 | 口皮子kʻɤu⁵³ pʻi²¹ tsʅ⁴⁴ | 牙齿niɑ²¹ tsʅ⁵⁵ |
| 武 山 | 口皮子kʻɤu⁴⁴ pʻi²¹ tsʅ¹³ | 牙齿niɑ²¹ tsʅ⁴⁴ |
| 张家川 | 嘴皮子tsuei⁵³ pʻi¹³ tsʅ²¹ | 牙ia¹³ |
| 武 威 | 嘴唇子tsuei⁴⁴ tʂʻuŋ⁴⁴ tsʅ⁵³ | 牙ia³⁵ |
| 民 勤 | 嘴唇子tsuei²¹ tʂʻoŋ²¹ zʅ⁴⁴ | 牙ia⁵³ |
| 古 浪 | 嘴唇子tsuei³⁵ tʂʻuəŋ³⁵ tsʅ²¹ | 牙ia⁵³ |
| 永 昌 | 嘴唇子tsuei³⁵ tʂʻuŋ³⁵ tsʅ²¹ | 牙ia³⁵ |
| 张 掖 | 嘴唇子tsuei³³ kuəŋ³³ tsʅ³³ | 牙齿ia³⁵ tʂʻʅ²¹ |
| 山 丹 | 嘴唇tsuei³⁵ tʂʻuŋ⁵⁵ | 牙ia⁵³ |
| 平 凉 | 嘴唇子tsuei⁵³ ʂuŋ²² tsʅ⁵³ | 牙ia²⁴ |
| 泾 川 | 嘴唇tsuei⁵³ ʃəŋ²⁴ | 牙ia²⁴ |
| 灵 台 | 嘴唇tsuei⁵³ tʃʻəŋ²⁴ | 牙ia²⁴ |

方言词汇

| 嘴唇 | 牙齿 | 词目 / 方言点 |
|---|---|---|
| 嘴唇 tsuei²² tʂʻuŋ⁵³ | 牙 ia⁵¹ | 酒　泉 |
| 嘴唇 tsuei⁵³ tʂʻuŋ²¹³ | 牙齿 ia²² tʂʻʅ⁵³ | 敦　煌 |
| 嘴唇子 tsuei⁵³ tʂʻuŋ²² tsʅ³¹ | 牙 ia²⁴ | 庆　阳 |
| 嘴唇子 tsuei⁵⁵ ʂuŋ²² tsʅ⁵⁵ | 牙 ia²⁴ | 环　县 |
| 嘴唇 tsuei⁵³ ʃen²⁴ | 牙 nia²⁴ | 正　宁 |
| 嘴唇 tsuei⁵³ tsʻəŋ²⁴ | 牙 ia²⁴ | 镇　原 |
| 嘴皮子 tsuei⁵³ pʻi²¹ tsʅ⁴⁴ | 牙齿 nia²¹ tsʻʅ²⁴ | 定　西 |
| 嘴皮子 tsuei⁵³ pʻi²¹ tsʅ⁴⁴ | 牙齿 ia²¹ tsʻʅ⁴⁴ | 通　渭 |
| 嘴皮子 tsuei³⁵ pʻi²¹ tsʅ¹³ | 牙子 nia²¹ tsʅ¹³ | 陇　西 |
| 嘴皮儿 tsuei⁵³ pʻiər¹³ | 牙齿 ia¹³ tsʻʅ¹³ | 临　洮 |
| 口皮子 kʻɤu⁵³ pʻi²¹ tsʅ²¹ | 牙齿 iɑ²¹ tʃʻʅ⁵³ | 漳　县 |
| 嘴皮子 tsuei⁵⁵ pʻi²¹ tsʅ¹³ | 牙 nia¹³ | 陇　南 |
| 嘴皮子 tsuei⁵³ pʻi²¹ tsʅ³⁵ | 牙 nia¹³ | 文　县 |
| 嘴唇儿 tsuei⁵³ ʂuə̃r¹³<br>嘴皮子 tsuei⁵³ pʻʅ²¹ tsʅ²¹ 又 | 牙 ia¹³ | 宕　昌 |
| 嘴皮 tsuei⁵⁵ pʻi²¹ | 牙 ia¹³ | 康　县 |
| 嘴皮子 tʃei⁵³ pʻi²⁴ tsʅ²¹ | 牙子 nia²⁴ tsʅ²¹ | 西　和 |
| 嘴唇 tsuei⁴⁴ ʂuəŋ¹³ | 牙齿 ia¹³ tʂʻʅ³¹ | 临夏市 |
| 嘴唇 tsuei⁵⁵ fəŋ¹³ | 牙齿 iɑ¹³ tʂʻʅ⁵³ | 临夏县 |
| 嘴唇 tsuei⁴⁴ tʂʻun¹³ | 牙齿 ia¹³ tʂʻʅ⁵³ | 甘　南 |
| 嘴皮子 tsuei⁵⁵ pʻi⁵³ tsʅ²¹<br>嘴唇 tsuei⁵⁵ ʃuəŋ⁵³ 又 | 牙 nia³¹ | 舟　曲 |
| 嘴唇皮儿 tsuei⁵³ ʂʅ⁴⁴ pʻiər¹³ | 牙 ia¹³ | 临　潭 |

| 方言点＼词目 | 舌头 | 大舌头（口齿不清） |
|---|---|---|
| 北 京 | 舌头ʂɤ³⁵ tʻou⁰ | 大舌头ta⁵¹ ʂɤ³⁵ tʻou⁰ |
| 兰 州 | 舌头ʂɤ⁵³ tʻəu¹³ | 大舌头ta²² ʂɤ⁵³ tʻəu²¹ |
| 红 古 | 舌头ʂə²² tʻɤu⁵³ | 大舌头ta²² ʂə³⁵ tʻɤu²¹ |
| 永 登 | 舌头ʂə⁵³ tʻɤu²¹ | 大舌头ta¹³ ʂə⁴⁴ tʻɤu⁵³ |
| 榆 中 | 舌头ʂə⁵³ tʻəu²¹³ | 大舌头ta⁴² ʂə³⁵ tʻəu²¹ |
| 白 银 | 舌头ʂə⁵³ tʻɤu²¹ | 大舌头ta²² ʂə²⁴ tʻɤu²¹ |
| 靖 远 | 舌头ʂei²² tʻɤu⁵⁵ | 大舌头ta³⁵ ʂei⁴¹ tʻɤu²¹ |
| 天 水 | 舌头ʂə¹³ tʻɤu²¹ | 牵舌子tɕʻiæ²¹ ʂʅ¹³ tsʅ²¹ |
| 秦 安 | 舌头ʂə³⁵ tʻəu²¹ | 牵舌儿tsʻian²¹ ʂə³⁵ zʅ²¹ |
| 甘 谷 | 舌头ʂə²¹ tʻɤu⁴⁴ | 呜老儿vu³⁵ lɑu⁵³ zʅ²¹ |
| 武 山 | 舌头ʂə²¹ tʻɤu⁴⁴ | 大舌头tɑ⁴⁴ ʂə⁴⁴ tʻɤu⁴⁴<br>挛挛儿luã²¹ luã²¹ zʅ¹³ 又 |
| 张家川 | 舌头ʂɤ¹³ tʻɤu²¹ | 大舌头ta⁵⁵ ʂɤ⁵³ tʻɤu²¹ |
| 武 威 | 舌头ʂə³⁵ tʻɤu⁵³ | 大舌头ta⁴⁴ ʂə⁴² tʻɤu²¹ |
| 民 勤 | 舌头ʂə²¹ tʻɤu⁴⁴ | 大舌头ta⁴² ʂə²¹ tʻɤu²¹ |
| 古 浪 | 舌头ʂə⁴⁴ tʻou²¹ | 大舌头ta⁴⁴ ʂə⁴⁴ tʻou²¹ |
| 永 昌 | 舌头ʂə³⁵ tʻɤu²¹ | 大舌头ta⁵³ ʂə⁴² tʻɤu²¹ |
| 张 掖 | 舌头ʂə³⁵ tʻɤu²¹ | 大舌头ta¹³ ʂə³³ tʻɤu³³ |
| 山 丹 | 舌头ʂə³⁵ tʻou²¹ | 大舌头ta³⁵ ʂə⁵⁵ tʻou⁵⁵ |
| 平 凉 | 舌头ʂɤ²² tʻɤu⁵³ | 咬舌子niɔ⁴⁴ ʂɤ³¹ tsʅ²¹ |
| 泾 川 | 舌头ʂɤ²¹ tʻəu⁵³ | 咬舌子niɔ⁴⁴ ʂɤ³¹ tsʅ²¹ |
| 灵 台 | 舌头ʂɤ²² tʻou⁵³ | 拉舌子la⁵³ ʂɤ²¹ tsʅ²¹ |

# 方言词汇

| 舌头 | 大舌头（口齿不清） | 词目 / 方言点 |
|---|---|---|
| 舌头ʂə³⁵ tʻɤu³¹ | 大舌头ta²² ʂə²² tʻɤu¹³ | 酒　泉 |
| 舌头ʂə²² tʻɤu⁵³ | 大舌头ta⁴⁴ ʂə⁵³ tʻɤu²¹ | 敦　煌 |
| 舌头ʂɤ²¹ tʻɤu⁵³ | 咬舌子niɔ⁴⁴ ʂɤ³¹ tsʅ²¹ | 庆　阳 |
| 舌头ʂɤ²² tʻɤu⁵⁵ | 秃舌子tʻu⁴² ʂɤ³¹ tsʅ²¹ | 环　县 |
| 舌头ʂɤ²¹ tʻou⁵³ | 咬舌子niɔ⁴⁴ ʂɤ³¹ tsʅ²¹ | 正　宁 |
| 舌头ʂei²⁴ tʻəu⁵³ | 牵舌子tɕʻiæ̃⁵³ ʂə²¹ tsʅ²¹<br>咬舌子niɔ⁵⁵ ʂə²¹ tsʅ²¹ 又 | 镇　原 |
| 舌头ʂɤ²¹ tʻɤu²⁴ | 大舌头ta²⁴ ʂɤ⁵³ tʻɤu²¹ | 定　西 |
| 舌头ʂə²¹ tʻɤu⁴⁴ | 大舌头ta⁴⁴ ʂə⁵³ tʻɤu²¹ | 通　渭 |
| 舌头ʂɤ²¹ tʻɤu¹³ | 大舌头ta²⁴ ʂɤ⁴⁴ tʻɤu⁴⁴ | 陇　西 |
| 舌头ʂɛ¹³ tʻəu⁴⁴ | 宽舌头kʻuæ̃²¹ ʂɛ¹³ tʻəu⁴⁴ | 临　洮 |
| 舌头儿ʃɤ²¹ tʻɤur⁵³ | 大舌头tɑ⁴⁴ ʃɤ⁵³ tʻɤu²¹ | 漳　县 |
| 舌头ʂə²¹ tʻɤu¹³ | 秃舌子tʻu⁵³ ʂə³¹ tsʅ²¹ | 陇　南 |
| 舌头ɕiɛ²¹ tʻɤu³⁵ | 大舌头ta³⁵ ɕiɛ²¹ tʻɤu¹³ | 文　县 |
| 舌头ʂɤ²¹ tʻəu⁴⁴ | 大舌头ta⁴⁴ ʂɤ²¹ tʻəu²¹ | 宕　昌 |
| 舌头ʂɤ²¹ tʻɤu¹³ | 半语子pæ̃²⁴ y⁵³ tsʅ²¹ | 康　县 |
| 舌头ʂɤ²⁴ tʻɤu²¹ | 牵舌子tɕʻiæ̃²¹ ʂɤ²⁴ tsʅ²¹ | 西　和 |
| 舌头ʂə²¹ tʻɤu⁵³ | 大舌头ta⁴⁴ ʂə²¹ tʻɤu²¹ | 临夏市 |
| 舌头ʂə²¹ tʻɯ³⁵ | 大舌头tɑ³⁵ ʂə⁵³ tʻɯ²¹ | 临夏县 |
| 舌头tʂə²¹ tʻɤu⁴⁴ | 大舌头tɑ³⁵ ʂə²¹ tʻɤu²¹ | 甘　南 |
| 舌头ʂei⁵³ tʻəu²¹ | 大舌头ta¹³ ʂei⁵³ tʻəu²¹ | 舟　曲 |
| 舌头ʂə²¹ tʻəu⁴⁴ | 大舌头ta⁴⁴ ʂə²¹ tʻəu²¹ | 临　潭 |

| 方言点＼词目 | 口水 | 脖子 |
|---|---|---|
| 北 京 | 口水 kʻou²¹⁴ ʂuei²¹⁴ | 脖子 po³⁵ tsʅ⁰ |
| 兰 州 | 口水 kʻəu⁵³ fei⁴⁴ | 脖子 pɤ⁵³ tsʅ¹³ |
| 红 古 | 颔水 xã²² fei⁵³ | 脖子 pə²² tsʅ³⁵ |
| 永 登 | 颔水 xæ̃⁵³ fei²¹ | 脖子 pə⁵³ tsʅ²¹ |
| 榆 中 | 口水 kʻəu⁵³ ʂuei²¹³ | 脖子 pə⁵³ tsʅ²¹³ |
| 白 银 | 颔水 xan⁴⁴ fei²¹ | 脖子 pə⁵³ tsʅ²¹ |
| 靖 远 | 颔水 xæ̃⁴¹ ʂuei²¹ | 脖子 pə²² tsʅ⁵⁵ |
| 天 水 | 颔水 xæ̃²¹ ʃei⁵³ | 脖子 pʻuə¹³ tsʅ²¹ |
| 秦 安 | 颔水 xan²¹ ʃei⁵³ | 脖子 pʻə³⁵ tsʅ²¹ |
| 甘 谷 | 颔水 xã²¹ ʃai⁵³ | 脖子 pʻə²² tsʅ⁴⁴ |
| 武 山 | 颔水 xã³¹ ʃɛ²¹ | 脖项 pʻə³¹ xaŋ³⁵<br>脖子 pʻə³¹ tsʅ³⁵ 又 |
| 张家川 | 颔水 xæ̃²¹ ʃei⁵³ | 脖子 pʻɤ¹³ tsʅ²¹ |
| 武 威 | 颔水 xɑ̃⁴⁴ ʂuei⁵³ | 脖子 pə³⁵ tsʅ²¹ |
| 民 勤 | 颔水 xæ⁴⁴ ʂuei²¹ | 脖子 pə²¹ zʅ⁴⁴ |
| 古 浪 | 颔水 xæ³⁵ ʂuei⁵³ | 脖子 pə³⁵ tsʅ²¹ |
| 永 昌 | 颔水 xɛ³⁵ ʂuei⁵³ | 脖子 pə³⁵ tsʅ⁵³ |
| 张 掖 | 颔水 xaŋ³³ fei³³ | 脖子 pə³⁵ tsʅ²¹ |
| 山 丹 | 颔水 xɛ³⁵ fei⁵⁵ | 脖子 pə⁵⁵ tsʅ²¹ |
| 平 凉 | 颔水 xæ̃⁵³ ʂuei²¹ | 脖浪骨 pɤ²¹ laŋ⁴⁴ ku²¹ |
| 泾 川 | 颔水 xæ̃⁴⁴ ʃei⁵³ | 脖子 pʻɤ²¹ tsʅ⁵³<br>脖项 pʻɤ²¹ xɑŋ⁵³ 又 |
| 灵 台 | 颔水 xæ̃³¹ ʃei²¹ | 脖子 pʻo²² tsʅ⁵³ |

# 方言词汇

| 口水 | 脖子 | 方言点 |
|---|---|---|
| 颔水 xan³⁵ ʂuei⁴⁴ | 脖子 pə³⁵ tsʅ³¹ | 酒　泉 |
| 颔水 xan²² ʂuei⁵³ | 脖子 pə²² tsʅ⁵³ | 敦　煌 |
| 颔水 xæ̃⁴⁴ ʂuei²¹ | 脖子 pɤ²¹ tsʅ⁵³ | 庆　阳 |
| 颔水 xæ̃⁴² ʂuei²¹ | 脖子 pɤ²² tsʅ⁵⁵ | 环　县 |
| 颔水 xæ̃⁵³ ʃei²¹ | 脖子 pʻɤ²¹ tsʅ⁵³ | 正　宁 |
| 颔水 xæ̃⁵³ sei²¹ | 脖子 pʻə²⁴ tsʅ²¹<br>脖项 pʻə²⁴ xɑ̃⁵³ 又 | 镇　原 |
| 颔水 xæ̃²¹ ʃei⁵³ | 脖子 pʻɤ²¹ tsʅ²⁴ | 定　西 |
| 颔水 xæ̃²¹ ʃei⁵³ | 脖项 pʻə²¹ xɑ̃⁴⁴ | 通　渭 |
| 颔水 xæ̃³¹ ʂuei²¹ | 脖项 pʻɤ²¹ xɑ̃¹³ | 陇　西 |
| 唾泯=水 tʻuo³⁵ miŋ²¹ ʂuei⁵³<br>颔水 xæ̃²² ʂuei⁵³ 又 | 脖项 pʻo¹³ xɑ̃⁴⁴ | 临　洮 |
| 颔水 xæ̃²¹ ʃei²¹ | 脖子骨 pʻɤ²¹ tsʅ³⁵ ku²¹ | 漳　县 |
| 颔水 xæ̃⁵³ ʃei²¹ | 脖子 pʻə²¹ tsʅ²⁴ | 陇　南 |
| 颔水 xæ̃⁵³ ʃei²¹ | 脖子 pʻɤ²¹ tsʅ³⁵ | 文　县 |
| 颔水 xæ̃¹³ ʂuei²¹ | 脖子 pɤ²¹ tsʅ⁴⁴ | 宕　昌 |
| 颔水 xæ̃⁵³ fei²¹ | 脖子 pʻuo²¹ tsʅ³⁵ | 康　县 |
| 颔水 xæ̃²⁴ ʃei²¹ | 脖子 pʻuɤ²⁴ tsʅ²¹ | 西　和 |
| 颔水 xɑ̃¹³ ʂuei⁵³ | 脖子 pə²¹ tsʅ¹³ | 临夏市 |
| 颔水 xæ̃³⁵ fei⁵³ | 脖子 pə²² tsʅ³⁵ | 临夏县 |
| 口水 kʻɤu²¹ ʂuei⁵³ | 板颈 pæ̃⁴⁴ tɕin¹³ | 甘　南 |
| 颔水 xæ̃⁵³ ʃuei²¹ | 脖子 pʻuə⁵³ tsʅ²¹ | 舟　曲 |
| 颔水 xæ̃¹³ ʂuei²¹ | 脖子 pə²¹ tsʅ⁴⁴ | 临　潭 |

| 词目<br>方言点 | 下巴 | 手臂 |
|---|---|---|
| 北　京 | 下巴ɕia⁵¹ pa⁰ | 手臂ʂou²¹⁴ pi⁵¹ |
| 兰　州 | 下巴子xa²² pa⁵³ tsʅ²¹ | 胳膊kɤ²² pɤ⁵³ |
| 红　古 | 下巴骨xa³⁵ pa⁴² ku²¹ | 胳膊kə²² pə⁵³ |
| 永　登 | 下巴子ɕia²² pa²² tsʅ³⁵ | 胳膊kə²² pi³⁵ |
| 榆　中 | 下巴子xa⁴² pa³⁵ tsʅ²¹ | 胳膊kə²¹ pə¹³ |
| 白　银 | 下巴子xa²² pa³⁵ tsʅ⁵³ | 胳膊kə²² pə²⁴ |
| 靖　远 | 下巴子xa³⁵ pa⁴¹ tsʅ²¹ | 胳膊kei⁴¹ pə²¹ |
| 天　水 | 下巴子xa³⁵ pa²¹ tsʅ²¹ | 胳臂kuə²¹ pei⁴⁴ |
| 秦　安 | 下巴xa⁴⁴ pa²¹ | 胳膊kə²¹ pei⁵³ |
| 甘　谷 | 下巴子xɒ⁴⁴ pɒ⁴² tsʅ²¹ | 胳臂kiɛ³¹ pai²⁴ |
| 武　山 | 下巴xɑ⁴⁴ pʻɑ⁴⁴ | 胳臂kiə²¹ pɛ²⁴ |
| 张家川 | 下巴子xa⁴⁴ pa²¹ tsʅ²¹ | 胳臂kuɤ²¹ pei³⁵ |
| 武　威 | 下巴子xa⁴⁴ pa⁴² tsʅ²¹ | 胳膊kə⁴⁴ pao²¹ |
| 民　勤 | 下巴子xa⁴² pa²¹ zʅ²¹ | 胳膊kɯ⁴² pə²¹ |
| 古　浪 | 下巴子xa²¹ pa³⁵ tsʅ²¹ | 胳膊kə⁴⁴ pə¹³ |
| 永　昌 | 下巴子xa⁵³ pa⁴² tsʅ²¹ | 手臂ʂʏu³⁵ pi²¹ |
| 张　掖 | 下巴子xa³¹ pa²¹ tsʅ²¹ | 胳膊kə³¹ pə²¹ |
| 山　丹 | 下巴子xa⁵⁵ pa⁴² tsʅ²¹ | 胳膊kə⁵³ pə²¹ |
| 平　凉 | 下巴子xa³⁵ pa⁵³ tsʅ²¹ | 胳臂kuɤ⁵³ pei²¹ |
| 泾　川 | 下巴xa⁴⁴ pa²¹ | 胳臂kɤ⁵³ pei²¹ |
| 灵　台 | 下巴xa²⁴ pa²¹ | 胳臂kuo⁵³ pei²¹ |

| 下巴 | 手臂 | 词目 / 方言点 |
|---|---|---|
| 下巴子 xa²² pa²² tʂʅ¹³ | 胳膊 kə²² pə¹³ | 酒　泉 |
| 下巴 xa⁴⁴ pa⁵³ | 胳臂 kə²² pei⁵³ | 敦　煌 |
| 下巴 xa⁴⁴ pa⁵³ | 胳膊 kɤ⁵³ pɤ²¹ | 庆　阳 |
| 下巴 xa²⁴ pa²¹ | 胳臂 kɤ⁴² pei²¹ | 环　县 |
| 下巴 xa³⁵ pa²¹ | 胳膊 kuo⁵³ pʻɤ²¹ | 正　宁 |
| 下巴子 xa²⁴ pa²¹ tʂʅ²¹ | 胳臂 kuo⁵³ pei²¹ | 镇　原 |
| 下巴子 xa²⁴ pa⁵³ tʂʅ²¹ | 胳臂 kɤ²¹ pei²⁴ | 定　西 |
| 下巴子 xa⁴⁴ pʻa⁵³ tʂʅ²¹ | 胳臂 kə²¹ pei²⁴ | 通　渭 |
| 下巴子 xa⁴⁴ pʻa³⁵ tʂʅ²¹ | 胳臂 kɤ³¹ pei²¹ | 陇　西 |
| 下巴 xa⁴⁴ pa²¹ | 胳臂 ko¹³ pei⁴⁴ | 临　洮 |
| 下巴 xɑ³⁵ pʻɑ⁵³ | 胳臂 kɤ⁴⁴ pei⁵³ | 漳　县 |
| 下巴子 xa³⁵ pʻa⁵³ tʂʅ²¹ | 胳臂 kə⁵³ pei²¹ | 陇　南 |
| 下巴儿 xa²⁴ par⁵³ | 胳臂 kɤ⁵³ pei¹³ | 文　县 |
| 下巴儿 xa⁴⁴ pər²¹ | 胳臂 kə²¹ pei⁴⁴ | 宕　昌 |
| 下巴子 xa²¹ pa⁵³ tʂʅ²¹ | 胳臂 kuo⁵³ pei²¹ | 康　县 |
| 下巴子 xa⁵⁵ pa²¹ tʂʅ²¹ | 胳臂 kuɤ²¹ pei²⁴ | 西　和 |
| 下巴 xa⁴⁴ pa²¹ | 胳臂 kə²¹ pei⁵³ | 临夏市 |
| 下巴 xɑ⁵⁵ pɑ²¹ | 手臂 ʂɯ⁵⁵ pei⁵³ | 临夏县 |
| 下巴 xa⁴⁴ pa²¹ | 胳膊 kə²¹ pə³⁵ | 甘　南 |
| 下巴儿 xa²² pʻar⁵³ | 胳膊 kei⁵⁵ pʻuə²¹ | 舟　曲 |
| 下巴 xa⁴⁴ pa²¹ | 胳膊 kə⁴⁴ pə⁴⁴ | 临　潭 |

| 方言点 \ 词目 | 手掌 | 手背 |
|---|---|---|
| 北京 | 手掌ʂou²¹⁴ tʂaŋ²¹⁴ | 手背ʂou²¹⁴ pei⁵¹ |
| 兰州 | 手心ʂəu⁴⁴ ɕin⁵³ | 手背ʂəu⁴⁴ pei¹³ |
| 红古 | 巴掌pa³⁵ tʂã²¹ | 手背ʂɤu⁵⁵ pei¹³ |
| 永登 | 巴掌pa⁴⁴ tʂaŋ²¹ | 手背ʂɤu⁴⁴ pei¹³ |
| 榆中 | 手掌子ʂəu⁵³ tʂã²⁴ tsɿ²¹ | 手背上ʂəu⁴⁴ pei²¹ ʂã²¹³ |
| 白银 | 巴掌pa⁴⁴ tʂaŋ²¹ | 手背ʂɤu³⁵ pei¹³ |
| 靖远 | 巴掌pa⁴¹ tʂaŋ²¹ | 手背ʂɤu⁵⁵ pei⁴⁴ |
| 天水 | 手掌ʂɤu⁵³ tʂã⁵³ | 手背ʂɤu⁵³ pei⁴⁴ |
| 秦安 | 掌心tʂã⁵³ siə̃¹³ | 手背ʂəu⁵³ pei⁴⁴ |
| 甘谷 | 手掌ʂɤu²¹ tʂaŋ⁵³ | 手背ʂɤu⁵³ pai⁴⁴ |
| 武山 | 手心里ʂɤu⁵³ ɕiŋ²¹ nɛ¹³ | 手背ʂɤu⁵³ pɛ⁴⁴ |
| 张家川 | 手掌子ʂɤu²¹ tʂã⁵³ tsɿ²¹ | 手背ʂɤu⁵³ pei⁴⁴ |
| 武威 | 巴掌pa³⁵ tʂã⁵³ | 手背子ʂɤu⁴⁴ pei⁴⁴ tsɿ²¹ |
| 民勤 | 巴掌pa²⁴ tʂaŋ²¹ | 手背ʂɤu⁴⁴ pei⁴² |
| 古浪 | 巴掌pa³⁵ tʂɑo⁵³ | 手背ʂou⁴⁴ pei³¹ |
| 永昌 | 巴掌pa³⁵ tʂaŋ⁵³ | 手背ʂɤu³⁵ pei⁵³ |
| 张掖 | 手掌子ʂɤu⁵³ tʂaŋ³¹ tsɿ¹¹ | 手背子ʂɤu²¹ pei²² tsɿ³³ |
| 山丹 | 手掌子ʂou³⁵ tʂaŋ³¹ tsɿ²¹ | 手背子ʂou⁵³ pei²² tsɿ³³ |
| 平凉 | 巴掌pa⁵³ tʂaŋ²¹ | 手背ʂɤu⁵³ pei⁴⁴ |
| 泾川 | 巴掌pa³¹ tʂaŋ²¹<br>手掌ʂəu²¹ tʂaŋ⁵³ 又 | 手背ʂəu⁵³ pei⁴⁴ |
| 灵台 | 巴掌pa³¹ tʂaŋ²¹ | 手背ʂou³¹ pei⁴⁴ |

方言词汇

| 手掌 | 手背 | 词目 / 方言点 |
|---|---|---|
| 手掌子 ʂɤu³⁵ tʂaŋ⁴² tsɿ²¹ | 手背 ʂɤu⁵³ pei³¹ | 酒　泉 |
| 手掌 ʂɤu²² tʂaŋ⁵³ | 手背 ʂɤu⁵³ pei²¹³ | 敦　煌 |
| 巴掌 pa⁵³ tʂaŋ²¹ | 手背 ʂɤu⁵³ pei⁴⁴ | 庆　阳 |
| 手掌子 ʂɤu⁵⁵ tʂaŋ⁵⁵ tsɿ²¹ | 手背 ʂɤu⁵⁵ pei³³ | 环　县 |
| 巴掌 pa⁴⁴ tʂaŋ²¹<br>手掌 ʂou²¹ tʂaŋ⁵³ 又 | 手背 ʂou⁵³ pei⁴⁴ | 正　宁 |
| 巴掌 pa²¹³ tʂã⁵³<br>手掌 ʂəu⁵³ tʂã⁵³ 又 | 手背 ʂəu⁵³ pei⁴⁴<br>捶背 tsʻei²⁴ pei⁴⁴ 又 | 镇　原 |
| 手掌 ʂɤu²¹ tʂã⁵³ | 手背 ʂɤu⁵³ pei⁴⁴ | 定　西 |
| 手掌 ʂɤu²¹ tʂã⁵³ | 手背 ʂɤu⁵³ pei⁴⁴ | 通　渭 |
| 手心 ʂɤu³⁵ ɕin²¹ | 手背 ʂɤu⁵⁵ pei²¹ | 陇　西 |
| 巴掌 pʻa²¹ tʂã¹³ | 手背 ʂəu⁵³ pei⁴⁴ | 临　洮 |
| 手掌子 ʃɤu²¹ tʃaŋ⁵³ tsɿ²¹ | 手背 ʃɤu⁵³ pɛ⁴⁴ | 漳　县 |
| 手掌 ʂɤu⁵⁵ tʂã⁵⁵ | 手背 ʂɤu⁵⁵ pei¹³ | 陇　南 |
| 手掌子 sɤu²¹ tsã⁵⁵ tsɿ²¹ | 手背 sɤu⁵⁵ pei¹³ | 文　县 |
| 手掌 ʂəu⁵³ tʂã²¹ | 手背 ʂəu⁵³ pei¹³ | 宕　昌 |
| 手掌 ʂɤu⁵⁵ tʂã⁵³ | 手背 ʂɤu⁵⁵ pei²⁴ | 康　县 |
| 手掌 ʂɤu⁵³ tʂã⁵³ | 手背 ʂɤu⁵³ pei⁵⁵ | 西　和 |
| 巴掌 pa¹³ tʂã⁵³ | 手背 ʂɤu⁴⁴ pei⁵³ | 临夏市 |
| 手掌 ʂɯ⁵⁵ tʂaŋ⁵³ | 手背 ʂɯ⁵⁵ pei⁵³ | 临夏县 |
| 巴掌 pa²¹ tʂã³⁵ | 手背 ʂɤu²¹ pi⁴⁴ | 甘　南 |
| 手掌 ʂəu⁵⁵ tʂã⁵³ | 手背 ʂəu⁵⁵ pei¹³ | 舟　曲 |
| 手 ʂəu⁵³ | 手背 ʂəu⁵³ pei⁴⁴ | 临　潭 |

| 词目<br>方言点 | 手心 | 左手 |
|---|---|---|
| 北 京 | 手心 ʂou²¹⁴ ɕin⁵⁵ | 左手 tsuo²¹⁴ ʂou²¹⁴ |
| 兰 州 | 手心 ʂəu⁴⁴ ɕin⁵³ | 左手 tsuo⁵³ ʂəu¹³ |
| 红 古 | 手心 ʂɤu⁵⁵ ɕin¹³ | 左手 tsuə⁵⁵ ʂɤu²¹ |
| 永 登 | 手心 ʂɤu⁴⁴ ɕin⁵³ | 左手 tsuə²² ʂɤu⁵³ |
| 榆 中 | 手心里 ʂəu⁴⁴ xin⁵³ li²¹ | 左手 tsuə⁵³ ʂəu²¹³ |
| 白 银 | 手心 ʂɤu³⁵ ɕin⁴⁴ | 左手 tsuə⁵³ ʂɤu¹³ |
| 靖 远 | 手心 ʂɤu⁵⁵ ɕiŋ⁴¹ | 左手 tsuə⁴¹ ʂɤu²¹ |
| 天 水 | 手心 ʂɤu⁵³ ɕiŋ¹³ | 左手 tsuə³⁵ ʂɤu²¹ |
| 秦 安 | 手心 ʂəu⁵³ siə̃¹³ | 左手 tsə⁴⁴ ʂəu²¹ |
| 甘 谷 | 手心 ʂɤu⁵³ ɕiəŋ¹³ | 左手 tsə³⁵ ʂɤu²¹ |
| 武 山 | 手心 ʂɤu⁵³ ɕiŋ²¹ | 左手 tsə³⁵ ʂɤu²¹ |
| 张家川 | 手心 ʂɤu⁵³ ɕiŋ¹³ | 左手 tsuɤ⁴⁴ ʂɤu⁵³ |
| 武 威 | 手心 ʂɤu³⁵ ɕiŋ²¹ | 左手 tsuə³⁵ ʂɤu²¹ |
| 民 勤 | 手心 ʂɤu³⁵ ɕiŋ²¹ | 左手 tsuə³⁵ ʂɤu²¹ |
| 古 浪 | 手心 ʂou⁴⁴ ɕiŋ⁴⁴ | 左手 tsuə³⁵ ʂou²¹ |
| 永 昌 | 手心 ʂɤu⁵³ ɕiŋ²¹ | 左手 tsuə³⁵ ʂɤu⁵³ |
| 张 掖 | 手心 ʂɤu⁵³ ɕin³³ | 左手 tsuə³⁵ ʂɤu²¹ |
| 山 丹 | 手心 ʂou⁵⁵ ʃiŋ¹³ | 左手 tsuə⁵⁵ ʂou²¹ |
| 平 凉 | 手心 ʂɤu⁵³ ɕiŋ²¹ | 左手 tsuɤ⁵³ ʂɤu²¹ |
| 泾 川 | 手心 ʂəu⁵³ ɕiŋ²¹ | 左手 tsuɤ⁵⁵ ʂəu²¹ |
| 灵 台 | 手心 ʂou⁵³ ɕiəŋ²¹ | 左手 tsuo⁴⁴ ʂou²¹ |

| 手心 | 左手 | 词目 / 方言点 |
|---|---|---|
| 手心 ʂɤu⁵³ ɕiŋ⁴⁴ | 左手 tsuə³⁵ ʂɤu³¹ | 酒　泉 |
| 手心 ʂɤu⁵³ ɕiŋ²¹³ | 左手 tsuə²² ʂɤu⁵³ | 敦　煌 |
| 手心 ʂɤu⁴⁴ ɕiŋ⁵³ | 左手 tsuo⁴⁴ ʂɤu⁵³ | 庆　阳 |
| 手心 ʂɤu⁵⁵ ɕiŋ⁴¹ | 左手 tsuɤ⁵⁵ ʂɤu²¹ | 环　县 |
| 手心 ʂou⁵³ siŋ²¹ | 左手 tsuo⁴⁴ ʂou²¹ | 正　宁 |
| 手心 ʂəu³⁵ siŋ⁵³ | 左手 tsuo⁴⁴ ʂəu⁵³ | 镇　原 |
| 手心 ʂɤu⁵³ ɕiŋ¹³ | 左手 tsɤ²⁴ ʂɤu⁵³ | 定　西 |
| 手心 ʂɤu⁵³ siə̃¹³ | 左手 tsə⁴⁴ ʂɤu²¹ | 通　渭 |
| 手心 ʂɤu⁴⁴ ɕin²¹ | 左手 tsuɤ¹³ ʂɤu²¹ | 陇　西 |
| 手心儿 ʂəu⁵³ ɕiər¹³ | 左手 tsuo¹³ ʂəu⁵³ | 临　洮 |
| 手心 ʃɤu⁵³ ɕiŋ²¹ | 左手 tsɤ⁴⁴ ʃɤu²¹ | 漳　县 |
| 手心 ʂɤu⁵⁵ ɕiŋ²¹ | 左手 tsuə⁵⁵ ʂɤu²¹ | 陇　南 |
| 手心 ʂɤu⁵⁵ ɕiə̃⁵³ | 左手 tsuə⁵⁵ ʂɤu⁵³ | 文　县 |
| 手心 ʂəu⁵³ siŋ⁴⁴ | 左手 tsuə¹³ ʂəu²¹ | 宕　昌 |
| 手心 ʂɤu⁵⁵ sin⁵³ | 左手 tsuo²⁴ ʂɤu⁵³ | 康　县 |
| 手心 ʂɤu⁵³ ɕiŋ²¹ | 左手 tsuɤ²⁴ ʂɤu⁵³ | 西　和 |
| 手心 ʂɤu⁴⁴ ɕin¹³ | 左手 tsuə³⁵ ʂɤu⁵³ | 临夏市 |
| 手心 ʂɯ⁵⁵ ɕin¹³ | 左手 tsuə¹³ ʂɯ⁵³ | 临夏县 |
| 手心 ʂɤu⁴⁴ ɕin¹³ | 左手 tsuə¹³ ʂɤu⁵³ | 甘　南 |
| 手心 ʂəu⁵⁵ siŋ⁵³ | 左手 tsuə⁵³ ʂəu²¹ | 舟　曲 |
| 手心 ʂəu⁵³ ɕin⁴⁴ | 左手 tsuə³⁵ ʂəu⁵³ | 临　潭 |

| 词目<br>方言点 | 右手 | 手指 |
| --- | --- | --- |
| 北　京 | 右手iou⁵¹ ʂou²¹⁴ | 手指ʂou²¹⁴ tʂʅ²¹⁴ |
| 兰　州 | 右手ʑiəu²² ʂəu⁵³ | 手指头ʂəu⁴⁴ tʂʅ²¹ tʻəu¹³ |
| 红　古 | 右手iɤu²² ʂɤu⁵³ | 指头tʂʅ²² tʻɤu³⁵ |
| 永　登 | 右手iɤu²² ʂɤu³⁵ | 指头tʂʅ²² tʻɤu³⁵ |
| 榆　中 | 右手iəu²¹ ʂəu⁴⁴ | 手指头ʂəu⁴⁴ tʂʅ²¹ tʻəu¹³ |
| 白　银 | 右手iɤu²² ʂɤu³⁵ | 指头子tʂʅ²² tʻɤu²² tʂʅ³⁵ |
| 靖　远 | 右手iɤu³⁵ ʂɤu⁴¹ | 指头子tʂʅ⁴¹ tʻɤu²¹ tʂʅ²¹ |
| 天　水 | 右手iɤu³⁵ ʂɤu²¹ | 手指头ʂɤu⁵³ tʂʅ²¹ tʻɤu¹³ |
| 秦　安 | 右手iəu⁴⁴ ʂəu²¹ | 指头儿tʂʅ²¹ tʻəu³⁵ zʅ²¹ |
| 甘　谷 | 右手iɤu³⁵ ʂɤu²¹ | 手指头儿ʂɤu⁵³ tʂʅ²¹ tʻɤu²¹ zʅ⁴⁴ |
| 武　山 | 右手iɤu³⁵ ʂɤu²¹ | 手指头儿ʂɤu⁵³ tʂʅ³¹ tʻɤu²¹ zʅ¹³ |
| 张家川 | 右手iɤu⁴⁴ ʂɤu²¹ | 手指头ʂɤu⁵³ tʂʅ²¹ tʻɤu³⁵ |
| 武　威 | 右手iɤu⁴⁴ ʂɤu²¹ | 指头tʂʅ³⁵ tʻɤu²¹ |
| 民　勤 | 右手iɤu⁴² ʂɤu²¹ | 指头tʂʅ⁴² tʻɤu²¹ |
| 古　浪 | 右手iou³⁵ ʂou²¹ | 指头tʂʅ⁴⁴ tʻou¹³ |
| 永　昌 | 右手iɤu³⁵ ʂɤu²¹ | 手指头ʂɤu³⁵ tʂʅ⁵³ tʻɤu²¹ |
| 张　掖 | 右手iɤu³¹ ʂɤu²¹ | 指头tʂʅ²² tʻɤu⁵³ |
| 山　丹 | 右手iou⁵³ ʂou²¹ | 指头tʂʅ⁵⁵ tʻou²¹ |
| 平　凉 | 右手iɤu³⁵ ʂɤu²¹ | 指头子tʂʅ⁵³ tʻɤu²¹ tʂʅ²¹ |
| 泾　川 | 右手iəu³⁵ ʂəu²¹ | 手指头ʂəu⁵³ tʂʅ⁴² tʻəu²¹ |
| 灵　台 | 右手iou²⁴ ʂou²¹ | 手指头ʂou⁵³ tʂʅ⁵³ tʻou²¹ |

| 右手 | 手指 | 词目 / 方言点 |
|---|---|---|
| 右手iɣu²² ʂɣu¹³ | 指头tʂʅ²² tʻɣu¹³ | 酒　泉 |
| 右手iɣu⁴⁴ ʂɣu⁵³ | 手指头ʂɣu⁵³ tʂʅ²¹ tʻɣu²¹³ | 敦　煌 |
| 右手iɣu⁴⁴ ʂɣu⁵³ | 指头tʂʅ⁵³ tʻɣu²¹ | 庆　阳 |
| 右手iɣu²⁴ ʂɣu²¹ | 手指头ʂɣu⁵⁵ tʂʅ⁴² tʻɣu²¹ | 环　县 |
| 右手iou⁴⁴ ʂou²¹ | 手指头ʂou⁴⁴ tʂʅ⁵³ tʻou²¹ | 正　宁 |
| 右手iəu⁴⁴ ʂəu⁵³ | 指头tʂʅ⁴¹ tʻəu²¹ | 镇　原 |
| 右手iɣu²⁴ ʂɣu²¹ | 手指头ʂɣu⁵³ tʂʅ²¹ tʻɣu¹³ | 定　西 |
| 右手iɣu²⁴ ʂɣu⁵³ | 手指头ʂɣu⁵³ tʂʅ²¹ tʻɣu¹³ | 通　渭 |
| 右手iɣu¹³ ʂɣu²¹ | 指头儿tʂʅ⁵³ tʻɣu²¹ zʅ¹³ | 陇　西 |
| 右手iəu⁴⁴ ʂəu²¹ | 指头tʂʅ²¹ tʻəu¹³ | 临　洮 |
| 右手iɣu³⁵ ʃɣu²¹ | 手指头儿ʃɣu⁴⁴ tʃʅ²¹ tʻɣur³⁵ | 漳　县 |
| 右手iɣu²⁴ ʂɣu⁵³ | 手指头ʂɣu⁵⁵ tʂʅ⁵⁵ tʻɣu²¹ | 陇　南 |
| 右手iɣu²⁴ sɣu⁵³ | 指头tʂʅ⁵³ tʻɣu²⁴ | 文　县 |
| 右手iəu⁴⁴ ʂəu²¹ | 指头tʂʅ⁴⁴ tʻəu⁴⁴ | 宕　昌 |
| 右手iɣu²⁴ ʂɣu⁵³ | 指拇子tʂʅ⁵³ mɣŋ²¹ tʂʅ²¹ | 康　县 |
| 右手iɣu⁵⁵ ʂɣu⁵³ | 手指头儿ʂɣu⁵³ tʂʅ²¹ tʻɣu²⁴ ər²¹ | 西　和 |
| 右手iɣu⁴⁴ ʂɣu²¹ | 手指ʂɣu⁴⁴ tʂʅ²¹ | 临夏市 |
| 右手iɯ³⁵ ʂɯ²¹ | 手指ʂɯ⁵⁵ tʂʅ¹³ | 临夏县 |
| 右手iɣu⁴⁴ ʂɣu²¹ | 手指头ʂɣu⁴⁴ tʂʅ²¹ tʻɣu⁵³ | 甘　南 |
| 右手iəu¹³ ʂəu⁵³ | 指头tʂʅ⁵⁵ tʻər²¹ | 舟　曲 |
| 右手iəu³⁵ ʂəu⁵³ | 手指头儿ʂəu⁵³ tʂʅ²¹ tʻɔr⁵³ | 临　潭 |

| 词目 方言点 | 大拇指 | 食指 |
|---|---|---|
| 北 京 | 大拇指ta⁵¹ mu²¹⁴ tʂʅ²¹⁴ | 食指ʂʅ³⁵ tʂʅ²¹⁴ |
| 兰 州 | 大拇指ta²² mɤ⁵³ tʂʅ²¹ | 食指ʂʅ⁴⁴ tʂʅ²¹ |
| 红 古 | 大拇指头ta²² mu³⁵ tʂʅ⁴² tʻɤu²¹ | 二拇指头ər¹³ mu³⁵ tʂʅ⁴² tʻɤu²¹ |
| 永 登 | 大指拇ta²² tʂʅ²⁴ mu⁵³ | 食指ʂʅ³⁵ tʂʅ¹³ |
| 榆 中 | 大拇指ta⁴² mu³⁵ tʂʅ²¹ | 食指ʂʅ³⁵ tʂʅ²¹ |
| 白 银 | 大拇指ta²² mu²⁴ tʂʅ⁴⁴ | 二拇指ɣɯ²² mu²⁴ tʂʅ²¹ |
| 靖 远 | 大拇指ʂʅ³⁵ mu²¹ tʂʅ⁴¹ | 食指儿ʂʅ²² tsər⁴¹ |
| 天 水 | 大拇指头ta³⁵ mu⁵³ tʂʅ²¹ tʻɤu¹³ | 二拇指头ər³⁵ mu⁵³ tʂʅ²¹ tʻɤu¹³ |
| 秦 安 | 大拇尕尕ta⁴⁴ mɑ̃²¹ ka¹³ ka²¹ | 二拇尕尕zʅ³⁵ mɑ̃²¹ ka¹³ ka²¹ |
| 甘 谷 | 大拇指头儿 tʊ⁵⁵ mai⁴⁴ tʂʅ²¹ tʻɤu²¹ zʅ⁴⁴ | 食指ʂʅ³⁵ tʂʅ²¹ |
| 武 山 | 大拇指头儿 tɑ⁴⁴ mɛ⁵³ tʂʅ³¹ tʻɤu²¹ zʅ¹³ | 二拇指头儿 zʅ³⁵ mɛ⁵³ tʂʅ³¹ tʻɤu²¹ zʅ¹³ |
| 张家川 | 大拇指儿ta⁴⁴ mu⁵³ tsər⁴⁴ | 食指儿ʂʅ¹³ tʂʅ²¹ |
| 武 威 | 大拇指头ta⁴⁴ mu⁵³ tʂʅ⁴² tʻɤu²¹ | 二拇指头ɣɯ³⁵ mu⁵³ tʂʅ⁴² tʻɤu²¹ |
| 民 勤 | 大拇指ta⁴² mu²¹ tʂʅ²¹ | 二拇指ɣɯ⁴² mu²¹ tʂʅ²¹ |
| 古 浪 | 大拇指ta⁴⁴ mu⁴⁴ tʂʅ¹³ | 二拇指ɣə³⁵ mu⁴⁴ tʂʅ¹³ |
| 永 昌 | 大拇指ta⁵³ mu⁴² tʂʅ²¹ | 二拇指ɣə⁵³ mu⁴² tʂʅ²¹ |
| 张 掖 | 大拇指ta⁵³ mu²² tʂʅ²¹ | 二拇指ɣɯ³¹ mu²² tʂʅ²¹ |
| 山 丹 | 大拇指ta⁵⁵ mu²¹ tʂʅ¹³ | 二拇指ɣɯ⁵⁵ mu²¹ tʂʅ¹³ |
| 平 凉 | 大拇指头子 ta⁴⁴ mu⁵³ tʂʅ²¹ tʻɤu²¹ tsʅ²¹ | 二拇指头子 ər³⁵ mu⁵³ tʂʅ⁵³ tʻɤu²¹ tsʅ²² |
| 泾 川 | 大拇指ta⁴⁴ mu⁵⁵ tʂʅ³¹ | 食指ʂʅ²⁴ tʂʅ²¹ |
| 灵 台 | 大拇指头ta²⁴ mu²¹ tʂʅ⁵³ tʻou²¹ | 食指ʂʅ²⁴ tʂʅ²¹ |

| 大拇指 | 食指 | 词目 / 方言点 |
|---|---|---|
| 大拇指 ta²² mu⁴⁴ tʂʅ¹³ | 食指 ʂʅ³⁵ tʂʅ³¹ | 酒 泉 |
| 大拇指头 ta⁴⁴ mu⁵³ tsʅ²¹ tʻɤu²¹³ | 食指 ʂʅ¹³ tsʅ²¹ | 敦 煌 |
| 大拇指头 ta⁴⁴ mu³¹ tsʅ⁵³ | 食指 ʂʅ²⁴ tsʅ⁵³ | 庆 阳 |
| 大拇尕儿 ta⁴⁴ mu²¹ kɐr²⁴ | 二拇趾 ɚr⁴⁴ mu²¹ ɕyɤ²⁴ | 环 县 |
| 大拇指 ta²⁴ mu²¹ tsʅ²¹ | 食指 ʂʅ²⁴ tsʅ²¹ | 正 宁 |
| 大拇指头 ta⁴⁴ mu²¹ tsʅ⁵³ tʻəu²¹ | 二拇指头 ɚr⁴⁴ mu²¹ tsʅ²⁴ tʻəu²¹ | 镇 原 |
| 大拇指头 ta⁴⁴ mu⁵³ tsʅ²¹ tʻɤu¹³ | 食指 ʂʅ¹³ tsʅ²¹ | 定 西 |
| 大拇指头 ta⁴⁴ mu²¹ tsʅ²¹ tʻɤu¹³ | 食指 ʂʅ¹³ tsʅ⁵³ | 通 渭 |
| 大拇指头儿<br>ta¹³ mei⁴⁴ tsʅ⁵³ tʻɤu²² zʅ¹³ | 二拇指头儿<br>ɐr¹³ mei⁴⁴ tsʅ²¹ tʻɤu²² zʅ¹³ | 陇 西 |
| 大拇指 ta⁴⁴ mu⁵³ tsʅ²¹ tʻəu¹³ | 二拇指头 ɚr⁴⁴ mu⁵³ tsʅ²¹ tʻəu¹³ | 临 洮 |
| 大拇指头儿 tɑ⁴⁴ miɑ²¹ tʃʅ²¹ tɤur³⁵ | 食指 ʃʅ³⁵ tʃʅ²¹ | 漳 县 |
| 大拇指头 ta²⁴ mu⁵⁵ tsʅ⁵⁵ tʻɤu²¹ | 食指 ʂʅ²² tsʅ⁵⁵ | 陇 南 |
| 大拇指 ta²⁴ mu³⁵ tsʅ⁵⁵ | 食指 ʂʅ²¹ tsʅ⁵³ | 文 县 |
| 大拇哥 ta⁴⁴ mu²¹ kɤ¹³ | 食指 ʂʅ¹³ tsʅ²¹ | 宕 昌 |
| 大拇指头 ta²⁴ mu⁵⁵ tsʅ⁵³ tʻɤu²¹ | 食指 ʂʅ²¹ tsʅ⁵³ | 康 县 |
| 大拇指头儿<br>ta³⁵ mu²¹ tsʅ²¹ tʻɤu²⁴ ər²¹ | 二拇指头儿<br>ər⁵⁵ mu⁵³ tsʅ²¹ tʻɤu²⁴ ər²¹ | 西 和 |
| 大拇指 tɑ³⁵ mu²¹ tsʅ²¹ | 二拇指 ər³⁵ mu²¹ tsʅ²¹ | 临夏市 |
| 大拇指 tɑ³⁵ mu⁵³ tsʅ¹³ | 食指 ʂʅ¹³ tsʅ⁵³ | 临夏县 |
| 大拇指 ta⁴⁴ mu²¹ tsʅ⁴⁴ | 食指 ʂʅ¹³ tsʅ⁵³ | 甘 南 |
| 大拇指 ta²² mu⁵⁵ tsʅ⁵³ | 食指 ʂʅ²² tsʅ²¹ | 舟 曲 |
| 大拇头儿 ta⁴⁴ mu²¹ tʻər⁵³ | 食指 ʂʅ¹³ tsʅ⁵³ | 临 潭 |

| 词目<br>方言点 | 中指 | 无名指 |
|---|---|---|
| 北京 | 中指tʂuŋ⁵⁵ tʂʅ²¹⁴ | 无名指u³⁵ miŋ³⁵ tʂʅ²¹⁴ |
| 兰州 | 中指pfən⁴² tʂʅ²¹ | 无名指vu⁴² min¹³ tʂʅ²¹ |
| 红古 | 中指头tʂuən²² tʂʅ⁵³ tʻɣu²¹ | 无名指vu¹³ min³⁵ tʂʅ²¹ |
| 永登 | 中指pfən⁴² tʂʅ¹³ | 无名指vu¹³ min⁵³ tʂʅ²¹ |
| 榆中 | 中指tʂun⁵³ tʂʅ²¹ | 无名指vu²² min⁵³ tʂʅ²¹ |
| 白银 | 中指tʂun⁴⁴ tʂʅ²¹ | 无名指vu²² min⁵³ tʂʅ²¹ |
| 靖远 | 中指儿tʂoŋ⁴¹ tsər²¹ | 无名指儿vu²⁴ miŋ²² tsər⁴¹ |
| 天水 | 中指tʃɣŋ²¹ tsʅ⁵³ | 无名指u¹³ miŋ¹³ tsʅ⁵³ |
| 秦安 | 中指儿tʃɤ̃²¹ tsʻʅ⁵³ zʅ²¹ | 无名指vu¹³ miɔ̃¹³ tsʅ²¹ |
| 甘谷 | 中指tʃəŋ³⁵ tsʅ²¹ | 无名指vu¹³ miəŋ³⁵ tsʅ²¹ |
| 武山 | 三拇指头儿<br>sã³¹ mɛ²¹ tʂʅ³¹ tʻɣu²¹ zʅ¹³ | 四拇指头儿<br>sʅ³⁵ mɛ⁵³ tʂʅ³¹ tʻɣu²¹ zʅ¹³ |
| 张家川 | 中指tʃɤŋ¹³ tsʅ²¹ | 无名指vu⁵⁵ miŋ³⁵ tsʅ²¹ |
| 武威 | 中指头tʂuŋ⁴⁴ tʂʅ⁴⁴ tʻɣu⁵³ | 四指头sʅ⁵³ tʂʅ⁴² tʻɣu²¹ |
| 民勤 | 中指tʂoŋ²⁴ tʂʅ²¹ | 四拇指sʅ⁴² mu²¹ tʂʅ²¹ |
| 古浪 | 中指tʂuəŋ³⁵ tʂʅ⁴⁴ | 四拇指sʅ⁴⁴ mu⁴⁴ tʂʅ¹³ |
| 永昌 | 中指tʂuŋ³⁵ tʂʅ⁵³ | 四拇指头sʅ⁵³ mu²¹ tʂʅ⁵³ tʻɣu²¹ |
| 张掖 | 中指kuən³³ tʂʅ³³ | 无名指vu²² min⁵³ tʂʅ²¹ |
| 山丹 | 中指tʂuŋ³³ tʂʅ³³ | 四拇指sʅ⁵³ mu²¹ tʂʅ³³ tʻou²¹ |
| 平凉 | 中指tʂuŋ⁵³ tsʅ²¹ | 无名指u²⁴ miŋ²⁴ tsʅ²¹ |
| 泾川 | 中指tʃəŋ²¹ tsʅ³¹ | 无名指vu²⁴ miŋ²⁴ tsʅ³¹ |
| 灵台 | 中指tʃəŋ³¹ tsʅ²¹ | 无名指u²⁴ miəŋ²⁴ tsʅ²¹ |

| 中指 | 无名指 | 词目 / 方言点 |
|---|---|---|
| 中指 tʂuŋ³⁵ tʂʅ⁴⁴ | 四拇指 sʅ²² mu⁴⁴ tʂʅ¹³ | 酒 泉 |
| 中指 tʂuŋ¹³ tʂʅ²¹ | 无名指 vu¹³ miŋ⁴⁴ tʂʅ²¹ | 敦 煌 |
| 中指 tʂuŋ²¹ tʂʅ⁵³ | 无名指 u²⁴ miŋ²⁴ tʂʅ⁵³ | 庆 阳 |
| 中指 tʂuŋ⁴² tʂʅ²¹ | 无名指 u²² miŋ²⁴ tʂʅ⁴¹ | 环 县 |
| 中指 tʃəŋ³¹ tʂʅ²¹ | 无名指 u²⁴ miŋ²⁴ tʂʅ²¹ | 正 宁 |
| 中指 tsəŋ²⁴ tʂʅ⁴² | 无名指 u²⁴ miŋ²⁴ tʂʅ⁵³ | 镇 原 |
| 中指 tʃɤŋ¹³ tʂʅ²¹ | 指头 tʂʅ²¹ tʻɤu¹³ | 定 西 |
| 中指 tʃə̃¹³ tʂʅ⁵³ | 指头儿 tʂʅ²¹ tʻɤu²¹ zʅ¹³ | 通 渭 |
| 中指儿 tʂuŋ²¹ tʂʅ³¹ zʅ²¹ | 无名指 vu¹³ min¹³ tʂʅ⁵³ | 陇 西 |
| 中指 tʂuŋ³⁵ tʂʅ²¹ | 指头 tʂʅ²¹ tʻəu¹³ | 临 洮 |
| 中指 tʃɤŋ²¹ tʃʅ²¹ | 无名指 vu³⁵ miŋ⁵³ tʃʅ²¹ | 漳 县 |
| 中指 tʃɤŋ⁵³ tʂʅ²¹ | 四指 sʅ³⁵ tʂʅ²¹ | 陇 南 |
| 中指 tʃə̃⁵³ tʂʅ²¹ | 无名指 vu¹³ miə̃²² tʂʅ⁵³ | 文 县 |
| 中指 tʂuŋ⁴⁴ tʂʅ²¹ | 无名指 vu¹³ mei¹³ tʂʅ²¹ | 宕 昌 |
| 中指 pfɤŋ⁵³ tʂʅ²¹ | 无名指 vu¹³ min²¹ tʂʅ⁵³ | 康 县 |
| 中指子 tʃɤŋ²⁴ tʂʅ²¹ tsʅ²¹ | 无名指 u²⁴ miŋ²⁴ tʂʅ⁵³ | 西 和 |
| 中指 tʂuəŋ⁴⁴ tʂʅ²¹ | 无名指 vu¹³ min⁴⁴ tʂʅ³¹ | 临夏市 |
| 中指 tʂuəŋ⁵⁵ tʂʅ²¹ | 无名指 vu²¹ min³⁵ tʂʅ⁵³ | 临夏县 |
| 中指 tʂun⁴⁴ tʂʅ²¹ | 无名指 vu¹³ min¹³ tʂʅ²¹ | 甘 南 |
| 中指 tʃuəŋ⁵³ tʂʅ²¹ | 无名指 vu³⁵ miŋ²¹ tʂʅ⁵³ | 舟 曲 |
| 中指 tsuŋ⁴⁴ tʂʅ⁵³ | 无名指 vu¹³ min⁴⁴ tʂʅ⁵³ | 临 潭 |

| 词目<br>方言点 | 小指 | 指甲 |
|---|---|---|
| 北 京 | 小指 ɕiao²¹⁴ tʂʅ²¹⁴ | 指甲 tʂʅ²¹⁴ tɕia⁰ |
| 兰 州 | 尕拇舅=舅=ka⁵³ mɤ⁴² tɕiəu²¹ tɕiəu¹³ | 指甲 tʂʅ²² tɕia⁵³ |
| 红 古 | 尕指头 ka³⁵ tʂʅ⁴² tʻɤu²¹ | 指甲 tʂʅ²² tɕia⁵³ |
| 永 登 | 尕指拇 ka¹³ tʂʅ⁵³ mu²¹ | 指甲 tʂʅ²² tɕia⁴⁴ |
| 榆 中 | 小指头 ɕio⁴⁴ tʂʅ⁴² tʻəu²¹ | 指甲 tʂʅ²¹ tɕia¹³ |
| 白 银 | 小指头 ɕiɔ³⁵ tʂʅ²² tʻɤu²¹ | 指甲 tʂʅ²² tɕia²⁴ |
| 靖 远 | 小拇尕儿 ɕiao⁵⁵ mu²¹ kɐr²⁴ | 指甲 tʂʅ⁴¹ tɕia²¹ |
| 天 水 | 小拇尕 ɕiɔ⁵³ mɤŋ²¹ ka⁴⁴ | 指甲 tɕi²¹ tɕia¹³ |
| 秦 安 | 碎拇尕尕 suei⁴⁴ mə̃²¹ ka¹³ ka²¹ | 指甲 tʂʅ²¹ tɕia¹³ |
| 甘 谷 | 碎拇指头儿 suai⁵⁵ mai⁴⁴ tʂʅ²¹ tʻɤu²¹ zʅ⁴⁴ | 指甲儿 tʂʅ²¹ tɕiɒ⁴⁴ zʅ²¹ |
| 武 山 | 小拇尕尕儿 ɕiao⁵³ mɛ²¹ kɑ¹³ kɑ²¹ zʅ¹³ | 指甲 tʂʅ³¹ tɕiɑ²¹ |
| 张家川 | 小拇指儿 ɕiɔ⁵³ mu⁵³ tsər²¹ | 指甲 tɕi²¹ tɕia¹³ |
| 武 威 | 小指头 ɕiao⁴⁴ tʂʅ⁵³ tʻɤu²¹ | 指甲 tʂʅ⁴⁴ tɕia²¹ |
| 民 勤 | 小拇尕尕 ɕiao²¹ mu²¹ ka⁴⁴ ka²¹ | 指甲 tʂʅ⁴² tɕia²¹ |
| 古 浪 | 小指头 ɕiɔ²¹ tʂʅ³⁵ tʻou²¹<br>尕拇指 ka³⁵ mu²¹ tʂʅ²¹ 又 | 指甲 tʂʅ⁴⁴ tɕia³¹ |
| 永 昌 | 小拇尕尕 ɕiao⁵³ mu²¹ ka³⁵ ka²¹ | 指甲 tʂʅ⁵³ tɕia²¹ |
| 张 掖 | 小拇指 ɕiɔ³¹ mu²² tʂʅ³¹ | 指甲 tɕi³¹ tɕia²¹ |
| 山 丹 | 小拇尕尕 ɕiɑo³³ mu³³ ka⁵⁵ ka²¹ | 指甲皮 tʂʅ⁵⁵ tɕia⁵³ pʻʅ²¹ |
| 平 凉 | 小拇指头子 ɕiɔ⁵³ mu²¹ tʂʅ⁵³ tʻɤu²¹ tsʅ²¹ | 指甲 tʂʅ⁵³ tɕia²¹ |
| 泾 川 | 小拇指头 ɕiɔ⁵⁵ mu²¹ tʂʅ⁵³ tʻəu²¹ | 指甲 tʂʅ⁵³ tɕia²¹ |
| 灵 台 | 小拇指头 siɔ⁵³ mu²¹ tʂʅ⁵³ tʻou²¹ | 指甲 tʂʅ⁵³ tɕia²¹ |

方言词汇

| 小指 | 指甲 | 词目 / 方言点 |
|---|---|---|
| 小拇尕尕ɕiɔ²² mu⁴⁴ ka⁴⁴ ka²¹ | 指甲tʂʅ²² tɕia¹³ | 酒 泉 |
| 尕拇尕尕ka²² mu⁴⁴ ka²² ka⁵³ | 指甲tʂʅ²² tɕia²¹³ | 敦 煌 |
| 碎拇指suei⁴⁴ mu²¹ tʂʅ⁵³ | 指甲tʂʅ⁵³ tɕia²¹ | 庆 阳 |
| 小拇尕尕ɕiɔ⁴⁴ mu²¹ ka²² ka³³ | 指甲tʂʅ⁴² tɕia²¹ | 环 县 |
| 小拇指头siɔ⁴⁴ mu²¹ tʂʅ⁵³ t'ou²¹ | 指甲tʂʅ⁵³ tɕia²¹ | 正 宁 |
| 小拇尕尕siɔ⁵³ mu²¹ ka³⁵ ka⁵³ | 指甲tʂʅ⁴² tɕia²¹ | 镇 原 |
| 尕拇指头ka²¹ mu³⁵ tʂʅ²¹ t'ɤu²¹ | 指甲tʂʅ²² tɕia²⁴ | 定 西 |
| 小拇尕尕siɔ⁵³ mu²¹ ka¹³ ka⁵³ | 指甲盖tʂʅ²¹ tɕia²¹ kɛ⁴⁴ | 通 渭 |
| 小拇指ɕiɔ²¹ mu¹³ tʂʅ²¹ | 指甲儿tʂʅ²² tɕia²² zʅ¹³ | 陇 西 |
| 尕拇舅＝舅＝儿 ka³⁵ mu⁵³ tɕiəu⁴⁴ tɕiɑor²¹ | 指甲tʂʅ²¹ tɕia¹³ | 临 洮 |
| 尕拇指头儿ka²¹ miɑ³⁵ tʃʅ²¹ t'ɤur³⁵ | 指甲tʃʅ⁴⁴ tɕiɑ²¹ | 漳 县 |
| 小拇指头ɕiɑo⁵⁵ mu²¹ tʂʅ⁵³ t'ɤu²¹ | 指甲tʂʅ⁵⁵ tɕia²¹ | 陇 南 |
| 小指拇儿ɕiɑo⁵⁵ tʂʅ⁵³ mur²¹ | 指甲tʂʅ⁵³ tɕia¹³ | 文 县 |
| 小拇尕siɑo⁵³ mu²¹ ka¹³ | 指甲tʂʅ⁴⁴ tɕia⁴⁴ | 宕 昌 |
| 小指头siɑo⁵⁵ tʂʅ⁵³ t'ɤu²¹ | 指甲tʂʅ⁵³ tɕia²¹ | 康 县 |
| 小拇指ɕiɔ⁵³ mu³⁵ tʂʅ²¹ | 指甲tɕi²¹ tɕia²⁴ | 西 和 |
| 尕拇指ka¹³ mu⁴⁴ tʂʅ²¹ | 指甲tʂʅ²¹ tɕia³¹ | 临夏市 |
| 小拇指ɕiɔ⁵⁵ mu⁵³ tʂʅ¹³ | 指甲tʂʅ²¹ tɕiɑ⁵³ | 临夏县 |
| 尕拇指ka²¹ mu⁴⁴ tʂʅ³⁵ | 指甲tʂʅ²¹ tɕia⁴⁴ | 甘 南 |
| 小拇指siɑo⁵⁵ mu⁵⁵ tʂʅ⁵³ | 指甲tʂʅ³⁵ tɕia²¹ | 舟 曲 |
| 尕拇指头儿ka¹³ mu²¹ tʂʅ²¹ t'ər⁵³ | 指甲tʂʅ⁴⁴ tɕia⁴⁴ | 临 潭 |

| 词目 / 方言点 | 斗（圆形的指纹） | 箕（簸箕形的指纹） |
|---|---|---|
| 北　京 | 斗 tou²¹⁴ | 箕 tɕi⁵⁵ |
| 兰　州 | 斗 təu⁴⁴ | 簸箕 pɤ⁴⁴ tɕi²¹ |
| 红　古 | 脶儿 luər¹³ | 簸箕 pə³⁵ tsʻʅ²¹ |
| 永　登 | 脶 luə⁵³ | 簸箕 pə³⁵ tɕi²¹ |
| 榆　中 | 笸篮 pu⁵³ lã²¹³ | 簸箕 pə³⁵ tɕiə²¹ |
| 白　银 | 笸篮 pu⁵³ lan²¹ | 簸箕 pə³⁵ tɕi²¹ |
| 靖　远 | 脶儿 luər²⁴ | 簸箕 pə⁵⁵ tɕiɛ²¹ |
| 天　水 | 脶儿 luə¹³ ər²¹ | 簸箕 puə⁵³ tɕʻi²¹ |
| 秦　安 | 笸篮 pʻu³⁵ lan²¹ | 簸箕 pə⁵³ tɕi²¹ |
| 甘　谷 | 笸箩儿 pʻə²¹ lə²⁴ zʅ²¹ | 簸箕 pə⁵³ tɕiɛ²¹ |
| 武　山 | 笸箩 pʻə²¹ lə⁴⁴ | 簸箕 pə⁵³ tɕi²⁴ |
| 张家川 | 笸篮 pʻu³⁵ læ̃²¹ | 簸箕 pɤ⁵³ tɕi²¹ |
| 武　威 | 脶儿 luə³⁵ ɣɯ²¹ | 簸箕 pə⁵³ tɕi²¹ |
| 民　勤 | 脶儿 luə²¹ ɣɯ⁴⁴ | 簸箕 pə²¹ tɕi⁴⁴ |
| 古　浪 | 笸篮 pu³⁵ læ²¹<br>脶儿 luə³⁵ ɣə²¹ 又 | 簸箕 pə²¹ tɕiə⁵³ |
| 永　昌 | 脶儿 luə³⁵ ɣə⁵³ | 簸箕 pə⁵³ tɕi²¹ |
| 张　掖 | 脶儿 luə³⁵ ɣɯ²¹ | 簸箕 pə³¹ tɕʻi²¹ |
| 山　丹 | 脶儿 luə³⁵ ɣɯ²¹ | 簸箕 pə⁵³ tʃʻʅ²¹ |
| 平　凉 | 笸篮 pu²² læ̃⁵³ | 簸箕 pɤ⁴⁴ tɕi²¹ |
| 泾　川 | 笸篮 pʻu²¹ læ̃⁵³ | 簸箕 pɤ²⁴ tɕi²¹ |
| 灵　台 | 笸篮 pʻu³¹ læ̃⁵³ | 簸箕 po²⁴ tɕi²¹ |

| 斗（圆形的指纹） | 箕（簸箕形的指纹） | 词目 方言点 |
|---|---|---|
| 胴儿 luə³⁵ ɣə³¹ | 簸箕 pə²² tɕi⁵³ | 酒　泉 |
| 斗 tɤu⁵³ | 簸箕 pə⁵³ tɕʅ²¹ | 敦　煌 |
| 笸篮 pu²¹ læ̃⁵³ | 簸箕 pɤ²⁴ tɕi⁴¹ | 庆　阳 |
| 笸篮 pu²² læ̃⁵⁵ | 簸箕 pɤ²⁴ tɕʻi²¹ | 环　县 |
| 笸篮 pʻu²¹ læ̃⁵³ | 簸箕 pɤ²⁴ tɕi²¹ | 正　宁 |
| 笸篮 pʻu²¹ læ̃⁵³ | 簸箕 pə²⁴ tɕʻi²¹ | 镇　原 |
| 胴儿 lɤ²¹ zʅ²⁴ | 簸箕 pɤ⁵³ tɕiɛ²¹ | 定　西 |
| 笸箩 pʻə²¹ lə⁴⁴ | 簸箕 pə⁵³ tɕi²¹ | 通　渭 |
| 笸箩 pʻɤ²¹ lɔ¹³ | 簸箕 pɤ³⁵ tɕiɛ²¹ | 陇　西 |
| 笸篮儿 pʻu¹³ lar⁵³ | 簸箕儿 po⁵³ tɕiər²¹ | 临　洮 |
| 笸箩儿 pʻɤ²¹ lɔr⁵³ | 簸箕儿 pɤ⁵³ tsʻiər²¹ | 漳　县 |
| 指拇印 tsʅ⁵⁵ mu²¹ in²⁴ | 指拇印 tsʅ⁵⁵ mu²¹ in²⁴ | 陇　南 |
| 胴儿 luər¹³ | 撮 tsʻuɤ⁵³ | 文　县 |
| 筛子 sɛ⁵³ tsʅ²¹ | 簸箕 puə⁵³ tsi²¹ | 宕　昌 |
| 胴儿 luor¹³ | 簸箕 puo³⁵ tɕi²¹ | 康　县 |
| 筐箩 kʻuɤ²¹ luɤ²⁴ ər²¹ | 簸箕 pɤ⁵³ tɕi²¹ | 西　和 |
| 笸篮 pu²¹ lɛ⁵³ | 簸箕 pə⁴⁴ tɕi¹³ | 临夏市 |
| 斗 tɯ⁵⁵ | 箕 tɕi¹³ | 临夏县 |
| 斗 tɤu⁴⁴ | 簸箕 pə⁴⁴ tɕi¹³ | 甘　南 |
| 筛子 sɛ⁵⁵ tsʅ⁵³ | 簸箕 puə³⁵ tʃu⁵³ | 舟　曲 |
| 笸篮儿 pu²¹ lɔr⁵³ | 簸箕 pə⁵³ tɕi¹³ | 临　潭 |

| 词目<br>方言点 | 腰 | 胸脯 |
|---|---|---|
| 北 京 | 腰iao⁵⁵ | 胸脯ɕyŋ⁵⁵ pʻu³⁵ |
| 兰 州 | 腰iɔ⁴² | 腔子kʻã⁵³ tsʅ²¹ |
| 红 古 | 腰节骨iɔ²² tɕiə³⁵ ku²¹ | 腔子kʻã²² tsʅ³⁵ |
| 永 登 | 腰iɑo⁵³ | 腔子kʻaŋ⁴² tsʅ²¹ |
| 榆 中 | 腰iɔ⁴¹ | 腔子kʻã⁵³ tsʅ²¹ |
| 白 银 | 腰iɔ⁴⁴ | 腔子kʻaŋ⁴⁴ tsʅ²¹<br>胸脯ɕyn⁴⁴ pu²¹ 又 |
| 靖 远 | 腰iao⁴¹ | 腔子kʻaŋ⁴¹ tsʅ²¹ |
| 天 水 | 腰iɔ¹³ | 腔子kʻã²¹ tsʅ⁵³ |
| 秦 安 | 腰iɔ¹³ | 腔子kʻã²¹ tsʅ⁵³ |
| 甘 谷 | 腰iɑu³¹² | 腔子kʻaŋ⁵³ tsʅ⁴⁴ |
| 武 山 | 腰里iao³¹ lɛ²¹ | 腔子kʻaŋ³¹ tsʅ²¹ |
| 张家川 | 腰里iɔ²¹ li³⁵ | 腔子kʻã²¹ tsʅ⁵³ |
| 武 威 | 腰节骨iao⁴⁴ tɕiɛ⁴⁴ ku⁵³ | 胸腔子ɕyŋ³⁵ kʻã⁵³ tsʅ²¹<br>胸脯子ɕyŋ⁴⁴ pʻu⁴² tsʅ²¹ 又 |
| 民 勤 | 腰iao⁴⁴ | 胸腔子ɕyŋ⁴⁴ kʻaŋ²¹ zʅ²¹ |
| 古 浪 | 腰节骨iɔ³⁵ tɕiə⁴⁴ ku²¹ | 胸脯子ɕyŋ⁴⁴ pʻu⁴⁴ tsʅ²¹ |
| 永 昌 | 腰iao³⁵ | 腔子kʻaŋ³⁵ tsʅ⁵³ |
| 张 掖 | 腰节骨iɔ³³ tɕiə³³ kfu³³ | 胸脯子ɕyn³³ pʻu³³ tsʅ³³ |
| 山 丹 | 腰节骨iɑo³⁵ tʃʅ⁵⁵ kuə⁵⁵ | 胸堂ɕyŋ³³ tʻaŋ³³ |
| 平 凉 | 后腰子xɤu³⁵ iɔ⁵³ tsʅ²¹ | 胸脯子ɕyŋ²¹ pʻu⁴⁴ tsʅ²¹ |
| 泾 川 | 腰iɔ³¹ | 胸脯ɕyŋ⁵³ pʻu²¹ |
| 灵 台 | 腰iɔ³¹ | 胸脯ɕyəŋ⁵³ pʻu²¹ |

方言词汇

| 腰 | 胸脯 | 词目 / 方言点 |
|---|---|---|
| 腰iɔ⁴⁴ | 胸膛ɕyŋ³⁵ tʻaŋ⁴⁴ | 酒泉 |
| 腰iao²¹³ | 腔子kʻaŋ²² tsʅ²¹³ | 敦煌 |
| 腰iɔ³¹ | 胸脯子ɕyŋ²¹ pʻu⁴⁴ tsʅ²¹<br>胸膛前ɕyŋ⁵³ tʻaŋ²¹ tɕʻiæ²⁴ 又 | 庆阳 |
| 腰iɔ⁴¹ | 腔子tɕʻiaŋ⁴² tsʅ²¹ | 环县 |
| 腰iɔ³¹ | 胸膛ɕyŋ⁵³ tʻaŋ²¹<br>胸脯子ɕyŋ⁵³ pʻu²¹ tsʅ²¹ 又 | 正宁 |
| 腰iɔ⁴¹ | 胸膛ɕyŋ⁴² tʻaŋ²¹<br>胸脯ɕyŋ⁴² pʻu²¹ 又 | 镇原 |
| 腰iɑo¹³ | 腔子kʻã²¹ tsʅ¹³ | 定西 |
| 腰iɔ¹³ | 腔子kʻã²¹ tsʅ³⁵ | 通渭 |
| 腰杆iɔ²¹ kæ̃¹³ | 腔子kʻã³¹ tsʅ²¹ | 陇西 |
| 腰iɑo¹³ | 腔子kʻã²¹ tsʅ¹³ | 临洮 |
| 腰杆iɑo²¹ kæ̃¹³ | 腔子kʻaŋ⁴⁴ tsʅ²¹ | 漳县 |
| 腰巴iɑo³¹ pa²¹ | 腔子kʻã⁵³ tsʅ²¹ | 陇南 |
| 腰iao³¹ | 腔子kʻã⁵³ tsʅ²¹ | 文县 |
| 腰iao⁴⁴ | 腔子kʻã⁴⁴ tsʅ⁴⁴ | 宕昌 |
| 腰杆iao⁵³ kæ̃²¹ | 胸腔子ɕyn⁵³ kã²¹ tsʅ²¹ | 康县 |
| 腰iɔ²¹ | 腔子kʻã²¹ tsʅ²⁴ | 西和 |
| 腰iɔ¹³ | 腔子kʻaŋ²¹ tsʅ⁵³ | 临夏市 |
| 腰iɔ¹³ | 腔子kʻaŋ²¹ tsʅ⁵³ | 临夏县 |
| 腰iao¹³ | 腔子kʻã²¹ tsʅ⁵³ | 甘南 |
| 腰iɑo⁵³ | 腔子kʻã⁵³ tsʅ²¹ | 舟曲 |
| 腰iɔ⁴⁴ | 腔子kʻã⁴⁴ tsʅ⁴⁴ | 临潭 |

| 词目<br>方言点 | 肋骨 | 乳房 |
|---|---|---|
| 北 京 | 肋骨 lei⁵¹ ku²¹⁴ | 乳房 ʐu²¹⁴ faŋ³⁵ |
| 兰 州 | 肋巴骨 lʁ²² pa⁵³ ku²¹ | 捏=捏 niɛ⁵³ niɛ²¹ |
| 红 古 | 肋巴 lə²² pa⁵³ | 捏=捏 niə²² niə³⁵ |
| 永 登 | 肋巴 liə²² pa⁴⁴ | 牛=牛 niʁu⁵³ niʁu²¹ |
| 榆 中 | 肋巴 lə²¹ pa¹³ | 奶头 nɛ³⁵ tʻəu²¹ |
| 白 银 | 肋巴 lə²² pa²⁴ | 捏=捏 niɛ⁴⁴ niɛ²¹ |
| 靖 远 | 肋巴 lei⁴¹ pa²¹ | 奶奶 nɛ²² nɛ⁵⁵ |
| 天 水 | 肋巴 lei²¹ pa¹³<br>肋子 lei²¹ tsʅ¹³ ᵡ | 捏=捏 niɛ²¹ niɛ¹³ |
| 秦 安 | 肋子 lei²¹ tsʅ³⁵ | 奶头 lɛ⁵³ tʻəu²¹ |
| 甘 谷 | 肋子 lai⁵³ tsʅ⁴⁴ | 奶头 lai⁵³ |
| 武 山 | 肋子 lɛ²¹ tsʅ²⁴ | 奶头 lɛ⁵³ tʻʁu²⁴ |
| 张家川 | 肋子 lei²¹ tsʅ³⁵ | 奶头 lɛ⁵³ tʻʁu²¹ |
| 武 威 | 肋巴 lə⁵³ pa²¹ | 牛=牛 niʁu³⁵ niʁu⁵³ |
| 民 勤 | 肋巴骨 lə⁴² pa²¹ ku²¹ | 牛=牛 niʁu²⁴ niʁu²¹ |
| 古 浪 | 肋巴 lə⁴⁴ pa³¹ | 牛=牛 niou³⁵ niou³¹ |
| 永 昌 | 肋巴 lə⁵³ pa²¹ | 牛=牛 niʁu³⁵ liʁu⁵³ |
| 张 掖 | 肋巴 liə³¹ pa²¹ | 牛=牛 niʁu¹³ niʁu³³ |
| 山 丹 | 肋巴 liə⁵³ pa²¹ | 牛=牛 niou³³ niou³³ |
| 平 凉 | 肋巴骨 lei⁵³ pa²¹ ku²¹ | 奶头 nɛ⁴⁴ tʻʁu²¹ |
| 泾 川 | 肋子 lei⁵³ tsʅ²¹<br>肋条 lei⁵³ tʻiɔ²¹ ᵡ | 奶头 nɛ⁵⁵ tʻəu²¹ |
| 灵 台 | 肋子骨 lei⁵³ tsʅ²¹ ku²¹ | 奶头 nɛ⁴⁴ tʻou²¹ |

| 肋骨 | 乳房 | 方言点 |
|---|---|---|
| 肋巴lə²² pa¹³ | 牛=牛=niɤu⁴⁴ niɤu⁴⁴ | 酒 泉 |
| 肋巴lei²² pa²¹³ | 蛋蛋tan⁴⁴ tan⁵³ | 敦 煌 |
| 肋子lei⁵³ zʅ²¹ | 奶头nɛ⁴⁴ tʻɤu²¹ | 庆 阳 |
| 肋巴lei⁴² pa²¹ | 奶头nɛ⁵⁵ tʻɤu²¹ | 环 县 |
| 肋子lei⁵³ tsʅ²¹ | 奶头nɛ⁴⁴ tʻou²¹ | 正 宁 |
| 肋子lei⁴² tsʅ²¹<br>肋骨lei²⁴ ku²¹ 又 | 奶头nɛ⁵⁵ tʻəu²¹ | 镇 原 |
| 肋巴lei²¹ pa¹³ | 奶头lɛ⁵³ tʻɤu²¹ | 定 西 |
| 肋巴lei²¹ pa¹³ | 奶头lɛ⁵³ tʻɤu¹³ | 通 渭 |
| 肋枝儿nɛ⁵³ tsʅ²² zʅ¹³ | 奶头儿nɛ³⁵ tʻɤu²¹ zʅ¹³ | 陇 西 |
| 肋巴lei²¹ pa¹³ | 奶奶nɛ²¹ nɛ³⁵ | 临 洮 |
| 肋脐骨lɛ⁵³ tɕʻi³⁵ ku²¹ | 奶头儿lɛ⁵³ tʻɤur²¹ | 漳 县 |
| 肋巴子lei⁵³ pa²¹ tsʅ²¹ | 奶头lɛ³⁵ tʻɤu²¹ | 陇 南 |
| 肋巴lei⁵³ pa¹³ | 奶奶lɛ⁵³ lɛ²⁴ | 文 县 |
| 肋巴lei⁴⁴ pa⁴⁴ | 奶奶lɛ²¹ lɛ⁴⁴<br>奶头lɛ⁵³ tʻəu¹³ 又 | 宕 昌 |
| 肋枝骨lei⁵³ tʂʅ²¹ ku²¹ | 奶头lɛ³⁵ tʻɤu²¹ | 康 县 |
| 肋子lei²¹ tsʅ²⁴ | 奶奶niɛ²¹ niɛ²⁴ | 西 和 |
| 肋巴lɛ¹³ pɑ⁵³ | 奶膀=nɛ⁴⁴ pʻɑŋ¹³ | 临夏市 |
| 肋巴lɛ²¹ pɑ⁵³ | 捏=niɛ¹³ | 临夏县 |
| 肋巴lɛ²¹ pɑ⁵³ | 奶头nɛi¹³ tʻɤu³⁵ | 甘 南 |
| 肋巴lei⁵³ pa²¹ | 奶头lɛ⁵⁵ tʻəu⁵³ | 舟 曲 |
| 肋骨lei⁴⁴ ku²¹ | 奶头nɛ⁵³ tʻəu¹³ | 临 潭 |

| 方言点 \ 词目 | 乳汁 | 肚子 |
|---|---|---|
| 北　京 | 乳汁 ʐu²¹⁴ tʂʅ⁵⁵ | 肚子 tu⁵¹ tsʅ⁰ |
| 兰　州 | 奶子 nɛ⁴⁴ tsʅ²¹ | 肚子 tu²² tsʅ⁵³ |
| 红　古 | 奶 nɛ⁵³ | 肚子 tu¹³ tsʅ⁵³ |
| 永　登 | 奶 nɛi³⁵⁴ | 肚子 tu²² tsʅ³⁵ |
| 榆　中 | 奶奶 niə⁵³ niə²¹ | 肚子 tu²¹ tsʅ³⁵ |
| 白　银 | 奶 nɛ²⁴ | 肚子 tu²² tsʅ²⁴ |
| 靖　远 | 奶 nɛ⁵⁵ | 肚子 tu³⁵ tsʅ⁴¹ |
| 天　水 | 捏=捏= niɛ²¹ niɛ¹³ | 肚子 tʻu⁴⁴ tsʅ²¹ |
| 秦　安 | 奶奶 lɛ⁵³ lɛ²¹<br>奶水 lɛ²¹ ʃei⁵³ 又 | 肚子 tʻu⁴⁴ tsʅ²¹ |
| 甘　谷 | 奶 lai⁵³ | 肚子 tʻu⁴⁴ tsʅ²¹ |
| 武　山 | 奶 nɛ⁵³ | 肚子 tʻu⁴⁴ tsʅ²¹ |
| 张家川 | 奶水 lɛ⁵³ ʃei⁵³ | 肚子 tʻu⁴⁴ tsʅ²¹ |
| 武　威 | 奶 nɛ³⁵ | 肚子 tu⁴⁴ tsʅ²¹ |
| 民　勤 | 奶 læ²¹⁴ | 肚子 tu⁴² ʐʅ²¹ |
| 古　浪 | 奶 nɛ⁴⁴ | 肚子 tu⁴⁴ tsʅ³¹ |
| 永　昌 | 奶子 nɛ⁵³ tsʅ²¹ | 肚子 tu⁵³ tsʅ²¹ |
| 张　掖 | 奶水 nɛ³⁵ fei²¹ | 肚子 tu³¹ tsʅ²¹ |
| 山　丹 | 奶 nɛ⁵³ | 肚子 tu⁵³ tsʅ²¹ |
| 平　凉 | 奶 nɛ⁵³ | 肚子 tu⁴⁴ tsʅ²¹ |
| 泾　川 | 奶 nɛ⁵³ | 肚子 tʻu⁴⁴ tsʅ²¹ |
| 灵　台 | 奶 lɛ⁵³<br>奶水 lɛ⁵³ ʃei⁵³ 又 | 肚子 tʻu²⁴ tsʅ²¹ |

| 乳汁 | 肚子 | 词目 / 方言点 |
|---|---|---|
| 奶nɛ⁵¹ | 肚子tu²² tsʅ¹³ | 酒　泉 |
| 奶nɛ⁵³ | 肚子tu⁴⁴ tsʅ⁵³ | 敦　煌 |
| 奶nɛ⁵³ | 肚子tu⁴⁴ tsʅ²¹ | 庆　阳 |
| 奶nɛ⁵⁵ | 肚子tu²⁴ tsʅ²¹ | 环　县 |
| 奶nɛ⁵³ | 肚子tʻu³⁵ tsʅ²¹ | 正　宁 |
| 奶nɛ⁵³ | 肚子tʻu²⁴ tsʅ²¹ | 镇　原 |
| 奶lɛ⁵³ | 肚子tʻu²⁴ tsʅ²¹ | 定　西 |
| 奶lɛ⁵³ | 肚子tʻu⁴⁴ tsʅ²¹ | 通　渭 |
| 奶lɛ⁵³ | 肚子tʻu¹³ tsʅ²¹ | 陇　西 |
| 奶nɛ⁵³ | 肚子tʻu⁴⁴ tsʅ²¹ | 临　洮 |
| 奶lɛ⁵³ | 肚子tʻu³⁵ tsʅ²¹ | 漳　县 |
| 奶lɛ⁵⁵ | 肚子tu³⁵ tsʅ²¹ | 陇　南 |
| 奶奶lɛ⁵³ lɛ²⁴ | 肚子tʻu²⁴ tsʅ⁵³ | 文　县 |
| 奶lɛ⁵³ | 肚子tu⁴⁴ tsʅ²¹ | 宕　昌 |
| 奶水lɛ⁵⁵ fei⁵⁵ | 肚子tu²⁴ tsʅ⁵³ | 康　县 |
| 奶奶niɛ²¹ niɛ²⁴ | 肚子tʻu³⁵ tsʅ²¹ | 西　和 |
| 奶子nɛ⁴⁴ tsʅ¹³ | 肚子tu⁴⁴ tsʅ²¹ | 临夏市 |
| 奶nɛ⁵³ | 肚子tu⁵⁵ tsʅ²¹ | 临夏县 |
| 奶子nɛi¹³ tsʅ⁵³ | 肚子tu⁴⁴ tsʅ²¹ | 甘　南 |
| 奶lɛ⁵⁵ | 肚子tu²² tsʅ⁵³ | 舟　曲 |
| 奶水nɛ²¹ suei⁵³ | 肚子tu⁴⁴ tsʅ²¹ | 临　潭 |

| 词目<br>方言点 | 肚脐 | 屁股 |
| --- | --- | --- |
| 北 京 | 肚脐tu⁵¹ tɕʻi³⁵ | 屁股pʻi⁵¹ ku⁰ |
| 兰 州 | 肚脐眼子tu²² tɕʻi⁴⁴ iæ⁴⁴ tsɿ²¹ | 沟=子kəu⁴² tsɿ²¹ |
| 红 古 | 肚目脐儿tu²² mu³⁵ tsʻɿ¹³ ər⁵³ | 沟=子kɤu²² tsɿ³⁵ |
| 永 登 | 肚目脐眼子<br>tu¹³ mu⁵⁵ tɕʻi²² niæ³⁵ tsɿ²¹ | 沟=子kɤu⁴⁴ tsɿ²¹ |
| 榆 中 | 肚脐眼tu²¹ tɕʻi⁴⁴ iã⁴⁴ | 屁股pʻi²¹ ku³⁵ |
| 白 银 | 肚脐子tu²² tɕʻi³⁵ tsɿ⁵³ | 沟=子kɤu⁴⁴ tsɿ²¹ |
| 靖 远 | 肚脐眼子tu³⁵ tsʻɿ²¹ niæ⁵⁵ tsɿ²¹ | 沟=子kɤu⁴¹ tsɿ²¹ |
| 天 水 | 腹脐眼pu²¹ tɕi²¹ niæ⁵³ | 屁眼pʻi³⁵ niæ²¹ |
| 秦 安 | 肚子眼窝tʻu⁴⁴ tsɿ²¹ nian⁵³ uə¹³ | 屁眼pʻi⁴⁴ niæ²¹ |
| 甘 谷 | 腹脐眼pʻə²¹ pʻi²⁴ niã²¹ | 屁眼pʻi⁴⁴ niã²¹ |
| 武 山 | 腹皮眼pʻə³¹ pʻi³⁵ niã⁵³ | 屁眼pʻi⁴⁴ niã²¹ |
| 张家川 | 肚脐眼儿tʻu⁴⁴ tɕʻi⁴⁴ niẽr⁵³ | 沟=子kɤu²¹ tsɿ⁵³ |
| 武 威 | 肚目脐tu⁵³ mu⁴² tɕʻi²¹ | 沟=子kɤu³⁵ tsɿ⁵³ |
| 民 勤 | 肚目脐子tu⁴² mu²¹ tɕʻi²⁴ zɿ⁴⁴ | 沟=子kɤu⁴⁴ zɿ²¹ |
| 古 浪 | 肚目脐子tu²¹ mu²¹ tɕʻi⁴⁴ tsɿ²¹ | 沟=子kou³⁵ tsɿ⁵³ |
| 永 昌 | 肚目脐tu⁵³ mu²¹ tɕʻi³⁵ | 沟=子kɤu³⁵ tsɿ⁵³ |
| 张 掖 | 肚目脐子tu³¹ mu²¹ tɕi²¹ tsɿ²¹ | 沟=子kɤu³³ tsɿ³³ |
| 山 丹 | 肚目脐脐tu⁵³ mu²¹ tʃʻɿ⁵⁵ tʃʻɿ²¹ | 沟=子kou³³ tsɿ³³ |
| 平 凉 | 肚脐眼tu⁴⁴ tɕʻi²¹ niæ⁵³ | 沟=子kɤu⁵³ tsɿ²¹ |
| 泾 川 | 肚脐眼tʻu⁴⁴ tɕʻi²¹ niæ⁵³<br>脐眼窝tɕʻi²¹ niæ⁵⁵ vɤ²¹ 又 | 沟=子kəu⁵³ tsɿ²¹ |
| 灵 台 | 腹脐眼窝pʻu³¹ tsʻi⁴⁴ niæ²¹ uo²¹ | 沟=子kou⁵³ tsɿ²¹ |

| 肚脐 | 屁股 | 词目 / 方言点 |
|---|---|---|
| 肚目脐子 tu²² mu²² tɕ'i³⁵ tsʅ³¹ | 沟=子 kɤu⁴⁴ tsʅ⁴⁴ | 酒　泉 |
| 肚脐眼 tu⁴⁴ tɕ'ʅ²² niɛ⁵³ | 沟=子 kɤu²² tsʅ²¹³ | 敦　煌 |
| 腹脐眼 p'u²¹ tɕ'i²⁴ niæ̃⁵³ | 沟=子 kɤu⁵³ tsʅ²¹ | 庆　阳 |
| 肚目脐眼 tu⁴⁴ mu²¹ tɕ'i²¹ niæ̃⁴⁴ | 沟=蛋子 kɤu²¹ tæ̃²⁴ tsʅ²¹ | 环　县 |
| 腹脐眼窑子<br>p'u²¹ ts'i⁴⁴ niæ̃²¹ iɔ²⁴ tsʅ²¹<br>肚脐眼儿 p'u²¹ ts'i²¹ niæ̃r⁵³ 又 | 沟=子 kou⁵³ tsʅ²¹ | 正　宁 |
| 腹脐眼窝窝<br>p'u²¹ ts'i⁵³ niæ̃²⁴ uo⁵³ uo²¹ | 沟=子 kəu⁴² tsʅ²¹ | 镇　原 |
| 腹皮眼 p'ɤ²¹ p'i⁴⁴ niæ̃²¹ | 沟=子 kɤu²¹ tsʅ¹³ | 定　西 |
| 腹皮眼 p'ə²¹ p'i²⁴ niæ̃⁵³ | 屁眼 p'i⁴⁴ niæ̃⁵³ | 通　渭 |
| 腹皮眼 p'ɤ²¹ p'i¹³ niæ̃²¹ | 屁眼 p'i³⁵ niæ̃²¹ | 陇　西 |
| 腹脐眼儿 p'o¹³ tɕ'i⁴⁴ niar⁵³ | 屁眼 p'i⁴⁴ niæ̃²¹ | 临　洮 |
| 肚脐眼 t'u³⁵ tɕ'i²¹ niæ̃⁵³ | 沟=子 kɤu⁴⁴ tsʅ²¹ | 漳　县 |
| 腹脐眼儿 p'u²¹ tɕ'i³⁵ niɐr⁵³ | 沟=子 kɤu⁵³ tsʅ²¹ | 陇　南 |
| 腹脐眼儿 p'u²¹ tɕ'i²² niɐr⁵³ | 沟=子 kɤu⁵³ tsʅ²¹ | 文　县 |
| 肚脐眼 tu⁴⁴ ts'i²¹ niɐr⁵³ | 沟=子 kəu⁴⁴ tsʅ⁴⁴ | 宕　昌 |
| 腹脐子 pu²¹ tsi²¹ tsʅ⁵³ | 沟=子 kɤu⁵³ tsʅ²¹ | 康　县 |
| 腹脐子 p'u³⁵ tɕi²¹ tsʅ²¹ | 沟=子 kɤu²¹ tsʅ²⁴ | 西　和 |
| 肚腹脐 tu⁴⁴ pə²¹ tɕ'i³⁵ | 沟=子 kɤu²¹ tsʅ⁵³ | 临夏市 |
| 肚腹脐 tu⁵⁵ pə²¹ tɕiɛ⁵³ | 屁眼 p'i⁵⁵ niæ̃²¹ | 临夏县 |
| 肚腹脐 tu⁴⁴ pu²¹ tɕi⁵³ | 沟=子 kɤu²¹ tsʅ⁵³ | 甘　南 |
| 腹脐眼 p'u⁵⁵ ts'ʅ²¹ niæ̃⁵³ | 沟=子 kəu⁵⁵ tsʅ²¹ | 舟　曲 |
| 肚脐眼儿 tu⁴⁴ tɕi⁴⁴ niɐr⁵³ | 屁眼 p'i⁵³ niæ̃²¹³ | 临　潭 |

| 词目<br>方言点 | 大腿 | 腿肚子 |
| --- | --- | --- |
| 北 京 | 大腿ta⁵¹ tʻuei²¹⁴ | 腿肚子tʻuei²¹⁴ tu⁵¹ tsʅ⁰ |
| 兰 州 | 大腿ta²² tʻuei⁵³ | 腿肚子tʻuei³⁵ tu²² tsʅ⁵³ |
| 红 古 | 大腿ta²² tʻuei⁵³ | 腿肚子tʻuei³⁵ tu⁴² tsʅ²¹ |
| 永 登 | 腿tʻuei⁴⁴ | 腿肚子tʻuei⁵⁵ tu²² tsʅ³⁵ |
| 榆 中 | 大腿ta²¹ tʻuei⁴⁴ | 腿肚子tʻuei⁴⁴ tu²¹ tsʅ¹³ |
| 白 银 | 大腿ta²² tʻuei²⁴ | 腿肚子tʻuei²⁴ tu²¹ tsʅ²⁴ |
| 靖 远 | 大腿ta³⁵ tʻuei⁴¹ | 猪⁼娃⁼子tʂʮ⁴¹ va²¹ tsʅ²¹ |
| 天 水 | 大腿ta⁴⁴ tʻuei²¹ | 腿猪⁼娃⁼tʻuei⁵³ tʃʅ²¹ va¹³ |
| 秦 安 | 大腿ta⁴⁴ tʻyei²¹ | 腿猪⁼娃⁼儿tʻyei⁵³ tʃu²¹ ua¹³ zʅ²¹ |
| 甘 谷 | 大腿tɒ³⁵ tʻuai²¹ | 腿肚子tʻuai⁵³ tʻu⁴⁴ tsʅ²¹ |
| 武 山 | 大腿tɑ²⁴ tʻuɛ²¹ | 腿肚子tʻuɛ⁵³ tʻu³¹ tsʅ²¹ |
| 张家川 | 大腿ta⁴⁴ tʻuei²¹ | 腿肚子tʻuei⁵³ tʻu⁴⁴ tsʅ²¹ |
| 武 威 | 大腿ta⁴⁴ tʻuei²¹ | 腿肚子tʻuei³⁵ tu⁵³ tsʅ²¹ |
| 民 勤 | 大腿ta⁴² tʻuei²¹ | 腿肚子tʻuei²¹ tu²¹ zʅ⁴⁴ |
| 古 浪 | 大腿ta⁴⁴ tʻuei³¹ | 腿肚子tʻuei²¹ tu⁴⁴ tsʅ²¹ |
| 永 昌 | 大腿ta⁵³ tʻuei²¹ | 腿肚子tʻuei⁵³ tu⁴² tsʅ²¹ |
| 张 掖 | 大腿ta³¹ tʻuei²¹ | 腿肚子tʻuei³¹ tu²¹ tsʅ³³ |
| 山 丹 | 腿tʻuei⁵⁵ | 腿肚子tʻuei⁵³ tu³³ tsʅ³³ |
| 平 凉 | 大腿ta³⁵ tʻuei⁵³ | 腿猪⁼娃⁼子tʻuei⁴⁴ tʂu⁵³ ua²¹ tsʅ²¹ |
| 泾 川 | 大腿ta⁴⁴ tʻuei²¹ | 腿猪⁼娃⁼tʻuei⁵³ tʃu⁵³ va²¹ |
| 灵 台 | 大腿ta²⁴ tʻuei²¹ | 腿猪⁼娃⁼tʻuei⁵³ tʃu⁵³ ua²¹ |

| 大腿 | 腿肚子 | 词目 / 方言点 |
|---|---|---|
| 腿t'uei⁵³ | 腿肚子t'uei²² tu⁴⁴ tsʅ³¹ | 酒 泉 |
| 大腿ta⁴⁴ t'uei⁵³ | 腿肚子t'uei⁵³ tu⁴⁴ tsʅ⁵³ | 敦 煌 |
| 大腿ta²⁴ t'uei⁵³ | 腿猪=娃t'uei⁵³ tʂu³¹ ua²¹ | 庆 阳 |
| 大腿ta²⁴ t'uei²¹ | 腿猪=娃t'uei⁴⁴ tʂʅ⁵³ ua²¹ | 环 县 |
| 大腿ta⁴⁴ t'uei⁵³ | 腿猪=娃t'uei⁵³ tʃʅ⁵³ ua²¹ | 正 宁 |
| 大腿ta²⁴ t'uei²¹ | 腿猪=娃t'uei⁵³ tsʅ⁴² ua²¹ | 镇 原 |
| 大腿ta²⁴ t'uei²¹ | 腿肚子t'uei⁵³ t'u⁴⁴ tsʅ²¹ | 定 西 |
| 大腿ta⁴⁴ t'uei⁵³ | 腿肚子t'uei⁵³ t'u⁴⁴ tsʅ²¹ | 通 渭 |
| 大腿ta³⁵ t'uei²¹ | 腿肚子t'uei⁴⁴ t'u¹³ tsʅ²¹ | 陇 西 |
| 大腿ta⁴⁴ t'uei²¹ | 大腿里子ta⁴⁴ t'uei¹³ li⁵³ tsʅ²¹ | 临 洮 |
| 大腿tɑ³⁵ t'uɛ²¹ | 腿肚子t'uɛ⁵³ t'u³⁵ tsʅ²¹ | 漳 县 |
| 腿t'uei⁵⁵ | 腿肚子t'uei⁵⁵ tu²¹ tsʅ²¹ | 陇 南 |
| 大腿ta²⁴ t'uei⁵³ | 腿肚子t'uei⁵⁵ t'u⁵⁵ tsʅ²¹ | 文 县 |
| 大腿ta⁴⁴ t'uei²¹ | 腿肚子t'uei⁵³ tu⁴⁴ tsʅ²¹ | 宕 昌 |
| 大腿ta²⁴ t'uei⁵³ | 腿肚子t'uei³⁵ tu²¹ tsʅ²¹ | 康 县 |
| 大腿ta³⁵ t'uei⁵³ | 腿猪=娃=子t'uei⁵³ tʃu²¹ ua²⁴ tsʅ²¹ | 西 和 |
| 腿子t'uei⁴⁴ tsʅ¹³ | 腿肚子t'uei³⁵ tu⁴⁴ tsʅ²¹ | 临夏市 |
| 腿t'uei⁵⁵ | 腿猪=娃t'uei⁵⁵ tʂu²¹ vɑ⁵³ | 临夏县 |
| 大腿ta³⁵ t'uei²¹ | 腿肚子t'uei²¹ tu⁴⁴ tsʅ²¹ | 甘 南 |
| 大腿ta²² t'uei⁵³ | 腿肚子t'uei³⁵ tu⁵³ tsʅ²¹ | 舟 曲 |
| 腿子t'uei⁵³ tsʅ¹³ | 腿肚子t'uei⁵³ tu⁴⁴ tsʅ²¹ | 临 潭 |

方言词汇    195

| 词目<br>方言点 | 膝盖 | 脚掌 |
|---|---|---|
| 北　京 | 膝盖 ɕi⁵⁵ kai⁵¹ | 脚掌 tɕiao²¹⁴ tʂaŋ²¹⁴ |
| 兰　州 | 拨膝盖子 pʻɤ⁵³ ɕi⁵⁵ kɛ²² tsɿ⁵³ | 脚心 tɕyɛ²² ɕin⁵³ |
| 红　古 | 拨膝盖儿 pə³⁵ sɿ²¹ kɛ³⁵ ər⁵³ | 脚掌 tɕyə²² tʂã⁵³ |
| 永　登 | 拨膝盖子 pə⁴⁴ ɕi⁴⁴ kɛi²¹ tsɿ³⁵ | 脚掌 tɕyə¹³ tʂaŋ⁴⁴ |
| 榆　中 | 拨棱盖子 pə⁴⁴ lə̃⁵³ kɛ²¹ tsɿ¹³ | 脚掌 tɕyə²¹ tʂã³⁵ |
| 白　银 | 拨膝盖 pə⁴⁴ ɕi⁴⁴ kɛ¹³ | 脚掌子 tɕyɛ²² tʂaŋ²⁴ tsɿ⁵³ |
| 靖　远 | 拨棱盖子 pə⁴¹ lɤŋ²² kɛ³⁵ tsɿ⁴¹ | 前脚掌子 tɕʻiæ̃²⁴ tɕyə²² tʂaŋ⁵⁵ tsɿ²¹ |
| 天　水 | 磕膝盖 kʻuə²¹ ɕi²² kɛ⁴⁴ | 脚掌 tɕyə²¹ tʂã⁵³ |
| 秦　安 | 膝盖 tsʻɿ¹³ kɛ⁴⁴ | 脚掌 tɕiə²¹ tʂã⁵³ |
| 甘　谷 | 磕膝盖 kʻiɛ⁵³ ɕi⁵⁵ kɛ⁵⁵ | 脚掌 tɕiɛ²¹ tʂaŋ⁵³ |
| 武　山 | 磕膝盖 kʻiə⁵³ ɕiŋ²¹ kɛ³⁵ | 脚底子 tɕiə²¹ ti⁵³ tsɿ²¹ |
| 张家川 | 磕穴＝盖 kʻuɤ²¹ ɕyɛ²² kɛ⁴⁴ | 脚掌子 tɕyɛ²¹ tʂã⁵³ tsɿ²¹ |
| 武　威 | 拨膝盖 pə⁴⁴ ɕi⁴⁴ kɛ⁵³<br>拨棱盖 pə⁴⁴ lə⁴⁴ kɛ⁵³ 又 | 前脚掌 tɕʻiã³⁵ tɕyɛ⁵³ tʂã²¹ |
| 民　勤 | 拨罗盖 pə⁴⁴ luə⁴⁴ kæ⁴² | 脚掌子 tɕyɛ²¹ tʂaŋ²¹ zɿ⁴⁴ |
| 古　浪 | 拨膝盖 pə³⁵ ɕi⁴⁴ kɛ²¹ | 脚掌子 tɕyə²¹ tʂɑo²¹ tsɿ⁵³ |
| 永　昌 | 多罗跪 tuə³⁵ luə⁵⁵ kuei⁵³ | 脚掌子 tɕyə⁵³ tʂaŋ⁴² tsɿ²¹ |
| 张　掖 | 拨来盖 pə³³ lɛ³³ kɛ³³ | 脚底板 tɕyə³¹ ti²¹ paŋ⁵³ |
| 山　丹 | 拨来盖 pə³³ lɛ³³ kɛ³³ | 脚掌子 tɕyə⁵³ tʂaŋ²¹ tsɿ²¹ |
| 平　凉 | 拨浪盖子 pɤ⁵³ laŋ²² kɛ³⁵ tsɿ²¹ | 脚掌 tɕyɤ²² tʂaŋ⁵³ |
| 泾　川 | 膝盖 tɕʻi²¹ kɛ⁴⁴<br>磕膝盖 kʻuɤ⁵³ tɕʻi²¹ kɛ⁴⁴ 又 | 脚心 tɕyɤ²⁴ ɕiŋ²¹ |
| 灵　台 | 拨浪盖子 po³¹ laŋ²¹ kɛ⁴⁴ tsɿ²¹ | 脚底 tɕyo²² ti⁵³ |

| 膝盖 | 脚掌 | 词目 / 方言点 |
|---|---|---|
| 拨膝盖 pə³⁵ ɕi⁴⁴ kɛ⁴⁴ | 脚掌子 tɕyə²² tʂaŋ²² tsʅ¹³ | 酒 泉 |
| 拨膝盖 pə²² ɕʅ²¹ kɛ⁴⁴ | 脚掌 tɕyə²² tʂaŋ⁵³ | 敦 煌 |
| 磕膝盖 k'ɤ⁵³ tɕ'i²¹ kɛ⁴⁴ | 脚掌子 tɕyɤ²¹ tʂaŋ⁴⁴ tsʅ²¹ | 庆 阳 |
| 拨来盖子 pɤ²² lɤ²⁴ kɛ⁴⁴ tsʅ²¹<br>磕欠 k'ɤ⁵³ tɕ'iæ̃²¹ 又 | 脚掌子 tɕyɤ²² tʂaŋ⁵⁵ tsʅ²¹ | 环 县 |
| 拨膝盖 p'u⁵³ ts'i²¹ kɛ⁴⁴ | 脚掌子 tɕyə²¹ tʂaŋ⁴⁴ tsʅ²¹ | 正 宁 |
| 磕膝盖子 k'uə³¹ si²¹ kɛ³⁵ tsʅ²¹ | 脚底 tɕyə²¹ ti⁵³ | 镇 原 |
| 磕膝盖 k'ɤ²¹ ɕi²¹ kɛ²⁴ | 脚掌 tɕiɛ²¹ tʂã⁵³ | 定 西 |
| 磕膝盖 k'ə²¹ si²¹ kɛ⁴⁴ | 脚掌 tɕiɛ²¹ tʂã⁵³ | 通 渭 |
| 磕膝盖 k'ɤ⁵³ ɕin²² kɛ¹³ | 脚心 tɕyɤ³¹ ɕin²¹ | 陇 西 |
| 磕膝盖 k'o²¹ ɕie⁴⁴ kɛ⁴⁴ | 脚底板儿 tɕye¹³ ti²² par⁵³ | 临 洮 |
| 磕膝盖 k'ɤ²¹ si²¹ kɛ⁴⁴ | 脚掌子 tɕiɛ²¹ tʃaŋ⁵³ tsʅ²¹ | 漳 县 |
| 磕膝盖 k'ə⁵³ ɕi²¹ kɛ¹³ | 脚掌 tɕyə²¹ tʂã⁵⁵ | 陇 南 |
| 磕膝盖 k'ɤ⁵³ ɕi²¹ kɛ²⁴ | 脚掌子 tɕyɤ²¹ tsã³⁵ tsʅ²¹ | 文 县 |
| 磕膝盖 k'ɤ⁴⁴ si²¹ kɛ⁴⁴ | 脚掌子 tɕyə²¹ tʂaŋ⁵³ tsʅ²¹ | 宕 昌 |
| 磕膝盖 k'uo⁵³ si²¹ kɛ¹³ | 脚心板 tɕyɛ⁵³ sin⁵⁵ pæ̃⁵⁵ | 康 县 |
| 磕膝盖 k'uɤ²¹ ɕi⁵³ kɛ³⁵ | 脚掌子 tɕyɤ²¹ tʂã⁵³tsʅ²¹ | 西 和 |
| 磕膝盖 k'ə²¹ ɕi⁴⁴ kɛ¹³ | 脚掌 tɕyɛ⁴⁴ tʂaŋ⁴⁴ | 临夏市 |
| 磕膝盖 k'ə²¹ ɕi⁵⁵ kɛ⁵³ | 脚掌子 tɕyɛ⁵⁵ tʂaŋ⁵⁵ tsʅ¹³ | 临夏县 |
| 膝盖 tɕ'i²¹ kɛi⁴⁴ | 脚掌 tɕye²¹ tʂã⁴⁴ | 甘 南 |
| 磕膝盖儿 k'ei⁵³ si²¹ kər¹³ | 脚掌子 tɕye⁵³ tʂã⁵⁵ tsʅ⁵³ | 舟 曲 |
| 磕膝盖子 k'ə⁴⁴ ɕie⁴⁴ kɛ⁴⁴ tsʅ²¹ | 脚掌子 tɕyə⁴⁴ tʂã⁵³ tsʅ¹³ | 临 潭 |

| 词目<br>方言点 | 脚跟 | 脚背 |
| --- | --- | --- |
| 北 京 | 脚跟 tɕiao²¹⁴ kən⁵⁵ | 脚背 tɕiao²¹⁴ pei⁵¹ |
| 兰 州 | 脚跟 tɕyɛ²² kən⁵³ | 脚背 tɕyɛ²¹ pei¹³ |
| 红 古 | 脚后跟 tɕyə²² xɤu¹³ kən⁵³ | 脚面 tɕyə²² miã³⁵ |
| 永 登 | 脚后跟 tɕyə²² xɤu²² kən⁴⁴ | 脚面 tɕyə²² miɛ̃³⁵ |
| 榆 中 | 脚后跟 tɕyə⁴² xɤu²¹ kən³⁵ | 脚面上 tɕyə⁴² miã²¹ ʂã³⁵ |
| 白 银 | 脚后跟 tɕyɛ²² xɤu²² kən³⁵ | 脚面 tɕyɛ²² mian¹³ |
| 靖 远 | 脚后跟 tɕyə²² xɤu³⁵ kɤŋ⁴¹ | 脚面 tɕyə²² miɛ̃⁴⁴ |
| 天 水 | 脚后跟 tɕyə²¹ xɤu⁴⁴ kɤŋ²¹ | 脚面 tɕyə²¹ miɛ̃⁴⁴ |
| 秦 安 | 脚后跟 tɕiɛ²¹ xəu⁴⁴ kə̃²¹ | 脚面 tɕiə²¹ mian⁴⁴ |
| 甘 谷 | 脚后跟 tɕiɛ⁵³ xɤu³⁵ kəŋ²¹ | 脚背 tɕiɛ⁵³ pai⁴⁴ |
| 武 山 | 脚后跟 tɕiə²¹ xɤu²⁴ kəŋ²¹ | 脚面 tɕiə²¹ miã⁴⁴ |
| 张家川 | 脚跟子 tɕyɛ¹³ kɤŋ²¹ tsɿ⁵³ | 脚面 tɕyɛ²¹ miɛ̃⁴⁴ |
| 武 威 | 脚后跟 tɕyɛ⁴⁴ xɤu⁵³ kəŋ²¹ | 脚面 tɕyɛ⁵³ miã²¹ |
| 民 勤 | 脚把骨 tɕyɛ⁴² pa²¹ ku²¹ | 脚面 tɕyɛ⁴² mir²¹ |
| 古 浪 | 脚后跟 tɕyə²¹ xou²¹ kəŋ¹³ | 脚面 tɕyə⁴⁴ miɛ³¹ |
| 永 昌 | 脚后跟 tɕyə³⁵ xɤu⁴² kəŋ²¹ | 脚面 tɕyə⁵³ miɛ²¹ |
| 张 掖 | 脚后跟 tɕyə³¹ xɤu²¹ kən⁵¹ | 脚面子 tɕyə³¹ miaŋ²¹ tsɿ²¹ |
| 山 丹 | 脚把骨 tɕyə⁵³ pa²¹ kuə²¹ | 脚面骨 tɕyə⁵³ mir²¹ kuə²¹ |
| 平 凉 | 脚后跟 tɕyɤ²¹ xɤu³⁵ kəŋ⁵³ | 脚面子 tɕyɤ²² miɛ̃⁴⁴ tsɿ²¹<br>跗面 fu²² miɛ̃⁵³ 又 |
| 泾 川 | 脚后跟 tɕyɤ²¹ xəu⁴⁴ kəŋ²¹ | 脚面 tɕyɤ²¹ miɛ̃⁴⁴ |
| 灵 台 | 脚后跟 tɕyo²¹ xou²⁴ kəŋ²¹ | 脚面 tɕyo²² miɛ̃⁴⁴ |

| 脚跟 | 脚背 | 词目 / 方言点 |
|---|---|---|
| 脚巴骨 tɕyə²² pa²² ku¹³ | 脚面骨 tɕyə²² mian²² ku¹³ | 酒 泉 |
| 脚后跟 tɕyə²² xɤu⁴⁴ kəŋ⁵³ | 脚背 tɕyə²² pei⁴⁴ | 敦 煌 |
| 脚后跟 tɕyɤ²¹ xɤu⁴⁴ kəŋ⁵³ | 脚面 tɕyɤ²¹ miã⁴⁴ | 庆 阳 |
| 脚后跟 tɕyɤ²² xɤu⁴⁴ kəŋ²¹ | 脚梁面 tɕyɤ⁴² liaŋ²¹ miã³³ | 环 县 |
| 脚后跟 tɕyə²¹ xou³⁵ ken⁵³ | 脚面 tɕyə²¹ miã⁴⁴ | 正 宁 |
| 脚后跟 tɕyə²¹ xəu²⁴ kəŋ²¹ | 脚面 tɕyə²¹ miã⁴⁴ | 镇 原 |
| 脚后跟 tɕiɛ²¹ xɤu²⁴ kɤŋ²¹ | 脚面 tɕiɛ²¹ miã²⁴ | 定 西 |
| 脚后跟 tɕiɛ²¹ xɤu⁴⁴ kə̃³¹ | 脚面 tɕiɛ²¹ miã⁴⁴ | 通 渭 |
| 脚后跟 tɕyɤ³¹ xɤu¹³ kəŋ²¹ | 脚面 tɕyɤ³¹ miã¹³ | 陇 西 |
| 脚后跟 tɕye²¹ xəu⁴⁴ kɤŋ²¹ | 脚面儿上 tɕye¹³ miãr⁵³ ʂã²¹ | 临 洮 |
| 脚后跟 tɕiɛ⁵³ xɤu³⁵ kɤŋ²¹ | 脚面 tɕiɛ⁵³ miã¹³ | 漳 县 |
| 脚后跟 tɕyə²¹ xɤu³⁵ kɤŋ⁵³ | 脚面 tɕyə²¹ miã¹³ | 陇 南 |
| 脚后跟儿 tɕyɤ²¹ xɤu²⁴ kər⁵³ | 脚背 tɕyɤ²¹ pei²⁴ | 文 县 |
| 脚后跟 tɕyə²¹ xəu⁴⁴ kəŋ⁴⁴ | 脚面 tɕyə²¹ miã⁴⁴ | 宕 昌 |
| 脚后跟 tɕyɛ²¹ xɤu²⁴ kɤŋ⁵³ | 脚背 tɕyɛ²¹ pei¹³ | 康 县 |
| 脚后跟 tɕyɤ²¹ xɤu³⁵ kɤŋ²¹ | 脚面 tɕyɤ²¹ miã²⁴ | 西 和 |
| 脚后跟 tɕyɛ²¹ xɤu⁴⁴ kəŋ⁵³ | 脚面 tɕyɛ²¹ miã¹³ | 临夏市 |
| 脚后跟 tɕyɛ²² xɯ³⁵ kəŋ⁵³ | 脚背 tɕyɛ²¹ pei³⁵ | 临夏县 |
| 脚后跟 tɕye²¹ xɤu⁴⁴ kɤŋ⁵³ | 脚背 tɕye²¹ pei⁴⁴ | 甘 南 |
| 脚后跟儿 tɕye²² xəu²¹ kər⁵³ | 脚面 tɕye²² miã¹³ | 舟 曲 |
| 脚后跟 tɕyə²¹ xəu⁴⁴ kɤŋ¹³ | 脚背 tɕyə²¹ pei⁴⁴ | 临 潭 |

| 方言点\词目 | 脚心 | 打赤脚 |
|---|---|---|
| 北京 | 脚心 tɕiao²¹⁴ ɕin⁵⁵ | 打赤脚 ta²¹⁴ tʂʻʅ⁵¹ tɕiao²¹⁴ |
| 兰州 | 脚心 tɕyɛ²² ɕin⁵³ | 光脚丫子 kuã⁵⁵ tɕyɛ²² ia⁴² tsʅ²¹ |
| 红古 | 脚心 tɕyə¹³ ɕin¹³ | 精脚片子 tɕin¹³ tɕyə⁴² pʻiã³⁵ tsʅ²¹ |
| 永登 | 脚心 tɕyə²² ɕin⁴² | 精脚片子 tɕin⁵³ tɕyə²¹ piã³⁵ tsʅ²¹ |
| 榆中 | 脚心 tɕyə²¹ ɕin⁵³ | 精脚片子 tɕin⁵³ tɕyə²¹ pʻiã³⁵ tsʅ⁵³ |
| 白银 | 脚心 tɕyɛ²² ɕin⁴⁴ | 精脚片子 tɕin⁴⁴ tɕyɛ²¹ pʻian³⁵ tsʅ⁵³ |
| 靖远 | 脚心 tɕyə²² ɕiŋ⁴¹ | 精脚片子 tɕiŋ⁴¹ tɕyə²² pʻiã⁵⁵ tsʅ²¹ |
| 天水 | 脚心 tɕyə¹³ ɕiŋ¹³ | 精脚片 tɕiŋ¹³ tɕyə²¹ pʻiæ̃⁵³ |
| 秦安 | 脚心 tɕiə¹³ siə̃¹³ | 精脚两片 tsiə̃¹³ tɕiə¹³ liə̃²¹ pʻian⁵³ |
| 甘谷 | 脚底子 tɕiɛ²¹ ti⁵³ tsʅ²¹ | 精脚子 tɕiən³⁵ tɕiɛ⁵³ tsʅ²¹ |
| 武山 | 脚腰来ᵉ tɕiə³¹ iao²¹ lɛ³⁵ | 精脚子 tɕin³¹ tɕiə²¹ tsʅ²¹ |
| 张家川 | 脚心 tɕyɛ¹³ ɕiŋ¹³ | 精脚 tɕiŋ¹³ tɕyɛ²¹ |
| 武威 | 脚心 tɕyɛ⁵³ ɕiŋ²¹ | 精脚片子 tɕiŋ³⁵ tɕyɛ⁵³ pʻiã⁴² tsʅ²¹ |
| 民勤 | 脚心 tɕyɛ⁴² ɕiŋ²¹ | 精脚 tɕiŋ⁴⁴ tɕyɛ⁴² |
| 古浪 | 脚心 tɕyə³¹ ɕiŋ⁴⁴ | 精片子 tɕiŋ⁴⁴ pʻiɛ²¹ tsʅ³¹ |
| 永昌 | 脚心 tɕyə⁵³ ɕiŋ²¹ | 精脚 tɕiŋ³⁵ tɕyə⁵³ |
| 张掖 | 脚心 tɕyə³¹ ɕin³³ | 赤脚板子 tʂʻʅ³¹ tɕyə²¹ paŋ²¹ tsʅ²¹ |
| 山丹 | 脚心 tɕyə⁵³ ʃiŋ³³ | 赤脚板 tʂʻʅ³³ tɕyə³³ pɛ³³ |
| 平凉 | 脚心 tɕyɤ²⁴ ɕiŋ²¹ | 精脚片子 tɕiŋ²⁴ tɕyɤ²¹ pʻiæ̃⁴⁴ tsʅ²¹ |
| 泾川 | 脚心 tɕyɤ²⁴ ɕiŋ²¹ | 精脚片儿 tɕiŋ²⁴ tɕyɤ²¹ pʻiɚ⁵³ |
| 灵台 | 脚心 tɕyo²⁴ siəŋ²¹ | 精脚 tsiəŋ²⁴ tɕyo²¹ |

| 脚心 | 打赤脚 | 词目 / 方言点 |
|---|---|---|
| 脚掌子 tɕyə²² tʂɑŋ²² tsʅ¹³ | 精脚板 tɕʻiŋ⁴⁴ tɕyə⁴² pan²¹ | 酒 泉 |
| 脚心 tɕyə¹³ ɕiŋ²¹³ | 精脚片子 tɕiŋ¹³ tɕyə²¹ pʻiɛ⁵³ tsʅ²¹ | 敦 煌 |
| 脚心 tɕyɤ²¹ ɕiŋ⁵³ | 精脚子 tɕiŋ²¹ tɕyɤ⁵³ tsʅ²¹ | 庆 阳 |
| 脚掌子 tɕyɤ²² tʂɑŋ⁵⁵ tsʅ²¹ | 精脚片子 tɕiŋ⁴² tɕyɤ⁵⁵ pʻiæ̃⁵⁵ tsʅ²¹ | 环 县 |
| 脚心 tɕyə²⁴ sin²¹ | 精脚 tsiŋ²⁴ tɕyə²¹ | 正 宁 |
| 脚心 tɕyə²¹ sin³¹ | 精脚片子 tsiŋ²¹ tɕyə²⁴ pʻiæ̃⁵³ tsʅ²¹ | 镇 原 |
| 脚心 tɕiɛ¹³ ɕiŋ¹³ | 精脚片 tɕiŋ¹³ tɕiɛ²¹ pʻiæ̃⁵³ | 定 西 |
| 脚底板 tɕiɛ¹³ ti²¹ pæ̃⁵³ | 精脚子 tsiɔ̃¹³ tɕiɛ⁵³ tsʅ²¹ | 通 渭 |
| 脚心 tɕyɤ³¹ ɕin²¹ | 精脚子 tɕin³¹ tɕyɤ³¹ tsʅ²¹ | 陇 西 |
| 脚底板 tɕye¹³ ti²² pæ̃⁵³ | 精脚片儿 tɕiŋ¹³ tɕye²² pʻiar⁵³ | 临 洮 |
| 脚心 tɕiɛ⁴⁴ sin⁴⁴ | 赤鞋子 tʂʻʅ⁴⁴ ɕiɛ⁴⁴ tsʅ⁵³ | 漳 县 |
| 脚心 tɕyə²⁴ ɕin⁵³ | 精脚子 tɕin⁵³ tɕyə²¹ tsʅ²¹ | 陇 南 |
| 脚心 tɕyɤ⁵³ ɕiɔ̃⁵³ | 精脚子 tɕiɔ̃⁵³ tɕyɤ³¹ tsʅ²¹ | 文 县 |
| 脚心 tɕyə¹³ sin⁴⁴ | 精脚子 tsiŋ⁴⁴ tɕyə⁴⁴ tsʅ⁴⁴ | 宕 昌 |
| 脚心 tɕyɛ⁵³ sin⁵³ | 精脚子 tɕin⁵³ tɕyɛ²¹ tsʅ³⁵ | 康 县 |
| 脚心 tɕyɤ²⁴ ɕiŋ²¹ | 精脚子 tɕiŋ²⁴ tɕyɤ²¹ tsʅ³⁵ | 西 和 |
| 脚心 tɕyɛ⁴⁴ ɕin¹³ | 精脚 tɕin¹³ tɕyɛ¹³ | 临夏市 |
| 脚心 tɕyɛ⁵⁵ ɕin¹³ | 精脚 tɕin¹³ tɕyɛ¹³ | 临夏县 |
| 脚心 tɕye¹³ ɕin¹³ | 光脚片子 kuɑ̃²¹ tɕye²¹ pʻiæ̃⁴⁴ tsʅ²¹ | 甘 南 |
| 脚心 tɕye¹³ siŋ⁵³ | 精脚子 tsiŋ⁵³ tɕye²¹ tsʅ²¹ | 舟 曲 |
| 脚心 tɕyə⁴⁴ ɕin⁴⁴ | 精脚两片 tɕin⁴⁴ tɕyə⁴⁴ liɑ̃²¹ pʻiæ̃⁵³ | 临 潭 |

| 方言点＼词目 | 病了 | 病轻了 |
|---|---|---|
| 北 京 | 病了 piŋ⁵¹ lə⁰ | 病轻了 piŋ⁵¹ tɕʻiŋ⁵⁵ lə⁰ |
| 兰 州 | 病了 pin²² lɔ⁴² | 病轻了 pin²² tɕʻin⁵⁵ lɔ²¹ |
| 红 古 | 病下了 pin¹³ xa³⁵ liɔ²¹ | 好了些 xɔ³⁵ liɔ⁴² ɕiər²¹ |
| 永 登 | 病下了 pin²² xa²² liɑo⁴⁴ | 松了 suən⁴² liɑo²¹ |
| 榆 中 | 有病了 iəu³⁵ pin²¹ lɔ¹³ | 病好了 pin²¹ xɔ³⁵ lɔ⁵³ |
| 白 银 | 有病了 iɤu³⁵ pin²¹ lɔ¹³ | 松些了 sun⁴⁴ ɕiɛ²¹ lɔ²¹ |
| 靖 远 | 有病了 iɤu⁵⁵ piŋ³⁵ liao⁴¹ | 松些儿了 soŋ⁴¹ ɕiər²¹ liao²¹ |
| 天 水 | 有病了 iɤu⁵³ pʻiŋ⁴⁴ liɔ²¹<br>不乖 pu⁴⁴ kuɛ¹³ 又 | 病松了 pʻiŋ³⁵ suŋ²¹ liɔ⁵³ |
| 秦 安 | 有病 iəu⁵³ pʻiə̃⁴⁴ | 轻省了 tɕʻiə̃³⁵ sə̃²¹ lɔ²¹ |
| 甘 谷 | 不轻省 pu³¹ tɕʻiəŋ²⁴ səŋ²¹ | 病松了 pʻiəŋ⁴⁴ suəŋ²¹ lɑu¹³ |
| 武 山 | 不受活 pu²¹ ʂɤu³⁵ xuə²¹ | 病松了 pʻiŋ²⁴ suŋ²¹ lao²¹ |
| 张家川 | 病了 pʻiŋ⁴⁴ liɔ²¹ | 病轻了些 pʻiŋ⁴⁴ tɕʻiŋ²¹ liɔ⁵³ ɕiɛ²¹ |
| 武 威 | 病下了 piŋ⁴⁴ xa⁴² liao²¹ | 好些了 xao⁴⁴ ɕiɛ⁴² liao²¹ |
| 民 勤 | 病了 piŋ⁴² lə²¹ | 好些了 xao²⁴ ɕiɛ⁴² lə²¹ |
| 古 浪 | 病下了 piŋ⁴⁴ xa²¹ liɔ²¹ | 好些了 xɔ²¹ ɕiə⁴⁴ liɔ²¹ |
| 永 昌 | 病了 piŋ⁵³ liao²¹ | 病好些了 piŋ⁵³ xao²² ɕiə⁵³ liao²¹ |
| 张 掖 | 病了 pin³¹ liɔ²¹ | 病轻了 pin³¹ tɕʻin²² liɔ³³ |
| 山 丹 | 病了 piŋ⁵³ lə²¹ | 病轻了 piŋ⁵³ tɕʻiŋ²² lə³³ |
| 平 凉 | 不沃=野= pu²² uɤ²² iɛ⁵³ | 松活了 suŋ⁵³ xuɤ³¹ lia²¹ |
| 泾 川 | 病了 pʻiŋ³⁵ liɛ²¹ | 病松了 pʻiŋ⁴⁴ suŋ²¹ liɛ²¹ |
| 灵 台 | 病了 pʻiəŋ²⁴ liɔ²¹ | 病轻了 piəŋ⁴⁴ tɕʻiəŋ⁴⁴ liɛ²¹ |

# 方言词汇

| 病了 | 病轻了 | 词目 / 方言点 |
|---|---|---|
| 不乖啦 pu²² kuɛ³⁵ lia⁴⁴ | 好些啦 xɔ²² ɕiə³⁵ lia³¹ | 酒 泉 |
| 病啦 piŋ⁴⁴ la⁵³ | 病好啦 piŋ⁴⁴ xao⁵³ la²¹ | 敦 煌 |
| 病了 piŋ⁴⁴ læ̃²¹<br>不乖了 puʔ²¹ kuɛ⁵³ læ̃²¹ 又 | 病松了 piŋ⁴⁴ suŋ⁵³ læ̃²¹ | 庆 阳 |
| 害病了 xɛ³³ piŋ³³ lɛ²¹ | 好些了 xɔ⁵⁵ ɕiɛ⁴² lɛ²¹ | 环 县 |
| 病了 pʻiŋ³⁵ lɔ⁵³ | 病强了 pʻiŋ⁴⁴ tɕʻiaŋ²¹ lɔ⁵³ | 正 宁 |
| 不沃=野= puʔ²¹ uo³⁵ iɛ⁵³ | 病松了 pʻiŋ⁴⁴ suŋ⁴² lə²¹ | 镇 原 |
| 病了 pʻiŋ²⁴ lao²¹ | 松了 suŋ²¹ lao¹³ | 定 西 |
| 病了 pʻiə̃⁴⁴ lə²¹ | 病松了 pʻiə̃⁴⁴ suə̃²¹ la¹³ | 通 渭 |
| 病啦 pʻin³⁵ la²¹ | 病松啦 pʻin³⁵ suŋ²¹ na²¹ | 陇 西 |
| 不乖了 puʔ¹³ kuɛ²¹ liɑo¹³<br>病了 piŋ⁴⁴ liɑo²¹ 又 | 松了 suŋ²¹ liɑo¹³ | 临 洮 |
| 病了 pʻiŋ³⁵ lao²¹ | 病轻了 pʻiŋ³⁵ tɕʻiŋ²¹ lao²¹ | 漳 县 |
| 生病了 sɤŋ²¹ pin²⁴ lao²¹ | 病松了 pin²⁴ suŋ⁵³ lao²¹ | 陇 南 |
| 不舒服 puʔ²⁴ ʃu⁵³ fu¹³ | 松了 son⁵³ lao²¹ | 文 县 |
| 不舒服了 pu⁴⁴ ʂu⁴⁴ fu²¹ lao²¹ | 松了 suŋ⁴⁴ lao⁴⁴ | 宕 昌 |
| 有病 iɤu⁵⁵ pin³⁵ | 病松了 pin²⁴ suŋ⁵³ lao²¹ | 康 县 |
| 病了 pʻiŋ³⁵ lɔ⁵³ | 松活了 ʃɤŋ²¹ xuɤ²⁴ lɔ²¹ | 西 和 |
| 病下了 pin⁴⁴ xa²¹ liɔ²¹ | 病松了 pin⁴⁴ suəŋ²¹ liɔ⁵³ | 临夏市 |
| 病了 pin³⁵ liɔ²¹ | 病轻了 pin⁵⁵ tɕʻin²¹ liɔ³⁵ | 临夏县 |
| 病下了 pin⁴⁴ xa²¹ liao²¹ | 病轻些了 pin⁴⁴ tɕʻin¹³ ɕie²¹ lao²¹ | 甘 南 |
| 不舒服了 pu²² ʃu⁵⁵ fu²¹ liao²¹ | 松了 suəŋ⁵⁵ liao²¹ | 舟 曲 |
| 病下了 pin⁴⁴ xa²¹ lɔ²¹ | 病轻着呢 pin⁴⁴ tɕʻin⁴⁴ tʂə⁴⁴ ni²¹ | 临 潭 |

| 方言点＼词目 | 病好了 | 感冒 |
|---|---|---|
| 北　京 | 病好了piŋ⁵¹ xao²¹⁴ lə⁰ | 感冒kan²¹⁴ mao⁵¹ |
| 兰　州 | 病好了pin²² xɔ³⁵ lɔ²¹ | 感冒kæ̃⁴⁴ mɔ¹³ |
| 红　古 | 好了xɔ³⁵ liɔ⁵³ | 凉下了liã²² xa³⁵ liɔ⁴² |
| 永　登 | 好好儿的了xɑo²² xɔr³⁵ ti²² liao¹³ | 凉下了liaŋ⁵³ xa⁴² liɑo²¹ |
| 榆　中 | 病松了pin²¹ sun⁴⁴ lɔ²¹ | 感冒了kã³⁵ mɔ²¹ lɔ¹³ |
| 白　银 | 好了xɔ³⁵ lɔ²¹ | 凉下了liaŋ⁵³ xa²¹ lɔ²¹ |
| 靖　远 | 好了xao⁵⁵ liao²¹ | 凉下了liaŋ²² xa⁵⁵ liao²¹ |
| 天　水 | 病好了pʻiŋ³⁵ xɔ⁵³ liɔ²¹ | 伤风了ʂã¹³ fɤŋ²¹ liɔ⁵³ |
| 秦　安 | 沃=野=了uə³⁵ i²¹ lɔ²¹ | 冻了tuɤ̃⁴⁴ lɔ²¹ |
| 甘　谷 | 病好了pʻiəŋ⁴⁴ xɑu⁵³ lɑu²¹ | 冻着了tuəŋ⁴⁴ tʂʻə²¹ lɑu²¹ |
| 武　山 | 病好了pʻiŋ²⁴ xao⁵³ lao²¹ | 伤风了ʂaŋ³¹ fəŋ²¹ lao²¹ |
| 张家川 | 病好了pʻiŋ⁴⁴ xɔ⁵³ liɔ²¹ | 感冒了kæ̃⁵³ mɔ⁴⁴ liɔ²¹ |
| 武　威 | 好了xao²² liao⁵³ | 凉下了liã³⁵ xa⁴⁴ liao²¹ |
| 民　勤 | 病好啦piŋ²¹ xao²¹ la⁴⁴ | 凉下了niaŋ²¹ xa⁴⁴ lə²¹ |
| 古　浪 | 好了xɔ²¹ liɔ⁵³ | 伤风了ʂao⁴⁴ fəŋ⁴⁴ liɔ²¹ |
| 永　昌 | 病好了piŋ⁵³ xao⁴² liao²¹ | 凉了liaŋ³⁵ liao²¹ |
| 张　掖 | 病好了pin³¹ xɔ²¹ liɔ³³ | 着凉了kfə⁵³ liaŋ³⁵ liɔ²¹ |
| 山　丹 | 病好啦piŋ⁵³ xɑo⁴² la²¹ | 着凉了tʂɑo³⁵ liaŋ⁵⁵ lə²¹ |
| 平　凉 | 好了xɔ⁴⁴ liɔ²¹<br>乖啦kuɛ⁵³ lia²¹ 又 | 凉了liaŋ²² liɔ⁵³ |
| 泾　川 | 病好了piŋ⁴⁴ xɔ⁵³ liɛ²¹ | 凉了liaŋ²¹ liɛ⁵³ |
| 灵　台 | 病好啦pʻiəŋ⁴⁴ xɔ⁴⁴ lia²¹ | 凉了liaŋ²⁴ liɔ⁵³ |

| 病好了 | 感冒 | 词目 / 方言点 |
|---|---|---|
| 乖啦 kuɛ⁴⁴ lia⁴⁴ | 凉着了 liaŋ³⁵ tʂuə⁴² lə²¹ | 酒　泉 |
| 病好啦 piŋ⁴⁴ xao⁵³ la²¹ | 感冒啦 kan⁵³ mao³⁵ la⁵³ | 敦　煌 |
| 好了 xɔ⁴⁴ læ̃²¹ | 感冒 kæ̃⁴⁴ mɔ⁴⁴<br>凉啦 liaŋ²⁴ lia²¹ 又 | 庆　阳 |
| 病好了 piŋ³³ xɔ⁵⁵ lɛ²¹ | 凉了 liaŋ²² liɛ⁵⁵ | 环　县 |
| 病好了 pʻiŋ⁴⁴ xɔ²¹ liɔ²¹ | 冒风了 mɔ²⁴ fəŋ²¹ liɔ²¹ | 正　宁 |
| 病好了 pʻiŋ⁴⁴ xɔ⁵³ lə²¹ | 冒风啦 mɔ²⁴ fəŋ³¹ lia²¹ | 镇　原 |
| 搬回了 pæ̃²¹ xuei²¹ lao¹³ | 凉着了 liã²⁴ tʂʻɤ²¹ lao²¹ | 定　西 |
| 病好啦 pʻiə̃⁴⁴ xɔ⁵³ la²¹ | 受凉啦 ʂɤu⁴⁴ liã²¹ la¹³ | 通　渭 |
| 病好啦 pʻin⁴⁴ xɔ³⁵ la²¹ | 感冒了 kæ̃⁴⁴ mɔ²² lɤ²¹ | 陇　西 |
| 乖了 kuɛ²¹ liao¹³<br>好了 xao⁵³ liao²¹ 又 | 凉下了 liã¹³ xa³⁵ liao²¹ | 临　洮 |
| 病好了 pʻiŋ³⁵ xao⁵³ lao²¹ | 感冒了 ka⁵³ mao⁴⁴ lao²¹ | 漳　县 |
| 病好了 pin¹³ xao³⁵ lao²¹ | 感冒 kæ̃⁵⁵ mao¹³ | 陇　南 |
| 好了 xao³⁵ lao²¹ | 脑壳疼 lao³⁵ kʻɤ⁵³ tʻə̃²¹ | 文　县 |
| 好了 xao⁵³ lao²¹ | 多脑疼着呢<br>tuə²¹ lao⁴⁴ tʻəŋ²¹ tʂɤ⁴⁴ ni²¹ | 宕　昌 |
| 病好了 pin²¹ xao⁵⁵ lao²¹ | 感冒 kæ̃⁵⁵ mao²⁴ | 康　县 |
| 好了 xɔ⁵³ lɔ²¹ | 伤风 ʂã²⁴ fɤŋ²¹ | 西　和 |
| 病好了 pin³⁵ xɔ⁴⁴ liɔ⁵³ | 凉下了 liaŋ²¹ xa¹³ liɔ⁵³ | 临夏市 |
| 病好了 pin⁵⁵ xɔ⁵⁵ liɔ⁵⁵ | 凉下了 liaŋ²¹ xa³⁵ liɔ⁵³ | 临夏县 |
| 病好了 pin⁴⁴ xao⁴⁴ liao⁵³ | 感冒下了 kæ̃¹³ mao⁴⁴ xa⁵³ liao²¹ | 甘　南 |
| 好了 xao⁵⁵ liao⁵³ | 多罗疼 tuə³⁵ luə⁵⁵ tʻəŋ²¹ | 舟　曲 |
| 病好了 pin⁴⁴ xɔ⁵³ lɔ²¹ | 感冒了 kæ̃⁵³ mɔ⁴⁴ lɔ²¹ | 临　潭 |

| 词目<br>方言点 | 发烧 | 咳嗽 |
|---|---|---|
| 北 京 | 发烧 fa⁵⁵ ʂao⁵⁵ | 咳嗽 kʻɤ³⁵ sou⁰ |
| 兰 州 | 发烧 fa²² ʂɔ⁵³ | 咳嗽 kʻɤ²¹ səu¹³ |
| 红 古 | 发烧 fa³⁵ ʂɔ⁵⁵ | 咳嗽 kʻə²² sɤu³⁵ |
| 永 登 | 烧着咧 ʂɑo³⁵ tʂə⁴² liə²¹ | 咳嗽 kʻei²² sɤu³⁵ |
| 榆 中 | 发烧了 fa²¹ ʂɔ⁴⁴ lɔ²¹ | 咳嗽了 kʻə⁴² səu²¹ lɔ³⁵ |
| 白 银 | 发烧 fa²² ʂɔ⁴⁴ | 咳嗽 kʻə²² sɤu¹³ |
| 靖 远 | 发烧 fa²² ʂao⁴¹ | 咳嗽 kʻei⁴¹ sao²¹ |
| 天 水 | 发烧 fa¹³ ʂɔ¹³ | 咳嗽 kʻuə²¹ sɤu⁴⁴ |
| 秦 安 | 烧的了 ʂɔ²¹ ti³⁵ liə²¹ | 咳嗽 kʻə²¹ sɔ⁵³ |
| 甘 谷 | 发烧 fɒ³⁵ ʂɑu²⁴ | 亢咧 kʻaŋ³¹ liɛ²⁴ |
| 武 山 | 发烧 fɑ³¹ ʂao²¹ | 咳嗽 kʻiə³¹ sao²¹ |
| 张家川 | 发烧着哩 fa¹³ ʂɔ²¹ tʂɤ³⁵ li²¹ | 咳嗽 kʻuɤ²¹ sɤu⁴⁴ |
| 武 威 | 发烧 fa⁵³ ʂao⁴⁴ | 咳嗽 kʻə⁴⁴ sɤu²¹ |
| 民 勤 | 发烧 fa²¹ ʂao⁴⁴ | 咳嗽 kʻɯ⁴² sɤu²¹ |
| 古 浪 | 发热 fa³⁵ zʅə³¹ | 咳嗽 kʻə³¹ sou²¹ |
| 永 昌 | 发热 fa³⁵ zʅə⁵³<br>发烫 fa³⁵ tʻaŋ⁵³ 又 | 咳嗽 kʻə⁵³ sɤu²¹ |
| 张 掖 | 发烧了 fa³¹ ʂɔ²¹ liɔ³³ | 咳嗽 kʻə³¹ sɤu²¹ |
| 山 丹 | 发烧 fa⁵³ ʂɑo¹³ | 咳嗽 kʻə⁵³ sou²¹ |
| 平 凉 | 发烧 fa²⁴ ʂɔ²¹ | 咳嗽 kʻɤ⁵³ sɤu²¹ |
| 泾 川 | 发烧 fa²⁴ ʂɔ²¹ | 咳嗽 kʻɤ⁵³ səu²¹ |
| 灵 台 | 发烧 fa²⁴ ʂɔ²¹ | 咳嗽 kʻɤ⁵³ sou²¹ |

| 发烧 | 咳嗽 | 词目 / 方言点 |
|---|---|---|
| 发烧fa$^{22}$ ʂɔ$^{44}$ | 咳嗽k'ə$^{22}$ sɤu$^{13}$ | 酒　泉 |
| 发烧fa$^{13}$ ʂao$^{213}$ | 咳嗽k'ə$^{22}$ sɤu$^{44}$ | 敦　煌 |
| 发高烧fa$^{21}$ kɔ$^{22}$ ʂɔ$^{53}$ | 咳嗽k'ɤ$^{53}$ sɤu$^{21}$ | 庆　阳 |
| 发烧fa$^{55}$ ʂɔ$^{41}$ | 咳嗽k'ɤ$^{22}$ sɤu$^{44}$ | 环　县 |
| 发烧fa$^{24}$ ʂɔ$^{21}$ | 咳嗽p'u$^{53}$ sou$^{21}$ | 正　宁 |
| 发烧fa$^{21}$ ʂɔ$^{53}$ | 咳嗽k'uo$^{53}$ sɔ$^{21}$ | 镇　原 |
| 烧着哩ʂɑo$^{21}$ tʂɤ$^{21}$ li$^{24}$ | 咳嗽k'ɤ$^{21}$ sɑo$^{24}$ | 定　西 |
| 烧着哩ʂɔ$^{21}$ tʂʅ$^{21}$ lɛ$^{13}$ | 咳嗽k'ə$^{21}$ sɔ$^{44}$ | 通　渭 |
| 烧着拦=ʂɔ$^{53}$ tʂɤ$^{22}$ læ̃$^{13}$ | 咳嗽k'ɤ$^{31}$ sɔ$^{21}$ | 陇　西 |
| 烧开了ʂao$^{13}$ k'ɛ$^{21}$ liao$^{13}$ | 咳嗽k'o$^{21}$ səu$^{44}$ | 临　洮 |
| 发烧fɑ$^{21}$ ʃɑo$^{21}$ | 咳嗽k'ɤ$^{21}$ sɤu$^{21}$ | 漳　县 |
| 发高烧fa$^{53}$ kao$^{13}$ ʂɑo$^{31}$ | 咳嗽k'ə$^{53}$ sɤu$^{21}$ | 陇　南 |
| 发烧fa$^{53}$ sao$^{53}$ | 呛得很tɕ'iã$^{55}$ tɛ$^{53}$ xə̃$^{53}$ | 文　县 |
| 发烧fa$^{44}$ sao$^{44}$ | 咳嗽kɤ$^{21}$ səu$^{44}$ | 宕　昌 |
| 发烧fa$^{21}$ ʂao$^{53}$ | 咳嗽kuo$^{53}$ sɤu$^{21}$ | 康　县 |
| 发烧fa$^{24}$ ʂɔ$^{21}$ | 咳嗽k'uɤ$^{21}$ sɤu$^{55}$ | 西　和 |
| 发烧fɑ$^{13}$ ʂɔ$^{13}$ | 咳嗽k'ɛ$^{21}$ sɤu$^{53}$ | 临夏市 |
| 发烧fɑ$^{13}$ ʂɔ$^{13}$ | 亢k'aŋ$^{13}$ | 临夏县 |
| 发烧fa$^{13}$ ʂao$^{21}$ | 咳嗽k'ə$^{21}$ sɤu$^{35}$ | 甘　南 |
| 发烧fa$^{22}$ ʂao$^{53}$ | 咳嗽k'ei$^{55}$ səu$^{21}$ | 舟　曲 |
| 发烧fa$^{44}$ ʂɔ$^{44}$ | 咳嗽k'ə$^{21}$ səu$^{44}$ | 临　潭 |

207

| 词目\方言点 | 拉肚子 | 打摆子 |
|---|---|---|
| 北京 | 拉肚子 la⁵⁵ tu⁵¹ tsʅ⁰ | 打摆子 ta²¹⁴ pai²¹⁴ tsʅ⁰ |
| 兰州 | 拉肚子 la²² tu²² tsʅ⁵³ | 打摆子 ta⁵³ pɛ³⁵ tsʅ²¹ |
| 红古 | 跑肚 pʻɔ³⁵ tu¹³ | 发战 fa²² tʂã³⁵ |
| 永登 | 跑肚 pʻɑo⁴⁴ tu¹³ | 冷热病 lən⁴⁴ ʐə³⁵ pin²¹ |
| 榆中 | 拉肚子 la⁴² tu²² tsʅ⁴⁴ | 打摆摆 ta⁵³ pɛ²⁴ pɛ²¹ |
| 白银 | 跑肚 pʻɔ³⁵ tu¹³ | 发冷 fa²² lən²⁴　发烧 fa²² ʂɔ⁴⁴ 又 |
| 靖远 | 跑肚 pʻɑo⁵⁵ tu⁴⁴ | 冷热病 lɤŋ⁵⁵ ʐei⁴¹ piŋ⁴⁴ |
| 天水 | 跑肚 pʻɔ⁵³ tʻu⁴⁴ | 打摆子 ta²¹ pɛ⁵³ tsʅ²¹ |
| 秦安 | 跑肚 pʻɔ⁵³ tʻu²¹ | 战摆子 tʂan⁴⁴ pɛ⁵³ tsʅ²¹ |
| 甘谷 | 跑肚 pʻɑu⁵³ tʻu⁴⁴ | 打摆子 tɒ²¹ pai⁵³ tsʅ²¹ |
| 武山 | 跑肚子 pʻao⁵³ tʻu⁴⁴ tsʅ²¹ | 热冷病 ʐə²¹ ləŋ⁵³ pʻiŋ⁴⁴ |
| 张家川 | 跑肚 pʻɔ⁵³ tʻu⁴⁴ | 打战 ta⁵³ tʂæ⁴⁴ |
| 武威 | 跑肚子 pʻao³⁵ tu⁵³ tsʅ²¹ | 寒病 xã⁴⁴ piŋ²¹ |
| 民勤 | 拉肚子 la²¹ tu⁴² ʐʅ²¹ | 打摆子 ta⁴⁴ pæ²¹ ʐʅ⁴⁴ |
| 古浪 | 跑肚子 pʻɔ³⁵ tu³¹ tsʅ²¹ | 发摆子 fa²¹ pɛ²¹ tsʅ⁵³ |
| 永昌 | 跑肚 pʻao³⁵ tu⁵³ | 发抖 fa⁵³ tɤu²¹ |
| 张掖 | 拉肚子 la¹³ tu³¹ tsʅ²¹ | 打摆子 ta⁵³ pɛ³¹ tsʅ²¹ |
| 山丹 | 拉稀屎 la³³ ʃʅ³³ ʂʅ³³ | 打摆子 ta⁵⁵ pɛ⁴² tsʅ²¹ |
| 平凉 | 跑后 pʻɔ⁵³ xɤu⁴⁴　跑肚子 pʻɔ⁵³ tu³⁵ tsʅ²¹ 又 | 打摆子 ta⁵³ pɛ⁴⁴ tsʅ²¹ |
| 泾川 | 拉肚子 la²¹ tʻu⁴⁴ tsʅ²¹　拉稀屎 la²⁴ ɕi²¹ sʅ²¹ 又 | 打摆子 ta⁵³ pɛ⁴² tsʅ²¹ |
| 灵台 | 跑后 pʻɔ⁵³ xou⁴⁴ | 发疟子 fa²⁴ yo⁵³ tsʻi²¹ |

| 拉肚子 | 打摆子 | 方言点 |
|---|---|---|
| 跑肚子 p'ɔ⁵³ tu²¹ tsʅ¹³ | 打摆浪 ta⁴⁴ pɛ⁴⁴ laŋ⁵³ | 酒　泉 |
| 拉肚子 la²² tu⁴⁴ tsʅ⁵³ | 打摆子 ta²² pɛ⁴⁴ tsʅ²¹ | 敦　煌 |
| 拉肚子 la²¹ tu⁴⁴ tsʅ²¹ | 打摆子 ta⁴⁴ pɛ⁴⁴ zʅ²¹ | 庆　阳 |
| 跑肚 p'ɔ⁵³ tu³³ | 主花花 tʂu⁴⁴ xua³¹ xua²¹ | 环　县 |
| 拉肚子 la²¹ t'u³⁵ tsʅ²¹ | 发摆子 fa²¹ pɛ⁴⁴ tsʅ²¹ | 正　宁 |
| 跑肚子 p'ɔ⁵³ t'u⁴⁴ tsʅ²¹ | 发摆子 fa²¹ pɛ⁵³ tsʅ²¹ | 镇　原 |
| 跑肚 p'ɑo⁵³ t'u⁴⁴ | 打摆子 ta²¹ pɛ⁵³ tsʅ²¹ | 定　西 |
| 跑肚子 p'ɔ⁵³ t'u²¹ tsʅ²¹ | 打摆子 ta²¹ pɛ⁵³ tsʅ²¹ | 通　渭 |
| 跑肚 p'ɔ⁴⁴ t'u¹³ | 行热哩行冷哩 xã¹³ zɤ³¹ li²¹ xã²² ləŋ⁴⁴ li²¹ | 陇　西 |
| 跑肚 p'ɑo⁵³ tu⁴⁴ | 打摆子 ta²² pɛ⁵³ tsʅ²¹ | 临　洮 |
| 拉肚子 lɑ²¹ t'u³⁵ tsʅ²¹ | 打摆子 tɑ²¹ pɛ⁵³ tsʅ²¹ | 漳　县 |
| 跑肚 p'ɑo⁵⁵ tu¹³ | 打摆子 ta²¹ pɛ⁵⁵ tsʅ²¹ | 陇　南 |
| 跑肚子 p'ɑo⁵⁵ t'u²⁴ tsʅ⁵³ | 打摆子 ta⁵⁵ pɛ⁵⁵ tsʅ²¹ | 文　县 |
| 跑肚子 p'ɑo⁵³ tu⁴⁴ tsʅ²¹ | 打摆子 ta²¹ pɛ⁵³ tsʅ²¹ | 宕　昌 |
| 跑肚 p'ɑo⁵⁵ tu²⁴ | 打摆子 ta⁵⁵ pɛ³⁵ tsʅ²¹ | 康　县 |
| 跑肚 p'ɔ⁵³ t'u⁵⁵ | 打摆子 ta⁵³ pɛ⁵³ tsʅ²¹ | 西　和 |
| 拉肚子 la²¹ tu⁴⁴ tsʅ³¹ | 抖着呢 t'ɤu⁴⁴ tʂə²¹ ni³¹ | 临夏市 |
| 拉肚子 lɑ²¹ tu³⁵ tsʅ⁵³ | 发疟子 fɑ¹³ yɛ²¹ tsʅ⁵³ | 临夏县 |
| 拉肚子 la²¹ tu³⁵ tsʅ⁵³ | 打摆子 ta¹³ pɛi³⁵ tsʅ³⁵ | 甘　南 |
| 跑肚 p'ɑo⁵⁵ tu²¹ tsʅ⁵³ | 打摆子 ta⁵⁵ pɛ⁵⁵ tsʅ⁵³ | 舟　曲 |
| 跑肚 p'ɔ⁵³ tu⁴⁴ | 浑身发抖 xuŋ¹³ ʂɤŋ⁴⁴ fa⁴⁴ t'əu⁵³ | 临　潭 |

| 词目<br>方言点 | 瞎子 | 一只眼儿 |
|---|---|---|
| 北 京 | 瞎子 ɕia⁵⁵ tsʐ⁰ | 一只眼儿 i⁵⁵ tʂʐ⁵⁵ ianr²¹⁴ |
| 兰 州 | 瞎子 xa²¹ tsʐ¹³ | 独眼龙 tu⁵³ iæ̃⁴⁴ luən⁵³ |
| 红 古 | 瞎子 xa²² tsʐ³⁵ | 独眼龙 tu²² iã³⁵ luən³⁵ |
| 永 登 | 瞎子 xa²² tsʐ⁴⁴ | 独眼龙 tu¹³ iæ̃⁵⁵ luən⁵³ |
| 榆 中 | 瞎子 xa²¹ tsʐ³⁵ | 独眼龙 tu⁵³ iã⁴⁴ lun⁵³ |
| 白 银 | 瞎子 xa²² tsʐ¹³ | 独眼龙 tu⁵³ ian²² lun⁵³ |
| 靖 远 | 瞎子 xa⁴¹ tsʐ²¹ | 独眼龙 tu²² niæ̃⁵⁵ loŋ²⁴ |
| 天 水 | 瞎子 xa²¹ tsʐ⁵³ | 一只眼 i²¹ tʂʐ¹³ niæ̃⁵³ |
| 秦 安 | 瞎子 xa²¹ tsʐ⁵³ | 独眼龙 tu¹³ nian⁵³ nuɔ̃¹³ |
| 甘 谷 | 瞎子 xɒ²¹ tsʐ⁴⁴ | 单眼龙 ta²¹ niã⁵³ luəŋ¹³ |
| 武 山 | 瞎子 xɑ³¹ tsʐ²¹ | 独眼龙 tʼu²¹ iã⁴⁴ luŋ²⁴ |
| 张家川 | 瞎子 xa²¹ tsʐ⁵³ | 独眼龙 tu¹³ niæ̃⁵³ luŋ¹³ |
| 武 威 | 瞎子 xa⁴⁴ tsʐ²¹ | 独眼龙 tu³⁵ iã⁴² luŋ²¹ |
| 民 勤 | 瞎子 xa⁴² zʐ²¹ | 独眼龙 tu⁴⁴ ir²¹ loŋ⁵³ |
| 古 浪 | 瞎子 xa⁴⁴ tsʐ³¹ | 独眼龙 tu⁴⁴ iɛ⁴⁴ luəŋ⁵³ |
| 永 昌 | 瞎子 xa⁵⁵ tsʐ²¹ | 独眼 tu³⁵ iɛ⁵³ |
| 张 掖 | 瞎子 xa³¹ tsʐ²¹ | 独眼龙 tu³⁵ iaŋ⁵³ luən²¹ |
| 山 丹 | 瞎子 xa⁵³ tsʐ²¹ | 独眼龙 tu⁵³ ir²¹ luŋ³³ |
| 平 凉 | 瞎子 xa⁵³ tsʐ²¹ | 单眼子 tæ̃⁵³ iæ̃²¹ tsʐ²¹ |
| 泾 川 | 瞎子 xa⁵³ tsʐ²¹ | 独眼龙 tʼu²¹ niæ̃⁵³ luŋ³⁵ |
| 灵 台 | 瞎子 xa⁵³ tsʐ²¹ | 独眼龙 tʼu²⁴ niæ̃⁵³ luŋ²⁴ |

方言词汇

| 瞎子 | 一只眼儿 | 词目 / 方言点 |
|---|---|---|
| 瞎子xa²² tsʅ¹³ | 独眼龙tu³⁵ ian⁴² luŋ⁵¹ | 酒 泉 |
| 瞎子xa²² tsʅ²¹³ | 独眼龙tu²² niɛ⁴⁴ luŋ²¹³ | 敦 煌 |
| 瞎子xa⁵³ tsʅ²¹ | 独眼龙儿tu²¹ niæ̃⁵³ luɚr²⁴ | 庆 阳 |
| 瞎子xa⁴² tsʅ²¹ | 独眼龙tu²² niæ̃⁵⁵ luŋ²⁴ | 环 县 |
| 瞎子xa⁵³ tsʅ²¹ | 独眼龙tʻu²⁴ niæ̃⁵³ luŋ²⁴ | 正 宁 |
| 瞎子xa⁴² tsʅ²¹ | 单眼龙tæ̃²¹ niæ̃⁵³ luŋ²⁴ | 镇 原 |
| 瞎子xa²¹ tsʅ¹³ | 单枪tæ̃²⁴ tɕʻiɑ̃²¹ | 定 西 |
| 瞎子xɑ²¹ tsʅ¹³ | 一只眼麻着哩 zi²¹ tsʅ¹³ niæ̃⁵³ ma²¹ tʂə⁴⁴ lɛ²¹ | 通 渭 |
| 瞎子xa³¹ tsʅ²¹ | 独眼龙tʻu¹³ niæ̃⁴⁴ luŋ¹³ | 陇 西 |
| 眼麻儿niæ̃⁵³ mar¹³ | 单眼龙tæ̃¹³ niæ̃⁵³ luŋ¹³ | 临 洮 |
| 瞎子xɑ²¹ tsʅ²¹ | 单眼龙tæ̃²¹ niæ̃⁵³ luŋ¹³ | 漳 县 |
| 麻眼儿ma²¹ niɐr⁵³ | 一只眼睛zi²¹ tsʅ³⁵ niæ̃⁵⁵ tɕin²¹ | 陇 南 |
| 瞎子xa⁵³ tsʅ²¹ | 独眼龙tu²¹ niæ̃⁵⁵ loŋ¹³ | 文 县 |
| 瞎子xa⁴⁴ tsʅ⁴⁴ | 独眼龙tu¹³ niæ̃²¹ luŋ¹³ | 宕 昌 |
| 麻眼子ma²¹ niæ̃³⁵ tsʅ²¹ | 独眼龙tu²¹ niæ̃³⁵ luŋ²¹ | 康 县 |
| 瞎的xa²¹ tɛ²⁴ | 一个眼睛i²¹ kɛ⁴⁴ niæ̃⁴⁴ tɕin²¹ | 西 和 |
| 麻眼睛mɑ¹³ iɑ̃⁵³ tɕin²¹ | 独眼人tu¹³ iɑ̃⁵³ ʐəŋ¹³ | 临夏市 |
| 瞎子xɑ²¹ tsʅ⁵³ | 单枪tæ̃³⁵ tɕʻiɑŋ²¹ | 临夏县 |
| 瞎子xa²¹ tsʅ⁵³ | 独眼tu²¹ niæ̃⁴⁴ | 甘 南 |
| 瞎子xa⁵⁵ tsʅ²¹ | 独眼龙tu²² niæ̃⁵⁵ luəŋ²¹ | 舟 曲 |
| 瞎子xa⁴⁴ tsʅ⁴⁴ | 一个眼ʑi²¹ kə¹³ niæ̃⁵³ | 临 潭 |

| 词目<br>方言点 | 瘫痪者 | 聋子 |
|---|---|---|
| 北　京 | 瘫痪者t'an⁵⁵ xuan⁵¹ tʂɤ²¹⁴ | 聋子lun³⁵ tsɿ⁰ |
| 兰　州 | 瘫瘫了t'æ⁴⁴ xuæ²² lɔ⁵³ | 聋子luən⁵³ tsɿ¹³ |
| 红　古 | 瘫痪t'ã²² xuã⁵³ | 聋子luən²² tsɿ⁵³ |
| 永　登 | 瘫子t'æ⁵³ tsɿ²¹ | 聋子luən⁵³ tsɿ²¹ |
| 榆　中 | 瘫了t'ã⁵³ lɔ²¹ | 聋了lun⁵³ lɔ²¹³ |
| 白　银 | 瘫子t'an⁴⁴ tsɿ²¹ | 聋子lun⁵³ tsɿ²¹ |
| 靖　远 | 瘫子t'æ⁴¹ tsɿ²¹ | 聋子noŋ²² tsɿ⁵⁵ |
| 天　水 | 瘫了t'æ²¹ liɔ⁵³<br>挛了luæ¹³ liɔ²¹ 又 | 聋子luŋ¹³ tsɿ²¹ |
| 秦　安 | 挛了luan³⁵ lɔ²¹ | 聋了luə̃³⁵ tsɿ²¹ |
| 甘　谷 | 炕上睡着咧<br>k'aŋ⁴⁴ ʂaŋ⁴⁴ ʂuai⁴⁴ tsɿ²¹ liɛ²¹ | 聋子luəŋ²¹ tsɿ⁴⁴ |
| 武　山 | 挛着哩lua³¹ tsə⁴⁴ lɛ⁴⁴ | 聋子nuŋ²¹ tsɿ⁴⁴ |
| 张家川 | 瘸子tɕ'yɛ¹³ tsɿ²¹ | 聋子luŋ¹³ tsɿ²¹ |
| 武　威 | 瘫痪tã⁴⁴ xuã⁵³ | 聋子luŋ³⁵ tsɿ⁵³ |
| 民　勤 | 瘫子t'æ⁴⁴ zɿ²¹ | 聋子loŋ²¹ zɿ⁴⁴ |
| 古　浪 | 瘫着炕上t'æ⁴⁴ tʂə⁵³ k'ao²¹ ʂao²¹ | 聋子luəŋ⁴⁴ tsɿ²¹ |
| 永　昌 | 瘫下了t'ɛ³⁵ xa⁵⁵ liao⁵³ | 聋子luŋ³⁵ tsɿ²¹ |
| 张　掖 | 瘫子t'aŋ³³ tsɿ³³ | 聋子luən³⁵ tsɿ²¹ |
| 山　丹 | 瘫子t'ɛ³³ tsɿ³³ | 聋子luŋ³⁵ tsɿ²¹ |
| 平　凉 | 瘫子t'æ⁴⁴ tsɿ²¹ | 聋子nuŋ²² tsɿ⁵³ |
| 泾　川 | 瘫子t'æ⁵⁵ tsɿ²¹ | 聋子luŋ²¹ tsɿ⁵³ |
| 灵　台 | 瘫子t'æ⁴⁴ tsɿ²¹ | 聋子luəŋ²² tsɿ⁵³ |

方言词汇

| 瘫痪者 | 聋子 | 方言点 |
|---|---|---|
| 软掉了 ʐuan²² tiɔ³⁵ liɔ³¹ | 聋子 luŋ³⁵ tsʅ³¹ | 酒 泉 |
| 偏瘫 p'iɛ¹³ t'an²¹³ | 聋子 luŋ²² tsʅ⁵³ | 敦 煌 |
| 瘫瘫 t'æ⁴⁴ t'æ²¹<br>瘫子 t'æ⁴⁴ tsʅ²¹ 又 | 聋子 luŋ²¹ tsʅ⁵³ | 庆 阳 |
| 瘫子 t'æ⁵⁵ tsʅ²¹ | 聋子 luŋ²² tsʅ⁵⁵ | 环 县 |
| 瘫子 t'æ⁴⁴ tsʅ²¹ | 聋子 luŋ²¹ tsʅ⁵³ | 正 宁 |
| 瘫子 t'æ⁵⁵ tsʅ²¹ | 聋子 luŋ²¹³ tsʅ²¹ | 镇 原 |
| 瘫下了 t'æ⁵³ xa²¹ lao⁴⁴ | 聋子 luŋ²¹ tsʅ²⁴ | 定 西 |
| 瘫啦 t'æ²¹ la¹³ | 聋子 luɝ²¹ tsʅ⁴⁴ | 通 渭 |
| 挛子 nyæ̃²¹ tsʅ¹³ | 聋子 luŋ²¹ tsʅ¹³ | 陇 西 |
| 风打了 fɤŋ¹³ ta⁵³ liɑo²¹ | 耳背 ər⁵³ pei⁴⁴ | 临 洮 |
| 瘫痪了的人<br>t'æ⁵³ xuæ̃¹³ lɑo²¹ tɤ²¹ ʒɤŋ²¹ | 聋子 luŋ²¹ tsʅ⁵³ | 漳 县 |
| 挛挛儿 luæ̃²¹ luɐr⁵³ | 聋子 luŋ²¹ tsʅ¹³ | 陇 南 |
| 瘫子 t'æ⁵³ tsʅ²¹ | 聋子 loŋ²¹ tsʅ³⁵ | 文 县 |
| 瘫子 t'æ⁴⁴ tsʅ⁴⁴ | 聋子 luŋ²¹ tsʅ⁴⁴ | 宕 昌 |
| 挛了 lyæ̃²¹ lao³⁵ | 聋子 luŋ²¹ tsʅ³⁵ | 康 县 |
| 挛了的人 luæ̃²⁴ lɔ⁵³ tɤ²¹ ʐɤŋ²¹ | 聋的 luŋ²⁴ tɛ²¹ | 西 和 |
| 半蔫憨 pã³⁵ niã³¹ xã²¹ | 聋子 luəŋ²¹ tsʅ³⁵ | 临夏市 |
| 瘫痪了 t'æ¹³ xuæ̃⁵³ liɔ²¹ | 聋子 luəŋ²¹ tsʅ³⁵ | 临夏县 |
| 瘫子 t'æ²¹ tsʅ⁵³ | 聋子 lun²¹ tsʅ⁵³ | 甘 南 |
| 瘫子 t'æ⁵⁵ tsʅ⁵³ | 聋子 luəŋ⁵³ tsʅ²¹ | 舟 曲 |
| 瘫下了 t'æ⁴⁴ xa⁴⁴ lɔ²¹ | 聋子 luŋ²¹ tsʅ⁴⁴ | 临 潭 |

| 词目<br>方言点 | 哑巴 | 结巴 |
|---|---|---|
| 北　京 | 哑巴ia²¹⁴ pa⁰ | 结巴tɕie⁵⁵ pa⁰ |
| 兰　州 | 哑巴ia⁴⁴ pa²¹ | 结子tɕiɛ²¹ tsʅ¹³ |
| 红　古 | 哑巴儿ia³⁵ par²¹ | 结子tɕiə²² tsʅ⁵³ |
| 永　登 | 哑巴ia³⁵ pa²¹ | 结子tɕiə²² tsʅ³⁵ |
| 榆　中 | 哑子ia⁴⁴ tsʅ²¹ | 结巴tɕiə²¹ pa¹³ |
| 白　银 | 哑子ia³⁵ tsʅ²¹<br>哑巴ia³⁵ pa²¹ 又 | 结子tɕiɛ²² tsʅ¹³ |
| 靖　远 | 哑巴子ia⁵⁵ pa²¹ tsʅ²¹ | 结子tɕiɛ⁴¹ tsʅ²¹ |
| 天　水 | 哑巴nia⁵³ pa²¹ | 结的tɕiɛ²¹ tɛ¹³ |
| 秦　安 | 哑巴nia⁵³ pa²¹ | 结结tɕiə²¹ tɕiə¹³ |
| 甘　谷 | 咬嚼儿niɑu⁵³ tɕiɑu²¹ zʅ¹³ | 结的tɕiɛ³¹ tɑu²⁴ |
| 武　山 | 哑巴niɑ⁵³ pɑ²¹ | 结结儿tɕiə³¹ tɕiə²¹ zʅ⁴⁴ |
| 张家川 | 哑巴ia⁵³ pa²¹ | 结巴tɕiɛ¹³ pa²¹ |
| 武　威 | 哑子ia⁵³ tsʅ²¹ | 结磕子tɕiɛ²² k'ə⁴⁴ tsʅ⁵³ |
| 民　勤 | 哑巴ia²¹ pa⁴⁴ | 结巴tɕiɛ⁵³ pa²¹ |
| 古　浪 | 哑子ia²¹ tsʅ⁵³ | 结嗑子tɕiə²¹ k'ə²¹ tsʅ¹³ |
| 永　昌 | 哑子ia⁵³ tsʅ²¹ | 结子tɕiə³⁵ tsʅ⁵³ |
| 张　掖 | 哑巴ia²² pa³³ | 结嗑子tɕiə³³ k'ə³³ tsʅ³³ |
| 山　丹 | 哑子ia³³ tsʅ³³ | 结子tɕiə¹³ tsʅ³³ |
| 平　凉 | 哑子ia⁴⁴ tsʅ²¹ | 结嗑子tɕiɛ⁵³ kɤ²¹ tsʅ²¹ |
| 泾　川 | 哑巴nia⁵⁵ pa²¹ | 结嗑子tɕiɛ⁵³ kuɤ²¹ tsʅ²¹<br>结子tɕiɛ⁵³ tsʅ²¹ 又 |
| 灵　台 | 哑巴nia⁴⁴ pa²¹ | 结子tɕiɛ⁵³ tsʅ²¹ |

| 哑巴 | 结巴 | 词目 / 方言点 |
|---|---|---|
| 哑巴 ia$^{22}$ pa$^{53}$ | 舌吃嘴 ʂə$^{53}$ tʂ‘ʅ$^{21}$ tsuei$^{53}$ | 酒 泉 |
| 哑巴 ia$^{44}$ pa$^{21}$ | 结嗑子 tɕiə$^{22}$ k‘ə$^{21}$ tsʅ$^{53}$ | 敦 煌 |
| 哑巴 ia$^{44}$ pa$^{21}$ | 结嗑子 tɕiɛ$^{53}$ kuo$^{21}$ tsʅ$^{21}$ | 庆 阳 |
| 哑巴 ia$^{55}$ pa$^{21}$ | 结嗑子 tɕiɛ$^{42}$ kuɤ$^{22}$ tsʅ$^{21}$ | 环 县 |
| 哑巴 nia$^{44}$ pa$^{21}$ | 结嗑子 tɕiɛ$^{53}$ kuo$^{21}$ tsʅ$^{21}$ | 正 宁 |
| 哑巴 ia$^{55}$ pa$^{21}$ | 结嗑子 tɕiɛ$^{21}$ kuo$^{53}$ tsʅ$^{21}$ | 镇 原 |
| 哑巴 nia$^{53}$ pa$^{21}$ | 结子 tɕiɛ$^{21}$ tsʅ$^{24}$<br>结巴 tɕiɛ$^{24}$ pa$^{21}$ 又 | 定 西 |
| 哑巴 nia$^{53}$ pa$^{13}$ | 结子 tɕiɛ$^{21}$ tsʅ$^{13}$ | 通 渭 |
| 哑哑儿 nia$^{35}$ nia$^{53}$ zʅ$^{13}$ | 结结儿 tɕiɛ$^{53}$ tɕiɛ$^{22}$ zʅ$^{13}$ | 陇 西 |
| 哑巴 ia$^{53}$ pa$^{21}$ | 结子 tɕiɛ$^{21}$ tsʅ$^{13}$ | 临 洮 |
| 哑哑儿 niɑ$^{44}$ niɑr$^{21}$ | 结结儿 tɕ‘iɛ$^{53}$ tɕ‘iər$^{35}$ | 漳 县 |
| 瓜=子 kua$^{53}$ tsʅ$^{21}$ | 说话结结巴巴的人<br>ʃə$^{21}$ xua$^{13}$ tɕie$^{31}$ tɕie$^{21}$ pa$^{22}$ pa$^{22}$ tə$^{21}$ ʐ̩ŋ$^{13}$ | 陇 南 |
| 哑巴 nia$^{55}$ pa$^{21}$ | 结巴 tɕiɛ$^{53}$ pa$^{21}$ | 文 县 |
| 哑巴 ia$^{53}$ pa$^{21}$ | 结子 tsiɛ$^{44}$ tsʅ$^{44}$ | 宕 昌 |
| 哑巴 ia$^{35}$ pa$^{21}$ | 结子 tɕiɛ$^{53}$ tsʅ$^{21}$ | 康 县 |
| 瓜=的 kua$^{21}$ tɛ$^{24}$ | 结的 tɕiɛ$^{21}$ tɛ$^{24}$ | 西 和 |
| 哑巴 ia$^{44}$ pa$^{13}$ | 结子 tɕiɛ$^{21}$ tsʅ$^{44}$ | 临夏市 |
| 哑子 ia$^{55}$ tsʅ$^{55}$ | 结子 tɕiɛ$^{21}$ tsʅ$^{53}$ | 临夏县 |
| 哑巴 ia$^{13}$ pa$^{53}$ | 尕结巴 ka$^{13}$ tɕie$^{21}$ pa$^{53}$ | 甘 南 |
| 哑巴 ia$^{55}$ pa$^{53}$ | 结子 tɕi$^{55}$ tsʅ$^{21}$ | 舟 曲 |
| 哑巴 ia$^{53}$ pa$^{21}$ | 结巴 tɕiɛ$^{44}$ pa$^{44}$ | 临 潭 |

| 词目<br>方言点 | 傻子 | 左撇子 |
|---|---|---|
| 北 京 | 傻子ʂa²¹⁴ tsʅ⁰ | 左撇子tsuo²¹⁴ pʻie²¹⁴ tsʅ⁰ |
| 兰 州 | 傻子ʂa⁴⁴ tsʅ²¹ | 左撇子tsuo⁵³ pʻiɛ⁴⁴ tsʅ²¹ |
| 红 古 | 瓜=娃子kua³⁵ va⁵³ tsʅ²¹ | 左撇子tsuə²² pʻiə³⁵ tsʅ²¹ |
| 永 登 | 瓜=娃子kua²² va³⁵ tsʅ²¹ | 左撇子tsuə²² pʻiə³⁵ tsʅ²¹ |
| 榆 中 | 傻子ʂa⁴⁴ tsʅ²¹ | 左撇子tsuə⁴⁴ pʻiə⁴² tsʅ²¹ |
| 白 银 | 瓜=子kua³⁵ tsʅ⁵³ | 左撇子tsuə⁵³ pʻiə¹³ tsʅ²¹ |
| 靖 远 | 瓜=子kua⁴¹ tsʅ²¹<br>苕子ʂao²² tsʅ⁵⁵ 又 | 左撇子tsuə²² pʻiɛ⁵⁵ tsʅ²¹ |
| 天 水 | 瓜=的kua²¹ tɛ¹³<br>瓜=子kua²¹ tsʅ⁵³ 又 | 左拉果=tsuə⁴⁴ la⁴⁴ kuə²¹ |
| 秦 安 | 瓜=子kua²¹ tsʅ⁵³ | 左拉挂=tsə⁴⁴ la⁴⁴ kua²¹ |
| 甘 谷 | 瓜=的kuɒ⁴² tə²⁴ | 左撇子tsə⁴⁴ pʻiɛ⁵³ tsʅ²¹ |
| 武 山 | 瓜=子kuɑ³¹ tsʅ²¹ | 左拉挂=tsə²⁴ lɑ⁴⁴ kuɑ⁴⁴ |
| 张家川 | 瓜=子kua²¹ tsʅ⁵³ | 左撇子tsuɤ⁴⁴ pʻiɛ⁵³ tsʅ²¹ |
| 武 威 | 苕子ʂao³⁵ tsʅ⁵³<br>瓜=子kua⁵³ tsʅ²¹ 又 | 左垮=子tsuə³⁵ kʻua⁴² tsʅ²¹ |
| 民 勤 | 苕子ʂao²¹ zʅ⁴⁴ | 左挂=子tsuə⁴⁴ kua⁴² zʅ²¹ |
| 古 浪 | 苕子ʂɔ⁴⁴ tsʅ²¹ | 左挂=子tsuə²¹ kua⁴⁴ tsʅ²¹ |
| 永 昌 | 苕子ʂao³⁵ tsʅ²¹ | 左挂=子tsuə³⁵ kua⁵⁵ tsʅ²¹ |
| 张 掖 | 苕子ʂɔ³⁵ tsʅ²¹ | 左挂=子tsuə³⁵ kua³¹ tsʅ²¹ |
| 山 丹 | 苕子ʂɑo⁵⁵ tsʅ²¹ | 左挂=子tsuə⁵³ kua²¹ tsʅ²¹ |
| 平 凉 | 瓜=子kua⁵³ tsʅ²¹ | 左挂=子tsuɤ⁴⁴ kua²¹ tsʅ²¹ |
| 泾 川 | 瓜=子kua⁵³ tsʅ²¹ | 左撇子tsuɤ²¹ pʻiɛ⁵⁵ tsʅ²¹<br>左撇儿tsuɤ⁵⁵ pʻiər⁵³ 又 |
| 灵 台 | 瓜=子kua⁵³ tsʅ²¹ | 左撇子tsuo²⁴ pʻiɛ⁴⁴ tsʅ²¹ |

## 方言词汇

| 傻子 | 左撇子 | 词目 / 方言点 |
|---|---|---|
| 苕子ʂɔ³⁵ tsʅ³¹ | 左挂=子tsuə³⁵ tʂua⁵³ tsʅ³¹ | 酒 泉 |
| 苕子ʂao²² tsʅ⁵³ | 左撇子tsuə⁴⁴ pʻiɛ²¹ tsʅ²¹³ | 敦 煌 |
| 瓜=子kua⁵³ tsʅ²¹ | 左列挂=tsuo²⁴ liɛ⁵³ kua²¹ | 庆 阳 |
| 瓜=子kua⁴² tsʅ²¹ | 左撇子tsuɤ⁵⁵ pʻiɛ⁵⁵ tsʅ²¹ | 环 县 |
| 瓜=子kua⁵³ tsʅ²¹ | 左挂=子tsuo²⁴ kua³¹ tsʅ²¹ | 正 宁 |
| 瓜=子kua⁴¹ tsʅ²¹ | 左挂=料儿tsuo⁴⁴ kua²¹ liɔr⁴⁴ | 镇 原 |
| 瓜=子kua²¹ tsʅ¹³ | 左撇子tsɤ²⁴ piɛ⁴⁴ tsʅ²¹<br>左挂=拉tsɤ²⁴ kua⁴⁴ la⁴⁴ 又 | 定 西 |
| 超子tʂʻɔ²¹ tsʅ¹³<br>瓜=子kua²¹ tsʅ¹³ 又 | 左拉挂=tsə⁵³ la⁴⁴ kua²¹ | 通 渭 |
| 瓜=子kua³¹ tsʅ²¹ | 左拉挂=tsuɤ¹³ la⁴⁴ kua⁴⁴ | 陇 西 |
| 傻子ʂa⁵³ tsʅ²¹<br>瓜=子kua⁵³ tsʅ²¹ 又 | 左撇子tsuo⁵³ pʻie²¹ tsʅ²¹ | 临 洮 |
| 瓜=子kuɑ²¹ tsʅ²¹ | 左撇子tsɤ⁵³ pʻiɛ⁵³ tsʅ²¹ | 漳 县 |
| 愣子lɤŋ³⁵ tsʅ²¹ | 左撇撇tsuə⁵⁵ pʻie³¹ pʻie²¹ | 陇 南 |
| 瓜=子kua⁵³ tsʅ²¹ | 左撇子tsuɤ⁵⁵ pʻiɛ⁵³ tsʅ²¹ | 文 县 |
| 瓜=子kua⁴⁴ tsʅ⁴⁴ | 左手tsuə¹³ ʂəu²¹ | 宕 昌 |
| 瓜=子kua⁵³ tsʅ²¹ | 左撇子tsuo²¹ pʻiɛ⁵³ tsʅ²¹ | 康 县 |
| 瓜=的kua²¹ tɛ²⁴ | 左挂=挂=tʃuɤ⁵⁵ kua²¹ kua²¹ | 西 和 |
| 瓜=子kua¹³ tsʅ¹³ | 左撇子tsuə⁴⁴ pʻiɛ²¹ tsʅ⁴⁴ | 临夏市 |
| 傻子ʂɑ⁵⁵ tsʅ⁵⁵ | 左撇子tsuə⁵⁵ pʻiɛ²¹ tsʅ⁵³ | 临夏县 |
| 傻子ʂa⁴⁴ tsʅ⁵³ | 左撇子tsuə²¹ pʻiɛ⁵³ tsʅ²¹ | 甘 南 |
| 瓜=子kua⁵⁵ tsʅ²¹ | 左挂=挂=tsuə²² kua⁵⁵ kua⁵³ | 舟 曲 |
| 半年汉pæ̃⁴⁴ niæ̃⁴² xæ̃²¹ | 左撇子tsuə²¹ pʻiɛ⁵³ tsʅ²¹ | 临 潭 |

| 词目<br>方言点 | 瘸子 | 驼背 |
|---|---|---|
| 北　京 | 瘸子 tɕʻye³⁵ tsʅ⁰ | 驼背 tʻuo³⁵ pei⁵¹ |
| 兰　州 | 瘸子 tɕʻyɛ⁵³ tsʅ²¹ | 背锅 pei⁵³ kuo²¹ |
| 红　古 | 瘸子 tɕʻyə²² tsʅ⁵³ | 背楼锅儿 pei¹³ lʁu³⁵ kuər²¹ |
| 永　登 | 瘸子 tɕʻyə⁵³ tsʅ²¹ | 背老锅 pei⁵⁵ lɑo⁴² kuə²¹ |
| 榆　中 | 瘸子 tɕʻyə⁵³ tsʅ²¹³ | 驼背 tʻuə⁵³ pei²¹³ |
| 白　银 | 瘸子 tɕʻyɛ⁵³ tsʅ²¹ | 背锅 pei⁴⁴ kuə²¹ |
| 靖　远 | 瘸子 tɕʻyə²² tsʅ⁵⁵ | 背老锅 pei⁴¹ lɑo²¹ kuə²¹ |
| 天　水 | 跛子 puə⁵³ tsʅ²¹ | 背锅 pei²¹ kuə¹³ |
| 秦　安 | 跛子 pə⁵³ tsʅ²¹ | 背锅儿 pei²¹ kuə³⁵ zʅ²¹ |
| 甘　谷 | 跛子 pə⁵³ tsʅ²¹ | 背锅儿 pai⁵³ kuə²² zʅ³⁵ |
| 武　山 | 跛子 pə⁵³ tsʅ²¹ | 背锅儿 pɛ³¹ kuɑ²¹ zʅ⁴⁴ |
| 张家川 | 瘸子 tɕʻyɛ¹³ tsʅ²¹ | 背锅子 pei²¹ kuʁ¹³ tsʅ²¹ |
| 武　威 | 瘸子 tɕʻyɛ³⁵ tsʅ²¹ | 背罗锅 pei⁴⁴ luə⁴⁴ kuə⁵³ |
| 民　勤 | 瘸子 tɕʻyɛ²¹ zʅ⁴⁴ | 背锅子 piɹ²⁴ kuə⁴² zʅ²¹ |
| 古　浪 | 瘸子 tɕʻyə³⁵ tsʅ²¹ | 背锅子 pei³⁵ kuə⁴⁴ tsʅ²¹ |
| 永　昌 | 瘸子 tɕʻyə³⁵ tsʅ²¹ | 背锅子 pei³⁵ kuə⁵⁵ tsʅ²¹ |
| 张　掖 | 瘸子 tɕʻyə³⁵ tsʅ²¹ | 背锅子 pei¹³ kfə³³ tsʅ³³ |
| 山　丹 | 瘸子 tɕʻyə⁵³ tsʅ²¹ | 背老锅 pei³³ lɑo³³ kuə³³ |
| 平　凉 | 瘸子 tɕʻyʁ²¹ tsʅ⁴⁴ | 背锅子 pei⁵³ kʁ²¹ tsʅ²¹ |
| 泾　川 | 拐子 kuɛ⁵⁵ tsʅ²¹ | 背锅子 pei⁵⁵ kuʁ⁴² tsʅ²¹ |
| 灵　台 | 拐子 kuɛ⁴⁴ tsʅ²¹ | 背锅子 pei³¹ kuo²¹ tsʅ²¹ |

## 方言词汇

| 瘸子 | 驼背 | 词目 / 方言点 |
|---|---|---|
| 拐子 kuɛ²² tsʅ⁵³ | 背罗锅 pei⁴⁴ luə⁴⁴ kuə⁴⁴ | 酒　泉 |
| 瘸子 tɕʰyə²² tsʅ⁵³ | 驼背 tʰuə²² pei²¹³ | 敦　煌 |
| 拐子 kuɛ⁴⁴ tsʅ²¹ | 背锅子 pei⁵³ kuo³¹ zʅ²¹ | 庆　阳 |
| 瘸子 tɕʰyɤ²² tsʅ⁵⁵ | 背锅子 pei⁴² kuɤ²¹ tsʅ²¹ | 环　县 |
| 拐子 kuɛ⁴⁴ tsʅ²¹ | 背锅子 pei⁵³ kuo³¹ tsʅ²¹ | 正　宁 |
| 拐子 kuɛ⁵³ tsʅ²¹ | 背锅子 pei²¹ kuo⁴² tsʅ²¹<br>弓腰子 kuŋ²⁴ iɔ⁴² tsʅ²¹ 又 | 镇　原 |
| 跛子 pɤ⁵³ tsʅ²¹ | 背锅子 pei²⁴ kuɤ⁵³ tsʅ²¹ | 定　西 |
| 跛子 pə⁵³ tsʅ²¹ | 背锅 pei¹³ kuə²¹ | 通　渭 |
| 跛子 pɤ⁴⁴ tsʅ²¹ | 背锅儿 pei⁵³ kɤ²² zʅ¹³ | 陇　西 |
| 瘸子 tɕʰye¹³ tsʅ⁴⁴ | 背锅儿 pei⁴⁴ kuor²¹ | 临　洮 |
| 跛跛儿 pɤ⁵³ pər²¹ | 背锅儿 pɛ⁵³ kuər³⁵ | 漳　县 |
| 跛子 puə⁵⁵ tsʅ²¹ | 背锅儿 pei⁵³ kər²¹ | 陇　南 |
| 拐子 kuɛ³⁵ tsʅ²¹ | 背锅儿 pei⁵³ kuər²⁴ | 文　县 |
| 拐子 kuɛ⁵³ tsʅ²¹ | 背锅儿 pei⁴⁴ kuər⁵³ | 宕　昌 |
| 跛子 puo³⁵ tsʅ²¹ | 背锅子 pei⁵³ kuo²¹ tsʅ³⁵ | 康　县 |
| 跛的 puɤ⁵³ tɛ²⁴ | 背锅儿 pei²¹ kuɤ²⁴ ər²¹ | 西　和 |
| 瘸子 tɕʰyɛ²¹ tsʅ³⁵ | 驼背 tʰuə²¹ pei⁴⁴ | 临夏市 |
| 瘸子 tɕʰyɛ²¹ tsʅ³⁵ | 弓背 kuəŋ²¹ pei³⁵ | 临夏县 |
| 瘸子 tɕʰye²¹ tsʅ⁵³ | 驼背 tʰuə²¹ pei³⁵ | 甘　南 |
| 拐子 kuɛ⁵⁵ tsʅ⁵³ | 背锅儿 pei⁵³ kur²¹ | 舟　曲 |
| 瘸子 tɕʰyə²¹ tsʅ⁴⁴ | 背锅子 pei⁴⁴ kuə⁴⁴ tsʅ²¹ | 临　潭 |

| 词目<br>方言点 | 死了（中性的说法） | 看病 |
|---|---|---|
| 北　京 | 死了sɿ²¹⁴ lə⁰ | 看病kʻan⁵¹ piŋ⁵¹ |
| 兰　州 | 走了tsəu³⁵ lɔ²¹ | 看病kʻæ²¹ pin¹³ |
| 红　古 | 死了sɿ⁵³ liɔ²¹ | 看病kʻã¹³ pin¹³ |
| 永　登 | 缓下了xuæ̃¹³ xa⁵⁵ liɑo⁴² | 看病kʻæ¹³ pin¹³ |
| 榆　中 | 死了sɿ⁴⁴ lɔ²¹ | 看病kʻã³⁵ pin²¹³ |
| 白　银 | 死了sɿ²⁴ lɔ⁵³ | 看病kʻan²² pin¹³ |
| 靖　远 | 死了sɿ⁵⁵ liao²¹ | 看病kʻæ⁴⁴ piŋ⁴⁴ |
| 天　水 | 死了sɿ⁵³ liɔ²¹<br>过世kuə⁴⁴ sɿ⁴⁴ 又 | 看病kʻæ⁴⁴ pʻiŋ⁴⁴ |
| 秦　安 | 殁了mə²¹ lɔ⁵³ | 看病kʻan⁴⁴ pʻiə̃⁴⁴ |
| 甘　谷 | 走了tsʁu⁵³ lɑu²¹<br>殁了mə⁵³ lɑu¹³ 又 | 看病kʻã⁴⁴ pʻiəŋ⁴⁴ |
| 武　山 | 过世了kuə⁴⁴ sɿ⁴⁴lɑ²¹<br>殁了mə²¹ lao¹³ 又 | 看大夫kʻã⁴⁴ tɛ⁴⁴ fu²¹<br>看先生kʻã⁴⁴ ɕiã²¹ səŋ²¹ 又 |
| 张家川 | 死了sɿ⁵³ liɔ²¹ | 看病恰=kʻæ⁴⁴ pʻiŋ⁴⁴ tɕʻia²¹ |
| 武　威 | 死掉了sɿ⁵³ tiao⁴² liao²¹ | 瞧病tɕʻiao³⁵ piŋ⁵³ |
| 民　勤 | 死了sɿ²¹ lə²⁴ | 瞧病tɕʻiao⁴² piŋ²¹ |
| 古　浪 | 死掉了sɿ²¹ tiɔ⁴⁴ liɔ²¹ | 觑病tɕʻy⁴⁴ piŋ²¹ |
| 永　昌 | 死了sɿ⁵³ liao²¹ | 看病kʻɛ³⁵ piŋ⁵³ |
| 张　掖 | 死掉了sɿ⁵³ tiɔ³¹ liɔ²¹ | 看病kʻan³³ pin⁵³ |
| 山　丹 | 过世了kuə³⁵ sɿ⁵³ lə²¹ | 看病kʻɛ³⁵ piŋ⁵³ |
| 平　凉 | 殁了mɤ⁵³ lia²¹ | 看病kʻæ⁴⁴ piŋ⁴⁴ |
| 泾　川 | 殁了mɤ⁵³ lɛ²¹<br>走了tsəu⁵³ lɛ²¹ 又 | 看病kʻæ⁴⁴ pʻiŋ⁴⁴ |
| 灵　台 | 殁了mo³¹ liɔ²¹ | 看病kʻæ⁴⁴ pʻiəŋ⁴⁴ |

| 死了（中性的说法） | 看病 | 词目／方言点 |
|---|---|---|
| 断气了 tuan³⁵ tɕʻi⁵³ lə³¹ | 看病 kʻan¹³ piŋ¹³ | 酒　泉 |
| 死了 sʅ⁵³ lə²¹ | 看病 kʻan⁴⁴ piŋ²¹³ | 敦　煌 |
| 殁了 mɤ⁵³ lia²¹ | 看病 kʻæ⁴⁴ piŋ⁴⁴ | 庆　阳 |
| 老了 lɔ⁵⁵ lɛ²¹ | 看病 kʻæ⁴⁴ piŋ⁴⁴ | 环　县 |
| 殁了 mɤ³¹ liɔ²¹<br>去世了 tɕʻy⁵³ ʂʅ²⁴ liɔ²¹ 又 | 看病 kʻæ⁴⁴ pʻiŋ⁴⁴ | 正　宁 |
| 殁了 mə⁴¹ lə²¹<br>走了 tsəu⁵³ lə²¹ 又 | 看病 kʻæ⁴⁴ pʻiŋ⁴⁴<br>请良医 tsʻiŋ⁴² liã²⁴ i²¹ 又 | 镇　原 |
| 殁了 mɤ²¹ lao¹³<br>死了 sʅ⁵³ lao²¹ 又 | 看病 kʻæ⁴⁴ pʻiŋ⁴⁴ | 定　西 |
| 殁啦 mə²¹ la¹³<br>死了 sʅ⁵³ lɔ²¹ 又 | 看病 kʻæ⁴⁴ pʻiã⁴⁴ | 通　渭 |
| 殁啦 mɤ⁵³ la²¹ | 耀⁼病去哩 zɔ¹³ pʻin⁴⁴ tɕʻi²¹ lia²¹ | 陇　西 |
| 死了 sʅ⁵³ liao²¹<br>老百年了 lao⁵³ pei²¹ niæ²¹ liao²¹ 又 | 看病 kʻæ⁴⁴ piŋ⁴⁴ | 临　洮 |
| 过世了 kuɤ³⁵ ʃʅ⁵³ lao²¹ | 看病 kʻæ³⁵ pʻiŋ⁴⁴ | 漳　县 |
| 殁了 muə⁵³ lao²¹ | 看病 kʻæ²⁴ pin²⁴ | 陇　南 |
| 死了 sʅ⁵⁵ lao²¹ | 看病 kʻæ²⁴ piã²⁴ | 文　县 |
| 殁了 muə⁴⁴ lao⁴⁴ | 看病 kʻæ⁴⁴ piŋ⁴⁴ | 宕　昌 |
| 死了 sʅ⁵⁵ lao²¹ | 看病 kʻæ²⁴ pin²⁴ | 康　县 |
| 死了 sʅ⁵³ lɔ³⁵<br>人过世了 zɤŋ²⁴ kuɤ⁵⁵ ʂʅ⁵³ lɔ²¹ 又 | 看病 kʻæ⁵⁵ pʻiŋ⁵⁵ | 西　和 |
| 殁了 mu¹³ liɔ⁵³ | 看病 kã⁴⁴ pin⁵³ | 临夏市 |
| 死了 sʅ⁵⁵ liɔ⁵⁵ | 看病 kʻæ⁵⁵ pin⁵³ | 临夏县 |
| 无常了 vu⁴⁴ tʂʻã²¹ liao²¹ | 看病去 kʻæ⁴⁴ pin⁴⁴ tɕʻi²¹ | 甘　南 |
| 殁了 muə⁵⁵ liao²¹ | 看病 kʻæ¹³ piŋ¹³ | 舟　曲 |
| 殁了 mə⁴⁴ lɔ²¹ | 看病 kʻæ⁴⁴ pin⁴⁴ | 临　潭 |

| 词目<br>方言点 | 衣服 | 裤子 |
|---|---|---|
| 北 京 | 衣服i⁵⁵ fu⁰ | 裤子kʻu⁵¹ tsɿ⁰ |
| 兰 州 | 衣服i⁴⁴ fu²¹ | 裤子kʻu²² tsɿ⁵³ |
| 红 古 | 衣裳zɿ²² ʂã³⁵ | 裤子kʻu²² tsɿ⁵³ |
| 永 登 | 衣裳i⁴² ʂaŋ²¹ | 裤子kʻu²¹ tsɿ⁴⁴ |
| 榆 中 | 衣裳i⁵³ ʂã²¹ | 裤子kʻu²¹ tsɿ¹³ |
| 白 银 | 衣裳ʑi⁴⁴ ʂaŋ²¹ | 裤子kʻu²² tsɿ³⁵ |
| 靖 远 | 衣裳zɿ⁴¹ ʂaŋ²¹ | 裤子kʻu³⁵ tsɿ⁴¹ |
| 天 水 | 衣裳ʑi²¹ ʂã¹³ | 裤子kʻu⁴⁴ tsɿ²¹ |
| 秦 安 | 衣裳ʑi²¹ ʂã¹³ | 裤儿kʻu⁴⁴ zɿ²¹ |
| 甘 谷 | 衣裳ʑi²² ʂaŋ²⁴ | 裤儿kʻu⁴⁴ zɿ²¹ |
| 武 山 | 衣裳ʑi²¹ ʂaŋ¹³ | 裤儿kʻu⁴⁴ zɿ⁴⁴ |
| 张家川 | 衣裳ʑi²¹ ʂã¹³ | 裤儿pʻur⁵³ |
| 武 威 | 衣裳ʑi²² ʂã⁵³ | 裤子kʻu⁵³ tsɿ²¹ |
| 民 勤 | 衣裳ʑi³⁵ ʂaŋ⁵³ | 裤子kʻu⁴² zɿ²¹ |
| 古 浪 | 衣裳ʑi⁴⁴ ʂɑo⁵³ | 裤子kʻu³¹ tsɿ²¹ |
| 永 昌 | 衣裳ʑi³⁵ ʂaŋ⁵³ | 裤子kʻu⁵³ tsɿ²¹ |
| 张 掖 | 衣裳ʑi³³ ʂaŋ³³ | 裤子kfʻu³¹ tsɿ²¹ |
| 山 丹 | 衣裳zɿ³³ ʂaŋ³³ | 裤子tʂʻu³³ tsɿ²¹ |
| 平 凉 | 衣裳ʑi⁵³ ʂaŋ²¹ | 裤子kʻu³⁵ tsɿ²¹ |
| 泾 川 | 衣服i⁵³ fu²¹ | 裤子pʻu⁴⁴ tsɿ²¹ |
| 灵 台 | 衣服i⁵³ fu²¹ | 裤子pʻu²⁴ tsɿ²¹ |

| 衣服 | 裤子 | 词目 / 方言点 |
|---|---|---|
| 衣裳 zi³⁵ ʂɑŋ⁴⁴ | 裤子 kʻu²¹ tsʅ¹³ | 酒　泉 |
| 衣裳 zʅ²² ʂaŋ²¹³ | 裤子 kʻu⁴⁴ tsʅ⁵³ | 敦　煌 |
| 衣服 i⁴⁴ fu²¹ | 裤子 kʻu²⁴ tsʅ⁵³ | 庆　阳 |
| 衣服 i⁴² fu²¹ | 裤子 kʻu²⁴ tsʅ²¹ | 环　县 |
| 衣服 i⁵³ fu²¹<br>衫子 sæ⁴⁴ tsʅ²¹ 又 | 裤儿 fur⁵³<br>裤子 kʻu³⁵ tsʅ²¹ 又 | 正　宁 |
| 衣裳 i⁴¹ ʂã²¹ | 裤子 kʻu⁴⁴ tsʅ²¹ | 镇　原 |
| 衣裳 ʑi²¹ ʂã¹³ | 裤子 kʻu²⁴ tsʅ²¹ | 定　西 |
| 衣裳 ʑi²¹ ʂã¹³ | 裤儿 kʻu⁴⁴ ə²¹ | 通　渭 |
| 衣裳 ʑi⁵³ ʂã¹³ | 裤儿 kʻu¹³ zʅ²¹ | 陇　西 |
| 衣裳 ʑi²¹ ʂã¹³ | 裤子 kʻu⁴⁴ tsʅ²¹ | 临　洮 |
| 衣裳 ʑi²¹ ʃɑŋ¹³ | 裤儿 kʻu³⁵ ər⁵³ | 漳　县 |
| 衣裳 ʑi⁵³ ʂã²¹ | 裤子 kʻu²⁴ tsʅ⁵³ | 陇　南 |
| 衣裳 ʑi⁵³ sã¹³ | 裤子 kʻu²⁴ tsʅ⁵³ | 文　县 |
| 衣裳 zʅ⁴⁴ ʂaŋ⁴⁴ | 裤子 kʻu⁴⁴ tsʅ²¹ | 宕　昌 |
| 衣裳 i⁵³ ʂã²¹ | 裤子 kʻu²⁴ tsʅ⁵³ | 康　县 |
| 衣裳 i²¹ ʂã²⁴ | 裤子 kʻu⁵⁵ tsʅ²¹ | 西　和 |
| 衣裳 ʑi²¹ ʂɑŋ⁵³ | 裤子 ku⁴⁴ tsʅ⁵³ | 临夏市 |
| 衣裳 ʑi²¹ ʂaŋ⁵³ | 裤子 ku⁴⁴ tsʅ²¹ | 临夏县 |
| 衣服 ʑi²¹ fu⁵³ | 裤子 kʻu⁴⁴ tsʅ²¹ | 甘　南 |
| 蔫=儿 niər⁵³ | 裤儿 kʻur¹³ | 舟　曲 |
| 衣裳 ʑi⁴⁴ ʂã⁴⁴ | 裤子 kʻu⁴⁴ tsʅ²¹ | 临　潭 |

| 词目<br>方言点 | 尿布 | 毛巾 |
|---|---|---|
| 北 京 | 尿布niao⁵¹ pu⁵¹ | 毛巾mao³⁵ tɕin⁵⁵ |
| 兰 州 | 褯褯子tɕʰiɛ²² tɕʰiɛ⁵³ tsʅ²¹ | 毛巾mɔ⁵³ tɕin²¹ |
| 红 古 | 褯褯儿tɕʰiə²² tɕʰiər⁵³ | 毛巾mɔ²² tɕin⁵³ |
| 永 登 | 尿褯子niao²² tɕʰiə²² tsʅ³⁵ | 手巾子ʂɤu²² tɕin⁴² tsʅ²¹ |
| 榆 中 | 尿布子niɔ²¹ pu³⁵ tsʅ⁵³ | 毛巾mɔ²¹ tɕin³⁵ |
| 白 银 | 尿褯子niɔ³⁵ tɕʰiɛ²¹ tsʅ¹³<br>褯褯子tɕʰiɛ²¹ tɕʰiɛ³⁵ tsʅ²¹ 又 | 毛巾mɔ⁵³ tɕin⁴⁴ |
| 靖 远 | 尿褯褯子niao³⁵ tɕʰiɛ³⁵ tɕʰiɛ⁴¹ tsʅ²¹ | 羊肚手巾子<br>iaŋ²² tu⁵⁵ ʂɤu⁵⁵ tɕiŋ²¹ tsʅ²¹ |
| 天 水 | 褯子tɕʰiɛ⁴⁴ tsʅ²¹ | 手巾ʂɤu⁵³ tɕiŋ²¹ |
| 秦 安 | 褯子tɕʰiə⁴⁴ tsʅ²¹ | 手巾ʂəu⁵³ tɕiə̃²¹ |
| 甘 谷 | 褯子tɕʰiɛ⁴⁴ tsʅ²¹ | 毛巾mɑu²⁴ tɕiəŋ²¹ |
| 武 山 | 褯褯子tɕʰiə⁴⁴ tɕʰiə⁴⁴ zʅ⁴⁴ | 手巾儿ʂɤu⁵³ tɕin²¹ zʅ¹³ |
| 张家川 | 尿布子niɔ⁴⁴ pu⁴⁴ tsʅ²¹ | 毛巾mɔ¹³ tɕiŋ²¹ |
| 武 威 | 尿褯子niao⁴⁴ tɕʰiɛ⁵³ tsʅ²¹ | 手巾子ʂɤu⁴⁴ tɕiŋ⁴⁴ tsʅ⁵³ |
| 民 勤 | 尿布子niao⁴² pu²¹ zʅ²¹ | 手巾子ʂɤu³⁵ tɕiŋ⁵³ zʅ²¹ |
| 古 浪 | 褯褯子tɕʰiə⁴⁴ tɕʰiə⁴⁴ tsʅ¹³ | 毛巾mɔ³⁵ tɕiŋ²¹ |
| 永 昌 | 尿毡子niao⁵³ tʂɛ⁴² tsʅ²¹ | 手巾ʂɤu³⁵ tɕiŋ⁵³ |
| 张 掖 | 尿布子niɔ³¹ pu²¹ tsʅ²¹ | 手巾子ʂɤu³³ tɕin³³ tsʅ³³ |
| 山 丹 | 尿布子niao⁵⁵ pu³³ tsʅ²¹ | 毛巾mɑo³⁵ tɕiŋ²¹ |
| 平 凉 | 褯褯子tɕʰiɛ³⁵ tɕʰiɛ⁵³ tsʅ²¹ | 羊肚手巾子<br>iaŋ²⁴ tu⁵³ ʂɤu⁵³ tɕiŋ³¹ tsʅ²¹ |
| 泾 川 | 尿褯子niɔ⁴⁴ tɕʰiɛ⁴⁴ tsʅ²¹ | 羊肚手巾iaŋ²¹ tu⁴⁴ ʂəu⁵⁵ tɕiŋ²¹ |
| 灵 台 | 褯褯tɕʰiɛ²⁴ tɕʰiɛ²¹ | 羊肚手巾iaŋ²⁴ tu⁴⁴ ʂou⁴⁴ tɕiəŋ²¹ |

| 尿布 | 毛巾 | 词目 / 方言点 |
|---|---|---|
| 尿褯子 niɔ²² tɕ'iə²² tsʅ¹³ | 擦脸的 ts'a²² lian²² ti⁵³ | 酒　泉 |
| 尿布子 niao⁴⁴ pu⁵³ tsʅ²¹ | 毛巾 mao²² tɕin⁵³ | 敦　煌 |
| 褯褯 tɕ'iɛ²⁴ tɕ'iɛ⁵³ | 毛巾 mɔ²¹ tɕiŋ⁵³<br>洗脸毛巾 ɕi⁴⁴ liæ̃⁵³ mɔ²¹ tɕiŋ³¹ 又 | 庆　阳 |
| 尿褯褯 niɔ³³ tɕ'iɛ²⁴ tɕ'iɛ²¹ | 手巾 ʂɤu⁵⁵ tɕiŋ²¹ | 环　县 |
| 尿褯子 niɔ³⁵ ts'iɛ³¹ tsʅ²¹<br>尿布子 niɔ⁴⁴ pu⁴⁴ tsʅ²¹ 又 | 羊肚手巾 iaŋ²¹ tu⁵³ ʂou⁴⁴ tɕien²¹<br>手巾子 ʂou⁴⁴ tɕien³¹ tsʅ²¹ 又 | 正　宁 |
| 尿褯褯 niɔ⁴⁴ ts'iɛ⁴⁴ ts'iɛ²¹ | 羊肚子手巾<br>iã²¹ t'u⁴⁴ tsʅ²¹ ʂəu⁵⁵ tɕiŋ²¹ | 镇　原 |
| 尿布子 niɑo²⁴ pu⁵³ tsʅ²¹ | 手巾 ʂɤu⁵³ tɕiŋ²¹ | 定　西 |
| 尿布子 niɔ⁴⁴ pu⁴⁴ tsʅ²¹ | 手巾 ʂɤu⁵³ tɕiɔ̃¹³ | 通　渭 |
| 尿布子 niɔ¹³ pu³⁵ tsʅ²¹ | 手巾 ʂɤu³⁵ tɕin²¹ | 陇　西 |
| 褯褯儿 tɕ'ie⁴⁴ tɕ'iər²¹ | 手巾 ʂəu⁵³ tɕiŋ²¹ | 临　洮 |
| 尿布儿 niao³⁵ pur⁴² | 羊肚子手巾<br>iaŋ¹³ tu⁵³ tsʅ²¹ ʃɤu⁵⁵ tɕiŋ²¹ | 漳　县 |
| 尿褯子 niɑo²⁴ tɕ'ie²⁴ tsʅ²¹ | 羊肚子手巾<br>ziã²¹ tu⁵⁵ tsʅ²¹ ʂɤu⁵⁵ tɕiə̃r³¹ | 陇　南 |
| 褯子 tɕ'iɛ²⁴ tsʅ⁵³ | 羊肚子手巾<br>iã²¹ tu²⁴ tsʅ²¹ sɤu⁵⁵ tɕiɔ̃⁵³ | 文　县 |
| 尿褯褯儿 niao⁴⁴ ts'iɛ⁴⁴ ts'iər²¹ | 羊肚子手巾<br>iã²¹ tu⁵³ tsʅ²¹ ʂəu⁵³ tsiŋ²¹ | 宕　昌 |
| 尿布 niao²⁴ pu²⁴ | 羊肚儿手敷子<br>iã²¹ tur²⁴ ʂɤu⁵⁵ fu²¹ tsʅ²¹ | 康　县 |
| 褯子 tɕ'iɛ⁵⁵ tsʅ²¹ | 羊肚子手巾<br>iɔ²⁴ tu⁵³ tsʅ²¹ ʂɤu⁵³ tɕiŋ²¹ | 西　和 |
| 褯褯 tɕ'ie⁴⁴ tɕ'iɛ²¹ | 手巾 ʂɤu⁴⁴ tɕin¹³ | 临夏市 |
| 尿布 niɔ⁵⁵ pu⁵³<br>褯褯 tɕ'iɛ⁵⁵ tɕ'iɛ²¹ 又 | 手巾 ʂɯ⁵⁵ tɕin¹³ | 临夏县 |
| 尿布子 niao⁴⁴ pu⁴⁴ tsʅ²¹ | 毛巾 mao¹³ tɕin⁵³ | 甘　南 |
| 尿布子 niɑo³⁵ pu²¹ tsʅ⁵³ | 羊肚子手巾儿<br>iã²² tu³⁵ tsʅ²¹ ʂəu⁵⁵ tɕiər⁵³ | 舟　曲 |
| 尿布 niɔ⁴⁴ pu⁴⁴ | 手巾 ʂəu⁵³ tɕin¹³ | 临　潭 |

| 词目<br>方言点 | 肥皂 | 洗脸水 |
|---|---|---|
| 北 京 | 肥皂fei³⁵ tsao⁵¹ | 洗脸水ɕi²¹⁴ lian²¹⁴ ʂuei²¹⁴ |
| 兰 州 | 胰子ʑi⁵³ tsʅ¹³ | 洗脸水ɕi⁵³ liã⁴⁴ fei⁴⁴ |
| 红 古 | 胰子ʐʅ²² tsʅ⁵³ | 洗脸水sʅ¹³ liã³⁵ fei⁵³ |
| 永 登 | 胰子i⁵³ tsʅ²¹ | 洗脸水ɕi³⁵ liã⁴⁴ fei⁴⁴ |
| 榆 中 | 肥皂fei⁵³ tsɔ²¹³ | 洗脸水ɕi⁵³ liã²² ʂuei⁴⁴ |
| 白 银 | 胰子ʑi²² tsʅ³⁵<br>肥皂fei⁵³ tsɔ¹³ 又 | 洗脸水ɕi⁵³ lian²⁴ fei²⁴ |
| 靖 远 | 胰子ʐʅ³⁵ tsʅ⁴¹ | 洗脸水sʅ⁵⁵ liã⁵⁵ ʂuei⁵⁵ |
| 天 水 | 洋碱iã¹³ tɕiã⁵³ | 洗脸水ɕi⁵³ niã⁵³ fei⁵³ |
| 秦 安 | 胰子ʑi⁴⁴ tsʅ²¹ | 洗脸水sʅ²¹ nian⁵³ ʃei⁵³ |
| 甘 谷 | 洋碱iaŋ³⁵ tɕiã⁵³ | 洗脸水ɕi²¹ niã⁴⁴ ʃai⁵³ |
| 武 山 | 洋碱iaŋ²⁴ tɕiã⁵³ | 洗脸水ɕi⁵³ tɕiã⁵³ ʃɛ⁵³ |
| 张家川 | 肥皂fei²² tsɔ⁴⁴ | 洗脸水ɕi⁵³ niã⁵³ ʃei⁵³ |
| 武 威 | 胰子ʑi³⁵ tsʅ²¹<br>肥皂fei³⁵ tsao²¹ 又 | 洗脸水ɕi⁴⁴ liã⁴² ʂuei²¹ |
| 民 勤 | 胰子ʑi²¹ tsʅ⁴⁴ | 洗脸水ɕi⁵³ niɹ²⁴ ʂuei⁴⁴ |
| 古 浪 | 胰子ʑi³⁵ tsʅ²¹ | 洗脸水ɕi⁴⁴ niɛ⁴⁴ ʂuei²¹ |
| 永 昌 | 胰子ʐʅ³⁵ tsʅ⁵³ | 洗脸水ɕi⁵³ liɛ⁴² ʂuei²¹ |
| 张 掖 | 胰子ʑi³⁵ tsʅ²¹ | 洗脸水ɕi⁵³ lian⁵³ fei⁵³ |
| 山 丹 | 胰子ʐʅ³⁵ tsʅ²¹ | 洗脸水ʃʅ⁵⁵ liɹ⁵⁵ fei⁵³ |
| 平 凉 | 洋碱iaŋ²⁴ tɕiã⁵³<br>猪胰子tʂu²² i³⁵ tsʅ⁵³ 又 | 洗脸水ɕi²² liã⁴⁴ ʂuei⁵³ |
| 泾 川 | 胰子i²⁴ tsʅ²¹ | 洗脸水ɕi⁵³ liã²¹ ʃei⁵³ |
| 灵 台 | 洋碱iaŋ²⁴ tɕiã⁵³ | 洗脸水si²⁴ liã⁵³ ʃei⁵³ |

| 肥皂 | 洗脸水 | 方言点 |
|---|---|---|
| 胰子 ʑi³⁵ tsʅ³¹ | 洗脸水 ɕi⁵³ lian⁵³ ʂuei⁵³ | 酒 泉 |
| 肥皂 fei²² tsao²¹³ | 洗脸水 ɕʅ²² liɛ⁵³ ʂuei⁵³ | 敦 煌 |
| 洋碱 iaŋ²¹ tɕiæ̃⁵³ | 洗脸水 ɕi⁵³ liæ̃⁵³ ʂuei⁵³ | 庆 阳 |
| 胰子 i²⁴ tsʅ²¹ | 洗脸水 ɕi⁵⁵ liæ̃⁵⁵ ʂuei⁵³ | 环 县 |
| 洋碱 iaŋ²⁴ tɕiæ̃⁵³ | 洗脸水 si²¹ liæ̃⁵³ ʃei⁵³ | 正 宁 |
| 胰子 i⁵⁵ tsʅ²¹<br>洋碱 iã²¹³ tɕiæ̃⁵³ 又 | 洗脸水 si⁵³ liæ̃⁵³ sei⁵³ | 镇 原 |
| 洋碱 iã¹³ tɕiæ̃⁵³ | 洗脸水 ɕi²¹ niæ̃⁵³ ʃei⁵³ | 定 西 |
| 肥皂 fei²¹ tsɔ⁴⁴ | 洗脸水 si²¹ niæ̃⁵³ ʃei⁵³ | 通 渭 |
| 肥皂 fei³¹ tsɔ¹³ | 洗脸水 ɕi²¹ niæ̃¹³ ʂuei⁵³ | 陇 西 |
| 胰子 ʑi³⁵ tsʅ²¹ | 洗脸水 ɕi¹³ niæ̃⁵³ ʂuei⁵³ | 临 洮 |
| 胰子 ʑi²¹ tsʅ⁵³ | 洗脸水 si²¹ a²¹ ʃei⁵³ | 漳 县 |
| 肥皂 fei²¹ tsɑo²⁴ | 洗脸水 ɕi⁵⁵ niæ̃⁵⁵ ʃei⁵⁵ | 陇 南 |
| 胰子 ʑi²⁴ tsʅ⁵³ | 洗脸水 ɕi⁵⁵ niæ̃⁵⁵ ʃei⁵⁵ | 文 县 |
| 胰子 ʐʅ³⁵ tsʅ²¹ | 洗脸水 si²¹ niæ̃⁵³ ʂuei⁵³ | 宕 昌 |
| 胰子 i¹³ tsʅ⁵³ | 洗脸水 si⁵⁵ niæ̃⁵⁵ fei⁵⁵ | 康 县 |
| 洋碱 iã²⁴ tɕiæ̃⁵³<br>香皂角胰子<br>ɕiã²¹ tsɔ⁵⁵ tɕiɔ⁵³ i⁵⁵ tsʅ²¹ 又 | 洗脸水 ɕi⁵⁵ niæ̃⁵³ ʃei⁵³ | 西 和 |
| 胰子 ʑi³⁵ tsʅ²¹ | 洗脸水 ɕi³⁵ niã⁴⁴ ʂuei⁵³ | 临夏市 |
| 胰子 ʑi³⁵ tsʅ²¹ | 洗脸水 ɕi⁵⁵ niæ̃³⁵ fei⁵³ | 临夏县 |
| 胰子 ʑi⁴⁴ tsʅ²¹ | 洗脸水 ɕi²¹ liæ̃³⁵ ʂuei⁴⁴ | 甘 南 |
| 胰子 ʒu²¹ tsʅ⁵³ | 洗脸水 sʅ⁵⁵ niæ̃⁵⁵ ʃuei⁵³ | 舟 曲 |
| 肥皂 fei²¹ tsɔ⁴⁴ | 洗脸水 ɕi⁴⁴ niæ̃⁴⁴ suei⁵³ | 临 潭 |

| 词目<br>方言点 | 凳子 | 桌子 |
| --- | --- | --- |
| 北 京 | 凳子 təŋ⁵¹ tsʅ⁰ | 桌子 tʂuo⁵⁵ tsʅ⁰ |
| 兰 州 | 凳子 tən²² tsʅ⁵³ | 桌子 pfɤ²¹ tsʅ¹³ |
| 红 古 | 板凳 pã³⁵ tən⁵³ | 桌子 tʂuə²² tsʅ³⁵ |
| 永 登 | 板凳子 pæ̃²² tən⁵³ tsʅ²¹ | 桌子 pfə²² tsʅ³⁵ |
| 榆 中 | 凳子 tən²¹ tsʅ¹³ | 桌子 tʂuə²¹ tsʅ²¹³ |
| 白 银 | 板凳 pan²⁴ tən⁵³ | 桌子 tʂuə²² tsʅ¹³ |
| 靖 远 | 板凳 pæ̃⁵⁵ tɤŋ²¹ | 桌子 tʂuə⁴¹ tsʅ²¹ |
| 天 水 | 板凳 pæ̃⁵³ tɤŋ²¹ | 桌子 tʃə²¹ tsʅ⁵³ |
| 秦 安 | 板凳 pan⁵³ t'əu²¹ | 桌子 tʃə²¹ tsʅ⁵³ |
| 甘 谷 | 板凳 pã⁵³ təŋ²¹ | 桌子 tʃə⁴² tsʅ⁴⁴ |
| 武 山 | 板凳儿 pã⁵³ təŋ²¹ zʅ¹³ | 桌子 tʃə³¹ tsʅ²¹ |
| 张家川 | 凳子 tɤŋ⁴⁴ tsʅ²¹ | 桌子 tʃɤ²¹ tsʅ⁵³ |
| 武 威 | 板凳子 pã⁴⁴ təŋ²¹ tsʅ²¹ | 桌子 tʂuə⁴⁴ tsʅ²¹ |
| 民 勤 | 板凳 pæ²¹ tɤŋ⁴⁴ | 桌子 tʂuə⁴² zʅ²¹ |
| 古 浪 | 板凳子 pæ²¹ təŋ³⁵ tsʅ²¹ | 桌子 tʂuə⁴⁴ tsʅ³¹ |
| 永 昌 | 板凳子 pɛ³⁵ təŋ⁵³ tsʅ²¹ | 桌子 tʂuə⁵³ tsʅ²¹ |
| 张 掖 | 板凳 paŋ²² tən³³ | 桌子 kfə³¹ tsʅ²¹ |
| 山 丹 | 板凳 pɛ³³ təŋ³³ | 桌子 tʂuə⁵³ tsʅ²¹ |
| 平 凉 | 板凳 pæ̃⁴⁴ təŋ²¹ | 桌子 tʂuɤ⁵³ tsʅ²¹ |
| 泾 川 | 凳子 təŋ³⁵ tsʅ²¹ | 桌子 tʃɤ⁵³ tsʅ²¹ |
| 灵 台 | 凳子 təŋ²⁴ tsʅ²¹ | 桌子 tʃo⁵³ tsʅ²¹ |

方言词汇

| 凳子 | 桌子 | 方言点 |
|---|---|---|
| 板凳 pan²² təŋ⁵³ | 桌子 tʂuə²² tsɿ¹³ | 酒泉 |
| 板凳 pan⁵³ təŋ²¹ | 桌子 tʂuə²² tsɿ²¹³ | 敦煌 |
| 凳子 təŋ²⁴ tsɿ⁵³ | 桌子 tʂuo⁵³ zɿ²¹ | 庆阳 |
| 座座 tsuɤ²⁴ tsuɤ²¹ | 桌子 tʂuɤ⁴² tsɿ²¹ | 环县 |
| 板头 pæ̃⁴⁴ tʻou²¹ | 桌子 tʃɤ⁵³ tsɿ²¹ | 正宁 |
| 板凳 pæ̃⁵³ təŋ²¹ | 桌子 tsuo⁴² tsɿ²¹ | 镇原 |
| 凳子 tɤŋ⁴⁴ tsɿ²¹<br>板凳 pæ̃⁵³ tɤŋ²¹ 又 | 桌子 tʃɤ²¹ tsɿ¹³ | 定西 |
| 板凳 pæ̃⁵³ tə̃¹³ | 桌子 tʃə²¹ tsɿ¹³ | 通渭 |
| 板凳 pæ̃³⁵ təŋ²¹ | 桌子 tʂuɤ³¹ tsɿ²¹ | 陇西 |
| 板凳 pæ̃⁵³ ten²¹ | 桌桌儿 tʂuo²¹ tʂuor³⁵ | 临洮 |
| 板凳 pa⁵³ tɤŋ²¹ | 桌桌儿 tʃɤ⁵³ tʃər²¹³ | 漳县 |
| 板凳 pæ̃³⁵ tɤŋ²¹ | 桌子 tʃə⁵³ tsɿ²¹ | 陇南 |
| 板凳 pæ̃³⁵ tə̃²¹ | 桌子 tʃɤ⁵³ tsɿ²¹ | 文县 |
| 板凳儿 pæ̃⁵³ tər²¹ | 桌子 tʂuə⁴⁴ tsɿ⁴⁴ | 宕昌 |
| 板墩 pæ̃³⁵ tuŋ²¹ | 桌子 pfɤ⁵³ tsɿ²¹ | 康县 |
| 板凳 pæ̃⁵³ tɤŋ²¹ | 桌子 tʃɤ²¹ tsɿ²⁴ | 西和 |
| 板凳 pã⁴⁴ təŋ⁵³ | 桌子 tʂuə²¹ tsɿ⁵³ | 临夏市 |
| 板凳 pæ̃⁵⁵ təŋ⁵³ | 桌子 tʂuə²¹ tsɿ⁵³ | 临夏县 |
| 尕凳子 ka²¹ tɤŋ⁴⁴ tsɿ²¹ | 桌子 tʂuə²¹ tsɿ⁵³ | 甘南 |
| 板凳儿 pæ̃⁵⁵ tər⁵³ | 桌子 tʃuə⁵⁵ tsɿ²¹ | 舟曲 |
| 凳子 tɤŋ⁴⁴ tsɿ²¹ | 桌子 tsuə⁴⁴ tsɿ⁵³ | 临潭 |

| 词目<br>方言点 | 抽屉 | 图章 |
|---|---|---|
| 北 京 | 抽屉 tʂʻou⁵⁵ tʻi⁰ | 图章 tʻu³⁵ tʂaŋ⁵⁵ |
| 兰 州 | 抽屉 tʂʻəu⁴² tʻi²¹ | 章子 tʂã⁴² tsɿ²¹ |
| 红 古 | 抽屉 tʂʻɤu²² tʻɿ⁵³ | 名章儿 min²² tʂã³⁵ ər⁵³ |
| 永 登 | 抽匣 tʂʻɤu⁴⁴ tʻi²¹ | 章子 tʂaŋ⁵³ tsɿ²¹ |
| 榆 中 | 抽屉 tʂʻəu⁵³ tʻi²¹ | 章子 tʂã⁵³ tsɿ²¹ |
| 白 银 | 抽屉 tʂʻɤu⁴⁴ tʻi²¹ | 章子 tʂaŋ⁴⁴ tsɿ²¹ |
| 靖 远 | 抽匣 tʂʻɤu⁴¹ ɕia²¹ | 章子 tʂaŋ⁴¹ tsɿ²¹ |
| 天 水 | 抽匣 tʂʻɤu²¹ ɕia¹³ | 章子 tʂã²¹ tsɿ⁵³ |
| 秦 安 | 抽匣 tʂʻəu²¹ ɕia¹³ | 章子 tʂã²¹ tsɿ⁵³ |
| 甘 谷 | 抽屉儿 tʂʻɤu⁴² tʻi²¹ zɿ³⁵ | 章子 tʂaŋ²¹ tsɿ⁴⁴ |
| 武 山 | 抽屉儿 tʂʻɤu³¹ tʻi²¹ zɿ³⁵<br>抽匣儿 tʂʻɤu³¹ ɕia²¹ zɿ³⁵ 又 | 章子 tʂaŋ³¹ tsɿ²¹ |
| 张家川 | 抽屉 tʂʻɤu²¹ tɕʻi⁵³ | 章子 tʂã²¹ tsɿ⁵³ |
| 武 威 | 抽屉 tʂʻɤu²² tʻi⁵³ | 章子 tʂã²² tsɿ⁵³ |
| 民 勤 | 抽屉 tʂʻɤu⁴⁴ tsʻɿ²¹ | 章子 tʂaŋ⁴⁴ zɿ²¹ |
| 古 浪 | 抽屉 tʂʻou³⁵ tʻi⁵³ | 名章儿 miŋ⁵³ tʂɑo⁴⁴ ɣə⁵³ |
| 永 昌 | 抽屉 tʂʻɤu³⁵ tʻi⁵³ | 名章子 miŋ³⁵ tʂaŋ⁵³ tsɿ²¹ |
| 张 掖 | 抽匣子 tʂʻɤu³³ ɕia³³ tsɿ³³ | 名章 miŋ³³ tʂaŋ⁵³ |
| 山 丹 | 抽屉 tʂʻou³³ tʻi³³ | 章 tʂaŋ³³ |
| 平 凉 | 抽匣 tʂʻɤu⁵³ ɕia²¹ | 章子 tʂaŋ⁵³ tsɿ²¹ |
| 泾 川 | 抽屉 tʂʻəu⁵³ tʻi²¹ | 章子 tʂaŋ⁵³ tsɿ²¹ |
| 灵 台 | 抽屉 tʂʻou⁵³ tsʻi²¹ | 章子 tʂaŋ⁵³ tsɿ²¹ |

| 抽屉 | 图章 | 词目 / 方言点 |
|---|---|---|
| 抽匣 tṣʻɤu⁴⁴ ɕia⁴⁴ | 名章子 miŋ³⁵ tṣaŋ⁵³ tsɿ³¹ | 酒　泉 |
| 抽屉 tṣʻɤu²² tʻɿ²¹³ | 章 tṣaŋ²¹³ | 敦　煌 |
| 抽匣 tṣʻɤu⁵³ ɕia²¹ | 章子 tṣaŋ⁵³ tsɿ²¹ | 庆　阳 |
| 抽匣 tṣʻɤu⁴² ɕia²¹ | 章子 tṣaŋ⁴² tsɿ²¹ | 环　县 |
| 抽匣子 tṣʻou⁵³ ɕia²¹ tsɿ²¹<br>抽屉 tṣʻou⁵³ tsʻi²¹ 又 | 章子 tṣaŋ⁵³ tsɿ²¹ | 正　宁 |
| 抽屉 tṣʻəu⁴² tʻi²¹ | 章子 tṣã⁴² tsɿ²¹<br>国法 kuo²⁴ fa⁴¹ 又 | 镇　原 |
| 抽屉 tṣʻɤu²¹ tʻi¹³<br>抽匣 tṣʻɤu²¹ ɕia¹³ 又 | 章子 tṣã²¹ tsɿ¹³ | 定　西 |
| 抽屉 tṣʻɤu²¹ tʻi¹³<br>抽匣 tṣʻɤu²¹ ɕia¹³ 又 | 章子 tṣã²¹ tsɿ¹³ | 通　渭 |
| 抽屉儿 tṣʻɤu⁵³ tɕʻi²² zɿ¹³ | 章子 tṣã³¹ tsɿ²¹ | 陇　西 |
| 抽匣儿 tṣʻəu²¹ ɕiar¹³ | 章子 tṣã²¹ tsɿ¹³<br>名章 miŋ³⁵ tṣã²¹ 又 | 临　洮 |
| 抽屉儿 tʃʻɤu⁵³ tɕʻiər¹³ | 图章儿 tʻu³⁵ tʃaŋ²¹ ər²¹ | 漳　县 |
| 抽匣 tṣʻɤu⁵³ ɕia²¹ | 章 tṣã³¹ | 陇　南 |
| 抽匣 tsʻɤu⁵³ ɕia¹³ | 章子 tsã⁵³ tsɿ²¹ | 文　县 |
| 抽匣 tṣʻəu⁴⁴ ɕia⁴⁴ | 章子 tṣã⁴⁴ tsɿ⁴⁴ | 宕　昌 |
| 抽匣 tṣʻɤu⁵³ ɕia²¹ | 章子 tṣã⁵³ tsɿ²¹ | 康　县 |
| 抽匣 tṣʻɤu²¹ ɕia²⁴ | 章子 tṣã²¹ tsɿ²⁴ | 西　和 |
| 抽匣 tṣʻɤu²¹ xia⁵³ | 名章 min¹³ tṣaŋ⁵³ | 临夏市 |
| 抽匣 tṣʻɯ²¹ ɕia⁵³ | 章 tṣaŋ¹³ | 临夏县 |
| 抽匣 tṣʻɤu²¹ ɕia⁵³ | 章子 tṣã²¹ tsɿ⁵³ | 甘　南 |
| 抽匣 tṣʻəu⁵⁵ ɕia²¹ | 章子 tṣã⁵⁵ tsɿ²¹ | 舟　曲 |
| 抽匣 tṣʻəu⁴⁴ ɕia⁴⁴ | 章子 tṣã⁴⁴ tsɿ⁴⁴ | 临　潭 |

| 词目<br>方言点 | 糨糊 | 火柴 |
|---|---|---|
| 北　京 | 糨糊tɕiaŋ⁵¹ xu³⁵ | 火柴xuo²¹⁴ tʂʻai³⁵ |
| 兰　州 | 糨糊tɕiã²² xu⁵³ | 洋火iã⁵³ xuo⁴⁴ |
| 红　古 | 糨子tɕiã¹³ tsʅ⁵³ | 洋火iã²² xuə⁵³ |
| 永　登 | 糨子tɕiaŋ¹³ tsʅ³⁵ | 洋火iaŋ²² xuə³⁵ |
| 榆　中 | 糨子tɕiã²¹ tsʅ³⁵ | 火柴xuə⁴⁴ tʂʻɛ²¹ |
| 白　银 | 糨子tɕiaŋ²² tsʅ³⁵ | 洋火iaŋ⁵³ xuə²⁴ |
| 靖　远 | 糨子tɕian³⁵ tsʅ⁴¹ | 洋火iaŋ²² xuə⁵⁵ |
| 天　水 | 面黏miæ̃⁴⁴ zʐæ̃²¹ | 洋火iã¹³ xuə⁵³ |
| 秦　安 | 面黏mian⁴⁴ zʐan²¹ | 洋火iã¹³ xuə⁵³ |
| 甘　谷 | 糨糊tɕiaŋ⁵⁵ xu²¹ | 洋火iaŋ²⁴ xuə⁵³ |
| 武　山 | 糨子tɕiaŋ³⁵ tsʅ²¹ | 洋火iaŋ²⁴ xuə⁵³ |
| 张家川 | 糨糊儿tɕiã⁴⁴ xur²¹ | 洋火iã²² xuɤ⁵³ |
| 武　威 | 糨子tɕiã⁴⁴ tsʅ²¹ | 洋火iã³⁵ xuə²¹ |
| 民　勤 | 糨子tɕiaŋ⁴² zʅ²¹ | 洋火iaŋ²¹ xuə⁴⁴ |
| 古　浪 | 糨子tɕiao⁴⁴ tsʅ³¹ | 洋火iao⁵³ xuə⁴⁴ |
| 永　昌 | 糨子tɕiaŋ⁵³ tsʅ²¹ | 洋火iaŋ⁵³ xuə²¹ |
| 张　掖 | 糨糊子tɕiaŋ³¹ xu²¹ tsʅ²¹ | 洋火iaŋ⁵³ xuə⁵³ |
| 山　丹 | 糨tɕiaŋ⁵³ tsʅ²¹ | 洋火iaŋ³⁵ xuə⁵³ |
| 平　凉 | 糨子tɕiaŋ³⁵ tsʅ³¹ | 洋火iaŋ²² xuɤ⁵³ |
| 泾　川 | 糨子tɕiaŋ³⁵ tsʅ²¹ | 洋火iaŋ²⁴ xuɤ⁵³ |
| 灵　台 | 糨子tɕiaŋ²⁴ tsʅ²¹ | 洋火iaŋ²² xuo⁵³ |

| 糨糊 | 火柴 | 词目 方言点 |
|---|---|---|
| 糨糊 tɕiaŋ²² xu¹³ | 洋火 iaŋ⁵³ xuə⁵³ | 酒　泉 |
| 糨糊 tɕiaŋ⁴⁴ xu⁵³ | 火柴 xuə⁵³ tsʻɛ²¹³ | 敦　煌 |
| 糨子 tɕiaŋ³⁵ tsɿ⁵³<br>黏子 ʐæ̃²¹ tsɿ⁵³ 又 | 洋火 iaŋ²¹ xuo⁵³ | 庆　阳 |
| 糨子 tɕiaŋ²⁴ tsɿ²¹ | 洋火 iaŋ²² xuɤ⁵⁵ | 环　县 |
| 糨子 tɕiaŋ³⁵ tsɿ²¹ | 洋火 iaŋ²¹ xuo⁵³ | 正　宁 |
| 糨子 tsiã⁴⁴ tsɿ²¹<br>黏子 ʐæ̃²⁴ tsɿ²¹ 又 | 洋火 iã²¹ xuo⁵³ | 镇　原 |
| 糨子 tɕiã²⁴ tsɿ²¹ | 洋火 iã¹³ xuɤ⁵³ | 定　西 |
| 糨子 tɕiã⁴⁴ tsɿ²¹ | 洋火 iã¹³ xuə⁵³ | 通　渭 |
| 糨子 tɕiã³⁵ tsɿ²¹ | 洋火 iã¹³ xuɤ⁵³ | 陇　西 |
| 糨子 tɕiã⁴⁴ tsɿ²¹ | 洋火 iã¹³ xuo⁵³ | 临　洮 |
| 糨子 tɕiaŋ⁴⁴ tsɿ²¹ | 洋火 iaŋ¹³ xuɤ⁵³ | 漳　县 |
| 糨糊 tɕiã³⁵ xu²¹ | 洋火 iã²¹ xuə⁵⁵ | 陇　南 |
| 糨子 tɕiã²⁴ tsɿ⁵³ | 洋火 iã²¹ xuɤ⁵⁵ | 文　县 |
| 糨子 tsiã⁴⁴ tsɿ²¹ | 洋火 iã²¹ xuə⁵³ | 宕　昌 |
| 糨子 tɕiã¹³ tsɿ⁵³ | 洋火 iã²¹ xuo⁵⁵ | 康　县 |
| 面黏 miæ̃³⁵ ʐæ̃²¹ | 洋火 iã²⁴ xuɤ⁵³ | 西　和 |
| 糨子 tɕiaŋ⁴⁴ tsɿ²¹ | 洋火 iaŋ¹³ xuə⁵³ | 临夏市 |
| 糨子 tɕiaŋ³⁵ tsɿ²¹ | 洋火 iaŋ¹³ xuə⁵⁵ | 临夏县 |
| 糨糊 tɕiã⁴⁴ xu²¹ | 洋火 iã¹³ xuə⁵³ | 甘　南 |
| 糨子 tɕiã²¹ tsɿ⁵³ | 洋火 iã²² xuə⁵³ | 舟　曲 |
| 糨糊 tɕiã⁴⁴ xu¹³ | 洋火 iã²¹ xuə⁵³ | 临　潭 |

| 词目<br>方言点 | 抹布 | 水瓢 |
|---|---|---|
| 北 京 | 抹布 ma⁵⁵ pu⁵¹ | 水瓢 ʂuei²¹⁴ p'iao³⁵ |
| 兰 州 | 抹布 ma²¹ pu¹³ | 勺勺子 fɤ⁵³ fɤ²² tsʅ⁴² |
| 红 古 | 抹布 ma²² pu³⁵ | 勺子 fə²² tsʅ⁵³ |
| 永 登 | 抹布 ma²² pu³⁵ | 舀子 iɑo³⁵ tsʅ²¹ |
| 榆 中 | 抹布 ma²¹ pu³⁵ | 勺子 ʂuə⁵³ tsʅ²¹³ |
| 白 银 | 抹布 ma²² pu¹³ | 勺子 fə⁵³ tsʅ²¹ |
| 靖 远 | 抹布子 ma⁴¹ pu²¹ tsʅ²¹ | 马勺 ma⁵⁵ ʂuə²¹ |
| 天 水 | 抹布 ma²¹ pu⁴⁴ | 马勺 ma⁵³ ʂuə²¹ |
| 秦 安 | 抹布 ma²¹ pu⁴⁴ | 水瓢 ʃei⁵³ p'iɔ¹³ |
| 甘 谷 | 抹布 mɒ⁴² pu⁴⁴ | 马勺儿 mɒ⁵³ ʂə²¹ zʅ⁴⁴ |
| 武 山 | 抹布 mɑ³¹ pu²¹ | 马勺儿 mɑ⁵³ ʂə²¹ zʅ⁴⁴ |
| 张家川 | 抹布 ma²¹ p'u⁴⁴ | 马勺 ma⁵³ ʂɤ²¹ |
| 武 威 | 抹布 ma⁴⁴ pu²¹ | 勺 ʂuə³⁵ |
| 民 勤 | 抹布 ma⁴² pu²¹ | 马勺 ma²¹ ʂuə⁵³ |
| 古 浪 | 抹布 ma⁴⁴ pu³¹ | 舀水勺 iɔ⁵³ ʂuei²¹ ʂuə⁵³ |
| 永 昌 | 抹布 ma⁵³ pu²¹ | 马勺 ma⁵³ ʂuə²¹ |
| 张 掖 | 抹布 ma³¹ pu²¹ | 勺头 fə³⁵ t'ɤu²¹ |
| 山 丹 | 抹布 ma⁵⁵ pu²¹ | 水勺 fei²² fə⁵³ |
| 平 凉 | 揾布 tʂæ⁴⁴ pu²¹<br>抹布 ma⁵³ pu²¹ 又 | 马勺 ma⁴⁴ ʂuɤ²¹ |
| 泾 川 | 抹布 ma⁵³ p'u²¹ | 马勺 ma⁵⁵ suɤ²¹ |
| 灵 台 | 抹布 ma⁵³ p'u²¹ | 马勺 ma⁴⁴ suo²¹ |

## 方言词汇

| 抹布 | 水瓢 | 词目 / 方言点 |
|---|---|---|
| 擦桌布ts'a³⁵ tʂuə⁴⁴ pu¹³ | 马勺ma²² ʂuə⁵³ | 酒泉 |
| 抹布ma²² pu²¹³ | 勺ʂuə²¹³ | 敦煌 |
| 挼布tʂæ̃⁴⁴ pu²¹<br>抹布ma⁵³ pu²¹ 又 | 马勺ma⁴⁴ ʂuo²¹ | 庆阳 |
| 挼布tʂæ̃⁵⁵ pu²¹ | 马勺ma⁵⁵ ʂuɤ²¹ | 环县 |
| 抹布ma²¹ pu⁴⁴ | 马勺ma⁴⁴ ʃɤ²¹ | 正宁 |
| 挼布tʂæ̃⁵³ p'u²¹<br>抹布ma³¹ p'u²¹ 又 | 马勺ma⁵³ suo²¹ | 镇原 |
| 抹布mɑ²¹ pu²⁴ | 马勺ma⁵³ ʂɤ²¹ | 定西 |
| 抹布ma²¹ pu⁴⁴ | 马勺ma⁵³ ʂə¹³ | 通渭 |
| 抹布ma³¹ pu²¹ | 马勺ma³⁵ ʃɤ²¹ | 陇西 |
| 抹布ma²¹ pu³⁵ | 马勺ma⁵³ ʂuo²¹ | 临洮 |
| 抹布mɑ¹³ pu²¹ | 马勺mɑ⁵³ ʃɤ²¹ | 漳县 |
| 抹布ma⁵³ pu²¹ | 马勺ma³⁵ ʂə²¹ | 陇南 |
| 抹布ma²¹ pu²⁴ | 马勺ma³⁵ suɤ⁵³ | 文县 |
| 抹布ma⁴⁴ pu⁴⁴ | 马勺ma⁵³ ʂuər¹³<br>斛斗tsiao³⁵ tsʅ²¹ 又 | 宕昌 |
| 抹布ma⁵³ pu²¹ | 马勺ma⁵⁵ fɤ²¹ | 康县 |
| 抹布ma²¹ pu²⁴ | 马勺ma⁵³ suɤ²⁴ | 西和 |
| 抹布mɑ²¹ pu⁵³<br>挼布tʂã⁴⁴ pu⁴⁴ 又 | 罐子kuã⁴⁴ tsʅ²¹ | 临夏市 |
| 抹布mɑ²¹ pu⁵³ | 水勺fei⁵⁵ fə¹³ | 临夏县 |
| 抹布ma²¹ pu⁵³ | 水瓢ʂuei⁵³ p'iao¹³ | 甘南 |
| 抹布ma⁵⁵ pu²¹ | 马勺儿ma⁵⁵ ʃər⁵³ | 舟曲 |
| 抹布ma⁴⁴ pu²¹ | 勺子ʂuə¹³ tsʅ²¹ | 临潭 |

| 方言点＼词目 | 饭勺 | 调羹 |
|---|---|---|
| 北 京 | 饭勺fan⁵¹ ʂao³⁵ | 调羹t'iao³⁵ kən⁵⁵ |
| 兰 州 | 铁勺子t'iɛ²² fɤ⁵³ tsʅ²¹ | 调羹t'iɔ³⁵ kən²¹ |
| 红 古 | 铁勺儿t'iə²² fər⁵³ | 勺勺儿fə²² fər⁵³ |
| 永 登 | 勺子fə⁵³ tsʅ²¹ | 瓢儿p'iər⁵³ |
| 榆 中 | 饭勺fã²¹ ʂuə⁵³ | 调羹子t'iɔ⁴² kən²² tsʅ³⁵ |
| 白 银 | 勺子fə⁵³ tsʅ²¹ | 勺勺子fə⁵³ fə²¹ tsʅ¹³ |
| 靖 远 | 铁勺子t'iɛ⁴¹ ʂuə²¹ tsʅ²¹ | 勺勺儿ʂuə²² ʂuər⁴¹<br>调羹儿t'iao²² kə̃r⁴¹ ꭥ |
| 天 水 | 舀饭勺iɔ⁵³ fæ̃⁴⁴ ʂuə¹³ | 勺勺ʂuə¹³ ʂuə²¹ |
| 秦 安 | 调羹儿t'iɔ³⁵ kə̃²¹ zʅ²¹ | 调羹儿t'iɔ³⁵ kə̃²¹ zʅ²¹ |
| 甘 谷 | 长把儿tʂ'aŋ²¹ pɒ⁴⁴ zʅ²¹ | 调羹儿tɕ'iɑu³⁵ kə⁵³ zʅ²¹ |
| 武 山 | 铁勺儿t'iə³¹ ʂə²¹ zʅ⁴⁴<br>舀勺儿iao⁵³ ʂə²¹ zʅ⁴⁴ ꭥ | 调羹儿t'iao³⁵ kiə⁵³ zʅ¹³ |
| 张家川 | 铁勺子tɕ'iɛ²² ʂɤ³⁵ tsʅ²¹ | 调羹子tɕ'iɔ²² kɤŋ⁵³ tsʅ²¹ |
| 武 威 | 勺子ʂuə³⁵ tsʅ²¹ | 勺勺子ʂuə⁴⁴ ʂuə⁵³ tsʅ²¹ |
| 民 勤 | 勺子ʂuə²¹ zʅ⁴⁴ | 勺勺ʂuə⁴⁴ ʂuə²¹ zʅ²¹ |
| 古 浪 | 饭勺子fæ²¹ ʂuə⁴⁴ tsʅ²¹ | 调匙子t'iɔ⁵³ tʂʻʅ⁴⁴ tsʅ²¹ |
| 永 昌 | 勺子ʂuə³⁵ tsʅ²¹ | 勺勺ʂuə³⁵ ʂuə²¹ |
| 张 掖 | 饭勺子faŋ²¹ fə³⁵ tsʅ²¹ | 勺勺子fə³⁵ fə³¹ tsʅ²¹ |
| 山 丹 | 勺子fə⁵⁵ tsʅ²¹ | 勺勺子fə⁵⁵ fə⁴² tsʅ²¹ |
| 平 凉 | 勺ʂuɤ²⁴ | 调羹子t'iɔ²¹ kəŋ⁵³ tsʅ²¹ |
| 泾 川 | 铁勺t'iɛ⁵³ suɤ²¹ | 勺勺suɤ²¹ suɤ⁵³ |
| 灵 台 | 铁勺tsʻiɛ⁵³ suo²¹ | 勺勺suo²² suo⁵³ |

| 饭勺 | 调羹 | 词目 / 方言点 |
|---|---|---|
| 铁勺 t'iə²² ʂuə¹³ | 调羹子 t'iɔ³⁵ kəŋ⁴² tsʅ⁵³ | 酒　泉 |
| 勺勺 ʂuə²² ʂuə⁵³ | 调羹子 t'iao²² kəŋ⁴⁴ tsʅ²¹ | 敦　煌 |
| 铁勺 t'iɛ⁵³ ʂuo²¹ | 勺勺 ʂuo²¹ ʂuo⁵³ | 庆　阳 |
| 舀饭勺 iɔ⁵⁵ fæ̃⁵⁵ ʂuɤ²⁴ | 调羹子 t'iɔ²² kəŋ⁴² tsʅ²¹ | 环　县 |
| 勺 ʃɤ²⁴ | 小勺子 siɔ⁵³ ʃɤ²⁴ tsʅ²¹ | 正　宁 |
| 铁勺 t'iɛ⁴² suo²¹ | 勺勺子 suo²⁴ suo⁵³ tsʅ²¹ | 镇　原 |
| 勺子 ʂɤ²¹ tsʅ²⁴ | 调羹 t'iao¹³ kɤŋ⁵³ | 定　西 |
| 铁勺儿 t'iɛ²¹ ʂə²¹ zʅ⁴⁴ | 调羹儿 t'iɔ¹³ kə̃⁵³ zʅ²¹ | 通　渭 |
| 勺儿 ʂɤ²¹ zʅ¹³ | 勺勺儿 ʂuɤ¹³ ʂuɤ⁵³ zʅ²¹ | 陇　西 |
| 木勺儿 mu²¹ ʂuor³⁵<br>铁勺儿 t'iɛ²¹ ʂuor³⁵ 又 | 调羹儿 t'iao¹³ kɑor²¹ | 临　洮 |
| 舀饭勺 iao⁵³ fæ̃⁴⁴ ʃɤ¹³ | 调羹儿 tɕiao³⁵ kɤ̃r²¹ | 漳　县 |
| 勺勺子 ʂuə²¹ ʂuə³⁵ tsʅ²¹ | 取勺儿 tɕ'y³⁵ ʂər⁵³ | 陇　南 |
| 勺勺子 ʃɤ²¹ ʃɤ²⁴ tsʅ⁵³ | 调羹儿 t'iao²¹ kər⁵³ | 文　县 |
| 勺勺儿 ʂuə¹³ ʂuər²¹ | 调羹儿 tsiao¹³ kə̃r²¹ | 宕　昌 |
| 勺儿 fɤr¹³ | 调羹勺儿 ts'iao²¹ kɤŋ⁵⁵ fɤr¹³ | 康　县 |
| 勺 ʂuɤ²⁴ | 调羹子 t'iɔ²⁴ kɤŋ²¹ tsʅ²¹<br>勺勺 ʂuɤ²⁴ ʂuɤ²¹ 又 | 西　和 |
| 木勺 mu²¹ ʂuə⁵³ | 尕勺勺 ka¹³ ʂuə²¹ ʂuə⁵³ | 临夏市 |
| 饭勺 fæ̃⁵⁵ fə¹³ | 调羹儿 t'iɔ³⁵ kɛ⁵³ | 临夏县 |
| 尕勺 ka¹³ ʂuə²¹ | 尕勺 ka¹³ ʂuə²¹ | 甘　南 |
| 勺勺儿 ʂɑo⁵³ ʂər²¹ | 调羹儿 t'iao⁵⁵ kər²¹ | 舟　曲 |
| 饭勺子 fæ̃⁴⁴ ʂuə²¹ tsʅ⁵³ | 调羹儿 t'iɔ¹³ kər¹³ | 临　潭 |

| 词目<br>方言点 | 筷子 | 笭筐（挑或抬的大筐） |
|---|---|---|
| 北 京 | 筷子 kʻuai⁵¹ tsʅ⁰ | 笭筐 luo³⁵ kʻuaŋ⁵⁵ |
| 兰 州 | 筷子 kʻuɛ²² tsʅ⁵³ | 筐筐子 kʻuã⁵³ kʻuã⁴² tsʅ²¹ |
| 红 古 | 筷子 kʻuɛ²² tsʅ⁵³ | 篮子 lã²² tsʅ³⁵ |
| 永 登 | 筷子 kʻuɛi²² tsʅ³⁵ | 马头筐筐子<br>ma³⁵ tʻɤu⁵³ kʻuaŋ⁵⁵ kʻuaŋ⁴² tsʅ²¹ |
| 榆 中 | 筷子 kʻuɛ²¹ tsʅ¹³ | 筐子 kʻuã⁵³ tsʅ²¹ |
| 白 银 | 筷子 kʻuɛ²² tsʅ³⁵ | 筐子 kʻuaŋ⁴⁴ tsʅ²¹ |
| 靖 远 | 筷子 kʻuɛ³⁵ tsʅ⁴¹ | 笭筅 luə²² tʻɤu⁵⁵ |
| 天 水 | 筷子 kʻuɛ³⁵ tsʅ²¹ | 筐子 kʻuã²¹ tsʅ⁵³ |
| 秦 安 | 筷子 kʻuɛ⁴⁴ tsʅ²¹ | 筐子 kʻuã²¹ tsʅ⁵³ |
| 甘 谷 | 筷子 kʻuai⁴⁴ tsʅ²¹ | 筐子 kʻuaŋ⁴² tsʅ⁴⁴ |
| 武 山 | 筷子 kʻuɛ²⁴ tsʅ²¹ | 掩=子 iã⁵³ tsʅ²¹ |
| 张家川 | 筷子 kʻuɛ⁴⁴ tsʅ²¹ | 筐子 kʻuã²² tsʅ⁵³ |
| 武 威 | 筷子 kʻuɛ⁴⁴ tsʅ²¹ | 筐 kʻuã³⁵ |
| 民 勤 | 筷子 kʻuæ⁴² zʅ²¹ | 背筐 pei³⁵ kʻuaŋ⁴² |
| 古 浪 | 筷子 kʻuɛ³¹ tsʅ²¹ | 担筐 tæ⁴⁴ kʻuɑo³¹ |
| 永 昌 | 筷子 kʻuɛ⁵³ tsʅ²¹ | 背筐子 pei³⁵ kʻuaŋ⁵⁵ tsʅ²¹ |
| 张 掖 | 筷子 kʻuɛ³¹ tsʅ²¹ | 筐子 kʻuaŋ³³ tsʅ³³ |
| 山 丹 | 筷子 kuɛ⁵³ tsʅ²¹ | 筐 kʻuaŋ³³ |
| 平 凉 | 筷子 kʻuɛ³⁵ tsʅ²¹ | 笆篮 pu²¹ læ̃⁵³<br>笼 luŋ⁵³ 又 |
| 泾 川 | 筷子 kʻuɛ³⁵ tsʅ²¹ | 筐子 kʻuaŋ⁵³ tsʅ²¹ |
| 灵 台 | 筷子 kʻuɛ²⁴ tsʅ²¹ | 笆篮 pʻu²¹ læ̃⁵³ |

方言词汇

| 筷子 | 箩筐（挑或抬的大筐） | 词目<br>方言点 |
|---|---|---|
| 筷子 kʻuɛ²² tsʅ¹³ | 筐子 kʻuaŋ³⁵ tsʅ⁴⁴ | 酒　泉 |
| 筷子 kʻuɛ⁴⁴ tsʅ⁵³ | 箩筐 luə²² kuaŋ⁵³ | 敦　煌 |
| 筷子 kʻuɛ²⁴ tsʅ⁵³ | 笼 luŋ⁵³<br>筐筐 kʻuaŋ⁵³ kʻuaŋ²¹ 又 | 庆　阳 |
| 筷子 kʻuɛ²⁴ tsʅ²¹ | 筐 kʻuaŋ⁴¹ | 环　县 |
| 筷子 kʻuɛ³⁵ tsʅ²¹ | 筐子 kʻuaŋ⁵³ tsʅ²¹<br>笼 luŋ²⁴ 又 | 正　宁 |
| 筷子 kʻuɛ²⁴ tsʅ²¹ | 笼 luŋ⁵³<br>筐子 kʻuã⁴¹ tsʅ²¹ 又 | 镇　原 |
| 筷子 kʻuɛ⁴⁴ tsʅ²¹ | 掩＝子 iæ̃⁵³ tsʅ²¹ | 定　西 |
| 筷子 kʻuɛ⁴⁴ tsʅ²¹ | 掩＝子 iæ̃⁵³ tsʅ²¹<br>背篼 pei²⁴ tɤu²¹ 又 | 通　渭 |
| 筷子 kʻuɛ¹³ tsʅ²¹ | 掩＝子 iæ̃³⁵ tsʅ²¹ | 陇　西 |
| 筷子 kʻuɛ⁴⁴ tsʅ²¹ | 筐筐儿 kʻuã²¹ kʻuar³⁵<br>掩＝子 iæ̃⁵³ tsʅ²¹ 又 | 临　洮 |
| 筷子 kʻuɛ⁴⁴ tsʅ²¹ | 掩＝子 iæ̃⁵³ tsʅ²¹ | 漳　县 |
| 筷子 kʻuɛ²⁴ tsʅ²¹ | 筐筐儿 kʻuã⁵³ kʻuãr²¹ | 陇　南 |
| 筷子 kʻuɛ²⁴ tsʅ⁵³ | 箩筐 tuɤ²² kʻuã⁵³ | 文　县 |
| 筷子 kʻuɛ⁴⁴ tsʅ²¹ | 背篼 pei³⁵ təu²¹ | 宕　昌 |
| 筷子 kʻuɛ²⁴ tsʅ⁵³ | 筐子 kʻuã⁵³ tsʅ²¹<br>背篼 pei²⁴ tɤu⁵³ 又 | 康　县 |
| 筷子 kʻuɛ³⁵ tsʅ²¹ | 筐子 kʻuã²¹ tsʅ²⁴ | 西　和 |
| 筷子 kʻuɛ⁴⁴ tsʅ²¹ | 筐筐 kʻuaŋ²¹ kʻuaŋ⁵³ | 临夏市 |
| 筷子 kʻuɛ⁵⁵ tsʅ²¹ | 筐子 kʻuaŋ²¹ tsʅ⁵³ | 临夏县 |
| 筷子 kʻuɛi⁴⁴ tsʅ²¹ | 筐子 kʻuã²¹ tsʅ⁵³ | 甘　南 |
| 筷子 kʻuɛ²² tsʅ⁵³ | 背篼儿 pei²² tər⁵³ | 舟　曲 |
| 筷子 kʻuɛ⁴⁴ tsʅ²¹ | 筐筐子 kʻuã⁴⁴ kʻuã⁴⁴ tsʅ²¹ | 临　潭 |

| 方言点 \ 词目 | 篮子（手提的） | 簸箕 |
|---|---|---|
| 北　京 | 篮子 lan³⁵ tsʅ⁰ | 簸箕 po⁵¹ tɕi⁰ |
| 兰　州 | 篮篮子 læ̃⁵³ læ̃²² tsʅ⁵³ | 簸箕 pɤ⁴⁴ tɕi²¹ |
| 红　古 | 筐筐儿 kʻuã²² kʻuãr³⁵ | 簸箕 pə³⁵ tsʅ²¹ |
| 永　登 | 筐筐子 kʻuaŋ⁵⁵ kʻuaŋ⁴² tsʅ²¹ | 簸箕 pə³⁵ tɕi²¹ |
| 榆　中 | 篮篮子 lã⁴² lã²² tsʅ³⁵ | 簸箕 pə³⁵ tɕiə²¹ |
| 白　银 | 篮篮子 lan⁵³ lan²² tsʅ¹³ | 簸箕 pə³⁵ tɕi²¹ |
| 靖　远 | 笼笼子 loŋ⁵⁵ loŋ²¹ tsʅ²¹ | 簸箕 pə⁵⁵ tɕiɛ²¹ |
| 天　水 | 笼笼 nuŋ⁵³ nuŋ²¹ | 簸箕 puə⁵³ tɕʻi²¹ |
| 秦　安 | 篮篮儿 lan¹³ lan²¹ zʅ²¹ | 簸箕 pə⁵³ tɕi²¹ |
| 甘　谷 | 仓笼 tsʻɑŋ²¹ ləŋ⁴⁴ | 簸箕 pə⁵³ tɕiɛ²¹ |
| 武　山 | 仓笼子 tsʻaŋ³¹ nəŋ³⁵ zʅ²¹ | 簸箕 pə⁵³ tɕi¹³ |
| 张家川 | 绊笼 pʻæ̃³⁵ luŋ⁵³ | 簸箕 pɤ⁵³ tɕi²¹ |
| 武　威 | 篮篮子 lã³⁵ lã⁴⁴ tsʅ²¹ | 簸箕 pə⁵³ tɕi²¹ |
| 民　勤 | 筐子 kʻuaŋ⁴⁴ zʅ²¹ | 簸箕 pə²¹ tɕi⁴⁴ |
| 古　浪 | 篮篮子 læ⁴⁴ læ²¹ tsʅ²¹ | 簸箕 pə²¹ tɕi⁵³ |
| 永　昌 | 提篮子 tʻi³⁵ lɛ⁵³ tsʅ²¹ | 簸箕 pə⁵³ tɕi²¹ |
| 张　掖 | 提篮子 tʻi³³ laŋ⁵³ tsʅ²¹ | 簸箕 pə³¹ tɕʻi²¹ |
| 山　丹 | 篮子 lɛ³⁵ tsʅ²¹ | 簸箕 pə⁵³ tʂʻʅ²¹ |
| 平　凉 | 篮篮子 læ²² læ⁴⁴ tsʅ²¹ | 簸箕 pɤ⁴⁴ tɕi²¹ |
| 泾　川 | 笼 luŋ⁵³<br>笼笼 luŋ⁵⁵ luŋ²¹ 又 | 簸箕 pɤ²⁴ tɕi²¹ |
| 灵　台 | 笼 luəŋ⁵³<br>笼笼 luəŋ⁴⁴ luəŋ²¹ 又 | 簸箕 po²⁴ tɕi²¹ |

| 篮子（手提的） | 簸箕 | 词目 / 方言点 |
|---|---|---|
| 提篮tʻi³⁵ lan³¹ | 簸箕pə²² tɕi⁵³ | 酒　泉 |
| 篮篮子lan²² lan⁴⁴ tsʅ²¹ | 簸箕pə⁵³ tɕʅ²¹ | 敦　煌 |
| 笼笼luŋ⁴⁴ luŋ²¹<br>篮篮læ̃²¹ læ̃⁵³ 又 | 簸箕pɤ²⁴ tɕi²¹ | 庆　阳 |
| 碎筐筐suei²⁴ kʻuaŋ⁵³ kʻuaŋ²¹ | 簸箕pɤ²⁴ tɕʻi²¹ | 环　县 |
| 笼子luŋ³⁵ tsʅ²¹ | 簸箕pɤ³⁵ tɕi²¹ | 正　宁 |
| 碎笼笼suei⁴⁴ luŋ⁵³ luŋ²¹ | 簸箕pə²⁴ tɕi²¹ | 镇　原 |
| 克⁼劳=kʻɤ²¹ lao²⁴ | 簸箕pɤ⁵³ tɕiɛ²¹ | 定　西 |
| 篮篮儿læ̃¹³ læ̃⁵³ zʅ²¹ | 簸箕pə⁵³ tɕiɛ²¹ | 通　渭 |
| 筐筐儿kʻuã⁵³ kʻuã²² zʅ¹³ | 簸箕pɤ⁴⁴ tɕiɛ²¹ | 陇　西 |
| 笼子luŋ⁵³ tsʅ²¹<br>笼笼儿luŋ⁵³ luor¹³ 又 | 簸箕po⁵³ tɕie²¹ | 临　洮 |
| 长篓儿tʂʻaŋ²² lɤur⁵³ | 簸箕pɤ⁵³ tɕʻi²¹ | 漳　县 |
| 篮篮儿læ̃²¹ ler⁵³ | 簸箕puə⁵⁵ tɕi²¹ | 陇　南 |
| 笼子loŋ⁵⁵ tsʅ²¹ | 簸箕pɤ³⁵ tɕi²¹ | 文　县 |
| 笼笼儿luŋ⁵³ luə̃r¹³ | 簸箕puə⁵³ tsi²¹ | 宕　昌 |
| 竹篮子pfu⁵⁵ læ̃²¹ tsʅ³⁵ | 簸箕puo³⁵ tɕi²¹ | 康　县 |
| 笼子luŋ⁵³ tsʅ²¹<br>笼笼儿luŋ⁵³ lũ²¹ ər²⁴ 又 | 簸箕puɤ⁵³ tɕi²¹ | 西　和 |
| 篮篮lã⁴⁴ lã¹³<br>篮篮lã⁴⁴ lɛ¹³ 又 | 簸箕pə¹³ tɕi¹³ | 临夏市 |
| 篮子læ̃⁵⁵ zʅ⁵⁵ | 簸箕pə⁵⁵ tɕi¹³ | 临夏县 |
| 篮篮子læ̃¹³ læ̃⁵³ tsʅ²¹ | 簸箕pə⁵³ tɕi¹³ | 甘　南 |
| 笼笼儿luəŋ⁵⁵ lur⁵³ | 簸箕puə⁵⁵ tʂu⁵³ | 舟　曲 |
| 篮篮子læ̃¹³ læ̃⁴² tsʅ²¹ | 簸箕pə⁵³ tɕiɛ¹³ | 临　潭 |

| 词目<br>方言点 | 扫帚 | 锤子 |
| --- | --- | --- |
| 北 京 | 扫帚sao⁵¹ tʂou⁰ | 锤子tʂʻuei³⁵ tsʅ⁰ |
| 兰 州 | 打扫taʻ⁵³ sɔ⁴⁴ | 锤子pfʻei⁵³ tsʅ¹³ |
| 红 古 | 扫帚sɔ²² tʂʻu⁵³ | 锤锤儿tʂʻuei²² tʂʻuər⁵³ |
| 永 登 | 笤帚tʻiɑo⁵⁵ pfu²¹ | 钉锤子tin⁵⁵ pfʻei⁴² tsʅ²¹ |
| 榆 中 | 扫帚sɔ²¹ tʂu³⁵ | 锤锤子tʂʻuei⁴² tʂʻuei²² tsʅ³⁵ |
| 白 银 | 扫帚sɔ²² tʂu²⁴ | 锤子tʂʻuei⁵³ tsʅ²¹ |
| 靖 远 | 扫帚sao³⁵ tʂʅ⁴¹ | 锤tʂʻuei²⁴ |
| 天 水 | 扫帚sɔ³⁵ tʃʻʅ²¹ | 锤锤tʃʻei¹³ tʃʻei²¹ |
| 秦 安 | 扫帚sɔ⁴⁴ tʃʻu²¹ | 锤锤儿tʃʻei³⁵ tʃʻei²¹ zʅ²¹ |
| 甘 谷 | 扫帚sɑu⁵⁵ tʃʻu²¹ | 锤子tʃʻai²¹ tsʅ⁴⁴ |
| 武 山 | 扫帚sao⁴⁴ tʃʻu²¹ | 锤tʃʻɛ²⁴ |
| 张家川 | 扫帚sɔ³⁵ tʃʻu²¹ | 锤锤子tʃʻei¹³ tʃʻei²¹ tsʅ²¹ |
| 武 威 | 扫帚sao⁴⁴ tʂʅ²¹ | 锤锤子tʂʻuei³⁵ tʂʻuei⁵³ tsʅ²¹ |
| 民 勤 | 扫帚sao⁴² tʂʅ²¹ | 锤子tʂʻuei²¹ zʅ⁴⁴ |
| 古 浪 | 扫帚sɔ⁴⁴ tʂʅ³¹ | 锤锤子tʂʻuei³⁵ tʂʻuei⁵³ tsʅ²¹ |
| 永 昌 | 扫帚sao⁵³ tʂʅ²¹ | 锤锤子tʂʻuei³⁵ tʂʻuei⁵³ tsʅ²¹ |
| 张 掖 | 扫把sɔ³¹ pa²¹ | 钉锤子tin³³ kʻuei³³ tsʅ³³ |
| 山 丹 | 扫帚sao⁵³ tʂʅ²¹ | 榔头laŋ³⁵ tʻou²¹ |
| 平 凉 | 扫帚sɔ³⁵ tsu⁵³ | 锤锤子tʂʻuei²² tʂʻuei⁴⁴ tsʅ²¹ |
| 泾 川 | 扫帚sɔ³⁵ tʃu²¹ | 钉锤tiŋ⁵³ tʃʻei²¹ |
| 灵 台 | 扫帚sɔ²⁴ tʃu²¹ | 钉锤tiəŋ⁵³ tʃʻei²¹ |

方言词汇

| 扫帚 | 锤子 | 词目 / 方言点 |
|---|---|---|
| 扫把 sɔ²² pa¹³ | 榔头 laŋ³⁵ tʻɤu³¹ | 酒泉 |
| 扫帚 sao⁴⁴ tʂʻu⁵³ | 锤子 tʂʻuei²² tsʅ⁵³ | 敦煌 |
| 笤帚 tʻiɔ²¹ tʂʅ⁴⁴ | 钉锤 tiŋ⁵³ tʂʻuei²¹ | 庆阳 |
| 扫帚 sɔ²⁴ tʂʅ²¹ | 钉锤子 tiŋ⁴² tʂʻuei²¹ tsʅ²¹ | 环县 |
| 扫帚 sɔ³⁵ tʃʅ²¹ | 钉锤子 tiŋ⁵³ tʃʻei²¹ tsʅ²¹ | 正宁 |
| 扫帚 sɔ⁴⁴ tsʅ²¹ | 钉锤子 tiŋ⁴¹ tsʻei²¹ tsʅ²¹ | 镇原 |
| 扫帚 sao²⁴ tʃu²¹ | 锤锤 tʃʻei²⁴ tʃʻei²¹ | 定西 |
| 扫帚 sɔ⁴⁴ tʃu²¹ | 锤锤儿 tʃʻei¹³ tʃʻei⁵³ ə²¹ | 通渭 |
| 扫帚 sɔ¹³ tʂʻu²¹ | 锤锤儿 tʂʻuei¹³ tʂʻuei³¹ zʅ¹³ | 陇西 |
| 扫帚 sao³⁵ tʂʻu²¹ | 锤锤儿 tʂʻuei³⁵ tʂʻuor³⁵ | 临洮 |
| 扫帚 sao³⁵ tʃʻʅ²¹ | 锤子 tʃʻei²¹ tsʅ³⁵ | 漳县 |
| 笤帚 tʻiao²¹ tʃu⁵³ | 棒锤 pã²⁴ tʃʻei²¹ | 陇南 |
| 扫把 sao²⁴ pa⁵³ | 锤锤子 tʃʻei²¹ tʃʻei²⁴ tsʅ⁵³ | 文县 |
| 扫帚 sao⁴⁴ tʂʻu²¹ | 锤锤儿 tʂʻuei¹³ tʂʻuər²¹ | 宕昌 |
| 扫帚 sao²⁴ pfʻu⁵³ | 锤锤子 pfʻei²¹ pfʻei²⁴ tsʅ²¹ | 康县 |
| 扫帚 sɔ⁵⁵ tʃʻu²¹ | 锤锤儿 tʃʻei²⁴ tʃʻei⁵³ ər²¹ | 西和 |
| 扫帚 sɔ⁴⁴ tsu²¹ | 锤锤 tsʻuei¹³ tsʻuei⁵³ | 临夏市 |
| 扫帚 sɔ³⁵ tsu²¹ | 锤子 tsʻuei²¹ tsʅ⁵³ | 临夏县 |
| 笤帚 tʻiao²¹ tsɤu⁵³ | 锤子 tsʻuei²¹ tsʅ⁵³ | 甘南 |
| 扫帚 sɑo²² tʃu⁵³ | 锤锤儿 tʃʻei⁵³ tʃʻur²¹ | 舟曲 |
| 扫帚 sɔ⁴⁴ tsu²¹ | 锤子 tsʻuei²¹ tsʅ⁴⁴ | 临潭 |

| 词目<br>方言点 | 绳子 | 自行车 |
|---|---|---|
| 北 京 | 绳子ʂəŋ³⁵ tsʅ⁰ | 自行车tsʅ⁵¹ ɕiŋ³⁵ tʂʻɤ⁵⁵ |
| 兰 州 | 绳绳子ʂən⁵³ ʂən²² tsʅ⁵³ | 自行车tsʅ²² ɕin⁵³ tʂʻɤ⁴² |
| 红 古 | 绳绳儿ʂən²² ʂər⁵³ | 车子tʂʻə²² tsʅ³⁵ |
| 永 登 | 绳ʂən⁵³ | 车子tʂʻə⁴² tsʅ²¹ |
| 榆 中 | 绳绳子ʂʅ⁴² ʂəŋ²² tsʅ³⁵ | 自行车tsʻʅ⁴⁴ ɕin⁴⁴ tʂʻə⁵³ |
| 白 银 | 绳子ʂən⁵³ tsʅ²¹ | 自行车tsʅ²² ɕin⁵³ tʂʻə⁴⁴ |
| 靖 远 | 绳ʂɤŋ²⁴ | 自行车儿tsʻʅ⁴⁴ ɕiŋ²¹ tʂʻər⁴¹ |
| 天 水 | 绳绳ʂɤŋ¹³ ʂɤŋ²¹ | 自行车tsʻʅ⁴⁴ ɕiŋ¹³ tʂʻə⁴⁴ |
| 秦 安 | 绳儿ʂə̃³⁵ zʅ²¹ | 自行车tsʻʅ⁵³ ɕiə̃¹³ tɕy¹³ |
| 甘 谷 | 绳儿ʂəŋ²¹ zʅ⁴⁴ | 自行车tsʻʅ⁵⁵ ɕiəŋ⁴⁴ tʂʻə³¹² |
| 武 山 | 绳儿ʂəŋ²¹ zʅ⁴⁴ | 自行车tsʻʅ⁴⁴ ɕiŋ²⁴ tʂʻə²¹ |
| 张家川 | 绳ʂɤŋ¹³ | 自行车儿tsʻʅ⁴⁴ ɕiŋ¹³ tʂʻər¹³ |
| 武 威 | 绳子ʂəŋ³⁵ tsʅ⁵³ | 自行车tsʅ⁵³ ɕin⁴² tʂʻə²¹ |
| 民 勤 | 绳子ʂɤŋ²¹ zʅ⁴⁴ | 车子tʂʻə⁴⁴ zʅ²¹ |
| 古 浪 | 绳子ʂəŋ³⁵ tsʅ²¹ | 自行车tsʅ²¹ ɕin⁴⁴ tʂʻə¹³ |
| 永 昌 | 绳子ʂəŋ³⁵ tsʅ²¹ | 车子tʂʻə³⁵ tsʅ⁵³ |
| 张 掖 | 绳子ʂən³⁵ tsʅ²¹ | 车子tʂʻə³³ tsʅ³³ |
| 山 丹 | 绳子ʂəŋ⁵⁵ tsʅ²¹ | 车子tʂʻə³³ tsʅ³³ |
| 平 凉 | 绳绳子ʂəŋ²⁴ ʂəŋ⁴⁴ tsʅ²¹ | 车子tʂʻɤ⁵³ tsʅ²¹ |
| 泾 川 | 绳ʂəŋ²⁴ | 车子tʂʻɤ⁵³ tsʅ²¹ |
| 灵 台 | 绳ʂəŋ²⁴ | 车子tʂʻɤ⁵³ tsʅ²¹ |

方言词汇                                                                   245

| 绳子 | 自行车 | 词目 / 方言点 |
|---|---|---|
| 绳子 ʂəŋ³⁵ tsɿ³¹ | 自行车 tsɿ²² ɕiŋ⁵³ tʂʻə⁴⁴ | 酒　泉 |
| 绳子 ʂəŋ²² tsɿ⁵³ | 自行车 tsɿ⁵³ ɕiŋ¹³ tʂʻə²¹³ | 敦　煌 |
| 绳 ʂəŋ²⁴ | 车子 tʂʻɤ⁵³ tsɿ²¹ | 庆　阳 |
| 绳绳 ʂəŋ²² ʂəŋ⁵³ | 自行车 tsɿ⁴⁴ ɕiŋ²² tʂʻɿ⁴¹ | 环　县 |
| 绳 ʂəŋ²⁴ | 自行车 tsɿ⁴⁴ ɕiŋ²⁴ tʂʻɤ²¹ | 正　宁 |
| 绳 ʂəŋ²⁴ | 车子 tʂʻə⁴¹ tsɿ²¹ | 镇　原 |
| 绳 ʂɤŋ¹³ | 自行车 tsɿ⁴⁴ ɕiŋ⁴⁴ tʂʻɤ²⁴ | 定　西 |
| 绳子 ʂə̃²¹ tsɿ⁴⁴ | 自行车 tsɿ⁵³ ɕiə̃¹³ tʂʻə¹³ | 通　渭 |
| 绳绳儿 ʂəŋ¹³ ʂəŋ⁵³ zɿ¹³ | 自行车儿 tsɿ⁴⁴ ɕin¹³ tʂʻɤ³¹ zɿ¹³ | 陇　西 |
| 绳绳儿 ʂen³⁵ ʂər³⁵ 绳 ʂen¹³ 又 | 脚踏车 tɕye²¹ tʻa¹³ tʂʻɛ¹³ | 临　洮 |
| 绳儿 ʃɤŋ²² ər³⁵ | 自行车 tsʻɿ⁴⁴ siŋ¹³ tʃʻɤ²¹<br>脚踏车 tsiɛ⁵³ tʻɑ¹³ tʃʻɤ²¹ 又 | 漳　县 |
| 绳 ʂɤŋ¹³ | 自行车 tsɿ³⁵ ɕiŋ⁵³ tʂʻə³¹ | 陇　南 |
| 绳 sə̃¹³ | 自行车 tsɿ²⁴ ɕiə̃²¹ tɕʻiɛ⁵³ | 文　县 |
| 绳 ʂəŋ¹³ | 自行车 tsɿ⁵³ ɕiŋ¹³ tʂʻɤ⁴⁴ | 宕　昌 |
| 绳 ʂɤŋ²¹³ | 洋马儿 iã²¹ mɐr⁵³ | 康　县 |
| 绳 ʂɤŋ²⁴ | 自行车 tsʻɿ⁵⁵ ɕiŋ²⁴ tʂʻɤ²¹ | 西　和 |
| 绳绳儿 ʂəŋ³⁵ ʂei⁵³ | 自行车 tsɿ¹³ ɕin⁴⁴ tʂʻə¹³ | 临夏市 |
| 绳 ʂəŋ¹³ | 自行车 tsɿ⁵⁵ ɕin⁵⁵ tʂʻə¹³ | 临夏县 |
| 绳子 ʂɤŋ²¹ tsɿ⁵³ | 自行车 tsɿ²¹ ɕin²¹ tʂʻə¹³ | 甘　南 |
| 绳 ʂəŋ³¹ | 自行车 tsɿ³⁵ siŋ⁵⁵ tʂʻei⁵³ | 舟　曲 |
| 绳子 ʂɤŋ²¹ tsɿ⁴⁴ | 自行车 tsɿ⁵³ ɕin⁴⁴ tʂʻə⁴⁴ | 临　潭 |

| 词目<br>方言点 | 轮子 | 伞 |
| --- | --- | --- |
| 北 京 | 轮子 luən³⁵ tsʅ⁰ | 伞 san²¹⁴ |
| 兰 州 | 轮轮子 luən⁵³ luən²² tsʅ⁴² | 伞 sæ̃⁴⁴ |
| 红 古 | 轮子 lyn²² tsʅ⁵³ | 雨伞 zʅ²² sɑ̃⁵³ |
| 永 登 | 轮子 lyn⁵³ tsʅ²¹ | 洋伞 iɑŋ¹³ sæ̃³⁵ |
| 榆 中 | 轮子 lyn⁵³ tsʅ²¹³ | 伞 sɑ̃⁴⁴ |
| 白 银 | 轮子 lun⁵³ tsʅ²¹ | 伞 san²⁴ |
| 靖 远 | 轮子 lioŋ²² tsʅ⁵⁵ | 伞 sæ̃⁵⁵ |
| 天 水 | 轮子 luŋ¹³ tsʅ²¹ | 伞 sæ̃⁵³ |
| 秦 安 | 轱轮子 ku²¹ luə̃⁵³ tsʅ²¹ | 伞 san⁵³ |
| 甘 谷 | 轮子 luəŋ²² tsʅ⁴⁴ | 伞 sɑ̃⁵³ |
| 武 山 | 轱辘子 ku³¹ lu²¹ zʅ²⁴ | 伞 sɑ̃⁵³ |
| 张家川 | 轮子 lyŋ¹³ tsʅ²¹ | 伞 sæ̃⁵³ |
| 武 威 | 轱辘 ku³⁵ lu⁵³ | 雨伞 zy³⁵ sɑ̃²¹ |
| 民 勤 | 轱辘 ku²¹ lu⁴⁴ | 雨伞 zy³⁵ sæ²¹ |
| 古 浪 | 轱辘 ku³⁵ lu²¹ | 雨伞 zy³⁵ sæ³¹ |
| 永 昌 | 轱辘 ku³⁵ lu²¹ | 伞 sɛ⁵³ |
| 张 掖 | 轮子 lyn³⁵ tsʅ²¹ | 伞 saŋ⁵³ |
| 山 丹 | 轱辘 ku⁵⁵ lu²¹ | 伞 sɛ⁵³ |
| 平 凉 | 轮轮子 lyŋ²² lyŋ⁴⁴ tsʅ²¹<br>轱轮子 ku⁵³ lyŋ²¹ tsʅ²¹ 又 | 伞 sæ̃⁵³ |
| 泾 川 | 轱轮 ku⁵³ lyŋ²¹ | 伞 sæ̃⁵³ |
| 灵 台 | 轱轮 ku⁵³ luəŋ²¹ | 伞 sæ̃⁵³ |

| 轮子 | 伞 | 词目 / 方言点 |
|---|---|---|
| 车轱辘 tʂʻə³⁵ ku⁴⁴ lu⁴⁴ | 伞 san⁵¹ | 酒 泉 |
| 轮子 luŋ²² tsʅ⁵³ | 雨伞 zʮ²² san⁵³ | 敦 煌 |
| 轮子 luŋ²² tsʅ⁵³ | 伞 sæ̃³¹ | 庆 阳 |
| 轱辘 ku⁴² lu²¹ | 伞 sæ̃⁵⁵ | 环 县 |
| 轱辘子 ku⁵³ lu²¹ tsʅ²¹  轮子 lyen²¹ tsʅ⁵³ 又 | 伞 sæ̃⁵³ | 正 宁 |
| 轱辘子 ku⁴² lu²¹ tsʅ²¹ | 伞 sæ̃⁴¹ | 镇 原 |
| 轮轮子 lyŋ²⁴ lyŋ⁵³ tsʅ²¹ | 伞 sæ̃⁵³ | 定 西 |
| 轱轮子 ku²¹ luə̃²¹ tsʅ²⁴ | 伞 sæ̃⁵³ | 通 渭 |
| 滚轮儿 kuŋ³⁵ luŋ⁵³ zʅ¹³ | 伞 sæ̃⁵³ | 陇 西 |
| 轮子 lyŋ²² tsʅ⁴⁴ | 伞 sæ̃⁵³ | 临 洮 |
| 轱轱儿 ku⁴⁴ kuər²¹ | 伞 sæ̃⁵³ | 漳 县 |
| 轮轮儿 luŋ²¹ luər⁵³ | 伞 sæ̃⁵⁵ | 陇 南 |
| 轱辘子 ku⁵³ lu²¹ tsʅ³⁵ | 伞 sæ̃⁵⁵ | 文 县 |
| 轱辘 ku²¹ lu⁴⁴ | 伞 sæ̃⁵³ | 宕 昌 |
| 轮子 luŋ²¹ tsʅ³⁵ | 伞 sæ̃⁵³ | 康 县 |
| 滚子 kuŋ⁵³ tsʅ²¹ | 伞 sæ̃⁵³ | 西 和 |
| 轱辘儿 ku¹³ li¹³ | 伞 sã⁴⁴ | 临夏市 |
| 轮子 lyn²¹ tsʅ⁵³ | 伞 sæ̃³⁵ | 临夏县 |
| 轮轮子 luŋ¹³ luŋ⁵³ tsʅ²¹ | 雨伞 zy¹³ sæ̃⁴⁴ | 甘 南 |
| 轱轳儿 ku⁵⁵ lur⁵³ | 伞 sæ̃⁵³ | 舟 曲 |
| 轱辘子 ku²¹ lu⁴⁴ tsʅ²¹ | 伞 sæ̃⁵³ | 临 潭 |

| 词目<br>方言点 | 早饭 | 午饭 |
|---|---|---|
| 北 京 | 早饭tsao²¹⁴ fan⁵¹ | 午饭u²¹⁴ fan⁵¹ |
| 兰 州 | 早饭tsɔ³⁵ fæ̃²¹ | 午饭vu⁴⁴ fæ̃²¹ |
| 红 古 | 早饭tsɔ³⁵ fã²¹ | 晌午饭ʂã³⁵ vu⁴² fã²¹ |
| 永 登 | 早饭tsɑo³⁵ fæ̃⁵³ | 晌午ʂaŋ³⁵ vu⁵³ |
| 榆 中 | 早上的tsɔ³⁵ ʂã²¹ tiə²¹ | 饭罢fã²¹ pa³⁵ |
| 白 银 | 早饭tsɔ³⁵ fan²¹ | 晌午ʂaŋ²⁴ vu⁵³ |
| 靖 远 | 早干粮tsao⁵⁵ kæ²¹ liaŋ²¹ | 晌会ʂaŋ⁴¹ xuei²¹ |
| 天 水 | 干粮kæ²¹ liã¹³ | 晌午ʂã²¹ u⁵³ |
| 秦 安 | 干粮kan²¹ liã¹³ | 中午饭tʃə̃¹³ vu⁵³ fan⁴⁴ |
| 甘 谷 | 干粮kã⁵³ liaŋ²⁴ | 干粮kã⁵³ liaŋ²⁴ |
| 武 山 | 早饭tsao⁵³ fã²¹ | 晌午饭ʂaŋ³¹ vu²¹ fã⁴⁴ |
| 张家川 | 干粮kæ²² liã²⁴ | 中午饭tʃɤŋ²¹ vu⁵³ fæ̃⁴⁴ |
| 武 威 | 早饭tsao⁵³ fã²¹ | 晌午饭ʂã⁵³ vu⁴² fã²¹ |
| 民 勤 | 早饭tsao²¹ fæ⁴⁴ | 午饭vu²¹ fæ⁴⁴ |
| 古 浪 | 早饭tsɔ²¹ fæ⁵³ | 晌午ʂɑo⁴⁴ vu³¹ |
| 永 昌 | 腰食iao³⁵ ʂʅ⁵³ | 晌午饭ʂaŋ⁵³ vu²² fɛ⁵³ |
| 张 掖 | 早饭tsɔ⁵³ faŋ²¹ | 午饭vu⁵³ faŋ²¹ |
| 山 丹 | 早饭tsao⁵⁵ fɛ²¹ | 午饭vu⁵³ fɛ²¹ |
| 平 凉 | 干粮kæ⁵³ liaŋ²¹ | 晌午ʂaŋ⁵³ u²¹ |
| 泾 川 | 早饭tsɔ⁵³ fæ̃⁴⁴ | 晌午饭ʂaŋ⁵³ vu²¹ fæ̃⁴⁴ |
| 灵 台 | 早饭tsɔ⁵³ fæ̃⁴⁴ | 午饭u⁵³ fæ̃⁴⁴ |

# 方言词汇

| 早饭 | 午饭 | 词目 / 方言点 |
|---|---|---|
| 早饭 tsɔ²² fan⁵³ | 晌午饭 ʂaŋ³⁵ vu⁴² fan²¹ | 酒 泉 |
| 早饭 tsao⁵³ fan²¹³ | 午饭 vu⁵³ fan²¹³ | 敦 煌 |
| 早饭 tsɔ⁵³ fæ̃⁴⁴ | 晌午饭 ʂaŋ⁵³ u²¹ fæ̃⁴⁴ | 庆 阳 |
| 干粮 kæ̃⁴² liaŋ²¹ | 晌午饭 ʂaŋ⁵⁵ u²¹ fæ̃³³ | 环 县 |
| 早饭 tsɔ⁵³ fæ̃⁴⁴ | 晌午饭 ʂaŋ⁵³ u²² fæ̃⁴⁴ | 正 宁 |
| 早饭 tsɔ⁵³ fæ̃⁴⁴<br>吃干粮 tʂʻʅ²¹ kæ̃⁵³ liã²¹ 又 | 晌午 ʂɑ̃⁵³ u²¹ | 镇 原 |
| 早饭 tsao⁵³ fæ̃²¹ | 饭时候的饭<br>fæ̃²⁴ sʅ⁵³ xɤu²¹ ti²¹ fæ̃²¹ | 定 西 |
| 干粮 kæ̃²¹ liã¹³ | 饭时候的饭<br>fæ̃⁴⁴ sʅ²¹ xɤu⁴⁴ tə²¹ fæ̃⁴⁴ | 通 渭 |
| 早餐 tsɔ⁴⁴ tsʻæ̃²¹ | 中午饭 tʂuŋ²¹ vu¹³ fæ̃²² | 陇 西 |
| 早饭 tsao⁵³ fæ̃²¹ | 中饭 tʂuŋ²¹ fæ̃⁴⁴<br>晌午 ʂɑ̃²¹ vu¹³ 又 | 临 洮 |
| 早饭 tsao⁵³ fæ̃⁴⁴ | 晌会 ʃaŋ²¹ xuɛ²¹ | 漳 县 |
| 早饭 tsao⁵⁵ fæ̃¹³ | 中午饭 tʃʐŋ²¹ vu¹³ fæ̃²⁴ | 陇 南 |
| 早饭 tsao³⁵ fæ̃⁵³ | 晌午饭 sɑ̃⁵³ vu²¹ fæ̃²⁴ | 文 县 |
| 早饭 tsao⁵³ fæ̃²¹ | 早饭 tsao⁵³ fæ̃²¹ | 宕 昌 |
| 早饭 tsao⁵⁵ fæ̃²¹ | 晌午 ʂaŋ⁵³ vu²¹ | 康 县 |
| 十点干粮 sʅ²⁴ tiæ̃⁵³ kæ̃²¹ liã²⁴ | 晌午 ʂɑ̃²¹ u²⁴ | 西 和 |
| 早饭 tsɔ¹³ fɑ̃³¹ | 晌午 ʂaŋ³⁵ vu⁵³ | 临夏市 |
| 早饭 tsɔ⁵⁵ fæ̃⁵³ | 晌午 ʂaŋ³⁵ vu⁵³<br>晌午饭 ʂaŋ³⁵ vu⁵³ fæ̃⁵³ 又 | 临夏县 |
| 早饭 tsao⁵³ fæ̃⁵³ | 晌午 sɑ̃³⁵ vu⁵³ | 甘 南 |
| 早饭 tsao⁵⁵ fæ̃⁵³ | 早饭 tsao⁵⁵ fæ̃⁵³ | 舟 曲 |
| 早饭 tsɔ⁵³ fæ̃¹³ | 晌午饭 ʂɑ̃¹³ vu⁵³ fæ̃⁴⁴ | 临 潭 |

| 词目<br>方言点 | 晚饭 | 大米饭 |
|---|---|---|
| 北京 | 晚饭 uan²¹⁴ fan⁵¹ | 大米饭 ta⁵¹ mi²¹⁴ fan⁵¹ |
| 兰州 | 晚饭 væ⁴⁴ fæ̃²¹ | 大米饭 ta²² mi⁴⁴ fæ̃²¹ |
| 红古 | 黑饭 xei²² fã³⁵ | 米饭 mŋ³⁵ fã²¹ |
| 永登 | 黑饭 xiə²² fæ̃³⁵ | 大米饭 ta¹³ mi⁵³ fæ̃¹³ |
| 榆中 | 黑饭 xɯ⁵³ fã²¹³ | 大米饭 ta⁴² mi³⁵ fã²¹ |
| 白银 | 黑饭 xɯ²² fan¹³ | 米饭 mi²⁴ fan⁵³ |
| 靖远 | 黑饭 xei²² fæ̃⁴⁴ | 白米干饭 pei²² mŋ⁵⁵ kæ̃⁴¹ fæ̃²¹ |
| 天水 | 黑饭 xei²¹ fæ̃⁴⁴ | 米饭 mi⁵³ fæ̃²¹ |
| 秦安 | 晌午 ʂã²¹ vu⁵³ | 米饭 mi⁵³ fan²¹ |
| 甘谷 | 晌午 ʂɑŋ²¹ vu⁴⁴ | 米饭 mi⁵³ fã²¹ |
| 武山 | 黑饭 xɛ³¹ fã²¹ | 米饭 mi⁵³ fã²¹ |
| 张家川 | 晌午 ʂã²¹ vu⁵³ | 米饭 mi⁵³ fæ̃²¹ |
| 武威 | 黑饭 xə⁵³ fã²¹ | 白米饭 pə³⁵ mi⁵³ fã²¹ |
| 民勤 | 后晌饭 xɤu⁵³ ʂaŋ²¹ fæ²¹ | 白米饭 pə⁴² mi²¹ fæ⁵³ |
| 古浪 | 后晌 xou⁵³ ʂao³¹ | 米饭 mi²¹ fæ⁵³ |
| 永昌 | 后晌饭 xɤu⁵³ ʂaŋ²¹ fɛ²¹ | 米饭 mi⁵³ fɛ²¹ |
| 张掖 | 后晌饭 xɤu³¹ ʂaŋ²¹ faŋ²¹ | 白米饭 piə³⁵ mi⁵³ faŋ²¹ |
| 山丹 | 晚饭 vɛ⁵⁵ fɛ²¹ | 大米饭 ta³⁵ mŋ⁴² fɛ²¹ |
| 平凉 | 喝汤 xuɤ²⁴ tʻaŋ²¹ | 大米饭 ta³⁵ mi³¹ fæ̃⁴⁴ |
| 泾川 | 喝汤 xuɤ²⁴ tʻaŋ²¹ | 米饭 mi⁵³ fæ̃⁴⁴ |
| 灵台 | 喝汤 xuo²⁴ tʻaŋ²¹ | 大米饭 ta²⁴ mi⁵³ fæ̃⁴⁴ |

| 晚饭 | 大米饭 | 词目 / 方言点 |
|---|---|---|
| 黑饭xə²² fan¹³ | 大米饭ta²² mi³⁵ fan³¹ | 酒　泉 |
| 晚饭van⁵³ fan²¹³ | 大米饭ta⁴⁴ mɿ⁵³ fan²¹³ | 敦　煌 |
| 晚饭uæ̃⁵³ fæ̃⁴⁴ | 米饭mi⁵³ fæ̃⁴⁴ | 庆　阳 |
| 黑了饭xei⁴² liɔ²¹ fæ̃³³ | 大米干饭ta²⁴ mi²¹ kæ̃⁵³ fæ̃²¹ | 环　县 |
| 喝汤xuo²⁴ tʻɑŋ²¹<br>晚饭uæ̃⁵³ fæ̃⁴⁴ 又 | 大米饭a⁴⁴ mi⁵³ fæ̃⁴⁴<br>白米饭pʻei²⁴ mi⁵³ fæ̃²¹ 又 | 正　宁 |
| 黑了饭xei⁴² liɔ²¹ fæ̃⁴⁴ | 大米饭ta⁴⁴ mi⁵³ fæ̃⁴⁴<br>白米饭pʻɛ²⁴ mi⁵³ fæ̃⁴⁴ 又 | 镇　原 |
| 黑饭xei²¹ fæ̃²⁴ | 米饭mi⁵³ fæ̃²¹ | 定　西 |
| 黑饭xei²¹ fæ̃⁴⁴ | 米饭mi⁵³ fæ̃²¹ | 通　渭 |
| 黑饭xei⁵³ fæ̃¹³ | 米饭mi³⁵ fæ̃²¹ | 陇　西 |
| 黑饭xei²¹ fæ̃⁴⁴ | 大米饭ta⁴⁴ mi⁵³ fæ̃²¹ | 临　洮 |
| 黑饭xɛ⁵³ fæ̃⁴⁴ | 大米饭tɑ³⁵ mi²¹ fæ̃⁴⁴ | 漳　县 |
| 黑饭xei⁵³ fæ̃²¹ | 米饭mi⁵⁵ fæ̃²¹ | 陇　南 |
| 夜饭iɛ²⁴ fæ̃⁵³ | 白米饭pei²¹ mi⁵⁵ fæ̃⁵³ | 文　县 |
| 夜饭ʑiɛ³⁵ fæ̃²¹ | 白米饭pei²¹ mɿ⁵³ fæ̃²¹ | 宕　昌 |
| 黑饭xei⁵³ fæ̃²¹ | 米饭mi⁵⁵ fæ̃²¹ | 康　县 |
| 黑饭xei²¹ fæ̃²⁴ | 米饭mi⁵³ fæ̃²¹ | 西　和 |
| 黑饭xei²¹ fã⁵³ | 米饭mi⁴⁴ fã⁵³ | 临夏市 |
| 黑饭xei²¹ fæ̃⁵³ | 大米饭tɑ³⁵ mi²¹ fæ̃⁵³ | 临夏县 |
| 晚饭væ̃⁴⁴ fæ̃⁵³ | 大米饭ta⁴⁴ mi²¹ fæ̃⁴⁴ | 甘　南 |
| 黑饭xei⁵⁵ fæ̃²¹ | 白米饭pei²² mi⁵⁵ fæ̃⁵³ | 舟　曲 |
| 夜饭iɛ⁴⁴ fæ̃²¹ | 米饭mi⁵³ fæ̃²¹ | 临　潭 |

| 词目<br>方言点 | 面条儿 | 面粉 |
|---|---|---|
| 北 京 | 面条儿mian⁵¹ tʻiaor³⁵ | 面粉mian⁵¹ fən²¹⁴ |
| 兰 州 | 面条子miæ̃²² tʻiɔ⁵³ tsʅ²¹ | 面粉miæ̃²² fən⁴⁴ |
| 红 古 | 面叶儿miã¹³ iər⁵³ | 面miã¹³ |
| 永 登 | 寸寸子tsʻuən²² tsʻuən²² tsʅ⁴⁴ | 面miæ̃¹³ |
| 榆 中 | 面叶子miã²¹ iə³⁵ tsʅ⁵³ | 面粉miã²¹ fən³⁵ |
| 白 银 | 面条子mian²² tʻiɔ²⁴ tsʅ⁵³ | 面mian¹³ |
| 靖 远 | 面条子miæ̃⁴⁴ tʻiao²¹ tsʅ⁵⁵ | 面miæ̃⁴⁴ |
| 天 水 | 面条miæ̃⁴⁴ tʻiɔ¹³ | 面miæ̃⁴⁴ |
| 秦 安 | 面条mian⁴⁴ tsʻiɔ¹³ | 面mian⁴⁴ |
| 甘 谷 | 饭fã⁴⁴ | 面miã⁴⁴ |
| 武 山 | 疙瘩儿kiə³¹ tɑ²¹ zʅ⁴⁴ | 白面pʻɛ²¹ miã⁴⁴ |
| 张家川 | 面条儿miæ̃⁴⁴ tɕʻiɔr¹³ | 面粉miæ̃⁴⁴ fɤŋ⁵³ |
| 武 威 | 面旗子miã⁴⁴ tɕʻi⁴² tsʅ²¹ | 面miã³¹ |
| 民 勤 | 面条子miɿ⁴² tʻiao²¹ zʅ⁴⁴ | 面miɿ⁴² |
| 古 浪 | 面齐子miɛ²¹ tɕʻi⁴⁴ tsʅ²¹ | 面miɛ⁴⁴ |
| 永 昌 | 面条子miɛ³⁵ tʻiao⁴² tsʅ²¹ | 面miɛ⁵³ |
| 张 掖 | 面条子miaŋ³¹ tʻiɔ²¹ tsʅ²¹ | 面粉miaŋ²¹ fən⁵³ |
| 山 丹 | 面条子miɿ⁵⁵ tʻiɑo⁴² tsʅ²¹ | 面粉miɿ⁵³ fəŋ²¹ |
| 平 凉 | 面条子miæ̃⁴⁴ tʻiɔ⁵³ tsʅ²¹ | 面miæ̃⁴⁴ |
| 泾 川 | 面miæ̃⁴⁴ | 面miæ̃⁴⁴ |
| 灵 台 | 面miæ̃⁴⁴ | 细面si²⁴ miæ̃²¹ |

方言词汇    253

| 面条儿 | 面粉 | 词目 / 方言点 |
|---|---|---|
| 面条子mian²² t'iɔ²² tsʅ¹³ | 面粉mian²² fən⁵³ | 酒 泉 |
| 面条miɛ⁴⁴ t'iao²¹³ | 面miɛ⁴⁴ | 敦 煌 |
| 面miã⁴⁴ | 白面pei²⁴ miã⁴⁴<br>麦面mei⁵³ miã²¹ 又 | 庆 阳 |
| 面miã³³ | 面miã³³ | 环 县 |
| 片子p'iã⁴⁴ tsʅ²¹<br>面条儿miã⁴⁴ t'iɚ³⁵ 又 | 面miã⁴⁴ | 正 宁 |
| 面片子miã⁴⁴ p'iã⁴² tsʅ²¹<br>长面tʂɑŋ²⁴ miã⁴⁴ 又 | 面miã⁴⁴ | 镇 原 |
| 长面tʂ'ã²¹ miã²⁴ | 白面pei²¹ miã²⁴ | 定 西 |
| 长疙瘩tʂ'ã¹³ kə²¹ ta¹³ | 面miã⁴⁴ | 通 渭 |
| 疙瘩儿kɤ⁵³ ta²¹ zʅ¹³ | 面miã⁴⁴ | 陇 西 |
| 碎面叶儿suei⁴⁴ miã⁴⁴ iɚ¹³<br>长饭tʂ'ã¹³ fæ⁴⁴ 又 | 面miã⁴⁴ | 临 洮 |
| 疙瘩儿kɤ⁵³ tɑr¹³ | 面miã⁴⁴ | 漳 县 |
| 面miã²⁴ | 面miã²⁴ | 陇 南 |
| 面miã¹³ | 面miã¹³ | 文 县 |
| 长饭tʂ'ã²¹ fæ⁴⁴ | 面miã⁴⁴ | 宕 昌 |
| 面miã²⁴ | 面miã²⁴ | 康 县 |
| 饭fæ³⁵ | 面miã³⁵ | 西 和 |
| 长饭tʂ'ɑŋ²¹ fã³¹ | 面miã⁵³ | 临夏市 |
| 长饭tʂ'ɑŋ²¹ fæ³⁵ | 面miã⁵³ | 临夏县 |
| 面条miã⁴⁴ t'iao¹³ | 面粉miã⁴⁴ fɤŋ²¹ | 甘 南 |
| 面条儿miã²² t'iɚ⁵³ | 面miã¹³ | 舟 曲 |
| 长饭tʂ'ã²¹ fæ³⁵ | 面粉miã⁴⁴ fɤŋ⁵³ | 临 潭 |

| 词目<br>方言点 | 馒头 | 包子 |
| --- | --- | --- |
| 北 京 | 馒头man³⁵ t'ou⁰ | 包子pao⁵⁵ tsʅ⁰ |
| 兰 州 | 馍馍mɤ⁵³ mɤ¹³ | 包子pɔ⁵³ tsʅ²¹ |
| 红 古 | 馍馍mə²² mə⁵³ | 包子pɔ²² tsʅ³⁵ |
| 永 登 | 馍馍muə⁵³ muə²¹ | 包子pao⁴⁴ tsʅ²¹ |
| 榆 中 | 馍馍mə⁵³ mə²¹³ | 包子pɔ⁵³ tsʅ²¹ |
| 白 银 | 馍馍mə⁵³ mə²¹ | 包子pɔ⁴⁴ tsʅ²¹ |
| 靖 远 | 馍馍mə²² mə⁵⁵ | 包子pao⁴¹ tsʅ²¹ |
| 天 水 | 蒸馍tʂɤŋ²¹ muə¹³<br>馒头mæ̃¹³ t'ɤu²¹ 又 | 包子pɔ²¹ tsʅ⁵³ |
| 秦 安 | 馒头man¹³ t'əu²¹ | 包子pɔ²¹ tsʅ¹³ |
| 甘 谷 | 蒸馍馍tʂəŋ⁵³ mə²¹ mə⁵⁵ | 饺子tɕiɑu⁵³ tsʅ²¹ |
| 武 山 | 馒头mã²¹ t'ɤu⁴⁴ | 包子pao³¹ zʅ²⁴ |
| 张家川 | 馒头mæ̃¹³ t'ɤu²¹ | 包子pɔ²¹ tsʅ⁵³ |
| 武 威 | 馍馍mu³⁵ mə⁵³ | 包子pao³⁵ tsʅ⁵³ |
| 民 勤 | 馍馍mə²¹ mə⁴⁴ | 包子pao⁴⁴ zʅ²¹ |
| 古 浪 | 馍馍mə³⁵ mə²¹ | 包子pɔ³⁵ tsʅ⁵³ |
| 永 昌 | 馍馍mu³⁵ mə²¹ | 包子pao³⁵ tsʅ⁵³ |
| 张 掖 | 馍馍mu³⁵ mə²¹ | 包子pɔ³³ tsʅ³³ |
| 山 丹 | 馍馍mu³⁵ mu²¹ | 包子pɑo³³ tsʅ³³ |
| 平 凉 | 馍馍mɤ²² mɤ⁵³<br>馒头子mæ̃²² t'ɤu⁴⁴ tsʅ²¹ 又 | 包子pɔ⁵³ tsʅ²¹ |
| 泾 川 | 馍mɤ²⁴<br>蒸馍tʂəŋ⁵³ mɤ²¹ 又 | 包子pɔ⁵³ tsʅ²¹ |
| 灵 台 | 馍mo²⁴<br>蒸馍tʂəŋ⁵³ mo²¹ 又 | 包子pɔ⁵³ tsʅ²¹ |

| 馒头 | 包子 | 词目 / 方言点 |
|---|---|---|
| 馍馍mu³⁵ mə³¹ | 包子pɔ³⁵ tsʅ⁴⁴ | 酒　泉 |
| 馍馍mə²² mə⁵³ | 包子pao²² tsʅ²¹³ | 敦　煌 |
| 蒸馍tʂəŋ⁵³ mɤ²¹ | 包子pɔ⁵³ zʅ²¹ | 庆　阳 |
| 馍馍mɤ²² mɤ⁵⁵ | 包子pɔ⁴² tsʅ²¹ | 环　县 |
| 馍mɤ²⁴<br>蒸馍tʂəŋ⁵³ mɤ²¹ 又<br>馒头mæ̃²¹ tʻou⁵³ 又 | 包子pɔ⁵³ tsʅ²¹ | 正　宁 |
| 蒸馍tʂəŋ⁴¹ mə²¹<br>橡头tsʻæ̃²¹³ tʻəu⁵³ 又 | 包子pɔ⁴¹ tsʅ²¹ | 镇　原 |
| 蒸馍tʂɤŋ²¹ mɤ¹³<br>刀把子tɑo²¹ pa²⁴ tsʅ²¹ 又 | 包子pao²¹ tsʅ¹³ | 定　西 |
| 蒸馍馍tʂə̃²¹ mə²¹ mə⁴⁴ | 包子pɔ²¹ tsʅ¹³ | 通　渭 |
| 馒头mæ̃²¹ tʻɤu¹³ | 包子pɔ³¹ tsʅ²¹ | 陇　西 |
| 馒头mæ̃¹³ tʻəu⁴⁴<br>刀把子tɑo²¹ pa⁴⁴ tsʅ²¹ 又 | 包子pao²¹ tsʅ¹³ | 临　洮 |
| 馒头mæ̃²¹ tʻɤu⁵³ | 包子pɑo²¹ tsʅ²¹ | 漳　县 |
| 馍馍muə²¹ muə¹³ | 包子pɑo⁵³ tsʅ²¹ | 陇　南 |
| 蒸馍tsə̃⁵³ mɤ¹³ | 包子pao⁵³ tsʅ²¹ | 文　县 |
| 馒头mæ̃²¹ tʻəu⁴⁴ | 包子pao⁴⁴ tsʅ⁴⁴ | 宕　昌 |
| 馍馍muo²¹ muo³⁵ | 包子pao⁵³ tsʅ²¹ | 康　县 |
| 蒸馍馍tʂɤŋ²¹ mɤ²⁴ mɤ²¹ | 包子pɔ²¹ tsʅ²⁴ | 西　和 |
| 切刀把tɕʻiɛ⁴⁴ tɔ³¹ pa²¹ | 包子pɔ¹³ tsʅ³¹ | 临夏市 |
| 馍mə¹³ | 包子pɔ²¹ tsʅ⁵³ | 临夏县 |
| 馍馍mə²¹ mə¹³ | 包子pao²¹ tsʅ⁵³ | 甘　南 |
| 馒头mæ̃⁵³ tʻəu²¹ | 包子pɑo⁵⁵ tsʅ²¹ | 舟　曲 |
| 馍馍mə²¹ mə⁴⁴ | 包子pɔ⁴⁴ tsʅ²¹ | 临　潭 |

| 词目<br>方言点 | 馄饨 | 饺子 |
|---|---|---|
| 北 京 | 馄饨 xuən³⁵ tʻuən⁰ | 饺子 tɕiao²¹⁴ tsʅ⁰ |
| 兰 州 | 馄饨 xuən⁵³ tʻuən¹³ | 饺子 tɕiɔ⁴⁴ tsʅ²¹ |
| 红 古 | 馄饨 xuən²² tuən⁵³ | 饺子 tɕiɔ³⁵ tsʅ²¹ |
| 永 登 | 馄饨 xuən⁴² tuən²¹ | 饺子 tɕiɑo³⁵ tsʅ²¹ |
| 榆 中 | 馄饨 xun⁵³ tun²¹³ | 饺子 tɕiɔ⁴⁴ tsʅ²¹ |
| 白 银 | 馄饨 xun⁵³ tun²¹ | 饺子 tɕiɔ³⁵ tsʅ²¹ |
| 靖 远 | 馄饨 xoŋ²² toŋ⁴⁴ | 扁食 piæ̃⁵⁵ ʂʅ²¹<br>饺子 tɕiao⁵⁵ tsʅ²¹ 又 |
| 天 水 | 馄饨 xuŋ¹³ tʻuŋ²¹ | 饺子 tɕiɔ⁵³ tsʅ²¹ |
| 秦 安 | 馄饨 xuə̃²¹ tuə̃⁴⁴ | 饺子 tɕiɔ⁵³ tsʅ²¹ |
| 甘 谷 | 馄饨 xuəŋ²⁴ tʻuəŋ²¹ | 扁食 piã⁵³ ʂʅ¹³ |
| 武 山 | 馄饨 xuŋ²¹ tuŋ⁴⁴ | 尕牙儿 kɑ⁵³ iɑ²¹ zʅ²⁴<br>扁食 piã⁵³ ʂʅ¹³ 又<br>饺子 tɕiao⁵³ tsʅ²¹ 又 |
| 张家川 | 馄饨 xuŋ³⁵ tuŋ⁵³ | 饺子 tɕiɔ⁵³ tsʅ²¹ |
| 武 威 | 馄饨 xuŋ³⁵ tuŋ⁵³ | 包包子 pao⁴⁴ pao⁴⁴ tsʅ⁵³<br>水饺子 ʂuei³⁵ tɕiao⁵³ tsʅ²¹ 又 |
| 民 勤 | 馄饨 xoŋ³⁵ toŋ⁵³ | 饺子 tɕiao²¹ zʅ⁴⁴ |
| 古 浪 | 馄饨 xuəŋ³⁵ tuəŋ²¹ | 饺子 tɕiɔ²¹ tsʅ⁵³ |
| 永 昌 | 馄饨 xuŋ³⁵ tuŋ²¹ | 饺子 tɕiao⁵³ tsʅ²¹ |
| 张 掖 | 馄饨 xuən³⁵ tʻuən²¹ | 饺子 tɕiɔ²² tsʅ³³ |
| 山 丹 | 馄饨 xuŋ⁵⁵ tuŋ²¹ | 饺子 tɕiɑo⁵³ tsʅ²¹ |
| 平 凉 | 馄饨 xuŋ²² tuŋ⁵³ | 煮角子 tʂu⁴⁴ tɕyɤ²¹ tsʅ²¹ |
| 泾 川 | 馄饨儿 xuŋ²¹ tuə̃r⁵³ | 饺子 tɕiɔ⁵⁵ tsʅ²¹ |
| 灵 台 | 馄饨 xuəŋ²¹ tʻuəŋ⁵³ | 煮角 tʃu⁴⁴ tɕyo²¹ |

方言词汇

| 馄饨 | 饺子 | 词目 / 方言点 |
|---|---|---|
| 馄饨 xuŋ³⁵ tʻuŋ³¹ | 饺子 tɕiɔ²² tsʅ⁵³ | 酒 泉 |
| 馄饨 xuŋ²² tʻuŋ⁵³ | 饺子 tɕiao⁴⁴ tsʅ²¹ | 敦 煌 |
| 馄饨 xuŋ²¹ tuŋ⁴⁴ | 饺子 tɕiɔ⁴⁴ tsʅ²¹ | 庆 阳 |
| 馄饨 xuŋ²¹ tuŋ⁵⁵ | 饺子 tɕiɔ⁵⁵ tsʅ²¹ | 环 县 |
| 馄饨 xuen²⁴ tuen²¹ | 角子 tɕyə⁴⁴ tsʅ²¹<br>煮角子 tʂʅ⁴⁴ tɕyə²¹ tsʅ²¹ 又 | 正 宁 |
| 馄饨 xuŋ²⁴ tuŋ⁵³ | 煮饺子 tsʅ⁴⁴ tɕiɔ⁵³ tsʅ²¹<br>饺子 tɕiɔ⁵³ tsʅ²¹ 又 | 镇 原 |
| 馄饨 xuŋ²¹ tuŋ⁴⁴ | 扁食 piæ̃⁵³ ʂʅ²¹ | 定 西 |
| 馄饨 xuŋ²¹ tuŋ⁴⁴ | 扁食 piæ̃⁵³ ʂʅ²¹ | 通 渭 |
| 馄饨 xuŋ¹³ tʻuŋ⁵³ | 饺子 tɕiɔ⁴⁴ tsʅ²¹ | 陇 西 |
| 馄饨 xuŋ¹³ tʻuŋ⁵³ | 扁食 piæ̃⁵³ ʂʅ²¹ | 临 洮 |
| 馄饨 xuŋ¹³ tʻuŋ²¹ | 饺子 tɕiao⁵³ tsʻʅ²¹ | 漳 县 |
| 馄饨 xuŋ²¹ tuŋ¹³ | 饺子 tɕiɑo⁵⁵ tsʅ²¹ | 陇 南 |
| 抄手儿 tsʻao⁵³ sɤur³¹<br>扁食 piæ̃⁵³ ʂʅ²¹ 又 | 饺子 tɕiao³⁵ tsʅ²¹ | 文 县 |
| 馄饨 xuŋ²¹ tuŋ⁴⁴ | 饺子 tsiao⁵³ tsʅ²¹ | 宕 昌 |
| 馄饨 xuŋ²⁴ tuŋ⁵³ | 饺子 tɕiao⁵⁵ tsʅ²¹ | 康 县 |
| 扁食 piæ̃⁵³ ʂʅ²⁴ | 饺饺子 tɕiɔ⁵³ tɕiɔ²¹ tsʅ³⁵ | 西 和 |
| 馄饨 xuəŋ²¹ tuəŋ⁵³ | 扁食 piã⁴⁴ ʂʅ¹³ | 临夏市 |
| 馄饨 xuəŋ²¹ tuəŋ³⁵ | 扁食 piæ̃⁵⁵ ʂʅ¹³ | 临夏县 |
| 馄饨 xun¹³ tun⁵³ | 饺子 tɕiao⁴⁴ tsʅ⁵³ | 甘 南 |
| 馄饨 xuəŋ²² tuəŋ³⁵ | 扁食 piæ̃⁵⁵ ʂʅ⁵³<br>饺子 tɕiɑo⁵⁵ tsʅ⁵³ 又 | 舟 曲 |
| 馄饨 xuŋ¹³ tuŋ⁵³ | 扁食 piæ̃⁵³ ʂʅ²¹ | 临 潭 |

| 词目<br>方言点 | 粉条儿 | 菜 |
| --- | --- | --- |
| 北 京 | 粉条儿fən²¹⁴ tʻiaor³⁵ | 菜tsʻai⁵¹ |
| 兰 州 | 粉条儿fən⁴⁴ tʻiɔ⁴² ɣɯ²¹ | 菜tsʻɛ¹³ |
| 红 古 | 粉条儿fən³⁵ tʻiɔ⁵³ ər²¹ | 菜tsʻɛ¹³ |
| 永 登 | 粉条子fən²¹ tʻiɑo⁵⁵ tsʅ²¹ | 菜tsʻɛi¹³ |
| 榆 中 | 粉条子fən⁴⁴ tʻiɔ⁵³ tsʅ²¹ | 菜tsʻɛ²¹³ |
| 白 银 | 粉条子fən²⁴ tʻiɔ⁵³ tsʅ²¹ | 菜tsʻɛ¹³ |
| 靖 远 | 粉条子fɤŋ⁵⁵ tʻiao²¹ tsʅ⁵⁵ | 菜tsʻɛ⁴⁴ |
| 天 水 | 粉条fɤŋ⁵³ tʻiɔ¹³ | 菜tsʻɛ⁴⁴ |
| 秦 安 | 粉条儿fə̃⁵³ tsʻiɔ¹³ zʅ²¹ | 菜tsʻɛ⁴⁴ |
| 甘 谷 | 片粉pʻiã⁴⁴ fəŋ²¹ | 浇头tɕiɑu⁵³ tʻɤu²⁴ |
| 武 山 | 片粉pʻiã³⁵ fəŋ²¹ | 菜tsʻɛ⁴⁴ |
| 张家川 | 片粉pʻiæ̃³⁵ fɤŋ⁵³ | 菜tsʻɛ⁴⁴ |
| 武 威 | 粉条子fəŋ⁴⁴ tʻiao⁴² tsʅ²¹ | 菜tsʻɛ⁵¹ |
| 民 勤 | 粉条子fɤŋ²¹ tʻiao²¹ zʅ⁴⁴ | 菜tsʻæ⁴² |
| 古 浪 | 粉条子fəŋ²¹ tʻiɔ³⁵ tsʅ²¹ | 菜tsʻɛ⁴⁴ |
| 永 昌 | 粉条子fəŋ⁵³ tʻiao⁴² tsʅ²¹ | 菜tsʻɛ⁵³ |
| 张 掖 | 粉条子fən³¹ tʻiɔ²² tsʅ³³ | 菜tsʻɛ²¹ |
| 山 丹 | 粉条子fəŋ⁵³ tʻiɑo³³ tsʅ³³ | 菜tsʻɛ³¹ |
| 平 凉 | 粉条子fəŋ⁵³ tʻiɔ²² tsʅ⁵³ | 菜tsʻɛ⁴⁴ |
| 泾 川 | 粉条儿fəŋ⁵³ tʻiɔr²⁴ | 菜tsʻɛ⁴⁴ |
| 灵 台 | 片粉pʻiæ̃²⁴ fəŋ²¹ | 菜tsʻɛ⁴⁴ |

| 词 目 方言点 | 粉条儿 | 菜 |
|---|---|---|
| 酒 泉 | 粉条子fəŋ²² t'iɔ³⁵ tsʅ³¹ | 吃饭的菜tʂ'ʅ¹³ fan²¹ ti²² tsʻɛ¹³ |
| 敦 煌 | 粉条子fəŋ⁵³ t'iao²² tsʅ⁴⁴ | 菜tsʻɛ⁴⁴ |
| 庆 阳 | 粉条儿fəŋ⁵³ t'iɔr²⁴ | 菜tsʻɛ⁴⁴ |
| 环 县 | 粉条子fəŋ⁵⁵ t'iɔ²¹ tsʅ⁵³ | 菜tsʻɛ³³ |
| 正 宁 | 粉条子fəŋ⁵³ t'iɔ²¹ tsʅ⁵³ | 菜tsʻɛ⁴⁴ |
| 镇 原 | 粉条子fəŋ⁵³ t'iɔ²⁴ tsʅ²¹ | 菜tsʻɛ⁴⁴ |
| 定 西 | 粉条子fɤŋ⁵³ t'iao²¹ tsʅ²⁴ | 菜tsʻɛ⁴⁴ |
| 通 渭 | 粉fə̃⁵³ | 菜tsʻɛ⁴⁴ |
| 陇 西 | 粉条子fəŋ³⁵ tɕ'iɔ³¹ tsʅ¹³ | 菜tsʻɛ⁴⁴ |
| 临 洮 | 粉条儿fɤŋ⁵³ t'iɑr¹³<br>粉丝儿fɤŋ⁵³ sər¹³ 又 | 菜tsʻɛ⁴⁴ |
| 漳 县 | 粉条儿fɤŋ⁵³ tɕ'iɔr¹³ | 菜tsʻɛ⁴⁴ |
| 陇 南 | 粉条儿fɤŋ⁵⁵ t'iɔr¹³ | 菜tsʻɛ²⁴ |
| 文 县 | 粉条儿fə̃⁵⁵ t'iɔr¹³ | 咸菜xæ̃²¹ tsʻɛ²⁴ |
| 宕 昌 | 粉条儿fəŋ⁵³ tsʻiɔr¹³ | 咸菜xæ̃²¹ tsʻɛ⁴⁴ |
| 康 县 | 粉条子fɤŋ³⁵ tsʻiao²¹ tsʅ²¹ | 菜tsʻɛ²⁴ |
| 西 和 | 粉条儿fɤŋ⁵³ t'iɔ²⁴ ər²¹ | 菜tsʻɛ⁵⁵ |
| 临夏市 | 粉条fəŋ⁴⁴ t'iɔ¹³ | 菜tsʻɛ⁵³ |
| 临夏县 | 粉条fəŋ⁵⁵ t'iɔ¹³ | 菜tsʻɛ⁵³ |
| 甘 南 | 粉条fɤŋ⁵³ t'iao¹³ | 菜tsʻɛi⁵³ |
| 舟 曲 | 粉条儿fəŋ³⁵ t'iər⁵³ | 咸菜xæ̃⁵³ tsʻɛ²¹ |
| 临 潭 | 粉条儿fɤŋ⁵³ t'iɔr¹³ | 菜tsʻɛ⁴⁴ |

| 词目＼方言点 | 醋 | 酱油 |
|---|---|---|
| 北　京 | 醋 tsʻu⁵¹ | 酱油 tɕiaŋ⁵¹ iou³⁵ |
| 兰　州 | 醋 tsʻu¹³ | 酱油 tɕiã²² iəu⁵³ |
| 红　古 | 醋 tsʻʅ¹³ | 酱油 tɕiã¹³ iɤu¹³ |
| 永　登 | 醋 tsʻu¹³ | 酱油 tɕiaŋ²² iɤu⁵³ |
| 榆　中 | 醋 tsʻu²¹³ | 酱油 tɕiã²¹ iəu⁵³ |
| 白　银 | 醋 tsʻu¹³ | 酱油 tɕiaŋ²² iɤu⁵³ |
| 靖　远 | 醋 tsʻʅ⁴⁴ | 酱 tɕiaŋ⁴⁴ |
| 天　水 | 醋 tsʻʅ⁴⁴ | 酱油 tɕiã⁴⁴ iɤu¹³ |
| 秦　安 | 醋 tsʻu⁴⁴ | 酱油 tsiã⁴⁴ iəu¹³ |
| 甘　谷 | 醋 tsʻʅ⁴⁴ | 酱油 tɕiaŋ⁴⁴ iɤu²⁴ |
| 武　山 | 醋 tsʻʅ⁴⁴ | 酱油 tɕiaŋ⁴⁴ iɤu²⁴ |
| 张家川 | 醋 tsʻʅ⁴⁴ | 酱油 tɕiã⁴⁴ iɤu¹³ |
| 武　威 | 醋 tsʻʅ⁵¹ | 酱油 tɕiã⁵³ iɤu²¹ |
| 民　勤 | 醋 tsʻʅ⁴² | 酱油 tɕiaŋ²¹ iɤu⁵³ |
| 古　浪 | 醋 tsʻʅ⁴⁴ | 酱油 tɕiɑo²¹ iou⁵³ |
| 永　昌 | 醋 tsʻʅ⁵³ | 酱油 tɕiaŋ⁵³ iɤu²¹ |
| 张　掖 | 醋 tsʻu²¹ | 酱油 tɕiaŋ²² iɤu⁵³ |
| 山　丹 | 醋 tsʻʅ³¹ | 酱油 tɕiaŋ⁵³ iou³³ |
| 平　凉 | 醋 tsʻu⁴⁴ | 酱油 tɕiaŋ⁴⁴ iɤu²⁴ |
| 泾　川 | 醋 tsʻʅ⁴⁴ | 酱油 tɕiaŋ⁴⁴ iəu²⁴ |
| 灵　台 | 醋 tsʻʅ⁴⁴ | 酱油 tsʻiaŋ⁴⁴ iou²⁴ |

| 醋 | 酱油 | 词目 方言点 |
|---|---|---|
| 醋 tsʻu¹³ | 酱油 tɕiaŋ²² iɤu⁵³ | 酒泉 |
| 醋 tsʻʮ⁴⁴ | 酱油 tɕiaŋ⁴⁴ iɤu²¹³ | 敦煌 |
| 醋 tsʻʮ⁴⁴ | 酱油 tɕiaŋ⁴⁴ iɤu²⁴ | 庆阳 |
| 醋 tsʻʮ³³ | 酱 tɕiaŋ³³ | 环县 |
| 醋 tsʻou⁴⁴ | 酱 tsiaŋ⁴⁴<br>酱油 tsiaŋ⁴⁴ iou²⁴ 又 | 正宁 |
| 醋 tsʻʮ⁴⁴ | 酱 tsiã⁴⁴ | 镇原 |
| 醋 tsʻu⁴⁴ | 酱油 tɕiã⁴⁴ iɤu¹³ | 定西 |
| 醋 tsʻu⁴⁴ | 酱油 tsiã⁴⁴ iɤu¹³ | 通渭 |
| 醋 tsʻu⁴⁴ | 酱油 tɕiã¹³ iɤu¹³ | 陇西 |
| 醋 tsʻʮ⁴⁴ | 酱油 tɕiã⁴⁴ iəu¹³ | 临洮 |
| 醋 tsʻʮ⁴⁴ | 酱油 tsiaŋ⁴⁴ iɤu²¹ | 漳县 |
| 醋 tsʻʮ²⁴ | 酱油 tɕiã²⁴ iɤu²⁴ | 陇南 |
| 醋 tsʻu²⁴ | 酱油 tɕiã²⁴ iɤu¹³ | 文县 |
| 醋 tsʻu⁴⁴ | 酱油 tsiã⁴⁴ iəu¹³ | 宕昌 |
| 醋 tsʻu²⁴ | 酱油 tsiã²⁴ iɤu²¹ | 康县 |
| 醋 tʂʻu⁵⁵ | 酱油 tɕiã²⁴ iɤu²⁴ | 西和 |
| 醋 tsʻu⁵³ | 酱油 tɕiaŋ⁴⁴ iɤu¹³ | 临夏市 |
| 醋 tsʻu⁵³ | 酱油 tɕiaŋ⁵⁵ iɯ¹³ | 临夏县 |
| 醋 tsʻu⁵³ | 酱油 tɕiã⁴⁴ iɤu¹³ | 甘南 |
| 醋 tsʻu¹³ | 酱油 tsiã³⁵ iəu²¹ | 舟曲 |
| 醋 tsʻu⁴⁴ | 酱油 tɕiã⁴⁴ iəu¹³ | 临潭 |

| 词目\方言点 | 香油 | 猪油 |
|---|---|---|
| 北 京 | 香油 ɕiaŋ⁵⁵ iou³⁵ | 猪油 tʂu⁵⁵ iou³⁵ |
| 兰 州 | 香油 ɕiã⁴⁴ iəu⁵³ | 猪油 pfu⁴² iəu²¹ |
| 红 古 | 香油 ɕiã²² iʁu³⁵ | 大油 ta²² iʁu⁵³ |
| 永 登 | 芝麻油 tʂʅ¹³ ma⁴⁴ iʁu⁵³ | 大油 ta¹³ iʁu⁵³ |
| 榆 中 | 香油 ɕiã⁵³ iəu²¹ | 猪油 tʂu⁴⁴ iəu²¹ |
| 白 银 | 香油 ɕiaŋ⁴⁴ iʁu⁵³ | 猪油 tʂu⁴⁴ iʁu²¹ |
| 靖 远 | 香油 ɕiaŋ²² iʁu²⁴ | 猪油 tʂʅ²² iʁu²⁴<br>大油 ta⁴⁴ iʁu²⁴ 又 |
| 天 水 | 香油 ɕiã²¹ iʁu¹³ | 大油 ta⁴⁴ iʁu¹³ |
| 秦 安 | 香油 ɕiã²¹ iəu¹³ | 猪油 tʃu²¹ iəu¹³ |
| 甘 谷 | 香油 ɕiaŋ⁴² iʁu²⁴ | 猪油 tʃu⁴² iʁu²⁴ |
| 武 山 | 香油 ɕiaŋ²¹ iʁu²⁴ | 猪油 tʃu²¹ iʁu²⁴ |
| 张家川 | 胡麻油 xu³⁵ ma⁵³ iʁu¹³ | 猪油 tʃu²¹ iʁu¹³ |
| 武 威 | 香油 ɕiã²² iʁu⁵³ | 大油 ta⁴⁴ iʁu²¹ |
| 民 勤 | 香油 ɕiaŋ⁴⁴ iʁu⁴² | 大油 ta²¹ iʁu⁵³ |
| 古 浪 | 香油 ɕiao³⁵ iou⁵³ | 大油 ta⁴⁴ iou⁴⁴ |
| 永 昌 | 青油 tɕʰiŋ³⁵ iʁu⁵³ | 猪油 tʂʅ³⁵ iʁu⁵³ |
| 张 掖 | 香油 ɕiaŋ³³ iʁu³³ | 大油 ta²² iʁu⁵³ |
| 山 丹 | 香油 ɕiaŋ³⁵ iou⁵⁵ | 猪油 tʂʅ³⁵ iou⁵⁵ |
| 平 凉 | 香油 ɕiaŋ²² iʁu²⁴ | 大油 ta⁴⁴ iʁu²⁴ |
| 泾 川 | 香油 ɕiaŋ²¹ iəu²⁴ | 大油 ta⁴⁴ iəu²⁴ |
| 灵 台 | 香油 ɕiaŋ²¹ iou²⁴ | 大油 ta⁴⁴ iou²⁴ |

| 香油 | 猪油 | 词目 / 方言点 |
|---|---|---|
| 香油 ɕiaŋ³⁵ iɤu⁴⁴ | 大油 ta²² iɤu⁵³ | 酒　泉 |
| 香油 ɕiaŋ²² iɤu²¹³ | 猪油 tʂu²² iɤu²¹³ | 敦　煌 |
| 香油 ɕiaŋ²¹ iɤu²⁴ | 大油 ta⁴⁴ iɤu²⁴ | 庆　阳 |
| 油 iɤu²⁴ | 猪油 tʂʅ⁴² iɤu²¹ | 环　县 |
| 香油 ɕiaŋ³¹ iou²⁴<br>芝麻油 tsʅ³¹ ma²¹ iou²⁴ 又 | 猪油 tʃʅ³¹ iou²⁴<br>大油 ta⁴⁴ iou²⁴ 又 | 正　宁 |
| 香油 ɕiã²¹ iəu²⁴ | 大油 ta⁴⁴ iəu²⁴<br>猪油 tsʅ²¹ iəu²⁴ 又 | 镇　原 |
| 香油 ɕiã²¹ iɤu¹³ | 猪油 tʃu²¹ iɤu¹³ | 定　西 |
| 香油 ɕiã²¹ iɤu¹³ | 猪油 tʃu²¹ iɤu¹³ | 通　渭 |
| 芝麻油 tsʅ⁵³ ma¹³ iɤu¹³ | 猪油 tʂu⁵³ iɤu¹³ | 陇　西 |
| 小磨儿油 ɕiɑo⁵³ mor⁵³ iəu¹³ | 大油 ta⁴⁴ iəu¹³<br>板油 pæ̃⁵³ iəu¹³ 又 | 临　洮 |
| 香油 ɕiaŋ⁵³ iɤu¹³<br>芝麻油 tʃʅ⁵³ mɑ¹³ iɤu²¹ 又 | 猪油 tʃʅ²¹ iɤu¹³ | 漳　县 |
| 香油 ɕiã⁵³ iɤu²¹ | 猪油 tʃu⁵³ iɤu²¹ | 陇　南 |
| 香油 ɕiã⁵³ iɤu¹³ | 大油 ta³⁵ iɤu²¹<br>猪油 tʃu⁵³ iɤu¹³ 又 | 文　县 |
| 香油 ɕiã⁴⁴ iəu¹³ | 大油 ta⁴⁴ iəu¹³<br>猪油 tʂu¹³ iəu⁴⁴ 又 | 宕　昌 |
| 香油 ɕiã⁵³ iɤu²¹ | 猪油 pfu⁵³ iɤu²¹ | 康　县 |
| 香油 ɕiã²¹ iɤu²⁴ | 猪油 tʃu²¹ iɤu²⁴<br>大油 ta²⁴ iɤu²⁴ 又 | 西　和 |
| 香油 ɕiaŋ²¹ iɤu⁵³ | 大油 ta¹³ iɤu¹³ | 临夏市 |
| 芝麻油 tsʅ²² ma¹³ iɯ¹³ | 猪油 tʂu²¹ iɯ⁵³ | 临夏县 |
| 香油 ɕiã²¹ iɤu³⁵ | 大油 ta⁴⁴ iɤu¹³ | 甘　南 |
| 香油 ɕiã⁵⁵ iəu²¹ | 大油 ta³⁵ iəu²¹<br>猪儿油 tʃur⁵³ iəu²¹ 又 | 舟　曲 |
| 芝麻油 tsʅ⁴⁴ ma⁴⁴ iəu¹³ | 猪油 tʂu⁴⁴ iəu⁴⁴ | 临　潭 |

| 词目<br>方言点 | 盐 | 白酒 |
|---|---|---|
| 北　京 | 盐ian³⁵ | 白酒pai³⁵ tɕiou²¹⁴ |
| 兰　州 | 盐iæ̃⁵³ | 白酒pɤ⁵³ tɕiəu⁴⁴ |
| 红　古 | 青盐tɕʻin²² iã³⁵ | 酒tɕiʁu⁵³ |
| 永　登 | 调饭盐tʻiɑo²² fæ̃²² iæ̃⁵³ | 酒tɕiʁu³⁵⁴ |
| 榆　中 | 盐iã⁵³ | 白酒pə⁵³ tɕiəu⁴⁴ |
| 白　银 | 盐ian⁵³ | 酒tɕiʁu²⁴ |
| 靖　远 | 盐iæ̃²⁴ | 酒tɕiʁu⁵⁵ |
| 天　水 | 盐iæ̃¹³ | 白酒pʻei¹³ tɕiʁu⁵³<br>烧酒ʂɔ²¹ tɕiʁu⁵³ 又 |
| 秦　安 | 盐ian¹³ | 白酒pʻei¹³ tsiəu⁵³ |
| 甘　谷 | 盐iã²⁴ | 酒tɕiʁu⁵³ |
| 武　山 | 盐iã²⁴ | 辣酒lɑ²¹ tɕiʁu⁵³ |
| 张家川 | 盐iæ̃¹³ | 白酒pʻei³⁵ tɕiʁu⁵³ |
| 武　威 | 盐末子iã³⁵ mə⁴⁴ tsʅ²¹ | 酒tɕiʁu³⁵ |
| 民　勤 | 盐iɿ⁵³ | 酒tɕiʁu²¹⁴ |
| 古　浪 | 盐iɛ⁵³ | 烧酒ʂɔ³⁵ tɕiou⁵³ |
| 永　昌 | 盐iɛ³⁵ | 酒tɕiʁu⁵³ |
| 张　掖 | 盐iaŋ⁵³ | 烧酒ʂɔ³³ tɕiʁu³³ |
| 山　丹 | 盐iɿ⁵³ | 白酒pə⁵⁵ tɕiou²¹ |
| 平　凉 | 盐iæ̃²⁴ | 烧酒ʂɔ⁵³ tɕiʁu²¹ |
| 泾　川 | 盐iæ̃²⁴ | 白酒pʻei²¹ tɕiəu⁵³<br>烧酒ʂɔ⁵³ tɕiəu²¹ 又 |
| 灵　台 | 盐iæ̃²⁴ | 白酒pʻei²⁴ tsiou⁵³<br>烧酒ʂɔ³¹ tsiou²¹ 又 |

## 方言词汇

| 盐 | 白酒 | 词目 / 方言点 |
|---|---|---|
| 盐 ian⁵³ | 烧酒 ʂɔ⁴⁴ tɕiɤu⁴⁴ | 酒　泉 |
| 盐 iɛ²¹³ | 白酒 pei²² tɕiɤu⁵³ | 敦　煌 |
| 盐 iæ̃²⁴ | 烧酒 ʂɔ⁵³ tɕiɤu²¹ | 庆　阳 |
| 盐 iæ̃²⁴ | 烧酒 ʂɔ⁴² tɕiɤu²¹ | 环　县 |
| 盐 iæ̃²⁴ | 白酒 pʻei²⁴ tsiou⁵³<br>烧酒 ʂɔ³¹ tsiou²¹ 又 | 正　宁 |
| 盐 iæ̃²⁴<br>青盐 tsʻiŋ²¹ iæ̃²⁴ 又 | 白酒 pʻɛ²⁴ tsiəu⁵³<br>烧酒 ʂɔ⁴¹ tsiəu²¹ 又 | 镇　原 |
| 盐 iæ̃¹³ | 辣酒 la²¹ tɕiɤu⁵³ | 定　西 |
| 盐 iæ̃¹³ | 辣酒 la²¹ tsiɤu⁵³ | 通　渭 |
| 盐 iæ̃¹³ | 酒 tɕiɤu⁵³ | 陇　西 |
| 盐 iæ̃¹³ | 酒 tɕiəu⁵³ | 临　洮 |
| 盐 iæ̃¹³ | 白干酒 pɛ³⁵ kæ̃²¹ tsiɤu⁵³ | 漳　县 |
| 盐 iæ̃¹³ | 酒 tɕiɤu⁵⁵ | 陇　南 |
| 盐 iæ̃¹³ | 酒 tɕiɤu⁵⁵ | 文　县 |
| 盐 iæ̃¹³ | 酒 tsiəu⁵³ | 宕　昌 |
| 盐 iæ̃¹³ | 白酒 pei²¹ tsiɤu³⁵ | 康　县 |
| 盐 iæ̃²⁴ | 辣酒 la²⁴ tɕiɤu⁵³ | 西　和 |
| 盐 iã¹³ | 散酒 sã⁵³ tɕiɤu⁵³ | 临夏市 |
| 盐 iæ̃¹³ | 白酒 pɛ¹³ tɕiɯ⁵⁵ | 临夏县 |
| 盐 iæ̃¹³ | 白酒 pɛi¹³ tɕiɤu⁵³ | 甘　南 |
| 盐 iæ̃³¹ | 酒 tsiəu⁵⁵ | 舟　曲 |
| 盐 iæ̃¹³ | 酒 tɕiəu⁵³ | 临　潭 |

| 词目<br>方言点 | 公猪 | 母猪 |
|---|---|---|
| 北 京 | 公猪 kuŋ⁵⁵ tʂu⁵⁵ | 母猪 mu²¹⁴ tʂu⁵⁵ |
| 兰 州 | 公猪 kuən⁴⁴ pfu⁵³ | 母猪 mu⁵³ pfu²¹ |
| 红 古 | 牙猪 ia²² tʂu³⁵<br>种猪 tʂuən⁵³ tʂu²¹ 又 | 母猪 mu³⁵ tʂu²¹ |
| 永 登 | 牙猪 ia¹³ pfu³⁵ | 母猪 mu³⁵ pfu²¹ |
| 榆 中 | 骚猪 sɔ⁵³ tʂu²¹ | 母猪 mu³⁵ tʂu²¹ |
| 白 银 | 牙猪 ia⁵³ tʂu¹³ | 母猪 mu⁴⁴ tʂu²¹ |
| 靖 远 | 牙猪子 ia²² tʂʅ⁵⁵ tsʅ²¹ | 母猪子 mu⁵⁵ tʂʅ²¹ tsʅ²¹ |
| 天 水 | 牙猪 nia¹³ tʃʅ¹³<br>猪角子 tʃʅ²¹ tɕyə⁵³ tsʅ²¹ 又 | 猪婆 tʃʅ²¹ pʻuə¹³<br>奶条子 lɛ⁵³ tʻiɔ²¹ tsʅ²¹ 又 |
| 秦 安 | 猪公子 tʃu³⁵ kuæ̃²¹ tsʅ²¹<br>牙猪儿 ia³⁵ tʃu²¹ zʅ²¹ 又 | 老猪婆 lɔ⁵³ tʃu²¹ pʻə¹³<br>奶条儿 lɛ⁵³ tsʻiɔ²¹ zʅ²¹ 又 |
| 甘 谷 | 牙猪儿 niɲ³⁵ tʃu⁵³ zʅ²¹ | 骚猪儿 sɑu³⁵ tʃu²¹ zʅ²¹ |
| 武 山 | 骚猪儿 sao³¹ tʃu²¹ zʅ¹³<br>牙猪儿 niɑ²⁴ tʃu²¹ zʅ¹³ 又 | 母猪婆 mu⁵³ tʃu²¹ pʻə²⁴<br>奶条儿 lɛ⁵³ tʻiao²¹ zʅ¹³ 又 |
| 张家川 | 公猪 kuŋ¹³ tʃu¹³ | 母猪 mu⁵³ tʃu¹³ |
| 武 威 | 牙猪 ia³⁵ tʂʅ²¹ | 母猪 mu²² tʂʅ⁵³ |
| 民 勤 | 牙猪 ia³⁵ tʂʅ²¹ | 母猪 mu²⁴ tʂʅ²¹ |
| 古 浪 | 角猪 tɕyə³⁵ tʂʅ³¹<br>牙猪 ia³⁵ tʂʅ²¹ 又 | 母猪 mu⁴⁴ tʂʅ⁵³ |
| 永 昌 | 牙猪 ia³⁵ tʂʅ²¹ | 母猪 mu³⁵ tʂʅ²¹ |
| 张 掖 | 牙猪 ia³⁵ kfu²¹ | 母猪 mu³³ kfu³³ |
| 山 丹 | 牙猪 ia³⁵ tʂʅ²¹ | 荏=母猪 tʂʻa⁵⁵ mu⁴² tʂʅ²¹ |
| 平 凉 | 牙猪 ia²² tʂu⁵³ | 母猪 mu⁴⁴ tʂu²¹<br>荏=荏= tsʻa²² tsʻa⁵³ 又<br>奶条子 nɛ⁴⁴ tɕʻiɔ²¹ tsʅ²¹ 又 |
| 泾 川 | 牙猪 ia²¹ tʃu³¹<br>角猪子 tɕyɤ⁵³ tʃu⁴² tsʅ²¹ 又 | 奶条子 nɛ⁵³ tʻiɔ⁴² tsʅ²¹<br>猪婆 tʃu⁵³ pʻɤ²¹ 又 |
| 灵 台 | 牙猪 ia²² tʃu⁵³ | 奶条 lɛ⁴⁴ tsʻiɔ²¹ |

| 公猪 | 母猪 | 词目 / 方言点 |
|---|---|---|
| 牙猪ia³⁵ tʂu³¹ | 母猪mu³⁵ tʂu³¹ | 酒 泉 |
| 角猪tɕyə²² tʂu⁵³ | 母猪mu⁵³ tʂu²¹ | 敦 煌 |
| 角猪子tɕyɤ⁵³ tʂʅ²¹ tsʅ²¹ | 苴=苴ts'a²¹ ts'a⁵³<br>猪婆tʂu⁵³ p'ɤ²¹ 又 | 庆 阳 |
| 角猪子tɕyɤ⁴² tʂʅ²¹ tsʅ²¹ | 苴=苴ts'a²² ts'a⁵⁵ | 环 县 |
| 牙猪nia²¹ tʃʅ⁵³<br>角猪子tɕyə³¹ tʃʅ²¹ tsʅ²¹ 又 | 奶条子nɛ⁴⁴ ts'iɔ³¹ tsʅ²¹<br>猪婆tʃʅ⁵³ p'ɤ²¹ 又 | 正 宁 |
| 牙猪ia²¹³ tsʅ⁴¹<br>公猪kuŋ²⁴ tsʅ⁴¹ 又 | 母猪mu⁵⁵ tsʅ²¹<br>苴=苴ts'a²⁴ ts'a⁴¹ 又<br>猪婆tsʅ²¹ p'ə²⁴ 又 | 镇 原 |
| 猪公tʃu²¹ kuŋ¹³ | 猪婆tʃu²¹ p'ɤ¹³ | 定 西 |
| 牙猪nia¹³ tʃu⁵³ | 猪婆tʃu²¹ p'ə¹³ | 通 渭 |
| 公猪kuŋ³¹ tʂu²¹ | 母猪mu³⁵ tʂu²¹ | 陇 西 |
| 羯猪儿tɕie³⁵ tʂur¹³<br>牙猪儿ia³⁵ tʂur¹³ 又 | 猪婆tʂu²¹ p'o³⁵<br>母猪mu⁵³ tʂu¹³ 又 | 临 洮 |
| 骚猪sɑo⁴⁴ tʃʐ²¹ | 母猪mu⁵³ tʃʐ²¹<br>猪婆tʃʐ⁵³ p'ɤ¹³ 又 | 漳 县 |
| 牙猪ia²¹ tʃu⁵⁵ | 母猪mu⁵⁵ tʃu²¹ | 陇 南 |
| 郎猪子lã²² tsu⁵³ tsʅ²¹ | 奶猪子lɛ⁵⁵ tsu⁵³ tsʅ²¹ | 文 县 |
| 牙猪ia¹³ tʂu²¹ | 母猪mu⁵³ tʂu²¹ | 宕 昌 |
| 牙猪ia²¹ pfu¹³ | 母猪mu⁵⁵ pfu²¹ | 康 县 |
| 牙猪子nia²⁴ tʃu⁵³ tsʅ⁵³<br>公猪子kuŋ²⁴ tʃu⁵³ tsʅ²¹ 又 | 奶条子lɛ⁵³ tɕ'iɔ²¹ tsʅ³⁵<br>猪婆tʃu²¹ p'uɤ²⁴ 又 | 西 和 |
| 牙猪ia¹³ tʂu⁵³ | 母猪mu⁴⁴ tʂu¹³ | 临夏市 |
| 骚猪sɔ²¹ tʂu⁵³ | 母猪mu³⁵ tʂu⁵³ | 临夏县 |
| 牙猪ia¹³ tʂu²¹ | 母猪mu⁵³ tʂu¹³ | 甘 南 |
| 牙猪儿ia²² tʃur²¹ | 奶猪儿lɛ⁵⁵ tʃur⁵³ | 舟 曲 |
| 公猪kuŋ⁴⁴ tʂu⁴⁴ | 母猪mu⁵³ tʂu²¹ | 临 潭 |

| 词目<br>方言点 | 公牛 | 母牛 |
|---|---|---|
| 北 京 | 公牛 kuŋ⁵⁵ niou³⁵ | 母牛 mu²¹⁴ niou³⁵ |
| 兰 州 | 公牛 kuən⁴² niəu⁵³ | 母牛 mu⁵⁵ niəu⁵³ |
| 红 古 | 犍牛 tɕiã²² niɤu³⁵ | 母牛 mu³⁵ niɤu²¹ |
| 永 登 | 犍牛 tɕiæ̃⁴⁴ niɤu²¹ | 母牛 mu³⁵ niɤu²¹ |
| 榆 中 | 犍牛 tɕiã⁵³ niəu²¹ | 乳牛 zʅ³⁵ niəu²¹ |
| 白 银 | 公牛 kun⁴⁴ niɤu²¹ | 母牛 mu³⁵ niɤu²¹ |
| 靖 远 | 犍牛 tɕiæ̃⁴¹ niɤu²¹ | 乳牛 zʅ⁵⁵ niɤu²¹ |
| 天 水 | 脬牛 pʻɔ²¹ niɤu¹³<br>犍牛 tɕiæ̃²¹ niɤu¹³ 又 | 牸牛 tsʻʅ⁴⁴ niɤu¹³ |
| 秦 安 | 犍牛 tɕian²¹ niəu¹³ | 母牛 mu⁵³ niəu¹³<br>奶牛 lɛ⁵³ niəu¹³ 又 |
| 甘 谷 | 脬牛 pʻɑu⁵³ niɤu²⁴ | 牸牛 tsʻʅ⁴⁴ niɤu²¹ |
| 武 山 | 脬牛 pʻao²¹ niɤu²⁴ | 牸牛 tsʻʅ⁴⁴ niɤu⁴⁴ |
| 张家川 | 犍牛 tɕiæ̃²¹ niɤu¹³ | 乳牛 ʒu⁵³ niɤu²¹ |
| 武 威 | 脬牛 pʻao⁴⁴ niɤu⁵³<br>犍牛 tɕiã⁴⁴ niɤu⁵³ 又 | 乳牛 zʅ⁵³ niɤu²¹ |
| 民 勤 | 脬牛 pʻao⁴⁴ niɤu²¹ | 乳牛 zʅ²¹ niɤu⁵³ |
| 古 浪 | 脬牛 pʻɔ³⁵ niou⁵³<br>犍牛 tɕiɛ⁴⁴ niou²¹ 又 | 乳牛 zʅ³⁵ niou²¹ |
| 永 昌 | 脬牛 pʻao³⁵ niɤu⁵³ | 乳牛 zʅ⁵³ niɤu²¹ |
| 张 掖 | 脬牛 pʻɔ³³ niɤu³³ | 乳牛 vu²² niɤu³³ |
| 山 丹 | 脬牛 pʻɑo³³ niou³³ | 乳牛 vu³³ niou³³ |
| 平 凉 | 犍牛 tɕiæ̃⁵³ niɤu²¹ | 乳牛 zu⁴⁴ niɤu²¹ |
| 泾 川 | 犍牛 tɕiæ̃⁵³ niəu²¹ | 乳牛 ʒu⁵⁵ niəu²¹ |
| 灵 台 | 犍牛 tɕiæ̃⁵³ niou²¹ | 乳牛 ʒu⁴⁴ niou²¹ |

| 公牛 | 母牛 | 词目 / 方言点 |
|---|---|---|
| 脬牛 p'ɔ⁴⁴ niɣu⁴⁴ | 乳牛 ʐu²² niɣu⁵³ | 酒 泉 |
| 脬牛 p'ao²² niɣu²¹³ | 母牛 mu⁵³ niɣu²¹³ | 敦 煌 |
| 犍牛 ɕiæ̃⁵³ niɣu²¹ | 乳牛 ʐʯ⁴⁴ niɣu²¹ | 庆 阳 |
| 脬牛 p'ɔ⁴² niɣu²¹ | 乳牛 ʐʯ⁵⁵ niɣu²¹ | 环 县 |
| 脬牛子 p'ɔ⁵³ niou²¹ tsʅ²¹<br>犍牛 tɕiæ̃⁵³ niou²¹ 又<br>公牛 kuŋ²¹ niou²⁴ 又 | 乳牛 ʒu⁵³ niou²⁴ | 正 宁 |
| 犍牛 tɕiæ̃²¹ niəu²⁴<br>脬子 p'ɔ⁴² tsʅ²¹ 又 | 乳牛 zʅ⁵³ niəu²⁴ | 镇 原 |
| 脬牛 p'ao²¹ niɣu¹³<br>脬蛋 p'ao²¹ tæ̃⁴⁴ 又 | 牸牛 ts'ʅ²⁴ niɣu²¹ | 定 西 |
| 脬牛 p'ɔ²¹ niɣu¹³ | 牸牛 ts'ʅ⁴⁴ niɣu²¹ | 通 渭 |
| 脬牛儿 p'ɔ⁵³ niɣu²¹ zʅ¹³ | 牸牛 ts'ʅ¹³ niɣu⁴⁴ | 陇 西 |
| 犍牛 tɕiæ̃²¹ niəu¹³<br>脬牛 p'ao²¹ niəu¹³ 又 | 牸牛 ts'ʅ⁴⁴ niəu²¹ | 临 洮 |
| 犍牛 tsiɛ⁵³ niɣu¹³ | 牸牛 ts'ʅ³⁵ niɣu²¹ | 漳 县 |
| 犍牛 tɕiæ̃⁵³ niɣu²¹ | 牸牛 ts'ʅ²⁴ niɣu²¹ | 陇 南 |
| 公牛 koŋ⁵³ niɣu¹³ | 母牛 mu³⁵ niɣu²¹ | 文 县 |
| 脬官 =p'ao⁴⁴ kuæ̃⁴⁴ | 牸牛 ts'ʅ⁴⁴ niəu²¹ | 宕 昌 |
| 骟牛 ʂæ̃²⁴ niɣu⁵³ | 牸牛 tsʅ²⁴ niɣu⁵³ | 康 县 |
| 犍牛 tɕiæ̃²¹ niɣu²⁴ | 牸牛 ts'ʅ³⁵ niɣu²¹ | 西 和 |
| 犍牛 tɕiã²¹ niɣu⁵³ | 牸牛 ts'ʅ⁴⁴ niɣu⁵³ | 临夏市 |
| 犍牛 tɕiæ̃²¹ niɯ⁵³ | 牸牛 ts'ʅ⁵⁵ niɯ⁵³ | 临夏县 |
| 公牛 kun²¹ niɣu³⁵ | 母牛 mu⁵³ niɣu¹³ | 甘 南 |
| 脬疙瘩 p'u⁵⁵ kei²¹ ta²¹ | 牸牛 ts'ʅ²² niəu⁵³ | 舟 曲 |
| 犍牛 tɕiæ̃²¹ niəu¹³ | 牸牛 ts'ʅ⁴⁴ niəu²¹ | 临 潭 |

| 方言点 \ 词目 | 公马 | 母马 |
| --- | --- | --- |
| 北 京 | 公马kuŋ⁵⁵ ma²¹⁴ | 母马mu²¹⁴ ma²¹⁴ |
| 兰 州 | 公马kuən⁵⁵ ma⁴⁴ | 母马mu⁵³ ma²¹ |
| 红 古 | 儿马子ər¹³ ma³⁵ tsʅ²¹ | 母马mu³⁵ ma²¹ |
| 永 登 | 儿马a¹³ ma³⁵ | 骒马kʻuə²² ma³⁵ |
| 榆 中 | 骚马sɔ⁵³ ma²¹³ | 骒马kʻuə²¹ ma¹³ |
| 白 银 | 儿马ɣɯ⁵³ ma¹³ | 骒马kʻuə²² ma²⁴ |
| 靖 远 | 儿马ər²² ma⁵⁵ | 骒马kʻuə⁵⁵ ma⁵⁵ |
| 天 水 | 骚马sɔ²¹ ma⁵³ | 骒马kʻuə⁴⁴ ma⁵³ |
| 秦 安 | 骟马ʂan⁴⁴ ma²¹ | 骒马kʻuə⁴⁴ ma²¹ |
| 甘 谷 | 公马kuəŋ²¹ mɒ⁵³ | 骒马kʻuə⁴⁴ mɒ²¹ |
| 武 山 | 骚马儿sao³¹ mɑ²¹ zʅ²⁴ | 骒马kʻuə³⁵ mɑ²¹ |
| 张家川 | 儿马ər²² ma⁵³ | 母马mu⁵³ ma²¹ |
| 武 威 | 儿马ɣɯ³⁵ ma²¹ | 骒马kʻuə⁵³ ma²¹ |
| 民 勤 | 儿马ɣɯ²⁴ ma²¹ | 骡马kʻuə⁴² ma²¹ |
| 古 浪 | 儿马ɣə³⁵ ma³¹<br>骟马ʂæ⁴⁴ ma²¹ 又 | 骒马kʻuə⁴⁴ ma²¹ |
| 永 昌 | 儿马ɣə³⁵ ma⁵³ | 骒马kʻuə⁵³ ma²¹ |
| 张 掖 | 儿马ɣɯ³⁵ ma²¹ | 骒马kfʻə³¹ ma²¹ |
| 山 丹 | 儿马ɣɯ³⁵ ma²¹ | 骒马kʻuə⁵³ ma²¹ |
| 平 凉 | 儿马子ər²² ma⁴⁴ tsʅ²¹ | 骒马kʻuɤ⁴⁴ ma⁵³ |
| 泾 川 | 儿马ər²¹ ma⁵³ | 骒马kʻuɤ⁴⁴ ma²¹ |
| 灵 台 | 儿马ər²¹ ma⁵³ | 骒马kʻuo⁴⁴ ma⁵³ |

## 方言词汇

| 公马 | 母马 | 词目 / 方言点 |
|---|---|---|
| 儿马 ɣə³⁵ ma³¹ | 骒马 kʻuə²² ma¹³ | 酒　泉 |
| 公马 kuŋ²² ma⁵³ | 母马 mu²² ma⁵³ | 敦　煌 |
| 儿马 ər²¹ ma⁵³<br>儿马子 ər²² ma⁴⁴ tsʅ²¹ 又 | 骒马 kʻuo⁴⁴ ma⁵³ | 庆　阳 |
| 儿马 ər²² ma⁵⁵ | 骒马 kʻuɤ²⁴ ma²¹ | 环　县 |
| 儿马 ər²⁴ ma⁵³<br>公马 kuŋ²¹ ma⁵³ 又 | 骒马 kʻuo³⁵ ma²¹ | 正　宁 |
| 儿马 ər²¹ ma⁵³<br>公马 kuŋ²¹ ma⁵³ 又 | 骒马 kʻuo⁴⁴ ma²¹ | 镇　原 |
| 骚马 sao²¹ ma⁵³ | 骒马 kʻuɤ⁴⁴ ma²¹ | 定　西 |
| 公马 kuə̃²¹ ma⁵³ | 骒马 kʻuə⁴⁴ ma²¹ | 通　渭 |
| 骚马 sɔ³¹ ma²¹ | 骒马 kʻuɤ¹³ ma²¹ | 陇　西 |
| 公马 kuŋ²² ma⁵³ | 骒马 kʻuo⁴⁴ ma²¹ | 临　洮 |
| 儿马子 ər³⁵ mɑ²¹ tsʅ²¹ | 骒马 kʻuɤ³⁵ mɑ²¹ | 漳　县 |
| 公马 kuŋ⁵³ ma⁵³ | 骒马 kʻuə¹³ ma⁵³ | 陇　南 |
| 公马 koŋ²² ma⁵⁵ | 骒马 kʻuɤ²⁴ ma⁵³ | 文　县 |
| 全马 tɕʻyæ̃¹³ ma⁵³ | 骒马 kʻuə⁴⁴ ma²¹ | 宕　昌 |
| 骚马 sao⁵³ ma²¹ | 骒马 kʻuo²⁴ ma⁵³ | 康　县 |
| 儿马 ər²⁴ ma⁵³<br>骚马 sɔ²⁴ ma⁵³ 又 | 骒马 kʻuɤ⁵⁵ ma⁵³ | 西　和 |
| 儿马 i¹³ ma⁵³ | 骒马 kʻuə⁴⁴ ma²¹ | 临夏市 |
| 儿马 i¹³ mɑ⁵³ | 骒马 kʻuə³⁵ mɑ²¹ | 临夏县 |
| 公马 kun²¹ ma⁵³ | 母马 mu³⁵ ma⁵³ | 甘　南 |
| 骚马 sɑo²² ma⁵³ | 骒马 kʻuə²² ma⁵³ | 舟　曲 |
| 公马 kuŋ⁴⁴ ma⁵³ | 母马 mu²¹ ma⁵³ | 临　潭 |

| 词目 方言点 | 公驴 | 母驴 |
|---|---|---|
| 北 京 | 公驴 kuŋ⁵⁵ ly³⁵ | 母驴 mu²¹⁴ ly³⁵ |
| 兰 州 | 叫驴 tɕiɔ²² ly⁵³ | 骒驴 tsʻɔ³⁵ ly²¹ |
| 红 古 | 叫驴 tɕiɔ²² lʮ⁵³ | 骒驴 tsʻɔ³⁵ lʮ²¹ |
| 永 登 | 叫驴 tɕiɑo²² ly³⁵ | 骒驴 tsʻɑo³⁵ ly⁵³ |
| 榆 中 | 叫驴 tɕiɔ²¹ ly³⁵ | 骒驴 tsʻɔ⁴⁴ ly²¹ |
| 白 银 | 叫驴 tɕiɔ²¹ ly¹³ | 骒驴 tsʻɔ²⁴ ly⁵³ |
| 靖 远 | 叫驴 tɕiɑo³⁵ lʮ⁴¹ | 骒驴 tsʻɑo⁵⁵ lʮ²¹ |
| 天 水 | 叫驴 tɕiɔ⁴⁴ ly¹³<br>骚驴 sɔ²¹ ly¹³ 又 | 骒驴 tsʻɔ⁵³ ly¹³ |
| 秦 安 | 叫驴 tɕiɔ⁴⁴ ny¹³ | 骒驴 tsʻɔ⁵³ ny¹³ |
| 甘 谷 | 叫驴 tɕiɑu⁴⁴ ny²¹ | 骒驴 tsʻɔ⁵³ ny²¹ |
| 武 山 | 叫驴儿 tɕiɑo⁴⁴ ny⁴⁴ zʅ⁴⁴ | 骒驴儿 tsʻɑo⁵³ ny²¹ zʅ¹³ |
| 张家川 | 叫驴 tɕiɔ⁴⁴ ly¹³ | 骒驴 tsʻɔ⁵³ ly²¹ |
| 武 威 | 叫驴 tɕiɑo⁴⁴ ly²¹ | 骒驴 tsʻɑo⁵³ ly²¹ |
| 民 勤 | 叫驴 tɕiɑo⁴² ny²¹ | 骒驴 tsʻɑo²¹ ny⁵³ |
| 古 浪 | 叫驴 tɕiɔ⁴⁴ ly¹³<br>骟驴 ʂæ⁴⁴ ly¹³ 又 | 骒驴 tsʻɔ²¹ ly⁵³ |
| 永 昌 | 叫驴 tɕiɑo⁵³ ly²¹ | 骒驴 tsʻɑo⁵³ ly²¹ |
| 张 掖 | 叫驴 tɕiɔ³¹ ly²¹ | 骒驴 tsʻɔ²² ly¹³ |
| 山 丹 | 叫驴 tɕiɑo⁵³ ly²¹ | 骒驴 tsʻɑo⁵³ ly²¹ |
| 平 凉 | 叫驴 tɕiɔ⁴⁴ ly²⁴ | 骒驴 tsʻɔ⁵³ ly²⁴ |
| 泾 川 | 叫驴 tɕiɔ⁴⁴ y²⁴ | 骒驴 tsʻɔ⁵³ y²⁴ |
| 灵 台 | 叫驴 tɕiɔ⁴⁴ ly²⁴ | 骒驴 tsʻɔ⁵³ ly²⁴ |

## 方言词汇

| 公驴 | 母驴 | 词目 / 方言点 |
|---|---|---|
| 叫驴 tɕiɔ²² ly¹³ | 骒驴 tsʻɔ²² ly⁵³ | 酒 泉 |
| 叫驴 tɕiao⁴⁴ ly⁵³ | 骒驴 tsʻao⁵³ ly²¹ | 敦 煌 |
| 叫驴 tɕiɔ⁴⁴ y²⁴ | 骒驴 tsʻɔ⁴⁴ y²¹ | 庆 阳 |
| 叫驴 tɕiɔ²⁴ y²¹ | 骒驴 tsʻɔ⁵⁵ y²¹ | 环 县 |
| 叫驴 tɕiɔ⁴⁴ y²⁴ | 骒驴 tsʻɔ⁵³ y²¹ | 正 宁 |
| 叫驴 tɕiɔ⁴⁴ y²⁴ | 骒驴 tsʻɔ⁵³ y²⁴ | 镇 原 |
| 叫驴 tɕiɑo²⁴ ly⁵³ | 骒驴 tsʻɑo⁵³ ly²¹ | 定 西 |
| 叫驴 tɕiɔ⁴⁴ ny²¹ | 骒驴 tsʻɔ⁵³ ny²¹ | 通 渭 |
| 叫驴 tɕiɔo¹³ ny³¹ | 骒驴 tsʻɔ⁴⁴ ny²¹ | 陇 西 |
| 叫驴 tɕiɑo³⁵ ly²¹ | 骒驴 tsʻɑo⁵³ ly²¹ | 临 洮 |
| 叫驴 tɕiɑo⁴⁴ ly²¹ | 骒驴 tsʻɑo⁵³ ly¹³ | 漳 县 |
| 叫驴 tɕiɑo²⁴ ly⁵³ | 骒驴 tsʻɑo³⁵ ly²¹ | 陇 南 |
| 叫驴 tɕiao²⁴ ny⁵³ | 骒驴 tsʻao³⁵ ny⁵³ | 文 县 |
| 叫驴 tɕiao⁴⁴ ly²¹ | 骒驴 tsʻao⁵³ ly¹³ | 宕 昌 |
| 叫驴 tɕiao²⁴ ly⁵³ | 骡驴 kʻuo¹³ ly²¹ | 康 县 |
| 叫驴 tɕiɔ⁵⁵ ny²⁴ | 骒驴 tsʻɔ⁵³ ny²⁴ | 西 和 |
| 叫驴 tɕiɔ⁴⁴ ly²¹ | 骒驴 tsʻɔ⁴⁴ ly¹³ | 临夏市 |
| 叫驴 tɕiɔ¹³ ly⁵³ | 骒驴 tsʻɔ⁵⁵ ly¹³ | 临夏县 |
| 公驴 kun²¹ li³⁵ | 母驴 mu⁵³ li¹³ | 甘 南 |
| 叫驴儿 tɕiɑo²² lyr⁵³ | 骒驴儿 tsʻɑo⁵⁵ lyr⁵³ | 舟 曲 |
| 叫驴 tɕiɔ⁴⁴ ly²¹ | 骒驴 tsʻɔ⁵³ ly²¹ | 临 潭 |

| 词目<br>方言点 | 公狗 | 母狗 |
|---|---|---|
| 北 京 | 公狗kuŋ⁵⁵ kou²¹⁴ | 母狗mu²¹⁴ kou²¹⁴ |
| 兰 州 | 牙狗ia⁵³ kəu¹³ | 母狗mu⁵³ kəu²¹ |
| 红 古 | 牙狗ia²² kɤu⁵³ | 母狗mu³⁵ kɤu²¹ |
| 永 登 | 牙狗ia²² kɤu³⁵ | 母狗mu²² kɤu³⁵ |
| 榆 中 | 狗kəu⁴⁴ | 狗kəu⁴⁴ |
| 白 银 | 牙狗ia⁵³ kɤu¹³ | 母狗mu⁵³ kɤu¹³ |
| 靖 远 | 牙狗子ia²² kɤu⁵⁵ tsʅ²¹ | 骚狗子tsʻao⁴¹ kɤu²¹ tsʅ²¹ |
| 天 水 | 牙狗nia¹³ kɤu⁵³ | 母狗mu²¹ kɤu⁵³ |
| 秦 安 | 公狗儿kuə̃²¹ kəu⁵³ zʅ²¹ | 母狗mu²¹ kəu⁵³ |
| 甘 谷 | 牙狗niɒ²⁴ kɤu²¹ | 母狗mu²¹ kɤu⁵³ |
| 武 山 | 牙狗子niɑ²⁴ kɤu⁵³ tsʅ²¹ | 母狗子mu³¹ kɤu²¹ tsʅ²¹ |
| 张家川 | 牙狗ia¹³ kɤu²¹ | 母狗mu⁵³ kɤu²¹ |
| 武 威 | 牙狗ia³⁵ kɤu⁵³ | 母狗mu³⁵ kɤu⁵³ |
| 民 勤 | 牙狗ia³⁵ kɤu²¹ | 母狗mu³⁵ kɤu²¹ |
| 古 浪 | 牙狗ia³⁵ kou²¹ | 母狗mu³⁵ kou²¹ |
| 永 昌 | 牙狗ia³⁵ kɤu⁵³ | 母狗mu³⁵ kɤu⁵³ |
| 张 掖 | 牙狗ia³⁵ kɤu²¹ | 母狗mu³⁵ kɤu²¹ |
| 山 丹 | 牙狗ia³⁵ kou²¹ | 母狗mu³⁵ kou²¹ |
| 平 凉 | 牙狗ia²² kɤu⁵³ | 母狗子mu⁵³ kɤu²¹ tsʅ²¹ |
| 泾 川 | 牙狗ia²¹ kəu⁵³ | 骚狗tsʻɔ⁵³ kəu²¹ |
| 灵 台 | 牙狗ia²¹ kou⁵³ | 骚狗tsʻɔ³¹ kou²¹ |

方言词汇

| 公狗 | 母狗 | 词目 / 方言点 |
|---|---|---|
| 牙狗ia³⁵ kɤu³¹ | 母狗mu³⁵ kɤu³¹ | 酒 泉 |
| 公狗kuŋ²² kɤu⁵³ | 母狗mu²² kɤu⁵³ | 敦 煌 |
| 牙狗ia²¹ kɤu⁵³ | 母狗mu⁵³ kɤu³¹ | 庆 阳 |
| 牙狗ia²² kɤu⁵⁵ | 母狗mu²² kɤu⁵⁵ | 环 县 |
| 牙狗ia²¹ kou⁵³ | 骒狗tsʻɔ⁵³ kou²¹ | 正 宁 |
| 牙狗ia²¹³ kəu⁵³ | 骒狗tsʻɔ²¹ kəu⁵³ | 镇 原 |
| 牙狗nia¹³ kɤu⁵³ | 母狗mu²¹ kɤu⁵³ | 定 西 |
| 牙狗nia¹³ kɤu⁵³ | 母狗mu²¹ kɤu⁵³ | 通 渭 |
| 牙狗儿nia²¹ kɤu⁵³ zๅ²¹ | 母狗儿mu⁵³ kɤu²¹ zๅ¹³ | 陇 西 |
| 牙狗ia¹³ kəu⁵³ | 母狗mu¹³ kəu⁵³ | 临 洮 |
| 牙狗niɑ¹³ kɤu²¹ | 母狗mu²¹ kɤu²¹ | 漳 县 |
| 公狗kuŋ⁵³ kɤu²¹ | 骒狗子tsʻɑo⁵⁵ kɤu³¹ tsๅ²¹ | 陇 南 |
| 牙狗子nia²² kɤu⁵³ tsๅ²¹ | 骒狗子tsʻɑo⁵³ kɤu³¹ tsๅ²¹ | 文 县 |
| 牙狗ia¹³ kəu⁵³ | 母狗mu¹³ kəu⁵³ | 宕 昌 |
| 牙狗子ia²¹ kɤu³⁵ tsๅ²¹ | 骒狗子tsʻɑo⁵³ kɤu²¹ tsๅ²¹ | 康 县 |
| 公狗子kuŋ²⁴ kɤu⁵³ tsๅ²¹ | 母狗子mu²⁴ kɤu⁵³ tsๅ²¹ | 西 和 |
| 牙狗ia¹³ kɤu⁵³ | 母狗mu¹³ kɤu⁵³ | 临夏市 |
| 牙狗iɑ¹³ kɯ⁵³ | 母狗mu¹³ kɯ⁵³ | 临夏县 |
| 公狗kun²¹ kɤu⁵³ | 母狗mu²¹ kɤu³⁵ | 甘 南 |
| 牙狗nia²² kəu²¹ | 骒狗tsʻɑo⁵³ kəu²¹ | 舟 曲 |
| 公狗kuŋ⁴⁴ kəu⁵³ | 母狗mu²¹ kəu⁵³ | 临 潭 |

| 词目<br>方言点 | 公猫 | 母猫 |
| --- | --- | --- |
| 北 京 | 公猫kuŋ$^{55}$ mao$^{55}$ | 母猫mu$^{214}$ mao$^{55}$ |
| 兰 州 | 公猫kuən$^{44}$ mɔ$^{53}$ | 母猫mu$^{44}$ mɔ$^{21}$ |
| 红 古 | 公猫儿kuən$^{22}$ mɔr$^{53}$ | 母猫儿mu$^{35}$ mɔr$^{53}$ |
| 永 登 | 公猫kuən$^{44}$ mɑo$^{53}$ | 母猫mu$^{35}$ mɑo$^{53}$ |
| 榆 中 | 猫儿mɔ$^{53}$ ɯ$^{13}$ | 猫儿mɔ$^{53}$ ɯ$^{13}$ |
| 白 银 | 公猫kun$^{44}$ mɔ$^{21}$ | 母猫mu$^{35}$ mɔ$^{21}$ |
| 靖 远 | 郎猫儿laŋ$^{22}$ mɔr$^{41}$ | 母猫儿mʅ$^{55}$ mɔr$^{21}$ |
| 天 水 | 公猫kuŋ$^{21}$ mɔ$^{13}$ | 母猫mi$^{53}$ mɔ$^{13}$ |
| 秦 安 | 公猫儿kuə̃$^{21}$ mɔ$^{35}$ zʅ$^{21}$ | 母猫儿mʅ$^{53}$ mɔ$^{13}$ zʅ$^{21}$ |
| 甘 谷 | 猫儿mɑu$^{21}$ zʅ$^{44}$ | 猫儿mɑu$^{21}$ zʅ$^{44}$ |
| 武 山 | 猫儿mao$^{21}$ zʅ$^{44}$ | 猫儿mao$^{21}$ zʅ$^{44}$ |
| 张家川 | 儿猫ər$^{13}$ mɔ$^{21}$ | 母猫儿mi$^{53}$ mɔr$^{21}$ |
| 武 威 | 公猫kuŋ$^{44}$ mao$^{53}$ | 母猫mu$^{53}$ mao$^{21}$ |
| 民 勤 | 公猫儿koŋ$^{24}$ mao$^{42}$ ɣɯ$^{21}$ | 母猫儿mu$^{21}$ mao$^{21}$ ɣɯ$^{24}$ |
| 古 浪 | 公猫kuəŋ$^{44}$ mɔ$^{53}$ | 母猫mu$^{13}$ mɔ$^{53}$ |
| 永 昌 | 牙猫儿ia$^{35}$ mao$^{53}$ ɣə$^{21}$ | 母猫儿mu$^{53}$ mao$^{42}$ ɣə$^{21}$ |
| 张 掖 | 公猫儿kuən$^{33}$ mɔ$^{33}$ ɣɯ$^{33}$ | 母猫娃mu$^{22}$ mɔ$^{22}$ va$^{13}$ |
| 山 丹 | 公猫儿kuŋ$^{33}$ mɑo$^{33}$ ɣɯ$^{33}$ | 母猫儿mu$^{53}$ mɑo$^{21}$ ɣɯ$^{55}$ |
| 平 凉 | 郎猫laŋ$^{22}$ mɔ$^{53}$ | 母猫mi$^{24}$ mɔ$^{53}$ |
| 泾 川 | 郎猫laŋ$^{21}$ mɔ$^{53}$ | 母猫mi$^{55}$ mɔ$^{21}$ |
| 灵 台 | 郎猫laŋ$^{24}$ mɔ$^{53}$ | 母猫mi$^{44}$ mɔ$^{21}$ |

| 公猫 | 母猫 | 词 目 / 方言点 |
|---|---|---|
| 公猫kuŋ⁴⁴ mɔ⁴⁴ | 母猫mu²² mɔ⁵³ | 酒 泉 |
| 公猫kuŋ¹³ mao²¹³ | 母猫儿mʅ⁵³ mao²¹³ ər²¹ | 敦 煌 |
| 郎猫laŋ²¹ mɔr⁵³ | 母猫mi⁴⁴ mɔr²¹ | 庆 阳 |
| 郎猫儿laŋ²⁴ mɔr²⁴ | 母猫儿mi⁵⁵ mɔr²² | 环 县 |
| 郎猫laŋ²¹ mɔ⁵³ | 母猫mi³⁵ mɔ²¹ | 正 宁 |
| 郎猫lã²⁴ mɔ²⁴ | 母猫儿mi⁵³ mɔr²⁴ | 镇 原 |
| 公猫kuŋ²¹ mao¹³ | 母猫mi⁵³ mao²¹ | 定 西 |
| 猫儿mɔ²¹ ə¹³ | 猫儿mɔ²¹ ə¹³ | 通 渭 |
| 狸猫li³⁵ mɔ²¹ | 母猫儿mi³⁵ mɔ²¹ zʅ¹³ | 陇 西 |
| 公猫儿kuŋ²¹ maor¹³ | 母猫儿mi⁵³ maor¹³ | 临 洮 |
| 公猫kuŋ⁵³ mao¹³ | 母猫mi⁵³ mao²¹ | 漳 县 |
| 公猫kuŋ⁵³ mao²¹ | 母猫mu⁵⁵ mao²¹ | 陇 南 |
| 公猫儿koŋ⁵³ mɔr¹³ | 母猫儿mi³⁵ mɔr²¹ | 文 县 |
| 公猫儿kuŋ¹³ mɔr⁴⁴ | 母猫儿mu⁵³ mɔr¹³ | 宕 昌 |
| 男猫儿læ̃²¹ mɔr¹³ | 母猫儿mi⁵⁵ mɔr²¹ | 康 县 |
| 猫mɔ²⁴ | 母猫儿mi⁵³ mɔ²⁴ ər²¹ | 西 和 |
| 郎猫laŋ³⁵ mɔ²¹ | 母猫mi⁴⁴ mɔ¹³ | 临夏市 |
| 郎猫laŋ³⁵ mɔ²¹ | 母猫mi²¹ mɔ³⁵ | 临夏县 |
| 公猫kun²¹ mao³⁵ | 母猫mu⁵³ mao¹³ | 甘 南 |
| 公猫儿kuəŋ⁵⁵ mər²¹ | 母猫儿mu⁵⁵ mər⁵³ | 舟 曲 |
| 郎猫儿lã⁴⁴ mɔr¹³ | 母猫儿mu⁵³ mɔr¹³ | 临 潭 |

| 方言点 \ 词目 | 公鸡 | 母鸡 |
| --- | --- | --- |
| 北 京 | 公鸡kuŋ⁵⁵ tɕi⁵⁵ | 母鸡mu²¹⁴ tɕi⁵⁵ |
| 兰 州 | 公鸡kuən⁴² tɕi²¹ | 母鸡mu⁴² tɕi²¹ |
| 红 古 | 公鸡kuən²² tsʅ⁵³ | 母鸡mu³⁵ tsʅ²¹ |
| 永 登 | 公鸡kuən⁴² tɕi²¹ | 母鸡mu³⁵ tɕi²¹ |
| 榆 中 | 公鸡kun⁵³ tɕi²¹ | 母鸡mu⁴⁴ tɕi²¹ |
| 白 银 | 公鸡kun⁴⁴ tɕi²¹ | 母鸡mu⁴⁴ tɕi²¹ |
| 靖 远 | 公鸡儿koŋ⁴¹ tsʅər²¹ | 母鸡儿mu⁵⁵ tsʅər²¹ |
| 天 水 | 鸡公tɕi²¹ kuŋ¹³ | 鸡婆tɕi²¹ pʻuə¹³ |
| 秦 安 | 鸡公tɕi²¹ kuə̃³⁵ | 鸡婆儿tɕi²¹ pʻə³⁵ zʅ²¹ |
| 甘 谷 | 鸡公tɕi³¹ kuəŋ²⁴ | 鸡婆tɕi³¹ pʻə²⁴ |
| 武 山 | 鸡公tɕi²¹ kuŋ²⁴ | 鸡婆tɕi²¹ pʻə²⁴ |
| 张家川 | 鸡公tɕi²¹ kuŋ¹³ | 鸡婆tɕi²¹ pʻɤ³⁵ |
| 武 威 | 公鸡kuŋ⁴⁴ tɕi⁵³ | 母鸡mu⁴⁴ tɕi⁵³ |
| 民 勤 | 公鸡koŋ⁴⁴ tɕi⁴² | 母鸡mu²⁴ tɕi²¹ |
| 古 浪 | 公鸡kuəŋ³⁵ tɕi⁵³ | 母鸡mu³⁵ tɕi⁵³ |
| 永 昌 | 公鸡kuŋ³⁵ tɕi⁵³ | 母鸡mu³⁵ tɕi⁵³ |
| 张 掖 | 公鸡kuən³³ tɕi³³ | 母鸡mu³³ tɕi³³ |
| 山 丹 | 公鸡kuŋ³³ tʃʅ³³ | 母鸡mu³³ tʃʅ³³ |
| 平 凉 | 公鸡kuŋ⁵³ tɕi²¹ | 下蛋鸡ɕia⁴⁴ tæ̃⁴⁴ tɕi²¹ |
| 泾 川 | 公鸡kuŋ³¹ tɕi²¹ | 母鸡mu⁵⁵ tɕi²¹ |
| 灵 台 | 公鸡kuəŋ³¹ tɕi²¹ | 母鸡mu⁴⁴ tɕi³¹ |

| 公鸡 | 母鸡 | 词目 / 方言点 |
|---|---|---|
| 公鸡 kuŋ⁴⁴ tɕi⁴⁴ | 蛋鸡 tan²² tɕi¹³ | 酒　泉 |
| 公鸡 kuŋ²² tɕʅ⁵³ | 母鸡 mu⁵³ tɕʅ²¹ | 敦　煌 |
| 公鸡 kuŋ⁵³ tɕi²¹ | 鸡婆 tɕi⁵³ pʻɤ²¹<br>母鸡 mu⁵³ tɕi²¹ 又 | 庆　阳 |
| 公鸡 kuŋ⁴² tɕi²¹ | 母鸡 mu⁵⁵ tɕi²¹ | 环　县 |
| 公鸡 kuŋ⁵³ tɕi²¹ | 鸡婆 tɕi⁵³ pʻɤ²¹ | 正　宁 |
| 公鸡 kuŋ²¹ tɕi⁵³ | 母鸡 mu⁵³ tɕi²¹ | 镇　原 |
| 鸡公 tɕi²¹ kuŋ¹³ | 鸡婆 tɕi²¹ pʻɤ¹³ | 定　西 |
| 鸡公 tɕi²¹ kuã¹³ | 鸡婆 tɕi²¹ pʻə¹³ | 通　渭 |
| 鸡公 tɕi⁵³ kuŋ¹³ | 鸡婆儿 tɕi⁵³ pʻɤ²² zʅ¹³ | 陇　西 |
| 鸡公 tɕi²¹ kuŋ³⁵ | 鸡婆儿 tɕi²¹ pʻor¹³ | 临　洮 |
| 鸡公 tɕi⁵³ kuŋ¹³ | 鸡婆儿 tɕi⁵³ pʻɤ²¹ ər¹³ | 漳　县 |
| 鸡公 tɕi⁵³ kuŋ²¹ | 鸡婆 tɕi⁵³ pʻuə²¹ | 陇　南 |
| 鸡公 tɕi⁵³ koŋ¹³ | 鸡婆 tɕi⁵³ pʻɤ¹³ | 文　县 |
| 公鸡 kuŋ⁴⁴ tsi⁴⁴ | 母鸡 mu⁵³ tsi²¹ | 宕　昌 |
| 鸡公 tɕi⁵³ kuŋ²¹ | 母鸡 mu⁵⁵ tɕi²¹ | 康　县 |
| 鸡公 tɕi²¹ kuŋ²⁴ | 鸡婆 tɕi²¹ pʻuɤ²⁴ | 西　和 |
| 公鸡 kuəŋ²¹ tɕi⁵³ | 母鸡 mu¹³ tɕi⁵³ | 临夏市 |
| 公鸡 kuəŋ²¹ tɕi⁵³ | 母鸡 mu⁵⁵ tɕi⁵³ | 临夏县 |
| 公鸡 kun²¹ tɕi⁵³ | 母鸡 mu⁵³ tɕi¹³ | 甘　南 |
| 鸡公 tʃu⁵³ kuəŋ²¹ | 鸡婆儿 tʃu⁵⁵ pʻur²¹ | 舟　曲 |
| 公鸡 kuŋ⁴⁴ tɕi⁴⁴ | 母鸡 mu⁵³ tɕi²¹ | 临　潭 |

| 词目<br>方言点 | 麻雀 | 大雁 |
| --- | --- | --- |
| 北 京 | 麻雀ma³⁵ tɕʻye⁵¹ | 大雁ta⁵¹ ian⁵¹ |
| 兰 州 | 麻雀儿ma⁵³ tɕʻyɛ²¹ ɣɯ⁵³ | 雁iæ̃¹³ |
| 红 古 | 麻雀儿ma²² tɕʻiɔɻ⁵³ | 大雁ta²² iã⁵³ |
| 永 登 | 麻雀ma²² tɕʻyə³⁵ | 雁iæ̃¹³ |
| 榆 中 | 麻雀ma⁵³ tɕʻyə²¹³ | 大雁ta⁴⁴ iã²¹³ |
| 白 银 | 雀儿tɕʻiɔ³⁵ ɣɯ⁵³ | 咕噜雁ku⁴⁴ lu⁴⁴ ian¹³ |
| 靖 远 | 雀儿tɕʻiɔɻ⁴¹ | 咕噜雁ku⁵⁵ lu²¹ iæ̃⁴⁴ |
| 天 水 | 麻雀ma¹³ tɕʻiɔ⁵³ | 咕噜雁ku⁵³ lu²¹ iæ̃⁵³ |
| 秦 安 | 雀儿tsʻiɔ⁵³ zʅ²¹ | 咕噜雁ku⁵³ lyei²¹ ian⁴⁴ |
| 甘 谷 | 雀儿tɕʻiɑu⁵³ zʅ²¹ | 咕噜雁ku⁴⁴ lu⁴⁴ iã⁴⁴ |
| 武 山 | 麻雀儿mɑ³⁵ tɕʻiao⁵³ zʅ²¹ | 咕噜雁ku⁴⁴ lu⁴⁴ iã⁴⁴ |
| 张家川 | 麻雀儿ma¹³ tɕʻiɔɻ⁵³ | 大雁ta⁴⁴ iæ̃⁴⁴ |
| 武 威 | 雀娃子tɕʻiao⁵³ va⁴² tsʅ²¹ | 长脖雁tʂʻã³⁵ pə⁵³ iã²¹ |
| 民 勤 | 麻雀儿ma⁴⁴ tɕʻiao²¹ ɣɯ²¹ | 大雁ta²¹ iɻ⁴² |
| 古 浪 | 雀儿tɕʻiɔ²¹ ɣə⁵³ | 长脖雁tʂʻɑo³⁵ pə²¹ iɛ²¹ |
| 永 昌 | 麻雀儿ma³⁵ tɕʻiao⁵³ ɣə²¹ | 长脖雁tʂʻaŋ³⁵ pa⁵³ iɛ²¹ |
| 张 掖 | 雀娃子tɕʻiɔ²¹ va²² tsʅ³³ | 大雁ta³⁵ iaŋ²¹ |
| 山 丹 | 雀娃子tɕʻiɑo⁵³ va²¹ tsʅ²¹ | 长脖子雁tʂʻaŋ⁵⁵ pə⁴² tsʅ²¹ iɻ²¹ |
| 平 凉 | 雀儿tɕʻiɔɻ⁵³ | 咕噜雁ku⁵³ lu²¹ iæ̃⁴⁴ |
| 泾 川 | 雀儿tɕʻiɔɻ⁵³ | 雁iæ̃⁴⁴ |
| 灵 台 | 雀儿tsʻiɔɻ⁵³ | 咕噜雁ku⁵³ lu²¹ iæ̃⁴⁴ |

| 麻雀 | 大雁 | 词目 / 方言点 |
|---|---|---|
| 雀儿tɕʻiɔ²² ɣə⁵³ | 长脖雁tʂʻaŋ³⁵ pə⁵³ ian³¹ | 酒泉 |
| 雀儿tɕʻiao⁵³ ər²¹ | 大雁ta⁴⁴ iɛ⁴⁴ | 敦煌 |
| 雀儿tɕʻyər⁵³ | 大雁ta⁴⁴ iæ̃⁴⁴ | 庆阳 |
| 麻雀儿ma²² tɕʻiɔr⁴¹ | 雁iæ̃³³ | 环县 |
| 雀儿tsʻiɔr⁵³ | 雁iæ̃⁴⁴ | 正宁 |
| 雀儿tsʻiɔr⁴¹<br>麻雀儿ma²⁴ tsʻiɔr⁴¹ 又 | 咕噜雁ku³¹ lu²² iæ̃⁴⁴ | 镇原 |
| 麻雀儿ma²⁴ tɕʻiao⁵³ zɿ²¹ | 咕噜雁ku⁵³ lu²¹ iæ̃⁴⁴ | 定西 |
| 麻雀ma¹³ tsʻiɔ⁵³ | 咕噜雁ku⁵³ lu²¹ iæ̃⁴⁴ | 通渭 |
| 麻雀儿ma¹³ tɕʻiɔ⁵³ zɿ²¹ | 咕噜雁ku¹³ lu⁴⁴ iæ̃⁴⁴ | 陇西 |
| 麻雀儿ma¹³ tɕʻiɑor⁵³ | 咕噜雁ku⁵³ lu²¹ iæ̃⁴⁴ | 临洮 |
| 麻雀mɑ¹³ tsʻiɛ²¹ | 孤雁ku³⁵ iæ̃⁴⁴ | 漳县 |
| 麻雀儿ma²¹ tɕʻiɔr⁵⁵ | 咕噜雁ku⁵³ lu²¹ iæ̃¹³ | 陇南 |
| 麻雀儿ma²¹ tɕʻiɔr⁵³ | 大雁ta²⁴ iæ̃²⁴ | 文县 |
| 家雀儿tsia⁴⁴ tsʻiɔr²¹<br>（区别于山雀） | 咕噜雁ku⁵³ lu²¹ iæ̃⁴⁴ | 宕昌 |
| 麻雀儿ma²¹ tsʻiɔr²⁴ | 咕噜雁ku⁵³ lu²¹ iæ̃²⁴ | 康县 |
| 麻雀儿ma²⁴ tɕʻiɔ⁵³ ər²¹ | 咕噜雁儿ku⁵³ lu²¹ iæ̃⁵³ ər²¹ | 西和 |
| 雀tɕʻiɔ⁵³ | 咕噜雁ku³⁵ lu²¹ iã⁴⁴ | 临夏市 |
| 麻雀mɑ¹³ tɕʻiɔ⁵³ | 咕噜雁ku⁵⁵ lu²¹ iæ̃⁵³ | 临夏县 |
| 麻雀ma¹³ tɕʻie⁵³ | 大雁ta³⁵ iæ̃⁵³ | 甘南 |
| 麻雀儿ma²¹ tsʻiər⁵³ | 大雁ta³⁵ iæ̃⁵⁵ | 舟曲 |
| 麻雀儿ma¹³ tɕʻiɔr²¹ | 大雁ta⁴⁴ iæ̃⁴⁴ | 临潭 |

| 词目<br>方言点 | 燕子 | 乌鸦 |
|---|---|---|
| 北 京 | 燕子ian⁵¹ tsʅ⁰ | 乌鸦u⁵⁵ ia⁵⁵ |
| 兰 州 | 燕子iæ²² tsʅ⁵³ | 乌鸦vu⁴² ia²¹ |
| 红 古 | 燕子iã²² tsʅ⁵³ | 老乌lɔ³⁵ va²¹ |
| 永 登 | 牛燕子niɣu⁵³ iæ⁴² tsʅ²¹ | 老乌lɑo³⁵ va⁵³ |
| 榆 中 | 燕子iã²¹ tsʅ³⁵ | 乌鸦vu⁵³ ia²¹ |
| 白 银 | 燕子ian²² tsʅ³⁵ | 老乌lɔ²⁴ va⁵³ |
| 靖 远 | 燕子儿iæ⁴⁴ tsər²⁴ | 老乌lao⁵⁵ va²¹ |
| 天 水 | 燕儿iæ³⁵ ər⁵³ | 老乌lɔ⁵³ va²¹ |
| 秦 安 | 燕儿ian⁴⁴ zʅ²¹ | 老乌lɔ⁵³ ua²¹ |
| 甘 谷 | 燕儿iã⁴⁴ zʅ²¹ | 老乌lɑu⁵³ uɒ²¹ |
| 武 山 | 燕儿iã⁴⁴ zʅ⁴⁴ | 老乌lao⁵³ uɑ²¹ |
| 张家川 | 燕子iæ⁴⁴ tsʅ²¹ | 乌鸦vu¹³ ia²¹ |
| 武 威 | 燕儿子iã⁴⁴ ɣɯ⁵³ tsʅ²¹ | 老乌lao⁴⁴ va⁵³ |
| 民 勤 | 燕子iɿ⁴² zʅ²¹ | 黑老乌xɯ⁴⁴ lao⁴² va²¹ |
| 古 浪 | 燕儿子iɛ⁴⁴ ɣə²¹ tsʅ²¹ | 老乌lɔ⁴⁴ va⁵³ |
| 永 昌 | 燕子iɛ⁵³ tsʅ²¹ | 老乌lao³⁵ va⁵³ |
| 张 掖 | 燕子iaŋ³¹ tsʅ²¹ | 黑老乌xə³¹ lɔ²¹ va²¹ |
| 山 丹 | 燕子iɿ⁵⁵ tsʅ²¹ | 黑老乌xə³³ lɑo³³ va³³ |
| 平 凉 | 燕唧唧iæ³⁵ tɕi⁵³ tɕi²¹ | 老乌lɔ⁵³va²¹<br>鸦儿iɐr⁵³ 又 |
| 泾 川 | 燕唧唧iæ⁴⁴ tɕi⁴² tɕi²¹ | 老乌lɔ⁵⁵ va²¹ |
| 灵 台 | 燕唧唧iæ²⁴ tɕi²¹ tɕi²⁴ | 老乌lɔ⁴⁴ ua²¹ |

方言词汇

| 燕子 | 乌鸦 | 方言点 |
|---|---|---|
| 燕子ian²² tsʅ¹³ | 黑老乌xə³⁵ lɔ⁴⁴ va⁴⁴ | 酒　泉 |
| 燕子iɛ⁴⁴ tsʅ²¹ | 老乌lao⁴⁴ va²¹ | 敦　煌 |
| 燕唧唧iã⁴⁴ tɕi³¹ tɕi²¹ | 野鹊iɛ⁴⁴ tɕʻiɔ³¹<br>老乌lɔ⁴⁴ ua²¹ 又 | 庆　阳 |
| 燕唧唧iã²⁴ tɕi³¹ tɕi²¹ | 老乌lɔ⁵⁵ ua²¹ | 环　县 |
| 燕唧唧iã²⁴ tsi²¹ tsi³⁵ | 老乌lɔ⁴⁴ ua²¹ | 正　宁 |
| 燕唧唧iã⁴⁴ tɕi²¹ tɕi⁵³ | 老乌lɔ⁵³ ua²¹ | 镇　原 |
| 燕儿iã²⁴ zʅ²¹ | 鸦儿ia⁵³ zʅ²¹ | 定　西 |
| 燕儿iã³⁵ zʅ⁵³ | 老乌lɔ⁵³ ua²¹ | 通　渭 |
| 燕儿iã⁴⁴ zʅ⁴⁴ | 老乌lɔ³⁵ va²¹ | 陇　西 |
| 燕子iã⁴⁴ tsʅ²¹ | 老乌lao⁵³ va²¹ | 临　洮 |
| 燕儿iã⁴⁴ ər⁵³ | 黑老乌xɛ²¹ lɑo²¹ uɑ²¹ | 漳　县 |
| 燕儿iã²⁴ ər³¹ | 老鸦lɑo⁵⁵ ia²¹<br>老乌lɑo⁵⁵ va²¹ 又 | 陇　南 |
| 燕儿iər²⁴ | 老乌lao⁵³ ua¹³ | 文　县 |
| 燕子iã⁴⁴ tsʅ²¹ | 老乌lao⁵³ va²¹ | 宕　昌 |
| 燕儿iã²⁴ ər²¹ | 老乌lao⁵⁵ ua²¹ | 康　县 |
| 燕子iã⁵⁵ tsʅ²¹ | 老乌lɔ⁵³ ua²¹ | 西　和 |
| 燕子iã⁴⁴ tsʅ²¹ | 老乌lɔ³⁵ va⁵³ | 临夏市 |
| 莎莎翼ʂa⁵⁵ ʂa²¹ zi⁵³ | 老乌lɔ⁵⁵ vɑ⁵³ | 临夏县 |
| 燕子iã⁴⁴ tsʅ²¹ | 老乌lao²¹ va⁵³ | 甘　南 |
| 燕子iã²² tsʅ⁵³ | 老乌lɑo⁵⁵ va⁵³ | 舟　曲 |
| 燕子iã⁴⁴ tsʅ²¹ | 老乌lɔ⁵³ va¹³ | 临　潭 |

| 词目<br>方言点 | 老虎 | 狼 |
| --- | --- | --- |
| 北　京 | 老虎lɑo²¹⁴ xu²¹⁴ | 狼lɑŋ³⁵ |
| 兰　州 | 虎xu⁴⁴ | 狼lã⁵³ |
| 红　古 | 老虎lɔ²² xu⁵³ | 狼lã¹³ |
| 永　登 | 老虎lɑo²² xu³⁵ | 狼lɑŋ⁵³ |
| 榆　中 | 老虎lɔ²¹ xu²¹³ | 狼lã⁵³ |
| 白　银 | 老虎lɔ⁵³ xu²⁴ | 狼lɑŋ⁵³ |
| 靖　远 | 虎xu⁵⁵<br>老虎lɑo⁴¹ xu²¹ 又 | 狼lɑŋ²⁴ |
| 天　水 | 老虎lɔ²¹ xu⁵³ | 狼lã¹³ |
| 秦　安 | 老虎lɔ²¹ xuə⁵³ | 狼lã¹³ |
| 甘　谷 | 老虎lɑu²² xu⁵³ | 狼lɑŋ²⁴ |
| 武　山 | 老虎lɑo³¹ xu²¹ | 狼lɑŋ²⁴ |
| 张家川 | 老虎lɔ²¹ xu⁵³ | 狼lã¹³ |
| 武　威 | 老虎lɑo³⁵ xu²¹ | 狼lã³⁵ |
| 民　勤 | 老虎lɑo³⁵ xu²¹ | 狼lɑŋ⁵³ |
| 古　浪 | 老虎lɔ³⁵ xu²¹ | 狼lɑo⁵³ |
| 永　昌 | 老虎lɑo³⁵ xu²¹ | 狼lɑŋ³⁵ |
| 张　掖 | 老虎lɔ³⁵ xu²¹ | 狼lɑŋ⁵³ |
| 山　丹 | 老虎lɑo³⁵ xuə²¹ | 狼lɑŋ⁵³ |
| 平　凉 | 老虎lɔ⁵³ xu²¹ | 狼lɑŋ²⁴ |
| 泾　川 | 老虎lɔ⁵³ xu²¹ | 狼lɑŋ²⁴ |
| 灵　台 | 老虎lɔ³¹ xu²¹ | 狼lɑŋ²⁴ |

| 老虎 | 狼 | 词目 / 方言点 |
|---|---|---|
| 老虎lɔ³⁵ xu³¹ | 狼laŋ⁵¹ | 酒　泉 |
| 老虎lao²² xu⁵³ | 狼laŋ²¹³ | 敦　煌 |
| 老虎lɔ⁵³ xu²¹ | 狼laŋ²⁴ | 庆　阳 |
| 老虎lɔ⁵³ xu²¹ | 狼laŋ²⁴ | 环　县 |
| 老虎lɔ⁵³ xu²¹ | 狼laŋ²⁴ | 正　宁 |
| 老虎lɔ⁵³ xu²¹ | 狼lã²⁴ | 镇　原 |
| 老虎lao²¹ xu⁵³ | 狼lã¹³ | 定　西 |
| 老虎lɔ²¹ xu⁵³ | 狼lã¹³ | 通　渭 |
| 老虎lɔ³¹ xu²¹ | 狼lã¹³ | 陇　西 |
| 老虎lao¹³ xu⁵³ | 狼lã¹³ | 临　洮 |
| 老虎lao²² xu²¹ | 狼laŋ¹³ | 漳　县 |
| 老虎lao⁵³ xu²¹ | 狼lã²⁴ | 陇　南 |
| 老虎lao⁵³ xu²¹ | 狼lã¹³ | 文　县 |
| 老虎lao¹³ xu²¹ | 狼lã¹³ | 宕　昌 |
| 老虎lao⁵³ xu²¹ | 狼lã²¹³ | 康　县 |
| 老虎lɔ²⁴ xu²¹ | 狼lã²⁴ | 西　和 |
| 老虎lɔ³⁵ xu²¹ | 狼laŋ¹³ | 临夏市 |
| 老虎lɔ³⁵ xu⁵³ | 狼laŋ¹³ | 临夏县 |
| 老虎lao¹³ xu⁵³ | 狼lã¹³ | 甘　南 |
| 老虎lao⁵³ xu²¹ | 狼lã³¹ | 舟　曲 |
| 老虎lɔ³⁵ xu²¹ | 狼lã¹³ | 临　潭 |

| 词目<br>方言点 | 猴子 | 蛇 |
| --- | --- | --- |
| 北 京 | 猴子xou³⁵ tsɿ⁰ | 蛇ʂɤ³⁵ |
| 兰 州 | 猴子xəu⁵³ tsɿ¹³ | 蛇ʂɤ⁵³ |
| 红 古 | 猴子xɤu²² tsɿ⁵³ | 蛇ʂə¹³ |
| 永 登 | 猴子xɤu⁴⁴ tsɿ²¹ | 蛇ʂə⁵³ |
| 榆 中 | 猴子xəu⁵³ tsɿ²¹³ | 蛇ʂə⁵³ |
| 白 银 | 猴儿xɤu⁵³ ɣɯ²¹ | 长虫tʂʻaŋ⁵³ tʂʻun¹³<br>蛇ʂə⁵¹ 又 |
| 靖 远 | 猴儿xɔr²⁴ | 长虫tʂʻaŋ²² tʂʻoŋ⁵⁵ |
| 天 水 | 猴子xɤu¹³ tsɿ²¹ | 长虫tsʻã¹³ tʃʻɤŋ²¹<br>蝉tʂʻæ⁴⁴ 又 |
| 秦 安 | 猴儿xəu³⁵ zɿ²¹ | 长虫tʂʻã³⁵ tʃʻɚ²¹ |
| 甘 谷 | 猴儿xɤu²¹ zɿ⁴⁴ | 长虫tʂʻɑŋ²⁴ tʃʻəŋ²¹ |
| 武 山 | 猴儿xɤu²¹ zɿ⁴⁴ | 长虫tʂʻɑŋ²⁴ tʃʻəŋ²¹ |
| 张家川 | 猴儿xɤur¹³ | 皮条pʻi¹³ tɕʻiɔ²¹ |
| 武 威 | 猴儿xɤu³⁵ ɣɯ⁵³ | 蛇ʂə³⁵ |
| 民 勤 | 猴子xɤu²¹ zɿ⁴⁴ | 蛇ʂə⁵³ |
| 古 浪 | 猴儿xou³⁵ ɣə²¹ | 蛇ʂə⁵³ |
| 永 昌 | 猴儿xɤu³⁵ ɣə⁵³ | 长虫tʂʻaŋ³⁵ tʂʻuŋ²¹ |
| 张 掖 | 猴子xɤu³⁵ tsɿ²¹ | 蛇ʂə⁵³ |
| 山 丹 | 猴子xou⁵⁵ tsɿ²¹ | 蛇ʂə⁵³ |
| 平 凉 | 猴子xɤu²² tsɿ⁵³ | 长虫tʂʻɑŋ²² tʂʻuŋ⁵³ |
| 泾 川 | 猴儿xəur²⁴ | 长虫tʂʻɑŋ²¹ tʃʻəŋ⁵³ |
| 灵 台 | 猴xou²⁴ | 长虫tʂʻɑŋ²¹ tʃʻəŋ⁵³ |

| 猴子 | 蛇 | 词目 / 方言点 |
|---|---|---|
| 猴子 xɤu³⁵ tsʅ³¹ | 蛇 ʂə⁵¹ | 酒 泉 |
| 猴子 xɤu²² tsʅ⁵³ | 蛇 ʂə²¹³ | 敦 煌 |
| 猴 xɤu²⁴ | 长虫 tʂʻɑŋ²¹ tʂʻuŋ⁵³ | 庆 阳 |
| 猴子 xɤu²² tsʅ⁵⁵ | 长虫 tʂʻɑŋ²² tʂʻuŋ⁵⁵ | 环 县 |
| 猴 xou²⁴ | 长虫 tʂʻɑŋ²¹ tʃʻəŋ⁵³ | 正 宁 |
| 猴 xəu²⁴ | 长虫 tʂʻɑ̃²⁴ tsʻəŋ⁵³ | 镇 原 |
| 猴儿 xɤu²¹ zʅ²⁴ | 长虫 tʂʻɑ̃²⁴ tʃʻɤŋ²¹ | 定 西 |
| 猴儿 xɤu²¹ zʅ⁴⁴ | 长虫 tʂʻɑ̃¹³ tʃʻɤ̃⁵³ | 通 渭 |
| 猴儿 xɤu²¹ zʅ¹³ | 长虫 tʂʻɑ̃¹³ tsʻuŋ²¹ | 陇 西 |
| 猴儿 xəur¹³ | 长虫 tʂʻɑ̃³⁵ tsʻuŋ²¹ | 临 洮 |
| 猴娃儿 xɤu³⁵ uɑr⁵³ | 长虫 tʃɑŋ¹³ tʃʻɤŋ²¹ | 漳 县 |
| 猴儿 xɤu²¹ ər¹³ | 长虫 tʂʻɑ̃²¹ tʃʻɤŋ⁵⁵ | 陇 南 |
| 猴子 xɤu²¹ tsʅ³⁵ | 长虫 tsʻɑ̃²¹ tsʻoŋ⁵³<br>蛇 sɤ²⁴ 又 | 文 县 |
| 猴儿 xəu¹³ ər²¹ | 长虫 tʂʻɑ̃¹³ tsʻuŋ²¹ | 宕 昌 |
| 猴 xɤu²¹³ | 长虫 tʂʻɑ̃²¹ pfʻɤŋ³⁵ | 康 县 |
| 猴儿 xɤu²⁴ ər²¹ | 长虫 tʂʻɑ̃²⁴ tʃʻɤŋ²¹<br>蝉=tʂʻæ³⁵ 又 | 西 和 |
| 猴 xɤu¹³ | 长虫 tʂʻɑŋ³⁵ tʂʻuəŋ⁵³ | 临夏市 |
| 猴 xɯ¹³ | 蛇 ʂə¹³ | 临夏县 |
| 猴子 xɤu²¹ tsʅ⁵³ | 长虫 tʂʻɑ̃¹³ tsʻun⁵³ | 甘 南 |
| 猴儿 xər³¹ | 长虫 tʂʻɑ̃⁵³ tʃʻuəŋ²¹<br>蝉=tʂʻæ¹³ 又 | 舟 曲 |
| 猴娃子 xəu³⁵ va⁵³ tsʅ²¹ | 长虫 tʂʻɑ̃¹³ tsʻuŋ²¹ | 临 潭 |

| 词目<br>方言点 | 老鼠 | 蝙蝠 |
| --- | --- | --- |
| 北 京 | 老鼠lao²¹⁴ ʂu²¹⁴ | 蝙蝠pian⁵⁵ fu³⁵ |
| 兰 州 | 老鼠lɔ⁵³ pfʻu¹³ | 夜别虎=iɛ²² piɛ⁵³ xu²¹ |
| 红 古 | 老鼠lɔ²² tʂʻu⁵³ | 蝙蝠piã³⁵ fu²¹ |
| 永 登 | 老鼠lɑo²⁴ pfʻu³⁵ | 夜别虎=iə¹³ piə⁴⁴ xu³⁵ |
| 榆 中 | 老鼠子lɔ²¹ tʂʻu²¹ tsɿ³⁵ | 蝙蝠piã⁴⁴ fu²¹ |
| 白 银 | 老鼠lɔ⁵³ tʂʻu¹³ | 夜别虎=iɛ²² piɛ³⁵ xu²¹ |
| 靖 远 | 老鼠lao⁴¹ tʂʻʅ²¹ | 夜别虎=iɛ³⁵ piɛ⁴¹ xu²¹ |
| 天 水 | 老鼠lɔ²¹ tʃʻʅ⁵³ | 檐蝙蝠iæ̃¹³ piæ̃⁵³ fu²¹ |
| 秦 安 | 老鼠lɔ²¹ ʃu⁵³ | 檐别蜂ian³⁵ pei²¹ fɤ̃²¹ |
| 甘 谷 | 老鼠lɑu³¹ tʃʻu⁴⁴ | 檐蝙虎=iã²¹ piã⁴⁴ xu²¹ |
| 武 山 | 老鼠lao³¹ tʃʻu²¹ | 檐别飞iã²¹ pə²⁴ fɛ²¹ |
| 张家川 | 老鼠lɔ²¹ tʃʻu⁵³ | 檐蝙蝠iæ̃³⁵ pʻiæ̃⁵³ fu²¹ |
| 武 威 | 老鼠lao³⁵ tʂʻʅ⁵³ | 列别虎=liɛ⁴⁴ piɛ⁵³ xu²¹ |
| 民 勤 | 老鼠lao³⁵ tʂʻʅ²¹ | 列变虎=niɛ⁴² piɛ²¹ xu²¹ |
| 古 浪 | 老鼠lɔ³⁵ tʂʻʅ²¹ | 夜别虎=iə⁴⁴ piə²¹ xu²¹ |
| 永 昌 | 老鼠lao³⁵ tʂʻʅ²¹ | 列别虎=liə⁵³ piə⁴² xu²¹ |
| 张 掖 | 老鼠lɔ³⁵ kfʻu²¹ | 列别蜂liə³¹ piə²¹ fən²¹ |
| 山 丹 | 老鼠lɑo³⁵ tʂʻʅ²¹ | 列别虎=liə⁵³ piɿ²¹ xuə²¹ |
| 平 凉 | 老鼠lɔ⁵³ ʂu²¹ | 夜别虎=儿iɛ⁴⁴ piɛ⁵³ xuər²⁴ |
| 泾 川 | 老鼠lɔ⁵³ ʃu²¹ | 檐蝙猴儿iæ̃²⁴ piæ̃²¹ xəur²⁴ |
| 灵 台 | 老鼠lɔ³¹ tʃʻu²¹ | 檐蝙猴儿iæ̃²⁴ piæ̃²¹ xour²⁴ |

方言词汇

| 老鼠 | 蝙蝠 | 方言点 |
|---|---|---|
| 老鼠lɔ³⁵ tṣ'u³¹ | 列别虎=lə²² piə²² xu¹³ | 酒　泉 |
| 老鼠lao²² tṣ'u⁵³ | 蝙蝠p'iɛ⁴⁴ fu²¹ | 敦　煌 |
| 老鼠lɔ⁵³ ʂʯ²¹ | 夜别虎=ɻiɛ²⁴ piɛ⁵³ xuʴ²¹ | 庆　阳 |
| 老鼠lɔ⁵³ ʂʯ²¹ | 夜蝙虎=ɻiɛ⁴⁴ piæ̃⁵³ xuʴ²⁴ | 环　县 |
| 老鼠lɔ⁵³ ʃɿ²¹ | 檐蝙猴iæ̃²⁴ piæ̃²¹ xuʴ²⁴ | 正　宁 |
| 老鼠lɔ⁵³ sɿ²¹ | 夜蝙虎=ɻiɛ⁴⁴ piæ̃⁴⁴ xuʴ²⁴ | 镇　原 |
| 老鼠lɑo²¹ tʃ'u²⁴ | 夜别虎=iɛ⁵³ piɛ⁴⁴ xu²¹ | 定　西 |
| 老鼠lɔ²¹ tʃ'u⁵³ | 夜别虎=iɛ⁴⁴ piɛ⁴⁴ xu²¹ | 通　渭 |
| 老鼠lɔ³¹ tṣ'u²¹ | 夜蝙蝠iɛ¹³ piɛ⁴⁴ fu²¹ | 陇　西 |
| 老鼠lɑo¹³ tṣ'u⁴⁴ | 夜别虎=ɻie⁵³ pie⁴⁴ xuʴ²¹ | 临　洮 |
| 老鼠lɑo²¹ tʃ'ʯ⁵³ | 夜蝙蝠iɛ³⁵ piɛ²¹ fu²¹ | 漳　县 |
| 老鼠lɑo⁵³ tʃ'u²¹ | 檐蝙蝠iæ̃²¹ piæ̃²⁴ fu²¹ | 陇　南 |
| 老鼠子lɑo⁵³ ts'u²¹ tsɿ³⁵ | 夜别虎=ɻie²⁴ piɛ⁵³ xuʴ⁵³ | 文　县 |
| 老鼠lao¹³ ʂu²¹ | 夜别虎=ɻʑiɛ⁴⁴ piɛ²¹ xuʴ²¹ | 宕　昌 |
| 老鼠lao⁵³ fu²¹ | 檐蝙蝠ia²¹ piæ̃²¹ fu⁵³ | 康　县 |
| 老鼠lɔ²⁴ tʃ'u²¹ | 圆蝙蝠yæ̃²⁴ piæ̃²¹ fu²¹ | 西　和 |
| 老鼠lɔ¹³ tṣ'u⁵³ | 莎莎鼬ʂa⁴⁴ ʂa²¹ iʴu⁵³ | 临夏市 |
| 老鼠lɔ³⁵ tṣ'u⁵³ | 夜别虎=iɛ⁵⁵ pɛ⁵³ xu²¹ | 临夏县 |
| 老鼠lao¹³ ʂu⁵³ | 蝙蝠p'iæ̃²¹ fu⁵³ | 甘　南 |
| 老鼠lɑo⁵³ ʃu²¹ | 圆蝙蝠yæ̃⁵³ piæ̃²¹ fəŋ²¹ | 舟　曲 |
| 老鼠lɔ³⁵ ʂu²¹ | 蝙蝠p'iæ̃⁴⁴ fu²¹ | 临　潭 |

289

| 方言点 \ 词目 | 蚯蚓 | 蚂蚁 |
|---|---|---|
| 北京 | 蚯蚓 tɕʻiou$^{55}$ in$^{214}$ | 蚂蚁 ma$^{214}$ i$^{214}$ |
| 兰州 | 蚯蚓 tɕʻiəu$^{44}$ in$^{21}$ | 蚂蚁 ma$^{53}$ ʑi$^{13}$ |
| 红古 | 蚯蚓 tɕʻiɤu$^{22}$ in$^{53}$ | 蚂蚁儿 ma$^{22}$ zɿ$^{53}$ ər$^{21}$ |
| 永登 | 曲蟮 tɕʻy$^{22}$ ʂæ$^{35}$ | 蚂蚁虫 ma$^{22}$ i$^{24}$ pfʻən$^{53}$ |
| 榆中 | 蚯蚓 tɕʻiəu$^{42}$ in$^{21}$ | 蚂蚁 ma$^{21}$ ʑi$^{35}$ |
| 白银 | 曲蟮 tɕʻy$^{53}$ ʂan$^{13}$ | 蚂蚁 ma$^{53}$ ʑi$^{13}$ |
| 靖远 | 曲蟮儿 tsʻʅ$^{41}$ ʂɐr$^{21}$ | 蚍蜉=蚂儿 pʻʅ$^{44}$ fɤ$^{35}$ mɐr$^{41}$ |
| 天水 | 曲蟮 tɕʻy$^{21}$ ʂæ$^{13}$ | 蚂蚍蜉腰腰 ma$^{53}$ pʻi$^{13}$ fu$^{21}$ iɔ$^{21}$ iɔ$^{13}$ |
| 秦安 | 曲蟮 tɕʻy$^{21}$ ʂan$^{13}$ | 蚍蜉蚂儿 pʻi$^{13}$ fɤ̃$^{13}$ ma$^{53}$ zɿ$^{21}$ |
| 甘谷 | 蚰蜒 iɤu$^{21}$ iã$^{44}$ | 蚂蚂蚍蜉=儿 mɒ$^{53}$ mɒ$^{42}$ pʻi$^{21}$ fəŋ$^{44}$ zɿ$^{21}$ |
| 武山 | 曲蟮 tɕʻy$^{31}$ ʂã$^{21}$ | 蚂娃蚍公儿 mɑ$^{53}$ uɑ$^{13}$ pʻi$^{21}$ kuŋ$^{24}$ zɿ$^{21}$ |
| 张家川 | 曲蟮 tɕʻy$^{21}$ ʂæ$^{13}$ | 蚂蚂虎=儿 ma$^{22}$ ma$^{22}$ xur$^{13}$ |
| 武威 | 曲向= tɕʻy$^{53}$ ɕiɑ̃$^{21}$ | 蚂蚁 ma$^{35}$ i$^{53}$ |
| 民勤 | 曲蟮 tɕʻy$^{53}$ ʂæ$^{42}$ | 蚂蚁 ma$^{35}$ ʑi$^{21}$ |
| 古浪 | 曲蟮 tɕʻy$^{31}$ ʂæ$^{21}$ | 蚂蚁 ma$^{44}$ ʑi$^{31}$ |
| 永昌 | 曲蟮 tɕʻʅ$^{55}$ ʂɛ$^{21}$ | 蚂蚁 ma$^{35}$ ʑi$^{21}$ |
| 张掖 | 曲向= tɕʻy$^{22}$ ɕiaŋ$^{53}$ | 蚂蚁 ma$^{35}$ ʑi$^{21}$ |
| 山丹 | 蚯蚓 tɕʻiou$^{33}$ iŋ$^{33}$ | 蚂蚁 ma$^{33}$ zɿ$^{33}$ |
| 平凉 | 曲蟮 tɕʻy$^{53}$ ʂæ$^{21}$ | 蚍蜉蚂 pʻi$^{22}$ fu$^{44}$ ma$^{21}$ |
| 泾川 | 曲蟮蟮 tɕʻy$^{53}$ ʂæ$^{42}$ ʂæ$^{21}$ | 蚍蜉=蚂 pʻi$^{21}$ fəŋ$^{44}$ ma$^{21}$ |
| 灵台 | 曲蟮蟮 tɕʻy$^{53}$ ʂæ$^{21}$ ʂæ$^{21}$ | 蚍蜉=蚂 pʻi$^{21}$ fəŋ$^{44}$ ma$^{21}$ |

| 蚯蚓 | 蚂蚁 | 词目 方言点 |
|---|---|---|
| 蚯蚓tɕʻiɤu⁴⁴ iŋ⁴⁴ | 蚂蚁ma³⁵ ʑi³¹ | 酒　泉 |
| 蚯蚓tɕʻiɤu²² iŋ⁵³ | 蚂蚁ma²² ʑʅ⁵³ | 敦　煌 |
| 曲蟮tɕʻy⁵³ tʂʻæ²¹ | 蚍粪=蚂儿pʻi²¹ fəŋ⁴⁴ mɐr³¹ | 庆　阳 |
| 蚯蚓tɕʻiɤu²² iŋ⁴¹ | 蚂蚁ma²² i⁴¹<br>蚍粪=蚂pʻi²¹ fəŋ⁴⁴ ma²¹ 又 | 环　县 |
| 车盘盘tʂʻɤ⁵³ pʻæ²¹ pʻæ²¹ | 蚍粪=蚂pʻi²¹ fəŋ⁴⁴ ma²¹ | 正　宁 |
| 曲蟮tɕʻy⁵³ ʂæ²¹ | 蚍粪=蚂儿pʻi⁴⁴ fəŋ²¹ mɐr⁵³ | 镇　原 |
| 曲蟮tɕʻy²¹ ʂæ¹³ | 蚍混蚂蚂pʻi²⁴ xuŋ⁴⁴ ma⁵³ ma²¹ | 定　西 |
| 曲蟮tɕʻy²¹ ʂæ¹³ | 蚍粪=蚂蚂pʻi²¹ fɑ̃⁴⁴ ma⁵³ ma¹³ | 通　渭 |
| 曲蟮tɕʻy²¹ ʂæ²¹ | 蚂蚂蚍公儿<br>ma³⁵ ma⁵³ pʻi²¹ kuŋ¹³ ʑʅ²¹ | 陇　西 |
| 曲蟮tɕʻy²¹ ʂæ⁴⁴ | 蚂蚂蛆儿ma⁵³ ma⁴⁴ tɕʻyər³⁵ | 临　洮 |
| 曲蟮tɕʻy⁴⁴ ʃæ²¹ | 蚂蚂蚍袋儿<br>mɑ⁵³ mɑ²¹ pʻi²¹ tʻɛ³⁵ ər⁵³ | 漳　县 |
| 曲蟮tɕʻy⁵³ ʂæ²¹ | 蛆虎=蚂儿tɕʻy²¹ xu³⁵ mɐr⁵³ | 陇　南 |
| 曲蟮tɕʻy⁵³ sæ²⁴ | 蚂蚁ma⁵³ ʑi¹³ | 文　县 |
| 曲蟮tsʻʅ²¹ tʂʻæ⁴⁴ | 蚂蚁虫儿ma¹³ ʑʅ²¹ tʂʻuər¹³ | 宕　昌 |
| 曲蟮tɕʻy⁵³ ʂæ²¹ | 蚂蚁子ma⁵³ i²¹ tsʅ²¹ | 康　县 |
| 曲蟮tɕʻy²¹ ʂæ²⁴ | 蚂蚂蚍蜉儿<br>ma⁵³ ma²¹ pʻi²⁴ fu²¹ ər²¹ | 西　和 |
| 曲蟮tɕʻy²¹ ʂã¹³ | 蚂蚁ma¹³ ʑi³¹ | 临夏市 |
| 曲蟮tɕʻy²¹ ʂæ³⁵ | 蚂蚁ma³⁵ ʑi⁵³ | 临夏县 |
| 蚯蚓tɕʻiɤu⁴⁴ in²¹ | 蚂蚁ma¹³ ʑi⁵³ | 甘　南 |
| 曲蟮tsʻʅ⁵⁵ tʂʻæ²¹ | 蚂蚁虫ma⁵⁵ ʒu⁵³ tʃʻəŋ²¹ | 舟　曲 |
| 蛇雉子ʂə¹³ tsu²¹ tsʅ¹³ | 蚂蚁虫儿ma²¹ ʑi³⁵ tsʻuər¹³ | 临　潭 |

| 方言点＼词目 | 蜂 | 蜻蜓 |
|---|---|---|
| 北京 | 蜂fəŋ⁵⁵ | 蜻蜓tɕʻiŋ⁵⁵ tʻiŋ³⁵ |
| 兰州 | 蜜蜂mi²² fən⁵³ | 蜻蜓tɕʻin⁵³ tʻin²¹ |
| 红古 | 蜜蜂儿mi²² fər³⁵ | 蜻蜓tɕʻin²² tʻin⁵³ |
| 永登 | 蜂fən⁵³ | 蜻蜓tɕʻin⁴² tʻin²¹ |
| 榆中 | 蜂儿fən⁴² ɯ²¹ | 蜻蜓tɕʻin⁴² tʻiə²¹³ |
| 白银 | 蜂儿fən⁴⁴ ɣɯ²¹<br>蜜蜂mi²² fən³⁵ 又 | 蜻蜓tɕʻin⁴⁴ tʻin²¹ |
| 靖远 | 蜂儿fã̃r⁴¹ | 蜓蜓tʻiŋ⁴¹ tʻiŋ²¹<br>野别蜂iɛ³⁵ piɛ⁴⁴ fɤŋ⁴¹ 又 |
| 天水 | 蜂儿fɤŋ²¹ ər¹³ | 蜻蜓tɕʻiŋ¹³ tʻiŋ²¹ |
| 秦安 | 蜂儿fã²¹ zʅ¹³ | 吃水蚊tʂʅ³⁵ ʃei²¹ man¹³ |
| 甘谷 | 蜂儿fəŋ⁴² zʅ²⁴ | 线=杆=儿ɕiã⁴⁴ kã²¹ zʅ²¹ |
| 武山 | 蜂儿fəŋ³¹ zʅ¹³ | 线=杆=儿ɕiã⁴⁴ kã⁴⁴ zʅ⁴⁴ |
| 张家川 | 蜂儿fər¹³ | 蜻蜓tɕʻiŋ¹³ tɕʻiŋ²¹ |
| 武威 | 蜜蜂子mi⁴⁴ fə̃ŋ⁵³ tsʅ²¹ | 蜻蜓tɕʻiŋ²² tiŋ⁵³ |
| 民勤 | 蜂子fɤŋ³⁵ zʅ²¹ | 蜻蜓tɕʻiŋ⁴⁴ tʻiŋ²¹ |
| 古浪 | 蜜蜂mi³¹ fəŋ⁴⁴ | 蜻蜓tɕʻiŋ³⁵ tʻiŋ⁵³ |
| 永昌 | 蜜蜂mi⁵³ fəŋ²¹ | 蜻蜓tɕʻiŋ³⁵ tʻiŋ²¹ |
| 张掖 | 蜜蜂mi³¹ fəŋ²¹ | 蜻蜓tɕʻin³³ tʻin³³ |
| 山丹 | 蜜蜂mʅ⁵⁵ fəŋ²¹ | 蜻蜓tɕʻiŋ³³ tʻiŋ³³ |
| 平凉 | 蜂儿fuə̃r⁵³ | 蜻蜓tɕʻiŋ⁵³ tʻiŋ²¹ |
| 泾川 | 蜜蜂mi³¹ fəŋ²¹ | 蜻蜓tɕʻiŋ⁵³ tʻiŋ²¹ |
| 灵台 | 蜜蜂mi³¹ fəŋ²¹ | 蜻蜓tsʻiəŋ⁵³ tsʻiəŋ²¹ |

| 蜂 | 蜻蜓 | 词目 / 方言点 |
|---|---|---|
| 蜜蜂 mi$^{22}$ fəŋ$^{13}$ | 蜻蜓 tɕ'iŋ$^{44}$ tiŋ$^{44}$ | 酒　泉 |
| 蜜蜂 mɿ$^{44}$ fəŋ$^{53}$ | 蜻蜓 tɕ'iŋ$^{22}$ t'iŋ$^{53}$ | 敦　煌 |
| 蜂 fəŋ$^{31}$ | 蜻蜓 tɕ'iŋ$^{53}$ t'iŋ$^{21}$ | 庆　阳 |
| 蜂儿 fə̃r$^{41}$ | 蜻蜓 tɕ'iŋ$^{42}$ tɕ'iŋ$^{21}$ (t'iŋ$^{24}$) | 环　县 |
| 蜂 fəŋ$^{31}$ | 蜻蜓 ts'iŋ$^{31}$ ts'iŋ$^{21}$ | 正　宁 |
| 蜜蜂儿 mi$^{21}$ fə̃r$^{41}$ | 蜻蜓 ts'iŋ$^{21}$ t'iŋ$^{53}$ | 镇　原 |
| 蜂儿 fɤŋ$^{21}$ zɿ$^{13}$ | 蜻蜓 tɕ'iŋ$^{24}$ t'iŋ$^{21}$ | 定　西 |
| 蜂儿 fə̃$^{21}$ zɿ$^{13}$ | 蜻蜓 ts'iə̃$^{13}$ t'iə̃$^{31}$ | 通　渭 |
| 蜂儿 fəŋ$^{53}$ zɿ$^{13}$ | 蜻蜓 tɕ'iŋ$^{35}$ t'iŋ$^{21}$ | 陇　西 |
| 蜂儿 fə̃r$^{13}$ | 蜻蜓 tɕ'iŋ$^{35}$ t'iŋ$^{21}$ | 临　洮 |
| 蜂儿 fɤŋ$^{53}$ ər$^{13}$ | 蜻蜓 ts'iŋ$^{21}$ ts'iŋ$^{53}$ | 漳　县 |
| 蜂儿 fɤŋ$^{55}$ ər$^{53}$ | 蚂=蚂=蜓=ma$^{53}$ ma$^{21}$ iæ̃$^{13}$ | 陇　南 |
| 蜂儿 fə̃r$^{13}$ | 蜻蜓 ts'iə̃$^{21}$ t'iə̃$^{53}$ | 文　县 |
| 蜜蜂 mɿ$^{44}$ fəŋ$^{44}$ | 蜻蜓 ts'iŋ$^{44}$ ts'iŋ$^{44}$ | 宕　昌 |
| 蜂儿 fɤ̃r$^{53}$ | 撑=杆=儿 tʂ'ɤŋ$^{21}$ kæ̃$^{35}$ ər$^{21}$ | 康　县 |
| 蜂儿 fɤŋ$^{21}$ ər$^{24}$ | 蜻蜓 tɕ'iŋ$^{24}$ t'iŋ$^{21}$ | 西　和 |
| 蜜蜂儿 mi$^{13}$ fei$^{44}$ | 蜻蜓 tɕ'in$^{44}$ t'in$^{21}$ | 临夏市 |
| 马蜂 mɑ$^{21}$ fei$^{53}$ | 蜻蜓 tɕ'in$^{13}$ t'in$^{53}$ | 临夏县 |
| 蜜蜂 mi$^{13}$ fɤŋ$^{21}$ | 蜻蜓 tɕ'in$^{44}$ t'in$^{21}$ | 甘　南 |
| 蜂儿 fər$^{53}$ | 耳=雨=妈妈 ər$^{22}$ y$^{55}$ ma$^{55}$ ma$^{21}$ | 舟　曲 |
| 蜜蜂 mi$^{44}$ fɤŋ$^{44}$ | 蜻蜓 tɕ'in$^{44}$ t'in$^{21}$ | 临　潭 |

| 词目<br>方言点 | 苍蝇 | 蚊子 |
|---|---|---|
| 北 京 | 苍蝇 tsʻaŋ⁵⁵ iŋ⁰ | 蚊子 uən³⁵ tsɿ⁰ |
| 兰 州 | 苍蝇 tsʻɑ̃⁴² in²¹ | 蚊子 vən⁵³ tsɿ¹³ |
| 红 古 | 苍蝇 tsʻɑ̃²² in³⁵ | 蚊子 vən²² tsɿ³⁵ |
| 永 登 | 苍蝇 tsʻaŋ⁴⁴ in²¹ | 蚊子 vən⁵⁵ tsɿ²¹ |
| 榆 中 | 苍蝇子 tsʻɑ̃⁴⁴ in⁴² tsɿ²¹ | 蚊子 vən⁵³ tsɿ²¹³ |
| 白 银 | 苍蝇 tsʻɑŋ⁴⁴ in²¹ | 蚊子 vən⁵³ tsɿ²¹ |
| 靖 远 | 苍蝇 tsʻaŋ⁴¹ iŋ²¹ | 蚊子 vɤŋ²² tsɿ⁵⁵ |
| 天 水 | 苍蝇 tsʻɑ̃²¹ iŋ¹³ | 蚊子 vɤŋ¹³ tsɿ²¹ |
| 秦 安 | 苍蝇 tsʻɑ̃²¹ iɑ̃¹³ | 蚊子 uɑ̃³⁵ tsɿ²¹ |
| 甘 谷 | 苍蝇 tsʻɑŋ⁴² iəŋ²⁴ | 蚊子 uəŋ²¹ tsɿ⁴⁴ |
| 武 山 | 苍蝇 tsʻaŋ²¹ iŋ²⁴ | 蚊子 uŋ²¹ tsɿ⁴⁴<br>蝇末子 iŋ²¹ mə⁵³ tsɿ²¹ 又 |
| 张家川 | 苍蝇 tsʻɑ̃²¹ iŋ¹³ | 蚊子 vɤŋ¹³ tsɤŋ²¹(tsɿ²¹) |
| 武 威 | 苍蝇 tsʻɑ̃⁴⁴ iŋ⁵³ | 蚊子 vəŋ³⁵ tsɿ⁵³ |
| 民 勤 | 苍蝇 tsʻaŋ⁴⁴ iŋ⁴² | 蚊子 vɤŋ²¹ zɿ⁴⁴ |
| 古 浪 | 苍蝇 tsʻɑo³⁵ iŋ⁵³ | 蚊子 vəŋ⁴⁴ tsɿ²¹ |
| 永 昌 | 苍蝇 tsʻaŋ³⁵ iŋ⁵³ | 蚊子 vəŋ³⁵ tsɿ²¹ |
| 张 掖 | 苍蝇 tsʻaŋ³³ in³³ | 蚊子 vən³⁵ tsɿ²¹ |
| 山 丹 | 苍蝇 tsʻaŋ³³ iŋ³³ | 蚊子 vəŋ⁵⁵ tsɿ²¹ |
| 平 凉 | 苍蝇 tsʻaŋ⁵³ iŋ²¹<br>蝇子 iŋ²² tsɿ⁵³ 又 | 夜末子 iɛ⁴⁴ mɤ⁵³ tsɿ²¹ |
| 泾 川 | 蝇子 iŋ²¹ tsɿ⁵³ | 蚊子 vəŋ²¹ tsɿ⁵³ |
| 灵 台 | 蝇子 iəŋ²¹ tsɿ⁵³ | 蚊子 uəŋ²¹ tsɿ⁵³ |

| 苍蝇 | 蚊子 | 词目 / 方言点 |
|---|---|---|
| 苍蝇 tsʻaŋ⁴⁴ iŋ⁴⁴ | 蚊子 vəŋ³⁵ zʅ³¹ | 酒 泉 |
| 苍蝇 tsʻaŋ²² iŋ²¹³ | 蚊子 vəŋ²² tsʅ⁵³ | 敦 煌 |
| 蝇子 iŋ²¹ tsʅ⁵³ | 蠓子 məŋ⁴⁴ tsʅ²¹<br>蝇蠓子 iŋ²¹ məŋ⁴⁴ tsʅ²¹ 又 | 庆 阳 |
| 苍蝇 tsʻaŋ⁴² iŋ²¹ | 蚊子 vəŋ²² tsʅ⁵⁵<br>蠓子 məŋ⁵⁵ tsʅ²¹ 又 | 环 县 |
| 蝇子 iŋ²¹ tsʅ⁵³ | 蚊子 uen²¹ tsʅ⁵³<br>末子 mɤ⁵³ tsʅ²¹ 又 | 正 宁 |
| 苍蝇 tsʻã⁵³ iŋ²¹ | 蠓子 məŋ²⁴ tsʅ²¹ | 镇 原 |
| 苍蝇 tsʻã²¹ iŋ¹³ | 蚊子 vɤŋ²¹ tsʅ⁴⁴ | 定 西 |
| 苍蝇 tsʻã²¹ iə̃¹³ | 蚊子 uə̃²¹ tsʅ⁴⁴ | 通 渭 |
| 苍蝇儿 tsʻã⁵³ in²² zʅ¹³ | 蚊子 vəŋ³¹ tsʅ¹³ | 陇 西 |
| 苍蝇 tsʻã²¹ iŋ¹³ | 蚊子 vɤŋ¹³ tsʅ⁴⁴ | 临 洮 |
| 苍蝇 tsʻaŋ⁵³ iŋ¹³ | 蚊子 uɤŋ²¹ tsʅ⁴⁴ | 漳 县 |
| 苍蝇 tsʻã⁵³ in²¹ | 末子 muə⁵³ tsʅ²¹ | 陇 南 |
| 苍蝇 tsʻã⁵³ ʑiə̃¹³ | 蚊子 və̃²¹ tsʅ³⁵ | 文 县 |
| 苍蝇 tsʻã⁴⁴ iŋ⁵³ | 蚊子 vəŋ²¹ tsʅ⁴⁴ | 宕 昌 |
| 苍蝇 tsʻã⁵³ in²¹ | 蚊子 vɤŋ²¹ tsʅ³⁵ | 康 县 |
| 苍牛 tsʻã²¹ niɤu²⁴ | 蚊子 uɤŋ²⁴ tsʅ²¹ | 西 和 |
| 苍蝇 tsʻaŋ²¹ in³¹ | 蚊子 vəŋ²¹ tsʅ³⁵ | 临夏市 |
| 苍蝇 tsʻaŋ²¹ in⁵³ | 蚊子 vəŋ²¹ tsʅ³⁵ | 临夏县 |
| 苍蝇 tʂʻuã²¹ in⁵³ | 蚊子 vəŋ²¹ tsʅ⁵³ | 甘 南 |
| 苍蝇 tsʻã⁵⁵ iŋ²¹ | 蚊子 vəŋ⁵³ tsʅ²¹ | 舟 曲 |
| 苍蝇 tsʻã⁴⁴ in⁴⁴ | 蚊子 vɤŋ²¹ tsʅ⁴⁴ | 临 潭 |

| 词目<br>方言点 | 跳蚤 | 虱子 |
|---|---|---|
| 北 京 | 跳蚤 tʰiao⁵¹ tsao⁰ | 虱子 ʂʅ⁵⁵ tsʅ⁰ |
| 兰 州 | 圪蚤 kɤ²¹ tsɔ¹³ | 虱子 ʂɤ²¹ tsʅ¹³ |
| 红 古 | 圪蚤 kə²² tsɔ³⁵ | 虱子 ʂei²² tsʅ³⁵ |
| 永 登 | 圪蚤 kə¹³ tsɑo³⁵ | 虱子 ʂə²² tsʅ³⁵ |
| 榆 中 | 跳蚤 kə²¹ tsɔ¹³ | 虱子 ʂə²¹ tsʅ¹³ |
| 白 银 | 圪蚤 kɤ²² tsɔ²⁴ | 虱子 ʂə²¹ tsʅ²⁴ |
| 靖 远 | 圪蚤 kei⁴¹ tsao²¹ | 虱 sei⁴¹ |
| 天 水 | 圪蚤 kuə²¹ tsɔ⁵³ | 虱 sei¹³ |
| 秦 安 | 圪蚤 kə²¹ tsɔ⁵³ | 虱子 sɛ²¹ tsʅ⁵³ |
| 甘 谷 | 圪蚤 kiɛ³¹ tsɑu³⁵ | 虱 sai³¹² |
| 武 山 | 圪蚤 kiə³¹ tsao²¹ | 虱 sɛ²¹ |
| 张家川 | 圪蚤 kuɤ²¹ tsɔ⁵³ | 虱 sei³⁵ |
| 武 威 | 圪蚤 kə⁵³ tsao²¹ | 虱子 sə⁵³ tsʅ²¹ |
| 民 勤 | 圪蚤 kɯ⁴² tsao²¹ | 虱子 sə⁴² zʅ²¹ |
| 古 浪 | 圪蚤 kə⁴⁴ tsɔ⁴⁴ | 虱子 ʂə⁴⁴ tsʅ³¹ |
| 永 昌 | 圪蚤 kə⁵⁵ tsao²¹ | 虱子 ʂʅ⁵³ tsʅ²¹ |
| 张 掖 | 圪蚤 kə³¹ tsɔ²¹ | 虱子 ʂə³¹ tsʅ²¹ |
| 山 丹 | 臭臭 tʂʰou⁵³ tʂʰou²¹ | 虱子 ʂə⁵³ tsʅ²¹ |
| 平 凉 | 圪蚤 kɤ²² tsɔ⁵³ | 虱 sei³¹ |
| 泾 川 | 圪蚤 kuɤ⁵³ tsɔ²¹ | 虱 sei³¹ |
| 灵 台 | 圪蚤 kɤ³¹ tsɔ²¹ | 虱 sei³¹ |

| 跳蚤 | 虱子 | 词目 / 方言点 |
|---|---|---|
| 虼蚤kə²² tsɔ¹³ | 虱子sə²² tsʅ¹³ | 酒　泉 |
| 跳蚤tʰiao⁴⁴ tsao⁵³ | 虱子sei²² tsʅ²¹³ | 敦　煌 |
| 虼蚤kɤ⁵³ tsɔ²¹ | 虱sei³¹ | 庆　阳 |
| 虼蚤kɤ²² tsɔ⁵⁵ | 虱子sei⁴² tsʅ²¹ | 环　县 |
| 虼蚤ku⁵³ tsɔ²¹ | 虱sei³¹ | 正　宁 |
| 虼蚤kuo⁴² tsɔ²¹ | 虱sei⁴¹ | 镇　原 |
| 虼蚤kɤ²¹ tsao²⁴ | 虱sei¹³ | 定　西 |
| 虼蚤kə²¹ tsɔ¹³ | 虱sɛ¹³ | 通　渭 |
| 虼蚤kɤ⁴⁴ tsɔ²¹ | 虱sɛ²¹ | 陇　西 |
| 虼蚤ko¹³ tsao⁴⁴ | 虱sɛ¹³ | 临　洮 |
| 虼蚤kɤ²¹ tsao⁵³ | 虱ʃɛ⁴⁴ | 漳　县 |
| 虼蚤kə⁵³ tsao²¹ | 虱sei³¹ | 陇　南 |
| 虼蚤kɤ⁵³ tsao²⁴ | 虱sei⁵³ | 文　县 |
| 虼蚤kɤ²¹ tsao⁴⁴ | 虱sei⁴⁴ | 宕　昌 |
| 虼蚤kuo⁵³ tsao²¹ | 虱sei⁵³ | 康　县 |
| 虼蚤kuɤ³⁵ tsɔ⁵³ | 虱sei²¹ | 西　和 |
| 虼蚤kɛ²¹ tsɔ³⁵ | 虱子ʂə²¹ tsʅ⁵³ | 临夏市 |
| 虼蚤kə²² tsɔ³⁵ | 虱子ʂə²¹ tsʅ⁵³ | 临夏县 |
| 虼蚤kə²¹ tsao⁵³ | 虱子ʂʅ²¹ tsʅ⁵³ | 甘　南 |
| 虼蚤kei⁵⁵ tsao⁵³ | 虱sei⁵³ | 舟　曲 |
| 虼蚤kə²¹ tsɔ⁴⁴ | 虱sei⁴⁴ | 临　潭 |

| 词目<br>方言点 | 蟑螂 | 蜘蛛 |
|---|---|---|
| 北　京 | 蟑螂 tʂaŋ⁵⁵ laŋ³⁵ | 蜘蛛 tʂʅ⁵⁵ tʂu⁵⁵ |
| 兰　州 | 蟑螂 tʂã⁴² lã²¹ | 蛛蛛 pfu⁴² pfu²¹ |
| 红　古 | 蟑螂 tʂã²² lã³⁵ | 蛛蛛 tʂu²² tʂu³⁵ |
| 永　登 | 蟑螂 tʂaŋ⁴⁴ laŋ²¹ | 蛛蛛 pfu⁴² pfu²¹ |
| 榆　中 | 蟑螂 tʂã⁴² lã²¹ | 蛛蛛 tʂəu⁵³ tʂəu²¹ |
| 白　银 | 蟑螂 tʂaŋ⁴⁴ laŋ²¹ | 蛛蛛 tʂu⁴⁴ tʂu²¹ |
| 靖　远 | 蟑螂 tʂʅ⁴¹ laŋ²¹ | 蛛蛛 tʂʅ⁴¹ tʂʅ²¹ |
| 天　水 | 蟑螂 tʂã²¹ lã¹³ | 蛛蛛 tsɤu²¹ tsɤu¹³ |
| 秦　安 | 蟑螂 tʂã²¹ lã¹³ | 蛛蛛 tsəu²¹ tsəu³⁵ |
| 甘　谷 | 蟑螂 tʂaŋ³¹ laŋ²⁴ | 蛛蛛 tsɤu⁵³ tsɤu²⁴ |
| 武　山 | 蟑螂 tʂaŋ²¹ laŋ²⁴ | 蛛蛛 tsɤu²¹ tsɤu²⁴ |
| 张家川 | 蟑螂 tʂã²¹ lã¹³ | 蛛蛛 tsɤu²¹ tsɤu⁴⁴ |
| 武　威 | 蟑螂 tʂã⁴⁴ lã⁵³ | 蛛蛛 tʂʅ⁴⁴ tʂʅ⁵³ |
| 民　勤 | 蟑螂 tʂaŋ⁴⁴ laŋ⁴⁴ | 蛛蛛 tʂʅ³⁵ tʂʅ⁴² |
| 古　浪 | 蟑螂 tʂao³⁵ lao⁵³ | 蛛蛛 tʂʅ⁴⁴ tʂʅ⁵³ |
| 永　昌 | 蟑螂 tʂaŋ³⁵ laŋ⁵³ | 蜘蛛 tʂʅ⁴⁴ tʂʅ⁵³ |
| 张　掖 | 蟑螂 tʂaŋ³³ laŋ³³ | 蛛蛛 kfu³³ kfu³³ |
| 山　丹 | 蟑螂 tʂaŋ³³ laŋ³³ | 蛛蛛 tʂʅ³³ tʂʅ³³ |
| 平　凼 | 臭板板 tʂʻɤu³⁵ pæ̃⁵³ pæ̃²¹ | 蛛蛛 tʂu⁵³ tʂu²¹ |
| 泾　川 | 蟑螂 tʂaŋ²¹ laŋ³⁵ | 蛛蛛 tʃu⁵³ tʃu²¹ |
| 灵　台 | 蟑螂 tʂaŋ²¹ laŋ²⁴ | 蛛蛛 tʃu³¹ tʃu²¹ |

方言词汇

| 蟑螂 | 蜘蛛 | 词目 / 方言点 |
|---|---|---|
| 蟑螂 tʂaŋ³⁵ laŋ⁴⁴ | 蛛蛛 tʂu³⁵ tʂu⁴⁴ | 酒　泉 |
| 蟑螂 tʂaŋ²² laŋ²¹³ | 蜘蛛 tʂʅ⁴⁴ tʂu²¹³ | 敦　煌 |
| 蟑螂 tʂaŋ⁵³ laŋ²¹ | 蛛蛛 tʂʮ⁵³ tʂʮ²¹ | 庆　阳 |
| 猴子 xɤu²² tsʅ⁵⁵ | 蛛蛛 tʂʮ⁴² tʂʮ²¹ | 环　县 |
| 蟑螂 tʂaŋ⁵³ laŋ²¹ | 蛛蛛 tʃʅ⁵³ tʃʅ²¹ | 正　宁 |
| 蟑螂 tʂã⁴² lã²¹ | 蛛蛛 tsʅ⁴² tsʅ²¹ | 镇　原 |
| 蟑螂 tʂã²¹ lã¹³ | 蛛蛛 tsɤu²¹ tsɤu¹³ | 定　西 |
| 蟑螂 tʂã²¹ lã¹³ | 蛛蛛 tsʻɤu²¹ tsʻɤu¹³ | 通　渭 |
| 蟑螂 tʂã²² lã³⁵ | 蛛蛛 tsɤu⁵³ tsɤu¹³ | 陇　西 |
| 蟑螂 tʂã²¹ lã¹³ | 蛛蛛 tsəu²¹ tsəu¹³ | 临　洮 |
| 蟑螂 tʃaŋ²¹ laŋ¹³ | 蜘蛛 tʃɤu⁵³ tʃɤu¹³ | 漳　县 |
| 蟑螂 tʂã⁵³ lã¹³ | 蛛蛛 tsɤu⁵³ tsɤu²¹ | 陇　南 |
| 臭虫 tsʻɤu³⁵ tsʻoŋ¹³ | 蛛蛛 tsɤu⁵³ tsɤu¹³ | 文　县 |
| 蟑螂 tʂã⁴⁴ lã¹³ | 蛛蛛 tʂu²¹ tʂu⁴⁴ | 宕　昌 |
| 蟑螂 tʂã⁵³ lã²¹ | 蛛蛛 tʂɤu⁵³ tʂɤu²¹ | 康　县 |
| 蟑螂 tʂã²¹ lã²⁴ | 蛛蛛 tsɤu²¹ tsɤu²⁴ | 西　和 |
| 蟑螂 tʻaŋ¹³ laŋ⁵³ | 蛛蛛 tʂɤu²¹ tʂɤu⁵³ | 临夏市 |
| 蟑螂 tʂaŋ³⁵ laŋ⁵³ | 蛛蛛 tʂɯ²¹ tʂɯ⁵³ | 临夏县 |
| 蟑螂 tʂã¹³ lã³⁵ | 蜘蛛 tʂʅ²¹ tʂu⁵³ | 甘　南 |
| 蟑螂 tʂã⁵⁵ lã²¹ | 蛛蛛 tʃu⁵⁵ tʃu²¹ | 舟　曲 |
| 蟑螂 tʂã⁴⁴ lã²¹ | 蜘蛛 tʂʅ²¹ tʂu⁴⁴ | 临　潭 |

| 词目<br>方言点 | 麦子 | 小麦 |
|---|---|---|
| 北 京 | 麦子mai⁵¹ tsʅ⁰ | 小麦ɕiɑo²¹⁴ mai⁵¹ |
| 兰 州 | 麦子mɤ²² tsʅ¹³ | 小麦ɕiɔ³⁵ mɤ²¹ |
| 红 古 | 麦子mei²² tsʅ³⁵ | 小麦ɕiɔ³⁵ mei²¹ |
| 永 登 | 麦子miə²² tsʅ³⁵ | 麦子miə²² tsʅ³⁵ |
| 榆 中 | 麦子mə²¹ tsʅ¹³ | 小麦ɕiɔ⁴⁴ mə²¹ |
| 白 银 | 麦子mə²² tsʅ¹³ | 麦子mə²² tsʅ¹³ |
| 靖 远 | 麦mei⁴¹ | 麦mei⁴¹ |
| 天 水 | 麦mei¹³ | 小麦ɕiɔ⁵³ mei²¹ |
| 秦 安 | 麦mei¹³ | 麦子mei²¹ tsʅ⁵³ |
| 甘 谷 | 麦mai³¹² | 麦mai³¹² |
| 武 山 | 麦mɛ²¹ | 麦mɛ²¹ |
| 张家川 | 麦mei¹³ | 麦mei¹³ |
| 武 威 | 麦子mə⁴⁴ tsʅ²¹ | 粮食liã³⁵ ʂʅ²¹ |
| 民 勤 | 麦子mə⁴² zʅ²¹ | 小麦ɕiɑo⁴⁴ mə⁴² |
| 古 浪 | 麦子mə³⁵ tsʅ²¹ | 小麦ɕiɔ²¹ mə⁵³ |
| 永 昌 | 麦子mə⁵³ tsʅ²¹ | 麦子mə⁵³ tsʅ²¹ |
| 张 掖 | 麦子miə³¹ tsʅ²¹ | 小麦ɕiɔ⁵³ miə²¹ |
| 山 丹 | 麦子mə⁵³ tsʅ²¹ | 小麦ɕiɑo⁵⁵ mə²¹ |
| 平 凉 | 麦子mei⁵³ tsʅ²¹ | 麦子mei⁵³ tsʅ²¹ |
| 泾 川 | 麦mei⁵³ | 麦mei³¹ |
| 灵 台 | 麦mei³¹ | 麦mei³¹ |

| 麦子 | 小麦 | 词目 / 方言点 |
|---|---|---|
| 麦子 mə²² tsʅ¹³ | 小麦 ɕiɔ⁵³ mə¹³ | 酒　泉 |
| 麦子 mei²² tsʅ²¹³ | 小麦 ɕiao⁵³ mei²¹ | 敦　煌 |
| 麦 mei⁵³ | 小麦 ɕiɔ⁵³ mei³¹<br>麦 mei⁵³ 又 | 庆　阳 |
| 麦 mei⁴¹ | 小麦 ɕiɔ⁵⁵ mei²¹ | 环　县 |
| 麦 mei³¹ | 麦 mei³¹ | 正　宁 |
| 麦子 mei⁴² tsʅ²¹<br>麦 mei⁴¹ 又 | 麦子 mei⁴² tsʅ²¹<br>麦 mei⁴¹ 又 | 镇　原 |
| 麦 mɛ¹³ | 麦 mɛ¹³ | 定　西 |
| 麦 mɛ¹³ | 麦 mɛ¹³ | 通　渭 |
| 麦 mei²¹ | 麦 mei²¹ | 陇　西 |
| 麦 mɛ¹³ | 麦 mɛ¹³ | 临　洮 |
| 麦 mɛ²² | 麦 mɛ²² | 漳　县 |
| 麦 min³¹ | 麦 min³¹ | 陇　南 |
| 麦 mei⁵³ | 麦 mei⁵³ | 文　县 |
| 麦 mei⁴⁴ | 麦 mei⁴⁴ | 宕　昌 |
| 麦 mei⁵³ | 麦 mei⁵³ | 康　县 |
| 麦 mei²¹ | 麦 mei²¹ | 西　和 |
| 麦子 mɛ²¹ tsʅ⁵³ | 小麦 ɕiɔ⁴⁴ mɛ¹³ | 临夏市 |
| 麦子 mɛ²¹ tsʅ⁵³ | 麦子 mɛ²¹ tsʅ⁵³ | 临夏县 |
| 麦子 mɛi²¹ tsʅ⁵³ | 麦子 mɛi²¹ tsʅ⁵³ | 甘　南 |
| 麦 mei⁵³ | 麦 mei⁵³ | 舟　曲 |
| 麦子 min⁴⁴ tsʅ⁴⁴ | 麦子 min⁴⁴ tsʅ⁴⁴ | 临　潭 |

| 词目 方言点 | 大麦 | 燕麦 |
|---|---|---|
| 北　京 | 大麦 ta⁵¹ mai⁵¹ | 燕麦 ian⁵¹ mai⁵¹ |
| 兰　州 | 大麦 ta²² mɤ⁵³ | 燕麦 iã²¹ mɤ⁵³ |
| 红　古 | 大麦 ta²² mei⁵³ | 燕麦 iã¹³ mei⁵³ |
| 永　登 | 大麦 ta²² miə⁴⁴ | 燕麦 iæ̃²² miə⁴⁴ |
| 榆　中 | 大麦 ta²¹ mə¹³ | 燕麦 iã²¹ mə⁴⁴ |
| 白　银 | 大麦 ta²² mə¹³ | 燕麦 ian²² mə¹³ |
| 靖　远 | 大麦 ta³⁵ mei⁴¹ | 燕麦 iæ̃³⁵ mei⁴¹ |
| 天　水 | 大麦 ta³⁵ mei²¹ | 燕麦 iæ̃⁴⁴ mei²¹ |
| 秦　安 | 大麦 ta⁴⁴ mei²¹ | 燕麦 ian⁴⁴ mei²¹ |
| 甘　谷 | 麦 mai³¹² | 燕麦 iã⁴⁴ mai²¹ |
| 武　山 | 大麦 tɑ⁴⁴ mɛ²¹ | 燕麦儿 iã⁴⁴ mɛ⁴⁴ ʐʅ⁴⁴ |
| 张家川 | 大麦 ta⁴⁴ mei²¹ | 燕麦 iæ̃⁴⁴ mei²¹ |
| 武　威 | 大麦 ta⁴⁴ mə⁵³ | 燕麦 iɑ̃⁴⁴ mə²¹ |
| 民　勤 | 大麦 ta⁴⁴ mə⁴² | 燕麦 iɹ⁴² mə²¹ |
| 古　浪 | 大麦 ta⁴⁴ mə⁵³ | 玉麦子 y³⁵ mə⁴⁴ tsʅ¹³ |
| 永　昌 | 大麦 ta³⁵ mə⁵³ | 燕麦 iɛ⁵³ mə²¹ |
| 张　掖 | 大麦 ta¹³ miə³³ | 燕麦 iaŋ³¹ miə²¹ |
| 山　丹 | 大麦 ta³³ mə³³ | 燕麦 iɹ⁵³ mə²¹ |
| 平　凉 | 大麦 ta⁴⁴ mei³¹ | 燕麦 iæ̃⁴⁴ mei³¹ |
| 泾　川 | 大麦 ta⁴⁴ mei³¹ | 燕麦 iæ̃⁴⁴ mei³¹ |
| 灵　台 | 大麦 ta²⁴ mei²¹ | 燕麦 iæ̃²⁴ mei²¹ |

| 大麦 | 燕麦 | 词目 / 方言点 |
|---|---|---|
| 连皮lian³⁵ pʻi³¹ | 燕麦ian²² mə¹³ | 酒　泉 |
| 大麦ta⁴⁴ mei²¹ | 燕麦iɛ⁴⁴ mei²¹ | 敦　煌 |
| 大麦ta⁴⁴ mei⁵³ | 燕麦iæ̃²⁴ mei⁴¹ | 庆　阳 |
| 洋麦iɑŋ²² mei⁴¹ | 大燕麦ta³³ iæ̃⁵⁵ mei²¹ | 环　县 |
| 大麦ta³⁵ mei²¹ | 燕麦iæ̃³⁵ mei²¹ | 正　宁 |
| 大麦ta⁴⁴ mei²¹ | 燕麦iæ̃⁴⁴ mei²¹ | 镇　原 |
| 大麦ta²⁴ mɛ²¹ | 燕麦iæ̃²⁴ mɛ²¹ | 定　西 |
| 洋麦iã¹³ mɛ¹³ | 莜麦iɤu¹³ mɛ²¹ | 通　渭 |
| 大麦ta¹³ mei³¹ | 燕麦iɛ¹³ mei³¹ | 陇　西 |
| 大麦ta⁴⁴ mɛ²¹ | 燕麦ie⁴⁴ mɛ²¹ | 临　洮 |
| 大麦tɑ³⁵ mɛ²¹ | 燕麦iæ̃⁴⁴ mɛ²¹ | 漳　县 |
| 大麦ta²⁴ min²⁴ | 燕麦iæ̃²⁴ min³¹ | 陇　南 |
| 大麦ta²⁴ mei⁵³ | 燕麦iæ̃²⁴ mei⁵³ | 文　县 |
| 大麦ta⁴⁴ mei²¹ | 燕麦iæ̃⁴⁴ mei²¹ | 宕　昌 |
| 麦mei⁵³ | 燕麦iæ̃²⁴ mei⁵³ | 康　县 |
| 洋麦iã²⁴ mei²¹ | 燕麦iæ̃⁵⁵ mei²¹ | 西　和 |
| 大麦tɑ⁴⁴ mɛ²¹ | 燕麦iã⁴⁴ mɛ²¹ | 临夏市 |
| 大麦tɑ³⁵ mɛ²¹ | 燕麦iæ̃³⁵ mɛ²¹ | 临夏县 |
| 青稞tɕʻin²¹ kʻuə⁵³ | 燕麦iæ̃⁴⁴ mɛi²¹ | 甘　南 |
| 大麦ta²² mei⁵³ | 燕麦iæ̃²² mei⁵³ | 舟　曲 |
| 大麦ta⁴⁴ mei²¹ | 燕麦iæ̃⁴⁴ mei²¹ | 临　潭 |

| 词目<br>方言点 | 大米 | 小米儿 |
|---|---|---|
| 北　京 | 大米ta$^{51}$ mi$^{214}$ | 小米儿ɕiao$^{214}$ mir$^{214}$ |
| 兰　州 | 大米ta$^{22}$ mi$^{53}$ | 小米儿ɕiɔ$^{53}$ mi$^{35}$ yɯ$^{21}$ |
| 红　古 | 米mʅ$^{53}$ | 小米儿ɕiɔ$^{22}$ miər$^{53}$ |
| 永　登 | 米mi$^{354}$ | 小米子ɕiɑo$^{22}$ mi$^{44}$ tsʅ$^{35}$ |
| 榆　中 | 大米ta$^{21}$ mi$^{13}$ | 小米ɕiɔ$^{53}$ mi$^{44}$ |
| 白　银 | 大米ta$^{22}$ mi$^{24}$ | 小米子ɕiɔ$^{53}$ mi$^{22}$ tsʅ$^{24}$ |
| 靖　远 | 大米ta$^{35}$ mʅ$^{41}$ | 小米儿ɕiao$^{41}$ mʅər$^{21}$ |
| 天　水 | 大米ta$^{44}$ mi$^{53}$ | 小米ɕiɔ$^{21}$ mi$^{53}$ |
| 秦　安 | 大米ta$^{44}$ mi$^{53}$ | 小米儿siɔ$^{21}$ mi$^{53}$ zʅ$^{21}$ |
| 甘　谷 | 米mi$^{53}$ | 小米ɕiɑu$^{21}$ mi$^{53}$ |
| 武　山 | 稻t'ao$^{53}$<br>米mʅ$^{53}$ 又<br>大米ta$^{44}$ mʅ$^{21}$ 又 | 小米儿ɕiao$^{31}$ mʅ$^{21}$ zʅ$^{44}$ |
| 张家川 | 大米ta$^{35}$ mi$^{53}$ | 小米ɕiɔ$^{21}$ mi$^{53}$ |
| 武　威 | 大米ta$^{44}$ mi$^{21}$ | 小米ɕiao$^{35}$ mi$^{21}$ |
| 民　勤 | 大米ta$^{42}$ mi$^{21}$ | 小米ɕiao$^{44}$ mi$^{21}$ |
| 古　浪 | 大米ta$^{44}$ mi$^{44}$ | 小米ɕiɔ$^{35}$ mi$^{21}$ |
| 永　昌 | 大米ta$^{53}$ mʅ$^{21}$ | 小米ɕiao$^{35}$ mʅ$^{21}$ |
| 张　掖 | 大米ta$^{31}$ mi$^{21}$ | 小米ɕiɔ$^{35}$ mi$^{21}$ |
| 山　丹 | 大米ta$^{53}$ mʅ$^{21}$ | 小米ɕiɑo$^{55}$ mʅ$^{21}$ |
| 平　凉 | 大米ta$^{44}$ mi$^{53}$ | 谷子ku$^{53}$ tsʅ$^{21}$ |
| 泾　川 | 大米ta$^{44}$ mi$^{53}$ | 黄米xuɑŋ$^{21}$ mi$^{53}$ |
| 灵　台 | 白米pei$^{24}$ mi$^{53}$ | 黄米xuɑŋ$^{24}$ mi$^{31}$ |

## 方言词汇

| 大米 | 小米儿 | 词目 / 方言点 |
|---|---|---|
| 米mi⁵¹ | 小米ɕiɔ³⁵ mi³¹ | 酒 泉 |
| 大米ta⁴⁴ mɿ⁵³ | 小米ɕiao²² mɿ⁵³ | 敦 煌 |
| 白米pei²² mi⁵³ | 小米ɕiɔ²¹ mi⁵³ | 庆 阳 |
| 白米pei²² mi⁵⁵ | 小米ɕiɔ²² mi⁵⁵ | 环 县 |
| 大米ta⁴⁴ mi⁵³ | 黄米xuɑŋ²⁴ mi⁵³ | 正 宁 |
| 白米pʻɛ²⁴ mi⁵³ | 小米siɔ⁵³ mi⁵³ | 镇 原 |
| 大米ta²⁴ mi²¹ | 小米ɕiɑo²¹ mi⁵³ | 定 西 |
| 米mi⁵³ | 小米siɔ²¹ mi⁵³ | 通 渭 |
| 大米ta¹³ mi³¹ | 小米ɕiɔ²¹ mi⁵³ | 陇 西 |
| 米mi⁵³ | 小米儿ɕiɑo¹³ miər⁵³ | 临 洮 |
| 大米tɑ⁴⁴ mi²¹ | 小米siɑo²² mi²¹ | 漳 县 |
| 米mi⁵⁵ | 小米儿ɕiɑo⁵³ mir²¹ | 陇 南 |
| 大米ta²⁴ mi⁵⁵ | 粟米ɕy⁵³ mi²¹ | 文 县 |
| 白米pei¹³ mɿ⁵³ | 黄米xuã¹³ mɿ⁵³ | 宕 昌 |
| 米mi⁵⁵ | 毛谷子mao¹³ ku⁵³ tsɿ²¹ | 康 县 |
| 米mi⁵³ | 黄米xuã²⁴ mi⁵³ | 西 和 |
| 大米ta⁴⁴ mi²¹ | 糜子mi²¹ tsɿ³⁵ | 临夏市 |
| 大米tɑ³⁵ mi²¹ | 小米ɕiɔ¹³ mi⁵³ | 临夏县 |
| 大米ta⁴⁴ mi²¹ | 小米ɕiao¹³ mi⁵³ | 甘 南 |
| 白米pʻei²² mi⁵³ | 黄米xuã²² mi⁵³ | 舟 曲 |
| 米mi⁵³ | 小米ɕiɔ¹³ mi⁵³ | 临 潭 |

| 词目<br>方言点 | 玉米 | 高粱 |
|---|---|---|
| 北 京 | 玉米y⁵¹ mi²¹⁴ | 高粱kao⁵⁵ liaŋ⁰ |
| 兰 州 | 包谷pɔ⁴² ku²¹ | 高粱kɔ⁴² liã²¹ |
| 红 古 | 包谷pɔ²² ku⁵³ | 高粱kɔ²² liã³⁵ |
| 永 登 | 包谷pɑo⁴² ku²¹ | 高粱kɑo⁴⁴ liaŋ²¹ |
| 榆 中 | 包谷pɔ⁵³ ku²¹ | 高粱kɔ⁵³ liã²¹ |
| 白 银 | 包谷pɔ⁴⁴ ku²¹ | 高粱kɔ⁴⁴ liaŋ²¹<br>秫秫tʂʻu³⁵ tʂʻu²¹ 又 |
| 靖 远 | 包谷pɑo⁴¹ ku²¹ | 高粱kɑo⁴¹ liaŋ²¹ |
| 天 水 | 番麦fæ̃²¹ mei⁵³<br>西麦ɕiæ̃²¹ mei⁵³ 又 | 秫秫ʃʯ¹³ ʃʯ²¹ |
| 秦 安 | 西米sian³⁵ mei²¹ | 秫秫ʃu³⁵ ʃu²¹ |
| 甘 谷 | 西麦ɕia³⁵ mai²¹<br>包谷pɑu³⁵ ku²¹ 又 | 秫秫ʃu²¹ ʃu⁴⁴ |
| 武 山 | 包谷pɑo³¹ ku²¹ | 高粱kɑo²¹ liaŋ²⁴ |
| 张家川 | 玉麦y⁴⁴ mei²¹ | 高粱kɔ²¹ liã¹³ |
| 武 威 | 西麦ɕi⁴⁴ mə⁵³ | 高粱kɑo⁴⁴ liã⁵³ |
| 民 勤 | 东麦toŋ⁴⁴ mə⁴² | 高粱kɑo⁴⁴ niɑŋ⁴² |
| 古 浪 | 西麦ɕi⁴⁴ mə⁵³ | 高粱kɔ³⁵ liɑo⁵³ |
| 永 昌 | 西麦ɕi⁵⁵ mə⁵³ | 高粱kɔ³⁵ liaŋ⁵³ |
| 张 掖 | 包谷pɔ³³ kfu³³ | 高粱kɔ³³ liaŋ³³ |
| 山 丹 | 包谷pɑo³³ kuə³³ | 高粱kɑo³³ liaŋ³³ |
| 平 凉 | 包谷pɔ⁵³ ku²¹ | 稻秫tʻɔ⁵³ ʂu²¹ |
| 泾 川 | 玉麦y³⁵ mei²¹ | 稻秫tʻɔ⁵³ ʃu²¹ |
| 灵 台 | 玉米y²⁴ mi²¹ | 稻秫tʻɔ³¹ ʃu²¹ |

| 玉米 | 高粱 | 词目 / 方言点 |
|---|---|---|
| 包谷 pɔ³⁵ ku⁴⁴ | 高粱 kɔ³⁵ liaŋ⁴⁴ | 酒　泉 |
| 包米 pao²² mɿ⁵³ | 高粱 kao²² liaŋ²¹³ | 敦　煌 |
| 玉米 y⁴⁴ mi³¹ | 高粱 kɔ³¹ liaŋ²¹ | 庆　阳 |
| 玉米 y²⁴ mei²¹ | 稻秫 t'ɔ⁴² ʂʅ²¹ | 环　县 |
| 玉米 y³⁵ mi²¹<br>包谷 tɔ⁵³ ku³¹ 又 | 稻秫 t'ɔ⁵³ ʃʅ²¹ | 正　宁 |
| 玉麦 y⁴⁴ mei²¹ | 稻秫 t'ɔ⁴² sʅ²¹ | 镇　原 |
| 包谷 pɑo¹³ ku²¹ | 高粱 kao²¹ liã¹³ | 定　西 |
| 包谷 pɔ¹³ ku²¹ | 秫秫 ʃu²¹ ʃu⁴⁴ | 通　渭 |
| 包谷 pɔ³¹ ku²¹ | 高粱 kɔ⁵³ niã¹³ | 陇　西 |
| 包谷 pɑo³⁵ ku²¹ | 高粱 kao²¹ liã¹³ | 临　洮 |
| 包谷 pɑo⁴⁴ ku²¹ | 高粱 kao⁵³ liaŋ¹³ | 漳　县 |
| 包谷 pɑo⁵³ ku²¹ | 高粱 kao⁵³ liã²¹ | 陇　南 |
| 包谷 pɑo⁵³ ku²¹ | 高粱 kao⁵³ liã¹³ | 文　县 |
| 包谷 pɑo⁴⁴ ku²¹ | 高粱 kao⁴⁴ liã⁴⁴ | 宕　昌 |
| 包谷 pɑo⁵³ ku²¹ | 高粱 kao⁵³ liã²¹ | 康　县 |
| 番麦 fæ³⁵ mei²¹ | 高粱 kɔ²¹ liã²⁴ | 西　和 |
| 包谷 pɔ³⁵ ku²¹ | 刷刷糜 ʂua²¹ ʂua³⁵ mi⁵³ | 临夏市 |
| 包谷 pɔ³⁵ ku²¹ | 高粱 kɔ²¹ liaŋ⁵³ | 临夏县 |
| 包谷 pɑo³⁵ ku²¹ | 高粱 kao²¹ liã¹³ | 甘　南 |
| 包谷 pɑo⁵³ ku²¹ | 高粱 kao⁵⁵ liã²¹ | 舟　曲 |
| 包谷 pɔ⁴⁴ ku²¹ | 高粱 kɔ⁴⁴ liã⁴⁴ | 临　潭 |

| 词目<br>方言点 | 大豆 | 蚕豆 |
| --- | --- | --- |
| 北　京 | 大豆 ta⁵¹ tou⁵¹ | 蚕豆 tsʻan³⁵ tou⁵¹ |
| 兰　州 | 黄豆 xuã¹³ təu⁵³ | 大豆 ta⁴² təu²¹ |
| 红　古 | 黄豆 xuã²² tɤu³⁵ | 大豆 ta²² tɤu⁵³ |
| 永　登 | 黄豆 xuɑŋ⁴⁴ tɤu²¹ | 大豆 ta²² tɤu⁴⁴ |
| 榆　中 | 大豆 ta²¹ təu³⁵ | 大豆 ta²¹ təu³⁵ |
| 白　银 | 黄豆 xuɑŋ⁵³ tɤu²¹ | 大豆 ta²² tɤu¹³ |
| 靖　远 | 黄豆 xuɑŋ²² tɤu⁵⁵ | 大豆 ta³⁵ tɤu⁴¹ |
| 天　水 | 黄豆 xuã¹³ tɤu²¹ | 大豌豆 ta³⁵ væ̃²¹ tɤu²¹ |
| 秦　安 | 黄豆 xuã³⁵ təu²¹ | 蚕豆 tsʻan³⁵ təu⁵³ |
| 甘　谷 | 黄豆 xuɑŋ²¹ tʻɤu⁴⁴ | 大豌豆 tɒ⁴⁴ uã²¹ tʻɤu²¹ |
| 武　山 | 黄豆 xuɑŋ²¹ tʻɤu⁴⁴ | 大豌豆 tɑ⁴⁴ uã⁴⁴ tʻɤu⁴⁴ |
| 张家川 | 黄豆 xuã¹³ tɤu²¹ | 豌豆 væ̃²¹ tɤu⁴⁴ |
| 武　威 | 黄豆 xuã³⁵ tɤu⁵³ | 大豆 ta⁴⁴ tɤu²¹ |
| 民　勤 | 黄豆 xuɑŋ²¹ tɤu⁴⁴ | 大豆 ta⁴² tɤu²¹ |
| 古　浪 | 黄豆 xuɑo³⁵ tou²¹ | 大豆 ta⁴⁴ tou⁴⁴ |
| 永　昌 | 大豆 ta⁵³ tɤu²¹ | 大豆 ta⁵³ tɤu²¹ |
| 张　掖 | 黄豆 xuɑŋ³⁵ tɤu²¹ | 大豆 ta³¹ tɤu²¹ |
| 山　丹 | 黄豆 xuɑŋ⁵⁵ tou²¹ | 蚕豆 tsʻʒɛ⁵³ tou²¹ |
| 平　凉 | 黄豆 xuɑŋ²² tɤu⁴⁴ | 大豌豆 ta⁴⁴ væ̃²¹ tɤu⁴⁴ |
| 泾　川 | 黄豆 xuɑŋ²¹ təu⁵³ | 大豆 ta⁴⁴ təu⁴⁴ |
| 灵　台 | 黄豆 xuɑŋ²⁴ tou⁴⁴ | 大豆 ta⁴⁴ tou⁴⁴ |

| 大豆 | 蚕豆 | 词目 / 方言点 |
|---|---|---|
| 黄豆xuɑŋ³⁵ tɤu³¹ | 花豆子xua³⁵ tɤu⁴⁴ tsʅ⁴⁴ | 酒 泉 |
| 黄豆xuɑŋ²² tɤu⁵³ | 大豆ta⁴⁴ tɤu⁵³ | 敦 煌 |
| 豆子tɤu²⁴ tsʅ⁵³ | 南豆næ̃²² tɤu⁴⁴ | 庆 阳 |
| 大豆ta⁴⁴ tɤu⁴⁴ | 蚕豆tsʻæ̃²² tɤu⁵⁵ | 环 县 |
| 黄豆xuɑŋ²¹ tou⁵³ | 大豆ta⁴⁴ tou⁴⁴ | 正 宁 |
| 豆豆təu⁴⁴ təu²¹ | 大豆ta⁴⁴ təu⁴⁴ | 镇 原 |
| 黄豆xuã²¹ tɤu²⁴ | 大豌豆tæ̃²⁴ væ̃⁵³ tʻɤu²¹ | 定 西 |
| 黄豆xuã²¹ tɤu⁴⁴ | 大豌豆ta⁴⁴ uæ̃²¹ tʻɤu²¹ | 通 渭 |
| 黄豆xuã²¹ tɤu¹³ | 大豌豆ta¹³ væ̃⁴⁴ tʻɤu⁴⁴ | 陇 西 |
| 黄豆xuã¹³ təu⁴⁴ | 大豌豆ta³⁵ væ̃⁵³ təu²¹ | 临 洮 |
| 黄豆xuɑŋ²¹ tʻɤu³⁵ | 大豌豆tɑ³⁵ uæ̃⁵³ tʻɤu²¹ | 漳 县 |
| 黄豆xuã²¹ tɤu³⁵ | 大豌豆ta²⁴ væ̃⁵³ tɤu²¹ | 陇 南 |
| 黄豆xuã²¹ tɤu³⁵ | 大豌豆ta²⁴ uæ̃⁵³ tɤu²¹ | 文 县 |
| 黄豆xuã²¹ təu⁴⁴ | 大豆ta⁴⁴ təu⁴⁴ | 宕 昌 |
| 黄豆xuã²¹ tɤu¹³ | 豌豆væ̃⁵³ tɤu²¹ | 康 县 |
| 黄豆xuã²⁴ tɤu²¹ | 大豌豆ta⁵⁵ uæ̃⁵³ tɤu²¹ | 西 和 |
| 大豆ta³⁵ tɤu²¹ | 黄豆xuɑŋ²¹ tɤu¹³ | 临夏市 |
| 黄豆xuɑŋ²¹ tɯ³⁵ | 大豆tɑ³⁵ tɯ²¹ | 临夏县 |
| 大豆ta³⁵ tɤu²¹ | 大豆ta⁴⁴ tɤu²¹ | 甘 南 |
| 黄豆儿xuã⁵³ tər²¹ | 大豆儿ta²¹ tər⁵³ | 舟 曲 |
| 大豆ta⁴⁴ təu²¹ | 蚕豆tsʻæ²¹ təu⁴⁴ | 临 潭 |

| 词目<br>方言点 | 豌豆 | 向日葵 |
|---|---|---|
| 北　京 | 豌豆 uan⁵⁵ tou⁵¹ | 向日葵 ɕiaŋ⁵¹ zʅ⁵¹ kʻuei³⁵ |
| 兰　州 | 豌豆 vã⁴⁴ təu²¹ | 葵花 kʻuei⁵³ xua¹³ |
| 红　古 | 青豆儿 tɕʻin²² tʁu³⁵ ər⁵³ | 日头花儿 zʅ²² tʻʁu²² xuar⁵³ |
| 永　登 | 小豆子 ɕiao²² tʁu⁴⁴ tsʅ²¹ | 葵花 kʻuei⁴² xua²¹ |
| 榆　中 | 圆豆子 yã⁵³ təu²¹ tsʅ¹³ | 向日葵 ɕiã²¹ zʅ¹³ kʻuei⁵³ |
| 白　银 | 豌豆 van⁴⁴ tʁu²¹ | 向日葵 ɕiaŋ¹³ zʅ²¹ kʻuei⁵³ |
| 靖　远 | 豌豆 vã⁴¹ tʁu²¹ | 向日葵 ɕiaŋ³⁵ zʵ⁴¹ (zʅ⁴¹) kʻuei²⁴ |
| 天　水 | 豌豆 vã²¹ tʁu⁴⁴ | 向日葵 ɕiã⁴⁴ ər²¹ kʻuei¹³ |
| 秦　安 | 豌豆 uan²¹ təu⁴⁴ | 向日葵 ɕiã⁴⁴ zʅ²¹ kuei¹³ |
| 甘　谷 | 豌豆 uã²¹ tʻʁu²⁴ | 向日葵 ɕiaŋ⁴⁴ zə⁴² kʻuai²⁴ |
| 武　山 | 小豌豆 ɕiao⁵³ uã²¹ tʻʁu²⁴ | 向叶红 iaŋ⁴⁴ iə²¹ xuŋ¹³<br>向阳葵 ɕiaŋ⁴⁴ iaŋ²¹ kʻuɛ¹³ 又 |
| 张家川 | 豌豆 vã²¹ tʁu⁴⁴ | 葵花 kʻuei¹³ xua²¹ |
| 武　威 | 豌豆 vã²² tʁu⁵³ | 葵花 kʻuei⁴⁴ xua²¹ |
| 民　勤 | 豌豆 væ⁴⁴ tʁu⁴² | 葵花 kʻuei⁴⁴ xua²¹ |
| 古　浪 | 青豆子 tɕʻiŋ⁴⁴ tou⁴⁴ tsʅ²¹<br>白豆子 pə³⁵ tou²¹ tsʅ²¹ 又 | 葵花 kʻuei³⁵ xua²¹ |
| 永　昌 | 豌豆 vɛ³⁵ tʁu⁵³ | 向日葵 ɕiaŋ³⁵ zʅ⁵³ kʻuei²¹ |
| 张　掖 | 豌豆 vaŋ³³ tʁu³³ | 葵花 kʻuei³⁵ xua²¹ |
| 山　丹 | 豌豆 vɛ³³ tou³³ | 葵花 kʻuei⁵⁵ xua²¹ |
| 平　凉 | 豌豆 vã⁵³ tʁu²¹ | 向日葵 ɕiaŋ⁴⁴ ər²¹ kʻuei²⁴ |
| 泾　川 | 豌豆 vã⁵³ tʻəu²¹ | 向日葵 ɕiaŋ⁴⁴ zʅ²¹ kʻuei²⁴ |
| 灵　台 | 豌豆 uã⁵³ tou²¹ | 向日葵 ɕiaŋ⁴⁴ zʅ²¹ kʻuei²⁴ |

| 豌豆 | 向日葵 | 词目 / 方言点 |
|---|---|---|
| 豌豆van$^{35}$ tɤu$^{44}$ | 葵花k'uei$^{35}$ xua$^{31}$ | 酒　泉 |
| 豌豆van$^{44}$ tɤu$^{21}$ | 葵花k'uei$^{22}$ xua$^{53}$ | 敦　煌 |
| 豌豆uæ̃$^{53}$ tɤu$^{21}$ | 向日葵ɕiaŋ$^{44}$ zʅ$^{21}$ k'uei$^{24}$ | 庆　阳 |
| 豌豆væ̃$^{42}$ tɤu$^{21}$ | 向日葵ɕiaŋ$^{44}$ zʅ$^{21}$ k'uei$^{24}$ | 环　县 |
| 豌豆uæ̃$^{53}$ tou$^{21}$ | 向日葵ɕiaŋ$^{44}$ ər$^{21}$ k'uei$^{24}$<br>葵花k'uei$^{21}$ xua$^{53}$ 又 | 正　宁 |
| 豌豆uæ̃$^{42}$ təu$^{21}$ | 向日葵ɕiã$^{44}$ ər$^{21}$ k'uei$^{24}$ | 镇　原 |
| 豌豆væ̃$^{21}$ tɤu$^{24}$ | 向日葵ɕiã$^{44}$ zʅ$^{44}$ k'uei$^{13}$ | 定　西 |
| 豌豆uæ̃$^{21}$ t'ɤu$^{13}$ | 向日红ɕiã$^{44}$ zʅ$^{21}$ xuə̃$^{13}$ | 通　渭 |
| 豌豆væ̃$^{53}$ t'ɤu$^{13}$ | 向阳葵ɕiã$^{44}$ iã$^{53}$ k'uei$^{13}$ | 陇　西 |
| 小豌豆ɕiao$^{53}$ væ̃$^{53}$ təu$^{21}$ | 耀=天红ʐɑo$^{13}$ t'iæ̃$^{21}$ xuŋ$^{13}$ | 临　洮 |
| 豌豆uæ̃$^{53}$ t'ɤu$^{13}$ | 向日葵ɕiaŋ$^{44}$ ʒʅ$^{21}$ k'uei$^{13}$ | 漳　县 |
| 小豌豆ɕiao$^{55}$ væ̃$^{53}$ tɤu$^{21}$ | 向阳花ɕiã$^{24}$ iã$^{21}$ xua$^{55}$ | 陇　南 |
| 小豌豆ɕiao$^{55}$ uæ̃$^{21}$ tɤu$^{21}$ | 葵花k'uei$^{22}$ xua$^{53}$ | 文　县 |
| 小豆儿siao$^{53}$ tər$^{44}$ | 葵花k'uei$^{13}$ xua$^{21}$ | 宕　昌 |
| 豌豆væ̃$^{53}$ tɤu$^{21}$ | 向阳花ɕiã$^{24}$ iã$^{21}$ xua$^{53}$ | 康　县 |
| 小豌豆ɕiɔ$^{53}$ uæ̃$^{21}$ tɤu$^{21}$ | 照阳花儿tʂɔ$^{55}$ iã$^{21}$ xua$^{21}$ ər$^{24}$ | 西　和 |
| 大豆ta$^{35}$ tɤu$^{21}$ | 热头花ʐə$^{21}$ t'ɤu$^{53}$ xua$^{21}$ | 临夏市 |
| 小豆ɕiɔ$^{55}$ tɯ$^{53}$ | 热头花ʐə$^{13}$ t'ɯ$^{53}$ xuɑ$^{21}$ | 临夏县 |
| 豌豆væ̃$^{21}$ tɤu$^{35}$ | 葵花k'uei$^{13}$ xua$^{53}$ | 甘　南 |
| 小豆儿siao$^{55}$ tər$^{53}$ | 葵花k'uei$^{31}$ xua$^{21}$ | 舟　曲 |
| 豌豆væ̃$^{21}$ təu$^{44}$ | 向日葵ɕiã$^{53}$ ər$^{21}$ k'uei$^{13}$ | 临　潭 |

| 词目<br>方言点 | 洋葱 | 蒜 |
|---|---|---|
| 北　京 | 洋葱 iaŋ³⁵ tsʻuŋ⁵⁵ | 蒜 suan⁵¹ |
| 兰　州 | 洋葱 iɑ̃¹³ tsʻuən⁴⁴ | 蒜 suæ̃¹³ |
| 红　古 | 洋葱 iɑ̃³⁵ tsʻuən³⁵ | 蒜 suã¹³ |
| 永　登 | 洋葱 iɑŋ²² tsʻuən⁵³ | 蒜 suæ̃¹³ |
| 榆　中 | 洋葱 iɑ̃²¹ tsʻun⁵³ | 蒜 suã²¹³ |
| 白　银 | 洋葱 iɑŋ⁵³ tsʻun⁴⁴ | 蒜 suan¹³ |
| 靖　远 | 薤蒜 xɛ³⁵ suæ̃²⁴ | 蒜 suæ̃⁴⁴ |
| 天　水 | 洋葱 iɑ̃¹³ tsʻuŋ¹³ | 蒜 suæ̃⁴⁴ |
| 秦　安 | 洋葱 iɑ̃³⁵ tsʻuɔ̃¹³ | 蒜 suan⁴⁴ |
| 甘　谷 | 洋蒜 iɑŋ²¹ suã⁴⁴ | 蒜 suã⁴⁴ |
| 武　山 | 洋蒜 iɑŋ²¹ suã⁴⁴ | 蒜 suã⁴⁴ |
| 张家川 | 洋葱 iɑ̃¹³ tsʻuŋ⁴⁴ | 蒜 suæ̃⁴⁴ |
| 武　威 | 洋葱 iɑ̃³⁵ tsʻuŋ²¹ | 蒜 suɑ̃⁵¹ |
| 民　勤 | 线=骨=都 ɕir⁴² ku²¹ tu²¹ | 蒜 suæ⁴² |
| 古　浪 | 洋葱 iɑo⁵³ tsʻuəŋ⁴⁴ | 蒜 suæ³¹ |
| 永　昌 | 洋葱 iaŋ³⁵ tsʻuŋ²¹ | 蒜 suɛ⁵³ |
| 张　掖 | 洋葱 iaŋ⁵³ tsʻuən³³ | 蒜 suaŋ²¹ |
| 山　丹 | 洋葱 iaŋ³⁵ tsʻuŋ²¹ | 蒜 suɛ³¹ |
| 平　凉 | 洋葱 iɑŋ²⁴ tsʻuŋ²¹ | 蒜 suæ̃⁴⁴ |
| 泾　川 | 葱头 tsʻuŋ²¹ tʻəu²⁴ | 蒜 ʃæ⁴⁴ |
| 灵　台 | 葱头 tsʻuəŋ²¹ tʻou²⁴ | 蒜 suæ̃⁴⁴ |

方言词汇

| 洋葱 | 蒜 | 词目 / 方言点 |
|---|---|---|
| 骚骨朵sɔ²² ku²² tuə¹³ | 大蒜ta¹³ suan¹³ | 酒泉 |
| 芥骨嘟tɕiə⁴⁴ ku⁵³ tu²¹ | 蒜suan⁴⁴ | 敦煌 |
| 洋葱iɑŋ²¹ tsʻuŋ⁵³<br>葱头tsʻuŋ²¹ tʻɤu²⁴ 又 | 蒜suæ̃⁴⁴ | 庆阳 |
| 洋葱iɑŋ²² tsʻuŋ⁴¹ | 蒜suæ̃³³ | 环县 |
| 葱头tsʻuŋ²¹ tʻou²⁴ | 蒜ɕyæ̃⁴⁴ | 正宁 |
| 葱头tsʻuŋ²¹ tʻəu²⁴ | 蒜suæ̃⁴⁴ | 镇原 |
| 洋蒜iã²¹ suæ̃²⁴ | 蒜suæ̃⁴⁴ | 定西 |
| 洋蒜iã²¹ suæ̃⁴⁴ | 大蒜ta⁴⁴ suæ̃⁴⁴ | 通渭 |
| 洋蒜iã²¹ suæ̃¹³ | 蒜suæ̃⁴⁴ | 陇西 |
| 洋葱iã¹³ tsʻuŋ¹³ | 蒜suæ̃⁴⁴ | 临洮 |
| 洋葱iɑŋ³⁵ tsʻuŋ²¹ | 蒜suæ̃⁴⁴ | 漳县 |
| 洋蒜iã²¹ suæ̃³⁵ | 蒜suæ̃²⁴ | 陇南 |
| 洋蒜iã²² suæ̃³⁵ | 蒜suæ̃²⁴ | 文县 |
| 洋葱iã¹³ tsʻuŋ⁴⁴ | 蒜suæ̃⁴⁴ | 宕昌 |
| 洋葱iã²¹ tsʻuŋ⁵³ | 蒜suæ̃²⁴ | 康县 |
| 洋葱iã²⁴ tʃʻŋ²¹ | 蒜ʃæ̃³⁵ | 西和 |
| 薤蒜xɛ³⁵ suã⁵³ | 蒜suã⁵³ | 临夏市 |
| 洋葱iɑŋ¹³ tsʻuəŋ¹³ | 蒜suæ̃⁵³ | 临夏县 |
| 洋葱iã¹³ tsʻun³⁵ | 蒜suæ̃⁵³ | 甘南 |
| 洋葱iã²² tsʻuəŋ⁵³ | 蒜suæ̃¹³ | 舟曲 |
| 洋葱iã¹³ tsʻuŋ⁴⁴ | 蒜suæ̃⁴⁴ | 临潭 |

| 词目<br>方言点 | 菠菜 | 白菜 |
| --- | --- | --- |
| 北 京 | 菠菜 po⁵⁵ tsʻai⁵¹ | 白菜 pai³⁵ tsʻai⁵¹ |
| 兰 州 | 绿菠菜 lu²² pɤ⁵³ tsʻɛ¹³ | 白菜 pɤ⁵³ tsʻɛ¹³ |
| 红 古 | 菠菜 pə²² tsʻɛ³⁵ | 白菜 pei²² tsʻɛ⁵³ |
| 永 登 | 菠菜 pə⁴² tsʻɛi²¹ | 白菜 piə⁵³ tsʻɛi²¹ |
| 榆 中 | 绿菠菜 lu²¹ pə⁵³ tsʻɛ²¹ | 白菜 pə⁵³ tsʻɛ²¹³ |
| 白 银 | 绿菠菜 lu²² pə³⁵ tsʻɛ¹³ | 白菜 pə⁵³ tsʻɛ²¹ |
| 靖 远 | 菠菜 pə⁴¹ tsʻɛ²¹ | 白菜 pei²² tsʻɛ⁵⁵ |
| 天 水 | 菠菜 puə²¹ tsʻɛ⁴⁴ | 白菜 pʻei¹³ tsʻɛ²¹ |
| 秦 安 | 菠菜 pə²¹ tsʻɛ⁴⁴ | 白菜 pʻei³⁵ tsʻɛ²¹ |
| 甘 谷 | 绿菜 liɤ⁴² tsʻai⁴⁴ | 白菜 pʻai⁴² tsʻai⁴⁴ |
| 武 山 | 菠菜 pə³¹ tsʻɛ²¹ | 白菜 pʻɛ²¹ tsʻɛ⁴⁴ |
| 张家川 | 菠菜 pɤ²¹ tsʻɛ⁴⁴ | 白菜 pʻei³⁵ tsʻɛ²¹ |
| 武 威 | 菠菜 pə³⁵ tsʻɛ⁵³ | 大白菜 ta⁵³ pə³⁵ tsʻɛ⁵³ |
| 民 勤 | 菠菜 pə³⁵ tsʻæ⁴² | 白菜 pə²¹ tsʻæ⁴⁴ |
| 古 浪 | 菠菜 pə³⁵ tsʻɛ⁵³ | 白菜 pə³⁵ tsʻɛ²¹ |
| 永 昌 | 菠菜 pə³⁵ tsʻɛ⁵³ | 白菜 pə³⁵ tsʻɛ²¹ |
| 张 掖 | 菠菜 pə³³ tsʻɛ³³ | 白菜 piə³⁵ tsʻɛ²¹ |
| 山 丹 | 菠菜 pə³³ tsʻɛ³³ | 白菜 pə³⁵ tsʻɛ²¹ |
| 平 凉 | 菠菜 pɤ⁵³ tsʻɛ²¹ | 白菜 pei²² tsʻɛ⁵³ |
| 泾 川 | 菠菜 pɤ⁵³ tsʻɛ²¹ | 白菜 pʻei²¹ tsʻɛ⁵³ |
| 灵 台 | 菠菜 po⁵³ tsʻɛ²¹ | 白菜 pʻei²¹ tsʻɛ⁵³ |

| 菠菜 | 白菜 | 词目 / 方言点 |
|---|---|---|
| 菠菜 pə³⁵ tsʻɛ⁴⁴ | 白菜 pə³⁵ tsʻɛ²¹ | 酒　泉 |
| 菠菜 pə²² tsʻɛ⁴⁴ | 白菜 pei²² tsʻɛ⁵³ | 敦　煌 |
| 菠菜 pɤ⁴⁴ tsʻɛ²¹ | 白菜 pei²¹ tsʻɛ⁴⁴ | 庆　阳 |
| 菠菜 pɤ⁴² tsʻɛ²¹ | 白菜 pei²² tsʻɛ⁵⁵ | 环　县 |
| 菠菜 pɤ⁵³ tsʻɛ²¹ | 白菜 pʻei²¹ tsʻɛ⁵³ | 正　宁 |
| 菠菜 pə⁴² tsʻɛ²¹ | 白菜 pʻɛ²⁴ tsʻɛ⁴⁴ | 镇　原 |
| 菠菜 pɤ²¹ tsʻɛ²⁴ | 白菜 pʻɛ²¹ tsʻɛ²⁴ | 定　西 |
| 菠菜 pə²¹ tsʻɛ⁴⁴ | 白菜 pʻei²¹ tsʻɛ⁴⁴ | 通　渭 |
| 菠菜 pɤ⁵³ tsʻɛ¹³ | 白菜 pʻei²¹ tsʻɛ¹³ | 陇　西 |
| 菠菜 po²¹ tsʻɛ⁴⁴ | 白菜 pei¹³ tsʻɛ⁴⁴ | 临　洮 |
| 菠菜 pɤ⁵³ tsʻɛ⁴⁴ | 白菜 pʻɛ²¹ tsʻɛ⁴⁴ | 漳　县 |
| 菠菜 pə⁵³ tsʻɛ²¹ | 白菜 pei²¹ tsʻɛ¹³ | 陇　南 |
| 菠菜 puə²¹ tsʻɛ³⁵ | 白菜 pei²¹ tsʻɛ⁵⁵ | 文　县 |
| 菠菜 pɤ²¹ tsʻɛ⁴⁴ | 大白菜 ta⁴⁴ pei²¹ tsʻɛ⁴⁴ | 宕　昌 |
| 菠菜 puo⁵³ tsʻɛ²¹ | 白菜 pei²¹ tsʻɛ²⁴ | 康　县 |
| 菠菜 puɤ²¹ tsʻɛ²⁴ | 白菜 pʻei²⁴ tsʻɛ²¹ | 西　和 |
| 菠菜 pə²¹ tsʻɛ¹³ | 白菜 pɛi²¹ tsʻɛ¹³ | 临夏市 |
| 菠菜 pə²¹ tsʻɛ⁵³ | 白菜 pei²¹ tsʻɛ³⁵ | 临夏县 |
| 菠菜 pə²¹ tsʻɛi⁴⁴ | 大白菜 ta³⁵ pɛi²¹ tsʻɛi⁴⁴ | 甘　南 |
| 菠菜 puə⁵⁵ tsʻɛ²¹ | 白菜 pʻei⁵³ tsʻɛ²¹ | 舟　曲 |
| 菠菜 pə⁴⁴ tsʻɛ⁴⁴ | 白菜 pʻɛ²¹ tsʻɛ⁴⁴ | 临　潭 |

| 词目<br>方言点 | 柿子 | 西红柿 |
| --- | --- | --- |
| 北 京 | 柿子ʂʅ⁵¹ tsʅ⁰ | 西红柿ɕi⁵⁵ xuŋ³⁵ ʂʅ⁵¹ |
| 兰 州 | 柿子ʂʅ²¹ tsʅ¹³ | 西红柿ɕi⁴⁴ xuən⁵³ ʂʅ¹³ |
| 红 古 | 柿子ʂʅ⁵⁵ tsʅ²¹ | 洋柿子iã²² ʂʅ³⁵ tsʅ²¹ |
| 永 登 | 柿子ʂʅ²¹ tsʅ³⁵ | 洋柿子iɑŋ²⁴ ʂʅ²¹ tsʅ³⁵ |
| 榆 中 | 柿子ʂʅ²¹ tsʅ¹³ | 西红柿ɕi⁴² xun⁵³ ʂʅ²¹ |
| 白 银 | 柿子ʂʅ²² tsʅ²⁴ | 洋柿子iɑŋ⁵³ ʂʅ²² tsʅ²⁴ |
| 靖 远 | 火罐罐xuə⁵⁵ kuæ²¹ kuæ²¹ | 洋柿子iɑŋ²² sʅ³⁵ tsʅ⁴¹ |
| 天 水 | 柿子sʅ⁴⁴ tsʅ²¹ | 洋柿子iã¹³ sʅ⁴⁴ tsʅ²¹ |
| 秦 安 | 柿子sʅ⁴⁴ tsʅ²¹ | 洋柿子iã¹³ sʅ⁴⁴ tsʅ²¹ |
| 甘 谷 | 柿子sʅ⁴⁴ tsʅ²¹ | 洋柿子iɑŋ²¹ sʅ⁴⁴ tsʅ²¹ |
| 武 山 | 柿子sʅ⁴⁴ tsʅ²¹ | 洋柿子iɑŋ²¹ sʅ³⁵ tsʅ²¹ |
| 张家川 | 柿子sʅ⁴⁴ tsʅ²¹ | 西红柿ɕi²¹ xuŋ¹³ sʅ⁴⁴ |
| 武 威 | 柿子sʅ⁵³ tsʅ²¹ | 洋柿子iã³⁵ sʅ⁵³ tsʅ²¹ |
| 民 勤 | 柿子sʅ⁵³ zʅ²¹ | 洋柿子iɑŋ²¹ sʅ⁴² zʅ²¹ |
| 古 浪 | 柿子ʂʅ⁴⁴ tsʅ³¹ | 西红柿ɕi⁴⁴ xuən³⁵ ʂʅ²¹ |
| 永 昌 | 柿子ʂʅ⁵³ tsʅ²¹ | 西红柿ɕi⁴⁴ xuŋ³⁵ ʂʅ⁵³ |
| 张 掖 | 柿子ʂʅ³¹ tsʅ²¹ | 洋柿子iɑŋ⁵³ ʂʅ²¹ tsʅ²¹ |
| 山 丹 | 柿子ʂʅ⁵³ tsʅ²¹ | 柿子ʂʅ⁵³ tsʅ²¹ |
| 平 凉 | 柿子sʅ³⁵ tsʅ²¹ | 洋柿子iɑŋ²⁴ sʅ²² tsʅ²¹ |
| 泾 川 | 柿子sʅ⁴⁴ tsʅ²¹ | 西红柿ɕi²¹ xuŋ²⁴ sʅ⁴⁴ |
| 灵 台 | 柿子sʅ²⁴ tsʅ²¹ | 洋柿子iɑŋ²⁴ sʅ²⁴ tsʅ²¹ |

| 柿子 | 西红柿 | 词目 / 方言点 |
|---|---|---|
| 柿子sʅ²² tsʅ¹³ | 洋柿子iaŋ⁵³ sʅ⁴² tsʅ²¹ | 酒 泉 |
| 柿子sʅ⁴⁴ tsʅ⁵³ | 西红柿ɕi²² xuŋ²¹ sʅ⁴⁴ | 敦 煌 |
| 柿子sʅ⁴⁴ tsʅ²¹ | 西红柿ɕi²¹ xuŋ²⁴ sʅ⁴⁴ | 庆 阳 |
| 柿子sʅ²⁴ tsʅ²¹ | 西红柿ɕi⁴² xuŋ²¹ sʅ⁴⁴<br>洋柿子iaŋ²² sʅ⁴⁴ tsʅ²¹ 又 | 环 县 |
| 柿子sʅ³⁵ tsʅ²¹ | 西红柿si²¹ xuŋ²⁴ sʅ⁴⁴ | 正 宁 |
| 柿子sʅ⁴⁴ tsʅ²¹ | 洋柿子iã²⁴ sʅ⁴⁴ tsʅ²¹<br>西红柿si²¹ xuŋ²⁴ sʅ⁴⁴ 又 | 镇 原 |
| 柿子sʅ⁴⁴ tsʅ²¹ | 洋柿子iã²¹ sʅ⁴⁴ tsʅ²¹ | 定 西 |
| 柿子sʅ⁴⁴ tsʅ²¹ | 西红柿si²¹ xuɤ̃²¹ sʅ⁴⁴ | 通 渭 |
| 柿子sʅ³⁵ tsʅ²¹ | 洋柿子iã²¹ sʅ³⁵ tsʅ²¹ | 陇 西 |
| 柿子sʅ⁴⁴ tsʅ²¹ | 洋柿子iã¹³ sʅ⁴⁴ tsʅ²¹ | 临 洮 |
| 柿子ʃʅ³⁵ tsʅ²¹ | 洋柿子iaŋ²¹ ʃʅ³⁵ tsʅ²¹ | 漳 县 |
| 柿子sʅ³⁵ tsʅ²¹ | 洋柿子iã²¹ sʅ³⁵ tsʅ²¹ | 陇 南 |
| 柿子sʅ²⁴ tsʅ⁵³ | 洋柿子iã²¹ sʅ²⁴ tsʅ⁵³ | 文 县 |
| 柿子sʅ³⁵ tsʅ²¹ | 洋柿子iã²¹ sʅ⁴⁴ tsʅ²¹ | 宕 昌 |
| 柿子sʅ²⁴ tsʅ⁵³ | 洋柿子iã⁵³ sʅ²⁴ tsʅ⁵³ | 康 县 |
| 柿子sʅ⁵⁵ tsʅ²¹ | 洋柿子iã²⁴ sʅ⁵⁵ tsʅ²¹ | 西 和 |
| 柿子ʂʅ⁴⁴ tsʅ²¹ | 洋柿子iaŋ¹³ ʂʅ⁴⁴ tsʅ²¹ | 临夏市 |
| 柿子ʂʅ⁵⁵ tsʅ²¹ | 西红柿ɕi⁵⁵ xuəŋ²¹ ʂʅ³⁵ | 临夏县 |
| 柿子ʂʅ⁴⁴ tsʅ²¹ | 西红柿ɕi²¹ xun³⁵ ʂʅ²¹ | 甘 南 |
| 柿子sʅ²² tsʅ⁵³ | 洋柿子iã²² sʅ²¹ tsʅ⁵³ | 舟 曲 |
| 柿子ʂʅ⁴⁴ tsʅ²¹ | 西红柿ɕi⁵³ xuŋ²¹ ʂʅ⁴⁴ | 临 潭 |

| 词目 方言点 | 茄子 | 白薯 |
|---|---|---|
| 北　京 | 茄子 tɕʻie³⁵ tsʅ⁰ | 白薯 pai³⁵ ʂu²¹⁴ |
| 兰　州 | 茄子 tɕʻiɛ⁵³ tsʅ¹³ | 白薯 pɤ⁵³ fu⁴⁴ |
| 红　古 | 茄子 tɕʻiə²² tsʅ⁵³ | 红苕 xuən¹³ ʂɔ¹³ |
| 永　登 | 茄子 tɕʻiə⁴² tsʅ²¹ | 红苕 xuən¹³ ʂɑo⁵³ |
| 榆　中 | 茄子 tɕʻiə⁵³ tsʅ²¹³ | 洋芋 iã²¹ ʑy⁵³ |
| 白　银 | 茄子 tɕʻiɛ⁵³ tsʅ²¹ | 红薯 xun⁵³ fu²⁴ |
| 靖　远 | 茄子 tɕʻiɛ²² tsʅ⁵⁵ | 红苕 xoŋ²⁴ ʂao²⁴ |
| 天　水 | 茄儿 tɕʻiɛ¹³ ər²¹ | 红苕 xuŋ¹³ ʂɔ¹³ |
| 秦　安 | 茄儿 tɕʻiə̃³⁵ zʅ²¹ | 红薯 xuə̃¹³ ʃu⁵³ |
| 甘　谷 | 茄儿 tɕʻiɛ²¹ zʅ⁴⁴ | 红苕 xuəŋ²⁴ ʂɑu²⁴ |
| 武　山 | 茄儿 tɕʻiə²¹ zʅ²⁴ | 红苕 xuŋ²⁴ ʂao²⁴ |
| 张家川 | 茄儿 tɕʻiər¹³ | 白薯 pʻei¹³ ʃu⁵³ |
| 武　威 | 茄子 tɕʻiɛ³⁵ tsʅ²¹ | 红薯 xuŋ³⁵ ʂʅ⁵³ |
| 民　勤 | 茄子 tɕʻiə²¹ zʅ⁴⁴ | 红薯 xoŋ⁴⁴ ʂʅ²¹ |
| 古　浪 | 茄子 tɕʻiə³⁵ tsʅ²¹ | 红薯 xuəŋ³⁵ ʂu²¹ |
| 永　昌 | 茄子 tɕʻiə³⁵ tsʅ²¹ | 红薯 xuŋ³⁵ ʂʅ⁴² |
| 张　掖 | 茄子 tɕʻiə³⁵ tsʅ²¹ | 红薯 xuən³⁵ fu²¹ |
| 山　丹 | 茄子 tɕʻiə⁵³ tsʅ²¹ | 红薯 xuŋ⁵⁵ ʂʅ²¹ |
| 平　凉 | 茄子 tɕʻiɛ²² tsʅ⁵³ | 红薯 xuŋ²⁴ ʂu⁵³ |
| 泾　川 | 茄子 tɕʻiɛ²¹ tsʅ⁵³ | 红芋 xuŋ²⁴ y⁴⁴ |
| 灵　台 | 茄子 tɕʻiɛ²¹ tsʅ⁵³ | 红芋 xuən²⁴ y⁴⁴ |

| 茄子 | 白薯 | 词目 / 方言点 |
|---|---|---|
| 茄子 tɕʰiə³⁵ tsʅ³¹ | 红薯 xu³⁵ ʂu³¹ | 酒 泉 |
| 茄子 tɕʰiə²² tsʅ⁵³ | 白薯 pei²² ʂu⁵³ | 敦 煌 |
| 茄子 tɕʰiɛ²¹ tsʅ⁵³ | 红芋 xuŋ²¹ y⁴⁴ | 庆 阳 |
| 茄子 tɕʰiɛ²² tsʅ⁵⁵ | 红芋 xuŋ²¹ y⁴⁴ | 环 县 |
| 茄子 tɕʰiɛ²¹ tsʅ⁵³ | 红芋 xuŋ²⁴ y⁴⁴<br>红薯 xuŋ²⁴ ʃʅ⁵³ 又 | 正 宁 |
| 茄子 tɕʰiɛ²⁴ tsʅ²¹ | 红芋 xuŋ²⁴ y⁴⁴ | 镇 原 |
| 茄儿 tɕʰiɛ²¹ zʅ²⁴ | 红薯 xuŋ²¹ ʃu⁵³ | 定 西 |
| 茄儿 tɕʰiɛ²¹ zʅ⁴⁴ | 红薯 xuŋ²¹ ʃu⁴⁴ | 通 渭 |
| 茄儿 tɕʰiɛ³¹ zʅ¹³ | 红薯 xuŋ¹³ ʂu⁵³ | 陇 西 |
| 茄儿 tɕʰiər¹³ | 红苕 xuŋ¹³ ʂɑo¹³ | 临 洮 |
| 茄儿 tɕʰiɛ²¹ ər⁵³ | 红薯 xuŋ¹³ ʃʅ⁵³ | 漳 县 |
| 茄子 tɕʰiɛ²¹ tsʅ¹³ | 红苕 xuŋ²⁴ ʂɑo²⁴ | 陇 南 |
| 茄子 tɕʰiɛ²¹ tsʅ³⁵ | 红苕 xoŋ¹³ sao¹³ | 文 县 |
| 茄子 tsʰiɛ²¹ tsʅ⁴⁴ | 红苕 xuŋ¹³ sao¹³ | 宕 昌 |
| 茄子 tɕʰiɛ²¹ tsʅ³⁵ | 红苕 xuŋ²¹ sao²⁴ | 康 县 |
| 茄子 tɕʰiɛ²⁴ tsʅ²¹ | 洋苕 iã²⁴ ʂɔ²⁴ | 西 和 |
| 茄子 tɕʰiɛ²¹ tsʅ³⁵ | 红薯 xuəŋ¹³ ʂu⁵³ | 临夏市 |
| 茄子 tɕʰiɛ²¹ tsʅ³⁵ | 白薯 pɛ³⁵ fu⁵³ | 临夏县 |
| 茄子 tɕʰiɛ²¹ tsʅ⁵³ | 白薯 pei¹³ ʂu²¹ | 甘 南 |
| 茄子 tɕʰiɛ⁵³ tsʅ²¹ | 红苕 xuəŋ³⁵ ʂɑo²¹ | 舟 曲 |
| 茄子 tɕʰiɛ²¹ tsʅ⁴⁴ | 红薯 xuŋ²¹ ʂu⁵³ | 临 潭 |

| 词目<br>方言点 | 马铃薯 | 辣椒 |
|---|---|---|
| 北 京 | 马铃薯ma²¹⁴ liŋ³⁵ ʂu²¹⁴ | 辣椒la⁵¹ tɕiao⁵⁵ |
| 兰 州 | 洋芋iã²² ʐy⁵³ | 辣子la²¹ tsʅ¹³ |
| 红 古 | 山药ʂã²² yə⁵³ | 辣子la²² tsʅ³⁵ |
| 永 登 | 山药sæ⁴⁴ yə²¹ | 辣子la²² tsʅ³⁵ |
| 榆 中 | 洋芋iã²¹ ʐy⁵³ | 辣子la²¹ tsʅ¹³ |
| 白 银 | 洋芋iaŋ²² y⁵³ | 辣子la²² tsʅ²⁴ |
| 靖 远 | 洋芋iaŋ²² zʅ⁴⁴ | 辣子la⁴¹ tsʅ²¹ |
| 天 水 | 洋芋iã¹³ y⁴⁴ | 辣椒la²¹ tɕiɔ⁵³<br>辣子la²¹ tsʅ⁵³ 又 |
| 秦 安 | 洋芋iã¹³ y⁴⁴ | 辣椒la¹³ tsiɔ²¹ |
| 甘 谷 | 洋芋iaŋ²¹ ʐy⁴⁴ | 辣椒lɒ²⁴ tɕiɑu²¹ |
| 武 山 | 洋芋iaŋ²¹ ʐy⁴⁴ | 辣椒lɑ³¹ tɕiao²¹ |
| 张家川 | 洋芋iã¹³ ʐy⁴⁴ | 辣椒la¹³ tɕiɔ²¹ |
| 武 威 | 山药sã⁴⁴ yɛ⁵³ | 辣子la⁴⁴ tsʅ²¹ |
| 民 勤 | 山药sæ⁴⁴ yɛ²¹ | 辣角子la⁴² kuə²¹ zʅ²¹ |
| 古 浪 | 山药ʂæ³⁵ yə⁵³ | 辣子la⁴⁴ tsʅ³¹ |
| 永 昌 | 山药ʂɛ³⁵ yə⁵³ | 辣子la⁵³ tsʅ²¹ |
| 张 掖 | 山药ʂaŋ³³ yə³³ | 辣子la³¹ tsʅ²¹ |
| 山 丹 | 山药ʂɛ³³ yə³³ | 辣子la⁵⁵ tsʅ²¹ |
| 平 凉 | 洋芋iaŋ²⁴ y⁴⁴ | 辣子la³¹ tsʅ²¹ |
| 泾 川 | 洋芋iɑŋ²⁴ y⁴⁴ | 辣子la⁵³ tsʅ²¹ |
| 灵 台 | 洋芋iɑŋ²⁴ y⁴⁴ | 辣子la⁵³ tsʅ²¹ |

| 马铃薯 | 辣椒 | 词目 / 方言点 |
|---|---|---|
| 山药san³⁵ yə⁴⁴ | 辣子la²² tsʅ¹³ | 酒　泉 |
| 洋芋iaŋ²² ʐʮ⁵³ | 辣子la²² tsʅ²¹³ | 敦　煌 |
| 洋芋iaŋ²¹ y⁴⁴ | 辣子la⁵³ tsʅ²¹ | 庆　阳 |
| 洋芋iaŋ²² y⁵⁵ | 辣子la⁴² tsʅ²¹ | 环　县 |
| 洋芋iaŋ²⁴ y⁴⁴ | 辣子la⁵³ tsʅ²¹ | 正　宁 |
| 洋芋ia²⁴ y⁴⁴ | 辣子la⁴¹ tsʅ²¹ | 镇　原 |
| 洋芋iã²¹ ʐy²⁴ | 辣子la²⁴ tɕiɑ²¹ | 定　西 |
| 洋芋iã²¹ ʐy⁴⁴ | 辣子la²¹ tsʅ¹³ | 通　渭 |
| 洋芋iã³¹ ʐy¹³ | 辣椒la³¹ tɕiɔ²¹ | 陇　西 |
| 土豆儿tʻu⁵³ təur⁵³<br>洋芋iã¹³ ʐy⁴⁴ 又 | 辣椒la¹³ tɕiao²¹ | 临　洮 |
| 洋芋iaŋ²¹ y³⁵ | 辣椒la²¹ tsiao²¹ | 漳　县 |
| 洋芋iã²¹ ʐy¹³ | 辣椒la⁵³ tɕiao²¹ | 陇　南 |
| 洋芋iã²¹ ʐy³⁵ | 辣子la⁵³ tsʅ²¹ | 文　县 |
| 洋芋iã²¹ ʐy⁴⁴ | 辣椒la⁴⁴ tsiao⁴⁴ | 宕　昌 |
| 洋芋iã²¹ y²⁴ | 辣椒la⁵³ tsiao²¹ | 康　县 |
| 洋芋iã²⁴ y²⁴ | 辣椒la²⁴ tɕiɔ⁵³ | 西　和 |
| 洋芋iaŋ¹³ ʐy³⁵ | 辣子la²¹ tsʅ³⁵ | 临夏市 |
| 洋芋iaŋ²¹ ʐy³⁵ | 辣子la²² tsʅ⁵³ | 临夏县 |
| 洋芋iã²¹ ʐy³⁵ | 辣子la²¹ tsʅ⁵³ | 甘　南 |
| 洋芋iã²¹ ʐʮ⁵³ | 辣椒la⁵³ tsiao²¹ | 舟　曲 |
| 洋芋iã²¹ ʐy⁴⁴ | 辣椒la⁴⁴ tɕiɔ⁴⁴ | 临　潭 |

| 词目<br>方言点 | 核桃 | 栗子 |
| --- | --- | --- |
| 北 京 | 核桃xɤ³⁵ tʻao⁰ | 栗子li⁵¹ tsʅ⁰ |
| 兰 州 | 核桃xɤ⁵³ tʻəu¹³ | 栗子li⁵³ tsʅ²¹ |
| 红 古 | 核头xə²² tʻʁu⁵³ | 毛栗子mɔ²² lʅ³⁵ tsʅ²¹ |
| 永 登 | 核桃xiə⁴⁴ tʻʁu²¹ | 毛栗子mɑo¹³ li⁵⁵ tsʅ²¹ |
| 榆 中 | 核桃kʻə⁵³ tʻɔ²¹³ | 栗子li²¹ tsʅ¹³ |
| 白 银 | 核桃xə⁵³ tʻɔ²¹ | 毛栗子mɔ²² li⁵³ tsʅ²¹ |
| 靖 远 | 核桃xei²² tʻao⁵⁵ | 毛栗子mao²² lʅ⁴¹ tsʅ²¹ |
| 天 水 | 核桃kʻuə¹³ tʻʁu²¹ | 毛栗子mɔ¹³ li²¹ tsʅ²¹ |
| 秦 安 | 核桃kʻə³⁵ tʻɔ²¹ | 毛栗子mɔ³⁵ li²¹ tsʅ²¹ |
| 甘 谷 | 核桃kʻiɛ²¹ tʻɑu⁴⁴ | 毛栗子mɑu³⁵ li⁵³ tsʅ²¹ |
| 武 山 | 核桃kʻiə²¹ tʻao⁴⁴ | 毛栗子mao³⁵ li⁵³ tsʅ²¹ |
| 张家川 | 核桃xuɤ¹³ tʻʁu²¹ | 栗子li⁵³ tsʅ²¹ |
| 武 威 | 核头xə³⁵ tʻʁu⁵³ | 毛栗子mə⁵³ li²¹ tsʅ²¹ |
| 民 勤 | 核桃xɯ²¹ tʻʁu⁴⁴ | 栗子nʅ⁴⁴ zʅ²¹ |
| 古 浪 | 核桃xə⁴⁴ tʻou²¹ | 毛栗子mu⁵³ li⁴⁴ tsʅ²¹ |
| 永 昌 | 核桃xə³⁵ tʻao²¹ | 栗子li⁵³ tsʅ²¹ |
| 张 掖 | 核桃xə³⁵ tʻɔ²¹ | 栗子li²² tsʅ³⁵ |
| 山 丹 | 核桃xə⁵⁵ tʻɑo²¹ | 栗子li⁵⁵ tsʅ²¹ |
| 平 凉 | 核桃xuɤ²² tʻɔ⁵³ | 毛栗子mɔ²² li⁴⁴ tsʅ²¹ |
| 泾 川 | 核桃xuɤ²¹ tʻɔ⁵³ | 毛栗子mɔ²¹ li⁵⁵ tsʅ²¹ |
| 灵 台 | 核桃xuo²¹ tʻɔ⁵³ | 毛栗子mɔ²⁴ li⁴⁴ tsʅ²¹ |

| 核桃 | 栗子 | 词目 / 方言点 |
|---|---|---|
| 核桃 xə³⁵ tʻɔ³¹ | 栗子 li²² tsʅ⁵³ | 酒　泉 |
| 核桃 xə²² tʻao⁵³ | 毛栗子 ma²² li⁴⁴ tsʅ⁵³ | 敦　煌 |
| 核桃 xɤ²¹ tʻɔ⁵³ | 栗子 li⁴⁴ tsʅ²¹ | 庆　阳 |
| 核桃 xɤ²² tʻɔ⁵⁵ | 毛栗子 mɔ²¹ li⁵⁵ tsʅ²¹ | 环　县 |
| 核桃 xɤ²¹ tʻɔ⁵³ | 栗子 li⁵³ tsʅ²¹ | 正　宁 |
| 核桃 xuo²¹ tʻɔ⁵³ | 毛栗子 mɔ²⁴ li⁵³ tsʅ²¹ | 镇　原 |
| 核桃 kʻɤ²¹ tʻao²⁴ | 毛栗子 mɑo²⁴ li⁵³ tsʅ²¹ | 定　西 |
| 核桃 kʻə²¹ tʻɔ⁴⁴ | 毛栗子 mɔ¹³ li⁵³ tsʅ²¹ | 通　渭 |
| 核桃 kʻɤ²¹ tʻɔ¹³ | 毛栗子 mɔ¹³ li²¹ tsʅ²¹ | 陇　西 |
| 核桃 kʻo¹³ tʻao⁴⁴ | 毛核桃 mɑo³⁵ kʻo²¹ tʻao²¹<br>毛栗子 mɑo³⁵ li²¹ tsʅ²¹ 又 | 临　洮 |
| 核桃 kʻɤ²¹ tʻao³⁵ | 毛栗子 mɑo¹³ li²¹ tsʅ²¹ | 漳　县 |
| 核桃 kʻə²¹ tʻao¹³ | 栗子 li³¹ tsʅ²¹ | 陇　南 |
| 核桃 kʻɤ²² tʻao³⁵ | 板栗子 pæ̃³⁵ li⁵⁵ tsʅ²¹ | 文　县 |
| 核桃 kʻɤ²¹ tʻao⁴⁴ | 板栗 pæ̃⁵³ li²¹ | 宕　昌 |
| 核桃 kʻuo²¹ tao³⁵ | 毛栗子 mao²¹ li³⁵ tsʅ²¹ | 康　县 |
| 核桃 kʻuɤ²⁴ tʻɤu²¹ | 毛栗子 mɔ²⁴ li²¹ tsʅ²¹ | 西　和 |
| 核桃 xɛ²¹ tʻɔ³⁵ | 毛栗子 mɔ¹³ li³¹ tsʅ²¹ | 临夏市 |
| 核桃 xa²¹ tʻɔ³⁵ | 板栗 pæ̃¹³ li¹³ | 临夏县 |
| 核桃 xə²¹ tʻao⁵³ | 栗子 li⁴⁴ tsʅ²¹ | 甘　南 |
| 核桃 kʻei⁵³ tʻao²¹ | 毛栗子 mɑo¹³ li⁵³ tsʅ²¹ | 舟　曲 |
| 核桃 xə²¹ tʻɔ⁴⁴ | 栗子 li⁴⁴ tsʅ²¹ | 临　潭 |

| 词目<br>方言点 | 百合 | 白兰瓜 |
|---|---|---|
| 北京 | 百合pai²¹⁴ xɤ³⁵ | 白兰瓜pai³⁵ lan³⁵ kua⁵⁵ |
| 兰州 | 百合pɤ²² xɤ⁵³ | 白兰瓜pɤ²² lã⁴² kua⁵³ |
| 红古 | 百合pei²² xə⁵³ | 白兰瓜pei³⁵ lã²¹ kua⁵³ |
| 永登 | 百合piə¹³ xə⁴⁴ | 白兰瓜piə¹³ lã²¹ kua⁵³ |
| 榆中 | 百合pə⁵³ xə²¹ | 白兰瓜pə²¹ lã¹³ kua⁵³ |
| 白银 | 百合pə²² xə²⁴ | 白兰瓜pə²² lan⁵³ kua⁴⁴ |
| 靖远 | 百合pei⁴¹ xuə²¹ | 华莱西xua²² lɛ²² sʅ⁴¹<br>白兰瓜pei²² lã²⁴ kua⁴¹ 又 |
| 天水 | 百合pei²¹ xuə¹³ | 白兰瓜pʻei¹³ lã¹³ kua²¹ |
| 秦安 | 白合pʻei¹³ xə¹³ | 白兰瓜pɛ¹³ lan³⁵ kua²¹ |
| 甘谷 | 百合pai⁴² xə²⁴ | 白兰瓜pʻai²⁴ lã³⁵ kuɒ²¹ |
| 武山 | 百合pɛ²¹ xiə²⁴ | 白兰瓜pʻɛ²⁴ lã³¹ kuɑ²¹ |
| 张家川 | 百合pei²¹ xuɤ¹³ | 白兰瓜pʻei¹³ lã¹³ kua²¹ |
| 武威 | 百合pə⁵³ xə²¹ | 白兰瓜pə⁴⁴ lã⁵³ kua²¹ |
| 民勤 | 百合pə⁵³ xə²¹ | 白兰瓜pə²¹ læ⁴⁴ kua²¹ |
| 古浪 | 百合pə²¹ xə⁵³ | 白兰瓜pə⁵³ læ⁴⁴ kua²¹ |
| 永昌 | 百合pə⁵³ xə²¹ | 白兰瓜pə³⁵ lɛ⁵³ kua²¹<br>香瓜ɕiaŋ³⁵ kua⁵³ 又 |
| 张掖 | 百合piə²² xə⁵³ | 白兰瓜piə⁵³ laŋ⁴² kua²¹ |
| 山丹 | 百合pə⁵³ xə²¹ | 白兰瓜pə³³ lɛ⁵³ kua²¹ |
| 平凉 | 百合pei⁵³ xuɤ²¹ | 白兰瓜pei²⁴ lã²⁴ kua²¹ |
| 泾川 | 百合pei⁵³ xuɤ²¹ | 白兰瓜pʻei²¹ lã²⁴ kua⁵³ |
| 灵台 | 百合pei⁵³ xuo²¹ | 白兰瓜pʻei²⁴ lã²¹ kua⁵³ |

| 百合 | 白兰瓜 | 词目 / 方言点 |
|---|---|---|
| 百合 pei²² xə⁵³ | 白兰瓜 pei³⁵ lan⁵³ kua⁴⁴ | 酒泉 |
| 百合 pei²² xə²¹³ | 白兰瓜 pei¹³ lan⁴⁴ kua²¹³ | 敦煌 |
| 百合 pei⁵³ xɤ²¹ | 白兰瓜 pei²⁴ læ̃²⁴ kua⁵³ | 庆阳 |
| 百合 pei²⁴ xuɤ²⁴ | 白兰瓜 pei¹³ læ̃²¹ kua⁴¹ | 环县 |
| 百合 pei²¹ xuo²⁴ | 白兰瓜 p'ei²⁴ læ̃²⁴ kua³¹ | 正宁 |
| 百合 pei²¹ xuo²⁴ | 白兰瓜 p'ɛ²¹ læ̃²⁴ kua⁴¹ | 镇原 |
| 百合 pɛ¹³ xɤ¹³ | 白兰瓜 pɛ¹³ læ̃²⁴ kua²¹ | 定西 |
| 百合 pɛ²¹ xə¹³ | 白兰瓜 p'ei²² læ̃¹³ kua⁵³ | 通渭 |
| 百合 pei⁵³ xɤ¹³ | 白兰瓜 p'ei¹³ læ̃¹³ kua³¹ | 陇西 |
| 百合 pei²¹ xo¹³ | 白兰瓜 pei¹³ læ̃⁴⁴ kua¹³ | 临洮 |
| 百合 pɛ⁵³ xɤ¹³ | 白兰瓜 p'ɛ³⁵ læ̃⁴⁴ kuɑ²¹ | 漳县 |
| 百合 pɛ⁵³ xə²¹ | 白兰瓜 pɛ¹³ læ̃¹³ kua⁵³ | 陇南 |
| 百合 pɛ⁵³ xɤ¹³ | 白兰瓜 pɛ²¹ læ̃¹³ kua⁵³ | 文县 |
| 百合 pei¹³ xɤ¹³ | 白兰瓜 pei¹³ læ̃¹³ kua²¹ | 宕昌 |
| 百合 piɛ⁵³ xu²¹ | 白兰瓜 pei¹³ læ̃¹³ kua²¹ | 康县 |
| 百合 pei²¹ xuɤ²⁴ | 白兰瓜 p'ei²⁴ læ̃²⁴ kua²¹ | 西和 |
| 百合 pɛ¹³ xə¹³ | 白兰瓜 pɛ¹³ lã⁴⁴ kua¹³ | 临夏市 |
| 百合 pɛ¹³ xuə¹³ | 白兰瓜 pɛ¹³ læ̃⁵⁵ kuɑ¹³ | 临夏县 |
| 百合 pɛ²¹ xə⁵³ | 白兰瓜 pɛ²¹ læ̃¹³ kua¹³ | 甘南 |
| 百合 pei⁵⁵ xuə²¹ | 白兰瓜 pei³⁵ læ̃²¹ kua⁵³ | 舟曲 |
| 百合 pei⁴⁴ xə⁴⁴ | 白兰瓜 pei¹³ læ̃⁴⁴ kua¹³ | 临潭 |

| 词目<br>方言点 | 哈密瓜 | 西瓜 |
| --- | --- | --- |
| 北 京 | 哈密瓜xa⁵⁵ mi⁵¹ kua⁵⁵ | 西瓜ɕi⁵⁵ kua⁵⁵ |
| 兰 州 | 哈密瓜xa³⁵ mi⁴² kua²¹ | 西瓜ɕi⁴² kua²¹ |
| 红 古 | 哈密瓜xa³⁵ mʅ⁵³ kua²¹ | 西瓜sʅ²² kua⁵³ |
| 永 登 | 哈密瓜xa³⁵ mi²¹ kua⁵³ | 西瓜ɕi⁴⁴ kua²¹ |
| 榆 中 | 哈密瓜xa³⁵ mi⁴² kua²¹ | 西瓜ɕi⁴⁴ kua²¹ |
| 白 银 | 哈密瓜xa²⁴ mi⁵³ kua⁴⁴ | 西瓜ɕi⁴⁴ kua²¹ |
| 靖 远 | 哈密瓜k'a⁵⁵ mʅ²¹ kua⁴¹ | 西瓜sʅ⁴¹ kua²¹ |
| 天 水 | 哈密瓜xa⁵³ mi²¹ kua¹³ | 西瓜ɕi¹³ kua²¹ |
| 秦 安 | 哈密瓜xa⁵³ mi²¹ kua¹³ | 西瓜sʅ¹³ kua²¹ |
| 甘 谷 | 哈密瓜xɒ⁵³ mi²⁴ kuɒ²¹ | 西瓜ɕi³⁵ kuɒ²¹ |
| 武 山 | 哈密瓜xɑ⁵³ mʅ²¹ kuɑ²¹ | 西瓜ɕi³¹ kuɑ²¹ |
| 张家川 | 哈密瓜xa⁵³ mi²¹ kua¹³ | 西瓜ɕi¹³ kua²¹ |
| 武 威 | 哈密瓜xa⁴⁴ mi⁵³ kua²¹ | 西瓜ɕi⁴⁴ kua⁵³ |
| 民 勤 | 哈密瓜xa⁴⁴ mi⁴⁴ kua⁴⁴ | 西瓜ɕi³⁵ kua⁴² |
| 古 浪 | 哈密瓜xa¹³ mi⁵³ kua³¹ | 西瓜ɕi⁴⁴ kua³¹ |
| 永 昌 | 哈密瓜xa³⁵ mi⁵³ kua²¹ | 西瓜ɕi⁴⁴ kua⁵³ |
| 张 掖 | 哈密瓜xa²² mi³³ kua²¹ | 西瓜ɕi²² kua⁵³ |
| 山 丹 | 哈密瓜xa³³ mʅ³³ kua²¹ | 西瓜ʃʅ³³ kua³³ |
| 平 凉 | 哈密瓜xa⁵³ mi²¹ kua²¹ | 西瓜ɕi⁵³ kua²¹ |
| 泾 川 | 哈密瓜xa⁵⁵ mi⁴² kua²¹ | 西瓜ɕi³¹ kua²¹ |
| 灵 台 | 哈密瓜xa⁴⁴ mi³¹ kua²¹ | 西瓜si³¹ kua²¹ |

方言词汇

| 哈密瓜 | 西瓜 | 词目 / 方言点 |
|---|---|---|
| 哈密瓜 xa³⁵ mi⁴⁴ kua⁴⁴ | 西瓜 ɕi⁴⁴ kua⁴⁴ | 酒　泉 |
| 哈密瓜 xa⁴⁴ mʅ²² kua²¹ | 西瓜 ɕʅ²² kua⁵³ | 敦　煌 |
| 哈密瓜 xa⁴⁴ mi²¹ kua⁵³ | 西瓜 ɕi⁵³ kua³¹ | 庆　阳 |
| 哈密蛋 xa⁴⁴ mi²¹ tæ̃³³ | 西瓜 ɕi⁴² kua²¹ | 环　县 |
| 哈密瓜 xa⁴⁴ mi³¹ kua²¹ | 西瓜 si⁵³ kua²¹ | 正　宁 |
| 哈密瓜 xa⁵⁵ mi²¹ kua⁴² | 西瓜 si²¹³ kua⁵³ | 镇　原 |
| 哈密瓜 kʻa⁵³ mi²¹ kua²¹ | 西瓜 ɕi³⁵ kua²¹ | 定　西 |
| 哈密瓜 xa⁵³ mi²¹ kua²¹ | 西瓜 si¹³ kua³¹ | 通　渭 |
| 哈密瓜 xa³⁵ mi⁵³ kua²¹ | 西瓜 ɕi³¹ kua²¹ | 陇　西 |
| 哈密瓜 kʻa⁵³ mi¹³ kua¹³ | 西瓜 ɕi¹³ kua²¹ | 临　洮 |
| 哈密瓜 kʻɑ⁴⁴ mi²¹ kuɑ²¹ | 西瓜 si²¹ kuɑ²¹ | 漳　县 |
| 哈密瓜 xa⁵⁵ mi⁵³ kua²¹ | 西瓜 ɕi³¹ kua²¹ | 陇　南 |
| 哈密瓜 xa⁵³ mi²¹ kua²¹ | 西瓜 ɕi⁵³ kua²¹ | 文　县 |
| 哈密瓜 xa⁵³ mʅ²¹ kua²¹ | 西瓜 si⁴⁴ kua⁴⁴ | 宕　昌 |
| 哈密瓜 xa⁵³ mi²¹ kua²¹ | 西瓜 si⁵³ kua²¹ | 康　县 |
| 哈密瓜 xa⁵³ mi²⁴ kua²¹ | 西瓜 ɕi²⁴ kua⁵³ | 西　和 |
| 哈密瓜 xa²¹ mi⁴⁴ kua¹³ | 西瓜 ɕi⁴⁴ kua²¹ | 临夏市 |
| 哈密瓜 xɑ⁵⁵ mi⁵⁵ kuɑ¹³ | 西瓜 ɕi⁵⁵ kuɑ²¹ | 临夏县 |
| 哈密瓜 xa⁴⁴ mi²¹ kua²¹ | 西瓜 ɕi¹³ kua⁵³ | 甘　南 |
| 哈密瓜 xa⁵⁵ mi⁵⁵ kua⁵³ | 西瓜 sʅ⁵³ kua²¹ | 舟　曲 |
| 哈密瓜 xa⁵³ mi²¹ kua²¹ | 西瓜 ɕi⁴⁴ kua⁴⁴ | 临　潭 |

| 词目\方言点 | 事情 | 东西 |
|---|---|---|
| 北　京 | 事情ʂʅ51 tɕʻiŋ0 | 东西tuŋ55 ɕi0 |
| 兰　州 | 事情ʂʅ22 tɕʻin53 | 东西tuən53 ɕi21 |
| 红　古 | 事情ʂʅ22 tɕʻin53 | 东西tuən22 sʅ53 |
| 永　登 | 事情ʂʅ22 tɕʻin44 | 东西tuən42 ɕi21 |
| 榆　中 | 事情ʂʅ21 tɕʻin44 | 东西tun53 ɕi21 |
| 白　银 | 事情ʂʅ22 tɕʻin24 | 东西tun44 ɕi21 |
| 靖　远 | 事情sʅ35 tɕiŋ41 | 物件və41 tɕiæ̃21 |
| 天　水 | 事情sʅ35 tɕʻiŋ21 | 东西tuŋ21 ɕi13<br>物件və21 tɕʻiæ̃44 又 |
| 秦　安 | 事儿sʅ44 ər53 | 东西tuæ̃21 sʅ13 |
| 甘　谷 | 事情sʅ44 tɕʻiəŋ21 | 东西tuəŋ42 ɕi24<br>物件uə42 tɕʻiã44 又 |
| 武　山 | 事情sʅ44 tɕʻiŋ21 | 东西tuŋ21 ɕi24<br>物件uə31 tɕʻiã21 又 |
| 张家川 | 事情sʅ44 tɕʻiŋ21 | 东西tuŋ13 ɕi21 |
| 武　威 | 事情sʅ44 tɕʻiŋ21 | 东西tuŋ22 ɕi53 |
| 民　勤 | 事情sʅ42 tɕʻiŋ21 | 东西toŋ24 ɕi21 |
| 古　浪 | 事情sʅ44 tɕʻiŋ31 | 东西tuəŋ44 ɕi53 |
| 永　昌 | 事情sʅ53 tɕʻiŋ21 | 东西tuŋ35 ɕi53 |
| 张　掖 | 事情ʂʅ31 tɕʻin21 | 东西tuən22 ɕi33 |
| 山　丹 | 事情sʅ53 tɕʻiŋ21 | 东西tuŋ33 ʃʅ33 |
| 平　凉 | 事干sʅ35 kæ̃21 | 东西tuŋ53 ɕi21 |
| 泾　川 | 事儿sər44 | 东西tuŋ31 ɕi21 |
| 灵　台 | 事sʅ44 | 东西tuəŋ53 si21 |

| 事情 | 东西 | 词目 / 方言点 |
|---|---|---|
| 事情sɿ²² tɕʻiŋ¹³ | 东西tuŋ⁴⁴ ɕi⁴⁴ | 酒　泉 |
| 事情sɿ⁴⁴ tɕʻiŋ²¹ | 东西tuŋ²² ɕɿ⁵³ | 敦　煌 |
| 事sɿ⁵³<br>事情sɿ²⁴ tɕʻiŋ⁵³ 又 | 东西tuŋ³¹ ɕi²¹ | 庆　阳 |
| 事情sɿ⁴⁴ tɕʻiŋ²¹ | 东西tuŋ⁴² ɕi²¹ | 环　县 |
| 事sɿ⁴⁴<br>事情sɿ³⁵ tɕʻiŋ²¹ 又 | 东西tuŋ⁵³ si²¹ | 正　宁 |
| 事儿sər⁴⁴ | 东西tuŋ⁴² si²¹ | 镇　原 |
| 事情sɿ²⁴ tɕʻiŋ²¹ | 东西tuŋ²¹ ɕi²⁴<br>家什tɕia²¹ sɿ²⁴ 又 | 定　西 |
| 事情sɿ⁴⁴ tsʻiə̃²¹ | 物件uə²¹ tɕʻiæ̃⁴⁴ | 通　渭 |
| 事情sɿ¹³ tɕʻin²¹ | 东西tuŋ⁵³ ɕi¹³ | 陇　西 |
| 事情sɿ³⁵ tɕʻiŋ²¹ | 东西tuŋ²¹ ɕi⁴⁴<br>物件vo²¹ tɕiæ̃⁴⁴ 又 | 临　洮 |
| 事情ʂʅ³⁵ tsʻiŋ²¹ | 东西tuŋ⁵³ si⁴⁴ | 漳　县 |
| 事sɿ²⁴ | 东西tuŋ⁵³ ɕi²¹ | 陇　南 |
| 事情sɿ²⁴ tɕʻiə̃⁵³ | 东西toŋ⁵³ ɕi¹³ | 文　县 |
| 事情sɿ⁴⁴ tsʻiŋ²¹ | 东西tuŋ⁴⁴ si⁴⁴ | 宕　昌 |
| 事情ʂʅ²⁴ tsʻin⁵³ | 东西tuŋ⁵³ si²¹ | 康　县 |
| 事情sɿ³⁵ tɕʻiŋ²¹ | 东西tuŋ²¹ ɕi²⁴<br>物件uɤ²¹ tɕʻiæ̃⁵⁵ 又 | 西　和 |
| 事情ʂʅ⁴⁴ tɕʻin²¹ | 东西tuəŋ²¹ ɕi⁵³ | 临夏市 |
| 事情sɿ⁵⁵ tɕʻin²¹ | 东西tuəŋ²¹ ɕi⁵³ | 临夏县 |
| 事情sɿ⁴⁴ tɕʻin²¹ | 东西tuŋ²¹ ɕi⁵³ | 甘　南 |
| 事情sɿ²² tsʻiŋ⁵³ | 东西tuəŋ⁵³ sɿ²¹ | 舟　曲 |
| 事情sɿ⁴⁴ tɕʻin²¹ | 东西tuŋ⁴⁴ ɕi⁴⁴ | 临　潭 |

| 方言点\词目 | 原因 | 声音 |
|---|---|---|
| 北　京 | 原因yan³⁵ in⁵⁵ | 声音ʂən⁵⁵ in⁵⁵ |
| 兰　州 | 原因yæ̃⁵³ in⁴⁴ | 声音ʂən⁵³ in²¹ |
| 红　古 | 原因yã¹³ in¹³ | 嗓音sã⁵⁵ in²¹ |
| 永　登 | 缘故yæ̃⁴⁴ ku²¹ | 声音ʂən⁴² in²¹<br>音音子in⁵³ in⁴² tsʅ²¹ 又 |
| 榆　中 | 原因yã⁵³ in⁵⁵ | 声音ʂən⁵³ in²¹ |
| 白　银 | 缘故yan⁵³ ku¹³ | 声音ʂən⁴⁴ in²¹ |
| 靖　远 | 由头iɤu²² tʻɤu⁵⁵ | 声气ʂɤŋ⁴¹ tsʅ²¹ |
| 天　水 | 因由iŋ²¹ iɤu¹³ | 声气ʂɤŋ²¹ tɕʻi⁴⁴ |
| 秦　安 | 过前kuə⁴⁴ tɕʻian⁴⁴ | 声响ʂə̃²¹ ɕiã⁵³ |
| 甘　谷 | 原因yã²⁴ iəŋ²¹ | 声音ʂəŋ³⁵ iəŋ²¹ |
| 武　山 | 原因yã²⁴ iŋ²¹ | 声音ʂəŋ³¹ iŋ²¹<br>声气ʂəŋ²¹ tɕʻi⁴⁴ 又 |
| 张家川 | 原因yæ̃¹³ iŋ²¹ | 声音ʂɤŋ¹³ iŋ²¹ |
| 武　威 | 原因yã³⁵ iŋ²¹ | 声音ʂəŋ⁴⁴ iŋ⁵³ |
| 民　勤 | 原因yʅ⁴⁴ iŋ²¹ | 声音ʂɤŋ³⁵ iŋ⁴² |
| 古　浪 | 原因yɛ³⁵ iŋ²¹ | 声音ʂəŋ⁴⁴ iŋ⁵³ |
| 永　昌 | 原因yɛ³⁵ iŋ⁵³ | 声音ʂəŋ³⁵ iŋ⁵³ |
| 张　掖 | 原因yaŋ³⁵ in²¹ | 声音ʂəŋ³³ in³³ |
| 山　丹 | 原因yʅ³⁵ iŋ²¹ | 声音ʂəŋ³³ iŋ³³ |
| 平　凉 | 原因yæ̃²⁴ iŋ²¹ | 声音ʂəŋ⁵³ iŋ²¹ |
| 泾　川 | 原因yæ̃²⁴ iŋ²¹ | 声音ʂəŋ³¹ iŋ²¹ |
| 灵　台 | 原因yæ̃²⁴ iəŋ²¹ | 声音ʂəŋ⁵³ iəŋ²¹ |

| 原因 | 声音 | 词目 / 方言点 |
|---|---|---|
| 原因 yan³⁵ iŋ³¹ | 声音 ʂən³⁵ iŋ⁴⁴ | 酒　泉 |
| 原因 yɛ¹³ iŋ²¹³ | 声音 ʂən¹³ iŋ²¹³ | 敦　煌 |
| 原因 yæ²⁴ iŋ³¹ | 声音 ʂən⁵³ iŋ²¹ | 庆　阳 |
| 原因 yæ²² iŋ⁴¹ | 声音 ʂən⁴² iŋ²¹ | 环　县 |
| 原因 yæ²⁴ ien²¹ | 声音 ʂən⁵³ ien²¹ | 正　宁 |
| 原因 yæ²⁴ iŋ⁵³ | 声音 ʂən⁴¹ iŋ²¹ | 镇　原 |
| 原因 yæ¹³ iŋ²¹ | 声音 ʂɤŋ¹³ iŋ⁵³<br>声气 ʂɤŋ²¹ tɕʻi²⁴ 又 | 定　西 |
| 阿们着 a²¹ mə̃²¹ tʂə⁴⁴ | 声气 ʂə̃²¹ tɕʻi⁴⁴ | 通　渭 |
| 情况 tɕʻin²¹ kʻuã¹³ | 声气 ʂən⁵³ tɕʻi¹³ | 陇　西 |
| 原因 yæ¹³ iŋ²¹<br>根源 kɤŋ²¹ yæ¹³ 又 | 声响 ʂen¹³ ɕiã⁵³<br>声气 ʂen²¹ tɕʻi⁴⁴ 又 | 临　洮 |
| 原因 yæ¹³ iŋ²¹ | 声音 ʃɤŋ²¹ iŋ²¹ | 漳　县 |
| 根源 kɤŋ⁵³ yæ²¹ | 声气 ʂɤŋ⁵³ tɕʻi²¹ | 陇　南 |
| 原因 yæ²¹ iə̃⁵³ | 声音 sə̃⁵³ iə̃²¹ | 文　县 |
| 原因 yæ¹³ iŋ²¹ | 声音 ʂən⁴⁴ iŋ⁴⁴ | 宕　昌 |
| 原因 yæ²¹ in⁵³ | 声音 ʂɤŋ⁵³ in²¹ | 康　县 |
| 原因 yæ²⁴ iŋ²¹ | 声气 ʂɤŋ²¹ tɕʻi⁵⁵<br>声音 ʂɤŋ²⁴ iŋ²¹ 又 | 西　和 |
| 原因 yã¹³ in⁵³ | 声音 ʂən⁴⁴ in²¹ | 临夏市 |
| 原因 yæ¹³ in⁵³ | 声音 ʂən⁵⁵ in⁵³ | 临夏县 |
| 原因 yæ¹³ in²¹ | 声音 ʂɤŋ²¹ in³⁵ | 甘　南 |
| 原因 yæ³¹ iŋ²¹ | 声音 ʂən⁵⁵ iŋ²¹ | 舟　曲 |
| 原因 yæ¹³ in⁴⁴ | 声音 ʂɤŋ⁴⁴ in⁴⁴ | 临　潭 |

| 词目<br>方言点 | 味道 | 气味 |
|---|---|---|
| 北 京 | 味道 uei⁵¹ tao⁵¹ | 气味 tɕʻi⁵¹ uei⁵¹ |
| 兰 州 | 味道 vei²² tɔ⁵³ | 气味 tɕʻi⁴⁴ vei¹³ |
| 红 古 | 味道 vei¹³ tɔ⁵³ | 气味 tsʻɿ²² vei⁵³ |
| 永 登 | 味道 vei¹³ tɑo³⁵ | 味气 vei³⁵ tɕʻi¹³ |
| 榆 中 | 味道 vei²¹ tɔ¹³ | 气味 tɕi⁴⁴ vei²¹³ |
| 白 银 | 味道 vei²² tɔ¹³ | 气味 tɕʻi⁴⁴ vei¹³ |
| 靖 远 | 味道 vei³⁵ tao⁴¹ | 味气 vei³⁵ tsʻɿ⁴⁴ |
| 天 水 | 味道 vei⁴⁴ tɔ²¹ | 气味 tɕʻi⁴⁴ vei⁴⁴ |
| 秦 安 | 味儿 ʒy⁴⁴ zɿ²¹ | 气味 tɕʻi⁴⁴ uei⁴⁴ |
| 甘 谷 | 味道 uai³⁵ tʻɑu²¹ | 气味 tɕʻi⁴⁴ uai⁴⁴ |
| 武 山 | 味道 uɛ³⁵ tʻao²¹ | 气味 tɕʻi⁴⁴ uɛ⁴⁴ |
| 张家川 | 味道 vei⁴⁴ tɔ²¹ | 气味儿 tɕʻi⁴⁴ veir⁴⁴ |
| 武 威 | 味道 vei⁴⁴ tao²¹ | 气味 tɕʻi²² vei⁵³ |
| 民 勤 | 味道 vei⁴² tao²¹ | 气味 tɕʻi²¹ vei⁴² |
| 古 浪 | 味道 vei⁴⁴ tɔ⁴⁴ | 气味 tɕʻi⁴⁴ vei⁵³ |
| 永 昌 | 味道 vei⁵³ tao²¹ | 味道 vei⁵³ tao²¹ |
| 张 掖 | 味道 vei³¹ tɔ²¹ | 气味 tɕʻi³¹ vei²¹ |
| 山 丹 | 味道 vei⁵³ tɑo²¹ | 气味 tʂʻɿ⁵⁵ vei⁵³ |
| 平 凉 | 味道 vei³⁵ tɔ³¹ | 味道 vei³⁵ tɔ³¹ |
| 泾 川 | 味道 vei³⁵ tɔ²¹ | 味道 vei³⁵ tɔ²¹ |
| 灵 台 | 味道 uei²⁴ tɔ²¹ | 味道 uei²⁴ tɔ²¹ |

| 味道 | 气味 | 词目 / 方言点 |
|---|---|---|
| 味道 vei¹³ tɔ¹³ | 气味 tɕʻi¹³ vei¹³ | 酒　泉 |
| 味道 vei⁴⁴ tao⁵³ | 气味 tɕʻʅ⁴⁴ vei⁴⁴ | 敦　煌 |
| 味道 uei⁴⁴ tɔ⁵³ | 气味 tɕʻi⁴⁴ uər⁴⁴ | 庆　阳 |
| 味道儿 uei²⁴ tɔr²¹ | 气味儿 tɕʻi³³ uər⁴⁴ | 环　县 |
| 味道 uei³⁵ tɔ²¹ | 味道 uei³⁵ tɔ²¹ | 正　宁 |
| 味道 uei⁴⁴ tɔ²¹ | 气味儿 tɕʻi⁴⁴ uer⁴⁴<br>味气 uei⁴⁴ tɕʻi⁴⁴ 又 | 镇　原 |
| 味道 ʑy²⁴ tʻɑo²¹ | 气味 tɕʻi⁴⁴ vei⁴⁴ | 定　西 |
| 味道 ʑy⁴⁴ tʻɔ⁵³ | 气味 tɕʻi⁴⁴ uei⁴⁴ | 通　渭 |
| 味道 vei⁴⁴ tɔ⁴⁴ | 气味儿 tɕʻi¹³ vei⁴⁴ zʅ²¹ | 陇　西 |
| 味道 vei⁴⁴ tɑo⁴⁴ | 气味 tɕʻi⁴⁴ vei⁴⁴ | 临　洮 |
| 味道 y³⁵ tʻɑo²¹ | 气味 tɕʻi³⁵ uei⁴⁴ | 漳　县 |
| 味道 vei²⁴ tɑo³¹ | 气味 tɕʻi²⁴ vei²⁴ | 陇　南 |
| 味道 vei²⁴ tɑo²⁴ | 气味 tɕʻi²⁴ vei²⁴ | 文　县 |
| 味道 vei⁴⁴ tɑo²¹ | 气味 tsʻi⁴⁴ vei⁴⁴ | 宕　昌 |
| 味道 vei²⁴ tɑo⁵³ | 气味儿 tɕʻi²⁴ vei²⁴ ər²¹ | 康　县 |
| 味道 y³⁵ tɔ²¹ | 味道 uei³⁵ tɔ²¹ | 西　和 |
| 味道 vei¹³ tɔ⁵³ | 气味 tɕʻi⁴⁴ vei⁵³ | 临夏市 |
| 味道 vei⁵⁵ tɔ⁵³ | 气味 tɕʻi⁵⁵ vei⁵³ | 临夏县 |
| 味道 vei³⁵ tao²¹ | 味道 vei³⁵ tao²¹ | 甘　南 |
| 味道 vei²² tɑo⁵³ | 气味 tʃʻu¹³ vei¹³ | 舟　曲 |
| 味道 vei⁴⁴ tɔ⁴⁴ | 气味 tɕʻi⁴⁴ vei⁴⁴ | 临　潭 |

| 词目<br>方言点 | 颜色 | 相貌 |
|---|---|---|
| 北 京 | 颜色ian³⁵ sɤ⁵¹ | 相貌ɕiaŋ⁵¹ mao⁵¹ |
| 兰 州 | 颜色iæ̃⁵³ sɤ¹³ | 长相tʂã³⁵ ɕiã²¹ |
| 红 古 | 颜色iã²² ʂei⁵³ | 模样儿mu²² iã³⁵ ər⁵³ |
| 永 登 | 颜色iæ̃²² ʂə³⁵ | 模样子mu⁵³ iaŋ⁴² tsʅ²¹ |
| 榆 中 | 颜色iã²¹ ʂə¹³ | 相貌ɕiã³⁵ mɔ¹³ |
| 白 银 | 颜色ian⁵³ ʂə¹³ | 模样子mu⁵³ iaŋ²¹ tsʅ²¹ |
| 靖 远 | 颜色iæ̃²² sei⁵⁵ | 模样子mu²² iaŋ⁵⁵ tsʅ²¹ |
| 天 水 | 颜色iæ̃¹³ sei²¹ | 样子iã³⁵ tsʅ²¹<br>长相tʂã⁵³ ɕiã⁴⁴ 又 |
| 秦 安 | 颜色ian¹³ sɛ²¹ | 样子iã⁴⁴ tsʅ²¹ |
| 甘 谷 | 颜色iã²⁴ sai²¹ | 长样tʂaŋ⁵³ iaŋ⁴⁴ |
| 武 山 | 颜色iã²⁴ sɛ²¹ | 长相tʂaŋ⁵³ ɕiaŋ⁴⁴ |
| 张家川 | 颜色iæ̃¹³ sei²¹ | 长相tʂã⁵³ ɕiã⁴⁴<br>相貌ɕiã⁴⁴ mɔ⁴⁴ 又 |
| 武 威 | 颜色iã³⁵ sə⁵³ | 模样子mə³⁵ iã⁴⁴ tsʅ²¹ |
| 民 勤 | 颜色ir⁴⁴ sə²¹ | 模样子mə²¹ iaŋ⁴⁴ zʅ²¹ |
| 古 浪 | 颜色iɛ³⁵ ʂə³¹ | 模样子mu³⁵ iao³¹ tsʅ²¹ |
| 永 昌 | 颜色iɛ³⁵ ʂə²¹ | 样子iaŋ⁵³ tsʅ²¹ |
| 张 掖 | 颜色iaŋ³⁵ ʂə²¹ | 模样子mu³⁵ iaŋ⁵³ tsʅ²¹ |
| 山 丹 | 颜色ir³⁵ ʂə²¹ | 模样子mu³⁵ iaŋ⁴² tsʅ²¹ |
| 平 凉 | 颜色iæ̃²² sei⁵³ | 模样子mu²² iaŋ⁴⁴ tsʅ²¹ |
| 泾 川 | 颜色iæ̃²¹ sei⁵³ | 长相tʂaŋ⁵³ ɕiaŋ⁴⁴ |
| 灵 台 | 颜色iã²¹ sei⁵³ | 长相tʂaŋ⁵³ siaŋ⁴⁴ |

| 颜色 | 相貌 | 词目＼方言点 |
|---|---|---|
| 颜色 ian³⁵ sə³¹ | 模样子 mu³⁵ iaŋ⁵³ tsʅ³¹ | 酒　泉 |
| 颜色 iɛ²² sei⁵³ | 相貌 ɕiaŋ⁴⁴ mao⁴⁴ | 敦　煌 |
| 颜色 iæ̃²¹ sei⁵³ | 长相 tʂaŋ⁵³ ɕiaŋ⁴⁴ | 庆　阳 |
| 颜色 iæ̃²² sei⁵⁵ | 长相 tʂaŋ⁵⁵ ɕiaŋ³³ | 环　县 |
| 颜色 iæ̃²¹ sei⁵³ | 长相 tʂaŋ⁵³ ɕiaŋ⁴⁴<br>相貌 ɕiaŋ⁴⁴ mɔ⁴⁴ 又 | 正　宁 |
| 颜色 iæ̃²¹ sei⁵³ | 长相 tʂã⁵³ ɕiã⁴⁴<br>模样 mu²¹ iã⁵³ 又 | 镇　原 |
| 颜色 iæ̃²⁴ sei²¹ | 长相 tʂã⁵³ ɕiã⁴⁴ | 定　西 |
| 颜色 iæ̃¹³ sei⁵³ | 长相 tʂã⁵³ siã⁴⁴ | 通　渭 |
| 颜色 iæ̃¹³ sɛ²¹ | 长相 tʂã³⁵ ɕiã²¹ | 陇　西 |
| 颜色 iæ̃³⁵ sɛ²¹ | 模样儿 mu⁴⁴ iã̃r⁵³ | 临　洮 |
| 颜色 iæ̃¹³ ʃɛ²¹ | 长相 tʃaŋ⁵³ siaŋ⁴⁴ | 漳　县 |
| 颜色 iæ̃¹³ sei²¹ | 长相 tʂã⁵⁵ ɕiã¹³ | 陇　南 |
| 颜色 iæ̃²² sɛ⁵³ | 面相 miæ̃²⁴ ɕiã²⁴<br>长相 tʂã⁵⁵ ɕiã²¹ 又 | 文　县 |
| 颜色 iæ̃¹³ sei²¹ | 面相 miæ̃⁴⁴ siã⁴⁴<br>长相 tʂã⁵³ siã⁴⁴ 又 | 宕　昌 |
| 颜色 iæ̃²¹ sei¹³ | 长相 tʂã⁵⁵ siã²⁴ | 康　县 |
| 颜色 iæ̃²⁴ sei²¹ | 相貌 ɕiã⁵⁵ mɔ⁵⁵ | 西　和 |
| 颜色 iã¹³ ʂə³¹ | 长相 tʂaŋ³⁵ ɕiaŋ⁵³ | 临夏市 |
| 颜色 iæ̃¹³ ʂə⁵³ | 相貌 ɕiaŋ²¹ mɔ³⁵ | 临夏县 |
| 颜色 iæ̃¹³ sə⁵³ | 样子 iã³⁵ tsʅ²¹ | 甘　南 |
| 颜色 iæ̃³¹ sei²¹ | 面相 miæ̃¹³ siã¹³<br>长相 tʂã⁵⁵ siã²² 又 | 舟　曲 |
| 颜色 iæ̃¹³ sei²¹ | 长相 tʂã⁵³ ɕiã⁴⁴ | 临　潭 |

| 词目 方言点 | 年龄 | 做事情 |
|---|---|---|
| 北 京 | 年龄nian³⁵ liŋ³⁵ | 做事情tsuo⁵¹ ʂʅ⁵¹ tɕ'iŋ⁰ |
| 兰 州 | 年龄niæ̃⁵³ lin¹³ | 做事情tsu²¹ ʂʅ²² tɕ'in⁵³ |
| 红 古 | 岁数suei¹³ fu⁵³ | 做事情tsuə³⁵ ʂʅ²² tɕ'in⁵³ |
| 永 登 | 岁数suei¹³ fu⁴² | 做事情tsu³⁵ ʂʅ²¹ tɕ'in⁴⁴ |
| 榆 中 | 岁数suei²¹ ʂu³⁵ | 做事情tsuə²¹ ʂʅ²¹ tɕ'in³⁵ |
| 白 银 | 岁数suei²² fu¹³ | 做事情tsu²² ʂʅ²² tɕ'in²⁴ |
| 靖 远 | 岁数suei³⁵ ʂʮ⁴¹ | 做事情tsɤu³⁵ sʅ⁴⁴ tɕ'iŋ⁴¹ |
| 天 水 | 岁数suei³⁵ ʃʮ²¹ | 做活计tsʮ⁴⁴ xuə¹³ tɕiɛ²¹ |
| 秦 安 | 年纪nian³⁵ tɕi²¹ | 做事tsʮ⁴⁴ sʅ⁴⁴ |
| 甘 谷 | 年龄niã³⁵ liəŋ¹³ | 做活tsʮ⁴⁴ xuə¹³ |
| 武 山 | 年龄niã²⁴ liŋ²⁴ | 做活计tsʮ⁴⁴ xuə²⁴ tɕiə²¹ |
| 张家川 | 岁数suei⁴⁴ ʃʮ²¹ | 做啥着哩tsʮ⁴⁴ sa⁴⁴ tʂɤ³⁵ li²¹ |
| 武 威 | 岁数suei⁴⁴ ʂʮ²¹ | 干事情kã³⁵ sʅ⁴⁴ tɕ'iŋ²¹ |
| 民 勤 | 年纪nir²¹ tɕi⁴⁴ | 做事情tsʮ²¹ sʅ⁴² tɕ'iŋ²¹ |
| 古 浪 | 岁数suei⁴⁴ ʂʮ³¹ | 干事情kæ³⁵ sʅ⁴⁴ tɕ'iŋ²¹ |
| 永 昌 | 年纪niɛ³⁵ tɕi²¹ | 做事情tsuə³⁵ ʂʅ⁵³ tɕ'iŋ²¹ |
| 张 掖 | 年龄niaŋ³⁵ lin²¹ | 做事情tsuə¹³ ʂʅ⁵³ tɕ'in²¹ |
| 山 丹 | 年纪nir³⁵ tʃʅ²¹ | 干活kɛ³³ xuə⁵³ |
| 平 凉 | 岁数suei³⁵ ʂu³¹ | 做活tsu⁴⁴ xuɤ²⁴ |
| 泾 川 | 岁数ʃei³⁵ ʃu²¹ | 做活tsʮ⁴⁴ xuɤ²⁴ |
| 灵 台 | 岁数suei²⁴ ʃu²¹ | 做活tsʮ⁴⁴ xuo²⁴ |

| 年龄 | 做事情 | 词目 / 方言点 |
|---|---|---|
| 年纪 nian³⁵ tɕi³¹ | 干事情 kan³⁵ sʅ⁵³ tɕʰiŋ³¹ | 酒泉 |
| 年龄 niɛ²² liŋ⁵³ | 做事情 tsuə²² sʅ⁴⁴ tɕʰiŋ⁵³ | 敦煌 |
| 年龄 niæ̃²⁴ liŋ²⁴ | 做事 tsuo²¹ sʅ⁴⁴ | 庆阳 |
| 年龄 niæ̃²² liŋ⁵⁵ | 做事 tsʅ⁴⁴ sʅ⁴⁴ | 环县 |
| 岁数 suei³⁵ sou²¹<br>年龄 niæ̃²⁴ liŋ⁴⁴ 又 | 做活 tsou⁴⁴ xuo²⁴<br>干事情 kæ̃⁴⁴ sʅ²⁴ tsʰiŋ²¹ 又 | 正宁 |
| 岁数 suei⁴⁴ sʅ²¹<br>年龄 niæ̃²⁴ liŋ²⁴ 又 | 做活 tsʅ⁴⁴ xuo²⁴<br>做啥 tsʅ⁴⁴ sa⁴⁴ 又 | 镇原 |
| 年龄 niæ̃³⁵ liŋ²¹<br>岁数 suei²⁴ ʃu²¹ 又 | 做活计 tsu⁴⁴ xuɤ²⁴ tɕiɛ²¹ | 定西 |
| 岁数 tsuei⁴⁴ ʃu²¹ | 做活 tsu⁴⁴ xuə¹³ | 通渭 |
| 岁数 suei³⁵ ʂu²¹ | 做活计 tsu⁴⁴ xuɤ²² tɕiɛ³¹ | 陇西 |
| 岁数 suei⁴⁴ ʂu²¹ | 干事情 kæ̃⁴⁴ sʅ⁴⁴ tɕʰiŋ²¹<br>做活 tsʅ⁴⁴ xuo¹³ 又 | 临洮 |
| 年龄 niæ̃¹³ liŋ²¹<br>岁数 suei³⁵ ʃʅ²¹ 又 | 做事情 tsʅ⁴⁴ ʃʅ⁴⁴ tsʰiŋ²¹ | 漳县 |
| 岁数 suei²⁴ ʃu²¹ | 做活 tsʅ²⁴ xuə¹³ | 陇南 |
| 岁数 suei²⁴ ʃu⁵³ | 做事情 tsu²⁴ sʅ²⁴ tɕʰiə̃⁵³ | 文县 |
| 岁数 suei³⁵ ʂu²¹ | 做事情 tsu⁴⁴ sʅ⁴⁴ tsʰiŋ²¹ | 宕昌 |
| 岁数 suei²⁴ fu⁵³ | 做活 tsu²⁴ xuo²¹ | 康县 |
| 岁数 ʃei³⁵ ʃu²¹ | 做活 tʃu⁵⁵ xuɤ²⁴ | 西和 |
| 年纪 niæ̃²¹ tɕi⁵³ | 做事情 tsu¹³ ʂʅ⁴⁴ tɕʰin²¹ | 临夏市 |
| 年龄 niæ̃³⁵ lin⁵³ | 做事情 tsu⁵⁵ ʂʅ⁵⁵ tɕʰin²¹ | 临夏县 |
| 年龄 niæ̃¹³ lin⁵³ | 做事情 tsu⁴⁴ ʂʅ⁴⁴ tɕʰin²¹ | 甘南 |
| 岁数 tsuei²² ʃu⁵³ | 做事情 tsu³⁵ sʅ²¹ tsʰiŋ⁵³ | 舟曲 |
| 年纪 niæ̃²¹ tɕi⁴⁴ | 干活 kæ̃⁴⁴ xuə¹³ | 临潭 |

| 方言点 \ 词目 | 我 | 我们（包括式） |
|---|---|---|
| 北　京 | 我uo²¹⁴ | 我们uo²¹⁴ mən⁰ |
| 兰　州 | 我vɤ⁴⁴ | 我们vɤ⁴⁴ mən²¹ |
| 红　古 | 我və⁵³ | 我们və³⁵ mən²¹ |
| 永　登 | 我və³⁵⁴ | 卬们ɑŋ⁵³ mən²¹ |
| 榆　中 | 我və⁴⁴ | 我们və⁴⁴ mən²¹ |
| 白　银 | 我və²⁴ | 王⁼vaŋ⁵³<br>王⁼们vaŋ³⁵ mən²¹ 又 |
| 靖　远 | 我ŋuə⁵⁵ | 我们ŋuə⁴¹ mɤŋ²¹ |
| 天　水 | 我ŋuə⁵³ | 熬⁼ ŋɔ¹³ |
| 秦　安 | 我kə⁵³<br>曹⁼tsʻɔ¹³ 又 | 搞⁼ kɔ⁵³ 又<br>曹⁼ tsʻɔ¹³ |
| 甘　谷 | 我kiɛ⁵³ | 搞⁼ kɑu²⁴ |
| 武　山 | 我kiə⁵³ | 搞⁼ kao³¹ |
| 张家川 | 我ŋuɤ⁵³ | 熬⁼ ŋɔ⁵³ |
| 武　威 | 我və³⁵ | 我们və²² məŋ⁵³ |
| 民　勤 | 我uə²¹⁴ | 我们uə²¹ mɤŋ²⁴ |
| 古　浪 | 我və³⁵ | 我们və²¹ məŋ⁵³ |
| 永　昌 | 我və⁵³ | 我们və⁵³ mən²¹ |
| 张　掖 | 我və⁵³ | 我们və²¹ mən³³ |
| 山　丹 | 我və³⁵ | 王⁼vaŋ³³ |
| 平　凉 | 我ŋɤ⁵³ | 我们ŋɤ⁴⁴ məŋ²¹ |
| 泾　川 | 我uɤ⁵³ | 我里uɤ³¹ li²¹ |
| 灵　台 | 我ŋuo⁵³ | 我们ŋuo⁴⁴ məŋ²¹ |

方言词汇

| 我 | 我们（包括式） | 词目 / 方言点 |
|---|---|---|
| 我 və$^{53}$ | 我们 və$^{44}$ məŋ$^{21}$ | 酒　泉 |
| 我 ŋə$^{53}$ | 我们 ŋə$^{44}$ məŋ$^{21}$ | 敦　煌 |
| 我 ŋɤ$^{53}$ | 我们 ŋɤ$^{44}$ məŋ$^{21}$ | 庆　阳 |
| 我 ŋuɤ$^{55}$ | 我们 ŋuɤ$^{55}$ məŋ$^{21}$ | 环　县 |
| 我 ŋɤ$^{53}$ | 我们 ŋɤ$^{35}$ men$^{21}$ | 正　宁 |
| 我 uo$^{53}$<br>曹=tsʻɔ$^{24}$ 又 | 我们 uo$^{53}$ məŋ$^{21}$ | 镇　原 |
| 我 ŋɤ$^{53}$ | 我 ŋɑo$^{53}$ | 定　西 |
| 我 kə$^{53}$ | 搞= kɔ$^{53}$ | 通　渭 |
| 我 kɤ$^{53}$ | 搞= kɔ$^{53}$ | 陇　西 |
| 我 ŋo$^{53}$ | 我室 ŋo$^{53}$ ʂʅ$^{21}$<br>我们 ŋo$^{53}$ mɤŋ$^{21}$ 又 | 临　洮 |
| 我 kɤ$^{53}$ | 搞= kɑo$^{21}$ | 漳　县 |
| 我 ŋə$^{55}$ | 我们 ŋə$^{55}$ mɤŋ$^{53}$ | 陇　南 |
| 我 ŋɤ$^{53}$ | 我们 ŋɤ$^{35}$ mə̃$^{21}$ | 文　县 |
| 我 ŋɤ$^{53}$ | 我们 ŋɤ$^{53}$ mu$^{21}$ | 宕　昌 |
| 我 ŋuo$^{55}$ | 我们 ŋuo$^{35}$ mɤŋ$^{21}$ | 康　县 |
| 我 ŋuɤ$^{53}$ | 我子 ŋuɤ$^{35}$ tsʅ$^{21}$ | 西　和 |
| 我 ŋə$^{53}$ | 我们 ŋə$^{44}$ məŋ$^{13}$ | 临夏市 |
| 我 ŋə$^{53}$ | 我们 ŋə$^{44}$ məŋ$^{13}$ | 临夏县 |
| 我 ŋə$^{44}$ | 我们 ŋə$^{21}$ mɤŋ$^{13}$ | 甘　南 |
| 我 ŋuə$^{53}$ | 偶=们 ŋəu$^{53}$ məŋ$^{21}$ | 舟　曲 |
| 我 ŋɤ$^{42}$ | 我们 ŋɤ$^{42}$ məŋ$^{21}$ | 临　潭 |

| 词目<br>方言点 | 咱们（排除式） | 你 |
|---|---|---|
| 北　京 | 咱们tsan³⁵ mən⁰ | 你ni²¹⁴ |
| 兰　州 | 我们vɤ⁴⁴ mən²¹ | 你ni⁴⁴ |
| 红　古 | 我们几个və³⁵ mən²¹ tsʅ⁵⁵ kə²¹ | 你ni⁵³ |
| 永　登 | 卬们ɑŋ⁵³ mən²¹ | 你nin⁵³ |
| 榆　中 | 我们və⁴⁴ mən²¹ | 你ni⁴⁴ |
| 白　银 | 王⁼几个vaŋ⁵³ tɕi²² kə¹³ | 你ni²⁴ |
| 靖　远 | 咱们tsa²² mɤŋ⁵⁵ | 你niɛ⁵⁵ |
| 天　水 | 熬 几个ŋɔ¹³ tɕi²¹ kiɛ⁵³ | 牛⁼niɤu¹³ |
| 秦　安 | 曹⁼tsʻɔ¹³ | 你ni⁵³ |
| 甘　谷 | 曹⁼tsʻɑu²⁴ | 你ni⁵³ |
| 武　山 | 曹⁼tsʻao²⁴ | 你ni⁵³ |
| 张家川 | 曹⁼tsʻɔ¹³ | 你ni⁵³ |
| 武　威 | 我们几个və²² məŋ⁵³ tɕi³⁵ kə⁵³ | 你ni³⁵ |
| 民　勤 | 我们uə²¹ mɤŋ⁴⁴ | 你nŋ²¹⁴ |
| 古　浪 | 我们几个və²¹ məŋ²¹ tɕi⁵³ kə²¹ | 你ni⁴⁴ |
| 永　昌 | 我们və⁵³ məŋ²¹ | 你ni⁵³ |
| 张　掖 | 我们və²¹ mən³³ | 你ni⁵³ |
| 山　丹 | 王⁼vaŋ³³ | 你niə³³ |
| 平　凉 | 咱们tsa²² məŋ⁵³ | 你ni⁵³ |
| 泾　川 | 咱tsa²⁴ | 你ni⁵³ |
| 灵　台 | 恰⁼tɕia²⁴ | 你ni⁵³ |

| 词 目 / 方言点 | 咱们（排除式） | 你 |
|---|---|---|
| 酒泉 | 咱们 tsa$^{44}$məŋ$^{53}$ | 你 nɿ$^{53}$ |
| 敦煌 | 咱们 tsa$^{22}$ məŋ$^{53}$ | 你 nɿ$^{53}$ |
| 庆阳 | 自个儿 tsɿ$^{24}$ kɤr$^{53}$ | 你 ni$^{53}$ |
| 环县 | 咱们 tsa$^{22}$ məŋ$^{55}$ | 你 ni$^{53}$ |
| 正宁 | 咱 tsʻa$^{24}$ | 你 ni$^{53}$ |
| 镇原 | 曹=tsʻɔ$^{24}$ | 你 ni$^{53}$ |
| 定西 | 曹=tsʻɑo$^{13}$ | 你 ni$^{53}$ |
| 通渭 | 曹=tsʻɔ$^{13}$ | 你 ni$^{53}$ |
| 陇西 | 曹=tsʻɔ$^{13}$ | 你 ni$^{53}$ |
| 临洮 | 咱们 tsa$^{13}$ mɤŋ$^{53}$ | 你 ni$^{53}$ |
| 漳县 | 曹=tsʻɑo$^{13}$ | 你 ni$^{53}$ |
| 陇南 | 咱们 tsa$^{21}$ məŋ$^{55}$ | 你 nɿ$^{55}$ |
| 文县 | 我们几块 ŋɤ$^{35}$ mẽ$^{21}$ tɕi$^{53}$ kʻuɛ$^{21}$ | 你 nʑi$^{53}$ |
| 宕昌 | 我们几个 ŋɤ$^{53}$ mu$^{21}$ tsi$^{53}$ kɤ$^{44}$ | 你 nɿ$^{53}$ |
| 康县 | 我们 ŋuo$^{35}$ mɤŋ$^{21}$ | 你 ni$^{55}$ |
| 西和 | 我子几个人 ŋuɤ$^{35}$ tsɿ$^{21}$ tɕi$^{53}$ kɤ$^{21}$ ʐɤŋ$^{24}$ | 你 ni$^{53}$ |
| 临夏市 | 咱们 tsa$^{13}$ məŋ$^{31}$ | 你 ni$^{53}$ |
| 临夏县 | 咱们 tsɑ$^{13}$ məŋ$^{31}$ | 你 ni$^{53}$ |
| 甘南 | 咱们 tsa$^{13}$ mɤŋ$^{53}$ | 你 ni$^{53}$ |
| 舟曲 | 仓=们 tsʻã$^{53}$ məŋ$^{21}$ | 你 ni$^{53}$ |
| 临潭 | 咱们 tsa$^{42}$ məŋ$^{44}$ | 你 ni$^{42}$ |

| 词目<br>方言点 | 你们 | 他 |
|---|---|---|
| 北　京 | 你们ni²¹⁴ mən⁰ | 他tʻa⁵⁵ |
| 兰　州 | 你们ni⁴⁴ mən²¹ | 他tʻa⁴⁴ |
| 红　古 | 你们ni³⁵mən²¹ | 他tʻa⁵³<br>傢=tɕia¹³ 又 |
| 永　登 | 你们nin⁵³ | 那na⁵³ |
| 榆　中 | 你们ni⁴⁴ mən²¹ | 他tʻa⁴⁴ |
| 白　银 | 您nin⁵³ | 他tʻa¹³<br>霸=pa¹³ 又 |
| 靖　远 | 你们niɛ⁴¹ mɤŋ²¹ | 他tʻa⁴¹<br>茶=niɛ²⁴ 又 |
| 天　水 | 牛= niɤu¹³ | 茶=niɛ¹³ |
| 秦　安 | 牛= niəu⁵³ | 他tʻa¹³<br>茶=ni¹³ 又 |
| 甘　谷 | 鸟= niɑu²⁴ | 他tʻɒ³¹ ² |
| 武　山 | 鸟= niao³¹ | 他tʻɑ³¹ |
| 张家川 | 牛= niɤu⁵³ | 他tʻa⁴⁴ |
| 武　威 | 你们ni²² məŋ⁵³ | 他tʻa³⁵<br>傢= tɕia⁴⁴ 又 |
| 民　勤 | 你们nŋ²¹ mɤŋ⁴⁴ | 彼pi⁵³<br>他tʻa⁴⁴ 又 |
| 古　浪 | 你们ni²¹ məŋ⁵³ | 那na⁵³<br>他tʻa³⁵ 又 |
| 永　昌 | 你们ni⁵³ məŋ²¹ | 傢= tɕia³⁵ |
| 张　掖 | 你们ni²¹ mən³³ | 那na⁵³<br>茶=nia⁵³ 又 |
| 山　丹 | 你们ni⁵³ məŋ³³<br>□nyŋ³⁵ 又 | 那na⁵³<br>茶= nia⁵³ 又 |
| 平　凉 | 你们ni⁴⁴ məŋ²¹ | 他tʻa⁵³ |
| 泾　川 | 你的ni⁵³ ti²¹ | 他tʻa⁵³ |
| 灵　台 | 你的ni⁴⁴ ti²¹ | 他tʻa⁵³ |

方言词汇

| 你们 | 他 | 词目 / 方言点 |
|---|---|---|
| 你们nɿ⁵³ məŋ²¹ | 他tʻa²¹³ | 酒　泉 |
| 你们nɿ⁵³ məŋ²¹ | 他tʻa²¹³ | 敦　煌 |
| 你们ni⁴⁴ məŋ²¹ | 他tʻa⁵³ | 庆　阳 |
| 你们ni⁵⁵ məŋ²¹ | 他tʻa⁵⁵ | 环　县 |
| 你们ni²¹ men⁵³ | 他tʻa³¹ | 正　宁 |
| 你们ni⁵³ məŋ²¹ | 那na⁴⁴ | 镇　原 |
| 牛＝niu⁵³ | 伢＝nia¹³<br>他tʻa¹³ 又 | 定　西 |
| 鸟＝niɔ⁵³ | 严＝iæ¹³<br>他tʻa¹³ 又 | 通　渭 |
| 牛＝liɤu²¹ | 他tʻa²¹ | 陇　西 |
| 你室ni⁵³ ʂʅ²¹<br>你们ni⁵³ mɤŋ²¹ 又 | 他tʻa¹³ | 临　洮 |
| 牛＝niɤu¹³ | 他tʻɑ²¹ | 漳　县 |
| 你们nɿ⁵⁵ mɤŋ²¹ | 他tʻa²¹ | 陇　南 |
| 你们nʑi³⁵ mə̃²¹ | 他tʻa⁵³ | 文　县 |
| 你们nɿ⁵³ mu²¹ | 他tʻa⁴⁴<br>□ʐa⁵³ 又 | 宕　昌 |
| 你们ni³⁵ mɤŋ²¹ | 他tʻa⁵³ | 康　县 |
| 你子ni³⁵ tsʅ²¹ | 他tʻa²¹ | 西　和 |
| 你们ni⁴⁴ məŋ¹³ | 接＝tɕiɛ¹³ | 临夏市 |
| 你们ni⁴⁴ məŋ¹³ | 接＝tɕiɛ¹³ | 临夏县 |
| 你们ni¹³ mɤŋ⁴⁴ | 他tʻa¹³ | 甘　南 |
| 你们ni⁵³ məŋ²¹ | 他tʻa⁵³<br>□ʐa⁵³ 又 | 舟　曲 |
| 你们ni⁴² məŋ²¹ | 他tʻa⁴⁴ | 临　潭 |

| 方言点＼词目 | 他们 | 谁 |
|---|---|---|
| 北　京 | 他们t'a⁵⁵ mən⁰ | 谁ʂuei³⁵ |
| 兰　州 | 他们t'a³⁵ mən²¹ | 谁fei⁵³ |
| 红　古 | 他们t'a³⁵ mən²¹<br>傢=们tɕia³⁵ mən²¹ 又 | 谁fei¹³ |
| 永　登 | 那们n'a⁵³ mən²¹ | 谁fei⁵³ |
| 榆　中 | 他们t'a⁴⁴ mən²¹ | 谁个ʂei⁵³ kiə²¹³ |
| 白　银 | 他们t'a³⁵ mən²¹<br>堂=t'ɑŋ⁵³ 又<br>霸=们pa²² mən²⁴ 又 | 谁fei⁵³ |
| 靖　远 | 他们t'a⁴¹ mɤŋ²¹<br>茶=们niɛ²² mɤŋ⁵⁵ 又 | 谁sei²⁴ |
| 天　水 | 茶= niɛ¹³ | 谁一个sei¹³ ʐɿ²¹ kɛ²¹ |
| 秦　安 | 茶= ni¹³ | 阿个a²¹ kuɛ¹³ |
| 甘　谷 | 他们t'ɒ⁴² məŋ²⁴ | 谁sai²⁴ |
| 武　山 | 淘= t'ao³¹ | 阿谁个ɑ³¹ sɿ²¹ kuɛ³⁵ |
| 张家川 | 他们t'a²¹ mɤŋ¹³ | 谁sei¹³ |
| 武　威 | 他们t'a⁴⁴ mən²¹<br>傢=们tɕia³⁵mən²¹ 又 | 谁ʂuei³⁵ |
| 民　勤 | 彼家们pei³⁵ tɕia⁴² mɤŋ²¹<br>他们t'a²⁴ mɤŋ⁴² 又 | 谁ʂuei⁵³ |
| 古　浪 | 那们na³⁵ mən²¹<br>他们t'a²¹ mən⁵³ 又 | 谁ʂuei⁵³ |
| 永　昌 | 傢=们tɕia³⁵ mən²¹ | 谁ʂuei⁵³ |
| 张　掖 | 那们na⁵³ mən²¹<br>伢=们ia⁵³ mən²¹ 又 | 谁fei⁵³ |
| 山　丹 | 那们n'a⁵⁵ məŋ²¹ | 谁fei⁵³ |
| 平　凉 | 他们t'a⁴⁴ mən²¹ | 谁sei²⁴ |
| 泾　川 | 他的t'a³¹ ti²¹ | 谁ʃei²⁴ |
| 灵　台 | 他的t'a⁴⁴ ti²¹ | 谁sei²⁴ |

方言词汇

| 他们 | 谁 | 词目 / 方言点 |
|---|---|---|
| 他们 tʻa²² məŋ²¹³ | 谁 sei²¹³ | 酒 泉 |
| 他们 tʻa²² məŋ²¹³ | 谁 sei²¹³ | 敦 煌 |
| 他们 tʻa⁴⁴ məŋ²¹ | 谁 sei²⁴ | 庆 阳 |
| 他们 tʻa⁵⁵ məŋ²¹ | 谁 sei²⁴ | 环 县 |
| 他的 tʻa⁴⁴ ti²¹ | 谁 sei²⁴ | 正 宁 |
| 那们 na⁴⁴ məŋ²¹ | 谁 sei²⁴ | 镇 原 |
| 淘= tʻɑo¹³ | 谁 ʃei¹³ | 定 西 |
| 淘=屋 tʻɔ²¹ u²⁴ | 阿谁 a²¹ sa¹³ | 通 渭 |
| 淘= tʻɔ⁵³ | 阿谁 a⁵³ sʅ¹³ | 陇 西 |
| 他室 tʻa²¹ ʂʅ¹³ | 谁 suei¹³<br>谁室 suei²² ʂʅ⁴⁴ 又 | 临 洮 |
| 淘= tʻɑo²¹ | 阿谁 ɑ⁵³ ʃʅ³⁵ | 漳 县 |
| 他们 tʻa⁵⁵ mɤŋ²¹ | 谁 sei¹³ | 陇 南 |
| 他们 tʻa⁵³ mə̃¹³ | 谁 suei¹³ | 文 县 |
| 他们 tʻa²¹ mu⁴⁴<br>□们 ʐa⁵³ mu²¹ 又 | 谁 ʂuei¹³ | 宕 昌 |
| 他们 tʻa⁵³ mɤŋ²¹ | 谁 sei²¹³ | 康 县 |
| 他家 tʻa²¹ tɕia²⁴ | 谁家 sei²⁴ tɕia²¹<br>谁 sei²⁴ 又 | 西 和 |
| 接=们 tɕiɛ¹³ məŋ³¹ | 阿个 a²¹ kɛ³⁵ | 临夏市 |
| 接=们 tɕiɛ¹³ məŋ³¹ | 阿个 ɑ²¹ kɛ³⁵ | 临夏县 |
| 他们 tʻa¹³ mɤŋ⁵³ | 阿一个 a²¹ i²¹ kə⁵³ | 甘 南 |
| 他们 tʻa⁵³ məŋ²¹<br>□们 ʐa⁵³ məŋ²¹ 又 | 谁 ʃuei⁵³ | 舟 曲 |
| 他们 tʻa⁴⁴ məŋ⁴² | 谁 ʂuei¹³ | 临 潭 |

| 词目\方言点 | 我的 | 你的 |
|---|---|---|
| 北　京 | 我的uo²¹⁴ tə⁰ | 你的ni²¹⁴ tə⁰ |
| 兰　州 | 我的vɤ⁴⁴ ti²¹ | 你的ni⁴⁴ ti²¹ |
| 红　古 | 我者və³⁵ tʂə²¹ | 你者ni³⁵ tʂə²¹ |
| 永　登 | 我的və³⁵ ti⁵³ | 你的ni³⁵ ti⁵³ |
| 榆　中 | 我的və³⁵ tiə²¹ | 你的ni⁴⁴ tiə²¹ |
| 白　银 | 我的və²⁴ ti²¹ | 你的ni²⁴ ti²¹ |
| 靖　远 | 我的ŋuə⁵⁵ tiɛ²¹ | 你的ni⁵⁵ tiɛ²¹ |
| 天　水 | 我的ŋuə⁵³ tɛ¹³ | 你的ni⁵³ tɛ¹³ |
| 秦　安 | 搞⁼的kɔ⁵³ təu²¹ | 牛⁼的niəu⁵³ təu²¹ |
| 甘　谷 | 搞⁼的kɑu²¹ tə⁴⁴ | 鸟⁼的niɑu²¹ tə⁴⁴ |
| 武　山 | 我的kiə⁵³tao²¹ | 你的ni⁵³ tao²¹ |
| 张家川 | 我的ŋuɤ⁵³ tɕi²¹ | 你的ni⁵³ tɕi²¹ |
| 武　威 | 我的və⁵³ ti²¹ | 你的ni⁵³ ti²¹ |
| 民　勤 | 我的uə²¹ tə⁴⁴ | 你的nŋ²¹ tə⁴⁴ |
| 古　浪 | 我的və²¹ ti⁵³ | 你的ni⁴⁴ ti⁵³ |
| 永　昌 | 我的və⁵³ ti²¹ | 你的ni⁵³ ti²¹ |
| 张　掖 | 我的və²¹ ti³³ | 你的ni²¹ ti³³ |
| 山　丹 | 我的və⁵³ ti²¹ | 你的ni⁵³ ti¹³ 那的na⁵⁵ ti²¹ 又 |
| 平　凉 | 我的ŋɤ⁴⁴ ti²¹ | 你的ni⁴⁴ ti²¹ |
| 泾　川 | 我的uɤ³¹ ti²¹ | 你的ni³¹ ti²¹ |
| 灵　台 | 我的ŋuo⁴⁴ ti²¹ | 你的ni⁴⁴ ti²¹ |

| 我的 | 你的 | 词 目 / 方言点 |
|---|---|---|
| 我的 və$^{53}$ ti$^{21}$ | 你的 nȵ$^{53}$ ti$^{21}$ | 酒 泉 |
| 我的 ŋə$^{53}$ ti$^{21}$ | 你的 nȵ$^{53}$ ti$^{21}$ | 敦 煌 |
| 我的 ŋɤ$^{44}$ ti$^{21}$ | 你的 ni$^{44}$ ti$^{21}$ | 庆 阳 |
| 我的 ŋuɤ$^{55}$ ti$^{21}$ | 你的 ni$^{55}$ ti$^{21}$ | 环 县 |
| 我的 ŋɤ$^{44}$ ti$^{21}$ | 你的 ni$^{44}$ ti$^{21}$ | 正 宁 |
| 我的 uo$^{53}$ ti$^{21}$ | 你的 ni$^{53}$ ti$^{21}$ | 镇 原 |
| 我的 ŋɤ$^{53}$ ti$^{21}$ | 你的 ni$^{53}$ ti$^{21}$ | 定 西 |
| 我的 kə$^{53}$ tə$^{21}$ | 鸟=的 niɔ$^{53}$ tə$^{21}$ | 通 渭 |
| 搞=的 kɔ$^{53}$ ta$^{21}$ | 牛=的 liɤu$^{21}$ ta$^{21}$ | 陇 西 |
| 我的 ŋo$^{53}$ ti$^{21}$ | 你的 ni$^{53}$ ti$^{21}$ | 临 洮 |
| 我的 kɤ$^{53}$ tɤu$^{21}$ | 你的 ni$^{53}$ tɤu$^{21}$ | 漳 县 |
| 我的 ŋə$^{35}$ tɛ$^{21}$ | 你的 nȵ$^{35}$ tɛ$^{21}$ | 陇 南 |
| 我的 ŋɤ$^{35}$ tɛ$^{21}$ | 你的 nʑi$^{35}$ tɛ$^{21}$ | 文 县 |
| 我的 ŋɤ$^{53}$ tʂʅ$^{21}$ | 你的 nȵ$^{53}$ tʂʅ$^{21}$ | 宕 昌 |
| 我的 ŋuo$^{35}$ tɛ$^{21}$ | 你的 ni$^{35}$ tɛ$^{21}$ | 康 县 |
| 我的 ŋɤ$^{53}$ tɛ$^{21}$ | 你的 ni$^{53}$ tɛ$^{21}$ | 西 和 |
| 我的 ŋə$^{13}$ ti$^{13}$ | 你的 ni$^{13}$ ti$^{13}$ | 临夏市 |
| 我的 ŋə$^{13}$ ti$^{13}$ | 你的 ni$^{13}$ ti$^{13}$ | 临夏县 |
| 我的 ŋə$^{44}$ ti$^{53}$ | 你的 ni$^{44}$ ti$^{53}$ | 甘 南 |
| 我的 ŋuə$^{55}$ tʂʅ$^{53}$ | 你的 ni$^{55}$ tʂʅ$^{53}$ | 舟 曲 |
| 我的 ŋɤ$^{42}$ tiə$^{21}$ | 你的 ni$^{42}$ tiə$^{21}$ | 临 潭 |

| 词目<br>方言点 | 他的 | 谁的 |
|---|---|---|
| 北 京 | 他的 tʻa⁵⁵ tə⁰ | 谁的 ʂuei³⁵ tə⁰ |
| 兰 州 | 他的 tʻa⁴⁴ ti²¹ | 谁的 fei⁵³ ti¹³ |
| 红 古 | 他者 tʻa³⁵ tʂə²¹<br>像=者 tɕia³⁵ tʂə²¹ 又 | 谁者 fei²² tʂə⁵³ |
| 永 登 | 那的 na⁵³ ti²¹ | 谁的 fei⁵³ ti²¹ |
| 榆 中 | 他的 tʻa⁴⁴ tiə²¹ | 谁的 ʂei⁵³ tiə²¹³ |
| 白 银 | 他的 tʻa²⁴ ti²¹<br>霸=的 pa²² ti²⁴ 又 | 谁的 fei⁵³ ti²¹ |
| 靖 远 | 他的 tʻa⁴¹ tiɛ²¹<br>茶=的 niɛ²² tiɛ⁵⁵ 又 | 谁的 sei²² tiɛ⁵⁵ |
| 天 水 | 茶=的 niɛ¹³ tɛ²¹<br>他的 tʻa²¹ tɛ¹³ | 谁的 sei¹³ tɛ²¹ |
| 秦 安 | 茶=的 niə³⁵ təu²¹ | 阿个的 a²¹ kuɛ¹³ təu¹³ |
| 甘 谷 | 他们的 tʻɒ³⁵ məŋ⁴² tə²¹ | 阿个的 ɒ²¹ kai³⁵ tə²¹ |
| 武 山 | 他的 tʻɑ³¹ tao²¹ | 阿谁的 ɑ³¹ sʅ²¹ tao³⁵ |
| 张家川 | 他的 tʻa²² tɕi⁵³ | 谁的 sei¹³ tɕi²¹ |
| 武 威 | 他的 tʻa⁴⁴ ti⁴⁴<br>像=的 tɕia³⁵ ti²¹ 又 | 谁的 ʂuei³⁵ ti²¹ |
| 民 勤 | 他的 tʻa⁴⁴ tə²¹<br>彼的 pi⁴⁴ tə²¹ 又 | 谁的 ʂuei²¹ tə⁴⁴ |
| 古 浪 | 那的 na³⁵ ti²¹<br>他的 tʻa³⁵ ti³¹ 又 | 谁的 ʂuei³⁵ ti²¹ |
| 永 昌 | 像=的 tɕia³⁵ ti⁵³ | 谁的 ʂuei³⁵ ti⁵³ |
| 张 掖 | 那的 na⁵³ ti²¹<br>伢=的 ia⁵⁵ ti²¹ 又 | 谁的 fei⁵⁵ ti²¹ |
| 山 丹 | 那的 na⁵⁵ ti²¹ | 谁的 fei⁵³ tiə²¹ |
| 平 凉 | 他的 tʻa⁴⁴ ti²¹ | 谁的 sei²² ti⁵³ |
| 泾 川 | 他的 tʻa³¹ ti²¹ | 谁的 ʃei²¹ ti⁵³ |
| 灵 台 | 他的 tʻa⁴⁴ ti²¹ | 谁的 sei²¹ ti⁵³ |

| 他的 | 谁的 | 词目 / 方言点 |
|---|---|---|
| 他的tʻa²² ti²¹³ | 谁的sei²¹ ti⁵³ | 酒　泉 |
| 他的tʻa²² ti²¹³ | 谁的sei²² ti⁵³ | 敦　煌 |
| 他的tʻa⁴⁴ ti²¹ | 谁的sei²¹ ti⁵³ | 庆　阳 |
| 他的tʻa⁵⁵ ti²¹ | 谁的sei²² ti⁵⁵ | 环　县 |
| 他的tʻa⁴⁴ ti²¹ | 谁的sei²¹ ti⁵³ | 正　宁 |
| 那的na⁴⁴ ti²¹ | 谁的sei²⁴ ti²¹ | 镇　原 |
| 他的tʻa²¹ ti¹³<br>伢⁼的nia²⁴ ti²¹ 又 | 谁的ʃei²¹ ti²⁴ | 定　西 |
| 严⁼的iæ¹³ tə²¹ | 阿谁的a²¹ sʅ²¹ tə⁴⁴ | 通　渭 |
| 淘⁼的tʻɔ³¹ ta²¹ | 阿谁的a⁵³ sʅ²² ta¹³ | 陇　西 |
| 他的tʻa²¹ ti¹³ | 谁的suei¹³ ti⁴⁴ | 临　洮 |
| 他的tʻɑ⁴⁴ tʐu²¹ | 阿谁的ɑ⁴⁴ ʃʅ²¹ tɑo⁵³ | 漳　县 |
| 他的tʻa³⁵ tɛ²¹ | 谁的sei²¹ tɛ³⁵ | 陇　南 |
| 他的tʻa⁵³ tɛ¹³ | 谁的suei²¹ tɛ³⁵ | 文　县 |
| 他的tʻa⁴⁴ tsʅ²¹<br>□的ʐa⁵³ tsʅ²¹ 又 | 谁的ʂuei²¹ tsʅ⁴⁴ | 宕　昌 |
| 他的tʻa⁵³ tɛ²¹ | 谁的sei²¹ tɛ³⁵ | 康　县 |
| 他的tʻa²¹ tɛ²⁴ | 谁的sei²⁴ tɛ²¹ | 西　和 |
| 接⁼的tɕiɛ¹³ ti³¹ | 阿个的a²¹ kɛ³⁵ ti⁵³ | 临夏市 |
| 接⁼的tɕiɛ¹³ ti³¹ | 阿个的ɑ²¹ kɛ³⁵ ti⁵³ | 临夏县 |
| 他的tʻa¹³ ti⁵³ | 阿一个的a²¹ i²¹ kə³⁵ ti⁵³ | 甘　南 |
| 他的tʻa⁵⁵ tsʅ⁵³<br>□的ʐa⁵³ tsʅ²¹ 又 | 谁的ʃuei⁵³ tsʅ²¹ | 舟　曲 |
| 他的tʻa⁴⁴ tiə²¹ | 谁的ʂuei¹³ tiə²¹ | 临　潭 |

| 词目<br>方言点 | 大家 | 这里 |
|---|---|---|
| 北 京 | 大家 ta⁵¹ tɕia⁵⁵ | 这里 tʂɤ⁵¹ li⁰ |
| 兰 州 | 大家 ta²² tɕia⁵³ | 致=搭 tʂʅ⁴⁴ tʻa¹³ |
| 红 古 | 大家吗家 ta²² tɕia³⁵ ma⁴² tɕia³⁵ | 致=扎儿 tʂʅ²² tʂar⁵³ |
| 永 登 | 卬们 ɑŋ⁵³ mən²¹<br>一挂 i²¹ kua¹³ 又 | 扎儿 tʂar¹³ |
| 榆 中 | 大家 ta²¹ tɕia⁴⁴ | 这里 tʂə⁴⁴ li²¹ |
| 白 银 | 大家 ta²² tɕia²⁴<br>一挂 zi²² kua¹³ 又 | 致=些 tʂʅ²² ɕiɛ⁴⁴<br>致=扎 tʂʅ²² tʂa⁵³ 又 |
| 靖 远 | 大家 ta³⁵ tɕia⁴¹<br>一趟 zʅ²² tʻaŋ⁴⁴ 又 | 致=搭 tʂʅ³⁵ ta⁴¹<br>扎儿 tʂɐr⁴¹ 又 |
| 天 水 | 大家 ta³⁵ tɕia²¹<br>众人 tʃɤŋ⁴⁴ zɤŋ²¹ 又 | 兹搭 tsʅ⁴⁴ ta¹³ |
| 秦 安 | 曹都 tsʻɔ¹³ təu¹³ | 咒=里 tʂəu⁴⁴ li²¹ |
| 甘 谷 | 大家 tɒ⁴⁴ tɕiɒ²¹ | 兹搭 tsʅ⁵³ tɒ¹³ |
| 武 山 | 大家 tɑ⁴⁴ tɕiɑ²¹ | 兹搭 tsʅ⁴⁴ tɑ⁴⁴ |
| 张家川 | 大家 ta⁴⁴ tɕia²¹ | 致=搭儿 tʂʅ⁴⁴ tɐr¹³ |
| 武 威 | 一例 zi⁴⁴ li⁵³ | 则=些 tsə⁴⁴ ɕiɛ²¹<br>兹些 tsʅ⁴⁴ ɕiɛ²¹ 又 |
| 民 勤 | 大家 ta⁴² tɕia²¹ | 这里 tsʅ⁴² nʅ²¹ |
| 古 浪 | 大家 ta⁴⁴ tɕia³¹ | 致=塔 tʂʅ⁴⁴ tʻa³¹<br>致=里 tʂʅ²¹ li⁴⁴ 又 |
| 永 昌 | 大家 ta⁵³ tɕia²¹ | 这里 tʂə⁵³ li²¹ |
| 张 掖 | 大家 ta³¹ tɕia²¹ | 致=些 tʂʅ³¹ ɕiə²¹<br>致=里 tʂʅ³¹ li²¹ 又 |
| 山 丹 | 大家 ta⁵³ tɕia¹³<br>王= vaŋ³⁵ 又 | 致里 tʂʅ⁵³ li²¹<br>扎 tʂa⁵³ 又 |
| 平 凉 | 大家 ta⁴⁴ tɕia²¹ | 致=搭 tʂʅ³⁵ ta⁵³ |
| 泾 川 | 大家 ta⁴⁴ tɕia²¹ | 致=搭 tʂʅ³⁵ ta²¹ |
| 灵 台 | 大家 ta²⁴ tɕia²¹ | 致=搭 tʂʅ²¹ ta⁵³ |

| 大家 | 这里 | 词 目<br>方言点 |
|---|---|---|
| 大家 ta³⁵ tɕia⁵³ | 兹搭 tsʅ⁴⁴ ta⁵³ | 酒　泉 |
| 大家 ta³⁵ tɕia⁵³ | 兹搭 tsʅ⁴⁴ ta⁵³ | 敦　煌 |
| 大伙儿 ta²⁴ xuər⁵³<br>大家 ta²⁴ tɕia⁵³ 又 | 致=搭 tsʅ⁴⁴ ta⁵³ | 庆　阳 |
| 大家 ta²⁴ tɕia²¹ | 这搭 tsɛ⁴⁴ ta²¹ | 环　县 |
| 大家 ta³⁵ ia³¹ | 致=搭 tsʅ⁴⁴ ta²¹ | 正　宁 |
| 大家 ta⁴⁴ tɕia²¹ | 这儿 tsɚ⁵³<br>这搭 tsɛ⁵³ ta²¹ 又 | 镇　原 |
| 大家 ta²⁴ tɕia²¹ | 咒=里 tʂɤu⁴⁴ li⁴⁴ | 定　西 |
| 众人 tʃə̃⁴⁴ zə̃²¹ | 这搭 tsə⁴⁴ ta⁵³ | 通　渭 |
| 大家伍 ta¹³ tɕia⁵³ vu²¹ | 致=搭 tsʅ¹³ ta⁴⁴ | 陇　西 |
| 大家 ta⁴⁴ tɕia²¹ | 这搭儿 tsɛ⁵³ tar¹³ | 临　洮 |
| 大家 tɑ⁴⁴ tɕiɑ²¹ | 致=搭 tʃʅ³⁵ tɑ⁵³ | 漳　县 |
| 大家 ta²⁴ tɕia⁵³ | 致=搭 tsʅ²⁴ ta⁵³ | 陇　南 |
| 大家 ta²⁴ tɕia⁵³ | 这搭儿 tsɤ³⁵ tər⁵³ | 文　县 |
| 大家 ta⁴⁴ tsia²¹ | 致=搭儿 tsʅ⁴⁴ tər¹³ | 宕　昌 |
| 大家 ta²⁴ tɕia⁵³ | 致=搭 tsʅ²⁴ ta²¹ | 康　县 |
| 大家 ta³⁵ tɕia²¹ | 兹搭 tsʅ⁵⁵ ta²⁴ | 西　和 |
| 大家 ta³⁵ tɕiɛ²¹ | 致=里 tsʅ⁴⁴ li²¹ | 临夏市 |
| 大家 tɑ³⁵ tɕiɛ²¹ | 致=里 tsʅ⁴⁴ li²¹ | 临夏县 |
| 大家 ta⁴⁴ tɕia²¹ | 致=些里 tsʅ²¹ ɕie²¹ ni⁵³ | 甘　南 |
| 大家 ta²² tɕia⁵³ | 致=搭儿 tsʅ²² tər⁵³<br>搭儿 tər⁵³ 又 | 舟　曲 |
| 大家 ta⁴⁴ tɕia⁴² | 致=儿 tsʅr¹³ | 临　潭 |

| 词目<br>方言点 | 那里 | 哪里 |
| --- | --- | --- |
| 北　京 | 那里na⁵¹ li⁰ | 哪里na²¹⁴li²¹⁴ |
| 兰　州 | 那搭na⁴⁴ t'a²¹ | 哪里na⁴⁴ li²¹ |
| 红　古 | 奈=扎=儿nɛ³⁵ tʂar⁵³ | 哪扎=儿na³⁵ tʂar²¹ |
| 永　登 | 奈=扎=儿lɛi⁴⁴ tʂar⁵³ | 哪儿里na²¹ a³⁵ li²¹ |
| 榆　中 | 那里na⁴⁴ li²¹ | 哪里na⁴⁴ li²¹ |
| 白　银 | 奈=些lɛ²² ɕiɛ⁴⁴<br>奈=扎= lɛ²² tʂa⁵³ 又 | 哪些na²⁴ ɕiɛ²¹<br>哪扎= na²⁴ tʂa⁵³ 又 |
| 靖　远 | 挖=儿vɐr⁴¹<br>奈=搭nɛ³⁵ ta⁴¹ 又 | 哪呢na⁴¹ niɛ²¹<br>哪搭na⁴¹ ta²¹ 又 |
| 天　水 | 兀搭u⁴⁴ ta¹³ | 阿搭a²¹ ta¹³ |
| 秦　安 | 兀里u⁴⁴ li²¹ | 阿里a²¹ li¹³ |
| 甘　谷 | 那儿lɒ⁵³ ər²¹ | 啥搭sɒ⁵³ tɒ²⁴ |
| 武　山 | 兀搭vu⁴⁴ tɑ⁴⁴ | 阿搭ɑ²¹ tɑ²⁴ |
| 张家川 | 兀搭儿vu⁴⁴ tɐr¹³ | 阿搭哩a²¹ ta¹³ li³⁵ |
| 武　威 | 奈=些nɛ⁴⁴ ɕiɛ²¹ | 哪些na⁵³ ɕiɛ²¹ |
| 民　勤 | 那里la⁴² ɳ²¹ | 哪里la²¹ ɳ⁴⁴ |
| 古　浪 | 奈=塔nɛ³⁵ t'a³¹<br>奈=里nɛ⁴⁴ li²¹ 又 | 哪里na⁴⁴ li⁴⁴<br>哪塔na⁵³ t'a²¹ 又 |
| 永　昌 | 那里na⁵³ li²¹ | 哪里咧na⁵³ li⁴² liə²¹ |
| 张　掖 | 奈=些nɛ³⁵ ɕiə⁵⁵<br>奈=下里nɛ³⁵ xa⁵⁵ li⁵⁵ 又 | 哪里na³¹ liə¹³<br>哪些咧na³¹ ɕiə²¹ liə¹³ 又 |
| 山　丹 | 那里nə⁵³ ni²¹ | 哪呢na⁵³ nə²¹ |
| 平　凉 | 那搭na³⁵ ta⁵³ | 哪搭na⁵³ ta²¹ |
| 泾　川 | 兀搭vu³⁵ ta²¹ | 哪搭na⁵⁵ ta²¹ |
| 灵　台 | 兀搭u²¹ ta⁵³ | 阿搭a⁴⁴ ta⁴⁴ |

方言词汇 353

| 那里 | 哪里 | 词目 / 方言点 |
|---|---|---|
| 那搭nɛ$^{44}$ ta$^{53}$ | 哪搭na$^{22}$ ta$^{13}$ | 酒　泉 |
| 那搭nɛ$^{44}$ ta$^{53}$ | 哪搭na$^{22}$ ta$^{213}$ | 敦　煌 |
| 那搭na$^{44}$ ta$^{21}$ | 阿搭a$^{44}$ ta$^{21}$ | 庆　阳 |
| 那搭nɛ$^{24}$ ta$^{21}$ | 哪呢na$^{55}$ ni$^{21}$<br>哪搭na$^{55}$ ta$^{21}$ 又 | 环　县 |
| 㕵=搭uei$^{35}$ ta$^{21}$<br>兀搭u$^{35}$ ta$^{21}$ 又 | 阿搭a$^{44}$ ta$^{21}$ | 正　宁 |
| 㕵=搭uɛ$^{53}$ ta$^{21}$<br>兀搭u$^{44}$ ta$^{21}$ 又 | 扎=里tsa$^{53}$ lɛ$^{21}$ | 镇　原 |
| 兀搭vu$^{24}$ ta$^{13}$ | 阿里a$^{21}$ li$^{13}$ | 定　西 |
| 兀搭uə$^{44}$ ta$^{13}$ | 阿搭a$^{21}$ ta$^{13}$ | 通　渭 |
| 兀搭vu$^{13}$ ta$^{44}$ | 阿搭a$^{53}$ ta$^{13}$ | 陇　西 |
| 兀搭儿vu$^{44}$ tar$^{13}$ | 阿搭儿a$^{13}$ tar$^{53}$ | 临　洮 |
| 兀搭u$^{35}$ tɑ$^{53}$ | 阿里ɑ$^{53}$ li$^{13}$ | 漳　县 |
| 㕵=搭vɛ$^{35}$ ta$^{21}$<br>兀搭vu$^{35}$ ta$^{21}$ 又 | 阿搭a$^{53}$ ta$^{21}$ | 陇　南 |
| 兀搭儿uɤ$^{24}$ tər$^{53}$ | 阿搭里a$^{53}$ tɤ$^{21}$ li$^{35}$ | 文　县 |
| 那搭儿la$^{53}$ tɐr$^{21}$ | 阿搭儿a$^{21}$ tɐr$^{44}$ | 宕　昌 |
| 那搭la$^{24}$ ta$^{53}$ | 那搭la$^{24}$ ta$^{53}$ | 康　县 |
| 兀搭u$^{55}$ ta$^{24}$ | 阿搭a$^{21}$ ta$^{24}$ | 西　和 |
| 兀里vu$^{35}$ li$^{21}$ | 阿里来a$^{35}$ li$^{21}$ lɛ$^{13}$ | 临夏市 |
| 兀里vu$^{35}$ li$^{21}$ | 阿里来ɑ$^{35}$ li$^{21}$ lɛ$^{13}$ | 临夏县 |
| 沤=些里ɤu$^{21}$ ɕie$^{21}$ ni$^{53}$ | 阿里a$^{21}$ ni$^{53}$ | 甘　南 |
| 那搭儿la$^{21}$ tər$^{53}$<br>那儿lər$^{13}$ 又 | 阿搭儿a$^{35}$ tər$^{21}$<br>阿儿ar$^{53}$ 又 | 舟　曲 |
| 奥=塔儿ɔ$^{44}$ t'ar$^{13}$ | 奥=塔儿ɔ$^{44}$ t'ar$^{13}$ | 临　潭 |

| 词目<br>方言点 | 这个 | 那个 |
|---|---|---|
| 北 京 | 这个tʂɤ⁵¹ kə⁰ | 那个na⁵¹ kə⁰ |
| 兰 州 | 这个tʂɤ²² kɤ⁵³ | 那个na²² kɤ⁵³ |
| 红 古 | 致⁼个tʂʅ⁵³ kə²¹ | 奈⁼个nɛ³⁵ kə²¹ |
| 永 登 | 致⁼个tʂʅ²¹ kə¹³ | 奈⁼个lɛi²¹ kə¹³ |
| 榆 中 | 这个tʂə⁴⁴ kə²¹ | 那个na⁴⁴ kə²¹ |
| 白 银 | 致⁼个tʂʅ²² kə¹³ | 那个lɛ²² kə¹³ |
| 靖 远 | 致⁼个tʂʅ³⁵ kə⁴¹ | 奈⁼个nɛ³⁵ kə⁴¹<br>冗⁼个ɣu³⁵ kə⁴¹ 又 |
| 天 水 | 宰⁼个tsɛ⁵³ kɛ¹³ | 吶⁼个vɛ⁵³ kɛ¹³ |
| 秦 安 | 咒⁼个tʂəu⁴⁴ kuɛ²¹ | 兀个vu⁴⁴ kuɛ²¹ |
| 甘 谷 | 兹个tsʅ⁵³ kiɛ²¹ | 兀个vu⁵³ kiɛ²¹ |
| 武 山 | 兹个tsʅ⁵³ kuɛ¹³ | 兀个vu⁵³ kuɛ¹³ |
| 张家川 | 这个tʂei⁵³ kɤ¹³ | 吶⁼个vei⁵³ kɤ¹³ |
| 武 威 | 近⁼个tɕiŋ⁴⁴ kə²¹<br>兹个tsʅ⁴⁴ kə²¹ 又 | 奈⁼个nɛ⁴⁴ kə²¹ |
| 民 勤 | 这个tsʅ⁴² kɯ²¹ | 那个la⁴² kɯ²¹ |
| 古 浪 | 致⁼个tʂʅ²¹ kə¹³ | 奈⁼个nɛ²¹ kə¹³ |
| 永 昌 | 这个tʂə⁵³ kə²¹ | 那个na⁵³ kə²¹ |
| 张 掖 | □个tin³¹ kə²¹<br>这个tʂei³¹ kə²¹ 又 | 奈⁼个nɛ³⁵ kə⁵³ |
| 山 丹 | 致⁼个tʂʅ⁵³ kə²¹ | 奈⁼个nɛ⁵³ kə²¹ |
| 平 凉 | 致⁼个tʂʅ³⁵ kɤ²¹ | 奈⁼个nɛ⁴⁴ kɤ²¹ |
| 泾 川 | 致⁼个tʂʅ⁴⁴ kɤ²¹ | 兀个vu⁴⁴ kɤ²¹ |
| 灵 台 | 这个tʂɤ⁴⁴ kɤ²¹<br>致⁼个tʂʅ²¹ kɤ⁵³ 又 | 兀个u²¹ kɤ⁵³ |

| 这个 | 那个 | 词目 / 方言点 |
|---|---|---|
| 兹个 tsʅ⁴⁴ kə⁵³ | 奈⁼个 nɛ⁴⁴ kə⁵³ | 酒　泉 |
| 兹个 tsʅ⁴⁴ kə⁵³ | 奈⁼个 nɛ⁴⁴ kə⁵³ | 敦　煌 |
| 致⁼个 tʂʅ²¹ kɤ⁵³ | 奈⁼个 nɛ²⁴ kɤ⁵³ | 庆　阳 |
| 这个 tʂɛ⁴⁴ kɤ²¹ | 那个 nɛ⁴⁴ kɤ²¹ | 环　县 |
| 这个 tʂɤ⁴⁴ kɤ²¹ | 咻⁼ uɛ⁵³ | 正　宁 |
| 这个 tʂɛ⁴⁴ kə²¹ | 咻⁼个 uɛ⁵³ kə²¹ | 镇　原 |
| 咒⁼个 tʂɤu⁴⁴ kɤ²¹ | 兀个 vu²⁴ kɤ²¹ | 定　西 |
| 咒⁼个 tʂɤu⁴⁴ kə²¹ | 兀个 uə⁴⁴ kə²¹ | 通　渭 |
| 这个 tʂʅ³⁵ kei²¹ | 兀个 vu³⁵ kei²¹ | 陇　西 |
| 这个 tʂɛ⁵³ ko²¹ | 兀个 vu⁴⁴ ko²¹ | 临　洮 |
| 这个 tʃʅ³⁵ kei²¹ | 兀个 u³⁵ kei²¹ | 漳　县 |
| 这个 tsɛ³⁵ kɛ²¹ | 咻⁼个 vɛ³⁵ kɛ²¹ | 陇　南 |
| 这个 tsɤ²⁴ kɤ²¹ | 咻⁼个 uɛ²⁴ kɤ²¹ | 文　县 |
| 致⁼个 tʂʅ⁵³ kei²¹ | 那个 la⁵³ kei²¹ | 宕　昌 |
| 这个 tʂɤ²⁴ kuo²¹ | 那个 la²⁴ kuo⁵³ | 康　县 |
| 宰⁼个 tsɛ⁵³ kɛ²¹ | 咻⁼个 uɛ⁵³ kɛ²⁴ | 西　和 |
| 致⁼个 tʂʅ²¹ kə³⁵ | 兀个 vu³⁵ kə³⁵ | 临夏市 |
| 致⁼个 tʂʅ²¹ kə³⁵ | 兀个 vu³⁵ kə⁵³ | 临夏县 |
| 致⁼个 tʂʅ⁴⁴ kə²¹ | 沤⁼个 ɤu⁴⁴ kə²¹ | 甘　南 |
| 致⁼个 tʂʅ²¹ kei⁵⁵ | 那个 la²¹ kei⁵⁵ | 舟　曲 |
| 致⁼个 tʂʅ⁴⁴ kei²¹ | 奥⁼个 ɔ⁴⁴ kei²¹ | 临　潭 |

| 词目<br>方言点 | 哪个 | 什么？ |
|---|---|---|
| 北　京 | 哪个na²¹⁴ kə⁰ | 什么？ʂən³⁵ mə⁰ |
| 兰　州 | 哪个na²¹ kɤ⁵³ | 什么的话？ʂʅ²² mən⁴⁴ ti⁴² xua¹³ |
| 红　古 | 哪个na³⁵ kə²¹ | 啥？ʂa¹³ |
| 永　登 | 哪个na³⁵ kə²¹ | 啥哆？sa²² ʂa⁴⁴ |
| 榆　中 | 哪个na⁴⁴ kə²¹ | 啥？sa⁴⁴ |
| 白　银 | 哪个na²⁴ kə⁵³ | 啥？sa²⁴ |
| 靖　远 | 哪个na⁴¹ kə²¹ | 啥？sa⁴⁴ |
| 天　水 | 阿一个a²¹ i⁴⁴ kɛ¹³ | 啥一个？sa⁴⁴ ʑi²¹ kɛ²¹ |
| 秦　安 | 阿个a²¹ kuɛ¹³ | 什么的？ʂʅ⁵³ mə²¹ təu¹³ |
| 甘　谷 | 啥个sɒ⁵³ kiɛ²⁴ | 啥？sə⁵³ |
| 武　山 | 阿一个ɑ²¹ ʑi³⁵ kuɛ⁵³ | 啥的？sə⁴⁴ tao⁴⁴ |
| 张家川 | 阿个a²¹ kɤ¹³ | 啥？sa⁴⁴ |
| 武　威 | 哪个na⁵³ kə²¹ | 啥？sa⁵³ |
| 民　勤 | 哪个la²¹ kɯ⁴⁴ | 嗓=？sɑŋ⁴² |
| 古　浪 | 哪个na⁴⁴ kə⁴⁴ | 什么？ʂʅ⁴⁴ mə¹³<br>啥？ʂa²¹ 又 |
| 永　昌 | 哪一个na⁵³ ʑi²¹ kə²¹ | 什么？ʂʅ²² mə⁵⁵ |
| 张　掖 | 哪个na³¹ kə¹³ | 啥？ʂa²¹ |
| 山　丹 | 哪个na⁵³ kə²¹ | 啥？ʂa⁵³ |
| 平　凉 | 哪一个na⁵³ i²¹ kɤ³¹ | 啥？sa⁴⁴ |
| 泾　川 | 阿个a⁵⁵ kɤ²¹ | 啥？sa⁴² |
| 灵　台 | 阿个a³¹ kɤ²¹ | 啥？sa⁴⁴ |

## 方言词汇

| 哪个 | 什么？ | 词目 / 方言点 |
|---|---|---|
| 哪个 na$^{22}$ kə$^{213}$ | 那叫啥？nɛ$^{35}$ tɕiɔ$^{44}$ sa$^{13}$ | 酒　泉 |
| 哪个 na$^{22}$ kə$^{213}$ | 啥？sa$^{213}$ | 敦　煌 |
| 阿一个 a$^{53}$ i$^{31}$ kɤ$^{21}$ | 啥？sa$^{44}$ | 庆　阳 |
| 哪个 na$^{55}$ kɤ$^{21}$ | 啥？sa$^{44}$ | 环　县 |
| 阿一个 a$^{53}$ i$^{21}$ kɤ$^{21}$ | 啥？ʃɤ$^{44}$ | 正　宁 |
| 扎⁼一个 tsa$^{24}$ i$^{21}$ kə$^{31}$ | 啥？sa$^{44}$ | 镇　原 |
| 阿个 a$^{24}$ kɤ$^{21}$ | 啥？sɤ$^{53}$ | 定　西 |
| 阿一个 a$^{13}$ ʑi$^{21}$ kə$^{24}$ | 啥？sə$^{53}$ | 通　渭 |
| 阿一个 a$^{22}$ ʑi$^{22}$ kei$^{31}$ | 啥的？ʂuɤ$^{44}$ ta$^{44}$ | 陇　西 |
| 阿个 a$^{35}$ ko$^{21}$ | 啥？sa$^{44}$ | 临　洮 |
| 阿个 ɑ$^{53}$ kei$^{13}$ | 阿么了？ɑ$^{53}$ mu$^{21}$ lɛ$^{44}$ | 漳　县 |
| 扎⁼个 tsa$^{53}$ kɛ$^{21}$ | 啥？sa$^{24}$ | 陇　南 |
| 阿个 a$^{53}$ kɤ$^{13}$ | 啥？sa$^{13}$ | 文　县 |
| 阿个 a$^{13}$ kei$^{21}$ | 啥？sa$^{53}$ | 宕　昌 |
| 哪个 la$^{24}$ kuo$^{53}$ | 啥个？ʂa$^{13}$ k‘ɛ$^{53}$ | 康　县 |
| 阿一个 a$^{21}$ i$^{24}$ k‘uɛ$^{21}$ | 啥个？sa$^{55}$ k‘uɛ$^{21}$ | 西　和 |
| 阿个 a$^{35}$ kə$^{35}$ | 什么？ʂʅ$^{21}$ ma$^{13}$ | 临夏市 |
| 阿个 ɑ$^{35}$ kə$^{35}$ | 什么？ʂʅ$^{55}$ mɑ$^{13}$ | 临夏县 |
| 阿一个 a$^{21}$ ʑi$^{13}$ kə$^{44}$ | 什么？ʂʅ$^{21}$ ma$^{35}$ | 甘　南 |
| 阿给 a$^{35}$ kei$^{21}$ | 啥？sa$^{13}$ | 舟　曲 |
| 奥⁼个 ɔ$^{44}$ kei$^{21}$ | 阿么了？a$^{21}$ mu$^{21}$ lɔ$^{35}$ | 临　潭 |

| 词目<br>方言点 | 为什么？ | 怎么办？ |
| --- | --- | --- |
| 北 京 | 为什么？uei⁵¹ ʂən³⁵ mə⁰ | 怎么办？tsən²¹⁴ mə⁰ pan⁵¹ |
| 兰 州 | 为啥？vei³⁵ sa²¹ | 咋做呢？tsa⁵³ tsu¹³ ni⁵³ |
| 红 古 | 为啥？vei¹³ ʂa¹³ | 咋做哩咇？tsa²² tsʮ³⁵ lʅ⁵³ ʂa²¹ |
| 永 登 | 为啥？vei³⁵ sa¹³ | 怎么做哩？tsʅ³⁵ ma⁵³ tsu²² li³⁵ |
| 榆 中 | 怎么了？tsən⁴⁴ mən²¹ lɔ¹³ | 怎么办？tsən⁴⁴ mən²¹ pã¹³ |
| 白 银 | 为啥？vei²² sa²⁴ | 总＝做哩？tsun⁵³ tsu²² li²⁴ |
| 靖 远 | 为啥？vei³⁵ sa⁴⁴ | 咋做呢？tsa²² tsɤu³⁵ niɛ⁴¹ |
| 天 水 | 为啥？vɛ³⁵ sa²¹ | 咋闹哩？tsa¹³ lɔ⁴⁴ li²¹ |
| 秦 安 | 咋何的？tsa³⁵ xə²¹ tiə¹³ | 咋弄哩？tsa¹³ luə̃⁴⁴ li²¹ |
| 甘 谷 | 为什么？uai³⁵ sʅ⁵⁵ mə⁵³ | 咋弄价？tsɒ²¹ luəŋ³⁵ tɕiɒ²¹ |
| 武 山 | 为价＝事？uɛ⁴⁴ tɕiə⁴⁴ sʅ⁴⁴ | 怎么办？tsʅ⁴⁴ mə⁴⁴ pã⁴⁴<br>怎么弄呢？tsʅ²¹ mə²¹ luŋ³⁵ nɛ²¹ 又 |
| 张家川 | 为啥着？vei⁴⁴ sa⁴⁴ tʂɤ²¹ | 咋办哩？tsa²¹ pæ⁴⁴ li²¹ |
| 武 威 | 为啥？vei⁴⁴ sa⁵³ | 兹么办？tsʅ⁵³ mə²¹ pã⁵³ |
| 民 勤 | 为嗓＝？vei²¹ sɑŋ⁵³ | 藏＝做呢？tsɑŋ²⁴ tsʮ⁵³ nə²¹ |
| 古 浪 | 为什么？vei³⁵ ʂʅ⁴⁴ mə²¹<br>为啥？vei³⁵ ʂa⁵³ 又 | 兹么办？tsʅ³⁵ mə⁴⁴ pæ²¹<br>咋办？tsa⁴⁴ pæ²¹ 又 |
| 永 昌 | 为什么？vei³⁵ ʂəŋ⁵³ mə²¹ | 咋做呢？tsa³⁵ tsʮ⁵³ niə²¹ |
| 张 掖 | 为啥？vei¹³ ʂa³¹ | 咋办哩？tsa⁵³ paŋ³¹ liə²¹ |
| 山 丹 | 为啥？vei³⁵ ʂa⁵³ | 咋做呢？tsa³⁵ tsʮ²¹ ni²¹ |
| 平 凉 | 为啥？vei⁴⁴ sa²¹ | 咋办？tsa²² pæ⁴⁴ |
| 泾 川 | 为啥？vei⁴⁴ sa²¹ | 咋弄的？tsa²¹ luŋ³⁵ ti²¹ |
| 灵 台 | 为啥？uei⁴⁴ sa⁴⁴ | 咋弄呀？tsa²¹ luəŋ²⁴ ia²¹ |

方言词汇

| 为什么？ | 怎么办？ | 词目 / 方言点 |
|---|---|---|
| 为啥？vei¹³ sa¹³ | 咋办呢？tsa⁵³ pan³¹ niə²¹ | 酒　泉 |
| 为啥？vei⁴⁴ sa²¹³ | 咋办呢？tsa⁵³ pan⁴⁴ nə⁵³ | 敦　煌 |
| 为啥？uei²⁴ sa³¹ | 咋办哩？tsa²² pæ̃⁴⁴ li²¹ | 庆　阳 |
| 为啥？vei²⁴ sa²¹ | 咋办？tsa²² pæ̃⁵⁵ | 环　县 |
| 为啥？vei⁴⁴ ʃɤ²¹ | 咋弄哩？tsa⁵³ luŋ²⁴ li²¹<br>咋办哩？tsa⁵³ pæ̃²⁴ li²¹ 又 | 正　宁 |
| 为啥？vei⁴⁴ sa⁴⁴ | 咋弄呢？tsa²¹ nuŋ²⁴ ni²¹<br>咋办呢？tsa²¹ pæ̃⁴⁴ ni²¹ 又 | 镇　原 |
| 为啥着？vei²⁴ sɤ⁵³ tʂɤ¹³ | 阿们做哩？a²¹ mɤŋ¹³ tsʯ²⁴ li²¹ | 定　西 |
| 为啥着？uei²⁴ sə⁵³ tʂə²¹ | 做啥哩？tsʯ⁵³ sʯ²¹ lɛ²⁴ | 通　渭 |
| 为啥来？vei¹³ ʂuɤ⁴⁴ læ̃⁴⁴ | 阿们哩？a⁵³ məŋ²² lia¹³ | 陇　西 |
| 为啥？vei⁴⁴ sa⁴⁴ | 阿们做呢？<br>a¹³ mɤŋ⁵³ tsʯ⁴⁴ ni²¹ | 临　洮 |
| 阿么里？ɑ²¹ mu²¹ li³⁵ | 阿们办哩？<br>ɑ²¹ mɤŋ²¹ pʻæ̃³⁵ li²¹ | 漳　县 |
| 为啥？vei²⁴ sa¹³ | 咋做价=？tsa²¹ tsuə⁵³ tɕia²¹ | 陇　南 |
| 为啥？uei²⁴ sa²¹ | 阿们价=办？<br>a⁵³ mæ̃²¹ tɕia²⁴ pæ̃³⁵ | 文　县 |
| 为啥？vei⁴⁴ sa⁵³ | 阿们做？a²¹ mu¹³ tsu⁴⁴ | 宕　昌 |
| 为啥？vei²⁴ ʂa²⁴ | 哪们的办？<br>la⁵³ mɤŋ²¹ ti²¹ pæ̃²⁴ | 康　县 |
| 为啥？uei⁵⁵ sa⁵⁵ | 咋弄来？tsa³⁵ luŋ⁵⁵ lɛ²¹ | 西　和 |
| 为什么？vei⁴⁴ ʂʯ²¹ ma¹³ | 阿们办？a¹³ məŋ⁴⁴ pæ̃⁴⁴ | 临夏市 |
| 为什么？vei²² ʂʯ³⁵ mɑ⁵³ | 阿们办？ɑ³⁵ məŋ⁵⁵ pæ̃⁵³ | 临夏县 |
| 为啥？vei³⁵ sa⁵³ | 阿门办呢？a²¹ mɤŋ²¹ pæ̃³⁵ nia⁵³ | 甘　南 |
| 为啥？vei¹³ sa¹³ | 阿们做？a³⁵ məŋ²¹ tsu³⁵ | 舟　曲 |
| 为啥呦？vei⁴⁴ sa⁴⁴ sa²¹ | 阿木办裒=？<br>a¹³ mu²¹ pæ̃⁴⁴ niɔ²¹ | 临　潭 |

| 词目<br>方言点 | 做什么？ | 一个人 |
|---|---|---|
| 北　京 | 做什么？tsuo⁵¹ ʂən³⁵ mə⁰ | 一个人 i⁵⁵ kɤ⁵¹ ʐən³⁵ |
| 兰　州 | 做啥哩？tsu²² sa¹³ li⁵³ | 一个人 ʑi²² kɤ⁴⁴ ʐən⁵³ |
| 红　古 | 做啥着哩？tʂʅ²² ʂa¹³ tʂə³⁵ lʅ²¹ | 一个人 zʅ²² kə¹³ ʐən⁵⁵ |
| 永　登 | 做啥哩？tsu³⁵ sa²¹ li¹³ | 一个人 i¹³ kɛi³⁵ ʐən⁵³ |
| 榆　中 | 做啥咧？tsuə⁴² sa²¹ liə³⁵ | 一个人 ʑi²² kə²² ʐən⁵³ |
| 白　银 | 做啥哩？tsu²² sa²⁴ li⁵³ | 一个人 ʑi²² kə²² ʐən⁵³ |
| 靖　远 | 做啥呢？tsʁu³⁵ sa³⁵ niɛ⁴¹ | 一个人 zʅ²² kə³⁵ ʐʁŋ²¹ |
| 天　水 | 做啥哩？tʂʅ⁴⁴ sa⁴⁴ li¹³ | 一个人 ɕi²¹ kɛ⁵³ ʐʁŋ¹³ |
| 秦　安 | 干啥哩？kan⁴⁴ sa⁴⁴ liə²¹ | 一个人 ʑi²¹ kuei⁵³ ʐə̃¹³ |
| 甘　谷 | 做什么？tʂʅ⁴⁴ sʅ⁴⁴ mə⁵³ | 一个人 ʑi²¹ kai⁴⁴ ʐən²⁴ |
| 武　山 | 做什着呢？tsə⁴⁴ sʅ⁴⁴ tsə⁴⁴ lɛ⁴⁴ | 一个人 ʑi³¹ kuɛ²¹ ʐən²⁴ |
| 张家川 | 做啥去价=？<br>tsʅ⁴⁴ sa⁴⁴ tɕ'i⁴⁴ tɕia²¹ | 一个人 ʑi²¹ kɤ⁴⁴ ʐʁŋ²¹ |
| 武　威 | 做啥哩？tsuə⁴⁴ sa⁴⁴ li²¹<br>干啥哩？kã⁴⁴ sa⁵³ li²¹ 又 | 一个人 ʑi³⁵ kə⁵³ ʐəŋ²¹ |
| 民　勤 | 做嗓=哩？tsʅ²¹ sɑŋ⁴⁴ nʅ²¹ | 一个人 ʑi⁴² kɯ²¹ ʐʁŋ²¹ |
| 古　浪 | 干啥哩？kæ³⁵ ʂa⁵³ li²¹ | 一个人 ʑi²¹ kə²¹ ʐəŋ⁵³ |
| 永　昌 | 做啥？tsuə³⁵ ʂa⁵³ | 一个人 ʑi³⁵ kə⁴² ʐəŋ²¹ |
| 张　掖 | 干啥哩？kaŋ³⁵ ʂa⁵³ liə²¹ | 一个人 ʑi²¹ kə²² ʐən⁵³ |
| 山　丹 | 做啥呢？tsʅ³⁵ ʂa⁵³ ni²¹ | 一个人 zʅ⁵⁵ kə⁴² ʐəŋ²¹ |
| 平　凉 | 做啥？tsu⁴⁴ sa⁴⁴ | 一个人 i⁵³ kɤ²¹ ʐəŋ²⁴ |
| 泾　川 | 做啥哩？tsʅ⁴⁴ sa²⁴ lɛ²¹ | 一个人 i²¹ kuɤ⁴⁴ ʐəŋ²⁴ |
| 灵　台 | 做啥哩？tsʅ⁴⁴ sa⁴⁴ li²¹ | 一个人 i²¹ kɤ⁴⁴ ʐəŋ²⁴ |

| 做什么？ | 一个人 | 词目 方言点 |
|---|---|---|
| 干啥呢？kan³⁵ sa⁵³ niə²¹ | 一个人ʑi²² kə¹³ z̩əŋ⁵³ | 酒　泉 |
| 做啥呢？tsʅ⁴⁴ sa⁴⁴ nə⁵³ | 一个人z̩ʅ²² kə²² z̩əŋ⁵³ | 敦　煌 |
| 做啥哩？tsu⁴⁴ sa⁴⁴ li²¹ | 一人i²¹ z̩əŋ²⁴ | 庆　阳 |
| 做啥？tsʅ⁴⁴ sa⁴⁴ | 一个人i²² kɤ⁴⁴ z̩əŋ²¹ | 环　县 |
| 做啥哩？tsou⁴⁴ ʃɤ²⁴ li²¹ | 你一ni⁵³ i²¹ | 正　宁 |
| 做啥价=？tsʅ⁴⁴ sa⁴⁴ tɕia²¹ | 一个人i⁴¹ kə²¹ z̩əŋ²⁴ | 镇　原 |
| 做啥哩？tsʅ²⁴ sɤ⁵³ li²¹ | 一个人ʑi²¹ kɤ⁴⁴ z̩ɤŋ¹³ | 定　西 |
| 做啥着哩？tsu⁴⁴ sə⁵³ tʂə²¹ lɛ²¹ | 一个人ʑi²¹ kuei⁴⁴ z̩ə̃²¹ | 通　渭 |
| 做啥哩？tsu³⁵ ʂuɤ⁴⁴ lia²¹ | 一个人ʑi¹³ kei²¹ z̩əŋ¹³ | 陇　西 |
| 做啥呢？tsʅ⁴⁴ sa⁵³ ni¹³ | 一个人ʑi²¹ ko⁴⁴ z̩ɤŋ¹³ | 临　洮 |
| 阿兀哩？ɑ⁴⁴ u²¹ li³⁵ | 一个人ʑi²¹ kei²¹ ʒɤŋ¹³ | 漳　县 |
| 做啥？tsʅ²⁴ sa²⁴ | 一个人ʑi²¹ kɛ³⁵ z̩ɤŋ²⁴ | 陇　南 |
| 做啥？tsu²⁴ sa²⁴ | 一个人ʑi⁵³ kɤ²¹ z̩ə̃²¹ | 文　县 |
| 做啥？tsu⁴⁴ sa⁵³ | 一个人z̩ʅ²¹ kɛ⁴⁴ z̩əŋ¹³ | 宕　昌 |
| 做啥？tsu²⁴ ʂa²⁴ | 一个人i²¹ kuo²⁴ z̩ɤŋ²¹ | 康　县 |
| 做啥哩？tʃu⁵⁵ sa⁵⁵ li²¹ | 一个人i²¹ kɛ⁵⁵ z̩ɤŋ²⁴ | 西　和 |
| 做什么？tsu⁴⁴ sʅ²¹ ma¹³ | 一个人儿ʑi¹³ kə¹³ z̩ei⁵³ | 临夏市 |
| 做什么？tsu⁵⁵ ʂʅ²¹ mɑ¹³ | 一个人ʑi¹³ kə⁵⁵ z̩əŋ¹³ | 临夏县 |
| 做什么呢？tsu⁴⁴ ʂʅ²¹ ma³⁵ ni⁵³ | 一个人ʑi²¹ kə⁴⁴ z̩ɤŋ⁵³ | 甘　南 |
| 做啥？tsu³⁵ sa³⁵ | 一个人ʒi³⁵ k'ei⁵³ z̩əŋ²¹ | 舟　曲 |
| 做啥裊=？tsuə²¹ sa⁴⁴ niɔ²¹ | 一个儿ʑi²¹ kər⁵³ | 临　潭 |

| 词目<br>方言点 | 一双鞋 | 一领席 |
| --- | --- | --- |
| 北 京 | 一双鞋i⁵⁵ ʂuaŋ⁵⁵ ɕie³⁵ | 一领席i⁵⁵ liŋ²¹⁴ ɕi³⁵ |
| 兰 州 | 一双鞋ʐi²² fã⁴⁴ xɛ⁵³ | 一张席子ʐi²² tʂã⁴⁴ ɕi⁵³ tsɿ²¹ |
| 红 古 | 一双鞋zɿ²² fã³⁵ xɛ³⁵ | 一张席子zɿ²² tʂã³⁵ sɿ³⁵ tsɿ³⁵ |
| 永 登 | 一双鞋i¹³ faŋ⁴⁴ xɛi⁵³ | 一张席i¹³ tʂaŋ⁴⁴ ɕi⁵³ |
| 榆 中 | 一双鞋ʐi²¹ ʂũ⁴⁴ xɛ⁵³ | 一个席子ʐi²¹ kə²⁴ ɕi⁵³ tsɿ²¹³ |
| 白 银 | 一双鞋ʐi²² faŋ⁴⁴ xɛ⁵³ | 一张席子ʐi²² tʂaŋ⁴⁴ ɕi⁵³ tsɿ²¹ |
| 靖 远 | 一双鞋zɿ²² ʂuaŋ⁴¹ xɛ²⁴ | 一领席zɿ²² liŋ⁵⁵ sɿ²⁴ |
| 天 水 | 一双鞋ʐi⁴⁴ ʃã²¹ xɛ¹³ | 一片席ʐi²¹ p'iæ⁵³ ɕi¹³ |
| 秦 安 | 一双鞋ʐi³⁵ ʃã²¹ xɛ²¹ | 一张席ʐi²¹ tʂã³⁵ sɿ¹³ |
| 甘 谷 | 一双鞋ʐi³⁵ ʃaŋ⁵⁵ xai²⁴ | 一领席ʐi²¹ liəŋ⁵³ ɕi²⁴ |
| 武 山 | 一双鞋ʐi³⁵ ʃaŋ⁵³ xɛ²⁴ | 一张席ʐi²¹ tʂaŋ³⁵ ɕi²⁴<br>一页席ʐi³⁵ iə²¹ ɕi²⁴ 又 |
| 张家川 | 一双鞋ʐi¹³ ʃã²¹ xɛ¹³ | 一张席ʐi²¹ tʂã¹³ ɕi¹³ |
| 武 威 | 一双鞋ʐi⁴⁴ ʂũ²¹ xɛ³⁵ | 一张席子ʐi⁵³ tʂã³⁵ ɕi³⁵ tsɿ²¹ |
| 民 勤 | 一双鞋ʐi²¹ ʂuɑŋ⁴⁴ xæ⁵³ | 一张席子ʐi²¹ tʂaŋ⁴⁴ ɕi²¹ zɿ⁴⁴ |
| 古 浪 | 一双鞋ʐi²¹ ʂuɑo⁴⁴ xɛ⁵³ | 一张席ʐi²¹ tʂɑo⁴⁴ ɕi⁵³ |
| 永 昌 | 一双鞋ʐi³⁵ ʂuaŋ⁴⁴ xɛ⁵³ | 一张席ʐi⁵³ tʂaŋ²² ɕi⁵³ |
| 张 掖 | 一双鞋ʐi²² faŋ³³ xɛ⁵³ | 一块席子ʐi²¹ k'uɛ²¹ ɕi³⁵ tsɿ²¹ |
| 山 丹 | 一双鞋zɿ³³ faŋ³³ xɛ⁵³ | 一张席子zɿ³³ tʂaŋ³³ ʃɿ⁵³ tsɿ²¹ |
| 平 凉 | 一双鞋i²⁴ faŋ²¹ xɛ²⁴ | 一页席i²⁴ iɛ²¹ ɕi²⁴ |
| 泾 川 | 一双鞋i²⁴ ʃaŋ²¹ xɛ²⁴ | 一张席i²⁴ tʂaŋ²¹ ɕi²⁴ |
| 灵 台 | 一双鞋i²⁴ ʃaŋ²¹ xɛ²⁴ | 一张席i²⁴ tʂaŋ²¹ si²⁴ |

## 方言词汇

| 一双鞋 | 一领席 | 词目 / 方言点 |
|---|---|---|
| 一双鞋 ʑi²² ʂuaŋ⁴⁴ xɛ⁵³ | 一卷席子 ʑi²² tɕyan²² ɕi⁵³ tsʅ²¹ | 酒 泉 |
| 一双鞋 zʅ¹³ ʂuaŋ⁵³ xɛ²¹³ | 一个席子 zʅ²² kə⁴⁴ ɕʅ²¹ tsʅ⁵³ | 敦 煌 |
| 一双鞋 i²¹ ʂuaŋ⁵³ xɛ²⁴ | 一叶儿席 i²² iər⁵³ ɕi²⁴ | 庆 阳 |
| 一双鞋 i²¹ ʂuaŋ⁴² xɛ²⁴ | 一张席 i²² tʂaŋ⁴² ɕi²⁴ | 环 县 |
| 一双鞋 i²⁴ ʃaŋ²¹ xɛ²⁴ | 一张席 i²⁴ tʂaŋ²¹ si²⁴ | 正 宁 |
| 一双鞋 i²¹ sã⁵³ xɛ²⁴ | 一个席 i²¹ kə²¹ ɕi²⁴ | 镇 原 |
| 一双鞋 ʑi²⁴ ʃã⁵³ xɛ¹³ | 一片席 ʑi²¹ pʻiæ̃⁵³ ɕi¹³ | 定 西 |
| 一双鞋 ʑi²⁴ ʃã⁵³ xɛ¹³ | 一片席 ʑi²¹ pʻiæ̃⁵³ si¹³ | 通 渭 |
| 一双鞋 ʑi¹³ ʂuã⁵³ xɛ¹³ | 一张席 ʑi⁵³ tʂã¹³ ɕi¹³ | 陇 西 |
| 一双鞋 ʑi¹³ ʂuã²¹ xɛ¹³ | 一张席 ʑi²¹ tʂã³⁵ ɕi¹³ | 临 洮 |
| 一双鞋 ʑi³⁵ ʃaŋ²¹ xɛ¹³ | 一张席 ʑi³⁵ tʃaŋ²¹ si¹³ | 漳 县 |
| 一双鞋 ʑi³⁵ ʃã⁵³ xɛ¹³ | 一片席 ʑi²¹ pʻiæ̃⁵⁵ ɕi¹³ | 陇 南 |
| 一双鞋 ʑi⁵³ ʃã⁵³ xɛ¹³ | 一张席 ʑi⁵⁵ tsã⁵³ ɕi¹³ | 文 县 |
| 一双鞋 nʅ¹³ ʂuã²¹ xɛ¹³ | 一张席 zʅ⁴⁴ tʂã⁴⁴ si¹³ <br> 一片席 zʅ²¹ pʻiæ̃⁵³ si¹³ 又 | 宕 昌 |
| 一双鞋 i²¹ ʂuã⁵³ xɛ¹³ | 一张席 i⁵³ tʂã²⁴ si²¹³ | 康 县 |
| 一双鞋 i²⁴ ʃã²¹ xɛ²⁴ | 一片席篾 i²⁴ pʻiæ̃⁵³ ɕi²⁴ tʻiæ̃²¹ | 西 和 |
| 一双鞋 ʑi¹³ ʂuaŋ⁵³ xɛ¹³ | 一领席 ʑi¹³ lin³¹ ɕi¹³ | 临夏市 |
| 一双鞋 ʑi¹³ faŋ⁵³ xɛ³⁵ | 一张席 ʑi¹³ tʂaŋ⁵³ ɕi³⁵ | 临夏县 |
| 一双鞋 ʑi²¹ ʂuã²¹ xɛi¹³ | 一片席子 ʑi²¹ pʻiæ̃⁴⁴ ɕi²¹ tsʅ⁴⁴ | 甘 南 |
| 一双鞋 ʒi³⁵ ʃã⁵⁵ xɛ²¹ | 一张席 ʒi³⁵ tʂã⁵⁵ sʅ²¹ <br> 一片席 ʒi³⁵ pʻiæ̃⁵³ sʅ²¹ 又 | 舟 曲 |
| 一双鞋 ʑi¹³ suã²¹ xɛ¹³ | 一个席 ʑi¹³ kɛ²¹ ɕi¹³ | 临 潭 |

| 词目\方言点 | 一床被 | 一辆车 |
| --- | --- | --- |
| 北 京 | 一床被 i$^{55}$ tʂ'uaŋ$^{35}$ pei$^{51}$ | 一辆车 i$^{55}$ liaŋ$^{51}$ tʂ'ɤ$^{55}$ |
| 兰 州 | 一床被子 ʑi$^{22}$ pf'ã$^{53}$ pi$^{22}$ tsʅ$^{53}$ | 一辆车子 ʑi$^{22}$ liã$^{44}$ tʂ'ɤ$^{53}$ tsʅ$^{21}$ |
| 红 古 | 一床被儿 zʅ$^{22}$ tʂ'uã$^{35}$ piər$^{35}$ | 一挂车 zʅ$^{22}$ kua$^{35}$ tʂ'ə$^{35}$ |
| 永 登 | 一床被 i$^{13}$ pf'ãŋ$^{53}$ pei$^{35}$ | 一挂车 i$^{13}$ kua$^{44}$ tʂə$^{53}$ |
| 榆 中 | 一个被子 ʑi$^{22}$ kə$^{13}$ pi$^{21}$ tsʅ$^{35}$ | 一个车 ʑi$^{22}$ kə$^{22}$ tʂ'ə$^{53}$ |
| 白 银 | 一床被儿 ʑi$^{22}$ tʂ'uaŋ$^{53}$ pi$^{22}$ ɣɯ$^{13}$ | 一挂车 ʑi$^{22}$ kua$^{22}$ tʂ'ə$^{44}$ |
| 靖 远 | 一床被儿 zʅ$^{22}$ tʂ'uaŋ$^{24}$ pʅər$^{44}$ | 一挂子车 zʅ$^{22}$ kua$^{35}$ tsʅ$^{21}$ tʂ'ei$^{41}$ |
| 天 水 | 一床被儿 ɕi$^{21}$ tʃ'ã$^{13}$ pei$^{44}$ ər$^{21}$ | 一辆车 ɕi$^{21}$ liã$^{53}$ tʂ'ə$^{13}$ |
| 秦 安 | 一床被儿 ʑi$^{21}$ tʃ'ã$^{35}$ pi$^{44}$ zʅ$^{21}$ | 一辆车 ʑi$^{21}$ niã$^{53}$ tʂ'ə$^{13}$ |
| 甘 谷 | 一床被儿 ʑi$^{21}$ tʃ'aŋ$^{21}$ pi$^{44}$ zʅ$^{21}$ | 一辆车 ʑi$^{21}$ liaŋ$^{53}$ tʂ'ə$^{13}$ |
| 武 山 | 一床被儿 ʑi$^{31}$ tʃ'aŋ$^{21}$ pi$^{44}$ zʅ$^{44}$ | 一辆车 ʑi$^{21}$ liaŋ$^{24}$ tʂ'ə$^{31}$ |
| 张家川 | 一床被儿 ʑi$^{22}$ tʃ'ã$^{13}$ piər$^{53}$ | 一辆车 ʑi$^{22}$ liã$^{53}$ tʂ'ɤ$^{13}$ |
| 武 威 | 一床被子 ʑi$^{35}$ tʂ'uã$^{53}$ pi$^{44}$ tsʅ$^{21}$ | 一辆车 ʑi$^{35}$ liã$^{53}$ tʂ'ə$^{35}$ |
| 民 勤 | 一床被儿 ʑi$^{21}$ tʂ'uaŋ$^{53}$ pi$^{21}$ ɣɯ$^{21}$ | 一辆车 ʑi$^{42}$ niaŋ$^{21}$ tʂ'ə$^{44}$ |
| 古 浪 | 一个被 ʑi$^{21}$ kə$^{44}$ pi$^{31}$ | 一辆车 ʑi$^{13}$ liɑo$^{21}$ tʂ'ə$^{44}$ |
| 永 昌 | 一个被子 ʑi$^{35}$ kə$^{21}$ pi$^{53}$ tsʅ$^{21}$ | 一个车 ʑi$^{35}$ kə$^{53}$ tʂ'ə$^{44}$ |
| 张 掖 | 一床被儿 ʑi$^{21}$ k'uaŋ$^{21}$ pi$^{31}$ ɣɯ$^{21}$ | 一辆车 ʑi$^{21}$ liaŋ$^{22}$ tʂ'ə$^{33}$ |
| 山 丹 | 一床被儿 zʅ$^{33}$ tʂ'uaŋ$^{33}$ pʅ$^{33}$ ɣɯ$^{21}$ | 一辆车 zʅ$^{33}$ liaŋ$^{21}$ tʂ'ə$^{21}$ |
| 平 凉 | 一床被子 i$^{21}$ tʂ'uaŋ$^{24}$ pi$^{44}$ tsʅ$^{21}$ | 一挂车 i$^{21}$ kua$^{44}$ tʂ'ɤ$^{21}$ |
| 泾 川 | 一床盖的 i$^{21}$ tʃ'aŋ$^{24}$ kɛ$^{44}$ ti$^{21}$ | 一辆车 i$^{21}$ liaŋ$^{53}$ tʂ'ɤ$^{21}$ |
| 灵 台 | 一条被 i$^{21}$ ts'iɔ$^{24}$ pi$^{44}$ | 一辆车 i$^{21}$ liaŋ$^{53}$ tʂ'ɤ$^{21}$ |

| 一床被 | 一辆车 | 方言点 |
|---|---|---|
| 一床被子ʐi²² tʂ'uaŋ⁵³ pi²¹ tsʅ¹³ | 一挂车ʐi²² kua²² tʂ'ə⁴⁴ | 酒 泉 |
| 一个被子zʅ²² kə²² pei⁴⁴ tsʅ⁵³ | 一辆车zʅ²² liaŋ⁴⁴ tʂ'ə²¹³ | 敦 煌 |
| 一床被子i²¹ tʂ'uaŋ⁴⁴ pei⁴⁴ tsʅ²¹ | 一辆车i²¹ liaŋ⁴⁴ tʂ'ɤ⁵³ | 庆 阳 |
| 一床盖头i²² tʂ'uaŋ²⁴ kɛ⁴⁴ t'ɤu²¹ | 一个车i²² kɤ²⁴ tʂ'ɤ⁴¹ | 环 县 |
| 一床铺盖i²¹ tʂ'aŋ²⁴ p'u⁴⁴ kɛ²¹ | 一辆车i²¹ liaŋ⁵³ tʂ'ɤ²¹ | 正 宁 |
| 一床铺盖i²¹ tsʰã²⁴ p'u⁵³ kɛ²¹ | 一辆车i²¹ liã⁵⁵ tʂ'ə⁵³ | 镇 原 |
| 一床被儿ʐi²² tʂ'ã²¹ pi³⁵ zʅ²¹ | 一辆车ʐi²¹ liã⁵³ tʂ'ɤ¹³ | 定 西 |
| 一床被儿ʐi²¹ tʂ'ã²¹ pi²⁴ zʅ²¹ | 一辆车ʐi²¹ liã⁵³ tʂ'ə¹³ | 通 渭 |
| 一床被儿ʐi⁵³ tʂ'uã²² pi¹³ zʅ²¹ | 一个车ʐi¹³ kei²² tʂ'ɤ²¹ | 陇 西 |
| 一床被儿ʐi²¹ tʂ'uã¹³ piər⁵³ | 一辆车ʐi²¹ liã⁴⁴ tʂ'ɛ¹³ | 临 洮 |
| 一床被ʐi⁵³ tʂ'aŋ²¹ pi⁴⁴ | 一辆车ʐi²¹ liaŋ¹³ tʃ'ɤ²¹ | 漳 县 |
| 一个盖的ʐi⁵⁵ kɛ⁵⁵ kɛ³⁵ ti²¹ | 一个车ʐi⁵⁵ kɛ⁵⁵ tʂ'ə⁵³ | 陇 南 |
| 一床铺盖ʐi⁵³ tʂ'ã²¹ p'u²¹ kɛ³⁵ | 一辆车ʐi¹³ liã⁵⁵ tɕ'iɛ⁵³ | 文 县 |
| 一床盖的zʅ¹³ tʂ'uã¹³ kɛ⁴⁴ tsʅ²¹ | 一挂车zʅ²¹ kua⁴⁴ tʂ'ɤ⁴⁴ | 宕 昌 |
| 一床铺盖i²¹ pf'ã²¹ p'u⁵³ kɛ²¹ | 一辆车i²¹ liã²⁴ tʂ'ɤ⁵³ | 康 县 |
| 一床被儿i²¹ tʃ'ã²⁴ pi⁵⁵ ər⁵³ | 一架车i²¹ tɕia⁵⁵ tʂ'ɤ²¹ | 西 和 |
| 一床被ʐi¹³ tʂ'uaŋ⁴⁴ pi⁵³ | 一辆车ʐi¹³ liaŋ⁵³ tʂ'ə¹³ | 临夏市 |
| 一床被ʐi¹³ tʂ'uaŋ⁵³ pi⁵³ | 一辆车ʐi¹³ liaŋ⁵⁵ tʂ'ə³⁵ | 临夏县 |
| 一床被ʐi¹³ tʂ'uã²¹ pei⁴⁴ | 一辆车ʐi²¹ liã⁴⁴ tʂ'ə¹³ | 甘 南 |
| 一床被儿ʒi⁵⁵ tʃ'uã⁵⁵ piər¹³ | 一挂车ʒi²² kua¹³ tʂ'ei⁵³ | 舟 曲 |
| 一床被儿ʐi⁴⁴ tsʰuã³⁵ piər⁵³ | 一辆车ʐi⁴⁴ liã³⁵ tʂ'ə⁵³ | 临 潭 |

| 词目<br>方言点 | 一把刀 | 一支笔 |
| --- | --- | --- |
| 北 京 | 一把刀i$^{55}$ pa$^{214}$ tao$^{55}$ | 一支笔i$^{55}$ tʂʅ$^{55}$ pi$^{214}$ |
| 兰 州 | 一把刀子ʑi$^{22}$ pa$^{44}$ tɔ$^{53}$ tsʅ$^{21}$ | 一支笔ʑi$^{22}$ tʂʅ$^{44}$ pi$^{13}$ |
| 红 古 | 一把刀zʅ$^{22}$ pa$^{35}$ tɔ$^{13}$ | 一支笔zʅ$^{22}$ tʂʅ$^{35}$ pʅ$^{35}$ |
| 永 登 | 一把刀i$^{13}$ pa$^{44}$ tɑo$^{53}$ | 一支笔i$^{13}$ tʂʅ$^{44}$ pi$^{24}$ |
| 榆 中 | 一个刀ʑi$^{22}$ kə$^{22}$ tɔ$^{53}$ | 一个笔ʑi$^{22}$ kə$^{24}$ pi$^{213}$ |
| 白 银 | 一把刀ʑi$^{22}$ pa$^{35}$ tɔ$^{44}$ | 一支笔ʑi$^{22}$ tʂʅ$^{44}$ pi$^{24}$ |
| 靖 远 | 一把刀zʅ$^{22}$ pa$^{55}$ tao$^{41}$ | 一杆儿笔zʅ$^{22}$ kẽr$^{41}$ pʅ$^{41}$ |
| 天 水 | 一把刀子ʑi$^{21}$ pa$^{53}$ tɔ$^{21}$ tsʅ$^{53}$ | 一支笔ʑi$^{21}$ tʂʅ$^{44}$ pi$^{13}$ |
| 秦 安 | 一把刀ʑi$^{21}$ pa$^{53}$ tɔ$^{13}$ | 一个笔砚ʑi$^{21}$ kuɛ$^{53}$ pi$^{21}$ ian$^{44}$ |
| 甘 谷 | 一把刀子ʑi$^{21}$ pɒ$^{53}$ tɑu$^{42}$ tsʅ$^{44}$ | 一支笔ʑi$^{21}$ tʂʅ$^{13}$ pi$^{13}$ |
| 武 山 | 一把刀子ʑi$^{31}$ pɑ$^{21}$ tao$^{31}$ tsʅ$^{21}$ | 一杆笔ʑi$^{31}$ kã$^{21}$ pi$^{21}$ |
| 张家川 | 一把刀ʑi$^{22}$ pa$^{53}$ tɔ$^{13}$ | 一支笔ʑi$^{22}$ tʂʅ$^{13}$ pi$^{13}$ |
| 武 威 | 一把刀ʑi$^{53}$ pa$^{21}$ tao$^{44}$ | 一支笔ʑi$^{53}$ tʂʅ$^{21}$ pi$^{53}$ |
| 民 勤 | 一把刀ʑi$^{42}$ pa$^{21}$ tao$^{44}$ | 一支笔ʑi$^{42}$ tʂʅ$^{21}$ pi$^{42}$ |
| 古 浪 | 一把刀ʑi$^{13}$ pa$^{21}$ tɔ$^{44}$ | 一支笔ʑi$^{21}$ tʂʅ$^{44}$ pi$^{31}$ |
| 永 昌 | 一个刀ʑi$^{35}$ kə$^{53}$ tao$^{44}$ | 一个笔ʑi$^{35}$ kə$^{22}$ pi$^{53}$ |
| 张 掖 | 一把刀ʑi$^{21}$ pa$^{22}$ tɔ$^{33}$ | 一支笔ʑi$^{22}$ tʂʅ$^{33}$ pi$^{53}$ |
| 山 丹 | 一把刀zʅ$^{33}$ pa$^{21}$ tɑo$^{21}$ | 一支笔zʅ$^{33}$ tʂʅ$^{21}$ pʅ$^{21}$ |
| 平 凉 | 一把刀子i$^{21}$ pa$^{44}$ tɔ$^{53}$ tsʅ$^{21}$ | 一杆笔i$^{21}$ kæ$^{44}$ pi$^{21}$ |
| 泾 川 | 一把刀i$^{21}$ pa$^{53}$ tɔ$^{21}$ | 一支笔i$^{21}$ tʂʅ$^{35}$ pi$^{21}$ |
| 灵 台 | 一把刀i$^{21}$ pa$^{53}$ tɔ$^{21}$ | 一支笔i$^{24}$ tʂʅ$^{24}$ pi$^{21}$ |

| 一把刀 | 一支笔 | 词目 / 方言点 |
|---|---|---|
| 一把刀 ʑi²² pa²² tɔ⁴⁴ | 一根笔 ʑi²² kən⁴⁴ pi¹³ | 酒　泉 |
| 一把刀 ʐɿ²² pa⁴⁴ ta²¹³ | 一支笔 ʐɿ²² tsɿ⁴⁴ pɿ²¹³ | 敦　煌 |
| 一把刀 i²¹ pa⁵³ tɔ³¹ | 一支笔 i²¹ tsɿ²⁴ pi³¹ | 庆　阳 |
| 一把刀 i²² pa⁴⁴ tɔ⁴² | 一支笔 i²² tsɿ⁴² pi²⁴ | 环　县 |
| 一把刀 i²¹ pa⁵³ tɔ²¹ | 一支笔 i²⁴ tsɿ⁴⁴ pi²¹ | 正　宁 |
| 一把刀 i²¹ pa⁵⁵ tɔ³¹ | 一支笔 i²¹ tsɿ⁴⁴ pi⁴¹ | 镇　原 |
| 一把刀子 ʑi²¹ pa⁵³ tɑo²¹ tsɿ¹³ | 一支笔 ʑi²¹ tsɿ¹³ pi¹³ | 定　西 |
| 一把刀子 ʑi²¹ pa⁵³ tɔ²¹ tsɿ¹³ | 一支笔 ʑi²¹ tsɿ¹³ pi¹³ | 通　渭 |
| 一把刀子 ʑi¹³ pa²¹ tɔ²¹ tsɿ²¹ | 一支笔 ʑi⁵³ tsɿ¹³ pi²¹ | 陇　西 |
| 一把刀 ʑi¹³ pa⁵³ tɑo¹³ | 一杆儿笔 ʑi¹³ kar⁵³ pi¹³ | 临　洮 |
| 一把刀子 ʑi²¹ pa²¹ tɑo²¹ ʐɿ²¹ | 一支笔 ʑi²¹ tʃɿ²¹ pi⁴⁴ | 漳　县 |
| 一把刀 ʑi²¹ pa⁵⁵ tɑo⁵³ | 一支笔 ʑi²¹ tsɿ³⁵ pi⁵³ | 陇　南 |
| 一把刀 ʑi¹³ pa⁵⁵ tɑo⁵³ | 一支笔 ʑi⁵³ tsɿ²¹ pi⁵³ | 文　县 |
| 一把刀 ʐɿ¹³ pa²¹ tɑo⁴⁴ | 一杆笔 ʐɿ²¹ kæ⁵³ pɿ⁴⁴ | 宕　昌 |
| 一把刀 i²¹ pa⁵⁵ tɑo⁵³ | 一支笔 i⁵³ tsɿ²¹ pi⁵³ | 康　县 |
| 一把刀子 i²⁴ pa⁵³ tɔ²¹ tsɿ³⁵ | 一支笔 i²¹ tsɿ²⁴ pi²¹ | 西　和 |
| 一把刀 ʑi¹³ pa⁵³ tɔ¹³ | 一支笔 ʑi¹³ tʂɿ⁴⁴ pi¹³ | 临夏市 |
| 一把刀 ʑi¹³ pa⁵³ tɔ¹³ | 一支笔 ʑi¹³ tʂɿ⁵³ pi¹³ | 临夏县 |
| 一把刀 ʑi²¹ pa⁴⁴ tɑo¹³ | 一支笔 ʑi²¹ tsɿ⁴⁴ pi¹³ | 甘　南 |
| 一把刀 ʒi²² pa⁵⁵ tɑo⁵³ | 一支笔 ʒi³⁵ tsɿ⁵⁵ pi⁵³ | 舟　曲 |
| 一把刀子 ʑi⁴⁴ pa⁵³ tɔ⁴⁴ tsɿ²¹ | 一个笔 ʑi⁴⁴ kə²¹ pi⁴⁴ | 临　潭 |

| 词目<br>方言点 | 一块墨 | 一头牛 |
|---|---|---|
| 北 京 | 一块墨i⁵⁵ k'uai⁵¹ mo⁵¹ | 一头牛i⁵⁵ t'ou³⁵ niou³⁵ |
| 兰 州 | 一块墨ʑi²² k'uɛ⁴⁴ mɤ¹³ | 一头牛ʑi²² t'ʁu⁴⁴ niəu⁵³ |
| 红 古 | 一锭墨zɿ²² tin³⁵ mə³⁵ | 一头牛zɿ²² t'ʁu³⁵ niʁu³⁵ |
| 永 登 | 一锭墨i¹³ tin⁴⁴ miə²⁴ | 一头牛i¹³ t'ʁu⁵⁵ niʁu⁵³ |
| 榆 中 | 一块墨ʑi²¹ k'uɛ⁴⁴ mə²¹³ | 一个牛ʑi²² kə²² niəu⁵³ |
| 白 银 | 一锭墨ʑi²² tin³⁵ mə¹³ | 一头牛ʑi²² t'ʁu⁵³ niʁu⁵³ |
| 靖 远 | 一锭子墨zɿ²² tiŋ⁴⁴ tsɿ⁴¹ mei²⁴ | 一个牛zɿ²² kə³⁵ niʁu²⁴ |
| 天 水 | 一块墨ɕi²¹ k'uɛ⁵³ mei¹³ | 一头牛ʑi²¹ t'ʁu¹³ niʁu¹³ |
| 秦 安 | 一个墨汁ʑi²¹ kuei⁵³ mei¹³ tʂɿ¹³ | 一头牛ʑi²¹ t'əu¹³ niəu¹³ |
| 甘 谷 | 一块墨ʑi²¹ k'uai⁵³ mai¹³ | 一头牛ʑi²¹ t'ʁu²⁴ niʁu¹³ |
| 武 山 | 一块墨ʑi²¹ k'uɛ²¹ mɛ¹³ | 一个牛ʑi²¹ kuɛ²¹ niʁu²⁴ |
| 张家川 | 一块墨ʑi²² k'uɛ⁵³ mei¹³ | 一头牛ʑi²² t'ʁu¹³ niʁu¹³ |
| 武 威 | 一锭墨ʑi³⁵ tiŋ⁵³ mə⁵³ | 一头牛ʑi³⁵ t'ʁu⁵³ niʁu³⁵ |
| 民 勤 | 一块墨ʑi⁴² k'uæ²¹ mə⁴² | 一头牛ʑi⁴⁴ t'ʁu²¹ niʁu⁵³ |
| 古 浪 | 一块墨ʑi²¹ k'uɛ⁴⁴ mə⁵³ | 一头牛ʑi²¹ t'ou²¹ niou⁵³ |
| 永 昌 | 一块墨ʑi³⁵ k'uɛ²² mə⁵³ | 一头牛ʑi³⁵ t'ʁu²¹ niʁu³⁵ |
| 张 掖 | 一块墨ʑi²² k'uɛ³³ miə⁵³ | 一头牛ʑi²¹ t'ʁu³⁵ niʁu⁵³ |
| 山 丹 | 一块墨zɿ³³ kuɛ²¹ mə²¹ | 一头牛zɿ³³ t'ou²¹ niou⁵³ |
| 平 凉 | 一块儿墨ʑi²¹ kuər⁵³ mei²⁴ | 一头牛i²¹ t'ʁu²⁴ niʁu²⁴ |
| 泾 川 | 一块墨i²¹ k'uɛ⁵³ mei³⁵ | 一头牛i²¹ t'əu²⁴ niəu²⁴ |
| 灵 台 | 一锭墨i²¹ tsiəŋ⁵³ mei²⁴ | 一个牛i²¹ kɤ⁴⁴ niou²⁴ |

| 一块墨 | 一头牛 | 词目 / 方言点 |
|---|---|---|
| 一锭墨 ʑi¹³ tiŋ⁴⁴ mə¹³ | 一头牛 ʑ₁²² tʻʁu⁵³ niʁu⁵³ | 酒 泉 |
| 一块墨 ʑ₁²² kʻuɛ⁵³ mə²¹³ | 一头牛 ʑ₁²² tʻʁu⁴⁴ niʁu²¹³ | 敦 煌 |
| 一锭墨 i²² tiŋ⁴⁴ mei¹³<br>一块儿墨 i²² kʻuər⁵³ mei²² 又 | 一头牛 i²¹ tʻʁu²⁴ niʁu²⁴ | 庆 阳 |
| 一块墨 i²² kʻuɛ⁵⁵ mei²⁴ | 一个牛 i²² kʁ⁴⁴ niʁu²⁴ | 环 县 |
| 一疙瘩墨 i²¹ kʁ⁵³ ta²¹ mei²⁴<br>一锭墨 i²¹ tiŋ⁴⁴ mei²⁴ 又 | 一头牛 i²¹ tʻou²⁴ niou²⁴ | 正 宁 |
| 一锭墨 i²¹ tiŋ⁴⁴ mei²⁴ | 一个牛 i²¹ kə²¹ niəu²⁴ | 镇 原 |
| 一锭墨 ʑi²¹ tiŋ⁴⁴ mei¹³ | 一头牛 ʑi²¹ tʻʁu²⁴ niʁu¹³ | 定 西 |
| 一块墨 ʑi²¹ kʻuɛ⁵³ mei¹³ | 一个牛 ʑi²¹ kə⁴⁴ niʁu¹³ | 通 渭 |
| 一块儿墨 ʑi¹³ kʻuɛ⁴⁴ z₁⁵³ mei¹³ | 一个牛 ʑi¹³ kei²¹ liʁu¹³ | 陇 西 |
| 一块儿墨 ʑi¹³ kʻuor²¹ mĩ¹³ | 一个牛 ʑi²¹ ko⁴⁴ niəu¹³ | 临 洮 |
| 一块墨 ʑi²¹ kʻuɛ²¹ mɛ¹³ | 一头牛 ʑi²¹ tʻʁu³⁵ niʁu³⁵ | 漳 县 |
| 一块儿墨 ʑi²¹ kʻuɛr⁵⁵ mei²⁴ | 一个牛 ʑi⁵⁵ kɛ⁵⁵ niʁu¹³ | 陇 南 |
| 一个儿墨 ʑi¹³ kər⁵⁵ mei¹³ | 一头牛 ʑi⁵³ tʻʁu²¹ niʁu²⁴ | 文 县 |
| 一块儿墨 ʑ₁²¹ kʻuər⁵³ mei¹³ | 一头牛 ʑ₁⁴⁴ tʻəu¹³ niəu¹³ | 宕 昌 |
| 一块儿墨 ʑi²¹ kuər⁵³ mei²⁴ | 一头牛 i⁵³ tʻʁu³⁵ niʁu¹³ | 康 县 |
| 一块儿墨 i²¹ kuʁr⁵³ mei²⁴ | 一头牛 i²¹ tʻʁu²⁴ niʁu²⁴ | 西 和 |
| 一锭墨 ʑi²¹ tin⁵³ mɛ¹³ | 一头牛 ʑi¹³ tʻʁu³¹ niʁu¹³ | 临夏市 |
| 一锭墨 ʑi²² tiŋ⁵⁵ mei³⁵ | 一头牛 ʑi¹³ tʻɯ⁵³ niɯ³⁵ | 临夏县 |
| 一块墨 ʑi²¹ kuɛi⁵³ mə¹³ | 一头牛 ʑi²¹ tʻʁu¹³ niʁu¹³ | 甘 南 |
| 一块儿墨 ʒi²¹ kuɛr⁵⁵ mei²¹ | 一头牛 ʒi³⁵ tʻəu⁵⁵ niəu²¹ | 舟 曲 |
| 一疙瘩墨 ʑi⁴⁴ kə⁴⁴ ta⁴⁴ mei¹³ | 一个牛 ʑi⁴⁴ kə⁵³ niəu³⁵ | 临 潭 |

| 词目<br>方言点 | 一口猪 | 一只鸡 |
|---|---|---|
| 北　京 | 一口猪i⁵⁵ kʻou²¹⁴ tʂu⁵⁵ | 一只鸡i⁵⁵ tʂʅ⁵⁵ tɕi⁵⁵ |
| 兰　州 | 一口猪ʑi²² kʻəu⁴⁴ tʂu⁵³ | 一只鸡ʑi²² tʂʅ⁵⁵ tɕi⁵³ |
| 红　古 | 一口猪ʐʅ²² kʻɤu³⁵ tʂu³⁵ | 一只鸡ʐʅ²² tʂʅ³⁵ tʂʅ³⁵ |
| 永　登 | 一口猪i¹³ kɤu⁵⁵ pfu⁵³ | 一只鸡i¹³ tʂʅ⁵⁵ tɕi⁵³ |
| 榆　中 | 一头猪ʑi²¹ tʻəu⁴⁴ tʂu⁵³ | 一只鸡ʑi²¹ tʂʅ⁴⁴ tɕi⁵³ |
| 白　银 | 一头猪ʑi²² tʻɤu⁵³ tʂu⁴⁴ | 一只鸡ʑi²² tʂʅ⁴⁴ tɕi⁴⁴ |
| 靖　远 | 一个猪儿ʐʅ²² kə³⁵ tʂɥər⁴¹ | 一个鸡ʐʅ²² kə³⁵ tsʅər⁴¹ |
| 天　水 | 一口猪ʑi²¹ kʻɤu⁵³ tʃɥ¹³ | 一只鸡ʑi²¹ tʂʅ¹³ tɕi¹³ |
| 秦　安 | 一口猪ʑi²¹ kʻəu⁵³ tʃu¹³ | 一只鸡ʑi²¹ tʂʅ¹³ tɕi¹³ |
| 甘　谷 | 一口猪ʑi²¹ kʻɤu⁵³ tʃu³¹² | 一只鸡ʑi²¹ tʂʅ³⁵ tɕi³¹² |
| 武　山 | 一个猪ʑi²¹ kuɛ²¹ tʃu²¹ | 一个鸡ʑi³¹ kuɛ²¹ tɕi²¹ |
| 张家川 | 一头猪ʑi²² tʻɤu¹³ tʃu¹³ | 一只鸡ʑi²² tʂʅ¹³ tɕi¹³ |
| 武　威 | 一头猪ʑi³⁵ tʻɤu⁵³ tʂɥ³⁵ | 一只鸡ʑi⁵³ tʂʅ²² tɕi³⁵ |
| 民　勤 | 一头猪ʑi⁴² tʻɤu²¹ tʂɥ⁴⁴ | 一只鸡ʑi⁴² tʂʅ²¹ tɕi⁴⁴ |
| 古　浪 | 一头猪ʑi²¹ tʻou²¹ tʂɥ³⁵ | 一个鸡ʑi²¹ kə²¹ tɕi³⁵ |
| 永　昌 | 一个猪ʑi³⁵ kə⁵³ tʂɥ⁴⁴ | 一个鸡ʑi³⁵ kə⁵³ tɕi⁴⁴ |
| 张　掖 | 一头猪ʑi²² tʻɤu²¹ kfu³³ | 一只鸡儿ʑi²¹ tʂʅ²¹ tɕi³³ ɣɯ³³ |
| 山　丹 | 一头猪ʐʅ³³ tʻou⁵³ tʂɥ¹³ | 一个鸡ʐʅ³³ kə²¹ tʃʅ¹³ |
| 平　凉 | 一口猪i²¹ kʻɤu⁵³ tʂu³¹ | 一只鸡i²¹ tʂʅ²⁴ tɕi²¹ |
| 泾　川 | 一头猪i²¹ tʻəu²⁴ tʃu²¹ | 一只鸡i²¹ tʂʅ³⁵ tɕi²¹ |
| 灵　台 | 一个猪i²¹ kɤ²⁴ tʃu²¹ | 一个鸡i²¹ kɤ²⁴ tɕi²¹ |

| 一口猪 | 一只鸡 | 词目 / 方言点 |
|---|---|---|
| 一口猪ʐi$^{22}$ k‘ɤu$^{53}$ tʂu$^{44}$ | 一个鸡ʐi$^{22}$ kə$^{22}$ tɕi$^{44}$ | 酒泉 |
| 一个猪ʐʅ$^{22}$ kə$^{44}$ tʂu$^{213}$ | 一个鸡儿ʐʅ$^{22}$ kə$^{44}$ tɕʅ$^{21}$ər$^{13}$ | 敦煌 |
| 一口猪i$^{21}$ k‘ɤu$^{53}$ tʂʮ$^{31}$ | 一只鸡i$^{21}$ tʂʅ$^{44}$ tɕi$^{53}$ | 庆阳 |
| 一个猪i$^{22}$ kɤ$^{24}$ tʂʮ$^{53}$ | 一个鸡i$^{22}$ kɤ$^{24}$ tɕi$^{42}$ | 环县 |
| 一口猪i$^{21}$ k‘ou$^{53}$ tʃʅ$^{21}$ | 一只鸡i$^{24}$ tʂʅ$^{44}$ tɕi$^{21}$ | 正宁 |
| 一个猪i$^{21}$ kə$^{21}$ tsʅ$^{53}$ | 一个鸡i$^{21}$ kə$^{21}$tɕi$^{53}$ | 镇原 |
| 一头猪ʐi$^{21}$ t‘ɤu$^{24}$ tʃu$^{13}$ | 一个鸡ʐi$^{21}$ kɤ$^{24}$ tɕi$^{13}$ | 定西 |
| 一头猪ʐi$^{21}$ t‘ɤu$^{13}$ tʃu$^{13}$ | 一只鸡ʐi$^{21}$ tʂʅ$^{13}$ tɕi$^{13}$ | 通渭 |
| 一个猪ʐi$^{13}$ kei$^{22}$ tʂu$^{21}$ | 一个鸡ʐi$^{13}$ kei$^{21}$ tɕi$^{31}$ | 陇西 |
| 一个猪ʐi$^{21}$ ko$^{44}$ tʂu$^{13}$ | 一个鸡儿ʐi$^{21}$ ko$^{44}$ tɕiər$^{13}$ | 临洮 |
| 一个猪ʐi$^{13}$ kei$^{21}$ tʃʮ$^{21}$ | 一个鸡ʐi$^{21}$ kei$^{21}$ tɕi$^{21}$ | 漳县 |
| 一头猪ʐi$^{53}$ t‘ɤu$^{24}$ tʃu$^{31}$ | 一只鸡ʐi$^{21}$ tʂʅ$^{24}$ tɕi$^{31}$ | 陇南 |
| 一口猪ʐi$^{13}$ k‘ɤu$^{55}$ tsu$^{53}$ | 一只鸡ʐi$^{53}$ tsʅ$^{21}$ tɕi$^{53}$ | 文县 |
| 一个猪ʐʅ$^{13}$ kɛ$^{21}$ tʂu$^{44}$ | 一只鸡ʐʅ$^{13}$ tʂʅ$^{44}$ tsi$^{44}$ | 宕昌 |
| 一头猪i$^{53}$ t‘ɤu$^{21}$ pfu$^{53}$ | 一只鸡i$^{53}$ tʂʅ$^{21}$ tɕi$^{53}$ | 康县 |
| 一头猪i$^{21}$ t‘ɤu$^{24}$ tʃu$^{21}$ | 一只鸡i$^{21}$ tʂʅ$^{24}$ tɕi$^{21}$ | 西和 |
| 一头猪ʐi$^{13}$ t‘ɤu$^{31}$ tʂu$^{13}$ | 一只鸡ʐi$^{13}$ tʂʅ$^{21}$ tɕi$^{53}$ | 临夏市 |
| 一个猪ʐi$^{22}$ kə$^{55}$ tʂu$^{35}$ | 一只鸡ʐi$^{13}$ tʂʅ$^{53}$ tɕi$^{53}$ | 临夏县 |
| 一个猪ʐi$^{21}$ kə$^{44}$ tʂu$^{35}$ | 一只鸡ʐi$^{21}$ tʂʅ$^{44}$ tɕi$^{13}$ | 甘南 |
| 一开猪儿ʒi$^{22}$ k‘ɛ$^{55}$ tʃur$^{53}$ | 一只鸡儿ʒi$^{35}$ tʂʅ$^{55}$ tɕiər$^{53}$ | 舟曲 |
| 一个猪ʐi$^{44}$ kə$^{53}$ tʂu$^{44}$ | 一个鸡ʐi$^{44}$ kə$^{53}$ tɕi$^{44}$ | 临潭 |

| 词目 方言点 | 一条鱼 | 去一趟 |
|---|---|---|
| 北　京 | 一条鱼 i⁵⁵ tʻiao³⁵ y³⁵ | 去一趟 tɕʻy⁵¹ i⁵⁵ tʻaŋ⁵¹ |
| 兰　州 | 一条鱼 zi²² tʻiɔ⁴⁴ ʐy⁵³ | 去一趟 tɕʻi²² ʐɿ³⁵ tʻã²¹ |
| 红　古 | 一条鱼 zɿ²² tʻiɔ³⁵ zʮ¹³ | 去一趟 tsʻʮ²² zɿ³⁵ tʻã²¹ |
| 永　登 | 一条鱼 i¹³ tʻiɑo⁵⁵ y⁵³ | 去一回 tɕʻi²² i²⁴ xuei⁵⁵ |
| 榆　中 | 一个鱼 zi²² kə²² ʐy⁵³ | 去一下 tɕʻy³⁵ ʑi⁵³ xa²¹ |
| 白　银 | 一条鱼 zi²² tʻiɔ⁴⁴ y⁵³ | 去一趟 tɕʻi²² ʑi²⁴ tʻaŋ⁵³ |
| 靖　远 | 一个鱼儿 zɿ²² kə²² zɥər²⁴ | 去一趟 tsʻɿ⁴⁴ zɿ²² tʻaŋ⁴⁴ |
| 天　水 | 一条鱼 zi²¹ tʻiɔ¹³ y⁵³ | 去一趟 tɕʻy⁴⁴ ɕi²¹ tʻã⁴⁴ |
| 秦　安 | 一条鱼 zi²¹ tʻiɔ¹³ ʐy¹³ | 去一回 tɕʻy⁴⁴ ʑi²¹ xuei¹³ |
| 甘　谷 | 一条鱼 zi²¹ tɕʻiɑu²⁴ ʐy¹³ | 去一趟 tɕʻi⁴⁴ ʑi²¹ tʻaŋ²¹ |
| 武　山 | 一个鱼儿 zi³¹ kuɛ²¹ ʑy²¹ zɿ²⁴ | 去一趟 tɕʻi⁴⁴ ʑi²¹ tʻaŋ⁵³ |
| 张家川 | 一条鱼儿 zi²² tɕʻiɔ¹³ yər¹³ | 去一下 tɕʻi⁴⁴ ʑi²¹ xa²¹ |
| 武　威 | 一条鱼 zɿ³³ tʻiɑo⁴⁴ y⁵³ | 去一趟 tɕʻi⁵³ ɲi⁴² tʻã²¹ |
| 民　勤 | 一条鱼 zi⁴² tʻiao²¹ ʐy⁵³ | 去一趟 tɕʻi⁴² ʑi²¹ tʻaŋ²¹ |
| 古　浪 | 一条鱼 zi²¹ tʻiɔ²¹ ʐy⁵³ | 去一趟 tɕʻy⁴⁴ ʑi²¹ tʻao³¹ |
| 永　昌 | 一个鱼 zi³⁵ kə²¹ ʐy⁵³ | 去一回 tɕʻy⁵³ ʑi²¹ xuei³⁵ |
| 张　掖 | 一条鱼 zi²¹ tiɔ²¹ ʐy⁵³ | 去一趟 kʻə³¹ ʑi²¹ tʻaŋ²¹ |
| 山　丹 | 一条鱼 zɿ³³ tʻiao²¹ zʮ⁵³ | 去一趟 tʂʻɿ⁵³ zɿ²¹ tʻaŋ²¹ |
| 平　凉 | 一条鱼 i²¹ tʻiɔ²⁴ y²⁴ | 去一回 tɕʻi⁴⁴ i²¹ xuei²⁴ |
| 泾　川 | 一条鱼 i²¹ tʻiɔ²⁴ y²⁴ | 去一回 tɕʻy⁴⁴ i³¹ xuei²¹ |
| 灵　台 | 一个鱼 i²¹ kɤ²¹ y²⁴ | 去一回 tɕʻy⁵³ i²¹ xuei²⁴ |

# 方言词汇

| 一条鱼 | 去一趟 | 词目 / 方言点 |
|---|---|---|
| 一条鱼 ʐi²² tʻiɔ⁵³ ʐy⁵³ | 去一回 tɕʻi²² ʐi²² xuei¹³ | 酒 泉 |
| 一条鱼 ʐʅ²² tʻiao⁴⁴ ʐʮ²¹³ | 去一趟 tɕʻʅ⁴⁴ ʅ²¹ tʻaŋ²¹ | 敦 煌 |
| 一条鱼 i²¹ tʻiɔ⁴⁴ y⁴⁴ | 跑一趟 pʻɔ⁵³ i²¹ tʻaŋ²¹ | 庆 阳 |
| 一个鱼 i²² kɤ⁴⁴ y²⁴ | 去一趟 tɕʻi⁵⁵ i²¹ tʻaŋ³³ | 环 县 |
| 一条鱼 i²¹ tsʻiɔ²⁴ y²⁴ | 去一回 tɕʻi⁴⁴ i²¹ xuei²⁴<br>去一趟 tɕʻi⁴⁴ i²¹ tʻaŋ⁵³ 又 | 正 宁 |
| 一条鱼 i²¹ tʻiɔ²⁴ y²⁴ | 去一趟 tɕʻi⁴⁴ i²¹ tʻã⁴⁴<br>去一回 tɕʻi⁴⁴ i²¹ xuei²⁴ 又 | 镇 原 |
| 一条鱼 ʐi²¹ tʻiao²⁴ ʐy¹³ | 走一趟 tsʁu⁵³ ʐi²¹ tʻã²¹ | 定 西 |
| 一条鱼 ʐi²¹ tʻiɔ¹³ ʐy¹³ | 去一下 tɕʻi⁴⁴ ʐi⁵³ xa²¹ | 通 渭 |
| 一个鱼 ʐi²¹ kei²² ʐy¹³ | 去一趟 tɕʻi⁴⁴ ʐi⁵³ tʻã¹³ | 陇 西 |
| 一个鱼儿 ʐi¹³ kɛ⁴⁴ yər¹³ | 去一趟 tɕʻy⁴⁴ ʐy²¹ tʻã⁴⁴ | 临 洮 |
| 一条鱼 ʐi²¹ tɕʻiao¹³ y¹³ | 去一趟 tɕʻi³⁵ ʐi²¹ tʻaŋ⁴⁴ | 漳 县 |
| 一条鱼 ʐi⁵³ tʻiao¹³ ʐy¹³ | 去一趟 tɕʻi²⁴ ʐi³¹ tʻã²⁴ | 陇 南 |
| 一条鱼 ʐi⁵³ tʻiao²¹ ʐy¹³ | 去一趟 tɕʻi²⁴ ʐi²¹ tʻã²¹ | 文 县 |
| 一条鱼 ʐʅ⁴⁴ tsʻiao¹³ ʐy¹³<br>一尾鱼 ʐʅ²¹ vei⁵³ ʐy¹³ 又 | 去一趟 tsʻi⁴⁴ ʐʅ²¹ tʻã²¹ | 宕 昌 |
| 一条鱼 i⁵³ tsʻiao¹³ y²¹ | 去一趟 tɕʻi²⁴ i⁵³ tʻã²¹ | 康 县 |
| 一只鱼儿 i²¹ tsʅ²⁴ y²⁴ ər⁵³ | 去一趟 tɕʻi³⁵ i²¹ tʻã²¹ | 西 和 |
| 一条鱼 ʐi¹³ tʻiɔ⁴⁴ ʐy¹³ | 去一趟 tɕʻi⁵³ ʐi²¹ tʻaŋ²¹ | 临夏市 |
| 一条鱼 ʐi¹³ tʻiɔ⁵³ y³⁵ | 去一趟 tɕʻi⁵³ ʐi⁵³ tʻaŋ²¹ | 临夏县 |
| 一条鱼 ʐi²¹ tʻiao⁴⁴ ʐy¹³ | 去一趟 tɕʻi⁵³ ʐi²¹ tʻã²¹ | 甘 南 |
| 一条鱼儿 ʐi³⁵ tʻiao⁵⁵ yər²¹ | 去一趟 tʃʻu³⁵ ʒi⁵³ tʻã¹³ | 舟 曲 |
| 一个鱼 ʐi⁴⁴ kə⁵³ ʐy¹³ | 去了一次 tɕʻi⁵³ lɔ²¹ ʐi²¹ tsʻʅ⁵³ | 临 潭 |

| 词目<br>方言点 | 打一下 | 个把两个 |
|---|---|---|
| 北　京 | 打一下 ta²¹⁴ i⁵⁵ ɕia⁵¹ | 个把两个 kɤ⁵¹ pa²¹⁴ liaŋ²¹⁴ kɤ⁵¹ |
| 兰　州 | 打一下 ta⁴⁴ ʐi⁴² xa²¹ | 一半个 ʐi²² pæ̃⁵³ kɤ²¹ |
| 红　古 | 打一下 ta³⁵ zʅ⁴² xa²¹ | 一两个 zʅ²² liã³⁵ kə²¹ |
| 永　登 | 打一下 ta³⁵ i⁵⁵ xa²¹ | 一两个 i¹³ liaŋ³⁵ kə⁵³ |
| 榆　中 | 打一下 ta⁴⁴ ʐi⁴² ɕia²¹ | 一两个 ʐi²¹ liã³⁵ kə⁵³ |
| 白　银 | 打一下 ta³⁵ ʐi⁵³ xa²¹ | 一两个 ʐi²² liaŋ²⁴ kə²¹ |
| 靖　远 | 打一下 ta⁵⁵ zʅ²¹ xa²¹ | 一两个 zʅ²² liaŋ⁵⁵ kə⁴⁴ |
| 天　水 | 打一下 ta⁵³ ɕi²¹ xa²¹ | 一两个 ʐi¹³ liã²¹ kɛ⁵³ |
| 秦　安 | 打一下 ta⁵³ ʐi²¹ xa²¹ | 零散八五 liã³⁵ san⁵³ pa²¹ vu⁵³ |
| 甘　谷 | 打一下 tɒ⁵³ ʐi²¹ xɒ²¹ | 一半个 ʐi²¹ pã³⁵ kiɛ²¹ |
| 武　山 | 打一下 ta⁵³ ʐi²¹ xɑ⁴⁴ | 一两个 ʐi³¹ liaŋ²¹ kuɛ²¹ |
| 张家川 | 打一下 ta⁵³ ʐi²¹ xa²¹ | 一半个 ʐi²¹ pæ̃³⁵ kɤ²¹ |
| 武　威 | 打一顿 ta⁴⁴ ʐi⁴² tuŋ²¹ | 一两个 ʐi³⁵ liã⁵³ kə²¹ |
| 民　勤 | 打一下 ta²¹ ʐi²¹ xa⁴⁴ | 一两个 ʐi⁴² niɑŋ²¹ kɯ²¹ |
| 古　浪 | 打一下 ta²¹ ʐi³⁵ xa²¹ | 一两个 ʐi²¹ liɑo³¹ kə²¹ |
| 永　昌 | 打一下 ta⁵³ ʐi²¹ ɕia²¹ | 几个 tɕi⁵³ kə²¹ |
| 张　掖 | 打一下 ta⁵³ ʐi²² xa³³ | 一两个 ʐi²¹ liaŋ⁵³ kə²¹ |
| 山　丹 | 打一下 ta³³ zʅ²¹ xa²¹ | 一两个 zʅ³³ liaŋ³³ kə²¹ |
| 平　凉 | 打一下 ta⁵³ i²¹ xa⁴⁴ | 一两个 i²¹ liaŋ⁵³ kɤ⁴⁴ |
| 泾　川 | 打一下 ta⁵³ i³¹ xa²¹ | 个把 kɤ⁴⁴ pa²¹ |
| 灵　台 | 打一下 ta⁵³ i²¹ xa²¹ | 几个儿 tɕi⁴⁴ kɤr²¹ |

| 打一下 | 个把两个 | 词目 / 方言点 |
|---|---|---|
| 打一下 ta$^{35}$ ʑi$^{53}$ xa$^{31}$ | 一半个 ʑi$^{22}$ pan$^{22}$ kə$^{13}$ | 酒泉 |
| 打一下 ta$^{53}$ ʐʅ$^{22}$ xa$^{21}$ | 一个两个 ʐʅ$^{22}$ kə$^{21}$ liaŋ$^{53}$ kə$^{21}$ | 敦煌 |
| 打一下 ta$^{53}$ i$^{21}$ xa$^{21}$ | 个把子 kɤ$^{44}$ pa$^{53}$ tsʅ$^{21}$ | 庆阳 |
| 打一下 ta$^{55}$ i$^{21}$ xa$^{21}$ | 一两个 i$^{21}$ liaŋ$^{55}$ kɤ$^{21}$ | 环县 |
| 打一下 ta$^{53}$ i$^{31}$ xa$^{21}$ | 个把 kɤ$^{35}$ pa$^{21}$ | 正宁 |
| 打一下 ta$^{53}$ i$^{21}$ xa$^{21}$ | 个把子 kə$^{44}$ pa$^{53}$ tsʅ$^{21}$ | 镇原 |
| 打一挂 ta$^{53}$ ʑi$^{21}$ kua$^{21}$ | 一两个 ʑi$^{21}$ liã$^{53}$ kɤ$^{21}$ | 定西 |
| 打一下 ta$^{53}$ ʑi$^{21}$ xa$^{21}$ | 一半个 ʑi$^{21}$ pæ̃$^{44}$ kə$^{21}$ | 通渭 |
| 打一下下 ta$^{35}$ ʑi$^{53}$ xa$^{13}$ xa$^{21}$ | 一半个 ʑi$^{13}$ pæ̃$^{13}$ kei$^{21}$ | 陇西 |
| 打了一顿 ta$^{53}$ liɑo$^{21}$ ʑi$^{21}$ tuŋ$^{44}$ | 一半个儿 ʑi$^{21}$ pæ̃$^{44}$ kər$^{21}$ | 临洮 |
| 打一下 tɑ$^{53}$ ʑi$^{21}$ xɑ$^{21}$ | 个把个 kɤ$^{35}$ pɑ$^{21}$ kɤ$^{21}$ | 漳县 |
| 打一下 ta$^{35}$ ʑi$^{53}$ xa$^{21}$ | 一半个 ʑi$^{21}$ pæ̃$^{24}$ kə$^{21}$ | 陇南 |
| 砸一下 tsa$^{13}$ ʑi$^{53}$ xa$^{21}$ | 一两个 ʑi$^{13}$ liã$^{55}$ kɤ$^{13}$ | 文县 |
| 砸一挂 tsa$^{35}$ ʐʅ$^{21}$ kua$^{44}$<br>砸一下 tsa$^{35}$ ʐʅ$^{21}$ xa$^{44}$ 又 | 一两个 ʐʅ$^{13}$ liã$^{55}$ kɤ$^{21}$ | 宕昌 |
| 打一下 ta$^{55}$ i$^{21}$ xa$^{21}$ | 一半个 i$^{21}$ pæ̃$^{24}$ k'ɛ$^{53}$ | 康县 |
| 打一下 ta$^{53}$ i$^{21}$ xa$^{55}$ | 一半个 i$^{21}$ pæ̃$^{55}$ kɛ$^{21}$ | 西和 |
| 打一挂 ta$^{44}$ ʑi$^{21}$ kua$^{13}$ | 一两个 ʑi$^{13}$ liaŋ$^{44}$ kə$^{53}$ | 临夏市 |
| 打一下 tɑ$^{35}$ ʑi$^{53}$ xɑ$^{53}$ | 一两个 ʑi$^{13}$ liaŋ$^{35}$ kə$^{53}$ | 临夏县 |
| 打一下 ta$^{44}$ ʑi$^{21}$ xa$^{53}$ | 零外的 lin$^{44}$ vɛi$^{44}$ ti$^{21}$ | 甘南 |
| 砸一下 tsa$^{53}$ ʒi$^{21}$ xa$^{21}$ | 一两个 ʒi$^{22}$ liã$^{35}$ kuə$^{53}$ | 舟曲 |
| 打一挂 ta$^{53}$ ʑi$^{21}$ kua$^{21}$ | 个把两个 kə$^{44}$ pa$^{21}$ liã$^{13}$ kɛ$^{21}$ | 临潭 |

| 词目<br>方言点 | 百把个 | 里把路 |
| --- | --- | --- |
| 北　京 | 百把个 pai²¹⁴ pa²¹⁴ kɤ⁵¹ | 里把路 li²¹⁴ pa²¹⁴ lu⁵¹ |
| 兰　州 | 一百来个 ʐi²² pɤ⁴⁴ lɛ⁵³ kɤ²¹ | 一里多路 ʐi²² li³⁵ tuo²² lu²¹ |
| 红　古 | 百十来个 pei²² ʂʅ³⁵ lɛ⁴² kə²¹ | 一半里 ʐʅ²² pã²² lʅ⁵³ |
| 永　登 | 百十来个 pə¹³ ʂʅ²² lɛi²² kə⁵⁵ | 一半里 i²² pæ̃⁴⁴ li³⁵ |
| 榆　中 | 百十个 pə²¹ ʂʅ²² kə³⁵ | 一两里路 ʐi²¹ liã⁴⁴ li⁵³ lu²¹ |
| 白　银 | 百十来个 pə²² ʂʅ²⁴ lɛ⁵³ kə²¹ | 一半里 ʐi²² pan²² li³⁵ |
| 靖　远 | 百十来个 pei⁴¹ ʂʅ²¹ lɛ²¹ kə⁴⁴ | 一半 ʐʅ²² pæ̃⁴⁴ lʅ⁵⁵ |
| 天　水 | 百十个 pei²¹ ʂʅ¹³ kɛ²¹ | 一半里路 ʐi²¹ pæ̃⁴⁴ li²¹ lu⁴⁴ |
| 秦　安 | 百十个 pei²¹ ʂʅ³⁵ kə²¹ | 一里路 ʐi²¹ nʐʅ⁵³ lu⁴⁴ |
| 甘　谷 | 百十个 pai⁵³ ʂʅ²¹ kai³⁵ | 几里路 tɕi²¹ li⁵³ lu²¹ |
| 武　山 | 百把个 pɛ³¹ pɑ²¹ kuɛ²¹ | 一半里路 ʐi²¹ pã³⁵ li²¹ lu⁴⁴ |
| 张家川 | 一百来个 ʐi⁵⁵ pei²¹ lɛ²¹ kɤ²¹ | 一半里路 ʐi²² pæ̃³⁵ li⁵³ lu⁴⁴ |
| 武　威 | 百来十个 pə⁴⁴ lɛ⁴⁴ ʂʅ⁵³ kə²¹ | 一半里路 ʐi³⁵ pã⁴⁴ li⁴⁴ lu⁵³ |
| 民　勤 | 百把个 pə⁴² pa²¹ kɯ²¹ | 一里多路 ʐi²¹ nʅ²⁴ tuə⁴² lu²¹ |
| 古　浪 | 百来十个 pə⁴⁴ lɛ⁴⁴ ʂʅ³¹ kə²¹ | 一半里路 ʐi¹³ pæ⁴⁴ li⁵³ lu⁴⁴ |
| 永　昌 | 百把个 pə⁵³ pa⁴² kə²¹ | 几里路 tɕi³⁵ li⁵³ lu²¹ |
| 张　掖 | 八九十个 pa²¹ tɕiɤu⁵³ ʂʅ²¹ kə²¹ | 一里多路 ʐi²¹ li⁵³ tuə⁴² lu²¹ |
| 山　丹 | 百来十个 pə⁵³ lɛ²¹ ʂʅ²¹ kə²¹ | 一里来路 ʐʅ³³ li⁵⁵ lɛ²¹ lu²¹ |
| 平　凉 | 百十来个 pei⁵³ ʂʅ²¹ lɛ²¹ kɤ²² | 一里来路 i²¹ li⁵³ lɛ²¹ lu⁴⁴ |
| 泾　川 | 百把个 pei⁵³ pa²¹ kɤ²¹ | 一里来路 i²¹ li⁵³ lɛ²¹ lu²¹ |
| 灵　台 | 一百来个 i²⁴ pei³¹ lɛ²¹ kɤ²¹ | 一里来路 i²¹ li⁴⁴ lɛ²¹ lu⁴⁴ |

方言词汇

| 百把个 | 里把路 | 词目 / 方言点 |
|---|---|---|
| 百把个 pei²² pa²² kə¹³ | 一里多路 zi²² li⁵³ tuə⁴⁴ lu¹³ | 酒 泉 |
| 一百多个 zɿ²¹³ pei⁴⁴ tuə⁵³ kə²¹ | 一里地 zɿ²² li⁵³ tɿ²¹³ | 敦 煌 |
| 百把个 pei⁵³ pa²¹ kɤ²¹ | 两三阵地 liaŋ⁴⁴ sæ̃³¹ tʂəŋ⁴⁴ ti⁴⁴ | 庆 阳 |
| 百十个 pei⁴² ʂɿ²¹ kɤ²¹ | 几里路 tɕi⁴⁴ li²¹ lɤu³³ | 环 县 |
| 百把十个 pei⁵³ pa³¹ ʂɿ²¹ kɤ²¹ | 一半里路 i²¹ pæ̃⁴⁴ li⁵³ lu⁴⁴ | 正 宁 |
| 百十来个 pei⁵³ ʂɿ²¹ lɛ²¹ kə⁴¹ | 一里来路 i²¹ li⁵³ lɛ²¹ lu⁴⁴ | 镇 原 |
| 百十个 pɛ²¹ ʂɿ²¹ kɤ²⁴ | 多半里路 tɤ²¹ pæ̃²⁴ li⁵³ lu²¹ | 定 西 |
| 百十个 pei²¹ ʂɿ²¹ kə⁴⁴ | 多半里路 tə²¹ pæ̃⁴⁴ li²¹ lu²¹ | 通 渭 |
| 百十个 pei⁵³ ʂɿ²² kei¹³ | 一半里路 i⁵³ pæ̃¹³ li⁵³ lu¹³ | 陇 西 |
| 百十个儿 pei²¹ ʂɿ¹³ kər⁵³ | 一半里路 i²¹ pæ̃⁴⁴ li⁵³ lu²¹ | 临 洮 |
| 百把个 pei⁵³ pɑ²¹ kɤ²¹ | 里把里路 li⁴⁴ pɑ²¹ li²¹ lu¹³ | 漳 县 |
| 一百来个 zi¹³ pei⁵³ lɛ³¹ kə²¹ | 一两里路 zi²¹ liã³⁵ li⁵⁵ lu¹³ | 陇 南 |
| 百把十个 pɛ⁵³ pa³¹ ʂɿ²¹ kɤ²¹ | 一半里路 zi²¹ pæ̃³⁵ li⁵³ lu²¹ | 文 县 |
| 百把个 pei⁴⁴ pa²¹ kɤ⁴⁴ | 一半里路 zɿ²¹ pæ̃⁴⁴ lɿ⁵³ lu⁴⁴ | 宕 昌 |
| 百十个 pei⁵³ ʂɿ²¹ kuo²⁴ | 一半里路 i⁵³ pæ̃²¹ zɿ⁵⁵ lu²⁴ | 康 县 |
| 百十个 pei²¹ ʂɿ²⁴ kɛ²¹ | 一二里路 i²¹ ər³⁵ li⁵³ lu²¹ | 西 和 |
| 百十个 pɛ²¹ ʂɿ⁵³ kə²¹ | 一里多路 zi¹³ li⁵³ tuə²¹ lu²¹ | 临夏市 |
| 百十个 pɛ²² ʂɿ⁵³ kə²¹ | 一里左右 zi¹³ li⁵³ tsuə⁵⁵ iɯ⁵³ | 临夏县 |
| 一百多个 zi²¹ pɛi¹³ tuə²¹ kə⁴⁴ | 一里路把 zi²¹ li⁴⁴ lu⁴⁴ pa²¹ | 甘 南 |
| 百把个 pei³⁵ pa⁵³ kuə²¹ | 一半里路 ʒi²² pæ̃⁵⁵ li⁵⁵ lu¹³ | 舟 曲 |
| 百把个 pei⁴⁴ pa²¹ kɛ²¹ | 里把路 li⁴⁴ pa⁴⁴ lu⁵³ | 临 潭 |

| 词目<br>方言点 | 千把人 | 一千左右 |
|---|---|---|
| 北　京 | 千把人 tɕʻian⁵⁵ pa²¹⁴ z̩ən³⁵ | 一千左右 i⁵⁵ tɕʻian⁵⁵ tsuo²¹⁴ iou⁵¹ |
| 兰　州 | 千把个人 tɕʻiæ⁵³ pa⁴² kɤ²² z̩ən⁵³ | 一千左右 zi²² tɕʻiæ⁴⁴ tsuo⁴² iəu¹³ |
| 红　古 | 上千人 ʂɑ̃³⁵ tɕʻiã⁴² z̩ən³⁵ | 一千左右 zɿ²² tɕʻiẽ⁵³ tsuɑ⁴² iʁu²¹ |
| 永　登 | 上千人 ʂɑŋ²⁴ tɕʻiæ⁵³ z̩ən²¹ | 一千左右 i¹³ tɕʻiæ⁴⁴ tsuə⁴² iʁu¹³ |
| 榆　中 | 千把人 tɕʻiã⁴⁴ pa²¹ z̩ən²¹ | 一千个左右<br>zi²¹ tɕʻiã⁴⁴ kə⁴² tsuə²¹ iəu²¹ |
| 白　银 | 千十来号人<br>tɕʻian⁴⁴ ʂɿ²¹ lɛ¹³ xɔ¹³ z̩ən⁵³ | 一千左右<br>zi²² tɕʻian⁴⁴ tsuə⁴⁴ iʁu¹³ |
| 靖　远 | 千十来号儿人<br>tɕʻiæ⁴¹ ʂɿ²¹ lɛ²² xɔr⁴⁴ z̩ʁŋ²¹ | 一千左右<br>zɿ²² tɕʻiæ⁴¹ tsuə⁵⁵ iʁu⁴⁴ |
| 天　水 | 一千上下人<br>zi⁴⁴ tɕʻiæ²¹ ʂɑ̃⁴⁴ xa⁴⁴ z̩ʁŋ²¹ | 一千上下 zi⁴⁴ tɕʻiã²¹ ʂɑ̃⁴⁴ xa⁴⁴ |
| 秦　安 | 千十个人<br>tsʻian²¹ ʂɿ³⁵ kuə²¹ z̩ə̃¹³ | 一千左右 zi³⁵ tsʻian²¹ tsə⁴⁴ iəu⁴⁴ |
| 甘　谷 | 千号人 tɕʻiã²¹ xɑu⁴⁴ z̩əŋ²⁴ | 一千左右 zi³⁵ tɕʻiã⁵³ tsuə⁴⁴ iʁu⁴⁴ |
| 武　山 | 千数人 tɕʻiã³¹ ʃu²¹ z̩əŋ²⁴ | 一千左右 zi²⁴ tɕʻiã²¹ tsə⁴⁴ iʁu⁴⁴ |
| 张家川 | 一千来个人<br>zi³⁵ tɕʻiæ²¹ lɛ²¹ kɤ²¹ z̩ʁŋ¹³ | 一千左右 zi³⁵ tɕʻiæ²¹ tsuɤ⁵³ iʁu⁴⁴ |
| 武　威 | 千来十个 tɕʻiã⁴⁴ lɛ⁴⁴ ʂɿ⁵³ kə²¹ | 一千左右 zi⁵³ tɕʻiã²¹ tsuə³⁵ iʁu⁵³ |
| 民　勤 | 千把人 tɕʻir⁴⁴ pa²¹ z̩ʁŋ⁵³ | 一千左右 zi²¹ tɕʻir⁴² tsuə⁴⁴ iʁu²¹ |
| 古　浪 | 千来十个 tɕʻiɛ⁴⁴ lɛ⁴⁴ ʂɿ⁵³ kə²¹ | 一千左右 zi²¹ tɕʻiɛ³⁵ tsuə²¹ iou³¹ |
| 永　昌 | 千来十个人<br>tɕʻiɛ³⁵ lɛ⁵⁵ ʂɿ⁵³ kə²¹ z̩əŋ²¹ | 一千左右 zi³⁵ tɕʻiɛ²¹ tsuə³⁵ iʁu²¹ |
| 张　掖 | 千把个人<br>tɕʻiaŋ³³ pa³³ kə³³ z̩ən⁵³ | 一千左右 zi²¹ tɕʻiaŋ³³ tsuə⁵³ iʁu²¹ |
| 山　丹 | 千来十个人<br>tɕʻir²¹ lɛ¹³ ʂɿ²¹ kə³³ z̩əŋ⁵³ | 一千左右 zɿ²¹ tɕʻir³³ tsuə⁵³ iou²¹ |
| 平　凉 | 一千来人 i²⁴ tɕʻiæ³¹ lɛ²² z̩əŋ²⁴ | 千打十个 tɕʻiæ⁵³ ta²¹ ʂɿ²¹ kɤ²¹ |
| 泾　川 | 千号人 tɕʻiæ⁵³ xɔ³¹ z̩əŋ²¹ | 一千来个 i²⁴ tɕʻiæ⁴² lɛ²¹ kɤ²¹ |
| 灵　台 | 一千来个人<br>i²⁴ tsʻiæ³¹ lɛ²¹ kɤ²¹ z̩əŋ²⁴ | 一千来个 i²⁴ tsʻiæ³¹ lɛ²¹ kɤ²¹ |

| 千把人 | 一千左右 | 词目 / 方言点 |
|---|---|---|
| 千把人 tɕʻian⁴⁴ pa⁴⁴ z̪əŋ⁵³ | 一千个左右<br>ʑi²² tɕʻian⁴⁴ kə⁴⁴ tsuə⁵³ iɤu¹³ | 酒　泉 |
| 上千人 ʂaŋ⁴⁴ tɕʻiɛ⁵³ z̪əŋ¹³ | 一千左右 z̪ɿ¹³ tɕʻiɛ²¹ tsuə⁵³ iɤu²¹³ | 敦　煌 |
| 上千人 ʂaŋ⁴⁴ tɕʻiæ̃⁵³ z̪əŋ²¹ | 一千左右 i²¹ tɕʻiæ̃⁵³ tsuo²¹ iɤu²¹ | 庆　阳 |
| 一千多人 i²² tɕʻiæ̃⁵³ tuɤ⁴² z̪əŋ²¹ | 一千上下 i²² tɕʻiæ̃⁵³ ʂaŋ³³ xa³³ | 环　县 |
| 千十号人 tsʻiæ̃⁵³ ʂɿ²¹ xɔ²¹ z̪en²⁴ | 一千左右 i²⁴ tsʻiæ̃³¹ tsuo⁴⁴ iou⁴⁴ | 正　宁 |
| 一千多人 i²¹ tsʻiæ̃⁵³ tuo²¹ z̪əŋ²⁴ | 一千来个 i²¹ tsʻiæ̃⁵³ lɛ²¹ kɤ⁴⁴ | 镇　原 |
| 千数人 tɕʻiæ̃²¹ ʃu⁴⁴ z̪ɤŋ¹³ | 千过 tɕʻiæ̃²¹ kuɤ²⁴ | 定　西 |
| 千十人 tsʻiæ̃²¹ ʂɿ¹³ z̪ə̃²¹ | 一千上下 ʑi²⁴ tsʻiæ̃²¹ ʂã⁴⁴ xa⁴⁴ | 通　渭 |
| 千数人 tɕʻiæ̃⁵³ su¹³ z̪əŋ¹³ | 一千上下 ʑi³⁵ tɕʻiæ̃⁵³ ʂã²² xa²¹ | 陇　西 |
| 上千人 ʂã³⁵ tɕʻiæ̃²¹ z̪ɤŋ³⁵ | 一千左右 ʑi³⁵ tɕʻiæ̃²¹ tsuo⁵³ iəu¹³ | 临　洮 |
| 千把子人 tsʻiæ̃²¹ pɑ²¹ tsɿ²¹ ʒɤŋ¹³ | 千左右 tsʻiæ̃²¹ tsɤ⁵³ iɤu²¹ | 漳　县 |
| 一千来个人<br>ʑi¹³ tɕʻiæ̃⁵³ lɛ²² kə²¹ z̪ɤŋ²¹ | 一千上下 ʑi¹³ tɕʻiæ̃³¹ ʂã²⁴ ɕia¹³ | 陇　南 |
| 千十来个 tɕʻiæ̃⁵³ sɿ²¹ lɛ²¹ kɤ²¹ | 一千上下 ʑi¹³ tɕʻiæ̃⁵³ sã²⁴ xa¹³ | 文　县 |
| 千十来个 tsʻiæ̃⁴⁴ sɿ⁴⁴ lɛ²¹ kɤ²¹ | 一千上下 z̪ɿ¹³ tsʻiæ̃²¹ ʂã⁴⁴ xa⁴⁴ | 宕　昌 |
| 千把人 tsʻiæ̃⁵³ pa⁵⁵ z̪ɤŋ²¹³ | 一千上下 i²¹ tsʻiæ̃⁵³ ʂã²⁴ xa²⁴ | 康　县 |
| 一千上下人<br>i²⁴ tɕʻiæ̃²¹ ʂã⁵⁵ xa⁵⁵ z̪ɤŋ²⁴ | 一千上下 i²⁴ tɕʻiæ̃²¹ ʂã⁵⁵ xa⁵⁵ | 西　和 |
| 一千多人 ʑi¹³ tɕʻiã⁵³ tuə²¹ z̪əŋ²¹ | 一千左右 ʑi²¹ tɕiã⁴⁴ tsuə⁴⁴ iɤu⁵³ | 临夏市 |
| 千把人 tɕʻiæ̃³⁵ pɑ²¹ z̪əŋ¹³ | 一千左右 ʑi¹³ tɕʻiæ̃³⁵ tsuə⁵⁵ iɯ⁵³ | 临夏县 |
| 千把人 tɕʻiæ̃¹³ pa²¹ z̪ɤŋ¹³ | 一千个左右<br>ʑi¹³ tɕʻiæ̃²¹ kə¹³ tsuə⁴⁴ iɤu⁴⁴ | 甘　南 |
| 千十来个 tsʻiæ̃⁵³ sɿ²¹ lɛ²¹ kuə²¹ | 一千上下 ʒi¹³ tsʻiæ̃⁵³ ʂã¹³ xa¹³ | 舟　曲 |
| 千把人 tɕʻiæ̃⁴⁴ pa⁵³ z̪ɤŋ¹³ | 一千多 ʑi¹³ tɕʻiæ̃⁴⁴ tuə²¹ | 临　潭 |

| 词目 方言点 | 说话 | 吃饭 |
|---|---|---|
| 北 京 | 说话ʂuo⁵⁵ xua⁵¹ | 吃饭tʂʻʅ⁵⁵ fan⁵¹ |
| 兰 州 | 吭声kʻən⁴⁴ ʂən⁴² | 吃饭tʂʻʅ²¹ fã¹³ |
| 红 古 | 说话fə²² xua³⁵ | 吃饭tʂʻʅ²² fã³⁵ |
| 永 登 | 说话fə²¹ xua¹³ | 吃饭tʂʻʅ²² fæ̃³⁵ |
| 榆 中 | 说话ʂuə²¹ xua¹³ | 吃饭tʂʻʅ²¹ fã¹³ |
| 白 银 | 说话fə²² xua¹³ | 吃饭tʂʻʅ²² fan¹³ |
| 靖 远 | 说话ʂuə²² xua⁴⁴ | 吃饭tʂʻʅ²² fæ̃⁴⁴ |
| 天 水 | 说话ʂə²¹ xua⁴⁴ | 吃饭tʂʻʅ²¹ fæ̃⁴⁴ |
| 秦 安 | 说话ʃə²¹ xua⁴⁴ | 吃饭tʂʻʅ²¹ fan⁴⁴ |
| 甘 谷 | 说话ʃə⁵³ xuɒ⁴⁴ | 吃饭tʂʻʅ⁴² fã⁴⁴ |
| 武 山 | 说话ʃə²¹ xuɑ⁴⁴ | 吃饭tʂʻʅ²¹ fã⁴⁴ |
| 张家川 | 说话ʃʁ²¹ xua⁴⁴ | 吃饭tʂʻʅ²¹ fæ̃⁴⁴ |
| 武 威 | 说话ʂuə²² xua⁵³ | 吃饭tʂʻʅ⁴⁴ fã⁵³ |
| 民 勤 | 言喘ir⁴⁴ tsʻuæ²¹ | 吃饭tʂʻʅ²¹ fæ⁴² |
| 古 浪 | 说话ʂuə³⁵ xua⁵³ | 吃饭tʂʻʅ⁴⁴ fæ⁵³ |
| 永 昌 | 说话ʂuə³⁵ xua⁵³ | 吃饭tʂʻʅ⁴⁴ fɛ⁵³ |
| 张 掖 | 说话fə⁴⁴ xua⁵³ | 吃饭tʂʻʅ²² faŋ⁵³ |
| 山 丹 | 说话fə⁴⁴ xua⁵³ | 吃饭tʂʻʅ³³ fɛ²¹ |
| 平 凉 | 说话ʂuʁ²¹ xua⁴⁴ | 吃tʂʻʅ³¹<br>咥tiɛ²⁴ 又<br>餐tsʻæ⁴⁴ 又 |
| 泾 川 | 说话ʂʁ²¹ xua⁴⁴<br>言喘niæ̃²¹ tʃæ̃⁵³ 又 | 吃饭tʂʻʅ²¹ fæ̃⁴⁴ |
| 灵 台 | 谝喘pʻiæ̃⁵³ tʃæ̃²⁴ | 吃饭tʂʻʅ²¹ fæ̃⁴⁴ |

| 说话 | 吃饭 | 词目 / 方言点 |
|---|---|---|
| 说话 ʂuə²² xua⁴⁴ | 吃饭 tʂʻʅ⁴⁴ fan²¹³ | 酒　泉 |
| 说话 ʂuə²² xua⁴⁴ | 吃饭 tʂʻʅ²² fan⁴⁴ | 敦　煌 |
| 说话 ʂuo²¹ xua⁴⁴ | 吃饭 tʂʻʅ²¹ fæ⁴⁴ | 庆　阳 |
| 说话 ʂuɤ²² xua⁵⁵ | 吃饭 tʂʻʅ²² fæ⁵⁵ | 环　县 |
| 言喘 niæ²¹ tʃʻæ⁵³<br>说话 ʃɤ²¹ xua⁴⁴ 又 | 吃饭 tʂʻʅ²¹ fæ⁴⁴ | 正　宁 |
| 说话 siɛ²¹ xua⁴⁴ | 吃饭 tʂʻʅ²¹ fæ⁴⁴ | 镇　原 |
| 喘 tʃʻæ⁵³<br>搞 kɑo⁵³ 又 | 吃饭 tʂʻʅ²¹ fæ²⁴ | 定　西 |
| 谝喘 pʻiæ⁵³ tʃʻæ¹³ | 吃饭 tʂʻʅ²¹ fæ⁴⁴ | 通　渭 |
| 搞话 kɔ⁴⁴ xua⁴⁴ | 吃饭 tʂʻʅ⁵³ fæ¹³ | 陇　西 |
| 说话 ʂuo²¹ xua⁴⁴<br>喘话 tʂʻuæ⁵³ xua⁴⁴ 又 | 吃 tʂʻʅ¹³ | 临　洮 |
| 说话 ʃɤ⁵³ xuɑ⁴⁴ | 吃饭 tʃʻʅ⁵³ fæ⁴⁴ | 漳　县 |
| 说话 ʃə²¹ xua¹³ | 吃饭 tʂʻʅ²¹ fæ¹³ | 陇　南 |
| 说话 ɕyɤ²¹ xua³⁵ | 吃饭 tʂʻʅ²¹ fæ³⁵ | 文　县 |
| 说话 ʂuə²¹ xua⁴⁴ | 吃饭 tʂʻʅ²¹ fæ⁴⁴ | 宕　昌 |
| 说话 fɤ²¹ xua²⁴ | 吃饭 tʂʻʅ²¹ fæ²⁴ | 康　县 |
| 说话 ɕyɤ²¹ xua²⁴ | 吃饭 tʂʻʅ²¹ fæ²⁴ | 西　和 |
| 说话 ʂuə²¹ xua¹³ | 吃饭 tʂʻʅ²¹ fã¹³ | 临夏市 |
| 说话 fə²¹ xuɑ¹³ | 吃饭 tʂʻʅ²¹ fæ³⁵ | 临夏县 |
| 说话 ʂuə²¹ xua⁴⁴ | 吃饭 tʂʻʅ²¹ fæ⁴⁴ | 甘　南 |
| 说话 ʃuə²¹ xua³⁵ | 吃饭 tʂʻʅ²¹ fæ³⁵ | 舟　曲 |
| 说话 ʂuɤ¹³ xua⁴⁴ | 吃饭 tʂʻʅ²¹ fæ⁴⁴ | 临　潭 |

381

| 词目<br>方言点 | 走路 | 喝茶 |
| --- | --- | --- |
| 北 京 | 走路tsou²¹⁴ lu⁵¹ | 喝茶xɤ⁵⁵ tʂʻa³⁵ |
| 兰 州 | 走路tsəu⁴⁴ lu¹³ | 喝茶xɤ²² tʂʻa⁵³ |
| 红 古 | 走路tsɤu³⁵ lu¹³ | 喝茶xuə¹³ tʂʻa¹³ |
| 永 登 | 走路tsɤu⁵⁵ lu¹³ | 喝茶xə²² tʂa⁵³ |
| 榆 中 | 走路tsəu⁴⁴ lu²¹³ | 喝茶xə²¹ tʂʻa⁵³ |
| 白 银 | 走路tsɤu³⁵ lu¹³ | 喝茶xə²² tʂʻa⁵³ |
| 靖 远 | 走路tsɤu⁵⁵ lu⁴⁴ | 喝茶xuə²² tsʻa²⁴ |
| 天 水 | 走路tsɤu⁵³ lu⁴⁴ | 喝茶xuə²¹ tsʻa¹³ |
| 秦 安 | 走路tsəu⁵³ lu⁴⁴ | 喝茶xə²¹ tsʻa¹³ |
| 甘 谷 | 走路tsɤu⁵³ lu²⁴ | 喝茶xə⁴² tsʻɒ²⁴ |
| 武 山 | 走路tsɤu⁵³ lu⁴⁴ | 喝茶xiə²¹ tsʻɑ²⁴ |
| 张家川 | 走路tsɤu⁵³ lu⁴⁴ | 喝茶xuɤ²¹ tsʻa¹³ |
| 武 威 | 走路tsɤu³⁵ lu²¹ | 喝茶xə⁵³ tsʻa³⁵ |
| 民 勤 | 走路tsɤu⁴⁴ lu⁴² | 喝茶xuə²¹ tsʻa⁵³ |
| 古 浪 | 走路tsou⁴⁴ lu³¹ | 喝茶xə²¹ tʂʻa⁵³ |
| 永 昌 | 走路tsɤu³⁵ lu²¹ | 喝茶xə⁵³ tʂʻa²¹ |
| 张 掖 | 走路tsɤu⁵³ lu²¹ | 喝茶xə²² tsʻa⁵³ |
| 山 丹 | 走路tsou⁵³ lu²¹ | 喝茶xə³³ tʂʻa³³ |
| 平 凉 | 走路tsɤu⁵³ lu⁴⁴ | 喝茶xuɤ²¹ tsʻa²⁴ |
| 泾 川 | 走路tsəu⁵³ lu²⁴ | 喝茶xuɤ²¹ tsʻa²⁴ |
| 灵 台 | 走路tsou⁵³ lu⁴⁴ | 喝茶xuo²¹ tsʻa²⁴ |

| 走路 | 喝茶 | 词目 / 方言点 |
|---|---|---|
| 走路 tsɤu⁵³ lu¹³ | 喝茶 xə²² tsʻa⁵³ | 酒 泉 |
| 走路 tsɤu⁵³ lu⁴⁴ | 喝茶 xə²² tsʻa²¹³ | 敦 煌 |
| 走路 tsɤu⁵³ lu⁴⁴ | 喝茶 xuo²¹ tsʻa²⁴ | 庆 阳 |
| 走路 tsɤu⁵⁵ lɤu³³ | 喝茶 xuɤ⁵³ tsʻa²⁴ | 环 县 |
| 走路 tsou⁵³ lu⁴⁴<br>跑路 pʻɔ⁵³ lu⁴⁴ 又 | 喝茶 xuo²¹ tsʻa²⁴ | 正 宁 |
| 走路 tsəu⁵⁵ lu⁴⁴ | 喝茶 xuo²¹ tsʻa²⁴ | 镇 原 |
| 走路 tsɤu⁵³ lu⁴⁴ | 喝茶 xɤ²¹ tsʻa¹³ | 定 西 |
| 步行 pʻu⁴⁴ ɕiə̃¹³ | 喝茶 xə²¹ tsʻa¹³ | 通 渭 |
| 走路 tsɤu⁴⁴ lu¹³ | 喝茶 xɤ⁵³ tsʻa¹³ | 陇 西 |
| 走路 tsəu⁵³ lu⁴⁴ | 喝茶 xo²¹ tsʻa¹³ | 临 洮 |
| 走路 tsɤu⁵³ lu⁴⁴ | 喝茶 xɤ⁵³ tʃʻɑ¹³ | 漳 县 |
| 走路 tsɤu⁵⁵ lu¹³ | 喝茶 xuə⁵³ tsʻa¹³ | 陇 南 |
| 走路 tsɤu⁵⁵ lu²⁴ | 喝茶 xuɤ⁵³ tsʻa¹³ | 文 县 |
| 走路 tsəu⁵³ lu⁴⁴ | 喝茶 xɤ¹³ tsʻa¹³ | 宕 昌 |
| 走路 tsɤu⁵⁵ lu²⁴ | 喝茶 xuo⁵³ tʂʻa²¹ | 康 县 |
| 走路 tsɤu⁵³ lu⁵⁵<br>行路 xɤŋ²⁴ lu³⁵ 又 | 喝茶 xuɤ²¹ tsʻa²⁴ | 西 和 |
| 走路 tsɤu⁴⁴ lu⁵³ | 喝茶 xə¹³ tʂʻa¹³ | 临夏市 |
| 走路 tsɯ⁵⁵ lu⁵³ | 喝茶 xə¹³ tʂʻɑ¹³ | 临夏县 |
| 走路 tsɤu⁵³ lu⁴⁴ | 喝茶 xə⁴⁴ tʂʻa¹³ | 甘 南 |
| 走路 tsəu⁵⁵ lu¹³ | 喝茶 xuə³⁵ tsʻa²¹ | 舟 曲 |
| 走路 tsəu⁵³ lu⁴⁴ | 喝茶 xə⁴⁴ tsʻa¹³ | 临 潭 |

| 词目<br>方言点 | 洗脸 | 洗澡 |
|---|---|---|
| 北 京 | 洗脸 ɕi²¹⁴ lian²¹⁴ | 洗澡 ɕi²¹⁴ tsao²¹⁴ |
| 兰 州 | 洗脸 ɕi⁵³ liæ̃¹³ | 洗澡 ɕi⁵³ tsɔ⁴⁴ |
| 红 古 | 洗脸 sʅ³⁵ niã⁵³ | 洗澡 sʅ³⁵ tsɔ⁵³ |
| 永 登 | 洗脸 ɕi⁵⁵ liæ̃⁵⁵ | 洗澡 ɕi⁵⁵ tsɑo⁵⁵ |
| 榆 中 | 洗脸 ɕi⁵³ liã¹³ | 洗澡儿 ɕi⁵³ tsɔ²⁴ ɯ²¹ |
| 白 银 | 洗脸 ɕi⁵³ lian²⁴ | 洗澡 ɕi⁵³ tsɔ²⁴ |
| 靖 远 | 洗脸 sʅ⁵⁵ liæ̃⁵⁵ | 擦身子 tsa²² ʂɤŋ⁴¹ tsʅ²¹<br>洗澡 sʅ⁵⁵ tsɑo⁵⁵ 又 |
| 天 水 | 洗脸 ɕi⁵³ niæ̃⁵³ | 洗澡 ɕi⁵³ tsɔ⁵³ |
| 秦 安 | 洗脸 sʅ⁵³ nian⁵³ | 洗身上 sʅ⁵³ ʂə̃²¹ ʂã⁴⁴ |
| 甘 谷 | 洗脸 ɕi²¹ niã⁵³ | 洗澡 ɕi²¹ tsɑu⁵³ |
| 武 山 | 洗脸 ɕi⁵³ niã⁵³ | 洗澡 ɕi⁵³ tsao⁵³ |
| 张家川 | 洗脸 ɕi⁵³ niæ⁵³ | 洗澡 ɕi⁵³ tsɔ⁵³ |
| 武 威 | 洗脸 ɕi⁴⁴ liã²¹ | 洗澡 ɕi³⁵ tsao²¹ |
| 民 勤 | 洗脸 ɕi⁵³ niɹ⁴⁴ | 洗澡 ɕi⁵³ tsao⁴⁴ |
| 古 浪 | 洗脸 ɕi⁴⁴ liɛ³¹ | 洗澡 ɕi⁴⁴ tsao³¹ |
| 永 昌 | 洗脸 ɕi⁵³ liɛ²¹ | 河里打澡儿<br>xə³⁵ li⁵³ ta³⁵ tsao⁵³ ɣə²¹ |
| 张 掖 | 洗脸 ɕi⁵³ liaŋ²¹ | 洗澡 ɕi⁵³ tsɔ²¹ |
| 山 丹 | 洗脸 ʃʅ³³ liɹ³³ | 洗澡 ʃʅ³³ tsɑo³³ |
| 平 凉 | 洗脸 ɕi⁵³ liæ̃⁵³ | 洗澡 ɕi⁵³ tsɔ⁵³ |
| 泾 川 | 洗脸 ɕi⁵³ liæ̃⁵³ | 洗澡 ɕi⁵³ tsɔ⁵³ |
| 灵 台 | 洗脸 si⁴⁴ liæ̃⁵³ | 洗澡 si⁵³ tsɔ⁵³ |

方言词汇

| 洗脸 | 洗澡 | 词目 / 方言点 |
|---|---|---|
| 洗脸 ɕi⁵³ lian⁵³ | 洗澡 ɕi⁵³ tsɔ⁵³ | 酒　泉 |
| 洗脸 ɕʅ²² niɛ⁵³ | 洗澡 ɕʅ²² tsao⁵³ | 敦　煌 |
| 洗脸 ɕi⁵³ liã⁵³ | 洗澡 ɕi⁵³ tsɔ³¹ | 庆　阳 |
| 洗脸 ɕi⁵³ liã⁵⁵ | 洗澡 ɕi⁵³ tsɔ⁵⁵ | 环　县 |
| 洗脸 si⁵³ liã⁵³ | 洗澡 si⁵³ tsɔ⁵³ | 正　宁 |
| 洗脸 si⁵³ liã⁵³ | 洗澡 si⁵³ tsɔ⁵³ | 镇　原 |
| 洗脸 ɕi²¹ niã⁵³ | 洗澡 ɕi²¹ tsɑo⁵³ | 定　西 |
| 抹一下脸 ma¹³ ʑi²¹ xa²¹ niã⁵³ | 洗身上 si⁵³ ʂɤ̃²¹ ʂã¹³ | 通　渭 |
| 洗脸 ɕi⁴⁴ niã²¹ | 洗身上 ɕi⁴⁴ ʂən²¹ ʂã²¹ | 陇　西 |
| 洗脸 ɕi¹³ niã⁵³ | 擦洗身上 tsʻa¹³ si⁵³ ʂɤŋ²¹ ʂã⁴⁴ | 临　洮 |
| 洗脸 si²¹ niã⁵³ | 洗身上 si⁵³ ʃɤŋ²¹ ʃɑŋ²¹  打浇水 tɑ⁵³ tɕiɑo²¹ ʃei²¹ 又 | 漳　县 |
| 洗脸 ɕi⁵⁵ niã⁵⁵ | 洗浑身 ɕi⁵⁵ xuŋ¹³ ʂɤŋ³¹ | 陇　南 |
| 洗脸 ɕi⁵⁵ niã⁵³ | 洗澡 ɕi⁵⁵ tsao⁵⁵ | 文　县 |
| 洗脸 si²¹ niã⁵³ | 洗身子 si⁵³ ʂən⁴⁴ tsʅ⁴⁴ | 宕　昌 |
| 洗脸 si⁵⁵ niã⁵⁵ | 洗浑身 si⁵⁵ xuŋ²¹ ʂɤŋ⁵³ | 康　县 |
| 洗脸 ɕi⁵³ niã⁵³ | 洗身上 ɕi⁵³ ʂɤŋ²¹ ʂã³⁵ | 西　和 |
| 洗脸 ɕi¹³ niã⁵³ | 洗澡 ɕi²¹ tsɔ⁵³ | 临夏市 |
| 洗脸 ɕi¹³ niã⁵³ | 洗澡 ɕi⁵⁵ tsɔ⁵³ | 临夏县 |
| 洗脸 ɕi²¹ niã⁴⁴ | 洗澡 ɕi²¹ tsao⁴⁴ | 甘　南 |
| 洗脸 sʅ⁵⁵ niã⁵⁵ | 洗身子 sʅ⁵⁵ ʂən⁵⁵ tsʅ²¹ | 舟　曲 |
| 洗脸 ɕi²¹ niã⁵³ | 洗澡 ɕi²¹ tsɔ⁵³ | 临　潭 |

385

| 词目<br>方言点 | 睡觉 | 打瞌睡 |
|---|---|---|
| 北 京 | 睡觉şuei⁵¹ tɕiao⁵¹ | 打瞌睡ta²¹⁴ kʻɤ⁵⁵ şuei⁵¹ |
| 兰 州 | 贴一会tʻiɛ⁴⁴ zi⁴² xuei²¹ | 打个盹ta⁴⁴ kɤ²¹ tuən⁴⁴ |
| 红 古 | 睡觉fei³⁵ tɕɔ³⁵ | 丢盹tiɤu²² tuən⁵³ |
| 永 登 | 睡觉fei³⁵ tɕiɑo¹³ | 丢盹tiɤu⁵⁵ tuən⁵⁵ |
| 榆 中 | 睡觉şuei³⁵ tɕɔ²¹³ | 打瞌睡ta³⁵ kʻə²¹ şuei¹³ |
| 白 银 | 睡觉fei³⁵ tɕɔ¹³ | 丢盹tiɤu⁴⁴ tun³³ |
| 靖 远 | 睡觉şuei³⁵ tɕiao⁴⁴ | 丢盹tiɤu²² toŋ⁵⁵ |
| 天 水 | 睡觉ʃei⁴⁴ tɕɔ⁴⁴ | 丢盹tiɤu²¹ tuŋ⁵³ |
| 秦 安 | 睡觉ʃei⁴⁴ tɕɔ⁴⁴ | 丢盹tiəu²¹ tuə̃⁵³ |
| 甘 谷 | 睡觉ʃai⁴⁴ tɕiɑu⁴⁴ | 丢盹tiɤu²¹ tuən⁵³ |
| 武 山 | 睡觉ʃɛ⁴⁴ tɕiao⁴⁴ | 丢盹tɤu²¹ tuŋ⁵³ |
| 张家川 | 睡觉ʃei⁴⁴ tɕɔ⁴⁴ | 打哈欠ta⁵³ xa²¹ ɕiæ⁴⁴ |
| 武 威 | 睡觉şuei⁴⁴ tɕiao⁵³ | 丢盹tiɤu⁴⁴ tuŋ²¹ |
| 民 勤 | 睡觉şuei²¹ tɕʻiao⁴² | 丢盹tiɤu⁴⁴ toŋ⁴⁴ |
| 古 浪 | 睡觉şuei⁴⁴ tɕɔ³¹ | 丢盹tiou³⁵ tuən⁴⁴ |
| 永 昌 | 睡觉şuei³⁵ tɕiao⁵³ | 打哈欠ta³⁵ xə²¹ ɕiɛ⁵³ |
| 张 掖 | 睡觉fei²² tɕɔ⁵³ | 丢盹tiɤu²² tuən⁵³ |
| 山 丹 | 睡觉fei³⁵ tɕiɑo⁵³ | 丢盹tiou³³ tuŋ³³ |
| 平 凉 | 睡觉şuei⁴⁴ tɕɔ⁴⁴ | 丢盹tiɤu²¹ tuŋ⁵³ |
| 泾 川 | 睡觉ʃei⁴⁴ tɕɔ⁴⁴ | 丢盹tiəu²¹ tuŋ⁵³ |
| 灵 台 | 睡觉fei⁴⁴ tɕɔ⁴⁴ | 木楞mu²¹ ləŋ⁵³ |

| 睡觉 | 打瞌睡 | 词目 / 方言点 |
|---|---|---|
| 睡觉ʂuei¹³ tɕiɔ¹³ | 丢盹tiɤu⁴⁴ tuŋ⁵³ | 酒　泉 |
| 睡觉ʂuei⁴⁴ tɕiao²¹³ | 打瞌睡ta⁵³ kʻə²² ʂuei²¹³ | 敦　煌 |
| 睡觉ʂuei⁴⁴ tɕiɔ⁴⁴ | 丢盹儿tiɤu²¹ tuə̃r³¹<br>打盹儿ta⁴⁴ tuə̃r³¹ 又 | 庆　阳 |
| 睡觉ʂuei⁴⁴ tɕiɔ⁴⁴ | 打瞌睡ta⁵⁵ kʻuɤ⁴² ʂuei²¹ | 环　县 |
| 睡觉ʃei⁴⁴ tɕiɔ⁴⁴ | 丢盹tiou²¹ tuen⁵³ | 正　宁 |
| 睡觉sei²⁴ tɕiɔ⁴⁴ | 丢盹tiəu²¹ tuŋ⁵³ | 镇　原 |
| 睡觉ʃei²⁴ tɕiao⁴⁴ | 丢盹tiɤu²¹ tuŋ⁵³<br>打瞌睡ta⁵³ kʻɤ²¹ ʃei²⁴ 又 | 定　西 |
| 睡着ʃei⁴⁴ tʂʻə¹³ | 丢盹tiɤu²¹ tuə̃⁵³ | 通　渭 |
| 睡觉ʂuei⁴⁴ tɕiɔ⁴⁴ | 丢盹tiɤu²¹ tuŋ⁵³ | 陇　西 |
| 睡觉ʂuei⁴⁴ tɕiao⁴⁴ | 丢盹儿tiəu¹³ tuor⁵³<br>打瞌睡ta⁵³ kʻo²¹ ʂuei⁴⁴ 又 | 临　洮 |
| 睡觉ʃei³⁵ tɕiao⁴⁴ | 丢盹tiɤu²¹ tuŋ⁵³<br>打瞌睡tɑ⁵³ kɤ²¹ ʃei²¹ 又 | 漳　县 |
| 睡觉ʃei²⁴ tɕiao²⁴ | 丢盹tiɤu²¹ tuŋ⁵⁵<br>瞌睡来了kʻə⁵³ ʃei²¹ lɛ²¹ lao¹³ 又 | 陇　南 |
| 睡觉ʃei²⁴ tɕiao²⁴ | 打瞌睡ta⁵⁵ kʻɤ²¹ ʃei²⁴ | 文　县 |
| 睡觉ʂuei⁴⁴ tɕiao⁴⁴ | 丢盹tsiəu²¹ tuŋ⁵³ | 宕　昌 |
| 睡瞌睡fei²⁴ kʻuo⁵³ fei²¹ | 佘=盹tsʻuæ̃²¹ tuŋ⁵⁵ | 康　县 |
| 睡觉ʃei⁵⁵ tɕiɔ⁵⁵ | 丢盹tiɤu²¹ tuŋ⁵³ | 西　和 |
| 睡觉ʂuei⁴⁴ tɕiɔ⁵³ | 打瞌睡ta⁴⁴ kʻə²¹ ʂuei¹³ | 临夏市 |
| 睡觉fei⁵⁵ tɕiɔ⁵³ | 打瞌睡tɑ³⁵ kʻə²¹ fei³⁵ | 临夏县 |
| 睡觉ʂuei⁴⁴ tɕiao⁴⁴ | 打瞌睡ta⁴⁴ kʻə²¹ fei⁴⁴ | 甘　南 |
| 睡觉ʃuei¹³ tɕiɑo¹³ | 丢盹tiəu²¹ tuəŋ⁵³ | 舟　曲 |
| 睡觉ʂuei⁴⁴ tɕiɔ⁴⁴ | 打盹ta²¹ tuŋ⁵³ | 临　潭 |

| 方言点＼词目 | 遇见 | 遗失 |
|---|---|---|
| 北 京 | 遇见y⁵¹ tɕian⁵¹ | 遗失i³⁵ ʂʅ⁵⁵ |
| 兰 州 | 碰见了pʻən²² tɕiæ⁵³ lɔ²¹ | 扔掉了zʅ³⁵ tɔ⁴² lɔ²¹ |
| 红 古 | 碰见pʻən¹³ tɕiã⁵³ | 扔掉了ər⁵³ tiɔ⁴² liɔ²¹ |
| 永 登 | 碰见pʻən¹³ tɕiæ⁵³ | 扔掉了a²² tiɑo⁵⁵ liɑo²¹ |
| 榆 中 | 碰见了pʻən⁴⁴ tɕiã²¹ lɔ¹³ | 丢掉了tiəu⁵³ tɔ⁴² lɔ²¹ |
| 白 银 | 碰着了pʻən²² tʂə⁵³ lɔ²¹ | 扔掉了zʅ²⁴ tɔ⁵³ lɔ²¹ |
| 靖 远 | 碰着了pʻɤŋ³⁵ tʂuə²² liao⁵⁵ | 扔掉了ər⁵⁵ tiao²¹ liao²¹ |
| 天 水 | 碰着pʻɤŋ⁴⁴ tʂʻə¹³ | 扔了zʅ⁵³ liɔ²¹ |
| 秦 安 | 碰着pʻə̃⁴⁴ tʂʻə²¹ | 遗忘zi¹³ uã⁴⁴ |
| 甘 谷 | 碰着pʻəŋ⁴⁴ tʂʻə²¹ | 丢了tiʁu²¹ lɑu²⁴ |
| 武 山 | 碰着pʻəŋ⁴⁴ tʂʻə⁴⁴ | 扔了zʅ⁵³ lao²¹ |
| 张家川 | 碰着了pʻɤŋ⁴⁴ tʂʻuɤ⁵³ liɔ²¹ | 扔了ər⁵³ liɔ²¹ |
| 武 威 | 碰见pʻəŋ⁵³ tɕiã²¹ | 丢掉了tiʁu⁴⁴ tiao⁴⁴ liao⁵³ |
| 民 勤 | 碰上pʻɤŋ⁴² ʂaŋ²¹ | 丢掉了tiʁu²⁴ tiao⁴² lə²¹ |
| 古 浪 | 碰上pʻəŋ⁴⁴ ʂɑo³¹ | 丢掉了tiou⁴⁴ tiɔ⁴⁴ liɔ²¹ |
| 永 昌 | 碰见pʻəŋ⁵³ tɕiɛ²¹ | 撂掉了liao³⁵ tiao⁵⁵ liao²¹ |
| 张 掖 | 碰见pʻən³¹ tɕiaŋ²¹ | 丢掉了tiʁu³³ tiɔ³³ liɔ³³ |
| 山 丹 | 碰见pʻəŋ⁵³ tɕiɿ²¹ | 丢掉了tiou³³ tiɑo³³ lə³³ |
| 平 凉 | 碰着了pʻəŋ³⁵ tʂʻu⁵³ lia²¹ | 丢了tiʁu⁵³ lia²¹ |
| 泾 川 | 碰着pʻəŋ³⁵ tʂʻuɤ²¹<br>碰上pʻəŋ³⁵ ʂɑŋ²¹ 又 | 丢了tiəu⁵³ liɛ²¹ |
| 灵 台 | 碰着pʻəŋ²⁴ tʃʻo²¹ | 丢了tiou³¹ liɔ²¹ |

| 遇见 | 遗失 | 词目 / 方言点 |
|---|---|---|
| 碰见 pʻəŋ²² tɕian¹³ | 丟掉 tiɤu⁴⁴ tiɔ⁴⁴ | 酒 泉 |
| 遇见 zʅ⁴⁴ tɕiɛ⁵³ | 丟掉啦 tiɤu²² tao²² la⁵³ | 敦 煌 |
| 碰上了 pʻəŋ⁴⁴ ʂaŋ³¹ lia²¹ | 丟了 tiɤu⁵³ lia²¹ | 庆 阳 |
| 碰着了 pʻəŋ²⁴ tʂuɤ⁴² lɛ²¹ | 丟了 tiɤu⁴² liɛ²¹ | 环 县 |
| 碰着 pʻəŋ²⁴ tʃʻɤ²¹<br>碰上 pʻəŋ²⁴ ʂɑŋ²¹ 又 | 丟了 tiou³¹ liɔ²¹ | 正 宁 |
| 碰着 pʻəŋ⁴⁴ tsʻuo²⁴ | 丟了 tiəu⁴² lə²¹<br>扔了 ər⁵⁵ lə²¹ 又 | 镇 原 |
| 碰着 pʻɤŋ⁴⁴ tʂʻɤ¹³ | 撇了 pʻiɛ⁵³ lao²¹ | 定 西 |
| 遇着 zy⁴⁴ tʂʻə²¹<br>碰着 pʻɔ̃⁴⁴ tʂʻə²¹ 又 | 撇啦 pʻiɛ⁵³ la²¹ | 通 渭 |
| 碰着 pʻəŋ³⁵ tʂʻɤ¹³ | 扔啦 zʅ⁴⁴ la²¹ | 陇 西 |
| 碰见 pʻɤŋ⁴⁴ tɕiæ̃⁴⁴<br>碰着 pʻɤŋ⁴⁴ tʂuo¹³ 又 | 扔下 ər⁵³ xa⁵³ liao²¹<br>丟了 tiəu²¹ liao¹³ 又 | 临 洮 |
| 碰着了 pʻɤŋ³⁵ tʃʻɤ⁵³ lao²¹ | 丟了 tiɤu⁵³ lao²¹ | 漳 县 |
| 碰着了 pʻɤŋ⁵⁵ tʂao²¹ lao²¹ | 丟了 tiɤu⁵³ lao²¹ | 陇 南 |
| 碰见 pʻɔ̃²⁴ tɕiæ̃²⁴ | 丟了 tiɤu⁵³ lao²¹ | 文 县 |
| 碰着 pʻəŋ⁴⁴ tʂɤ²¹<br>碰见 pʻəŋ⁴⁴ tsiæ̃⁴⁴ 又 | 丟过了 tsiəu²¹ kuə⁴⁴ lao²¹ | 宕 昌 |
| 碰着 pɤŋ⁵⁵ pfʻɤ²¹ | 遗了 i⁵³ lao³⁵ | 康 县 |
| 碰着 pʻɤŋ⁵⁵ tʂʻuɤ²⁴ | 撂了 liɔ⁵⁵ lɔ²¹ | 西 和 |
| 碰见 pʻəŋ⁴⁴ tɕiã⁵³ | 丟过了 tiɤu²¹ kuə¹³ liɔ²¹ | 临夏市 |
| 碰见 pʻəŋ⁵⁵ tɕiæ̃²¹ | 丟了 tiɯ²¹ liɔ⁵³ | 临夏县 |
| 碰见 pʻɤŋ⁴⁴ tɕiæ̃²¹ | 丟过 tiɤu²¹ kuə⁴⁴ | 甘 南 |
| 碰见 pʻəŋ³⁵ tɕiæ̃¹³ | 遗了 ʐʅ⁵³ liao²¹ | 舟 曲 |
| 碰了 pʻə⁵³ lɔ²¹ | 掉过了 tiɔ⁴⁴ kuə²¹ lɔ²¹ | 临 潭 |

| 方言点 \ 词目 | 找着了 | 擦掉 |
|---|---|---|
| 北 京 | 找着了 tʂao²¹⁴ tʂao³⁵ lə⁰ | 擦掉 tsʻa⁵⁵ tiao⁵¹ |
| 兰 州 | 找着了 tʂɔ⁴⁴ pf ɤ⁴² lɔ²¹ | 擦掉 tsʻa²¹ tɔ¹³ |
| 红 古 | 找着了 tʂɔ³⁵ tʂuə⁴² liɔ³⁵ | 擦掉了 tsʻa²² tɔ³⁵ liɔ⁵³ |
| 永 登 | 找着了 tʂao⁵⁵ pf ə⁵⁵ liɑo²¹ | 擦丢 tsʻa²² tiɤu³⁵ |
| 榆 中 | 找着了 tʂɔ⁴⁴ tʂuə⁵³ lɔ¹³ | 擦掉 tsʻa²¹ tiɔ¹³ |
| 白 银 | 找着了 tʂɔ²⁴ tʂuə⁵³ lɔ²¹ | 擦 tsʻa²² tɔ¹³ |
| 靖 远 | 寻着了 ɕiŋ²² tʂuə⁵⁵ liao²¹ | 岗=掉 kaŋ⁵⁵ tiao²¹<br>擦掉 tsʻa⁴¹ tiao²¹ 又 |
| 天 水 | 寻着了 ɕiŋ¹³ tʂʻuə¹³ liɔ²¹ | 揩了 kʻɛ²¹ liɔ⁵³ |
| 秦 安 | 寻着了 siə̃¹³ tʂʻə¹³ lɔ²¹ | 擦了 tsʻa²¹ lɔ⁵³ |
| 甘 谷 | 寻着了 ɕiəŋ³⁵ tʂʻə²¹ lɑu⁴⁴ | 揩了 kʻai²¹ lɑu²⁴ |
| 武 山 | 寻着了 ɕiŋ²⁴ tʂʻə⁵³ lao²¹ | 擦了 tsʻa³¹ lao²¹ |
| 张家川 | 寻着了 ɕiŋ¹³ tʂʻuɤ⁵³ liɔ²¹ | 擦了 tsʻa²¹ liɔ⁵³ |
| 武 威 | 寻着了 ɕiŋ³⁵ tʂuə²¹ liao²¹ | 擦掉 tsʻa⁴⁴ tiao²¹ |
| 民 勤 | 找着啦 tsao²¹ tʂuə²¹ la⁴⁴ | 擦掉 tsʻa⁴² tiao²¹ |
| 古 浪 | 找着了 tʂɔ²¹ tʂuə³⁵ liɔ²¹ | 抹掉 mə²¹ tiɔ⁵³ |
| 永 昌 | 找着了 tʂao⁵³ tʂuə³⁵ liao²¹ | 擦掉 tsʻa⁵³ tiao²¹ |
| 张 掖 | 找着了 tʂɔ²¹ kfə¹³ liɔ²¹ | 擦掉了 tsʻa³¹ tiɔ²¹ liɔ²¹ |
| 山 丹 | 找着了 tʂɑo⁵⁵ tʂuə²¹ lɔ²¹ | 擦掉 tsʻa⁵³ tiɑo²¹ |
| 平 凉 | 寻着了 ɕiŋ²² tʂʻuɤ⁴⁴ lia²¹ | 擦了 tsʻa⁵³ lia²¹ |
| 泾 川 | 寻着了 ɕiŋ²¹ tʃʻɤ⁵⁵ liɛ²¹ | 擦了 tsʻa³¹ liɛ²¹ |
| 灵 台 | 寻着了 siəŋ²¹ tʃʻo⁴⁴ liɔ²¹ | 擦了 tsʻa³¹ liɔ²¹ |

| 找着了 | 擦掉 | 方言点 |
|---|---|---|
| 找着了 tsɔ²² tʂuə³⁵ lia³¹ | 抹掉去mə²² tiɔ⁴⁴ tɕʻi³¹ | 酒 泉 |
| 找到啦 tsao⁵³ taoʻ²¹³ la⁵³ | 擦掉tsʻa²² taoʻ²¹³ | 敦 煌 |
| 寻着了 ɕiŋ²¹ tʂʻuo⁴⁴ lia²¹ | 擦了tsʻa⁵³ lia²¹ | 庆 阳 |
| 寻着了 ɕiŋ²² tʂʻuɤ⁵⁵ lɛ²¹ | 跐掉tsʻɿ⁵⁵ tiɔ³³ | 环 县 |
| 寻着了 siŋ²¹ tʃʻɤ⁵³ liɔ²¹ | 擦了tsʻa⁵³ liɔ²¹ | 正 宁 |
| 寻着了 ɕiŋ²⁴ tsuo²⁴ lɔ²¹ | 擦了tsʻa⁵³ lɔ²¹ | 镇 原 |
| 寻着了 ɕiŋ²⁴ tʂʻɤ²¹ lao²⁴ | 揩下kʻɛ²¹ xa¹³ | 定 西 |
| 寻着了 siə̃¹³ tʂʻə⁵³ la²¹ | 揩下kʻɛ²¹ xa¹³ | 通 渭 |
| 寻着啦ɕin⁴⁴ tʂʻɤ²¹ la²² | 擦下tsʻa⁵³ xa¹³ | 陇 西 |
| 寻着了 ɕin¹³ tsuo²¹ liao⁴⁴ | 擦下了tsʻa²¹ xa³⁵ liao⁵³ | 临 洮 |
| 寻着了 siŋ²¹ tʃʻɤ⁵³ lao²¹ | 擦下了tsʻɑ⁵³ xɑ²¹ lɑ⁵³ | 漳 县 |
| 寻着了 ɕin²¹ tʂə⁵⁵ lao²¹ | 擦过tsʻa²¹ kuə¹³ | 陇 南 |
| 找到了 tsao⁵⁵ tao³¹ lao²¹ | 抹过ma²¹ kuɤ³⁵ | 文 县 |
| 寻着了 siŋ²¹ tʂuə⁴⁴ lao²¹ | 抹过了muə⁵³ kuə²¹ lao²¹ | 宕 昌 |
| 寻着了 sin²¹ pfʻɤ¹³ lao²¹ | 擦过tsʻa⁵³ kuo²⁴ | 康 县 |
| 寻着了 ɕiŋ²⁴ tʂʻuɤ²⁴ lɔ²¹ | 揩了kʻɛ²¹ lɔ²⁴ | 西 和 |
| 寻着了 ɕin¹³ tʂuə²¹ liɔ⁴⁴ | 擦过tsʻa²¹ kuə⁵³ | 临夏市 |
| 找着了 tʂɔ³⁵ tʂuə²¹ liɔ³⁵ | 擦过tsʻɑ²¹ kuə⁵³ | 临夏县 |
| 找着了 tʂao⁵³ tʂuə²¹ liao⁴⁴ | 擦掉了tsʻa²¹ tiao⁴⁴ liao²¹ | 甘 南 |
| 寻着了 siŋ⁵⁵ tʃʻuə²¹ liao²¹ | 抹过着mə⁵⁵ kuə²¹ tʂao²¹ | 舟 曲 |
| 找着了 tsɔ⁵³ tʂuə²¹ lɔ⁵³ | 擦掉tsʻa²¹ tiɔ⁴⁴ | 临 潭 |

| 词目<br>方言点 | 拣起来 | 提起来 |
|---|---|---|
| 北　京 | 拣起来 tɕian²¹⁴ tɕʻi²¹⁴ lai³⁵ | 提起来 tʻi³⁵ tɕʻi²¹⁴ lai³⁵ |
| 兰　州 | 拾起来 ʂʅ⁵³ tɕʻi⁴⁴ lɛ²¹ | 提起来 tʻi⁵³ tɕʻi⁴⁴ lɛ²¹ |
| 红　古 | 拾起来 ʂʅ²² tsʻʅ³⁵ lɛ⁵³ | 提起来 tʻʅ²² tsʻʅ⁵³ lɛ²¹ |
| 永　登 | 拾起来 ʂʅ⁵³ tɕʻi⁵³ lɛi²¹ | 提起来 tʻi⁵³ tɕʻi⁴² lɛi²¹ |
| 榆　中 | 拾起来 ʂʅ⁵³ tɕʻi⁴⁴ lɛ⁵³ | 提起来 tʻi⁵³ tɕʻi⁴⁴ lɛ⁵³ |
| 白　银 | 拾起来 ʂʅ⁵³ tɕʻi²⁴ lɛ⁵³<br>拾上 ʂʅ⁵³ ʂɑŋ²¹ 又 | 提起来 tʻi⁵³ tɕʻi²⁴ lɛ⁵³ |
| 靖　远 | 拾起来 ʂʅ²² tsʻʅ⁵⁵ lɛ²¹<br>拾上 ʂʅ²² ʂɑŋ⁵⁵ 又 | 提起来 tʻʅ²² tsʻʅ⁵⁵ lɛ²¹ |
| 天　水 | 拾起来 ʂʅ¹³ tɕʻi⁵³ lɛ²¹ | 提起来 tʻi¹³ tɕʻi⁵³ lɛ²¹ |
| 秦　安 | 拾起来 ʂʅ³⁵ tɕʻi⁵³ lɛ²¹ | 提起来 tsʻʅ³⁵ tɕʻi⁵³ lɛ²¹ |
| 甘　谷 | 拾起 ʂʅ²⁴ tɕʻi⁵³ | 提起 tɕʻi²⁴ tɕʻi⁵³ |
| 武　山 | 拾着起啦 ʂʅ²¹ tsə⁴⁴ tɕʻi⁵³ la¹³ | 拿着起啦 la²¹ tsə⁴⁴ tɕʻi⁵³ la¹³ |
| 张家川 | 拾起 ʂʅ²² tɕʻiɛ⁵³ | 提起 tɕʻi²² tɕʻiɛ⁵³ |
| 武　威 | 拾起来 ʂʅ³⁵ tɕʻi⁵³ lɛ²¹ | 提起来 tʻi³⁵ tɕʻi⁵³ lɛ²¹ |
| 民　勤 | 拾起来 ʂʅ⁵³ tɕʻi⁴² læ²¹ | 提起来 tsʻʅ⁵³ tɕʻi⁴² læ²¹ |
| 古　浪 | 拾起来 ʂʅ⁵³ tɕʻi²¹ lɛ⁵³ | 提起来 tʻi⁵³ tɕʻi²¹ lɛ⁵³ |
| 永　昌 | 拾起来 ʂʅ³⁵ tɕʻi⁵³ lɛ²¹ | 提起来 tʻi³⁵ tɕʻi⁵³ lɛ²¹ |
| 张　掖 | 拾起来 ʂʅ³⁵ tɕʻi²¹ lɛ²¹ | 拿起来 na³⁵ tɕʻi²¹ lɛ²¹ |
| 山　丹 | 拾起来 ʂʅ⁵³ tʃʻʅ²¹ lɛ²¹ | 拿起来 na³⁵ tʃʻʅ²¹ lɛ²¹ |
| 平　凉 | 拾起来 ʂʅ²⁴ tɕʻi³¹ lɛ²¹ | 提起 tʻi²⁴ tɕʻiɛ⁵³ |
| 泾　川 | 拾起来 ʂʅ²¹ tɕʻi⁵³ lɛ²¹ | 提起来 tʻi²¹ tɕʻi⁵³ lɛ²¹ |
| 灵　台 | 拾起来 ʂʅ²¹ tɕʻi⁴⁴ lɛ²¹ | 提起来 tsʻi²⁴ tɕʻi⁵³ lɛ²¹ |

| 拣起来 | 提起来 | 词目 / 方言点 |
|---|---|---|
| 拾起来 ʂʅ³⁵ tɕʻi⁵³ lɛ²¹ | 提溜上 ti³⁵ liɤu⁵³ ʂaŋ³¹ | 酒 泉 |
| 拣起来 tɕiɛ⁵³ tɕʻʅ⁵³ lɛ²¹ | 提起来 tʻʅ²² tɕʻʅ⁵³ lɛ²¹ | 敦 煌 |
| 拾起来 ʂʅ²¹ tɕʻi⁵³ lɛ²¹ | 提起来 tʻi²¹ tɕʻi⁵³ lɛ²¹ | 庆 阳 |
| 拾起来 ʂʅ²² tɕʻi⁵⁵ lɛ²¹ | 拿起来 na²² tɕʻi⁵⁵ lɛ²¹ | 环 县 |
| 拾起来 ʂʅ²⁴ tɕʻi³¹ lɛ²¹ | 提起来 tʻi²⁴ tɕʻi³¹ lɛ²¹ | 正 宁 |
| 拾起来 ʂʅ²⁴ tɕʻiɛ⁵³ lɛ²¹ | 提起来 tʻi²⁴ tɕʻi⁵³ lɛ²¹ | 镇 原 |
| 拾起 ʂʅ¹³ tɕʻi⁵³ | 提起 tʻi¹³ tɕʻi⁵³ | 定 西 |
| 拾起 ʂʅ¹³ tɕʻi⁵³ | 提起 tʻi¹³ tɕʻi⁵³ | 通 渭 |
| 拾着起啦 ʂʅ²² tʂɤ¹³ tɕʻi⁵³ la²¹ | 提着起啦 tɕʻi²² tʂɤ¹³ tɕʻi⁵³ la²¹ | 陇 西 |
| 拾起了 ʂʅ³⁵ tɕʻi⁵³ liɑo²¹ | 提起了 tʻi¹³ tɕʻi⁵³ liɑo²¹ | 临 洮 |
| 拾起来 ʃʅ²¹ tɕʻi⁵³ lɛ¹³ | 提起来 tɕʻi³⁵ tɕʻi⁵³ lɛ²¹ | 漳 县 |
| 拾起来 ʂʅ²¹ tɕʻi⁵⁵ lɛ⁵³ | 拾起来 ʂʅ²¹ tɕʻi⁵⁵ lɛ⁵³<br>用手拣上 yn²⁴ ʂɤu⁵³ tɕiæ⁵⁵ ʂã²¹ 又 | 陇 南 |
| 拣起来 tɕiæ⁵³ tɕʻi⁵³ lɛ²¹ | 抓起来 tʃa⁵³ tɕʻi²¹ lɛ³¹ | 文 县 |
| 拾起来 ʂʅ²¹ tsʻi⁵³ lɛ¹³ | 抓起来 tʂua²¹ tsʻi⁵³ lɛ¹³ | 宕 昌 |
| 拣起来 tɕiæ⁵⁵ tɕʻi⁵³ lɛ²¹ | 提起来 tsʻi²¹ tɕʻi³⁵ lɛ²¹ | 康 县 |
| 拾起来 ʂʅ²⁴ tɕʻi⁵³ lɛ²¹ | 提起 tʻi²⁴ tɕʻi⁵³ | 西 和 |
| 拾起来 ʂʅ¹³ tɕʻi⁵³ lɛ¹³ | 拿起来 na¹³ tɕʻi⁵³ lɛ¹³ | 临夏市 |
| 拾起来 ʂʅ²¹ tɕʻi⁵³ lɛ³⁵ | 提起 tʻi¹³ tɕʻi⁵³ | 临夏县 |
| 拾着起来 ʂʅ²¹ tʂə¹³ tɕʻi⁵³ lɛi²¹ | 提起来 tʻi¹³ tɕʻi⁵³ lɛi¹³ | 甘 南 |
| 拾起来 ʂʅ⁵⁵ tʃʻu⁵⁵ lɛ²¹ | 抓起来 tʃa⁵³ tʃʻu⁵³ lɛ²¹ | 舟 曲 |
| 拿着起来 na²¹ tʂə³⁵ tɕʻi⁵³ lɛ²¹ | 提着起来 tʻi²¹ tʂə³⁵ tɕʻi⁵³ lɛ²¹ | 临 潭 |

| 词目<br>方言点 | 选择 | 欠（欠别人钱） |
| --- | --- | --- |
| 北 京 | 选择 ɕyan²¹⁴ tsɤ³⁵ | 欠 tɕʰian⁵¹ |
| 兰 州 | 挑一个 tʰiɔ⁴² zi²¹ kɤ²¹ | 该 kɛ⁴² |
| 红 古 | 挑 tʰiɔ⁵³ | 该 kɛ¹³ |
| 永 登 | 挑 tʰiɑo⁵³ | 该 kɛi⁵³ |
| 榆 中 | 选择 ɕyã⁴⁴ tʂə⁵³ | 欠 tɕʰiã²¹³ |
| 白 银 | 挑 tʰiɔ⁴⁴ | 该 kɛ⁴⁴ |
| 靖 远 | 挑 tʰiao⁴¹ | 该 kɛ⁴¹ |
| 天 水 | 挑 tʰiɔ¹³ | 欠 tɕʰiæ̃⁴⁴<br>该下 kɛ²¹ xa⁴⁴ 又 |
| 秦 安 | 选择 ɕyan⁵³ tsei¹³ | 该 kɛ¹³ |
| 甘 谷 | 挑 tɕʰiɑu³¹² | 该 kai³¹² |
| 武 山 | 挑 tʰiao³¹ | 该欠 kɛ²¹ tɕʰiã⁴⁴ |
| 张家川 | 挑 tɕʰiɔ¹³ | 欠下 tɕʰiæ̃⁴⁴ xa²¹ |
| 武 威 | 挑 tʰiao⁴⁴ | 该 kɛ³⁵ |
| 民 勤 | 择 tʂə⁵³ | 该 kæ⁴⁴ |
| 古 浪 | 挑 tʰiɔ⁴⁴ | 该 kɛ³⁵ |
| 永 昌 | 择 tʂə³⁵ | 该 kɛ³⁵ |
| 张 掖 | 挑 tʰiɔ³³ | 该 kɛ³³ |
| 山 丹 | 选择 ɕyʴ³³ tʂə³³ | 该 kɛ³³ |
| 平 凉 | 挑 tʰiɔ³¹ | 该 kɛ³¹<br>欠 tɕʰiæ̃⁴⁴ 又 |
| 泾 川 | 挑 tʰiɔ³¹ | 争 tsəŋ³¹<br>该 kɛ³¹ 又 |
| 灵 台 | 挑 tsʰiɔ³¹ | 争 tsəŋ³¹ |

| 选择 | 欠（欠别人钱） | 词目 / 方言点 |
|---|---|---|
| 挑t'iɔ⁴⁴ | 该kɛ⁴⁴ | 酒 泉 |
| 选择çyɛ⁵³ tsə²¹³ | 欠tɕ'iɛ⁴⁴ | 敦 煌 |
| 挑tɕ'iɔ⁵³ | 该kɛ³¹<br>争tsəŋ³¹ 又 | 庆 阳 |
| 挑t'iɔ⁴¹ | 该kɛ⁴¹ | 环 县 |
| 挑选t'iɔ²¹ çyæ̃⁵³<br>挑t'iɔ³¹ 又 | 争tsəŋ³¹ | 正 宁 |
| 挑t'iɔ⁴¹<br>拣tɕiæ̃⁵³ 又 | 该kɛ⁴¹<br>欠tɕ'iæ̃⁴⁴ 又 | 镇 原 |
| 挑t'iɑo¹³ | 欠tɕ'iæ̃⁴⁴<br>该kɛ¹³ 又 | 定 西 |
| 拣tɕiæ̃⁵³ | 该kɛ¹³ | 通 渭 |
| 挑tɕ'iɔ²¹ | 欠下tɕ'iæ̃¹³ xɑ²¹ | 陇 西 |
| 挑t'iɑo¹³<br>挑选t'iɑo¹³ çyæ̃⁵³ 又 | 该kɛ¹³ | 临 洮 |
| 挑一下tɕ'iɑo⁵³ ʑi²¹ xɑ⁵³ | 欠下tɕ'iɑ⁴⁴ xɑ²¹<br>该下kɛ⁵³ xɑ¹³ 又 | 漳 县 |
| 挑t'iɑo³¹ | 赊ʂʅ³¹ | 陇 南 |
| 挑t'iɑo⁵³ | 该kɛ⁵³ | 文 县 |
| 挑ts'iɑo⁵³ | 该kɛ⁴⁴ | 宕 昌 |
| 选个儿çyæ̃⁵⁵ kuor²¹ | 欠tɕ'iæ̃²⁴<br>赊ʂɤ⁵³ 又<br>该kɛ⁵³ 又 | 康 县 |
| 挑拣t'iɔ²⁴ tɕiæ̃⁵³ | 该kɛ⁵³ | 西 和 |
| 择下tʂə²¹ xɑ³⁵ | 欠下tɕ'iã⁴⁴ xɑ²¹ | 临夏市 |
| 挑t'iɔ¹³ | 欠tɕ'iæ̃⁵³ | 临夏县 |
| 选择çyæ̃⁵³ tsə¹³ | 该下kɛi²¹ xɑ³⁵ | 甘 南 |
| 挑t'iɑo⁵⁵ | 该kɛ⁵³ | 舟 曲 |
| 挑t'iɔ⁴⁴ | 欠tɕ'iæ̃⁴⁴ | 临 潭 |

| 词目<br>方言点 | 做买卖 | （用秤）称 |
|---|---|---|
| 北　京 | 做买卖 tsuo⁵¹ mai²¹⁴ mai⁰ | 称 tʂʻəŋ⁵⁵ |
| 兰　州 | 做买卖 tsu²² mɛ⁴⁴ mɛ²¹ | 称 tʂʻən⁵³ |
| 红　古 | 做买卖 tsuə²² mɛ³⁵ mɛ²¹ | 称 tʂʻən¹³ |
| 永　登 | 做生意 tsu²² ʂən⁵³ i²¹ | 称 tʂʻən⁵³ |
| 榆　中 | 做买卖 tsuə²¹ mɛ³⁵ mɛ⁵³ | 称 tʂʻən⁵³ |
| 白　银 | 做生意 tsu²² ʂən⁴⁴ zi²¹ | 称 tʂʻən⁴⁴ |
| 靖　远 | 做生意 tsɤu³⁵ sɤŋ⁴¹ zʅ²¹<br>做买卖 tsɤu³⁵ mɛ⁵⁵ mɛ²¹ 又 | 称 tʂʻɤŋ⁴¹ |
| 天　水 | 做生意 tsu⁴⁴ sɤŋ²¹ zi⁵³ | 称 tʂʻɤŋ¹³ |
| 秦　安 | 做生意 tsʅ⁴⁴ sə̃²¹ zi⁴⁴ | 称 tʂʻə̃¹³ |
| 甘　谷 | 做生意 tsʅ⁴⁴ səŋ⁴² zi¹³ | 称 tʂʻəŋ³¹² |
| 武　山 | 做买卖 tsʅ³⁵ mɛ⁴² mɛ⁵³<br>做生意 tsʅ³⁵ səŋ²¹ zi¹³ 又 | 称 tʂʻəŋ³¹ |
| 张家川 | 做生意 tsʅ⁴⁴ sɤŋ²² zi⁵³ | 称 tʂʻɤŋ¹³ |
| 武　威 | 干买卖 kã⁴⁴ mɛ⁵³ mɛ²¹ | 称 tʂʻəŋ³⁵ |
| 民　勤 | 做生意 tsuə²¹ sɤŋ⁴⁴ zi²¹ | 称 tʂʻɤŋ⁴⁴ |
| 古　浪 | 干买卖 kæ²¹ mɛ²¹ mɛ⁵³ | 称 tʂʻəŋ⁴⁴ |
| 永　昌 | 做生意 tsuə⁵³ ʂəŋ²¹ zi²¹ | 称 tʂʻəŋ⁵³ |
| 张　掖 | 做买卖 tsuə³¹ mɛ²² mɛ³³ | 称 tʂʻən³³ |
| 山　丹 | 做买卖 tsuə⁵³ mɛ²¹ mɛ²¹ | 称 tʂʻəŋ³³ |
| 平　凉 | 做买卖 tsu⁴⁴ mɛ⁴⁴ mɛ²¹<br>做生意 tsu⁴⁴ səŋ⁵³ i²¹ 又 | 称 tʂʻəŋ⁵³ |
| 泾　川 | 做买卖 tsʅ⁴⁴ mɛ⁵³ mɛ²¹ | 称 tʂʻəŋ³¹ |
| 灵　台 | 做买卖 tsʅ⁴⁴ mɛ³¹ mɛ²¹ | 志 tsʅ⁴⁴ |

## 方言词汇

| 做买卖 | （用秤）称 | 词目 / 方言点 |
|---|---|---|
| 干买卖 kan²² mɛ²² mɛ⁵³ | 称 tʂʻəŋ³⁵ | 酒 泉 |
| 做买卖 tsuə²² mɛ⁴⁴ mɛ²¹ | 称 tʂʻəŋ²¹³ | 敦 煌 |
| 做生意 tsu²¹ səŋ⁵³ i²¹ | 称 tʂʻəŋ³¹ | 庆 阳 |
| 做买卖 tsu³³ mɛ⁵⁵ mɛ²¹ | 称 tʂʻəŋ⁴¹ | 环 县 |
| 做买卖 tsou⁴⁴ mɛ³¹ mɛ²¹ | 称 tʂʻəŋ⁴⁴ | 正 宁 |
| 做买卖 tsʅ²⁴ mɛ⁵³ mɛ²¹<br>做生意 tsʅ²⁴ səŋ⁵³ i²¹ 又 | 称 tʂʂəŋ⁴¹ | 镇 原 |
| 做买卖 tsu⁴⁴ mɛ²¹ mɛ⁵³<br>跑生意 pʻao⁵³ sɤŋ²¹ zi⁴⁴ 又 | 称 tʂʻɤŋ¹³ | 定 西 |
| 做生意 tsu⁴⁴ sə̃²¹ zi²⁴ | 称 tʂʻə̃¹³ | 通 渭 |
| 做生意 tsu¹³ səŋ⁵³ ʑi¹³ | 称 tʂʻəŋ⁵³ | 陇 西 |
| 做买卖 tsʅ⁴⁴ mɛ⁵³ mɛ²¹<br>做生意 tsʅ⁴⁴ sɤŋ²¹ i⁴⁴ 又 | 称 tʂʻen¹³ | 临 洮 |
| 做买卖 tsuɤ²¹ mɛ²¹ mɛ⁵³<br>做生意 tsʅ⁴⁴ ʃɤŋ²¹ i⁴⁴ 又 | 称 tʃʻɤŋ⁵³ | 漳 县 |
| 做生意 tsuə²¹ sɤŋ⁵³ zi²¹ | 称 tʂʻɤŋ⁵³ | 陇 南 |
| 做生意 tsʅ²⁴ sə̃²¹ zi²⁴<br>跑生意 pʻao²⁴ sə̃²¹ zi¹³ 又 | 称 tsʻə̃²⁴<br>过称 kuɤ²⁴ tsʻə̃²⁴ 又 | 文 县 |
| 做生意 tsu⁴⁴ səŋ²¹ ʐʅ⁴⁴<br>跑生意 pʻao⁵³ səŋ²¹ ʐʅ⁴⁴ 又 | 称 tʂʻəŋ⁴⁴<br>过 kuə⁴⁴ | 宕 昌 |
| 做生意 tsuo²¹ sɤŋ⁵³ i²¹ | 称 tʂʻɤŋ⁵³ | 康 县 |
| 做生意 tsuɤ³⁵ sɤŋ²¹ i³⁵ | 称 tʂɤŋ⁵³ | 西 和 |
| 做买卖 tsu⁴⁴ mɛ⁴⁴ mɛ⁵³ | 称一下 tʂʻəŋ¹³ ʑi¹³ xa³¹ | 临夏市 |
| 做买卖 tsu³⁵ mɛ⁵⁵ mɛ⁵³ | 称一下 tʂʻəŋ¹³ ʑi⁵³ xɑ²¹ | 临夏县 |
| 做买卖 tsu⁴⁴ mɛi⁴⁴ mɛi⁴⁴ | 称 tʂʻɤŋ⁵³ | 甘 南 |
| 做生意 tsu³⁵ səŋ⁵⁵ ʒi²¹<br>跑生意 pʻɑo⁵⁵ səŋ⁵⁵ ʒi²¹ 又 | 称 tʂʻəŋ⁵³<br>过 kuə¹³ | 舟 曲 |
| 做生意 tsuə³⁵ ʂɤŋ⁴⁴ zi⁴⁴ | 称 tʂʻɤŋ⁴⁴ | 临 潭 |

| 词目<br>方言点 | 收拾（东西） | 举手 |
|---|---|---|
| 北 京 | 收拾ʂou⁵⁵ ʂʅ⁰ | 举手tɕy²¹⁴ ʂou²¹⁴ |
| 兰 州 | 收拾ʂəu⁴⁴ ʂʅ⁴⁴ | 乍手tsa²² ʂəu⁴⁴ |
| 红 古 | 拾掇ʂʅ²² tuə⁵³ | 举手tsʅ³⁵ ʂɤu⁵³ |
| 永 登 | 拾掇ʂʅ⁴² tuə²¹ | 举手tɕy⁴⁴ ʂɤu⁴⁴ |
| 榆 中 | 收拾ʂəu⁵³ ʂʅ²¹ | 举手tɕy⁵³ ʂəu²¹³ |
| 白 银 | 拾掇ʂʅ⁵³ tuə¹³ | 举手tɕy⁵³ ʂɤu²⁴ |
| 靖 远 | 拾掇ʂʅ²² tuə⁵⁵ | 乍手tsa³⁵ ʂɤu⁵⁵ |
| 天 水 | 拾掇ʂʅ¹³ tuə²¹ | 手乍起ʂɤu⁵³ tsa⁴⁴ tɕʻi⁵³ |
| 秦 安 | 拾掇ʂʅ³⁵ tuə²¹ | 抬手tʻɛ¹³ ʂəu⁵³ |
| 甘 谷 | 拾掇ʂʅ²¹ tuə⁴⁴ | 乍手tsɒ⁴⁴ ʂɤu⁵³ |
| 武 山 | 拾掇ʂʅ²¹ tuə⁴⁴ | 乍手tsɑ³⁵ ʂɤu⁵³ |
| 张家川 | 收拾ʂɤu²¹ ʂʅ¹³ | 把手乍起pa²¹ ʂɤu⁵³ tsa²¹ tɕʻi⁵³ |
| 武 威 | 拾掇ʂʅ³⁵ tuə²¹ | 乍手tsa⁵³ ʂɤu²¹ |
| 民 勤 | 拾掇ʂʅ⁵³ tuə²¹ | 举手tɕy⁵³ ʂɤu⁴⁴ |
| 古 浪 | 拾掇ʂʅ⁴⁴ tuə²¹ | 乍手tsa²¹ ʂou³⁵ |
| 永 昌 | 收拾ʂɤu³⁵ ʂʅ⁵³ | 举手tɕy⁵³ ʂɤu²¹ |
| 张 掖 | 收拾ʂɤu²² ʂʅ⁵³ | 举手tɕy³³ ʂɤu²¹³ |
| 山 丹 | 拾掇ʂʅ⁵³ tuə²¹ | 举手tɕy⁴⁴ ʂou²¹<br>乍手tsa⁵³ ʂou²¹ 又 |
| 平 凉 | 拾掇ʂʅ²² tuɤ⁵³ | 手乍起来ʂɤu⁵³ tsa⁴⁴ tɕʻi³¹ lɛ²¹ |
| 泾 川 | 拾掇ʂʅ²¹ tuɤ⁵³ | 乍手tsa⁴⁴ ʂəu⁵³ |
| 灵 台 | 拾掇ʂʅ²¹ tuo⁵³ | 乍手tsa⁴⁴ ʂou⁵³ |

## 方言词汇

| 收拾（东西） | 举手 | 词目 / 方言点 |
|---|---|---|
| 拾掇ʂʅ³⁵ tuə⁵³ | 举手tɕy²² ʂɤu⁵³ | 酒 泉 |
| 收拾ʂɤu²² ʂʅ²¹³ | 举手tɕɥ²² ʂɤu⁵³ | 敦 煌 |
| 拾掇ʂʅ²¹ tuo⁴⁴ | 乍手tsa⁴⁴ ʂɤu⁵³ | 庆 阳 |
| 拾掇ʂʅ²² tuɤ⁵⁵ | 乍手tsa⁴⁴ ʂɤu⁵⁵ | 环 县 |
| 拾掇ʂʅ²¹ tuo⁵³ | 乍手tsa⁴⁴ ʂou⁵³ | 正 宁 |
| 拾掇ʂʅ²¹ tuo⁵⁵ | 乍手tsa⁴⁴ ʂəu⁵³ | 镇 原 |
| 拾掇ʂʅ²¹ tuɤ²⁴ | 举手tɕy²¹ ʂɤu⁵³ | 定 西 |
| 拾掇ʂʅ²¹ tuə⁴⁴ | 乍手tsa⁴⁴ ʂɤu⁵³ | 通 渭 |
| 拾掇ʂʅ²¹ tuɤ¹³ | 乍手tsa¹³ ʂɤu⁵³ | 陇 西 |
| 拾掇ʂʅ¹³ tuo⁵³ | 举手tɕy¹³ ʂəu⁵³<br>乍手tsa⁴⁴ ʂəu⁵³ 又 | 临 洮 |
| 拾掇ʃʅ²¹ tuɤ⁵³ | 乍手tʃɑ³⁵ ʃɤu⁵³ | 漳 县 |
| 拾掇ʂʅ²¹ tuə⁵⁵ | 举手tsɥ⁵⁵ ʂɤu⁵⁵ | 陇 南 |
| 拾掇ʂʅ²² tuɤ³⁵ | 乍手tsa²⁴ sɤu⁵³ | 文 县 |
| 拾掇ʂʅ²¹ tuə⁴⁴ | 乍手tsa⁴⁴ ʂəu⁵³ | 宕 昌 |
| 拾掇ʂʅ²¹ tuo¹³ | 乍手tʂa²¹ ʂɤu³⁵ | 康 县 |
| 拾掇ʂʅ²⁴ tuɤ²¹ | 乍手tsa⁵⁵ ʂɤu⁵³ | 西 和 |
| 拾掇ʂʅ²¹ tuə³⁵ | 举手tɕy¹³ ʂɤu⁴⁴ | 临夏市 |
| 拾掇ʂʅ²¹ tuə³⁵ | 举手tɕy¹³ ʂɤu⁴⁴ | 临夏县 |
| 收拾ʂɤu²¹ ʂʅ⁵³ | 乍手tʂa³⁵ ʂɤu⁵³ | 甘 南 |
| 拾掇ʂʅ⁵³ tuə²¹ | 乍手tsa²² ʂəu⁵³ | 舟 曲 |
| 收拾ʂəu⁴⁴ ʂʅ²¹ | 举手tɕy⁴⁴ ʂɤu⁴² | 临 潭 |

| 词目<br>方言点 | 松手 | 放（如放桌子上） |
|---|---|---|
| 北 京 | 松手suŋ⁵⁵ ʂou²¹⁴ | 放faŋ⁵¹ |
| 兰 州 | 松手suən⁴² ʂəu⁴⁴ | 搁下kɤ²¹ xa¹³ |
| 红 古 | 松开suən³⁵ kʻɛ⁵⁵ | 放fã¹³ |
| 永 登 | 松开suən⁵⁵ kʻɛi⁵³ | 放fɑŋ¹³<br>搁kə¹³ 又 |
| 榆 中 | 松手sun⁵³ ʂəu⁴⁴ | 放fã²¹³ |
| 白 银 | 松手sun⁵³ ʂɤu²⁴ | 放下faŋ²² xa¹³<br>搁下kə²² xa¹³ 又 |
| 靖 远 | 松手soŋ²² ʂɤu⁵⁵ | 放下faŋ³⁵ xa⁴¹<br>搁下kuə⁴¹ xa²¹ 又 |
| 天 水 | 扔脱zʅ⁵³ tʻuə¹³<br>放脱fã⁴⁴ tʻuə²¹ 又 | 放fã⁴⁴ |
| 秦 安 | 放开手fã⁴⁴ kʻɛ⁵³ ʂəu⁵³ | 架tɕia⁴⁴ |
| 甘 谷 | 扔脱zʅ⁵³ tʻuə³¹² | 放faŋ⁴⁴ |
| 武 山 | 扔脱zʅ⁵³ tʻuə²¹ | 扔下zʅ⁵³ xɑ¹³ |
| 张家川 | 松开suŋ²¹ kʻɛ⁵³ | 放下fã⁴⁴ xa²¹ |
| 武 威 | 松开suŋ³⁵ kʻɛ²¹ | 搁kə⁵¹ |
| 民 勤 | 撒手sa²¹ ʂɤu⁴⁴ | 搁kuə⁴² |
| 古 浪 | 松开suəŋ⁴⁴ kʻɛ⁵³ | 搁kə³⁵ |
| 永 昌 | 放手faŋ⁵³ ʂɤu²¹ | 放faŋ⁵³ |
| 张 掖 | 撒手sa²² ʂɤu⁵³ | 搁kə⁵³ |
| 山 丹 | 撒手sa⁵³ ʂou²¹ | 搁kə³¹ |
| 平 凉 | 松手suŋ²¹ ʂɤu⁵³ | 搁下kɤ⁵³ xa²¹<br>放下fɑŋ⁴⁴ xa²¹ 又 |
| 泾 川 | 丢手tiəu²¹ ʂəu⁵³ | 搁kuɤ⁵³ |
| 灵 台 | 丢手tiou²¹ ʂou⁵³ | 搁kuo³¹ |

方言词汇

| 松手 | 放（如放桌子上） | 词目 / 方言点 |
|---|---|---|
| 撒手 sa$^{22}$ ʂɤu$^{53}$ | 放 faŋ$^{13}$ | 酒　泉 |
| 松开 suŋ$^{22}$ kʻɛ$^{53}$ | 放 faŋ$^{44}$ | 敦　煌 |
| 丢手 tiɤu$^{21}$ ʂɤu$^{53}$ | 搁 kuo$^{31}$<br>放 faŋ$^{44}$ 又 | 庆　阳 |
| 丢开手 tiɤu$^{53}$ kʻɛ$^{42}$ ʂɤu$^{55}$ | 放下 faŋ$^{24}$ xa$^{21}$ | 环　县 |
| 丢手 tiou$^{21}$ ʂou$^{53}$<br>松手 suŋ$^{21}$ ʂou$^{53}$ 又 | 搁 kuo$^{31}$<br>放 faŋ$^{44}$ 又 | 正　宁 |
| 丢手 tiəu$^{21}$ ʂəu$^{53}$ | 搁 kuo$^{41}$ | 镇　原 |
| 放手 fã$^{44}$ ʂɤu$^{53}$ | 放 fã$^{44}$ | 定　西 |
| 放手 fã$^{44}$ ʂɤu$^{53}$ | 搁 kə$^{13}$ | 通　渭 |
| 扔脱 zʅ$^{13}$ tʻuɤ$^{21}$ | 放 fã$^{13}$ | 陇　西 |
| 放脱 fã$^{44}$ tʻuo$^{13}$ | 放 fã$^{44}$ | 临　洮 |
| 撒脱 pʻiɛ$^{53}$ tʻuɤ$^{21}$ | 放 faŋ$^{44}$ | 漳　县 |
| 放脱 fã$^{24}$ tʻuə$^{21}$ | 放 fã$^{24}$ | 陇　南 |
| 放手 fã$^{24}$ sɯɤ$^{53}$ | 放 fã$^{24}$ | 文　县 |
| 放手 fã$^{44}$ ʂəu$^{53}$ | 放 fã$^{44}$ | 宕　昌 |
| 放脱 fã$^{24}$ tʻuo$^{53}$<br>松开 suŋ$^{53}$ kʻɛ$^{21}$ 又 | 放 fã$^{24}$ | 康　县 |
| 放手 fã$^{55}$ ʂɯɤ$^{53}$ | 放 fã$^{55}$ | 西　和 |
| 放手 faŋ$^{35}$ ʂɤu$^{53}$ | 放 faŋ$^{53}$ | 临夏市 |
| 松手 suəŋ$^{13}$ ʂɯ$^{55}$ | 放 faŋ$^{53}$ | 临夏县 |
| 松手 sun$^{13}$ ʂɤu$^{53}$ | 放 fã$^{44}$ | 甘　南 |
| 放手 fã$^{13}$ ʂəu$^{53}$ | 放 fã$^{13}$ | 舟　曲 |
| 放开 fã$^{44}$ kʻɛ$^{44}$ | 摆 pɛ$^{53}$ | 临　潭 |

| 方言点＼词目 | 休息 | 摔倒 |
|---|---|---|
| 北 京 | 休息ɕiou⁵⁵ ɕi⁰ | 摔倒ʂuai⁵⁵ tao²¹⁴ |
| 兰 州 | 休息ɕiəu⁴² ɕi²¹ | 跌倒tiɛ²² tɔ⁴⁴ |
| 红 古 | 缓xuã⁵³ | 绊倒了pã²² tɔ³⁵ liɔ²¹ |
| 永 登 | 缓xuæ̃³⁵⁴ | 绊倒pæ̃²² tɑo⁵⁵ |
| 榆 中 | 睡觉了ʂuei⁴⁴ tɕiɔ²¹ lɔ¹³ | 跌倒了tiə²¹ tɔ³⁵ lɔ⁵³ |
| 白 银 | 缓一会xuan³⁵ zi⁵³ xuei²¹ | 绊倒pan²² tɔ³⁵ |
| 靖 远 | 缓xuæ̃⁵⁵ | 绊倒pæ̃³⁵ tao⁴⁴ |
| 天 水 | 歇ɕiɛ¹³ | 跘跤pæ̃⁴⁴ tɕiɔ¹³ |
| 秦 安 | 息过下ɕi²¹ kuə³⁵ xa²¹ | 绊倒pan⁴⁴ tɔ⁵³ |
| 甘 谷 | 歇了ɕiɛ²¹ lɑu²⁴ | 跌倒tiɛ²² tɑu⁵³ |
| 武 山 | 缓xuã⁵³ | 绊倒pã⁴⁴ tao⁵³ |
| 张家川 | 缓卡＝ xuæ̃⁵³ kʻa²¹ | 跘倒了pæ̃³⁵ tɔ⁵³ liɔ²¹ |
| 武 威 | 缓xuã⁵¹ | 跌到了tiɛ⁴⁴ tao⁵³ liao²¹ |
| 民 勤 | 歇缓ɕiɛ⁴² xuæ²¹ | 跌倒tiɛ²¹ tao⁴⁴ |
| 古 浪 | 缓xuɛ³⁵ | 跌到了tiə²¹ tɔ²¹ liɔ⁵³ |
| 永 昌 | 缓下xuɛ⁵³ xa²¹ | 跌倒tiə⁵³ tao²¹ |
| 张 掖 | 缓一缓xuaŋ⁵³ zi²² xuaŋ³³ | 跌倒tiə²² tɔ⁵³ |
| 山 丹 | 缓一缓xuɛ⁵³ zʅ²¹ xuɛ⁵⁵ | □倒pia¹³ tɑo³³ |
| 平 凉 | 缓下xuæ̃⁵³ xa²¹ | 跌倒tiɛ²¹ tɔ⁵³ |
| 泾 川 | 休息ɕiəu³¹ ɕi²¹ | 绊倒pʻæ̃⁴⁴ tɔ⁵³ |
| 灵 台 | 休息ɕiou³¹ si²¹ | 绊倒pæ̃⁴⁴ tɔ²¹ |

| 休息 | 摔倒 | 词目 / 方言点 |
|---|---|---|
| 缓一缓 xuan²² zi⁴⁴ xuan²¹ | 跌倒了 tiə²² tɔ³⁵ liɔ⁵³ | 酒 泉 |
| 缓一下 xuan⁵³ zi²¹ xa²¹ | 跌倒 tiə²² tao⁵³ | 敦 煌 |
| 歇 ɕiɛ³¹ | 跌倒 tiɛ²¹ tɔ⁵³<br>绊倒 pæ̃⁴⁴ tɔ⁵³ 又 | 庆 阳 |
| 缓干=子 xuæ̃⁵⁵ kæ̃²¹ tsʅ²¹ | 栽倒 tsɛ²² tɔ⁴¹<br>绊倒 pæ̃⁴⁴ tɔ²¹ 又 | 环 县 |
| 歇 ɕiɛ³¹ | 跌倒 tiɛ²¹ tɔ⁵³ | 正 宁 |
| 缓着 xuæ̃⁵³ tʂə²¹<br>歇着 ɕiɛ⁴¹ tʂə²¹ 又 | 跌倒 tiɛ²¹ tɔ⁵³<br>绊倒 pæ̃²⁴ tɔ⁵³ 又 | 镇 原 |
| 缓 xuæ̃⁵³ | 绊倒 pæ̃²⁴ tao⁵³ | 定 西 |
| 缓一下 xuæ̃⁵³ zi²¹ xa²¹ | 跌倒 tiɛ²¹ tɔ⁵³ | 通 渭 |
| 缓个下 xuæ̃⁴⁴ kuɤ²¹ xa²¹ | 绊倒 pæ̃¹³ tɔ³¹ | 陇 西 |
| 缓 xuæ̃⁵³ | 绊倒 pæ̃⁴⁴ tao⁵³ | 临 洮 |
| 缓下 xuæ̃⁵³ xɑ²¹ | 跌倒 tiɛ²¹ tao⁵³ | 漳 县 |
| 歇个儿 ɕiɛ⁵³ kər²¹ | 马趴子一跤<br>ma⁵⁵ pʻa³¹ tsʅ²¹ zi¹³ tɕiɑo⁵³ | 陇 南 |
| 缓 xuæ̃⁵⁵ | 绊倒 pæ̃²⁴ tao⁵³ | 文 县 |
| 缓 xuæ̃⁵³ | 绊倒 pæ̃⁴⁴ tao⁵³ | 宕 昌 |
| 歇去 ɕiɛ⁵³ tɕʻy²¹ | 绊倒 pæ̃²¹ tao⁵⁵ | 康 县 |
| 歇下 ɕiɛ²¹ xa²⁴ | 跌倒 tiɛ²⁴ tɔ⁵³ | 西 和 |
| 缓一会 xuã⁵³ zi²¹ xuei⁵³ | 绊倒了 pã³⁵ tɔ⁴⁴ liɔ⁵³ | 临夏市 |
| 缓一会 xuæ̃³⁵ zi²¹ xuei⁵³ | 绊倒了 pæ̃⁵⁵ tɔ⁵⁵ liɔ⁵³ | 临夏县 |
| 休息 ɕiɤu⁴⁴ ɕi²¹ | 绊倒 pæ̃³⁵ tao⁵³ | 甘 南 |
| 缓 xuæ̃⁵⁵ | 绊倒 pæ̃²² tao⁵³ | 舟 曲 |
| 歇 ɕiɛ⁴⁴ | 绊倒了 pæ̃⁴⁴ tɔ⁵³ lɔ²¹ | 临 潭 |

| 词目<br>方言点 | 玩耍 | 知道 |
|---|---|---|
| 北　京 | 玩耍 uan³⁵ ʂua²¹⁴ | 知道 tʂʅ⁵⁵ tao⁵¹ |
| 兰　州 | 玩 væ̃⁵³ | 知道 tʂʅ⁴² tɔ²¹ |
| 红　古 | 耍 fa⁵³ | 知道 tʂʅ²² tɔ³⁵ |
| 永　登 | 耍 fa⁵⁵ | 知道 tʂʅ⁵⁵ tao¹³ |
| 榆　中 | 玩 vã⁵³ | 知道了 tʂʅ⁵³ tɔ²¹ lɔ⁴⁴ |
| 白　银 | 玩 van⁵³ | 知道 tʂʅ⁴⁴ tɔ²¹ |
| 靖　远 | 耍 ʂua⁵⁵ | 晓得 ɕiao⁵⁵ tei²¹<br>知道 tʂʅ⁴¹ tao²¹ 又 |
| 天　水 | 耍子 ʃa⁵³ tsʅ¹³ | 晓得 ɕiɔ⁵³ ti¹³ |
| 秦　安 | 耍子 ʃa⁵³ tsʅ²¹ | 知道 tʂ'ʅ²¹ t'ɔ⁴⁴ |
| 甘　谷 | 耍子 ʃɒ⁵³ tsʅ²¹ | 知道 tʂ'ʅ³¹ t'ɑu⁴⁴ |
| 武　山 | 耍子 ʃɑ⁵³ tsʅ²¹ | 知道 tʂʅ²¹ t'ao⁴⁴ |
| 张家川 | 耍恰=ʃa⁵³ tɕ'ia²¹ | 晓得了 ɕiɔ⁵³ tɕi²¹ liɔ²¹ |
| 武　威 | 玩 vã³⁵ | 知道 tʂʅ⁴⁴ tao⁵³ |
| 民　勤 | 玩 væ⁵³ | 知道 tʂʅ⁴⁴ tao⁴² |
| 古　浪 | 玩一玩 væ³⁵ zi²¹ væ²¹ | 知道了 tʂʅ⁴⁴ tɔ⁴⁴ liɔ²¹ |
| 永　昌 | 玩 vɛ³⁵ | 知道 tʂʅ⁴⁴ tao⁵³ |
| 张　掖 | 玩 vaŋ⁵³ | 知道 tʂʅ³³ tɔ³³ |
| 山　丹 | 玩 vɛ⁵³ | 知道 tʂʅ³³ tɑo³³ |
| 平　凉 | 耍 ʂua⁵³ | 晓得 ɕiɔ⁴⁴ tei²¹<br>知道 tʂʅ⁵³ tɔ²¹ 又 |
| 泾　川 | 耍 ʃa⁵³ | 知道 tʂʅ⁵³ tɔ²¹ |
| 灵　台 | 耍 ʃa⁵³ | 知道 tʂʅ²¹ tɔ⁴⁴ |

# 方言词汇

| 玩耍 | 知道 | 方言点 |
|---|---|---|
| 耍ʂua⁵³ | 知道tʂʅ⁴⁴ tɔ⁴⁴ | 酒 泉 |
| 玩van²¹³ | 知道啦tʂʅ²² tao⁴⁴ la⁵³ | 敦 煌 |
| 耍ʂua³¹ | 知道tʂʅ³¹ tɔ²¹ | 庆 阳 |
| 耍ʂua⁵⁵ | 知道tʂʅ²² tɔ⁵⁵ | 环 县 |
| 耍ʃa⁵³ | 知道tʂʅ⁵³ tɔ²¹ | 正 宁 |
| 耍sa⁴¹ | 知道tʂʅ⁴¹ tɔ²¹<br>晓得ɕiɔ⁵⁵ tei²¹ 又 | 镇 原 |
| 耍子ʃa⁵³ tsʅ²¹ | 晓得ɕiɑo⁵³ ti²¹ | 定 西 |
| 耍子ʃa⁵³ tsʅ¹³ | 知道了tʂʅ²¹ tʻɔ²⁴ lɔ²¹ | 通 渭 |
| 耍子ʂua³⁵ tsʅ²¹ | 知道tʂʅ⁵³ tɔ¹³ | 陇 西 |
| 耍子ʂua⁵³ tsʅ²¹ | 知道tʂʻʅ²¹ tʻɑo⁴⁴ | 临 洮 |
| 耍子ʃɑ⁵³ tsʅ²¹ | 知道tʃʅ⁵³ tʻɑo⁴⁴ | 漳 县 |
| 耍ʃa⁵⁵ | 晓得ɕiɑo⁵⁵ ti²¹ | 陇 南 |
| 耍下ʃɤ³⁵ xa²¹ | 晓得了ɕiɑo³⁵ tɛ³¹ lɑo²¹ | 文 县 |
| 耍ʂua⁵³ | 知道tʂʅ²¹ tɑo⁴⁴ | 宕 昌 |
| 耍fa⁵⁵ | 知道tʂʅ²¹ tɑo²⁴<br>晓得ɕiɑo³⁵ tei²¹ 又 | 康 县 |
| 逛kʻuã²⁴ | 知道tʂʻʅ²¹ tʻɔ²⁴ | 西 和 |
| 耍个ʂua⁴⁴ kə⁵³ | 知道了tʂʅ²¹ tɔ¹³ liɔ²¹ | 临夏市 |
| 玩vã¹³ | 知道tʂʅ²¹ tɔ³⁵ | 临夏县 |
| 玩vã¹³ | 知道tʂʅ²¹ tɑo⁴⁴ | 甘 南 |
| 耍儿ʃuər³¹ | 知道tʂʅ⁵⁵ tɑo²¹ | 舟 曲 |
| 耍ʂua⁵³ | 知道tʂʅ²¹ tɔ⁴⁴ | 临 潭 |

| 词目<br>方言点 | 懂了 | 留神 |
|---|---|---|
| 北　京 | 懂了tuŋ²¹⁴ lə⁰ | 留神liou³⁵ ʂən³⁵ |
| 兰　州 | 懂了tuən⁴⁴ nɔ⁵³ | 留神liəu⁵³ ʂən⁵³ |
| 红　古 | 懂了tuən³⁵ liɔ²¹ | 操心着tsʻɔ³⁵ ɕin²¹ tʂə³⁵ |
| 永　登 | 懂了tuən³⁵ liɑo²¹ | 操心着tsʻɑo⁴⁴ ɕin⁴⁴ tʂə⁴¹ |
| 榆　中 | 懂了tun⁴⁴ lɔ⁵³ | 留神liəu²¹ ʂən⁵³ |
| 白　银 | 辨来了pʻian²² lɛ⁵³ lɔ²¹ | 操个心tsʻɔ⁴⁴ kə⁴⁴ ɕin⁴⁴ |
| 靖　远 | 辨来了piã³⁵ lɛ²² liao⁵⁵ | 小心ɕiao⁵⁵ ɕiŋ²¹ |
| 天　水 | 晓得了ɕiɔ⁵³ ti¹³ liɔ²¹ | 在心tsʻɛ⁴⁴ ɕiŋ¹³ |
| 秦　安 | 记下了tɕi⁴⁴ xa²¹ lɔ²¹ | 打牢=ta⁵³ lɔ⁴⁴ |
| 甘　谷 | 辨来了pʻiã⁴⁴ lai²¹ lɑu¹³ | 注意tʃy⁵³ zi⁴⁴ |
| 武　山 | 辨来了pʻiã⁴⁴ lɛ⁴² lao¹³ | 注意tʃu⁴⁴ zi⁴⁴ |
| 张家川 | 晓得了ɕiɔ⁵³ tɕi²¹ liɔ²¹ | 注意tʃu⁵³ zi⁴⁴ |
| 武　威 | 知道了tʂʅ²² tao⁴⁴ liao⁵³ | 小心ɕiao⁴⁴ ɕiŋ⁵³ |
| 民　勤 | 明白了miŋ⁴⁴ pə²¹ lə²¹ | 防的些faŋ²¹ tə⁴⁴ ɕiɛ²¹ |
| 古　浪 | 明白了miŋ³⁵ pə²¹ liɔ²¹ | 小心ɕiɔ⁴⁴ ɕiŋ⁵³ |
| 永　昌 | 知道tʂʅ⁴⁴ tao⁵³ | 注意tʂʅ³⁵ zi²¹ |
| 张　掖 | 知道了tʂʅ³³ tɔ³³ liɔ³³ | 防的些faŋ³⁵ tiə³¹ ɕiə²¹ |
| 山　丹 | 懂了tuŋ⁵³ lə²¹ | 防的些faŋ⁵⁵ tə²¹ ɕiə²¹ |
| 平　凉 | 亮清了liaŋ³⁵ tɕʻiŋ⁵³ lia²¹ | 留神liʁu²⁴ ʂən²⁴ |
| 泾　川 | 明白咧miŋ²¹ pʻei⁴⁴ liɛ²¹ | 留神liəu²⁴ ʂəŋ²⁴ |
| 灵　台 | 明白miəŋ²¹ pʻei⁵³ | 留神liou²⁴ ʂəŋ²⁴ |

## 方言词汇

| 懂了 | 留神 | 方言点 |
|---|---|---|
| 明白了 miŋ³⁵ pə⁵³ liɔ²¹ | 防的些 faŋ³⁵ ti⁵³ ɕiə²¹ | 酒　泉 |
| 知道啦 tʂʅ²² tao⁴⁴ la⁵³ | 操心 tsʻao¹³ ɕiŋ²¹³ | 敦　煌 |
| 明白啦 miŋ²¹ pei⁵³ la²¹ | 留神 liɤu²⁴ ʂəŋ²⁴ | 庆　阳 |
| 明白了 miŋ²² pei⁵⁵ liɔ²¹ | 注意 tʂʅ⁴⁴ i⁴⁴ | 环　县 |
| 明白了 miŋ²¹ pʻei⁴⁴ liɔ²¹ | 操心 tsʻɔ²⁴ sien²¹ | 正　宁 |
| 辨来了 pʻiæ⁴⁴ lɛ⁵³ lɛ²¹ | 留神 liəu²⁴ ʂəŋ²⁴<br>小心些儿 siɔ⁵⁵ siŋ²¹ ɕiɚ⁵³ 又 | 镇　原 |
| 辨来 pʻiæ²⁴ lɛ¹³ | 堤防 tʻi²⁴ fã²⁴<br>防顾 fã²¹ ku²⁴ 又 | 定　西 |
| 辨来 pʻiæ⁴⁴ lɛ²¹ | 防险着 fã¹³ ɕiæ⁵³ tʂə²¹ | 通　渭 |
| 知道了 tʂʅ⁵³ tɔ¹³ lɔ²¹ | 小心 ɕiɔ³⁵ ɕin²¹ | 陇　西 |
| 辨过了 pʻiæ⁴⁴ kuo⁴⁴ liao²¹ | 小心着 ɕiao⁵³ ɕiŋ²¹ tʂɛ²¹<br>留个心眼儿<br>liəu¹³ ko²¹ ɕiŋ²¹ niar⁵³ 又 | 临　洮 |
| 懂了 tuŋ⁵³ lao²¹<br>辨来了 pʻiæ⁴⁴ lɛ⁵³ lao²¹ 又 | 小心 siao⁵³ siŋ²¹ | 漳　县 |
| 晓得 ɕiao⁵⁵ ti²¹ | 小心 ɕiao⁵⁵ ɕin²¹ | 陇　南 |
| 知道了 tʂʅ⁵³ tao²¹ lao³⁵ | 注意的 tʃu²¹ zi²⁴ tao⁵³ | 文　县 |
| 知道了 tʂʅ²¹ tao⁴⁴ lao²¹ | 小心 siao⁵³ siŋ²¹ | 宕　昌 |
| 晓得了 ɕiao⁵⁵ tei²¹ lao²¹ | 注意着 pfu⁵⁵ i²⁴ tʂao⁵³ | 康　县 |
| 辨来了 pʻiæ⁵⁵ lɛ²⁴ lɔ²¹ | 放着心上 fã⁵⁵ tʂɔ²¹ ɕiŋ²¹ ʂã³⁵ | 西　和 |
| 明白了 min¹³ pɛ⁵³ liɔ²¹ | 小心 ɕiɔ⁴⁴ ɕin¹³ | 临夏市 |
| 知道了 tʂʅ²¹ tɔ³⁵ liɔ⁵³ | 注意 tʂu⁵⁵ zi⁵³ | 临夏县 |
| 挖清了 a¹³ tɕʻin²¹ liao⁵³ | 小心 ɕiao⁵³ ɕin¹³ | 甘　南 |
| 知道了 tʂʅ⁵⁵ tao²¹ liao²¹ | 小心 siao⁵⁵ siŋ⁵³ | 舟　曲 |
| 知道了 tʂʅ²¹ tɔ⁴⁴ lɔ²¹ | 小心 ɕiɔ⁵³ ɕin²¹ | 临　潭 |

| 词目<br>方言点 | 挂念 | 美（指人貌美） |
| --- | --- | --- |
| 北 京 | 挂念 kua⁵¹ nian⁵¹ | 美 mei²¹⁴ |
| 兰 州 | 挂念 kua⁴⁴ niã²¹ | 心疼 ɕin³⁵ tʻən²¹ |
| 红 古 | 想着 ɕiã³⁵ tʂə²¹ | 干散 kã²² sã⁵³ |
| 永 登 | 想着 ɕiaŋ³⁵ tʂə²¹ | 干散 kæ̃²² sæ̃⁵³ |
| 榆 中 | 想着哩 ɕiã³⁵ tʂə⁴² li²¹ | 美着哩 mei³⁵ tʂə⁴² li²¹ |
| 白 银 | 想了 ɕiaŋ²⁴ lɔ⁵³ | 好看 xɔ³⁵ kʻan¹³ |
| 靖 远 | 念过⁼ niæ̃³⁵ kuə⁴¹ | 好看 xao⁵⁵ kæ̃⁴⁴<br>心疼 ɕiŋ²² tʻɤŋ²⁴ 又 |
| 天 水 | 操着哩 tsʻɔ²¹ tʂɔ¹³ li²¹ | 心疼 ɕiŋ²¹ tʻɤŋ¹³ |
| 秦 安 | 想念 siã⁵³ nian⁴⁴ | 俊 tɕyẽ⁴⁴ |
| 甘 谷 | 思慌 sɿ⁵³ xuaŋ³⁵ | 心疼 ɕiəŋ²¹ tʻəŋ²⁴ |
| 武 山 | 牵心 tɕʻiã³⁵ ɕiŋ²¹ | 心疼 ɕiŋ²¹ tʻəŋ²⁴ |
| 张家川 | 记起 tɕi⁴⁴ tɕʻi⁵³ | 心疼 ɕiŋ²¹ tʻɤŋ¹³ |
| 武 威 | 念叨 niã⁴⁴ tao²¹ | 俊 tɕyŋ⁵¹<br>漂亮 pʻiao⁵³ liã²¹ 又 |
| 民 勤 | 记摸 tɕi⁴² mə²¹ | 俊 tɕyŋ⁴² |
| 古 浪 | 念叨 niɛ⁴⁴ tɔ³¹ | 俊 tɕyŋ⁴⁴ |
| 永 昌 | 想着哩 ɕiaŋ⁵³ tʂə⁴² li²¹ | 好 xao³⁵<br>俊 tɕyŋ⁵³ 又 |
| 张 掖 | 念个 niaŋ³¹ kə²¹ | 俊 tɕyn²¹ |
| 山 丹 | 念个 niɿ⁵³ kə²¹ | 俊 tɕyŋ³¹ |
| 平 凉 | 想 ɕiaŋ⁵³ | 嫽 liɔ²⁴ |
| 泾 川 | 念想 niæ̃³⁵ ɕiaŋ²¹ | 嫽 liɔ²⁴<br>乖 kuɛ⁵³ 又 |
| 灵 台 | 想念 siaŋ⁵³ niæ⁴⁴ | 嫽 liɔ²⁴ |

| 挂念 | 美（指人貌美） | 词目 / 方言点 |
|---|---|---|
| 想念 ɕiɑŋ⁵³ nian³¹ | 心疼 ɕiŋ⁴⁴ tʻəŋ⁵³ | 酒 泉 |
| 挂念 kua⁴⁴ niɛ⁴⁴ | 漂亮 pʻiao⁴⁴ liaŋ⁵³<br>心疼 ɕiŋ²¹ tʻəŋ²¹³ 又 | 敦 煌 |
| 抽牵 tʂʻɤu⁵³ tɕʻiæ²¹ | 乖 kuɛ³¹　强 tɕʻiaŋ²⁴ 又<br>心疼 ɕiŋ²¹ tʻəŋ²⁴ 又 | 庆 阳 |
| 念过 ⁼niæ²⁴ kuɤ²¹ | 强 tɕʻiaŋ²⁴ | 环 县 |
| 想念 siɑ̃⁵³ niæ̃⁴⁴ | 乖 kuɛ³¹　　嫽 liɔ²⁴ 又<br>好看 xɔ⁵³ kʻæ̃⁴⁴ 又 美 mei⁵³ 又 | 正 宁 |
| 想 siɑ̃⁵³ | 攒劲 tsæ̃⁵³ tɕiŋ⁴⁴　乖 kuɛ⁴¹ 又<br>俊 tɕyŋ⁴⁴ 又 | 镇 原 |
| 挂念 kua²⁴ niæ̃⁴⁴<br>想 ɕiɑ̃⁵³ 又 | 美 miŋ⁵³<br>心疼 ɕiŋ²¹ tʻɤŋ¹³ 又 | 定 西 |
| 想 siɑ̃⁵³ | 心疼 siə̃²¹ tʻə̃¹³ | 通 渭 |
| 恓惶 ɕi⁵³ xuɑ̃¹³ | 心疼 ɕiŋ⁵³ tʻəŋ¹³ | 陇 西 |
| 牵心 tɕʻiæ̃³⁵ ɕiŋ²¹ | 俊 tɕyŋ⁴⁴<br>好看 xao⁵³ kʻæ̃⁴⁴ 又 | 临 洮 |
| 恓惶 si⁵³ xuaŋ¹³ | 心疼 siŋ²¹ tʻɤŋ³⁵ | 漳 县 |
| 挂牵 kua²⁴ tɕʻiæ̃³¹ | 心疼 siŋ⁵³ tʻɤŋ¹³ | 陇 南 |
| 想得很 ɕiɑ̃³⁵ tɛ²¹ xə̃⁵⁵ | 心疼 ɕiə̃⁵³ tʻə̃¹³ | 文 县 |
| 念个 niæ̃⁴⁴ kɤ²¹ | 心疼 siŋ⁴⁴ tʻəŋ¹³ | 宕 昌 |
| 想念 siɑ̃⁵⁵ niæ̃²⁴ | 好看 xao⁵⁵ kʻæ̃²⁴ | 康 县 |
| 想 ɕiɑ̃⁵³ | 心疼 ɕiŋ²¹ tʻɤŋ²⁴<br>攒劲 tsæ̃⁵³ tɕiŋ⁵⁵ 又 | 西 和 |
| 想念 ɕiɑŋ⁴⁴ niɑ̃⁵³ | 俊 tɕyn⁵³ | 临夏市 |
| 挂念 kua⁵⁵ niæ̃⁵³ | 美 mei⁵⁵ | 临夏县 |
| 念想 niæ̃³⁵ ɕiɑ̃²¹ | 漂亮 pʻiao³⁵ liɑ̃²¹ | 甘 南 |
| 念过 niæ̃²¹ kuə⁵³ | 心疼 siŋ⁵³ tʻəŋ²¹ | 舟 曲 |
| 想念 ɕiɑ̃⁵³ niæ̃⁴⁴ | 好看 xɔ⁵³ kʻæ̃⁴⁴ | 临 潭 |

| 词目 方言点 | 丑 | 好 |
|---|---|---|
| 北 京 | 丑 tṣʻou²¹⁴ | 好 xao²¹⁴ |
| 兰 州 | 难看 næ⁵³ kʻæ¹³ | 好 xɔ⁴⁴ |
| 红 古 | 难看 nã²² kʻã³⁵ | 好 xɔ⁵³ |
| 永 登 | 丑 tṣʻɤu⁵⁵ | 好 xao³⁵⁴ |
| 榆 中 | 丑 tṣʻəu⁴⁴ | 好 xɔ⁴⁴ |
| 白 银 | 难看 nan⁵³ kʻan¹³<br>丑 tṣʻɤu²⁴ 又 | 好 xɔ²⁴ |
| 靖 远 | 难看 næ²² kæ⁴⁴<br>丑 tṣʻɤu⁵⁵ 又 | 好 xao⁵⁵ |
| 天 水 | 拐⁼ kuɛ⁵³ | 好 xɔ⁵³ |
| 秦 安 | 难看 lan¹³ kʻan⁴⁴ | 美 mɛ⁵³ |
| 甘 谷 | 丑 tṣʻɤu⁵³ | 好 xɑu⁵³ |
| 武 山 | 丑 tṣʻɤu⁵³ | 好 xao⁵³ |
| 张家川 | 吮⁼ ʃɤŋ¹³ | 好 xɔ⁵³ |
| 武 威 | 猪 tʂʅ³⁵<br>难看 nã³⁵ kʻã⁵³ 又 | 好 xao³⁵ |
| 民 勤 | 奴 lu⁵³ | 好 xao²¹⁴ |
| 古 浪 | 难看 næ⁵³ kʻæ²¹ | 好 xɔ⁴⁴ |
| 永 昌 | 丑 tṣʻɤu⁵³ | 好 xao³⁵ |
| 张 掖 | 害事的很 xɛ³³ ʂʅ³³ ti²¹ xən⁵³ | 好 xɔ⁵³ |
| 山 丹 | 蛮 mɛ⁵³ | 好 xɑo⁵³ |
| 平 凉 | 丑 tṣʻɤu⁵³ | 好 xɔ⁵³ |
| 泾 川 | 蛮 mã²⁴ | 好 xɔ⁵³ |
| 灵 台 | 丑 tṣʻou⁵³ | 好 xɔ⁵³ |

方言词汇

| 丑 | 好 | 词目 / 方言点 |
|---|---|---|
| 丑tʂ'ɤu⁵³ | 好xɔ⁵³ | 酒 泉 |
| 难看nan²² k'an⁴⁴ | 好xao⁵³ | 敦 煌 |
| 蛮mæ̃²⁴ | 嫽liɔ²⁴<br>攒劲tsæ̃⁵³ tɕiŋ²¹ 又 | 庆 阳 |
| 丑tʂ'ɤu⁵⁵<br>蛮mæ̃²⁴ 又 | 好xɔ⁵⁵ | 环 县 |
| 难看næ̃²⁴ k'æ̃⁴⁴　蛮mæ̃²⁴ 又<br>丑tʂou⁵³ 又 | 好xɔ⁵³<br>嫽liɔ²⁴ 又<br>美mei⁵³ 又 | 正 宁 |
| 蛮的mæ̃²⁴ lei²¹　吮⁼səŋ²⁴ 又<br>难看næ̃²¹ k'æ̃⁴⁴ 又<br>诡的kuei⁵³ li²¹ 又　丑tʂəu⁵³ 又 | 攒劲tsæ̃⁵³ tɕiŋ⁴⁴<br>嫽liɔ²⁴ 又<br>好xɔ⁵³ 又 | 镇 原 |
| 难看læ̃²¹ k'æ̃²⁴ | 好xɑo⁵³ | 定 西 |
| 撑眼ts'ɚ²¹ niæ̃⁵³ | 好xɔ⁵³ | 通 渭 |
| 丑tʂ'ɤu⁵³ | 好xɔ⁵³ | 陇 西 |
| 难看næ̃¹³ k'æ̃⁴⁴ | 好xɑo⁵³ | 临 洮 |
| 难看læ̃²¹ k'æ̃⁴⁴ | 好xɑo⁵³ | 漳 县 |
| 难看læ̃²¹ k'æ̃³⁵ | 好xɑo⁵⁵ | 陇 南 |
| 难看læ̃²² k'æ̃³⁵ | 好xao⁵⁵ | 文 县 |
| 难看læ̃²¹ k'æ̃⁴⁴　否p'ʅ⁴⁴ 又<br>□ mia⁵³ 又 | 好xao⁵³ | 宕 昌 |
| 丑tʂ'ɤu⁵⁵ | 好xao⁵⁵ | 康 县 |
| 难看læ̃²⁴ k'æ̃⁵⁵ | 好xɔ⁵³ | 西 和 |
| 脏tsɑŋ¹³ | 干散kã⁴⁴ sã²¹ | 临夏市 |
| 丑陋tʂ'ɯ⁵⁵ lɯ⁵³ | 好xɔ⁴² | 临夏县 |
| 难看næ̃²¹ k'æ̃⁴⁴ | 好xao⁵³ | 甘 南 |
| 难看læ̃²¹ k'æ̃¹³ | 好xao⁵⁵ | 舟 曲 |
| 难看næ̃²¹ k'æ̃⁴⁴ | 好xɔ⁴² | 临 潭 |

| 词目<br>方言点 | 坏 | 多 |
|---|---|---|
| 北　京 | 坏xuai⁵¹ | 多tuo⁵⁵ |
| 兰　州 | 坏xuɛ¹³ | 多tuo⁴² |
| 红　古 | 瞎⁼xa¹³ | 多tuə¹³ |
| 永　登 | 瞎⁼xa¹³ | 多tuə⁵³ |
| 榆　中 | 坏xuɛ²¹³ | 多tuə⁴¹ |
| 白　银 | 坏xuɛ¹³ | 多tuə⁴⁴ |
| 靖　远 | 瞎⁼xa⁴¹<br>坏xuɛ⁴⁴ 又 | 多tuə⁴¹ |
| 天　水 | 瞎⁼xa¹³<br>坏xuɛ⁴⁴ 又 | 多tuə¹³ |
| 秦　安 | 顽uan³⁵ | 多tə¹³ |
| 甘　谷 | 坏xuai⁴⁴ | 多tə³¹² |
| 武　山 | 瞎⁼xɑ³¹ | 多tiə³¹ |
| 张家川 | 拐⁼kuɛ⁵³ | 多的tuɤ²¹ tɕi¹³ |
| 武　威 | 坏xuɛ⁵¹ | 多tuə³⁵ |
| 民　勤 | 瞎⁼xa⁴² | 多tuə⁴⁴ |
| 古　浪 | 坏xuɛ³¹ | 多tuə⁴⁴ |
| 永　昌 | 坏xuɛ⁵³ | 多tuə³⁵ |
| 张　掖 | 瞎⁼xa²¹ | 多tuə⁴⁴ |
| 山　丹 | 瞎⁼xa³¹ | 多tuə³³ |
| 平　凉 | 瞎⁼xa³¹<br>马蕹ma⁵³ niæ²¹ 又 | 多tuɤ³¹ |
| 泾　川 | 瞎⁼xa³¹ | 多tuɤ³¹ |
| 灵　台 | 瞎⁼xa³¹ | 多tuo³¹ |

| 坏 | 多 | 词目<br>方言点 |
|---|---|---|
| 瞎=xa¹³ | 多tuə⁴⁴ | 酒　泉 |
| 坏xuɛ⁴⁴ | 多tuə²¹³ | 敦　煌 |
| 瞎=xa³¹<br>坏xuɛ⁴⁴ 又 | 多tuo³¹ | 庆　阳 |
| 坏xuɛ³³ | 多tuɤ⁴¹ | 环　县 |
| 瞎=xa³¹<br>坏xuɛ⁴⁴ 又<br>拐kuɛ³¹ 又 | 多tuo³¹ | 正　宁 |
| 瞎=xa⁵³<br>坏xuɛ⁴⁴ 又 | 多tuo⁴¹ | 镇　原 |
| 瞎=xa¹³<br>坏xuɛ⁴⁴ 又 | 多tɤ¹³ | 定　西 |
| 瞎=xa¹³ | 多tə¹³ | 通　渭 |
| 瞎=xa⁵³ | 多tuɤ²¹ | 陇　西 |
| 瞎=障xa²¹ tʂã⁴⁴<br>坏xuɛ⁴⁴ 又 | 多tuo¹³ | 临　洮 |
| 瞎=xɑ²¹ | 多tɤ¹³ | 漳　县 |
| 瞎=xa³¹ | 多tuə³¹ | 陇　南 |
| 瞎=xa⁵³　　否p'i²⁴ 又<br>坏xuɛ²⁴ 又 | 多tuɤ⁵³ | 文　县 |
| 瞎=xa⁴⁴<br>坏xuɛ⁴⁴ 又 | 多tuə⁴⁴ | 宕　昌 |
| 否p'iɛ²⁴<br>坏xuɛ²⁴ 又 | 多tuo⁵³ | 康　县 |
| 瞎=xa²¹<br>不强pu²¹ tɕ'iã³⁵ 又 | 多tuɤ²¹ | 西　和 |
| 瞎=xa¹³ | 多tuə¹³ | 临夏市 |
| 坏xuɛ⁵³ | 多tuə⁵³ | 临夏县 |
| 坏xuɛi⁵³ | 多tuə¹³ | 甘　南 |
| 坏xuɛ¹³<br>瞎=xa⁵³ 又 | 多tuə⁵³ | 舟　曲 |
| 坏xuɛ⁴⁴ | 多tuə⁴⁴ | 临　潭 |

| 词目 方言点 | 少 | 高 |
|---|---|---|
| 北 京 | 少 ʂao²¹⁴ | 高 kao⁵⁵ |
| 兰 州 | 少 ʂɔ⁴⁴ | 高 kɔ⁴² |
| 红 古 | 少 ʂɔ⁵³ | 高 kɔ¹³ |
| 永 登 | 少 ʂɑo³⁵⁴ | 高 kɑo⁵³ |
| 榆 中 | 少 ʂɔ⁴⁴ | 高 kɔ⁴¹ |
| 白 银 | 少 ʂɔ²⁴ | 高 kɔ⁴⁴ |
| 靖 远 | 少 ʂao⁵⁵ | 高 kao⁴¹ |
| 天 水 | 少 ʂɔ⁵³ | 高 kɔ¹³ |
| 秦 安 | 少 ʂɔ⁵³ | 高 kɔ¹³ |
| 甘 谷 | 少 ʂɑu⁵³ | 高 kɑu³¹² |
| 武 山 | 少 ʂao⁵³ | 高 kao³¹ |
| 张家川 | 少的 ʂɔ⁵³ tɕi²¹ | 高的 kɔ²¹ tɕi¹³ |
| 武 威 | 少 ʂao³⁵ | 高 kao³⁵ |
| 民 勤 | 少 ʂao²¹⁴ | 高 kao⁴⁴ |
| 古 浪 | 少 ʂɔ⁴⁴ | 高 kɔ⁴⁴ |
| 永 昌 | 少 ʂao³⁵ | 高 kao³⁵ |
| 张 掖 | 少 ʂɔ⁵³ | 高 kɔ⁴⁴ |
| 山 丹 | 少 ʂɑo⁵³ | 高 kɑo³³ |
| 平 凉 | 少 ʂɔ⁵³ | 高 kɔ³¹ |
| 泾 川 | 少 ʂɔ⁵³ | 高 kɔ³¹ |
| 灵 台 | 少 ʂɔ⁵³ | 高 kɔ³¹ |

| 少 | 高 | 词　目 / 方言点 |
|---|---|---|
| 少 ʂɔ⁵³ | 高 kɔ⁴⁴ | 酒　泉 |
| 少 ʂao⁵³ | 高 kao²¹³ | 敦　煌 |
| 少 ʂɔ⁵³ | 高 kɔ³¹ | 庆　阳 |
| 少 ʂɔ⁵⁵ | 高 kɔ⁴¹ | 环　县 |
| 少 ʂɔ⁵³ | 高 kɔ³¹ | 正　宁 |
| 少 ʂɔ⁵³ | 高 kɔ⁴¹ | 镇　原 |
| 少 ʂao⁵³ | 高 kɑo¹³ | 定　西 |
| 少 ʂɔ⁵³ | 高 kɔ¹³ | 通　渭 |
| 少 ʂɔ⁵³ | 高 kɔ²¹ | 陇　西 |
| 少 ʂao⁵³ | 高 kɑo¹³ | 临　洮 |
| 少 ʃao⁵³ | 高 kɑo²² | 漳　县 |
| 少 ʂao⁵⁵ | 高 kɑo²¹ | 陇　南 |
| 少 sao⁵⁵ | 高 kao⁵³ | 文　县 |
| 少 ʂao⁵³ | 高 kɑo⁴⁴ | 宕　昌 |
| 少 ʂao⁵⁵ | 高 kao⁵³ | 康　县 |
| 少 ʂɔ⁵³ | 高 kɔ²¹ | 西　和 |
| 少 ʂɔ⁵³ | 高 kɔ¹³ | 临夏市 |
| 少 ʂɔ⁵³ | 高 kɔ¹³ | 临夏县 |
| 少 ʂao⁵³ | 高 kao¹³ | 甘　南 |
| 少 ʂɑo⁵⁵ | 高 kɑo⁵³ | 舟　曲 |
| 少 ʂɔ⁴² | 高 kɔ⁴⁴ | 临　潭 |

| 词目<br>方言点 | 矮 | 长 |
| --- | --- | --- |
| 北 京 | 矮ai²¹⁴ | 长tʂʻaŋ³⁵ |
| 兰 州 | 低ti⁴² | 长tʂʻã⁵³ |
| 红 古 | 矮ɛ⁵³ | 长tʂʻã¹³ |
| 永 登 | 矮ɛi³⁵⁴ | 长tʂʻãŋ⁵³ |
| 榆 中 | 矮ɛ⁵³ | 长tʂʻã⁵³ |
| 白 银 | 尕ka⁵³ | 长tʂʻaŋ⁵³ |
| 靖 远 | 矬tsʻuə²⁴ | 长tʂʻaŋ²⁴ |
| 天 水 | 矬tsʻuə¹³<br>碎suei⁴⁴ 又 | 长tʂʻã¹³<br>鸢tiɔ⁴⁴ 又 |
| 秦 安 | 低tsʅ¹³ | 长tʂʻã¹³ |
| 甘 谷 | 矬tsʻuə²⁴ | 长tʂʻaŋ²⁴ |
| 武 山 | 碎suɛ⁴⁴ | 长tʂʻaŋ²⁴ |
| 张家川 | 矮的ŋɛ⁵³ tɕi²¹ | 长的tʂʻã¹³ tɕi²¹ |
| 武 威 | 矮ɣɛ³⁵<br>矬tsʻuə³⁵ 又 | 长tʂʻã³⁵ |
| 民 勤 | 矬tsʻuə⁵³ | 长tʂʻaŋ⁵³ |
| 古 浪 | 矬tsʻuə⁵³ | 长tʂʻɑo⁵³ |
| 永 昌 | 矬tsʻuə³⁵ | 长tʂʻaŋ³⁵ |
| 张 掖 | 矮ɣɛ³¹<br>矬tsʻuə⁴⁴ 又 | 长tʂʻaŋ⁵³ |
| 山 丹 | 矮ɛ³³<br>矬tsʻuə⁵³ 又 | 长tʂʻaŋ⁵³ |
| 平 凉 | 低ti³¹ | 长tʂʻɑŋ²⁴ |
| 泾 川 | 低ti³¹ | 长tʂʻɑŋ²⁴ |
| 灵 台 | 低ti³¹ | 长tʂʻɑŋ²⁴ |

| 矮 | 长 | 词目 / 方言点 |
|---|---|---|
| 矮ɣɛ⁵³ | 长tʂʻɑŋ⁵³ | 酒 泉 |
| 矬tsʻuə²¹³ | 长tʂʻɑŋ²¹³ | 敦 煌 |
| 低ti³¹ | 长tʂʻɑŋ²⁴ | 庆 阳 |
| 矮nɛ⁴¹ | 长tʂʻɑŋ²⁴ | 环 县 |
| 矮巴子nɛ⁴⁴ pa³¹ tsʅ²¹<br>低ti³¹ 又 | 长tʂʻɑŋ²⁴ | 正 宁 |
| 低ti⁴¹<br>矮巴子nɛ⁵³ pa²¹ tsʅ²¹ 又 | 长tʂʻɑ̃²⁴ | 镇 原 |
| 矬tsʻuɤ¹³ | 长tʂʻɑ̃¹³ | 定 西 |
| 碎suei⁴⁴ | 长tʂʻɑ̃¹³ | 通 渭 |
| 矬tsʻuɤ¹³ | 长tʂʻɑ̃¹³ | 陇 西 |
| 矬tsʻuo¹³ | 长tʂʻɑ̃¹³<br>鸾tiɑo⁴⁴ 又 | 临 洮 |
| 矬tsʻuɤ¹³ | 长tʃʻɑŋ¹³ | 漳 县 |
| 矮ŋɛ⁵⁵ | 长tʃʻɑŋ¹³ | 陇 南 |
| 矮ŋɛ⁵⁵ | 长tʂʻɑ̃¹³ | 文 县 |
| 尕ka¹³ | 长tʂʻɑ̃¹³ | 宕 昌 |
| 矮ŋɛ⁵⁵<br>低tsi⁵³ 又 | 长tʂʻɑ̃²¹³<br>鸾tɕiao²⁴ 又 | 康 县 |
| 碎ʃei⁵⁵ | 长tʂʻɑ̃²⁴<br>鸾tiɔ⁵⁵ 又 | 西 和 |
| 矮nɛ¹³ | 长tʂʻɑŋ¹³ | 临夏市 |
| 矮nɛ¹³ | 长tʂʻɑŋ¹³ | 临夏县 |
| 尕ka¹³ | 长tʂʻɑ̃¹³ | 甘 南 |
| 矬tsʻuə³¹ | 长tʂʻɑ̃³¹ | 舟 曲 |
| 矮ŋɛ⁴² | 长tʂʻɑ̃¹³ | 临 潭 |

| 词目 方言点 | 短 | 大 |
|---|---|---|
| 北　京 | 短tuan²¹⁴ | 大ta⁵¹ |
| 兰　州 | 短tuæ̃⁴⁴ | 大ta¹³ |
| 红　古 | 短tuã⁵³ | 大ta¹³ |
| 永　登 | 短tuæ̃³⁵⁴ | 大ta¹³ |
| 榆　中 | 短tuã⁴⁴ | 大ta²¹³ |
| 白　银 | 短tuan²⁴ | 大ta¹³ |
| 靖　远 | 短tuæ̃⁵⁵ | 大ta⁴⁴ |
| 天　水 | 短tuæ̃⁵³ | 大ta⁴⁴ |
| 秦　安 | 短tuan⁵³ | 大ta⁴⁴ |
| 甘　谷 | 短tuã⁵³ | 大tɒ⁴⁴ |
| 武　山 | 短tuã⁵³ | 大tɑ⁴⁴ |
| 张家川 | 短的tuæ̃⁵³ tɕi²¹ | 大的ta⁴⁴ tɕi²¹ |
| 武　威 | 短tuɑ̃³⁵ | 大ta⁵¹ |
| 民　勤 | 短tuæ²¹⁴ | 大ta⁴² |
| 古　浪 | 短tuɛ⁴⁴ | 大ta¹³ |
| 永　昌 | 短tuɛ⁵³ | 大ta⁵³ |
| 张　掖 | 短tuaŋ²¹³ | 大ta³¹ |
| 山　丹 | 短tuɛ³⁵ | 大ta⁵³ |
| 平　凉 | 短tuæ̃⁵³ | 大ta⁴⁴ |
| 泾　川 | 短tuæ̃⁵³ | 大ta⁴⁴ |
| 灵　台 | 短tuæ̃⁵³ | 大ta⁴⁴ |

| 短 | 大 | 词 目 / 方言点 |
|---|---|---|
| 短 tuan⁵³ | 大 ta²¹³ | 酒　泉 |
| 短 tuan⁵³ | 大 ta⁴⁴ | 敦　煌 |
| 短 tuæ̃⁵³ | 大 ta⁴⁴ | 庆　阳 |
| 短 tuæ̃⁵⁵ | 大 ta³³ | 环　县 |
| 短 tuæ̃⁵³ | 大 ta⁴⁴ | 正　宁 |
| 短 tuæ̃⁵⁵ | 大 ta⁴⁴ | 镇　原 |
| 短 tuæ̃⁵³ | 大 ta⁴⁴ | 定　西 |
| 短 tuæ̃⁵³ | 大 ta⁴⁴ | 通　渭 |
| 短 tuæ̃⁵³ | 大 ta¹³ | 陇　西 |
| 短 tuæ̃⁵³ | 大 ta⁴⁴ | 临　洮 |
| 短 tuæ̃⁵³ | 大 tɑ⁴⁴ | 漳　县 |
| 短 tuæ̃⁵⁵ | 大 ta²⁴ | 陇　南 |
| 短 tuæ̃⁵⁵ | 大 ta²⁴ | 文　县 |
| 短 tuæ̃⁵³ | 大 ta⁴⁴ | 宕　昌 |
| 短 tuæ̃⁵⁵ | 大 ta²⁴ | 康　县 |
| 短 tuæ̃⁵³ | 大 ta³⁵ | 西　和 |
| 短 tuã⁵³ | 大 ta⁴⁴ | 临夏市 |
| 短 tuæ̃⁵³ | 大 tɑ⁴⁴ | 临夏县 |
| 短 tuæ̃⁴⁴ | 大 ta⁴⁴ | 甘　南 |
| 短 tuæ̃⁵⁵ | 大 ta¹³ | 舟　曲 |
| 短 tuæ̃⁴² | 大 ta⁴⁴ | 临　潭 |

| 词目<br>方言点 | 小 | 粗 |
|---|---|---|
| 北 京 | 小ɕiɑo²¹⁴ | 粗tsʻu⁵⁵ |
| 兰 州 | 小ɕiɔ⁴⁴ | 粗tsʻu⁴² |
| 红 古 | 小ɕiɔ⁵³ | 奘tʂuã¹³ |
| 永 登 | 小ɕiɑo³⁵⁴ | 粗tsʻu⁵³ |
| 榆 中 | 小ɕiɔ⁴⁴ | 奘tʂuã⁴⁴ |
| 白 银 | 小ɕiɔ²⁴ | 奘tʂuaŋ²⁴ |
| 靖 远 | 小ɕiɑo⁵⁵<br>尕ka⁵⁵ 又 | 奘tʂuaŋ⁵⁵ |
| 天 水 | 小ɕiɔ⁵³<br>碎suei⁴⁴ 又 | 奘tʃã⁵³ |
| 秦 安 | 碎suei⁴⁴ | 奘tʃã⁴⁴ |
| 甘 谷 | 小ɕiɑu⁵³<br>碎suai⁴⁴ 又 | 奘tʃɑŋ⁴⁴ |
| 武 山 | 碎suɛ⁴⁴ | 奘tʃɑŋ⁵³ |
| 张家川 | 碎的suei⁴⁴ tɕi²¹ | 奘的tʃã⁴⁴ tɕi²¹ |
| 武 威 | 小ɕiɑo³⁵ | 粗tsʻʅ⁴⁴ |
| 民 勤 | 小ɕiɑo²¹⁴ | 粗tsʻʅ⁴⁴ |
| 古 浪 | 小ɕiɔ⁴⁴ | 粗tsʻʅ³⁵ |
| 永 昌 | 小ɕiɑo³⁵ | 粗tsʻʅ³⁵ |
| 张 掖 | 小ɕiɔ⁵³ | 粗tsʻu⁴⁴ |
| 山 丹 | 小ɕiɑo³⁵ | 粗tsʻʅ³³ |
| 平 凉 | 碎suei⁴⁴<br>小ɕiɔ⁵³ 又 | 奘tʂuaŋ⁴⁴ |
| 泾 川 | 碎suei⁴⁴<br>小ɕiɔ⁵³ 又 | 奘tʃɑŋ⁴⁴<br>粗tʃʻu³¹ 又 |
| 灵 台 | 碎suei⁴⁴ | 奘tʃɑŋ⁴⁴<br>粗tsʻʅ³¹ 又 |

方言词汇

| 小 | 粗 | 词目 / 方言点 |
|---|---|---|
| 小ɕiɔ⁵³ | 粗tsʻʅ⁴⁴ | 酒 泉 |
| 小ɕiao⁵³ | 粗tsʻʅ²¹³ | 敦 煌 |
| 碎suei⁴⁴ | 奘tʂuɑŋ⁴⁴ | 庆 阳 |
| 碎suei³³ | 奘tʂuɑŋ⁵⁵ | 环 县 |
| 碎suei⁴⁴<br>小siɔ⁵³ 又 | 奘tʃɑŋ⁴⁴<br>粗tsʻu³¹ 又 | 正 宁 |
| 碎suei⁴⁴<br>小siɔ⁵³ 又 | 奘tsɑ̃⁴⁴<br>粗tsʻʅ⁴¹ 又 | 镇 原 |
| 小ɕiao⁵³<br>尕ka¹³ 又 | 粗tsʻu¹³<br>奘tʃɑ̃⁵³ 又 | 定 西 |
| 碎suei⁴⁴ | 奘tʃɑ̃⁴⁴ | 通 渭 |
| 碎suei⁴⁴ | 奘tʂuɑ̃¹³ | 陇 西 |
| 碎suei⁴⁴ | 奘tʂuɑ̃⁵³ | 临 洮 |
| 小siao⁵³ | 粗tsʻʅ²² | 漳 县 |
| 小ɕiao⁵⁵ | 粗tsʻʅ²¹<br>奘tʂuɑ̃⁵⁵ 又 | 陇 南 |
| 小ɕiao⁵⁵ | 奘tʃɑ̃²⁴ | 文 县 |
| 小siao⁵³ | 奘tʂuɑ̃⁵³ | 宕 昌 |
| 小siao⁵⁵ | 粗tsʻu⁵³ | 康 县 |
| 碎ʃei⁵⁵ | 奘tʃɑ̃⁵⁵ | 西 和 |
| 小ɕiɔ⁵³ | 粗tsʻu¹³ | 临夏市 |
| 小ɕiɔ⁵³ | 粗tsʻu¹³ | 临夏县 |
| 小ɕiao⁵³ | 奘tʂuɑ̃⁵³ | 甘 南 |
| 小siao⁵⁵ | 奘tʃɑ̃⁵⁵ | 舟 曲 |
| 小ɕiɔ⁴² | 粗tsʻu⁴⁴ | 临 潭 |

| 词目<br>方言点 | 细 | 要紧 |
| --- | --- | --- |
| 北 京 | 细 ɕi$^{51}$ | 要紧 iao$^{51}$ tɕin$^{214}$ |
| 兰 州 | 细 ɕi$^{13}$ | 要紧 iɔ$^{22}$ tɕin$^{44}$ |
| 红 古 | 细 sʅ$^{13}$ | 要紧 iɔ$^{13}$ tɕin$^{53}$ |
| 永 登 | 细 ɕi$^{13}$ | 要紧 iɑo$^{13}$ tɕin$^{53}$ |
| 榆 中 | 细 ɕi$^{213}$ | 要紧 iɔ$^{21}$ tɕin$^{35}$ |
| 白 银 | 细 ɕi$^{13}$ | 要紧 iɔ$^{22}$ tɕin$^{35}$ |
| 靖 远 | 细 sʅ$^{44}$ | 要紧 iao$^{35}$ tɕiŋ$^{55}$ |
| 天 水 | 细 ɕi$^{44}$ | 要紧 iɔ$^{44}$ tɕiŋ$^{53}$ |
| 秦 安 | 细 sʅ$^{44}$ | 吃紧 tʂʻʅ$^{21}$ tɕiã$^{44}$ |
| 甘 谷 | 细 ɕi$^{44}$ | 要紧 iɑu$^{44}$ tɕiəŋ$^{53}$ |
| 武 山 | 细 ɕi$^{44}$ | 要紧 iao$^{44}$ tɕiŋ$^{53}$ |
| 张家川 | 细的 ɕi$^{44}$ tɕi$^{21}$ | 重要不 tʃɤŋ$^{53}$ iɔ$^{53}$ pu$^{21}$ |
| 武 威 | 细 ɕi$^{51}$ | 要紧 iao$^{53}$ tɕiŋ$^{21}$ |
| 民 勤 | 细 ɕi$^{42}$ | 要紧 iao$^{21}$ tɕiŋ$^{44}$ |
| 古 浪 | 细 ɕi$^{31}$ | 要紧 iɔ$^{21}$ tɕiŋ$^{53}$ |
| 永 昌 | 细 ɕi$^{53}$ | 要紧 iao$^{53}$ tɕiŋ$^{21}$ |
| 张 掖 | 细 ɕi$^{31}$ | 要紧 iɔ$^{22}$ tɕin$^{53}$ |
| 山 丹 | 细 ɕi$^{31}$ | 要紧 iɑo$^{55}$ tɕiŋ$^{53}$ |
| 平 凉 | 细 ɕi$^{44}$ | 要紧 iɔ$^{44}$ tɕiŋ$^{53}$ |
| 泾 川 | 冗 ʐuŋ$^{24}$<br>细 ɕi$^{44}$ 又 | 紧要 tɕiŋ$^{53}$ iɔ$^{21}$ |
| 灵 台 | 冗 ʐəŋ$^{53}$<br>细 si$^{44}$ 又 | 紧要 tɕiəŋ$^{53}$ iɔ$^{44}$ |

| 细 | 要紧 | 词目 / 方言点 |
|---|---|---|
| 细ɕi²¹³ | 要紧iɔ²² tɕiŋ⁵³ | 酒泉 |
| 细ɕʅ⁴⁴ | 要紧iao⁴⁴ tɕiŋ⁵³ | 敦煌 |
| 细ɕi⁴⁴ | 要紧iɔ⁴⁴ tɕiŋ⁵³ | 庆阳 |
| 细ɕi³³ | 要紧iɔ⁴⁴ tɕiŋ⁵⁵ | 环县 |
| 细si⁴⁴ | 紧要tɕien⁵³ iɔ⁴⁴ | 正宁 |
| 冗zəŋ²⁴<br>细si⁴⁴ 又 | 要紧iɔ⁴⁴ tɕiŋ⁵⁵ | 镇原 |
| 细ɕi⁴⁴ | 要紧iɑo²⁴ tɕiŋ⁵³<br>紧要tɕiŋ⁵³ iɑo⁴⁴ 又 | 定西 |
| 细si⁴⁴ | 紧要tɕiə̃⁵³ iɔ²¹ | 通渭 |
| 细ɕi⁴⁴ | 紧要tɕin³⁵ iɔ²¹ | 陇西 |
| 细ɕi⁴⁴ | 要紧iɑo⁴⁴ tɕiŋ⁵³<br>紧要tɕiŋ⁵³ iɑo⁴⁴ 又 | 临洮 |
| 细si⁴⁴ | 要紧iɑo⁴⁴ tɕiŋ⁵³ | 漳县 |
| 细ɕi²⁴ | 要紧iɑo¹³ tɕiŋ⁵³ | 陇南 |
| 细ɕi²⁴ | 要紧iao²⁴ tɕiə̃⁵³ | 文县 |
| 细si⁴⁴ | 要紧iao⁴⁴ tsiŋ⁵³ | 宕昌 |
| 细si²⁴ | 要紧iao²⁴ tɕin⁵⁵ | 康县 |
| 细ɕi⁵⁵ | 要紧iɔ³⁵ tɕiŋ⁵³ | 西和 |
| 细ɕi⁵³ | 关紧kuã¹³ tɕin⁴⁴ | 临夏市 |
| 细ɕi⁵³ | 要紧iɔ¹³ tɕin⁵⁵ | 临夏县 |
| 细ɕi⁵³ | 要紧iao⁴⁴ tɕin¹³ | 甘南 |
| 细sʅ¹³ | 要紧iao²² tɕin⁵³ | 舟曲 |
| 细ɕi⁴⁴ | 要紧iɔ⁴⁴ tɕin⁵³ | 临潭 |

| 词目<br>方言点 | 热闹 | 坚固 |
|---|---|---|
| 北 京 | 热闹 ʐɤ51 nao0 | 坚固 tɕian55 ku51 |
| 兰 州 | 热闹 ʐɤ22 nɔ44 | 结实 tɕiɛ42 ʂʅ21 |
| 红 古 | 红火 xuən22 xuə53 | 牢固 lɔ22 ku53 |
| 永 登 | 红火 xuən22 xuə35 | 结实 tɕiə42 ʂʅ21 |
| 榆 中 | 热闹 ʐə21 nɔ13 | 坚固 tɕiã53 ku213 |
| 白 银 | 红火 xun53 xuə24 | 结实 tɕiɛ44 ʂʅ21 |
| 靖 远 | 红火 xoŋ22 xuə55 | 牢实 lao22 ʂʅ55 |
| 天 水 | 热闹 ʐə21 lɔ44<br>欢火 xuæ̃21 xuə53 又 | 牢靠 lɔ13 k'ɔ21 |
| 秦 安 | 热闹 ʐə21 lɔ53 | 牢 lɔ13 |
| 甘 谷 | 红火 xuəŋ44 xuə21 | 牢 lɑu24 |
| 武 山 | 热闹 ʐə21 lao44<br>红火 xuŋ24 xuə21 又 | 牢 lao24 |
| 张家川 | 热闹 ʐɤ21 lɔ44 | 牢 lɔ13 |
| 武 威 | 红火 xuŋ35 xuə53 | 牢实 lao35 ʂʅ53 |
| 民 勤 | 红火 xoŋ44 xuə21 | 牢实 lao44 ʂʅ21 |
| 古 浪 | 红火 xuəŋ35 xuə31 | 牢实 lɔ35 ʂʅ21 |
| 永 昌 | 红火 xuŋ35 xuə53 | 牢实 lao35 ʂʅ21 |
| 张 掖 | 红火 xuən35 xuə21 | 牢实 lɔ35 ʂʅ21 |
| 山 丹 | 红火 xuŋ55 xuə21 | 牢实 lao35 ʂʅ21 |
| 平 凉 | 热闹 ʐɤ53 nɔ21 | 结实 tɕiɛ53 ʂʅ21<br>牢 lɔ24 又 |
| 泾 川 | 热闹 ʐɤ53 nɔ21 | 结实 tɕiɛ53 ʂʅ21<br>牢 lɔ24 又 |
| 灵 台 | 热闹 ʐɤ53 nɔ21 | 结实 tɕiɛ53 ʂʅ21<br>牢 lɔ24 又 |

方言词汇

| 热闹 | 坚固 | 方言点 |
|---|---|---|
| 红火 xuŋ³⁵ xuə³¹ | 牢 lɔ⁵³ | 酒 泉 |
| 热闹 ʐə²² nao⁴⁴ | 牢得很 lɔɔ²² tə⁴⁴ xəŋ⁵³ | 敦 煌 |
| 热闹 ʐɤ⁵³ nɔ²¹ | 牢 lɔ²⁴<br>结实 tɕiɛ⁵³ ʂʅ²¹ 又 | 庆 阳 |
| 热闹 ʐɤ⁴² nɔ²¹ | 牢 lɔ²⁴ | 环 县 |
| 红火 xuŋ²¹ xuo⁵³<br>热闹 ʐɤ⁵³ nɔ²¹ 又 | 结实 tɕiɛ⁵³ ʂʅ²¹<br>牢 lɔ²⁴ 又 | 正 宁 |
| 红火 xuŋ²¹ xuo⁵³ | 结实 tɕiɛ⁴¹ ʂʅ²¹<br>牢 lɔ²⁴ 又 | 镇 原 |
| 欢闹 xuæ̃²¹ lao²⁴<br>红火 xuŋ²⁴ xuɤ²¹ 又 | 结实 tɕiɛ²¹ ʂʅ¹³ | 定 西 |
| 红火 xuɑ̃⁴⁴ xuə²¹ | 结实 tɕiɛ²¹ ʂʅ¹³<br>瓷实 tsʻʅ¹³ ʂʅ²¹ 又 | 通 渭 |
| 红火 xuŋ¹³ xuɤ²¹ | 牢实 lɔ¹³ ʂʅ¹³ | 陇 西 |
| 红火 xuŋ⁴⁴ xuo²¹ | 牢实 lɑo¹³ ʂʅ²¹ | 临 洮 |
| 红火 xuŋ³⁵ xuɤ²¹ | 牢靠 lɑo²¹ kʻɑo⁵³ | 漳 县 |
| 热闹 ʐə⁵³ lao²¹ | 结实 tɕie⁵³ ʂʅ²¹<br>牢靠 lɑo²¹ kʻɑo³⁵ 又 | 陇 南 |
| 热闹 iɛ²¹ lao³⁵ | 结实 tɕiɛ⁵³ ʂʅ¹³ | 文 县 |
| 热闹 ʐɤ²¹ lao⁴⁴<br>红火 xuŋ¹³ xuə²¹ 又 | 结实 tsiɛ⁴⁴ ʂʅ⁴⁴ | 宕 昌 |
| 热闹 ʐɤ²¹ lao²⁴<br>欢 xuæ̃⁵³ 又 | 牢固 lao²¹ ku¹³<br>结实 tɕiɛ⁵³ ʂʅ²¹ 又 | 康 县 |
| 红火 xuŋ²⁴ xuɤ²¹ | 牢靠 lɔ²⁴ kʻɔ⁵⁵ | 西 和 |
| 红火 xuəŋ⁴⁴ xuə²¹ | 牢实 lɔ¹³ ʂʅ³¹ | 临夏市 |
| 热闹 ʐə²¹ nɔ³⁵ | 牢实 lɔ³⁵ ʂʅ⁵³ | 临夏县 |
| 热闹 ʐə²¹ nao³⁵ | 坚固 tɕiæ²¹ ku⁵³ | 甘 南 |
| 热闹 ʐei³⁵ lao⁵³<br>红火 xuəŋ³¹ xuə²¹ 又 | 结实 tɕie⁵⁵ ʂʅ²¹ | 舟 曲 |
| 热闹 ʐə⁴⁴ nɔ⁴⁴ | 牢 lɔ¹³ | 临 潭 |

| 词目<br>方言点 | 肮脏 | 咸 |
|---|---|---|
| 北　京 | 肮脏 aŋ⁵⁵ tsaŋ⁵⁵ | 咸 ɕian³⁵ |
| 兰　州 | 脏得很 tsã⁴⁴ tɤ²¹ xən¹³ | 咸 xæ̃⁵³ |
| 红　古 | 邋遢 la²² tʻa³⁵ | 咸 xã¹³ |
| 永　登 | 邋遢 la¹³ tʻa⁴⁴ | 咸 xæ̃⁵³<br>口味重 kʻɤu³⁵ vei⁴² pf ən¹³ 又 |
| 榆　中 | 脏 tsã⁵³ | 咸 xã⁵³ |
| 白　银 | 脏 tsaŋ⁴⁴ | 咸 xan⁵³ |
| 靖　远 | 脏 tsaŋ⁴¹ | 咸 xæ̃²⁴ |
| 天　水 | 狼=兮 lã¹³ ɕi²¹ | 咸 xæ̃¹³ |
| 秦　安 | 脏兮 tsã³⁵ ɕi²¹ | 咸 xæ̃¹³ |
| 甘　谷 | 木=囊 mu⁴⁴ laŋ²¹ | 咸 xã²⁴ |
| 武　山 | 恶心 kiə⁴⁴ ɕiŋ²¹ | 咸 xã²⁴ |
| 张家川 | 脏的很 tsã²¹ tɕi¹³ xɤŋ⁵³ | 咸 xæ̃¹³ |
| 武　威 | 懊糟 ɣao²² tsao⁵³ | 咸 xã³⁵ |
| 民　勤 | 脏 tsɑŋ⁴⁴ | 咸 xæ⁵³ |
| 古　浪 | 窝=嗦 və³⁵ suə⁴⁴ | 咸 xæ⁵³ |
| 永　昌 | 脏 tsaŋ³⁵ | 咸 xɛ³⁵ |
| 张　掖 | 恶心 ɣɯ³¹ ɕin²¹ | 咸 xaŋ⁵³ |
| 山　丹 | 恶心 ɣɯ³⁵ ɕiŋ²¹ | 咸 xɛ⁵³ |
| 平　凉 | 脏 tsaŋ³¹ | 咸 xæ̃²⁴ |
| 泾　川 | 窝=囊 vɤ⁵³ laŋ²¹ | 咸 xæ̃²⁴ |
| 灵　台 | 窝=囊 uo³¹ nɑŋ²¹ | 咸 xæ̃²⁴ |

| 肮脏 | 咸 | 词目 / 方言点 |
|---|---|---|
| 脏 tsaŋ⁴⁴ | 咸 xan⁵³ | 酒 泉 |
| 脏得很 tsaŋ²² tə²² xəŋ⁵³ | 咸得很 xan²² tə⁴⁴ xəŋ⁵³ | 敦 煌 |
| 脏 tsaŋ⁵³ | 咸 xæ̃²⁴ | 庆 阳 |
| 脏 tsaŋ⁴¹ | 咸 xæ̃²⁴ | 环 县 |
| 窝=囊 uo⁵³ naŋ²¹<br>肮脏 naŋ⁵³ tsaŋ²¹ 又 | 咸 xæ̃²⁴ | 正 宁 |
| 窝=囊 uo⁴¹ nã²¹ | 咸 xæ̃²⁴ | 镇 原 |
| 脏得很 tsã²¹ ti²⁴ xɤŋ⁵³ | 咸 xæ̃¹³ | 定 西 |
| 邋=完 la¹³ uæ̃²¹ | 咸 xæ̃¹³ | 通 渭 |
| 窝=囊 vɤ³¹ lã²¹ | 咸 xæ̃¹³ | 陇 西 |
| 脏泥 tsã²¹ ni⁴⁴ | 咸 xæ̃¹³ | 临 洮 |
| 肮兮 tsaŋ²² ɕi²¹ | 咸 xæ̃¹³ | 漳 县 |
| 脏 tsã³¹ | 咸 xæ̃²⁴ | 陇 南 |
| 脏兮兮的 tsã⁵³ ɕi²¹ ɕi²¹ tie²¹ | 咸 xæ̃¹³ | 文 县 |
| 脏兮兮的 tsã³⁵ si⁵³ si²¹ ti⁴⁴ | 咸 xæ̃¹³ | 宕 昌 |
| 邋遢 la⁵³ ta²¹ | 咸 xæ̃²¹³ | 康 县 |
| 脏兮 tsã²⁴ ɕi²¹ | 咸 xæ̃²⁴ | 西 和 |
| 脏囊=tsaŋ¹³ naŋ⁵³ | 咸 xã¹³ | 临夏市 |
| 脏 tsaŋ¹³ | 咸 xæ̃¹³ | 临夏县 |
| 脏 tsã¹³ | 咸 xæ̃¹³ | 甘 南 |
| 脏兮兮的 tsã⁵³ sʅ²¹ sʅ²¹ tsʅ²¹ | 咸 xæ̃³¹ | 舟 曲 |
| 脏得很 tsã⁴⁴ tə²¹ xɤŋ⁵³ | 咸 xæ̃¹³ | 临 潭 |

| 词目 方言点 | 淡（不咸） | 稀（如粥太稀了） |
|---|---|---|
| 北 京 | 淡 tan⁵¹ | 稀 ɕi⁵⁵ |
| 兰 州 | 没味道 mu²² vei²² tɔ⁵³ | 稀 ɕi⁴² |
| 红 古 | 淡 tã¹³ | 稀 sɿ¹³ |
| 永 登 | 淡 tæ̃¹³<br>口味淡 kʻɤu³⁵ vei⁴² tæ̃¹³ 又 | 稀 ɕi⁵³ |
| 榆 中 | 淡 tã²¹³ | 稀 ɕi⁴¹ |
| 白 银 | 甜 tʻian⁵³ | 稀 ɕi⁴⁴<br>清 tɕʻin⁴⁴ 又 |
| 靖 远 | 甜 tʻiæ̃²⁴ | 朗 laŋ⁵⁵<br>稀 sɿ⁴¹ 又 |
| 天 水 | 淡 tʻæ̃⁴⁴<br>甜 tʻiæ̃¹³ 又 | 清 tɕʻiŋ¹³ |
| 秦 安 | 淡 tan⁴⁴ | 清了 tsʻiə̃²¹ lɔ⁵³ |
| 甘 谷 | 甜哜哜的 tɕʻiã²¹ sɿ⁵³ sɿ²¹ ti²¹ | 清 tɕʻiəŋ³¹² |
| 武 山 | 甜的 tʻiã²¹ tao⁴⁴ | 清 tɕʻiŋ³¹ |
| 张家川 | 甜一些 tɕʻiæ̃¹³ ziʔ²¹ ɕiɛ²¹ | 清得很 tɕʻiŋ²¹ tɕi¹³ xɤŋ⁵³ |
| 武 威 | 甜 tʻiɑ̃³⁵ | 清 tɕʻiŋ⁴⁴ |
| 民 勤 | 甜 tʻiɿ⁵³ | 清 tɕʻiŋ⁴⁴ |
| 古 浪 | 甜 tʻiɛ⁵³ | 清 tɕʻiŋ⁴⁴ |
| 永 昌 | 甜 tʻiɛ³⁵ | 稀 ɕi⁴⁴ |
| 张 掖 | 甜 tʻiaŋ⁵³ | 清 tɕʻin³³ |
| 山 丹 | 甜 tʻiɿ⁵³ | 清 tɕʻiŋ³³ |
| 平 凉 | 甜 tʻiæ̃²⁴ | 清光光 tɕʻiŋ²¹ kuaŋ²² kuaŋ⁵³ |
| 泾 川 | 甜 tʻiæ̃²⁴ | 稀 ɕi³¹<br>稀汤寡水 ɕi³¹ tʻaŋ²¹ kua³¹ ʃei²¹ 又 |
| 灵 台 | 甜 tsʻiæ̃²⁴ | 稀汤寡水的<br>si²¹ tʻaŋ²⁴ kua⁵³ ʃei³¹ ti²¹ |

| 淡（不咸） | 稀（如粥太稀了） | 词目 / 方言点 |
|---|---|---|
| 甜 t'ian⁵³ | 清 tɕ'iŋ⁴⁴ | 酒　泉 |
| 甜得很 t'iɛ²² tə⁴⁴ xəŋ⁵³ | 稀 ɕʅ²¹³ | 敦　煌 |
| 甜 t'iæ²⁴ | 清 tɕ'iŋ³¹ | 庆　阳 |
| 甜 t'iæ²⁴ | 稀 ɕi⁴¹ | 环　县 |
| 甜 tsʻiæ²⁴ | 稀汤寡水的 ɕi⁵³ t'ɑŋ³¹ kua⁴⁴ ʃei²¹ ti²¹ | 正　宁 |
| 甜 t'iæ²⁴ | 清汤寡水 tsʻiŋ²⁴ t'ã²¹ kua²¹ sei⁵³<br>稀 ɕi⁴¹ 又 | 镇　原 |
| 不咸 pu²¹ xæ¹³<br>甜 t'iæ¹³ 又 | 稀 ɕi¹³ | 定　西 |
| 甜 t'iæ¹³ | 清 tsʻiɑ̃¹³ | 通　渭 |
| 甜 tɕ'iæ¹³ | 清 tɕ'in⁵³ | 陇　西 |
| 甜 t'iæ¹³ | 稀 ɕi¹³ | 临　洮 |
| 甜 tɕ'iæ¹³ | 稀 ɕi²² | 漳　县 |
| 甜 t'iæ²⁴ | 稀 ɕi³¹<br>清 tɕ'in³¹ 又 | 陇　南 |
| 甜 t'iæ¹³ | 稀 ɕi⁵³ | 文　县 |
| 甜 tsʻiæ¹³ | 稀 si⁴⁴ | 宕　昌 |
| 淡 tæ²⁴ | 稀 ɕi⁵³ | 康　县 |
| 甜 t'iæ²⁴ | 清 tɕ'iŋ²¹ | 西　和 |
| 淡 tã⁵³ | 稀 ɕi¹³ | 临夏市 |
| 淡 tæ⁵³ | 稀 ɕi¹³ | 临夏县 |
| 淡 tæ⁵³ | 稀 ɕi¹³ | 甘　南 |
| 甜 t'iæ³¹ | 稀 ʃu⁵³ | 舟　曲 |
| 甜 t'iæ¹³ | 稀 ɕi⁴⁴ | 临　潭 |

| 词目\方言点 | 稠（如粥太稠了） | 肥（指动物） |
|---|---|---|
| 北　京 | 稠 tṣʻou³⁵ | 肥 fei³⁵ |
| 兰　州 | 稠 tṣʻəu⁵³ | 肥 fei⁵³ |
| 红　古 | 稠 tṣʻɤu¹³ | 肥 fei¹³ |
| 永　登 | 稠 tṣʻɤu⁵³ | 肥 fei⁵³ |
| 榆　中 | 稠 tṣʻəu⁵³ | 肥 fei⁵³ |
| 白　银 | 稠 tṣʻɤu⁵³<br>糊 xu¹³ 又 | 肥 fei⁵³ |
| 靖　远 | 稠 tṣʻɤu²⁴<br>糊 xu⁴⁴ 又 | 肥 fei²⁴ |
| 天　水 | 稠 tṣʻɤu¹³ | 肥 fei¹³ |
| 秦　安 | 挛=了 luan³⁵ lə²¹ | 肥 fei¹³ |
| 甘　谷 | 稠 tṣʻɤu²⁴ | 肥 fai²⁴ |
| 武　山 | 稠 tṣʻɤu²⁴ | 肥 fɛ²⁴ |
| 张家川 | 稠 tṣʻɤu¹³ | 肥的 fei¹³ tɕi²¹ |
| 武　威 | 稠 tṣʻɤu³⁵<br>糊 xu⁵¹ 又 | 肥 fei³⁵ |
| 民　勤 | 稠 tṣʻɤu⁵³ | 肥 fei⁵³ |
| 古　浪 | 稠 tṣʻou⁵³ | 肥 fei⁵³ |
| 永　昌 | 稠 tṣʻɤu³⁵ | 肥 fei³⁵ |
| 张　掖 | 稠 tṣʻɤu⁵³ | 肥 fei⁵³ |
| 山　丹 | 稠 tṣʻou⁵³ | 肥 fei⁵³ |
| 平　凉 | 稠 tṣʻɤu²⁴<br>糊 xu⁴⁴ 又 | 肥 fei²⁴ |
| 泾　川 | 稠 tṣʻəu²⁴<br>糊 xu²⁴ 又 | 肥 fei²⁴ |
| 灵　台 | 稠 tṣʻou²⁴ | 肥 fei²⁴ |

| 稠（如粥太稠了） | 肥（指动物） | 词目 / 方言点 |
|---|---|---|
| 稠 tʂʻɤu⁵³ | 胖 pʻɑŋ¹³ | 酒　泉 |
| 稠 tʂʻɤu²¹³ | 肥 fei²¹³ | 敦　煌 |
| 糊 xu⁴⁴ | 肥 fei²⁴ | 庆　阳 |
| 稠 tʂʻɤu²⁴ | 肥 fei²⁴ | 环　县 |
| 稠 tʂʻou²⁴<br>糊 xu²⁴ 又 | 肥 fei²⁴ | 正　宁 |
| 稠 tʂʻəu²⁴<br>稠价＝咕咚 tʂʻəu²¹ tɕia⁵³ ku⁴¹ tuŋ²¹ 又 | 肥 fei²⁴ | 镇　原 |
| 稠 tʂʻɤu¹³ | 肥 fei¹³ | 定　西 |
| 稠 tʂʻɤu¹³ | 长膘了 tʃɑ̃⁵³ piɔ²¹ lə¹³<br>圆的很 yæ̃¹³ ti²⁴ xə̃⁵³ 又 | 通　渭 |
| 稠 tʂʻɤu¹³ | 肥 fei¹³ | 陇　西 |
| 糊 xu⁴⁴ | 肥 fei¹³ | 临　洮 |
| 稠 tʃʻɤu¹³ | 肥 fei¹³ | 漳　县 |
| 稠 tʂʻɤu¹³ | 肥 fei¹³ | 陇　南 |
| 稠 tsʻɤu¹³ | 肥 fei¹³ | 文　县 |
| 稠 tʂʻəu¹³ | 肥 fei¹³ | 宕　昌 |
| 稠 tʂʻɤu²¹³ | 奘 pfɑ̃²⁴ | 康　县 |
| 稠 tʂʻɤu²⁴ | 肥 fei²⁴ | 西　和 |
| 稠 tʂʻɤu¹³ | 肥 fei¹³ | 临夏市 |
| 稠 tʂʻɯ¹³ | 肥 fei¹³ | 临夏县 |
| 稠 tʂʻɤu¹³ | 肥 fei¹³ | 甘　南 |
| 稠 tʂʻəu³¹ | 肥 fei³¹ | 舟　曲 |
| 稠 tʂʻəu¹³ | 肥 fei¹³ | 临　潭 |

| 方言点＼词目 | 胖（指人） | 瘦弱 |
|---|---|---|
| 北 京 | 胖 p'aŋ⁵¹ | 瘦弱 ʂou⁵¹ ʐuo⁵¹ |
| 兰 州 | 胖 p'ã¹³ | 瘦巴捞子 ʂəu²² pa⁵³ lɔ⁴² tsʅ²¹ |
| 红 古 | 胖 p'ã¹³ | 缺 = tɕ'yə¹³ |
| 永 登 | 胖 p'aŋ¹³ | 单挑 tæ⁴⁴ t'iɑo²¹ |
| 榆 中 | 胖 p'ã²¹³ | 瘦 ʂəu²¹³ |
| 白 银 | 胖 p'aŋ¹³ | 缺 = tɕyɛ¹³<br>单反 tan⁴⁴ fan²¹ 又 |
| 靖 远 | 胖 p'aŋ⁴⁴ | 缺 = tɕ'yə⁴⁴ |
| 天 水 | 富态 fu⁴⁴ t'ɛ²¹<br>胖 p'ã⁴⁴ 又 | 缺 = tɕ'yə⁴⁴<br>瘦 sɤu⁴⁴ 又 |
| 秦 安 | 胖 p'ã⁴⁴ | 瘦小 səu⁴⁴ siɔ⁵³ |
| 甘 谷 | 胖 p'aŋ⁴⁴ | 缺 = tɕ'yə⁴⁴ |
| 武 山 | 大 t'uə⁵³ | 缺 = 得很 tɕ'yə⁴⁴ tə²¹ xəŋ⁵³ |
| 张家川 | 胖得很 pã⁴⁴ tɕi²¹ xɤŋ⁵³ | 瘦碎 sɤu⁴⁴ suei⁴⁴ |
| 武 威 | 胖 p'ã⁵¹ | 干 kã³⁵ |
| 民 勤 | 胖 p'aŋ⁴² | 茶 niɛ⁵³ |
| 古 浪 | 胖 p'ɑo²¹ | 瘦得很 sou⁴⁴ ti²¹ xəŋ⁵³ |
| 永 昌 | 胖 p'aŋ⁵³ | 瘦 sɤu⁵³ |
| 张 掖 | 胖 p'aŋ²¹ | 瘦 sɤu²¹ |
| 山 丹 | 胖 p'aŋ³¹ | 干的很 kɛ¹³ tə³³ xəŋ⁵³ |
| 平 凉 | 胖 p'aŋ⁴⁴<br>富态 fu³⁵ t'ɛ⁵³ 又 | 单薄 tæ⁵³ pɤ²¹<br>缺 = tɕ'yɤ⁴⁴ 又 |
| 泾 川 | 胖 p'aŋ⁴⁴ | 缺 = tɕ'yɤ⁴⁴　单薄 tæ⁵³ p'ɤ²¹ 又<br>瘦 səu⁴⁴ 又 |
| 灵 台 | 胖 p'aŋ⁴⁴ | 缺 = tɕ'yo⁴⁴<br>瘦 sou⁴⁴ 又 |

| 胖（指人） | 瘦弱 | 词目 方言点 |
|---|---|---|
| 胖 p'aŋ¹³ | 肌瘦 tɕi³⁵ sɤu⁴⁴ | 酒　泉 |
| 胖 p'aŋ⁴⁴ | 瘦 sɤu⁴⁴ | 敦　煌 |
| 胖 p'aŋ⁴⁴ | 缺=弱 tɕ'yɛ⁴⁴ ʐuo²¹<br>单薄 tã⁵³ pɤ²¹ 又 | 庆　阳 |
| 胖 p'aŋ⁵⁵ | 瘦 sɤu³³ | 环　县 |
| 胖 p'aŋ⁴⁴ | 缺= tɕ'yə⁴⁴ | 正　宁 |
| 胖 p'ã⁴⁴ | 缺= tɕ'yɛ⁴⁴ | 镇　原 |
| 富态 fu²⁴ t'ɛ²¹<br>胖 p'ã⁴⁴ 又 | 缺= tɕ'yɤ⁴⁴ | 定　西 |
| 富态 fu⁴⁴ t'ɛ⁵³<br>胖 p'ã⁴⁴ 又 | 瓢 ʐ̩ã¹³<br>缺= tɕ'yɛ⁴⁴ 又 | 通　渭 |
| 胖 p'ã¹³ | 瘦 sɤu¹³ | 陇　西 |
| 胖 p'ã⁴⁴ | 瘦 səu⁴⁴<br>缺= tɕ'ye⁴⁴ 又 | 临　洮 |
| 胖 p'aŋ⁴⁴ | 瘦 ʃɤu⁴⁴ | 漳　县 |
| 胖 p'ã¹³ | 瘦胳马乍 sɤu²⁴ kə²¹ ma³¹ tsa²¹ | 陇　南 |
| 胖 pã²⁴ | 瘦 sɤu²⁴<br>单薄 tã⁵³ pɤ¹³ 又 | 文　县 |
| 胖 p'ã⁴⁴ | 瘦 səu⁴⁴<br>单薄 tã⁴⁴ puə¹³ 又 | 宕　昌 |
| 胖 pã²⁴ | 干瘦 kæ̃⁵³ sɤu²⁴ | 康　县 |
| 胖 p'ã⁵⁵ | 缺= tɕ'yɛ⁵⁵<br>吃骨 tʂ'ʅ²⁴ ku²¹ 又 | 西　和 |
| 胖 p'aŋ⁵³ | 瘦 sɤu⁵³ | 临夏市 |
| 胖 p'aŋ⁵³ | 瘦 ʂɯ⁵³ | 临夏县 |
| 胖 p'ã⁵³ | 瘦 ʂɤu⁵³ | 甘　南 |
| 胖 p'ã⁵³ | 瘦 səu¹³<br>单薄 tã⁵⁵ pu²¹ 又 | 舟　曲 |
| 肥 fei¹³ | 瘦 səu⁴⁴ | 临　潭 |

| 词目 方言点 | 舒服 | 晚（来晚了） |
|---|---|---|
| 北　京 | 舒服ʂu⁵⁵ fu⁰ | 晚uan²¹⁴ |
| 兰　州 | 舒坦fu⁴⁴ tʻæ²¹ | 迟了tʂʻʅ⁵³ lɔ¹³ |
| 红　古 | 舒坦fu⁵⁵ tʻã²¹ | 迟下了tʂʻʅ²² xa³⁵ liɔ⁵³ |
| 永　登 | 舒坦fu⁴² tʻæ²¹ | 迟下了tʂʻʅ⁵³ xa⁴² liɑo²¹ |
| 榆　中 | 舒服ʂu⁴⁴ fu⁴² | 迟了tʂʻʅ⁵³ lɔ²¹³ |
| 白　银 | 舒坦fu⁴⁴ tʻan²¹ | 迟了tʂʻʅ⁵³ lɔ²¹ |
| 靖　远 | 沃=野= və²² iɛ⁵⁵ | 迟了tsʻʅ²² liao⁵⁵ |
| 天　水 | 受活ʂɤu⁴⁴ xuə²¹ | 迟了tsʻʅ¹³ liɔ²¹ |
| 秦　安 | 受活ʂəu⁴⁴ xuə²¹ | 迟了tsʻʅ¹³ lɔ²¹ |
| 甘　谷 | 美气mai⁵³ tɕʻi²¹ | 迟了tsʻʅ²¹ lɑu⁴⁴ |
| 武　山 | 受活ʂɤu³⁵ xuə²¹ | 迟了tsʻʅ²¹ lao³⁵ |
| 张家川 | 舒坦ʃu²² tʻæ̃⁵³ | 迟了tsʻʅ¹³ liɔ²¹ |
| 武　威 | 舒坦ʂʅ⁴⁴ tʻã⁵³ | 迟tsʻʅ³⁵ |
| 民　勤 | 舒坦ʂʅ⁴⁴ tʻæ²¹ | 迟tsʻʅ⁵³ |
| 古　浪 | 舒坦ʂʅ⁴⁴ tʻæ⁵³ | 迟tʂʻʅ⁵³ |
| 永　昌 | 舒坦ʂʅ⁴⁴ tʻɛ⁵³ | 迟了tʂʅ³⁵ liao²¹ |
| 张　掖 | 舒坦fu³³ tʻaŋ³³ | 迟了tʂʻʅ³⁵ liɔ²¹ |
| 山　丹 | 舒坦fu³³ tʻɛ³³ | 迟tʂʻʅ⁵³ |
| 平　凉 | 舒坦ʂu⁵³ tʻæ²¹ | 迟了tsʻʅ²² lia⁵³ |
| 泾　川 | 舒服ʃu⁵³ fu²¹　沃=野= vɤ²¹ iɛ⁵³ 又 | 迟tsʻʅ²⁴ |
| 灵　台 | 受活ʂou²⁴ xuo²¹ | 迟tsʻʅ²⁴ |

方言词汇                                                                   435

| 舒服 | 晚（来晚了） | 词目 / 方言点 |
|---|---|---|
| 舒坦 ʂu³⁵ tʻan⁴⁴ | 迟 tsʻɿ⁵³ | 酒　泉 |
| 舒服 ʂu⁵³ fu²¹ | 来迟啦 lɛ¹³ tsʻɿ²¹ la⁵³ | 敦　煌 |
| 受活 ʂɤu²⁴ xuo⁵³<br>囊＝naŋ²⁴ 又<br>舒坦 ʂʅ⁵³ tʻæ²¹ 又 | 迟 tsʻɿ²⁴ | 庆　阳 |
| 舒服 ʂʅ⁴² fu²¹ | 迟 tsʻɿ²⁴ | 环　县 |
| 舒服 ʃɿ⁵³ fu²¹<br>沃＝野＝uo²¹ iɛ⁵³ 又 | 迟 tsʻɿ²⁴ | 正　宁 |
| 舒服 sɿ⁴¹ fu²¹<br>沃＝野＝uo²¹ iɛ⁵³ 又 | 迟 tsʻɿ²⁴ | 镇　原 |
| 舒坦 ʃu⁵³ tʻæ²¹ | 迟 tsʻɿ¹³ | 定　西 |
| 受活 ʂɤu⁴⁴ xuə²¹<br>满福 mæ̃⁵³ fu¹³ 又 | 迟了 tsʻɿ²¹ lɔ⁴⁴ | 通　渭 |
| 受活 ʂɤu³⁵ xuɤ²¹ | 迟 tsʻɿ¹³ | 陇　西 |
| 舒坦 ʂu⁵³ tʻæ²¹ | 迟 tsʻɿ¹³ | 临　洮 |
| 舒坦 ʃʅ⁴⁴ tʻæ²¹ | 迟了 tʃʻɿ²² lao⁵³ | 漳　县 |
| 舒坦 ʃu⁵³ tʻæ²¹<br>受活 ʂɤu²⁴ xuə²¹ 又 | 迟了 tsʻɿ²¹ lao²⁴ | 陇　南 |
| 舒服 ʃu⁵³ fu¹³ | 迟 tsʻɿ¹³ | 文　县 |
| 受活 ʂəu⁴⁴ xuə²¹ | 迟 tsʻɿ¹³ | 宕　昌 |
| 自在 tsɿ²⁴ tsɛ⁵³ | 迟 tʂʻɿ²¹³ | 康　县 |
| 自在 tsʻɿ³⁵ tsʻɛ²¹ | 迟 tsʻɿ²⁴ lɔ²¹ | 西　和 |
| 受活 ʂɤu⁴⁴ xuə²¹ | 来迟了 lɛ¹³ tʂʻɿ²¹ liə¹³<br>迟 tʂʻɿ¹³ 又 | 临夏市 |
| 舒服 fu³⁵ fu²¹ | 来迟了 lɛ¹³ tsʻɿ²¹ liə³⁵ | 临夏县 |
| 舒坦 fu⁴⁴ tʻæ²¹ | 晚了 væ⁴⁴ liao⁴⁴ | 甘　南 |
| 舒坦 ʃu⁵⁵ tʻæ²¹ | 迟 tsʻɿ³¹ | 舟　曲 |
| 舒坦 ʂu⁴⁴ tʻæ²¹ | 迟了 tʂʻɿ²¹ lɔ¹³ | 临　潭 |

| 方言点＼词目 | 乖（小孩听话） | 顽皮 |
|---|---|---|
| 北　京 | 乖kuai⁵⁵ | 顽皮uan³⁵ pʻi³⁵ |
| 兰　州 | 乖kuɛ⁴² | 顽皮væ̃²² pʻi⁵³ |
| 红　古 | 听话tʻin²² xua³⁵ | 调皮tʻiɔ³⁵ pʻʅ³⁵ |
| 永　登 | 乖kuɛi⁵³ | 顽皮væ̃²² pʻi⁵³ |
| 榆　中 | 乖kuɛ⁵³ | 捣蛋tɔ⁴⁴ tã²¹³ |
| 白　银 | 乖kuɛ⁴⁴ | 调皮tʻiɔ²² pʻi⁵³<br>囚ɕiɣu⁵³ 又 |
| 靖　远 | 乖kuɛ⁴¹ | 瓷=tsʻʅ²⁴<br>调皮tʻiao²⁴ pʻʅ²⁴ 又 |
| 天　水 | 乖kuɛ¹³ | 撑眼tsʻɤŋ²¹ niæ̃⁵³ |
| 秦　安 | 乖kuɛ¹³ | 调皮tʻiɔ³⁵ pʻi²¹ |
| 甘　谷 | 乖爽kuai²¹ ʃɑŋ⁵³ | 瓷=tsʻʅ²⁴ |
| 武　山 | 省事ɕiŋ⁵³ sʅ⁴⁴<br>乖爽kuɛ³¹ ʃaŋ²¹ 又 | 调皮tʻiao³⁵ pʻi¹³<br>瓷=tsʻʅ²⁴ 又<br>捣蛋tao⁵³ tã⁴⁴ 又 |
| 张家川 | 听话tɕʻiŋ²¹ xua³⁵ | 调皮tɕʻiɔ¹³ pʻi¹³ |
| 武　威 | 乖kuɛ³⁵ | 调皮tʻiao⁵³ pʻi²¹ |
| 民　勤 | 乖kuæ⁴⁴ | 囚ɕiɣu⁵³ |
| 古　浪 | 乖kuɛ⁴⁴ | 调皮tʻiɔ⁵³ pʻi⁵³ |
| 永　昌 | 乖kuɛ³⁵ | 调皮tʻiao⁵³ pʻi²¹ |
| 张　掖 | 乖kuɛ³³ | 囚ɕiɣu⁵³ |
| 山　丹 | 乖kuɛ³³ | 囚ʃiou⁵³ |
| 平　凉 | 乖kuɛ³¹ | 瓷=tsʻʅ²⁴ |
| 泾　川 | 乖kuɛ³¹ | 调皮tʻiɔ⁴⁴ pʻi²⁴ |
| 灵　台 | 乖kuɛ³¹ | 蛋的很tæ²⁴ ti²¹ xəŋ⁵³ |

| 乖（小孩听话） | 顽皮 | 词目 / 方言点 |
|---|---|---|
| 乖kuɛ⁴⁴ | 囚ɕiɤu⁵³ | 酒泉 |
| 乖kuɛ²¹³ | 调皮t'iao¹³ p'ʅ²¹³ | 敦煌 |
| 乖kuɛ³¹ | 捣蛋tɔ⁵³ tæ̃⁴⁴ | 庆阳 |
| 乖kuɛ⁴² | 坏的xuɛ²⁴ ti²¹ | 环县 |
| 乖kuɛ³¹ | 乖kuɛ³¹<br>坏xuɛ⁴⁴ 又<br>调皮tɕ'iɔ⁴⁴ p'i²⁴ 又 | 正宁 |
| 乖kuɛ⁴¹ | 费事的很fei⁴⁴ sʅ⁴⁴ ti²¹ xəŋ⁵³ | 镇原 |
| 乖kuɛ¹³ 乖爽kuɛ²¹ ʃã⁵³ 又 | 调皮t'iao¹³ p'i¹³ | 定西 |
| 乖kuɛ¹³ | 瓷=ts'ʅ¹³<br>刁顽tiɔ²¹ uæ̃¹³ 又 | 通渭 |
| 乖kuɛ²¹ | 瓷=得很ts'ʅ²¹ ti³⁵ xəŋ⁵³ | 陇西 |
| 乖kuɛ¹³ | 调皮t'iao¹³ p'i¹³<br>瓷=叫ts'ʅ²¹ tɕiao⁴⁴ 又 | 临洮 |
| 乖kuɛ²² | 刁玩tiao⁵³ uæ̃¹³ | 漳县 |
| 乖kuɛ³¹ | 调皮t'iao²⁴ p'i²⁴ | 陇南 |
| 乖kuɛ⁵³ | 调皮t'iao¹³ p'i¹³ | 文县 |
| 乖kuɛ⁴⁴ | 调皮ts'iao¹³ p'ʅ¹³<br>淘气t'ao²¹ ts'i⁴⁴ 又 | 宕昌 |
| 乖kuɛ⁵³ | 调皮ts'iao¹³ p'i²¹ | 康县 |
| 乖爽kuɛ²⁴ ʃã²¹ | 调皮t'iɔ²⁴ p'i²⁴ | 西和 |
| 乖kuɛ¹³ | 调皮t'iɔ⁴⁴ p'i¹³ | 临夏市 |
| 乖kuɛ¹³ | 顽皮væ̃¹³ p'i¹³ | 临夏县 |
| 乖kuɛi¹³ | 调皮t'iao¹³ p'i¹³ | 甘南 |
| 乖kuɛ⁵³ | 调皮t'iao³⁵ p'ʅ²¹ | 舟曲 |
| 乖kuɛ⁴⁴ | 害xɛ⁴⁴ | 临潭 |

| 词目<br>方言点 | 凸 | 凹 |
|---|---|---|
| 北 京 | 凸tʻu⁵⁵ | 凹ɑo⁵⁵ |
| 兰 州 | 凸tʻu³¹ | 凹va¹³ |
| 红 古 | 凸tʻu⁵³ | 凹ua⁵⁵ |
| 永 登 | 凸tʻu⁵³ | 凹va⁵³ |
| 榆 中 | 凸tʻu²¹³ | 凹və⁴¹ |
| 白 银 | 凸tʻu¹³ | 凹va²⁴ |
| 靖 远 | 凸tʻu⁴¹ | 凹va⁴⁴ |
| 天 水 | 噘起tɕyə⁴⁴ tɕʻi⁵³ | 凹下去va⁴⁴ xa⁴⁴ tɕʻi¹³ |
| 秦 安 | 凸出tʻu³⁵ tʂʻu²¹ | 陷下去ɕian⁴⁴ ɕia²¹ tɕʻy²¹ |
| 甘 谷 | 噘出来了tɕyə⁴⁴ tʂʻu⁵³ lai²¹ lɑu²¹ | 塌进去了tʻɒ⁴² tɕiəŋ³⁵ tɕʻi²¹ lɑu²¹ |
| 武 山 | 噘着哩tɕyə⁴⁴ tsə⁴⁴ lɛ⁴⁴<br>乍着哩tsɑ⁴⁴ tsə⁴⁴ lɛ⁴⁴ 又 | 塌着壑头了<br>tʻɑ²¹ tsə¹³ xiə⁵³ tʻɤu²¹ lɑo²¹ |
| 张家川 | 噘起来tɕyɛ⁴⁴ tɕʻi⁵³ lɛ²¹ | 陷着下去ɕiæ̃⁴⁴ tʂɤ²¹ xa⁴⁴ tɕi²¹ |
| 武 威 | 凸tʻu⁵¹ | 凹va⁵¹ |
| 民 勤 | 鼓ku²¹⁴ | 凹va⁴² |
| 古 浪 | 高了kɔ³⁵ liɔ⁵³ | 低了ti⁴⁴ liɔ⁵³ |
| 永 昌 | 凸tʻu⁴⁴ | 凹va⁴⁴ |
| 张 掖 | 鼓kfu⁵³ | 塌tʻa²¹ |
| 山 丹 | 鼓kuə³⁵ | 塌tʻa³¹ |
| 平 凉 | 冒mɔ⁴⁴ | 凹va²⁴ |
| 泾 川 | 凸tʻu³¹ | 凹va⁴⁴ |
| 灵 台 | 暴pɔ⁴⁴ | 坳niɔ⁵³ |

方言词汇

| 凸 | 凹 | 词目 / 方言点 |
|---|---|---|
| 鼓ku⁵³ | 凹va¹³ | 酒 泉 |
| 凸tʻu²¹³ | 凹va⁴⁴ | 敦 煌 |
| 冒mɔ⁴⁴<br>乍tsa⁴⁴ ₓ | 坑kʻəŋ⁵³<br>凹ua⁴⁴ ₓ | 庆 阳 |
| 凸tʻu⁴¹ | 凹uɤ⁴¹ | 环 县 |
| 凸tʻu³¹ | 陷ɕiã⁵³<br>沉tʂʻen²⁴ ₓ<br>斜siɛ²⁴ ₓ | 正 宁 |
| 弓kuŋ⁴¹ | 塌下去了tʻa²¹ xa⁴⁴ tɕʻi²¹ lə²¹ | 镇 原 |
| 憋piɛ¹³<br>噘着出来tɕyɤ²⁴ tʂɤ⁵³ tʂʻu²¹ lɛ¹³ ₓ<br>乍起tsa²⁴ tɕʻi⁵³ ₓ | 秕pi⁵³<br>凹着下了vɤ²¹ tʂɤ²¹ xa²⁴ lɑo²¹ ₓ | 定 西 |
| 憋piɛ²⁴<br>噘tɕyɛ²⁴ ₓ | 凹uə⁴⁴<br>秕pi⁵³ ₓ | 通 渭 |
| 噘tɕyɛ⁴⁴ | 凹vɤ⁴⁴ | 陇 西 |
| 噘tɕye⁴⁴<br>凸tʻu¹³ ₓ | 塌tʻa¹³ | 临 洮 |
| 凸tʻu²² | 凹uɑ²² | 漳 县 |
| 噘tɕyə²⁴ | 凹və³¹ | 陇 南 |
| 凸tʻu⁵³ | 塌tʻa⁵³ | 文 县 |
| 凸tʻu⁴⁴ | 凹va⁴⁴ | 宕 昌 |
| 冒出来mao²⁴ pfʻu⁵³ lɛ²¹ | 凹下去vɤ⁵³ xa²¹ tɕʻi²¹ | 康 县 |
| 卷起了tɕyæ³⁵ tɕʻi⁵³ lɔ²¹ | 凹下去了ua²⁴ xa⁵⁵ tɕʻi²¹ lɔ²¹ | 西 和 |
| 凸tʻu⁵³ | 凹va³¹ | 临夏市 |
| 凸tʻu⁵³ | 凹vɑ³¹ | 临夏县 |
| 凸tʻu¹³ | 凹ao⁵³ | 甘 南 |
| 凸tʻu⁵³ | 塌tʻa⁵³ | 舟 曲 |
| 凸tʻu⁴⁴ | 塌tʻa¹³ | 临 潭 |

# 词目索引
（汉语拼音字母顺序）

**A**

矮 ············ 416, 417
肮脏 ·········· 426, 427
凹 ············ 438, 439

**B**

白菜 ·········· 314, 315
白酒 ·········· 264, 265
白兰瓜 ········ 324, 325
白薯 ·········· 318, 319
白天 ············ 44, 45
百把个 ········ 376, 377
百合 ·········· 324, 325
包子 ·········· 254, 255
鼻涕 ·········· 156, 157
鼻子 ·········· 154, 155
蝙蝠 ·········· 288, 289
冰雹 ············ 18, 19
病好了 ········ 204, 205
病了 ·········· 202, 203
病轻了 ········ 202, 203
菠菜 ·········· 314, 315
伯父（引称）
············ 128, 129

伯母（引称）
············ 130, 131
脖子 ·········· 168, 169
簸箕 ·········· 240, 241

**C**

擦掉 ·········· 390, 391
菜 ············ 258, 259
蚕豆 ·········· 308, 309
苍蝇 ·········· 294, 295
厕所 ············ 92, 93
长 ············ 416, 417
吃饭 ·········· 380, 381
（用秤）称 ··· 396, 397
抽屉 ·········· 230, 231
稠（如粥太稠了）
············ 430, 431
丑 ············ 410, 411
（女子）出嫁
············ 146, 147
除夕 ············ 26, 27
厨房 ············ 92, 93
厨子 ·········· 108, 109
窗户 ············ 90, 91
锤子 ·········· 242, 243
磁石 ············ 82, 83

粗 ············ 420, 421
醋 ············ 260, 261

**D**

打摆子 ········ 208, 209
打赤脚 ········ 200, 201
打瞌睡 ········ 386, 387
打雷 ············ 12, 13
打闪 ············ 14, 15
打一下 ········ 374, 375
大 ············ 418, 419
大豆 ·········· 308, 309
大后日 ·········· 36, 37
大家 ·········· 350, 351
大麦 ·········· 302, 303
大米 ·········· 304, 305
大米饭 ········ 250, 251
大拇指 ········ 178, 179
大年初一 ········ 26, 27
大前日 ·········· 38, 39
大舌头（口齿不清）
············ 166, 167
大腿 ·········· 194, 195
大雁 ·········· 280, 281
单身汉 ········ 102, 103
淡（不咸）··· 428, 429

# 词目索引

道士 ……… 110, 111
凳子 ……… 228, 229
地方 ……… 48, 49
弟（引称）…… 126, 127
弟兄（总称，引称）
　……… 140, 141
东西 ……… 328, 329
懂了 ……… 406, 407
斗（圆形的指纹）
　……… 184, 185
肚脐 ……… 192, 193
肚子 ……… 190, 191
端阳 ……… 22, 23
短 ………… 418, 419
多 ………… 412, 413

## E

鹅卵石 ……… 70, 71
额 ………… 152, 153
儿媳（引称）
　……… 134, 135
儿子（引称）
　……… 132, 133
耳朵 ……… 160, 161
耳屎 ……… 160, 161

## F

发大水 ……… 54, 55
发烧 ……… 206, 207
饭勺 ……… 236, 237
房子（全所）…… 86, 87
放（如放桌子上）
　……… 400, 401
肥（指动物）
　……… 430, 431

肥皂 ……… 226, 227
粉条儿 ……… 258, 259
蜂 ………… 292, 293
夫（引称）…… 142, 143
父亲（面称）
　……… 114, 115
附近 ……… 66, 67

## G

赶集 ……… 84, 85
感冒 ……… 204, 205
高 ………… 414, 415
高粱 ……… 306, 307
个把两个 …… 374, 375
公公（夫之父，引称）
　……… 116, 117
公狗 ……… 274, 275
公鸡 ……… 278, 279
公驴 ……… 272, 273
公马 ……… 270, 271
公猫 ……… 276, 277
公牛 ……… 268, 269
公猪 ……… 266, 267
姑（引称）… 138, 139
刮风 ……… 20, 21
挂念 ……… 408, 409
乖（小孩听话）
　……… 436, 437

## H

哈密瓜 ……… 326, 327
好 ………… 410, 411
喝茶 ……… 382, 383
和尚 ……… 108, 109
河 ………… 52, 53

核桃 ……… 322, 323
虹 ………… 20, 21
猴子 ……… 286, 287
后边 ……… 64, 65
后脑勺 ……… 154, 155
后日 ……… 34, 35
胡同 ……… 84, 85
湖 ………… 54, 55
坏 ………… 412, 413
黄昏 ……… 44, 45
灰尘 ……… 68, 69
馄饨 ……… 256, 257
火柴 ……… 232, 233

## J

箕（簸箕形的指纹）
　……… 184, 185
继父（引称）
　……… 118, 119
继母（引称）
　……… 120, 121
坚固 ……… 424, 425
拣起来 ……… 392, 393
酱油 ……… 260, 261
糨糊 ……… 232, 233
饺子 ……… 256, 257
脚背 ……… 198, 199
脚跟 ……… 198, 199
脚心 ……… 200, 201
脚掌 ……… 196, 197
结巴 ……… 214, 215
结冰了 ……… 18, 19
姐（引称）… 126, 127
今年 ……… 28, 29
今日 ……… 32, 33

酒窝 ………… 162, 163
舅（引称）…… 136, 137
舅母（引称）
　………… 138, 139
举手 ………… 398, 399

## K

看病 ………… 220, 221
咳嗽 ………… 206, 207
口水 ………… 168, 169
裤子 ………… 222, 223
筷子 ………… 238, 239

## L

拉肚子 ……… 208, 209
辣椒 ………… 320, 321
篮子（手提的）
　………… 240, 241
狼 …………… 284, 285
老姑娘（老处女）
　………… 104, 105
老虎 ………… 284, 285
老鼠 ………… 288, 289
老太婆 ……… 102, 103
老头子 ……… 100, 101
肋骨 ………… 188, 189
里把路 ……… 376, 377
里面 …………… 60, 61
理发的 ……… 106, 107
栗子 ………… 322, 323
连襟 ………… 146, 147
脸 …………… 152, 153
凉水 …………… 74, 75
吝啬鬼 ……… 112, 113
留神 ………… 406, 407

聋子 ………… 212, 213
轮子 ………… 246, 247
箩筐（挑或抬的大筐）
　………… 238, 239

## M

抹布 ………… 234, 235
麻雀 ………… 280, 281
马铃薯 ……… 320, 321
蚂蚁 ………… 290, 291
麦子 ………… 300, 301
馒头 ………… 254, 255
毛巾 ………… 224, 225
煤 ……………… 76, 77
煤油 …………… 78, 79
美（指人貌美）
　………… 408, 409
妹（引称）… 128, 129
门坎儿 ………… 90, 91
面粉 ………… 252, 253
面条儿 ……… 252, 253
明年 …………… 28, 29
明日 …………… 34, 35
母狗 ………… 274, 275
母鸡 ………… 278, 279
母驴 ………… 272, 273
母马 ………… 270, 271
母猫 ………… 276, 277
母牛 ………… 268, 269
母亲（面称）
　………… 116, 117
母猪 ………… 266, 267
木炭 …………… 78, 79

## N

哪个 ………… 356, 357
哪里 ………… 352, 353
那个 ………… 354, 355
那里 ………… 352, 353
男孩 …………… 98, 99
男人 …………… 94, 95
尼姑 ………… 110, 111
泥土 …………… 72, 73
你 …………… 340, 341
你的 ………… 346, 347
你们 ………… 342, 343
年龄 ………… 336, 337
娘家 ………… 148, 149
尿布 ………… 224, 225
女儿（引称）
　………… 134, 135
女孩 …………… 98, 99
女人 …………… 96, 97
女婿（引称）
　………… 136, 137

## P

扒手 ………… 114, 115
旁边 …………… 64, 65
胖（指人）… 432, 433
屁股 ………… 192, 193
婆家 ………… 150, 151
婆婆（夫之母，引称）
　………… 118, 119

## Q

妻（引称）… 144, 145
乞丐 ………… 112, 113

| | | |
|---|---|---|
| 气味 ········ 332, 333 | 蛇 ········ 286, 287 | 松手 ········ 400, 401 |
| 千把人 ···· 378, 379 | 什么？ ···· 356, 357 | 蒜 ············ 312, 313 |
| 前边 ·········· 62, 63 | 什么地方 ···· 66, 67 | |
| 前年 ·········· 30, 31 | 什么时候 ···· 46, 47 | **T** |
| 前日 ·········· 38, 39 | 声音 ········ 330, 331 | 他 ············ 342, 343 |
| 欠（欠别人钱） | 绳子 ········ 244, 245 | 他的 ········ 348, 349 |
| ············ 394, 395 | 虱子 ········ 296, 297 | 他们 ········ 344, 345 |
| 茄子 ········ 318, 319 | 石灰 ·········· 72, 73 | 太阳 ·········· 10, 11 |
| 亲家 ········ 148, 149 | 石头 ·········· 68, 69 | 瘫痪者 ···· 212, 213 |
| 清晨 ·········· 42, 43 | 时候 ·········· 48, 49 | 提起来 ···· 392, 393 |
| 蜻蜓 ········ 292, 293 | 食指 ········ 178, 179 | 调羹 ········ 236, 237 |
| 蚯蚓 ········ 290, 291 | 事情 ········ 328, 329 | 跳蚤 ········ 296, 297 |
| （男子）娶媳妇 | 柿子 ········ 316, 317 | 铁块 ·········· 80, 81 |
| ············ 144, 145 | 收拾（东西） | 头 ············ 150, 151 |
| 去年 ·········· 30, 31 | ············ 398, 399 | 凸 ············ 438, 439 |
| 去一趟 ···· 372, 373 | 手背 ········ 172, 173 | 图章 ········ 230, 231 |
| 瘸子 ········ 218, 219 | 手臂 ········ 170, 171 | 屠户 ········ 106, 107 |
| | 手心 ········ 174, 175 | 腿肚子 ···· 194, 195 |
| **R** | 手掌 ········ 172, 173 | 驼背 ········ 218, 219 |
| 热闹 ········ 424, 425 | 手指 ········ 176, 177 | |
| 热水 ·········· 74, 75 | 瘦弱 ········ 432, 433 | **W** |
| 乳房 ········ 188, 189 | 叔父（引称） | 外面 ·········· 62, 63 |
| 乳汁 ········ 190, 191 | ············ 130, 131 | 外祖父（面称） |
| | 叔母（引称） | ············ 122, 123 |
| **S** | ············ 132, 133 | 外祖母（面称） |
| 伞 ············ 246, 247 | 舒服 ········ 434, 435 | ············ 124, 125 |
| 扫帚 ········ 242, 243 | 摔倒 ········ 402, 403 | 豌豆 ········ 310, 311 |
| 沙子 ·········· 70, 71 | 谁 ············ 344, 345 | 玩耍 ········ 404, 405 |
| 傻子 ········ 216, 217 | 谁的 ········ 348, 349 | 顽皮 ········ 436, 437 |
| 山沟 ·········· 50, 51 | 水瓢 ········ 234, 235 | 晚（来晚了） |
| 山坡 ·········· 50, 51 | 睡觉 ········ 386, 387 | ············ 434, 435 |
| 上头 ·········· 56, 57 | 说话 ········ 380, 381 | 晚饭 ········ 250, 251 |
| 上午 ·········· 40, 41 | 死了（中性的说法） | 晚上 ·········· 46, 47 |
| 少 ············ 414, 415 | ············ 220, 221 | 往年 ·········· 32, 33 |
| 舌头 ········ 166, 167 | | 为什么？ ···· 358, 359 |

| | | |
|---|---|---|
| 味道 …… 332, 333 | 香油 …… 262, 263 | 一块墨 …… 368, 369 |
| 温水 …… 76, 77 | 厢房 …… 88, 89 | 一辆车 …… 364, 365 |
| 蚊子 …… 294, 295 | 向日葵 …… 310, 311 | 一领席 …… 362, 363 |
| 我 …… 338, 339 | 小 …… 420, 421 | 一千左右 …… 378, 379 |
| 我的 …… 346, 347 | 小孩 …… 96, 97 | 一双鞋 …… 362, 363 |
| 我们（包括式） | 小麦 …… 300, 301 | 一条鱼 …… 372, 373 |
| …… 338, 339 | 小米儿 …… 304, 305 | 一头牛 …… 368, 369 |
| 乌鸦 …… 282, 283 | 小水沟 …… 52, 53 | 一支笔 …… 366, 367 |
| 屋子（单间） | 小指 …… 182, 183 | 一只眼儿 …… 210, 211 |
| …… 86, 87 | 星星 …… 12, 13 | 一只鸡 …… 370, 371 |
| 无名指 …… 180, 181 | 兄（引称）… 124, 125 | 衣服 …… 222, 223 |
| 午饭 …… 248, 249 | 胸脯 …… 186, 187 | 医生 …… 104, 105 |
| 雾 …… 22, 23 | 休息 …… 402, 403 | 姨（引称）… 140, 141 |
| | 选择 …… 394, 395 | 遗失 …… 388, 389 |
| **X** | 雪化了 …… 16, 17 | 婴儿 …… 100, 101 |
| 西瓜 …… 326, 327 | | 右边 …… 58, 59 |
| 西红柿 …… 316, 317 | **Y** | 右手 …… 176, 177 |
| 稀（如粥太稀了） | 牙齿 …… 164, 165 | 玉米 …… 306, 307 |
| …… 428, 429 | 哑巴 …… 214, 215 | 遇见 …… 388, 389 |
| 锡 …… 80, 81 | 烟囱 …… 94, 95 | 原因 …… 330, 331 |
| 膝盖 …… 196, 197 | 盐 …… 264, 265 | 月亮 …… 10, 11 |
| 洗脸 …… 384, 385 | 颜色 …… 334, 335 | |
| 洗脸水 …… 226, 227 | 眼睛 …… 156, 157 | **Z** |
| 洗澡 …… 384, 385 | 眼泪 …… 158, 159 | 咱们（排除式） |
| 细 …… 422, 423 | 眼珠儿 …… 158, 159 | …… 340, 341 |
| 瞎子 …… 210, 211 | 燕麦 …… 302, 303 | 早饭 …… 248, 249 |
| 下巴 …… 170, 171 | 燕子 …… 282, 283 | 怎么办？ …… 358, 359 |
| 下头 …… 56, 57 | 洋葱 …… 312, 313 | 蟑螂 …… 298, 299 |
| 下午 …… 40, 41 | 腰 …… 186, 187 | 找着了 …… 390, 391 |
| 下雪 …… 16, 17 | 要紧 …… 422, 423 | 这个 …… 354, 355 |
| 下雨 …… 14, 15 | 一把刀 …… 366, 367 | 这里 …… 350, 351 |
| 咸 …… 426, 427 | 一床被 …… 364, 365 | 正房 …… 88, 89 |
| 乡村 …… 82, 83 | 一个人 …… 360, 361 | 知道 …… 404, 405 |
| 相貌 …… 334, 335 | 一口猪 …… 370, 371 | 蜘蛛 …… 298, 299 |
| | | 指甲 …… 182, 183 |

| | | |
|---|---|---|
| 中间⋯⋯⋯⋯60, 61 | ⋯⋯⋯⋯142, 143 | 嘴唇⋯⋯⋯164, 165 |
| 中秋⋯⋯⋯⋯24, 25 | 自行车⋯⋯244, 245 | 昨日⋯⋯⋯⋯36, 37 |
| 中午⋯⋯⋯⋯42, 43 | 走路⋯⋯⋯382, 383 | 左边⋯⋯⋯⋯58, 59 |
| 中元节⋯⋯⋯24, 25 | 祖父（面称） | 左撇子⋯⋯216, 217 |
| 中指⋯⋯⋯180, 181 | ⋯⋯⋯⋯120, 121 | 左手⋯⋯⋯174, 175 |
| 猪油⋯⋯⋯262, 263 | 祖母（面称） | 做买卖⋯⋯396, 397 |
| 桌子⋯⋯⋯228, 229 | ⋯⋯⋯⋯122, 123 | 做什么?⋯⋯360, 361 |
| 姊妹（总称，引称） | 嘴⋯⋯⋯⋯162, 163 | 做事情⋯⋯336, 337 |

# 后 记

本书是甘肃汉语方言研究的第一部全省范围内的词语汇集专书,是在中国社会科学院语言研究所李蓝先生的带领和指导下集体完成的。

2013年夏季,由李蓝带领团队成员在西北师范大学文学院进行试调查培训开始,继之赴秦安调查第一个方言,到2019年全面核对调查材料并编出初稿,历时六年有余。期间,团队成员通力合作,由我对词汇卷总其成,终于完成了书稿,可以说有辛酸,也有甘甜。

我们在完成调查和编写书稿的过程中,得到了中国社会科学院语言研究所、西北师范大学、兰州大学、兰州城市学院、西安外国语大学等单位的帮助,也得到了各点发音合作人和我所带的西北师范大学文学院语言学及应用语言学专业2014届至2017届硕士研究生的协助,西北师范大学文学院黄海英博士协助校对并提出了一些修改意见,他们对进度的提高和质量的保证都有很大的贡献。中国社会科学出版社为本书的出版提供了很大帮助。谨对以上单位和个人表示衷心感谢!

编写过程中,《甘肃方音字汇》主编朱富林在字音的标注方面多有帮助,《甘肃方言语法》主编敏春芳在词语用字方面多有沟通,获益良多,特此致谢!

甘肃方言的研究,由高本汉算起,有百十来年的历史了,但全省范围大规模的语音、词汇、语法的系统调查研究还是第一次,所以,编写这样一部多点方言词汇对照研究的专著,对编者来说是一次综合性的挑战。笔者虽然关注和研究甘肃方言有30多个年头了,但由于水平和能力有限,本书肯定还存在不少疏漏和不当之处,敬请方家批评指正。

雒 鹏
于西北师范大学
2021年9月